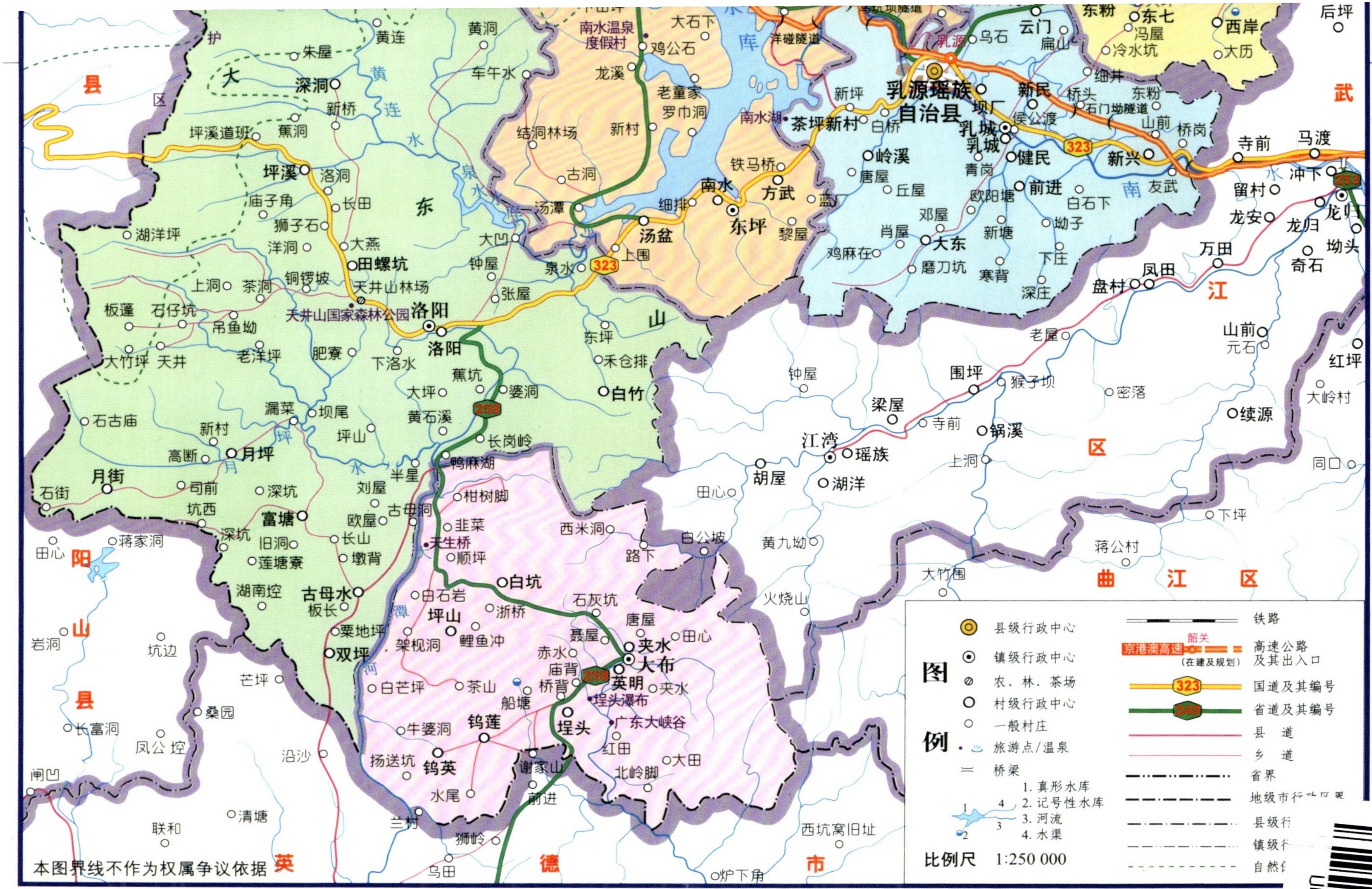

广东省地图院 编制 审图号：粤S（2013）009号

行政区划截止时间20

乳源年鉴

RUYUAN NIANJIAN

（2018）

《乳源年鉴》编纂委员会 编

方志出版社
Publishing House of Local Records

图书在版编目（CIP）数据

乳源年鉴. 2018 / 乳源年鉴编纂委员会编. --北京：方志出版社，2018.11
ISBN 978-7-5144-3395-1

Ⅰ. ①乳… Ⅱ. ①乳… Ⅲ. ①乳源瑶族自治县－2018－年鉴 Ⅳ. ①Z526.54

中国版本图书馆CIP数据核字（2018）第261256号

乳源年鉴 2018

编　　者：乳源年鉴编纂委员会
责任编辑：黄　彦
出 版 人：冀祥德
出 版 者：方志出版社
地址　北京市朝阳区潘家园东里 9 号（国家方志馆 4 层）
邮编　100021
网址　http：//www.fzph.org
发　　行：方志出版社图书经销中心
电话（010）67110500
经　　销：各地新华书店
印　　刷：韶关市文星彩色印务有限公司
开　　本：889×1194　　1/16
印　　张：24.5
字　　数：706 千
版　　次：2018 年 11 月第 1 版　　2018 年 11 月第 1 次印刷
ISBN　978-7-5144-3395-1　　定价：360.00元

编　辑　说　明

一、《乳源年鉴（2018）》以马克思列宁主义、毛泽东思想、邓小平理论、“三个代表”重要思想、科学发展观、习近平新时代中国特色社会主义思想为指导，坚持辩证唯物主义和历史唯物主义的立场、观点和方法。

二、《乳源年鉴（2018）》是全面、系统、翔实、准确记述本行政区域年度内自然、政治、经济、文化、社会等方面的新情况、新特点、新成就和新问题。具有总结经验、交流信息、积累史料、反映地情等功能，为各级领导机关、企事业单位和外来投资者做好科学决策及研究，服务乳源的地情资料，是国内外各界人士了解乳源的权威性工具书。

三、《乳源年鉴（2018）》资料收录上限起自2017年1月1日，下限止于2017年12月31日。为完整保存和积累地方文献资料，个别内容适当上溯。各级机构领导人名单（2017）任期以任免机关文件为准，以各单位报送年度在职领导成员资料收录，部分单位机构因未报送资料导致缺单位领导名单收录。先进名录由各承编单位报送获中共韶关市委、韶关市人民政府以上机构（含省直部门、市厅级以上机构）表彰的先进集体和个人。

四、《乳源年鉴（2018）》（总第8卷），按照编写规范，采用条目体结构，分类编辑，以条目为基础，其标题统一用黑体字加【】表示，内容较多的条目下设子目（用楷体字表示）。全书设专载、特载、大事记、概况、各级机构领导人名单（2017）、中共乳源瑶族自治县委员会、乳源瑶族自治县人民代表大会、乳源瑶族自治县人民政府、中国人民政治协商会议乳源瑶族自治县委员会、中共乳源瑶族自治县纪律检查委员会、社会团体、法治、军事、经济管理、农业·农村·气象服务、工业、商贸·商业、财政·金融·保险、旅游·服务、交通·邮政·通信、城建·环保、文化、卫生·体育、科技·教育、社会生活、城镇、省驻乳源单位及附录部分等27个类目。

五、本年鉴所用资料由各镇、县直各单位和省驻乳源单位办公室提供，所有供稿均经所在单位领导审定，撰稿人署名，由《乳源年鉴》编辑部统纂全书。书部分价值指标数据因统计时间、口径不同等原因，以县统计局公布的数据为准，个别数据可能不尽一致，敬请读者采用时引起注意。

《乳源年鉴》编纂委员会

顾　问：钟沛东（县委书记）

主　任：邓志聪（县委副书记、县人民政府县长）

副主任：许益云（县委常委、县人民政府常务副县长）

伍梅华（县委常委、县委组织部部长）

秦正京（县委常委、县委办主任）

谢向军（县委常委、县委宣传部部长）

龚　民（县人民政府副县长）

委　员（排名不分先后）：

刘树明　陈毓斌　邓雯珍　刘良军　房东明　秦春苟　刘文泉　郑东红

王　东　陈　璋　李智军　温　存　林建华　齐天伦　林桥远　吴文伟

李国洪　李加武　李世华　赵丹丹　谭延明　许钧华　张桂辉　赵天林

侯世长　彭志武　邹国忠

《乳源年鉴》编辑部

主　　编：赵天林

副 主 编：郑绍东　赵伟胜

执行主编：赵天养

编　　辑：张雪萍　李德胜　林新绘　周伟婷　张灵丽　付新世　邓寿康　张国新

《乳源年鉴》撰稿人员名单

（以姓氏笔画排序）

马　杰	马一飞	马万里	马骏晴	王莉萍	尹　淇	文　洁	文锦洪	邓永银
邓继兵	邓惠琼	邓雄华	邓毅明	孔国荣	田孝明	田　浩	卢诗婷	卢建军
叶招娣	冯春润	尧雪梅	丘　洁	朱正标	朱孝华	朱永烨	朱观军	朱崇方
乔茹茵	刘　超	刘　雅	江春凤	许　涓	许井养	许化鹏	许丽平	许星红
许剑波	许勇强	麦　翡	杜永莲	杨志康	李　贲	李　俊	李　敏	杨　浩
杨洁琼	杨启园	李亚财	李长霞	李雯雯	李慧芳	李丽珍	李钰桦	李振华
李健鑫	李德胜	巫　珊	苏　怡	吴世韶	吴省叁	何　俊	邱丽霞	邱清建
邹　蕾	张　慧	张吉缘	张国新	张方保	张　亮	张建华	张廷柱	张　峥
张红云	张细林	张思思	张树明	张水城	张家栋	张耀群	肖群梅	陈　晟
陈　燕	陈尚升	陈慧芳	陈福员	陈福三	汪　冠	林　琳	林小钰	林华盛
林子弘	林恒青	林新绘	林景辉	易素华	官建钰	欧　华	罗吉妍	罗　丹
罗　婕	周淑婷	郑　熠	郑结园	范永平	赵艳琼	赵少华	赵琪奇	赵晨琳
胡忠有	胡金妹	贺　莎	钟燕群	钟让明	侯　华	侯永朝	骆艳红	莫庆军
秦彩金	袁春荣	袁素兰	徐小健	郭二妮	郭庆城	黄杰峰	黄　婷	黄秋琴
黄胜波	黄善东	黄淑妮	曹松发	盘永花	彭　艺	彭云成	彭志英	彭廷雄
粟晶晶	雷　英	雷耀荣	温玉婷	曾祥伦	曾俊峰	曾凯鸿	谢三华	谢东升
赖月新	赖世水	赖晓琳	廖小兰	潘　明	潘伟雄	蔡　靖	蔡秋婷	穆漫云
黎崇宙								

数据乳源·2017

土地面积	2299平方千米
年末户籍总人口	22.66万人
年末常住人口	18.74万人
境内年末少数民族	30个
年末少数民族人口	2.3万人
地区生产总值	84.59亿元
第一产业	8.36亿元
第二产业	40.72亿元
第三产业	35.51亿元
地区生产总值增长速度	9.2%
人均地区生产总值	44679元
固定资产投资	75.41亿元
社会消费品零售总额	22.47亿元
进出口总额	2189万美元
出口总额	7922万美元
水电装机总量	56.25万千瓦
发电量	14亿千瓦时
实际利用外资	486万美元
地方公共财政预算收入（亿元）	5.63亿元
地方公共财政预算支出（亿元）	26.87亿元
各项存款额（亿元）	44.27亿元
规模以上工业总产值（亿元）	121.33亿元
农林牧渔业总产值（亿元）	13.37亿元
城镇居民人均可支配收入（元）	23897元
农村居民人均可支配收入（元）	13001元
常住人口自然增长率（%）	8.06%
城镇化率（%）	44.73%
公交客运量	54.8万人次
接待游客（人次）	461.9万人次
游客数量比2016年增加（%）	11.4%
普通教育在校学生数（人）	34376人
医疗机构实际开放总床数（日）	559日
实际占用总床数（日）	334日
医疗机构实际开放总床数（日）	559日
实际占用总床数（日）	334日

▲1月26日，市委书记、市人大常委会主任江凌（前排右三）率队到乳源调研西京古道保护开发及“五彩瑶乡”省级新农村示范片建设情况。县委书记吴春腾（前排左二）等县领导陪同调研

（李新华 摄）

◀ 10月31日，市委书记、市人大常委会主任莫高义（中）到挂点联系企业乳源东阳光公司调研，并主持召开挂点联系企业座谈会，了解企业发展情况，协调解决企业发展过程中遇到的难点问题。县委书记钟沛东（左一）陪同调研

（潘立志 摄）

▲10月30日，中共乳源瑶族自治县委召开县委理论中心组（扩大）学习贯彻党的十九大精神专题会议，传达贯彻党的十九大精神，安排部署学习宣传贯彻十九大精神工作。钟沛东、林昌卫、赵志敏等县委中心组成员，常规列席成员及中心组学习秘书，各镇、各镇单位主要负责人参加会议　（钟华　摄）

▲5月5日，乳源瑶族自治县召开学习贯彻习近平总书记对广东工作重要批示精神专题报告会，邀请市委宣讲团成员、市委党校副校长、经济管理学教授杨斌作专题学习辅导，对“四个坚持、三个支撑、两个走在前列”精神实质和具体要求进行深入阐释　（钟华　摄）

▲6月22日，乳源瑶族自治县召开学习贯彻省第十二次党代会精神宣讲报告会。在家的县四套班子成员和县委中心组成员，各镇党委书记、镇长、宣传委员，县直及上级直管各单位班子成员，县政府大院其他干部参加学习　（钟华　摄）

▲7月3日，中国共产党乳源瑶族自治县第十二届委员会第二次全体会议在县中心会堂召开（李新华　摄）

▲12月27日，中国共产党乳源瑶族自治县第十二届委员会第三次全体会议在县中心会堂召开（钟华　摄）

◀8月1日，乳源瑶族自治县在县中心会堂召开全县干部大会，宣布省委关于县委主要领导的任免决定。省委决定任命钟沛东为中共乳源瑶族自治县委书记，吴春腾不再担任中共乳源瑶族自治县委书记。图为新任县委书记钟沛东在大会上作讲话（许洪成　摄）

▲3月21日，乳源瑶族自治县第十二届人民代表大会第二次会议在县政府会场召开（李新华　摄）

▲3月20日，中国人民政治协商会议第十届乳源瑶族自治县委员会第二次会议在县中心会堂召开（李新华　摄）

▲9月4日，钟沛东、邓志聪、林昌卫、赵志敏等县四套班子领导一行到位于县国税局的县廉政教育基地参观学习，接受廉政警示教育 （许洪成 摄）

▲3月30日，乳源首家非营利性民间公益社会组织——乳源瑶族自治县义工协会成立大会在县政府广场举行。县委常委、常务副县长许益云(右三)、县政协原主席费玉海（左三）等领导出席大会 （李新华 摄）

◀10月13日，第二届长江非物质文化遗产大展在武汉国际会展中心开幕，文化部副部长项兆伦出席大展并发表开幕致辞。乳源瑶族自治县国家级非遗传承人邓菊花受邀携国家级非遗项目《瑶族刺绣》作品参展。图为项兆伦（前排右一）与邓菊花（前排中）交谈（邓雄华　摄）

▲10月28日，2017年全国瑶医药学术交流大会在乳源召开。图为大会现场（李新华　摄）

▲11月18日，第十一届乳源瑶族“十月朝”文化旅游节在云门山旅游度假区开幕。市委常委、组织部部长华旭初，省民宗委党组副书记、巡视员李秀英，副市长李欣，市政协副主席吴春腾等领导出席开幕仪式
（李新华　钟华　蔡明清　摄）

▲11月18日，第十一届乳源瑶族“十月朝”文化旅游节暨第十三届粤北农业产品博览会在乳源县城开幕。钟沛东（左四）、邓志聪（左二）等县领导出席开幕式
（钟华　摄）

▲5月15日上午，乳源瑶自治县创建全国县级文明城市网格化管理启动仪式在县政府会场举行。吴春腾、邓志聪、林昌卫、赵志敏、张军等县四套班子领导、78个创文网格化管理责任单位一把手、县创文办全体人员、联合执法队人员、创文志愿者共300多人参加启动仪式（李新华 摄）

▲1月18日，乳源瑶族自治县人民政府与广东温氏食品集团股份有限公司签订一体化养鸡项目投资合作框架协议，双方就提升乳源现代农业水平、发展养殖产业达成合作共识。副县长唐保生，县政协副主席黄寿生，广东温氏食品集团股份有限公司执行董事严后能，温氏联营公司总经理简仿辉及相关部门负责人参加签约仪式（李新华 摄）

▲3月25日，县档案馆新馆建设项目正式动工。副县长龚民、县档案局全体干部职工、代建单位、施工单位代表等20多人参加动工仪式。县档案馆新馆位于环城西路县图书馆南侧，占地面积0.24公顷，总建筑面积4800多平方米，总投资约2481万元。计划建设工期1年，2018年投入使用。图为建设中的新馆大楼　（县档案局　提供）

◀8月5日，由中国地方志指导小组、中国地方志学会组织开展的全国地方志优秀成果（年鉴类）评审工作通报表扬名单正式公布，《乳源年鉴》（2016）获三等奖，成为全国370部、广东省28部受到通报表扬的年鉴之一。这是近5年来乳源第三部获奖的综合年鉴
（县史志办　提供）

◀3月25日，乳源首届采茶节暨2017云锦杜鹃观赏节在洛阳镇举行。市旅游局局长林炜东，副县长梁丽娟，县旅游局、县农业局等单位负责人和近400名游客参加活动

（林遥轩　摄）

◀9月2日，由大桥镇政府主办，县农业局、县畜牧水产局、南岭国家森林公园协办的“醉美大桥‘鱼’你有约”，大桥千亩禾花鱼美食文化节在大桥镇中冲村委举行。1000多名村民和游客共同体验在田中捉鱼的乐趣及品尝当地的特色美食

（李新华　摄）

▶4月27日，西京古驿道工作指导组组长、省住房和城乡建设厅总规划师李永洁率西京古驿道工作指导组到乳源开展调研，并主持召开《乳源古驿道文化线路保护利用专项规划及西京古道腊岭段、梯云岭段详细规划》专家评审会。副县长龚民参加评审会。县委宣传部、县住建局、县文广新局、县发展和改革局、县国土资源局、县环保局、县林业局、县旅游局及大桥镇等相关单位负责人参加调研和评审会 （李新华 摄）

◀10月8日，香港筲箕湾2017年国庆龙舟大赛在香港筲箕湾爱秩序湾海滨公园隆重举行，比赛分为男子公开组、男女混合等多个组别，共有来自世界各地的97支龙舟队参加比赛，乳源民族龙舟队夺得男女混合组第一名、总决赛第三名

（县政府办提供）

队员合影（县政府办 提供）

目　录

各级机构领导人名单

中共乳源瑶族自治县委员会

乳源瑶族自治县人民政府

中国人民政治协商会议乳源瑶族自治县委员会

中共乳源瑶族自治县纪律检查委员会

社会团体

法　治

军　事

经济管理

农业·农村·气象服务

工　业

商贸·商业

财税·金融·保险

旅游·服务业

交通·邮政·通信

科技 · 教育

社 会 生 活

城　镇

省驻乳源单位

2017 年乳源瑶族自治县国民经济统计资料

先进名录

文献转载与重要文件

索　引

专　文

依法治县　推进依法行政　建设法治政府

2017年，乳源县坚持以习近平总书记系列重要讲话精神和治国理政新理念、新思想、新战略为引领，认真贯彻落实党中央、国务院《法治政府建设实施纲要2015—2020年》和《广东省法治政府建设实施纲要（2016—2020年》以依法行政制度建设为抓手，制定《关于在全县公民中开展法治宣传教育的第七个五年规划（2016—2020年）》《关于在全县各级国家机关中实行“谁执法谁普法”责任制的实施意见》和《乳源瑶族自治县2017年普法工作要点》，全面推进法治政府建设，法治建设为乳源经济发展提供坚实有力保障。

【法治政府建设常态化整体推进】 2017年，全县对事中事后监督工作建章立制，形成常态化管理。制度创新步伐逐渐加大，采取措施有力。县人大常委会制定《乳源瑶族自治县2017—2021年立法规划》和《2017年乳源瑶族自治县立法计划》。按照县委、县政府工作要求，制定《乳源瑶族自治县2017年农产品质量安全监管与监测工作方案》《乳源瑶族自治县2017年道路运输平安年活动方案》《乳源瑶族自治县2017年水污染防治行动计划实施方案》《乳源瑶族自治县农村人居环境综合整治“三拆”项目实施细则》《乳源瑶族自治县危险化学品安全综合治理实施方案》《乳源瑶族自治县自然灾害救助应急预案（2017年修订版）》等，对全面推进依法行政、加快建设法治政府工作具体部署。坚持把领导干部带头学法、模范守法、严格执法作为树立法治意识的关键。制订《乳源瑶族自治县“七五”普法规划》，推动领导干部带头尊法学法守法用法，做好领导干部学法用法的考试组织工作，完成党员干部考学，全县干部职工共4000多人通过“韶司在线”进行网上学法用法考试，系统完成学习考试任务。

【法治职能与服务管理水平不断提升】 主动“放权”，大幅减少行政审批事项，按照上级编制部门要求按时完成行政许可事项标准更新完善工作。编制《指导目录》，共编列各类职权162项，其中：行政处罚6项、行政强制4项、行政征收1项、行政给付1项、行政检查7项、行政确认5项、行政奖励5项、行政裁决2项，其他131项。

加强“管理”，优化和规范行政审批流程。制定《关于印发乳源瑶族自治县保留的县政府部门行政审批中介服务事项清单的通知》，县域行政审批事项全部实现网上审批，不断优化审批流程、压缩、明确各审批环节的时限，制定《乳源瑶族自治县人民政府办公室关于印发乳源瑶族自治县全面推进一门式一网式政府服务改革工作方案的通知》。2017年，全县公共服务中心窗口受理各类审批事项127460件（其中综合窗口共办理业务11344件），办结率100%。提高审批效率，确保审批事项均在承诺办理时限内完成。

加强政府服务改革管理。2017年，制定《乳源瑶族自治县人民政府关于第二批清理规范18项县政府部门行政审批中介服务事项的决定》。

完善事中事后监管机制。在乳源门户网站和省企业信息归集和协同监管及时公开信息，实现行政许可事项办理流程和结果网上可查询。

【政府无纸化管理规范性，文件质量有效提高】 围绕“放管服”任务，大力推进“无纸化”“减政放权”改革。政府职能转变是法治政府建设的重要组织部分。2017 年，乳源围绕“放管服”改革，积极推进“减政放权”，着力扫除制约乳源经济发展障碍。开展对“放管服”改革涉及规范性文件的清理工作。通过完善和清理，确保行政职权调整于法有据。

【健全行政决策机制，行政决策科学化、民主化、法治化】 完善行政决策机制。严格把控调研论证、充分讨论、集体决定等关键环节，遵循决策程序，贯彻民主集中制原则，全面落实科学决策、依法决策、民主决策要求。

强化决策监督检查。为确保重大决策制度落实到位，乳源对重大决策开展跟踪落实，县分管负责对牵头单位进行督促检查，推动重大行政决策严格执行。不断拓展外部监督渠道，开展决策行为和落实效果的全面监督，对不履行或不正确履行决策程序、未经集体讨论、未提供真实情况而造成决策失误的，严肃追究相关人员责任。

推动落实政府法律顾问制度。完善乳源法制工作内容和法律顾问选聘工作程序，充分发挥法律顾问在依法决策等方面的咨询论证、审核把关作用，有力提升依法决策、科学决策、民主决策的能力和水平。

【政务与信息公开常态化】 深化重点领域信息公开。严格执行政府信息公开条例，坚持以公开为常态，不公开为例外的工作原则，重点推进财政预算、重大水利建设项目批准和实施等领域政府信息公开，全县在政务和重点领域栏公开信息 2134 条。

健全完善政府信息公开工作机制。先后制定政府信息公开工作考核制度、社会评议制度、年度报告制度、责任追究制度、新闻发言人制度等，明确政府信息公开的范围、方式和程序，对公开的信息实行保密审查，全面规范政府信息公开工作的各个环节和事项。

加大主动公开力度。结合全县工作实际，深入推进权力清单、财政资金、公共服务等重点领域信息公开，切实保障公民的知情权、参与权和监督权。

【政府部门行政执法工作推进，执法规范、公正、文明】 深入推进政府部门行政执法工作。明确县政府行政部门执法工作方向，及时解决行政执法工作中遇到的困难，着力提升职能部门行政综合执法水平，提高执法保障能力。

开展职能部门行政执法人员培训工作。严格落实行职能部门政执法人员持证上岗和资格管理制度。

强化能力建设。提高职能部门行政执法的准确度和科学性，增强行政机关的权威性和公信力。主动接受社会各界和媒体舆论的监督，有效保障依法行政落到实处。

【行政监督机制和行政权力规范得到落实】 自觉接受人大、政协监督。2017 年 2 月，县人大开展南水湖水质保护立法调研，调研南水水库引水工程建设情况。配合韶关市发改局做好南水水库引水工程，接受县人大常务委员会的询问和监督。制订《广东乳源南水湖国家湿地公园总体规划（2017—2025）》（简称《总规》）。9 月，《总规》通过专家论证。充分采纳吸收人大代表和政协委员提出的意见和建议，切实改进工作。2017 年，县人大常委会开展视察、调研和执法检查 35 次，作出决议、决定 5 项，提出审议意见 23 条。全县共办复人大代表提出建议意见 63 件，办复政协委员提出提案 60 件。

依法接受司法监督。自觉履行人民法院的生效判决和裁定，认真落实法院提出的司法建议。积极配合检察机关对行政违法行为的监督。

重视社会监督。自觉接受新闻媒体和人民群众的监督，通过设立县长信箱、投诉电话、网上受理等方式，拓宽监督渠道，方便群众充分行使监督权。

加大专项资金的审计监督。重点检查截留、挪用中央和省级补助资金问题，尤其是对乳源精准扶贫专项资金使用的审计监督，堵塞监管漏洞。

加大监察力度。加强对政府各级部门贯彻落实党中央、国务院，省委、省政府，市委、市政府及县委和县政府重大决策部署进行监督检查，坚决查处有令不行、有禁不止行为。对执法部门和服务窗口工作履职情况，以及群众反映的问题线索开展明察暗访，严肃查处为官不为、懒政怠政、吃拿卡要等行为，形成有力震慑。坚决整治和查处侵害群众利益的不正之风和腐败问题，维护群众切身利益。

【矛盾得到依法化解，公民、法人、组织合法权益得到维护】　明确行政应诉事务承办职责，细化工作程序，畅通行政复议渠道。制定《关于推行法律顾问制度和公职律师公司律师制度的实施意见》，坚持排查矛盾、化解纠纷、跟踪动态、反馈信息等工作环环相扣，引导当事人依法有序表达利益诉求，大量行政争议在复议环节得到有效化解，受理群众来信来访25件，62人次，督办个案8宗。加大实地调查取证力度，运用调解和解方式办结行政复议案件，最大限度化解行政争议。强化行政复议监督指导职责，依法纠正行政机关违法不当行政行为，确保从源头上预防和减少行政纠纷。

（县史志办）

特　载

以习近平新时代中国特色社会主义思想为指引 奋力开创新时代乳源振兴发展新局面

——在县委十二届三次全会第一次全体会议上的报告

（2017 年 12 月 27 日）

钟沛东

这次县委全会的主要任务是：深入学习贯彻党的十九大精神、中央经济工作会议精神和省委十二届二次全会、市委十二届五次全会精神，以习近平新时代中国特色社会主义思想为指引，准确把握新时代乳源面临的新形势新任务，总结和部署工作，动员全县党员干部群众振奋精神，团结拼搏，乘势而上，推进全面建成小康社会，奋力开创新时代乳源振兴发展新局面。

一、用习近平新时代中国特色社会主义思想统领乳源一切工作，把学习宣传贯彻党的十九大精神持续引向深入

党的十九大是在全面建成小康社会决胜阶段、中国特色社会主义进入新时代的关键时期召开的一次具有划时代、里程碑意义的大会。党的十九大在政治上、理论上、实践上、制度上取得了一系列重大成果，是我们党在新时代开启新征程、续写新篇章的政治宣言和行动纲领。

党的十九大召开以来，县委坚持把学习宣传贯彻党的十九大精神作为首要政治任务和最重要的“纲”，按照中央、省委、市委的部署，强化领导带头，做到以上率下，创新活动载体，扎实开展了学习贯彻十九大精神集中学习宣讲活动、领导督导宣讲、“百村千户”主题宣讲、公务员全员大培训、瑶语广播进瑶寨、知识竞赛和主题征文等形式多样、各具特色的学习宣传活动，用老百姓听得懂、易理解的方式，把十九大精神送到基层一线和群众身边。开展浓墨重彩的宣传报道，营造浓厚舆论氛围，在全县掀起了学习宣传贯彻党的十九大精神热潮，实现了学习党的十九大精神全覆盖。通过两个多月的学习宣传贯彻，十九大精神在瑶乡大地家喻户晓、深入人心，全县广大党员干部群众对党的十九大精神高度认同，对党和国家未来发展充满信心，对推动乳源振兴发展的决心和信心更加充足，全县上下形成了贯彻十九大精神、开创乳源振兴发展新局面的共同意志、共同目标、共同行动。

学习贯彻党的十九大精神是一个逐步深化的过程，是一项长期的政治任务。省委十二届二次全会、市委十二届五次全会对深入学习宣传贯彻党的十九大精神进行了再动员、再部署、再推动，全县上下要认真贯彻落实省委、市委决策部署，进一步推动学习贯彻党的十九大精神往深里走、往实里抓。

（一）持续深入学懂弄通做实党的十九大精神

全面学习贯彻党的十九大精神，要紧密联系实际、学深悟透，在学懂弄通做实上再下苦功，真正把学习贯彻十九大精神激发出的热情和动力，转化为谋划工作、推动落实的具体成效。一要深刻认识坚决维护以习近平同志为核心的党中央权威和集中统一领导，是夺取新时代中国特色社会主义伟大胜利的根本政治保证，是乳源加快振兴发展的根本保证。要牢固树立“四个意识”，始终忠诚核心、拥戴核心、维护核心、捍卫核心，坚决按照中央部署要求开展工作，确保各项部署要求在乳源得到不折不扣贯彻落实。二要深刻领会习近平新时代中国特色社会主义思想的科学体系、精神实质、实践要求，增强贯彻落实的政治自觉、思想自觉、行动自觉。要更加注重内化于心、外化于行，做习近平新时代中国特色社会主义思想的坚定信仰者、忠实实践者、有力传播者。要更加注重学思践悟、知行合一，用习近平新时代中国特色社会主义思想引领乳源在新时代新征程上开创新局面。三要深刻领会中国特色社会主义进入新时代和社会主要矛盾转化的重大政治论断，准确把握当代中国发展所处的历史方位和时代坐标，把握社会发展变革的新趋势和新特征。要准确认识新时代和新矛盾对发展理念和发展方式提出的新要求，科学谋划乳源工作，努力在新时代创造新业绩。四要准确把握实现“两个一百年”奋斗目标的战略部署，进一步坚定信心，把握机遇，乘势而上，决胜全面建成小康社会，开启乳源现代化建设新征程。要主动对接中央作出的新部署，结合实际，一条一条地研究，一项一项地落实，推动乳源各项事业取得更大成效。五要把贯彻习近平新时代中国特色社会主义思想与贯彻落实省委、市委、县委决策部署结合起来，把雷厉风行和久久为功结合起来，凝心聚力，攻坚克难，确保各项目标任务落到实处，争当广东省践行习近平新时代中国特色社会主义思想的模范县。

（二）准确把握新时代乳源面临的新形势新任务

中国特色社会主义进入新时代，乳源发展面临新的形势和任务。我们要深入分析和准确把握县情实际，理清改革发展思路，找准突破口和发力点，推动乳源振兴发展。

进入新时代，我国社会主要矛盾发生新变化，发展不平衡不充分问题在我县体现得非常突出。2016年，我县地区生产总值73.76亿元，在全国120个少数民族自治县（旗）排名48位，在全省50个山区县排名45位，在全市排名末位；地方财政一般预算收入5.2亿元，在全省50个山区县排名37位；城乡居民人均收入17057元，比全国、全省、全市分别少6764元、13239元、2921元；全面小康实现程度77.3%，比全国、全省、全市分别低11.7、18.7、2.4个百分点。我们既要看到我县整体发展的不平衡和不充分、经济发展质量和效益不够高、城乡建设滞后和优质公共服务供给不足等短板，又要看到我县拥有便利的交通条件、优越的生态环境、丰富的旅游资源、独特的民族文化、较好的产业基础、优惠的民族地区发展政策等优势，进一步坚定加快发展的信心和决心，牢牢抓住发展第一要务，确保如期全面建成小康社会，开启社会主义现代化建设新征程。

进入新时代，经济发展进入转变发展方式、优化经济结构、转换增长动力的攻关期。我县过去依靠电力、土地、劳动力等低成本资源和要素投入形成的驱动力明显减弱，面临传统比较优势日益削弱、资源环境约束日益增强的双重挑战，粗放型、要素驱动型发展方式难以为继。我们必须转变发展理念和发展方式，摆脱路径依赖和思维定势，改变高能耗、低产出的经济发展模式，实现更高质量更有效率的发展；必须加快转换发展动力，深入实施创新驱动发展战略，大力推动科技创新、产品创新、业态创新、管理创新，加快形成以创新为主要引领和支撑的现代化经济体系。

进入新时代，人民对美好生活的需要呈现新特点，对物质文化生活提出了更高要求，对民主、法治、公平、正义、安全、环境等方面的需求日益增长。我县城乡教育、卫生、文化、体育、养老等事业发展不平衡不充分，新农村建设还比较落后，农民增收致富渠道不多，基层社会治理水平不高，平安法治乳源建设任务艰巨。我们要牢记为人民谋幸福的初心和使命，更加注重把有限的财力投入到改善民生中，不断满足群众对美好生活的需要；更加注重城乡协调发展，坚定实施乡村振兴战略，不断改善城乡发展环境，提高居民收入水平；更加注重促进社会公平正义，加强和创新社会治理，建设平安法治环境，让人民群众在共建共治共享中不断增强获得感幸福感。

进入新时代，全面深化改革标准更高、任务更重。我县的政务服务不够高效，企业经营成本偏高，科技、金融、人才、市场等综合环境不优，行政审批、金融体制、农业农村等领域的改革仍有待深化，改革进入深水区，任务十分艰巨。我们要坚持问题导向，大胆实践探索，细化改革举措，努力在深化供给侧结构性改革、投资项目审批、金融体制、农村基层治理等重要领域和关键环节的改革取得新突破，不断培植发展新优势。

进入新时代，全面从严治党的要求更严、力度更大。我们一些党组织主体责任落实不到位，一些领域党建工作比较薄弱，一些基层党组织软弱涣散，一些党员、干部不敢担当、为官不为现象仍然存在，干部素质能力和精神状态不适应新时代新要求。我们要认真贯彻落实新时代党的建设总要求，强化管党治党责任，全面推进党的政治建设、思想建设、组织建设、作风建设、纪律建设，把制度建设贯穿其中，不断提高党的建设质量，把各级党组织锻造得更加坚强有力。

（三）深入研究新时代加快乳源发展的重大问题

按照省委开展学习贯彻党的十九大精神“大学习、深调研、真落实”活动要求，我们要聚焦事关乳源发展全局的重大课题，用4个月左右的时间，开展大调研、深调研，进一步明确工作思路举措，把党的十九大精神转化为加快乳源振兴发展的生动实践。一要研究解决发展不平衡不充分问题。重点是对标全面建成小康社会，突出抓重点、补短板、强弱项，研究实施乡村振兴战略，全力推进农业现代化，建设社会主义新农村，统筹解决“三农”问题的政策举措；研究打赢精准脱贫攻坚战，增强贫困户内生动力的帮扶措施；研究补齐民生社会事业短板，增强群众获得感和幸福感的举措。二要研究推进融入珠三角问题。重点是研究加快融入珠三角的交通基础设施建设，构建连接珠三角地区的快速通道；研究创新招商引资方式，深化长安乳源对口帮扶，加强与珠三角产业共建；研究推动开发区区位调整，提升园区发展质量和效益；研究争取省加大对少数民族地区加快发展的政策支持力度。三要研究推进全面深化改革问题。重点研究深化供给侧结构性改革，切实提高供给体系质量；研究深化营商环境综合改革，提高政务服务水平和审批效率；研究利用省级农村集体产权制度改革试点县契机，探索开展资源变资产、资金变股金、农民变股东等改革，盘活农村集体资产；研究深化县属企业改革，做大做强融资平台。四要研究提高科技创新能力问题。重点研究加快科技创新平台建设，促进产学研深度融合，建立技术创新激励机制，培育技术创新型企业。五要研究人才队伍建设问题。研究实施创新人才集聚工程，重点研究企业人才激励政策，重视非物质文化遗产传承与创新人才培养，健全引才、育才、留才的政策和环境。六要研究建设平安法治乳源问题。重点研究用好自治县立法权，推进依法治县，建设法治政府；研究分析社会治安形势特征，提升社会稳定风险预警预防能力，强化治安重点问题整治，有效化解各类社会矛盾。七要研究生态文明建设问题。重点探索推进生态文明制度改革，规划建设粤北生态特别保护区，筑牢粤北生态屏障；研究生态优势转化为发展优势的有效途径，大力推动绿色产业发展；研究统筹推进城市提升、全域旅游、创文工作，把县城建成民族风情浓郁、生态景观壮美、休闲浪漫的特色县城。八要研究文化建设问题。重点研究瑶族文化、客家文化、古道文化、禅宗文化、生态文化的传承保护和开发利用，提升文化的生命力和吸引力；研究以创建全国县级文明城市为引领，促进社会主义核心价值观与优秀传统文化融合，塑造乳源城市主题文化。九要研究干部管理有效机制问题。重点研究构建激励和约束并重的干部管理机制，用好干部政绩档案制度和干部考验性管理制度，突出政治标准，提拔重用牢固树立“四个意识”和“四个自信”、坚决维护党中央权威、全面贯彻执行党的理论和路线方针政策、忠诚干净担当的干部；研究完善容错纠错机制，用好监督执纪“两个尊重”“三个区分”，激发干部干事创业的精气神。十要研究基层党组织建设问题。重点研究健全落实基层党委（党组）抓党建责任制，解决影响基层党建工作的关键问题，推动基层党建与基层治理工作相结合，提高基层党组织战斗力；研究推进基层组织设置和活动方式创新，建设堡垒型、服务型、规范型农村基层党组织。

二、迈进新时代，2017年改革发展稳定工作取得新进步

2017年，在以习近平同志为核心的党中央坚强领导下，县委认真贯彻落实党的十九大精神和习近平总书记对广东工作重要指示批示、省第十二次党代会、市委十二届四次全会精神，围绕“发展经济、改善民生、促进民族团结进步、维护社会稳定、全面从严治党”五篇文章，坚持守底线创亮点，脚踏实地，善做善成，推动全县经济社会发展取得新进步。

（一）*推动经济发展上新台阶*。加强对经济工作的领导，认真谋划经济发展新思路新举措，有力地推动了经济发展。预计全年地区生产总值83.6亿元、同比增长10%，固定资产投资完成75亿元、增长12%，地方财政一般预算收入5.62亿元、增长10%（按可比口径），其中税收收入4.3亿元、增长17.5%，预计生产总值和财政收入增速排全市第一位，全县经济进入了绿色发展、质量发展和持续加速发展的新阶段，呈现出欣欣向荣的可喜发展势头。一是特色工业实现突破。以培育特色支柱产业为重点，大力扶持东阳光公司做大做强，推动以东阳光为龙头的铝箔电子材料、氯氟新材料、新能源汽车动力电池材料等高新材料产业和生物制药等大健康产业发展，预计乳源东阳光公司今年产值突破一百亿元，率先建成全市县域首个产值超百亿元的特色产业集群。工业园区盘活闲置工业用地12.5万平方米，引进胜蓝电子等7个产业转移项目，高立高空项目建成投产，新增规模以上企业3家，乳源产业转移工业园连续两年获评省级优秀产业园区。推动产业创新驱动发展，投入技改资金10.5亿元，申请专利210件，组建省级工程研发中心1个、市级16个，新增高新技术企业8家。预计工业增加值34.6亿元、增长8.5%。二是全域旅游蓬勃发展。加快景区景点开发，围绕“山水林瑶禅谷”独特旅游资源，加快云门山、云门阳光湖、南岭银山温泉、古母水旅游度假村等项目建设，云门山景区玻璃桥、观光索道建成迎客。加大旅游宣传力度，旅游宣传纪录片《南岭云水间》在中央电视台综合频道播放，《谁语争锋》乳源专场节目在南方卫视播出，旅游宣传效果显著，云门山等景区游客大增，带动“大南岭”旅游市场火热兴旺。预计全县接待游客460万人次、增长11%，旅游收入39亿元、增长13%。三是乡村振兴成效明显。大力发展生态特色农业，全县种植水果3133.33公顷、蔬菜3466.67公、油茶2000公顷、茶叶和中草药1066.67公顷，建立稻田养鱼示范基地5个，建成农特产品O2O体验馆，华瑶茶、盘王鱼等6种农产品获评省级名牌。扎实推进国家农产品质量安全县创建工作。农村土地承包经营权确权登记颁证率居全省前列。预计农业增加值8.25亿元、增长3.8%。四是商贸服务业发展壮大。用好用活税收优惠政策开展招商引资，全年新增市场主体1404户，其中注册资本1000万元以上的63户，新增限额以上商贸服务企业11家、年营业额超5亿元大型批发企业1家，步步高公司销售额突破200亿元。推动民族宾馆改造为总部经济过渡商务区，启动总部经济小镇选址规划。中农批农旅风情街建成营业。五是重大项目建设步伐加快。韶关机场、国道323线乳源至阳山段等工程征地拆迁顺利推进，省道258线鸭麻湖至大布、大布至钨英、云门寺至云门山、侯公渡至江湾、红云至大坪等公路改造项目动工建设，新完成农村公路硬底化41公里，城乡交通条件进一步改善。南水水库泄洪道弃渣整治工程、南水水库供水工程、大布风电等重点项目有序推进。六是深化改革持续推进。出台加强全县会议管理规定，在全市首创“无会日”制度，提倡开短会、开套会，有效增强会议实效。全面完成公车改革任务。深化行政机构改革，实施市场监管、文体旅游、规划与国土、金融管理等机构职能整合。全面实行“多证合一、一照一码”和企业登记全程电子化商事制度改革，建成投资项目联合审批平台，接入省市“一门式一网式”政务服务系统，清理规范18项行政审批中介服务事项，提高了政务服务效率。加强县属企业融资平台建设，出台激励金融机构和企业发展政策，发放中小微企业贷款风险补偿基金2860万元，营商软环境进一步优化。

（二）*改善社会民生有新进步*。认真贯彻共享发展理念，努力在发展中改善民生，不断提高群众获得感和幸福感。一是教育事业均衡发展。创建广东省推进教育现代化先进县和教育强县复评“两评合一”通过省督导评估，乳城、大桥镇教育强镇通过省复评。推进教育基础设施建设，完成高级中学食堂和金禧小学改扩建，八一小学改扩建项目基本完成，优质教育学位不断增加。深化教育教学改革，立德树人，教师师德和业务素质进一步提高，教育教学质量稳步提升。二是扩大就业收入提高。落实就业优惠政策，发放小额担保贷款54笔854万元。举办就业服务招聘会15场，城镇新增就业

1395人，城镇失业人员再就业1115人，城镇登记失业率控制在2.39%。预计城乡居民人均可支配收入1.86万元、同比增长8.8%。三是社会保障不断完善。全县7.2万人参加城乡居民养老保险，16.3万人参加基本医疗保险，全面完成市下达的任务指标。乳城区域性敬老院实行公建民营运作，社会救助政策有效落实，最低生活保障标准和特困人员救助供养标准逐步提高。加强和规范保障性住房管理，在保中低收入住房困难家庭1120户。新农村示范性安居工程和乳城镇农村安居工程加快推进。四是脱贫攻坚扎实有效。全年投入扶贫资金6020万元，落实精准扶贫举措，发展产业项目10个，动工改造贫困户危房750户、完成439户，有劳动力贫困人口收入提高到7590元，预计完成年度脱贫任务。五是医疗服务能力有效提升。县人民医院住院楼建成投入使用，完成24间公建民营村卫生站规范化建设，启动县人民医院、妇幼保健院、中医院升级改造项目。扎实推进基本公共卫生服务项目，人口计生工作平稳发展。

（三）促进民族团结有新作为。牢牢把握“两个共同”民族工作主题，大力发展民族文化体育事业，不断改善瑶区发展环境，促进了民族团结和谐。一是教育政策惠民利民。在全省民族地区率先实行本县户籍少数民族学生普通高中教育免收学杂费和住宿费政策，每年每生减免2700元，继续落实少数民族大学生每人每年1万元助学金政策，累计减免、发放资金339万元，减轻了少数民族学生家庭负担。二是民族文化传承发展。积极构建现代公共文化服务体系，民族风情园“四馆”、档案馆等项目建设加快推进，建成一批基层综合文化服务中心，建立了南岭瑶族文化资源多媒体资源库。《苦爽酒酿造技艺》《“双朝”节》列入省级“非遗”项目，民族博物馆创建为省级“非遗”传承基地。成功举办第十一届乳源瑶族“十月朝”文化旅游节系列活动，开展文化惠民巡回演出，《铜铃悠歌》《团圆》等文艺精品获省市大奖。三是民族体育再创佳绩。县女子龙舟队参加全国第十三届运动会龙舟竞赛斩获6金，参加广东省第四届体育大会龙舟赛勇夺冠军，我县召开表彰大会大力弘扬民族体育精神。动工建设县体育运动中心，建成一批村级全民健身广场。四是瑶区事业蒸蒸日上。油公坑至老游溪、大村至公坑尾环瑶山公路加快推进，完成83个瑶族人口迁移点土地确权。东阳光公司、瑶乐居小区等6个单位创建为广东省民族团结进步示范单位，政研瑶族新村被命名为中国少数民族特色村寨，必背桂坑村被评为全国文明村。

（四）建设美丽乳源有新面貌。坚持保护生态就是保护民生、发展生态就是改善民生，大力推进生态建设，不断改善和提升城乡环境，守护绿水青山，建设美丽家园。一是城市面貌持续提升。推进了“一江两岸”慢行系统规划建设、鹰峰路建筑外立面瑶族风貌改造和内外环道路绿化景观提升，打通了滨江西路，全面完成县城主街道柏油路面和雨污管网铺设，完成城区中心市场改造，启动侯公渡新市场建设，建成民族团结广场，城市功能和城市形象不断提升。深入推进创建全国县级文明城市工作，开展“五大创建”活动，实行街长制和网格化管理，城市管理水平明显提高，顺利通过省级文明县城验收考评。二是农村环境持续改善。全域推进农村人居环境综合整治，出台奖补政策，挂图作战，重点打造84个试点示范村，拆除危旧房16.35万平方米。五彩瑶乡省级新农村示范片累计投入1.72亿元，实施村巷道硬底化、外立面改造、雨污分流、环境整治等项目161个，达到“两年基本实现目标”要求。推进实施村村通自来水工程，解决了1.86万人的饮水问题。三是生态环境持续优化。实施碳汇造林304公顷，封山育林276.67公顷。全面建立推行河长制，进一步加强河流管理保护。园区工业污水处理厂和排污管网、乡镇污水处理厂建设顺利推进。强力开展南水水库库区综合整治行动，取得阶段性成效。

（五）建设平安法治乳源有新成效。坚持国家安全总体战略观，高度重视维护国家安全和社会稳定，营造良好社会环境。一是公共安全持续良好。深入推进平安乳源创建，创建平安细胞5.6万个，实现平安细胞全覆盖。全面推进“中心+网格化+信息化”建设，建设镇、村（社区）综治中心125个，搭建综治网格1120个。开展社会治安重点地区排查整治行动，挂牌整治问题全部摘牌。落实安全生产“党政同责、一岗双责”，深入开展重点行业领域安全隐患整治，全年没有发生重特大安全生产事故。二是社会矛盾有效化解。落实信访维稳工作第一责任，推进重点领域和重点利益诉求群体社会矛盾治理，排查化解矛盾纠纷256宗。全年受理群众来访279批605人次，重大敏感时期群众到省进京零上访，社会大局持续和谐稳定。三是法治乳源有序推进。开展法治建设“四级同创”活动，提升基层法治建设水平。稳妥推进司法体制改革，司法责任制有效落实，选任首批员额法官、检察官，建立5个景区旅游巡回法庭。在全市各县（市、区）中率先聘请县委法律顾问，推行法律顾问制度。积极开展法律“六进”活动，营造了全民学法用法守法的良好氛围。四是民主政治巩固发展。加强了县镇人大机关建设，制定五年立法规划，开展云门山风景区生态环境保护、南水水库水质保护、城镇环境卫生管理和非物质文化遗产保护立法工作，人大立法权、监督权、决定权、任免权得到落实。出台《加强协商民主工作实施意见》《政协委员履职工作规则》，积极开展县委专题协商、政府专题议政和专题调研、提案办理等工作，协商民主制度有效落实。重视和加强党管武装、统一战线、民族宗教、外事侨务、机要保密、史志档案等工作，加强与民主党派、工商联、无党派人士的联系，工青妇等群团组织桥梁纽带作用得到有效发挥。

（六）全面从严治党有新气象。压实全面从严治党主体责任，把管党治党作为主业紧紧抓在手上，营造风清气正的政治生态。一是政治立场更加坚定。常态化制度化开展“两学一做”学习教育，深入学习宣传贯彻党的十九大精神，以习近平新时代中国特色社会主义思想武装头脑，全县党员领导干部“四个意识”“四个自信”更加牢固。二是意识形态工作加强。牢牢抓住意识形态工作领导权，强化理论武装，坚持正确舆论导向，加强乳源形象正面宣传，妥善处置社会舆情，大力培育和践行社会主义核心价值观，有序推进“六进”活动和示范点建设，评选各级好人和道德模范23名。三是干部队伍本领增强。制定干部精准培训规划，培训干部2.16万人次，选派各级领导干部124人次到省市进修培训，6名干部到省市部门挂职，提高干部工作本领。出台干部政绩档案管理意见和县管领导干部考验性管理办法，进一步激发干事创业热情。落实引进培养紧缺高层次人才实施意见，全年引进紧缺高层次人才4名，建设人才公寓28套，引才留才环境进一步优化。四是基层组织建设加强。全面落实基层党建工作责任制，整顿转化7个软弱涣散村党组织。圆满完成村（社区）“两委”换届选举，组织全县村（社区）书记、主任到江西瑞金开展党性素养提升与业务素质培训，提高村干部履职能力。常态化长效化开展乡镇领导干部驻点普遍直接联系群众工作，有效解决群众诉求问题，提高了服务群众水平。五是正风肃纪弛而不息。严格落实中央八项规定精神，持续纠正“四风”问题，大力整治懒政怠政问题，开展明察暗访5次，对发现存在不正之风的4个单位和11人进行批评教育或整改。建成县级廉政教育基地，拍摄了《无孔不入的基层蝇贪》教育警示片，党风廉政教育持续加强。组建了县委巡察机构“一办两组”，开展了两轮常规巡察和扶贫专项巡察，工作成效显著。启动监察体制改革试点工作，明确改革试点目标任务，细化了时间表和路线图，按照在2018年1月上旬完成的要求加快了组建工作。严肃查处重点领域和群众身边的不正之风和腐败问题，立案82宗，结案68宗，给予党纪政纪处分67人、组织处理1人，有力震慑了违纪违规行为。

三、推动习近平新时代中国特色社会主义思想在乳源落地生根结硕果，开创乳源振兴发展新局面

进入新时代，全县发展的总体思路是：全面贯彻党的十九大精神，以习近平新时代中国特色社会主义思想为指导，紧扣社会主要矛盾变化，坚定不移贯彻新发展理念，打生态和民族牌，走创新发展和质量效益发展道路，推进发展特色精品高效现代农业、特色工业、生态文化旅游业、总部经济和空港经济，建设现代化经济体系；坚定不移贯彻以人民为中心的发展理念，提高保障改善民生水平，促进社会安定和谐、民族大团结；坚定不移推进全面从严治党，增强振兴发展的政治保证，振奋精神，团结拼搏，乘势而上，推进建设富裕美丽文明法治的新乳源。

2018年是贯彻党的十九大精神的开局之年，也是决胜全面建成小康社会、实施“十三五”规划承上启下的关键之年，做好全年工作至关重要。我们要坚持稳中求进工作总基调，按照高质量发展的要求，统筹推进稳增长、促改革、调结构、惠民生各项工作，促进经济社会持续加快发展，力争全年地区生产总值增长9%以上，地方财政一般预算收入增长8%以上，固定资产投资增长12%以上。

（一）贯彻新发展理念，推进建设现代化经济体系

进入新时代，我们要以习近平新时代中国特色社会主义经济思想为指导，加强县委对经济工作的领导，坚定不移贯彻创新、协调、绿色、开放、共享的新发展理念，充分发挥地方资源和产业基础优势，加快建立现代化经济体系，推动县域经济高质量发展。

培育特色工业产业集群。深化供给侧结构性改革，全力推动乳源东阳光公司多元化发展，重点支持发展生物制药大健康产业，推进铝箔电子材料产业创新发展，延长氯氟新材料产业链，壮大新能源汽车动力电池材料产业，力争用3—5年时间再造一个“乳源东阳光”。适度发展风电、光伏等清洁能源产业。推进仙湖工业园和桂头镇区“三旧”改造升级。加快开发区区位和产业定位调整，优化功能布局，促进土地节约集约利用，加速园区产业集聚升级。建立健全招商载体资源库、招商目标企业库、招商渠道资源库，创新招商引资方式，力争在大健康、商贸物流、新型材料、电子信息、装备制造等产业招商实现新的突破。积极鼓励创新，培育新产业、新业态。

创建全域旅游示范县。践行“两山”理念，努力架起从绿水青山通往金山银山的桥梁。充分发挥乳源“山水林瑶禅谷”独特旅游资源优势，加快推进以“大南岭”为品牌的乳源全域旅游开发，推动南岭国家级自然保护区范围调整和生态严控区调整，大力推进云门山、正觉寺、云门阳光湖、银山温泉、古母水旅游度假村等旅游景区开发项目建设。大力推进旅游、文化、体育、农业、工业等产业深度融合，建设东阳光精箔小镇、中农批农旅小镇、洛阳森林小镇等特色小镇。加快城区南北环路绿化景观提升、“一江两岸”慢行系统工程、鹰峰路建筑外立面瑶族风貌改造、城南和城北片区改造、县城五大出口整治等项目建设，编制美丽瑶城灯光建设规划，下大力气打造民族风情浓郁、生态景观壮美、休闲浪漫的特色县城，塑造鲜明的旅游城市形象，把游客导入县城、驻留县城，做热做旺县城消费，带动居民就业创业，把旅游业打造成为我县实实在在的富民产业。

实施乡村振兴战略。大力推进农业供给侧结构性改革，深入创建国家农产品质量安全县，发展壮大岭南落叶水果、瑶山茶叶、中草药、禾花鱼等产业，培育特色农产品品牌。充分发挥乳源富丽源乡村振兴开发公司的平台作用，租赁富余农村宅基地和农户住房，与社会资本合作投资建设运营田园综合体等农旅融合项目，在美丽乡村建设中植入产业，促进农民增收致富。探索富丽源公司＋社会企业＋合作社的模式，培育乳源农产品品牌和建设农业社会化服务体系，培育发展特色精品高效现代农业。推动农村碎片化土地流转整合。加快完成“五彩瑶乡”省级新农村示范片连片打造，推进农村人居环境综合整治，加快完成列入规划的84个示范村建设任务，基本完成交通主干道沿线、主要旅游景区及城镇周边村庄连片整治，逐步消灭人居泥砖房。大力推进村村通自来水工程，解决群众饮水难问题。深化新农村文明行动和文化建设，提升乡风文明程度。加强农村基层工作，大力培养懂农业、爱农村、爱农民的“三农”工作队伍。

培育发展总部经济和空港经济。放大民族地区税收优惠政策效应，在县城规划建设总部经济小镇，推动吸引企业区域总部和功能性总部集聚乳源，形成经济发展新引擎。进一步出台扶持鼓励政策，支持步步高公司在我县扩大经营规模，努力引进更多商贸流通企业。抢抓韶关机场建设机遇，启动桂头航空小镇规划建设，积极开展招商引资工作，培育航空服务、航空物流等航空关联产业。

打造营商环境高地。推行投资项目一个窗口受理、联合审查制度，建立行政审批中介服务机构库和企业信用档案库，完善“一门式一网式”政务服务平台和投资项目联合审批平台建设，大幅提升政务服务效率。鼓励金融机构加大有效信贷投放，做大做强银源和明源公司融资平台，增强金融对经济发展的支撑作用。实施创新驱动发展战略和质量强县战略，研究制定企业创新激励政策和品牌培育政策，扶持企业科技创新和品牌产品研发。加大人才引进力度，着力健全引才留才的综合配套环境，让人才在乳源工作安心、生活舒心。

推进重点项目建设。加快交通建设，积极推进

韶关机场改扩建和韶连高速公路规划建设，确保国道323线乳源至阳山段动工建设，加快推进省道258线鸭麻湖至大布段改造；推进大布至钨英、云门寺至云门山、大桥至银山温泉、侯公渡至江湾、红云至大坪、环城公路、大东至岭溪公路等道路建设；加快环南水湖旅游公路、乳桂线旅游景观大道等项目前期工作，进一步打通交通毛细血管，为振兴发展创造良好环境。加快推进南水水库供水工程和南水水库泄洪道弃渣整治工程建设，推动大布风电二期项目投产发电。落实县领导挂点联系重点企业和重点项目制度，营造稳商安商扶商氛围。加强重点项目融资工作，健全重点项目推进机制，加快重点项目建设，支撑投资持续较快增长，以拉动经济增长，增强经济发展后劲。

（二）坚持以人民为中心的发展理念，提高保障和改善民生水平

人民群众对美好生活的向往就是我们的奋斗目标。要坚持以人民为中心，多谋民生之利、多解民生之忧，在发展中补齐民生短板、促进社会公平正义，不断满足人民日益增长的美好生活需要。

优先发展教育事业。深入推进教育现代化建设，积极创建全国中小学校责任督学挂牌督导创新县。实施教育惠民政策，减免低收入家庭孩子普通高中阶段教育学杂费和住宿费，不让一个孩子因为家庭困难不能接受高中阶段教育。推进教育优质发展，倡导全社会尊师重教，研究制定有利于教师英才辈出、爱岗奉献的薪酬激励政策，改进教师进修和培训制度，培育高素质教师队伍。加强校园和学生安全保障，采用政府购买服务方式聘用校园保安服务，强化对学校食堂的规范化、常态化监管，确保校园食品安全。提升学前教育，鼓励民办公助兴办学前教育，满足实施全面两孩政策后的学前教育需要。创建省社区教育试验区，建设学习型社会。

持续提高就业收入。优化就业公共服务，积极开展就业技能培训，加强与市职业技术教育院校合作，开展订单式人才培训教育，加强乡镇农村中青年种养殖及电子商务培训，提高群众的就业创业能力。鼓励创业带动就业。加大劳动保障监察力度，构建和谐劳动关系。引导鼓励与民共富的旅游、农业开发发展模式，拓宽群众的增收渠道，实现城乡居民收入与经济同步增长。

完善社会保障体系。推进完善城乡居民基本医疗保险和大病保险制度，逐步降低城乡居民的医疗负担比例，特别是要大幅降低城乡居民的大病治疗负担。实施全民参保计划，积极推进机关事业单位养老保险制度改革，配合推进养老保险全国统筹。健全社会救助服务体系，建立关爱农村留守妇女儿童老人的服务体系。完善镇村公共服务平台建设，提高社会保障的便民服务水平。推进养老社会化改革，鼓励支持发展医养结合、社区居家养老，推进乡镇敬老院公建民营，支持社会资本发展养老服务业。加强保障性住房建设和管理，完成新农村示范性安居工程和乳城镇农村安居工程建设。加强县镇村三级复退军人服务体系建设。

扎实推进脱贫攻坚。坚持挂图作战，强力推进精准扶贫工作。坚决落实社保兜底和教育、医疗、住房保障政策，做到应保尽保。强化产业扶贫，落实以奖代补等扶贫政策，充分发挥乳源富丽源乡村振兴公司在产业扶贫方面的作用。拓宽困难群众资产性收益渠道，帮助贫困户持续稳定增收。加强扶贫资金监管，严肃处理扶贫领域的腐败行为。强化党政一把手负总责的责任制，压实帮扶干部和驻村干部责任，强化督查考核，确保真扶贫、扶真贫，实现贫困人口全部脱贫，坚决打赢脱贫攻坚战。

大力建设健康乳源。推进创建卫生强县，全力推进县人民医院迁建和中医院、妇幼保健院改扩建项目前期工作，确保年内动工建设。优化基层诊疗环境，建成26间规范化村卫生站。加强全科医生队伍建设，提升医疗卫生人才队伍素质。鼓励县级医院与省市医院、镇卫生院开展医联体合作。加强重大疾病预防控制，确保公共卫生安全。支持县人民医院引进健康监测评价系统，对群众的健康状况定期分析研判，有针对性地开展跟踪服务。支持健全中医预防保健服务体系，鼓励引导瑶医瑶药发展，促进其与健康养生产业融合。强化计划生育健康服务管理，推进母婴设施建设。加强食品药品粮食安全工作，防范发生重大食品药品安全事件。

（三）践行绿水青山就是金山银山理念，建设美丽乳源

良好的生态环境是最公平的公共产品，是最普惠的民生福祉。要正确处理好经济发展与生态保护的关系，更加自觉地推动绿色发展，努力实现人与

自然和谐共生，架起绿水青山通往金山银山的桥梁，实现生态美丽、经济繁荣、百姓幸福的良性互动发展。

推进绿色发展。立足主体功能区定位，优化国土开发布局，组织编制全县空间规划，推进多规合一，守住生态红线。积极构建绿色发展的产业结构和生产方式，持续探索“生态+”模式，做好“生态+产业、生态+民生、生态+园区”等文章。加大“三旧”用地和闲置土地收储力度，强化项目用地监管，建立新供地项目评价制度，提高土地集约节约利用水平。推进节能降耗，推广节能环保产品，倡导绿色低碳生活方式。

加强生态保护。结合乳源实际，积极主动配合规划建设粤北生态特别保护区，努力打造国家公园。做好森林资源二类调查，推进森林碳汇、生态景观林、乡村绿化美化等工程，重点实施环县城山岭、西京古道和环南水湖自行车赛道沿线林相改造。落实森林采伐限额制度，禁止砍伐天然林。严格保护耕地，强化湿地保护，落实饮用水源保护制度。

强化生态治理。实施生态环境修复工程，推进石漠化综合治理，加强地质灾害防治。加强大气、水、土壤污染防治和固体废弃物处置，严厉打击偷排偷放行为，严控大型畜禽养殖项目落户。全面落实河长制和湖长制，推进南水水库库区环保整治，加强县城河段禁渔管理工作，打造平安生态水系。加快建成园区工业污水处理厂，完善镇村垃圾和污水处理等环保设施建设，使城乡更加宜居宜业。

（四）推动文化繁荣发展，促进民族团结进步

要坚定文化自信，推动文化事业和文化产业发展，增强民族认同感和凝聚力，促进民族共同团结奋斗、共同繁荣发展。

牢牢把握意识形态工作领导权。推动用习近平新时代中国特色社会主义思想武装干部群众头脑，指导乳源的改革发展实践。坚持正确舆论导向，完善舆情监测工作机制，加强传播手段建设和创新，提升乳源对外宣传影响力。落实意识形态工作责任，加强阵地建设和管理，旗帜鲜明反对和抵制各种错误言论。

培育践行社会主义核心价值观。推动社会主义核心价值观融入到社会发展各方面，转化为人们的情感认同和行为习惯。持续开展乳源好人、道德模范等评选活动，发挥先进典型的标杆引领作用。加强中国梦宣传教育，引导群众树立正确的历史观、民族观、国家观、文化观。实施公民道德建设工程，加强未成年人思想道德建设，全面开展道德讲堂活动，推进社会公德、职业道德、家庭美德和个人品德建设。以创建全国县级文明城市为抓手，深化城乡环境综合整治，推进“五小”惠民项目建设和“厕所革命”，全面加强街长制，完善城市管理长效机制，补齐影响群众生活品质的短板，推进和美瑶城建设。

推动文化的多元化发展。推进瑶族文化生态保护实验区建设，加快瑶族语言文化典藏和瑶族史料整理编纂，提升非物质文化遗产保护与传承发展水平。推动瑶族刺绣、瑶族服饰等传统手工艺大众化、产业化。精心筹备自治县成立55周年县庆活动，持续办好乳源瑶族“十月朝”文化旅游节和“激情广场·幸福乳源”文艺会演，大力创作瑶族动漫剧本、瑶族歌舞剧等文艺精品，提高过山瑶文化影响力。深入挖掘西京古道文化内涵，充分利用沿途文化遗存发展文化旅游，打响古驿道文化品牌。大力挖掘和利用侯安都历史名人文化、南岭乡土文化。深入推进现代公共服务体系建设，加快建成民族风情园“四馆”、档案馆、工人文化宫、体育运动中心，完善村级全民健身广场，基本实现基层综合文化服务中心全覆盖。积极备战省第六届少数民族传统体育运动会，办好环南水湖自行车公开赛等户外体育活动，打响民族体育品牌和南水湖户外运动品牌。

增强少数民族群众获得感。启动瑶族迁移点砖瓦房楼房化改造，加强瑶族自然村、瑶族迁移点饮水安全、村村通道路硬底化、农田灌溉、用电等基础设施建设，改善瑶区群众生产生活条件。加快推进油公坑至老游溪、大村至公坑尾公路建设，开展乌坑坝至三联村连接金竹峰公路项目的前期工作，力争尽快动工建设。积极保护开发瑶族特色村寨和瑶族古村落，发展民族风情乡村休闲旅游，促进瑶族群众增收致富。深入开展民族团结创建活动，促进各民族大团结。

（五）加强和创新社会治理，建设平安法治乳源

坚持问题导向和需求导向，围绕影响人民安居、社会安定的重点难点问题综合施策，打造共建共治共享的社会治理格局，推进社会治理体系和治理能力现代化。

强化基层社会治理。推动社会治理重心下移，整合基层网格管理资源，实现网格员多员合一、一岗多责。探索村民自治下沉到自然村，发挥村民理事会作用。深化村民小组“五有”规范化建设，规范村民理事会和村组委会关系，制定村级事务推进激励机制，健全自治、法治、德治相结合的乡村治理体系。加强社工组织培育和管理。

推进法治乳源建设。加强民族地方立法工作，推进云门山风景区生态环境保护、南水水库水质保护、城镇环境卫生管理和非物质文化遗产保护立法工作。落实法治广东建设第二个五年规划，深入推进法治建设“四级同创”活动，推行法律顾问制度和公职律师公司律师制度，推进依法执政、依法行政，严格规范公正文明执法。落实审计管理体制改革，加强审计监督。深化司法体制综合配套改革，全面落实司法责任制。扎实推进“七五”普法，利用农村广播推动普法进乡村、瑶语普法进瑶寨，带动全民尊法学法守法用法。

维护社会安全稳定。深化平安乳源建设，加强社会治安综合治理，加大“中心＋网格化＋信息化”建设力度，全面推进“雪亮工程”建设。实施全民禁毒工程，严厉打击惩治黄赌毒黑拐骗等违法犯罪活动，优化社会环境。压实基层维稳责任，落实矛盾纠纷排查化解机制，健全情报信息网络，及时解决群众合理诉求，维护群众合理合法利益。牢固树立安全发展理念，落实安全生产责任制，加强应急管理建设，提升防灾减灾救灾能力。

加强民主政治建设。支持和保证县人大依法行使立法权、监督权、决定权、任免权，加强县镇人大工作，推进决策科学化、民主化、法制化。支持人民政协聚焦全县中心工作，开展政治协商、民主监督、参政议政，服务经济社会发展。巩固和发展爱国统一战线，支持各民主党派、工商联和无党派人士参政议政，构建亲清新型政商关系。推进群团组织改革，积极发挥工青妇等群团组织桥梁纽带作用，加强党管武装、史志档案、机要保密、外事侨务和老干部等工作，广泛凝聚民智民力。

（六）坚定不移推进全面从严治党，增强振兴发展的政治保证

全面从严治党永远在路上。要坚持党对一切工作的领导，认真贯彻落实新时代党的建设总要求，推进全面从严治党向纵深发展，不断提高党的执政能力和领导水平。

加强党的政治建设。坚持把政治建设摆在首位，牢固树立“四个意识”，坚定“四个自信”，自觉维护以习近平同志为核心的党中央权威和集中统一领导。牢固树立党章意识，自觉学习和尊崇党章。严明党的政治纪律和政治规矩，严格党内政治生活，落实“三会一课”制度。健全各级党委（党组）工作规则和议事决策机制，严格落实党内法规制度。加强党员干部党性锻炼，弘扬忠诚老实、公道正派、实事求是、清正廉洁等价值观，不断提高政治觉悟和政治素质。

加强思想理论武装。加强理想信念教育，引导全县党员干部牢记党的宗旨，解决好世界观、人生观、价值观问题。深入开展理论学习，推进“两学一做”学习教育常态化制度化，抓好“不忘初心、牢记使命”主题教育，用习近平新时代中国特色社会主义思想武装头脑。精心组织“大学习、深调研、真落实”活动，持续深入学懂弄通做实党的十九大精神，做到真学真懂真信真用。

建设高素质干部队伍。坚持正确选人用人导向，大力发现培养优秀年轻干部，注重把经过基层和急难险重工作历练，并做出实绩的干部选拔到领导岗位。加强干部教育培训，注重培养专业能力、专业精神，分期分批选派优秀干部到珠三角和上级部门挂职或跟班学习，着力增强干部队伍“八个本领”。坚持严管和厚爱结合、激励和约束并重，落实干部政绩档案制度、干事创业容错纠错制度、干部考验性管理办法，营造激励干事创业的浓厚氛围。

加强基层组织建设。创新基层党组织设置，探索设置功能型、区域型党小组，有条件的自然村成立党小组，建设堡垒型、服务型、规范型农村基层党组织。加强机关、企事业单位和“两新”组织等领域党建工作。大力整顿转化软弱涣散基层党组织，实行县领导挂点、挂图作战，用3年左右的时间全面完成整顿转化任务，全面增强党的执政基

础。深化乡镇领导干部驻点普遍直接联系群众工作，提高联系服务群众工作水平。引导广大党员发挥先锋模范作用，推动党支部担负好直接教育、管理、监督党员和组织、宣传、凝聚、服务群众的职责。大力实施村级班子“青苗”培养工程，实行“镇选村培”的农村党员发展机制，强化党内激励关怀帮扶。

持之以恒正风肃纪。坚持作风建设永远在路上，纠正“四风”永不止步，巩固拓展落实中央八项规定精神成果，推动中央八项规定精神成风化俗。弘扬中华优秀传统文化，引导党员干部培育良好家风，营造向善向上的氛围，推动社会风气持续好转。坚持思想建党和制度治党相结合，深入开展纪律教育，充分运用监督执纪“四种形态”，用严明的纪律和严格的监督使党员领导干部知敬畏、存戒惧、守底线，做到心中有党、心中有民、心中有责、心中有戒。完善党内监督体制机制，推进监察体制改革，组建县监察委员会，实现对所有行使公权力的公职人员监察全覆盖。深入开展县委巡察工作，推动全面从严治党责任落实。深入开展反腐败斗争，开展治理“为官不为”专项行动，加大对违法违纪行为惩治力度，完善激励和约束机制，强化不敢腐的震慑，扎牢不能腐的笼子，增强不想腐的自觉，大力营造干部清正、政府清廉、政治清明的良好政治生态。

进入新时代，要有新气象，更要有新作为！让我们更加紧密地团结在以习近平同志为核心的党中央周围，不忘初心，牢记使命，奋力开创新时代乳源振兴发展新局面，加快建设富裕美丽文明法治新乳源，让习近平新时代中国特色社会主义思想在乳源落地生根结硕果！

乳源瑶族自治县人民代表大会常务委员会工作报告

——2017年3月21日在乳源瑶族自治县第十二届人民代表大会第二次会议上

县人大常委会主任　林昌卫

2016年的主要工作

2016年，县人大常委会全面贯彻落实党的十八大和十八届三中、四中、五中、六中全会精神，深入学习贯彻习近平总书记系列重要讲话精神，在县委的正确领导下，围绕中心，服务大局，切实行使宪法和法律赋予的各项职权。一年来，举行常委会会议10次，听取和审议专项工作报告11项、开展视察、调研和执法检查35次，作出决议、决定5项，依法任免国家机关工作人员45人次。顺利完成县十一届人大六次会议确定的各项目标任务。

一、服务发展大局，突出监督重点，推动人大工作积极有为

一是围绕保增长促发展，切实加强经济工作监督。常委会把监督经济工作作为重点工作之一，高度关注全县经济发展运行情况，聚焦供给侧结构性改革，听取和审议县政府关于国民经济和社会发展计划执行情况的报告。针对上半年经济形势，建议县政府围绕全年经济增长目标，增强危机意识，坚定信心，大力推进重点项目建设，推动经济发展。听取县政府关于2016年上半年预算执行情况报告、2015年度县本级财政预算执行和其他财政收支情况审计工作报告、2016年县本级财政预算执行情况报告，审查批准了2016年度县本级财政预算调整方案，针对存在的问题提出20条审议意见，加强审议意见实施的跟踪和监督，促进经济平稳健康发展。

二是围绕保民生促和谐，切实加强民生工作监督。高度关注和推动“三农”工作，督促和支持政府进一步统筹城乡发展，推动政策落实，完善配套措施，激发农村发展活力。组织代表开展新时期精准扶贫工作的视察和调研活动，发挥代表作用，带头做好精准扶贫工作。关注法院执行难问题的解决，要求司法机关切实发挥职能作用，加强司法执行队伍建设，规范执法行为，促进司法公正。

二、依法行使重大事项决定权和人事任免权，确保县委决策的贯彻落实

一是依法行使职权，正确决定事关我县经济社会协调发展的重大事项。根据县委工作部署，及时作出关于县人民代表大会换届选举的决定。听取和审议县人民政府《关于补发全县2015年住房改革补贴的报告》，作出同意县财政追加预算用于补发我县2015年住房改革补贴的决议。听取和审议了县政府关于《乳源瑶族自治县城市总体规划（2014—2030）》的议案，结合乳源实际，综合城市发展方向、土地利用、城市空间等因素考虑，作出了批准实施该《规划》的决议。

二是精心组织，圆满完成选举任务。按照中央和省、市、县委的统一部署，会同县委组织部认真做好县、镇两级人大换届选举工作。成立选举委员会，制定《实施方案》和工作日程表，合理划分选区，开展县、镇人大换届选举工作人员培训。落实常委会领导和机关干部分工联系各镇人大换届选举的责任制，加强检查督促指导，突出抓好关键节点的落实，及时解决选举中出现的问题，圆满完成县、镇两级人大代表选举工作任务。召开了县十二届人大一次会议和各镇新一届人大一次会议，依法顺利完成了选举任务。

三是严格依法，认真做好人事任免工作。坚持党管干部与依法任命干部相结合的原则，认真行使人事任免权。在人事任免中，严格按法定程序办事，依法实施县人大新任命的国家机关工作人员向宪法宣誓制度；实行干部任前法律知识考试制度。一年来，常委会依法任免国家机关工作人员 45 人次，其中决定任职 29 人，决定免职 12 人，批准辞职 4 人，确保县委人事意图的贯彻落实和国家机关的正常运转。

三、保障代表主体地位，提高服务水平，促进代表作用有效发挥

一是加大议案建议督办力度，提高代表对办理的满意率。县十一届人大六次会议期间，代表提出建议意见 29 件。县人大常委会严格实行常委会领导和相关工委对重点议案建议督办的制度，将群众关注度高的建议列为重点建议，由常委会领导和相关工委负责跟踪督办。县人民政府及各承办单位积极与代表沟通联系，认真听取代表对建议办理的意见，并根据代表反馈的意见，督促落实整改，努力把建议落到实处。一年来，代表意见建议已全部办复，代表对议案建议办理工作满意和基本满意率为 100%。此外，县人大常委会积极跟进县十届人大六次会议通过的《关于加强封山育林优化生态环境的议案》和县十一届人大四次通过的《关于加强县城周边森林生态保护建设的议案》办理工作。

二是丰富代表活动形式，拓宽代表知政参政渠道。坚持邀请代表列席县人大常委会，参加“一府两院”各类座谈会、听证会和旁听庭审，参与省市人大组织的专项视察、调研等活动，进一步丰富代表知政参政的形式。组织代表围绕县委中心工作和群众关心的热点问题开展视察、调研和执法检查，扩大代表履职渠道和活动范围，注重代表视察调研意见和建议的反馈，及时跟踪督办，增强代表活动实效。

三是开展代表履职培训，提高服务保障水平。不断提高代表学习培训的制度化、规范化水平，配合市人大做好市人大代表初任培训，联合各镇人大开展县镇人大代表履职学习培训，进一步提高代表理论素养和业务能力。做好代表联络工作，经常走访探视人大代表，及时掌握代表情况，帮助代表解决困难。认真做好我县代表团出席市人代会的各项服务工作，不断提升代表服务保障水平。

四是开展工作评议，促进县政府组成部门及“两院”转变工作作风。为加强对县政府组成部门及“两院”的工作监督和法律监督，促进有关单位进一步转变工作作风，常委会组织出席县十一届六次会议的代表对县政府组成部门及“两院”上一年度工作开展评议，及时向代表、被评议部门和社会通报评议结果。由常委会领导带领相关委室人员，深入到评议排名后三名的被评议单位开展调研。采取听取工作汇报、召开座谈会等方式，全面了解被评议单位贯彻执行宪法和法律法规、依法履行职责、执行县人大决议决定、办理代表建议、廉政勤政等情况，实事求是地找出被评议单位工作中存在的问题与困难，有针对性的提出意见和建议，进一步促进工作作风的转变。

四、发挥主导作用，抓好法治建设，加快民主法治建设进程

一是强化民族地方立法，提高立法水平。积极做好县人大机关设立立法机构的筹备工作，充实立法人才队伍。组织县人大有关工委和县有关部门负责人开展地方立法工作考察，积极开展立法调研。适时启动《云门佛教文化生态保护条例》立法，顺利完成前期调研工作。坚持民主立法和科学立法，做好《乳源瑶族自治县集体土地拆迁安置补偿条例》的起草工作。在条例起草过程中，共组织韶关学院立法基地、县有关职能部门和各镇召开座谈会 7 次，召开县人大代表立法座谈会 9 次，向全体十二届县人大代表召集意见 65 条，向社会征求意见 55 条，对条例草案修改 6 次。经省人大侨民宗委立法专家的初步审查意见，该法规案仍需作进一步论证。

二是扎实推动依法治县进程，促进依法行政。立足民主法治建设实际，坚持把依法治县工作列入常委会重要议事日程。按照“县委统筹、人大主导”的原则，全面实施按法治框架解决基层矛盾工作。深入开展“六五”普法和法治宣传教育，推进省级法治文化建设示范点建设。积极开展“法治镇”和“民主法治村（社区）”创建活动，进一步推进基层镇、村依法治理，圆满完成“法治镇”创建工作目标任务，顺利通过省、市检查组的验收。

洛阳镇获得“广东省依法治省工作先进单位”荣誉称号。

三是积极开展人大信访工作，化解社会矛盾。高度重视人大信访工作，认真落实信访工作责任制，通过信访渠道，督促“一府两院”和有关部门认真研究解决一些涉及群众切身利益的实际问题。一年来，共受理群众来信来访25件，其中来信3件，来访22宗62人次，市人大转办2件，督办个案8宗。通过充分行使人大信访工作职责，化解了矛盾，维护了社会和谐稳定。

五、加强自身建设，提高履职水平，树立人大队伍新形象

一是夯实党建基础，增强党性修养。积极参加县委中心理论组学习、党廉教育等培训学习活动，坚持机关干部政治理论和业务学习制度，认真组织学习中央、省、市和县有关文件精神，不断提高干部队伍的政治思想素质和业务素质。认真组织开展“两学一做”学习教育活动，组织机关干部开展学习杨善洲、焦裕禄等先进事迹活动，进一步增强机关全体干部职工团结干事的工作热情，有效增强党员干部的政治意识、大局意识、核心意识、看齐意识。

二是加强制度建设，推进人大工作制度化规范化。新一届县人大常委会领导班子成立之后，坚持务实、规范、高效的原则，进一步规范和完善常委会和机关工作运行机制，加大代表重点意见建议督办、县人大常委会组成人员联系县代表工作等制度的贯彻落实力度，努力把人大工作纳入制度化、规范化的轨道，为县人大常委会更好地行使职权奠定基础。

三是重视宣传工作，提高宣传效果。加强对宣传工作的组织领导，落实宣传工作责任，采取积极有效措施，巩固原有成果，实现人大宣传工作的整体推进。加强与宣传新闻部门的联系和沟通，共同研究和探讨进一步加强和改善人大宣传工作的相关事宜。积极参加省、市人大代表在线交流平台学习。加强人大网站管理和人大信息报送，充分利用县内外新闻、网络等媒体，加强对人大制度、人大会议、代表活动的宣传，全面反映县人大及其常委会依法行使职权的全过程，进一步扩大人大工作的影响，深化社会对人民代表大会制度的认识。

过去一年县人大常委会工作取得的成绩，是县委正确领导的结果，是全体人大代表和常委会组成人员共同努力的结果，也是县“一府两院”大力配合的结果。在此，我代表县人大常委会，向全体县人大代表和关心支持县人大工作的同志们表示衷心的感谢！

在肯定成绩的同时，我们也清醒地认识到，常委会的工作离县委的要求和人民群众的期望还有一定差距，主要表现有：在民族地方立法程序和立法规划方面有待进一步完善；在监督方式和监督实效方面有待进一步增强；在代表议案建议办理工作质量方面有待进一步提高；在常委会及机关建设方面还有待进一步加强。对此，我们将高度重视、深入研究，在今后工作中加以改进。

2017年的主要任务

今年是供给侧结构性改革的深化之年。县人大常委会要深入学习贯彻习近平总书记系列重要讲话精神，进一步强化政治意识、大局意识、核心意识、看齐意识，在县委的正确领导下，坚持党的领导、人民当家做主和依法治国的有机统一，围绕县委中心工作，依法履职，积极作为，努力推动全县经济社会稳步健康发展。

一、围绕中心，创新方式，切实增强监督实效

围绕推动县委重大决策部署的贯彻落实，加强对“一府两院”工作的监督。在监督内容上，突出生态保护、绿色工业、生态农业、生态旅游、生态人居、生态文化“六大工程”的落实，抓好依法行政、司法公正和保障民生等重点，进一步增强监督的针对性。在监督方式上，在听取和审议专项工作报告、调研、视察和检查的基础上，进一步探索专题询问、专项工作评议和满意度测评等监督方式。在监督力度上，加强对审议、评议、检查、视察调研意见的跟踪和督办，推动程序性监督向实质性监督转变，进一步增强监督实效。

二、立足长远，着眼大局，依法行使重大事项决定权和人事任免权

紧紧围绕“加快生态发展、建设美丽乳源”核心任务，抓好经济社会发展全局性、长远性的重大事项的决定和落实，行使好重大事项决定权。积极把重大事项决定权与监督权结合起来，严格规范操作程序，开展调查研究，跟踪督查落实效果，切实维护决议、决定的严肃性和法律效力。把党管干部和充分发扬民主、严格依法办事有机结合起来，做好人事任免工作。坚持人大新任命人员向宪法宣誓制度，完善任前法律考试制度，增强被任命干部的法律意识、责任意识和公仆意识。

三、结合实际，科学民主，依法行使地方立法权

依法行使民族区域自治立法权。继续做好县人大机关立法机构的建设，充实立法人才队伍。规范立法程序，明确各方责任，努力构建“党委领导、人大主导、政府依托、公众参与”的立法工作格局。加快实施《乳源瑶族自治县云门佛教文化生态保护条例》和《乳源瑶族自治县南水水库水质保护条例》立法工作。统筹规划，因地制宜，制定好《乳源瑶族自治县2017年—2021年立法规划》和《2017年乳源瑶族自治县立法计划》。

四、提升服务，夯实基础，切实改进代表工作

积极做好代表履职服务保障工作，为代表依法履职创造良好的政治环境和氛围。开展县十二届人大代表初任培训。探索建立“县人大代表建议意见直通车”制度，拓宽代表参政议政渠道。进一步规范代表建议处理工作机制，继续加大跟踪督办力度，努力提高代表意见建议办理的满意率。严格抓好常委会各项规章制度的落实，科学有序安排代表参加常委会会议、调研视察、执法检查、代表培训、联系选民等活动。做好驻我县的市人大代表和县人大常委会组成人员履职登记工作。建立和完善县人大代表对县政府组成部门及“两院”工作进行公开评议制度，促进政府工作部门政风行风的改善和“两院”公正司法。进一步完善常委会组成人员联系和走访县人大代表工作制度，加强与代表沟通联系。加强县人大对各镇人大工作的指导，发挥乡镇人大代表联络室的作用，进一步丰富基层代表活动形式。

五、强化素质，提升效能，切实加强常委会及其机关建设

组织干部职工认真学习党的十八届三中、四中、五中、六中全会和习近平总书记系列重要讲话精神，把思想和行动统一到加强社会主义民主政治建设工作上来，统一到县委的工作部署上来，提高常委会及其机关工作人员的履职能力和水平。加强与全国瑶族自治县人大常委会联席会议成员单位的沟通联系，积极研讨新形势下加强人大工作的新思路新举措。巩固党的专题学习教育活动成果，加强调查研究，提高审议决策能力，增强决策的民主性、科学性。加强人大机关组织建设和作风建设，优化干部队伍结构，转变机关作风，营造干事创业的机关氛围。采取多种形式，广泛宣传人民代表大会制度、人大常委会及人大代表履行职责情况，营造我县民主法治建设的良好氛围。落实好新时期精准扶贫工作任务，健全人大信访工作制度，强化县人大党组对机关党建工作的领导，积极推进机关党风廉政建设迈上新台阶。

今年是实施“十三五”发展规划的重要一年，也是全面建成小康社会的关键之年。让我们更加紧密地团结在以习近平同志为核心的党中央周围，在县委的坚强领导下，同心同德，开拓创新，忠实履行宪法和法律赋予的职权，为主动融入珠三角加快发展、建设幸福美丽乳源作出新的更大贡献！

政府工作报告

——2018年1月5日在乳源瑶族自治县第十二届人民代表大会第三次会议上

邓志聪

2017年工作回顾

2017年，县人民政府在上级党委、政府和县委的正确领导下，在县人大、县政协的监督支持下，以深入贯彻党的十九大精神和习近平总书记对广东工作的重要指示批示精神为统领，团结带领全县人民，围绕“发展经济、改善民生、促进民族团结进步、维护社会稳定、全面从严治党”五篇文章，开拓创新，锐意进取，较好地完成了县十二届人大二次会议确定的各项目标任务。预计（下同），全县地方生产总值83.6亿元，增长10%；地方财政一般预算收入5.62亿元，增长10%（按可比口径）；全社会固定资产投资75亿元，增长12%；城乡居民人均可支配收入1.86万元，增长8.8%。

过去的一年，我们主要做了以下工作：

一年来，我们致力调结构、促转型，经济实力不断增强。

工业经济实现新突破。收储园区土地16.13公顷，盘活闲置用地、厂房12.5万平方米，建成工业污水处理厂主体工程。引进1000万元以上项目63个、投资总额32.3亿元，实际利用外资486万美元。胜蓝电子科技等5个项目动工建设，高立高空项目建成投产。东阳光公司腐蚀箔生产线扩建扎实推进，锂电池正极材料项目投产，率先建成全市首个县域产值超百亿元的特色产业集群。新增规模以上工业企业3家、高新技术企业8家。发放中小微企业风险基金贷款2860万元。完成技改投资10.5亿元。组建省市工程研发中心17个。全县工业增加值34.6亿元、增长8.5%。

农业经济取得新发展。“一片两带”建设稳步推进，种植水果3133.33公顷、蔬菜3466.67公顷、油茶2000公顷和茶叶、中草药材1066.67公顷，建立稻田养鱼示范基地5个，建成农特产品O2O体验馆和91个惠农信息社。新增农业企业13家、农民专业合作社31家、家庭农场79家。“华瑶”牌红茶获“中茶杯”茗茶评比特等奖，“盘王鱼”牌三角鲂获评省“十大名牌”系列农产品。成功举办第三届粤北（乳源）农特产品博览会。国家农产品质量安全县创建扎实推进。全县农业增加值8.25亿元，增长3.8%。

全域旅游呈现新面貌。编制了“大南岭”全域旅游发展总体规划。银山南岭温泉、云门阳光湖、古母水旅游度假区建设稳步推进，云门山玻璃桥、索道缆车项目建成运营。中农批游客集散中心和农旅风情街投入使用。成功举办首届采茶节、第二届“瓜果漂流”节等特色旅游活动。推出《南岭云水间》主题宣传片和《谁语争锋》乳源专场节目，引爆“大南岭”旅游市场。全县接待游客460万人次、增长11%，旅游收入39亿元、增长13%。

商贸经济再获新佳绩。争取民族地区企业所得税优惠政策延期至2025年。新增市场主体1404户，新增限额以上商贸服务企业11家、年营业额超5亿元大型批发企业1家，其中步步高商贸公司销售额突破200亿元，增长58%。社会消费品零售总额24.2亿元，增长7.5%。全县第三产业增加值35.8亿元，增长13%。

一年来，我们致力抓统筹、夯基础，城乡面貌不断改善。

城市功能整体提升。建成锦绣花园、滨江印象等一批商住小区，建材厂片、示范农场片等旧城改造项目稳步推进，鹰峰路建筑外立面瑶族风貌改造动工实施。民族风情园“四馆”建设扎实推进，建成民族团结广场、城北公园和新档案馆主体工程。完成滨江西路改造和主要街道柏油路面铺设。侯公渡新市场建设扎实推进，完成中心市场改造和洲街、富华城简易市场建设。城市供水、供电、排污管网改造扎实推进。全国县级文明城市创建工作稳步推进，实行街长制和网格化管理，拆除违章设施300多个，通过省级文明县城验收考评。

乡村环境全面改善。农村人居环境整治项目获农发行授信贷款额度12亿元。“五彩瑶乡”省级新农村示范片建设投入1.72亿元，实施环境整治项目161个。55个村庄完成“三清三拆”，拆除危旧房16.35万平方米。农村土地承包经营权确权登记办证率达100.25%。推行“河长制”管理，治理中小河流13.8千米。完成引杨灌区改造。划定永久基本农田15513.33公顷。建成高标准基本农田2106.67公顷。建成乡村绿化美化省级示范点4个。政研瑶族新村被命名为中国少数民族特色村寨，必背镇桂坑村获评全国文明村。

发展环境日益优化。积极配合粤北特别生态保护区规划建设。新增碳汇造林304公顷、封山育林276.67公顷、森林抚育2333.33公顷，建成森林公园1个。落实中央环保督察反馈意见整改任务，完成畜禽养殖“三区”划定，拆除南水水库养殖网箱5.4万平方米。镇村污水处理设施建设稳步推进。韶关机场、南水水库供水工程动工建设，完成国道323线乳源上围至沙坪段改建项目征拆工作，省道258线鸭麻湖至大布段改扩建扎实推进，油公坑至老游溪、侯公渡至江湾等一批公路动工建设，完成农村公路硬底化41千米。改造农村水电增效扩容项目4宗。全县47个重点项目完成投资35亿元，其中省、市重点项目完成年度投资计划的102%。

一年来，我们致力补短板、惠民生，人民福祉不断增进。

脱贫攻坚取得成果。投入帮扶资金6020万元，实施帮扶项目2523个，2376户贫困户获得资产收益分红。完成贫困户住房改造750户。举办专场招聘会15场，开展创业技能培训537人次。贫困家庭学生助学政策全面落实，贫困人口城乡基本医疗保险和大病商业补充医疗保险实现全覆盖。全县有劳动能力贫困人口人均收入达7590元，2927人实现稳定脱贫。

社会保障提标扩面。发放创业小额担保贷款54笔854万元。城镇新增就业1395人，城镇失业人员再就业1115人，城镇登记失业率控制在2.39%。城乡居民基本养老保险和医疗保险参保人数分别达7.2万人和16.3万人。农村、城镇居民最低生活保障标准分别提高到每月400元和580元。医疗救助、临时救助、优待抚恤等政策有效落实。区域性敬老院实行公建民营管理。

社会事业协调发展。完成八一小学、金禧小学和高级中学饭堂改扩建。乳城、大桥通过省教育强镇复评，创建广东省推进教育现代化先进县和教育强县复评通过省督导评估。人民医院新住院大楼投入使用。建成3个镇卫生院公卫楼和公建民营村卫生站24间。双朝节、苦爽酒酿造技艺入选省级非遗项目名录，民族博物馆成为省级非遗传承基地。建成村级综合文化服务中心22个。开展文化惠民活动20场。成功举办瑶族“十月朝”系列活动12项。《铜铃悠歌》获省“五个一工程奖”，《瑶山飞来一群金鸪鸪》获省群众音乐舞蹈花会金奖。创建省民族团结进步示范单位6个，云门寺被评为全国创建和谐寺观教堂先进集体。女子龙舟队摘得第十三届全国运动会龙舟竞赛6枚金牌，夺得省第四届体育大会100米直道竞速冠军。建成农村健身广场10个。

社会秩序和谐稳定。完成村（社区）“两委”换届选举。划定县镇村综治网格1120个，“平安细胞”实现全覆盖，社会治安秩序良好。应急处置及时有效，安全生产形势保持稳定。产品质量、食品药品和粮食安全有效监管。去年，县政府承诺的10件民生实事好事全部得到落实。发展改革、宗教事务、监察、审计、统计、计生、气象、双拥、助残、保密、档案史志、人民防空、社会组织管理、外事侨务和对台等工作有效开展，工、青、妇、工商联、老干部及社会各界人士作用充分发挥，各项事业协调发展。

一年来，我们致力促改革、优服务，行政效能不断提升。

认真学习贯彻落实党的十九大精神，扎实开展

“两学一做”学习教育。完成市场监督、文体旅游、城乡规划、金融服务等机构职能整合。完成行政许可标准化工作。取消、调整行政许可事项34项，清理行政审批中介服务事项18项，编列乡镇权责清单162项。投资项目联合审批系统接入省、市“一门式一网式”政务服务系统。行政审批优化办事环节90个、减少申报材料366项。免除行政事业性收费项目8个和政府性基金3个。落实“无会日”制度。完成企事业单位公务用车制度改革。办理人大代表议案和建议63件、政协委员提案和建议60件，处理网络问政、“民声热线”和县长信箱反映问题585个。

过去一年，我们开拓创新，砥砺奋进，狠抓落实，促进了经济快速发展和保持了社会和谐稳定。这些成绩的取得是县委统揽全局、坚强领导的结果，是县人大、县政协积极监督、大力支持的结果，是全县人民团结拼搏、共同努力的结果。在此，我谨代表县人民政府，向全体人大代表、政协委员，向广大干部群众，向各民主党派、工商联、无党派人士和人民团体，向驻县部队、武警和消防官兵，向离退休老同志，向所有关心、支持乳源发展的社会各界朋友，表示衷心的感谢并致以崇高的敬意！

在看到发展成绩的同时，我们也清醒地认识到，我县经济社会发展还存在一些困难和问题，主要是：县域经济总量偏小，产业结构不够合理，好项目、大项目不多，经济发展后劲不足。生态保护约束强化，项目用地征收、审批困难，部分重点项目推进缓慢。农村发展基础薄弱，民生保障短板凸显，脱贫攻坚和振兴乡村发展任务艰巨。少数干部动力不足不想为、能力不足不善为、担当不足不敢为，服务发展能力有待提高。对此，我们一定高度重视，并采取有力措施，认真加以解决。

2018年工作意见

去年，党的十九大胜利召开，中国特色社会主义进入新时代。进入新时代，我们既迎来了难得的历史发展机遇，也面临新的发展形势任务。党的十九大发出了决胜全面建成小康社会的动员令，实施乡村振兴战略，将更加重视并进一步扶持民族地区、贫困地区和生态功能区发展；省委、省政府将加快实施振兴粤东西北地区发展决定和扶持民族地区发展意见，并着力推动粤北生态特别保护区建设，必将推动民族地区更高质量更有效率的发展；市委、市政府将深入实施加快主动融入珠三角发展总战略，推动产业经济和交通、教育、医疗、人才等方面加快融合发展，这为我县加快振兴发展创造了良好条件。同时，进入新时代，我县也面临发展不平衡不充分的问题，产业发展质量不高，城乡建设不平衡，优质公共服务供给不足，城乡教育、卫生、文化、养老等事业与人民群众追求美好生活的愿望仍有差距，这对我县加快振兴发展和全面建成小康社会带来了一定挑战。因此，我们要团结带领全县人民，抢抓机遇，奋勇争先，围绕抓重点、补短板、强弱项，守底线、创亮点，建设一批重大项目，培育一批重点企业，全面提升公共服务水平，全力推进富裕、美丽、文明、法治新乳源建设，在决胜全面建成小康社会的康庄大道上阔步前行。

2018年，是贯彻落实党的十九大精神的开局之年，是实施“十三五”发展规划的重要一年，也是决胜全面建成小康社会的关键一年。今年，政府工作的总体要求是：全面贯彻党的十九大精神，以习近平新时代中国特色社会主义思想为指导，紧扣社会主要矛盾变化，坚定不移贯彻新发展理念，坚持稳中求进工作总基调，全面落实中央、省、市重大决策，按照县委十二届三次全会的统一部署，统筹抓好稳增长、促改革、调结构、惠民生各项工作。坚持打生态和民族牌，大力发展特色精品高效现代农业、特色工业、生态文化旅游业和商贸物流业，积极培育总部经济和空港经济。坚持以人民为中心的发展思想，加快补齐民生社会事业发展短板，加快主动融入珠三角发展，为全面建成小康社会奠定坚实的基础。2018年政府工作的主要预期目标是：按照县委十二届三次全会提出的要求，力争全县地区生产总值增长9%以上，地方财政一般预算收入增长8%以上，全社会固定资产投资增长12%以上，社会消费品零售总额增长8%以上，城乡居民人均可支配收入增长与经济发展同步，城镇登记失业率控制在3%以内，完成上级下达的节能减排、安全生产等工作任务。

围绕上述目标，我们将重点做好以下工作：

一、坚持项目攻坚不放松，扩大有效投资，进一步增强发展后劲。

把投资拉动作为经济社会发展的重要支撑和引擎，全力推进招商引资和项目建设，加快推动经济社会跨越发展。

精心包装发展项目。加强对上级扶持民族地区、贫困地区和生态功能区发展的政策研究，牢牢把握稳增长、促发展、惠民生的政策机遇，围绕产业经济、基础设施和民生事业等重点领域，包装策划一批发展项目，争取上级政策、资金支持。把握省市推进粤北特别生态保护区和韶关机场建设契机，培育一批新产业、新业态、新动能，打造产业经济发展新引擎。

大力开展招商引资。落实“走出去”行动计划和优化营商环境行动措施，推行委托招商、产业招商、以商招商，发挥长安乳源对口帮扶平台作用，围绕大健康产业、商贸物流、铝箔电子、新型材料、电子信息、装备制造等特色产业，引进一批上下游企业和配套项目，发展壮大特色产业集群。全方位推进农业、旅游、文化和房地产开发等领域招商，力争全年引进项目30个以上、投资35亿元以上。

加快推进项目建设。落实县领导挂点联系重点项目制度，完善项目建设责任倒逼和督查督办、考核通报等制度。实施重点项目三年滚动计划，推进工业园和道路交通、光伏风电等项目征地，竭力破解用地报批、环境容量、信贷融资等要素瓶颈，推动一批新进企业和新上项目加快建设。加快南水水库供水工程和塘头水电站、正觉寺重建等项目建设。力争全县52个重点项目完成年度投资45亿元以上，全社会固定资产投资80亿元以上。

二、坚持转型升级不停步，做强特色产业，进一步壮大经济实力。

围绕优势产业补链、延链、壮链，打造特色产业集群，加快建立现代化经济体系。

打造特色工业集群。加快开发区区位调整，完善园区道路、通信、水电、排污等基础设施，加快清理园区低效用地和盘活闲置厂房。依托韶关机场规划建设航空产业园，培育航空服务、航空物流等产业。全力支持东阳光公司多元化发展，支持铝箔电子材料技术改造和氯氟新材料延长产业链条，加快壮大新能源、大健康产业；支持电容器项目搬迁扩建，力促高纯铝板锭、抗肿瘤药物等项目建成投产，加快形成新的产能。实施“一企一策”扶持措施，支持蓝威科技、永恒实业等企业增资扩产，力促胜蓝电子科技、天然冰片等项目建成投产。力争全年新增“四上”企业10家以上，工业增加值增长9.8%以上。

加快发展现代农业。推进“一片两带”建设，扶持水果、中草药、稻田养鱼等特色农业发展，打响瑶山茶叶、大布腐竹、云门柑橘等农产品品牌。力争新增“三品一标”认证农产品12个。示范推广农业先进实用技术。积极培育新型农业经营主体和职业农民，力争新增县级以上农业龙头企业2家、家庭农场10家，培育一批农业发展公司和农民专业合作示范社。加快农产品电子商务平台建设。坚持举办粤北（乳源）农特产品博览会。推进山塘水库除险加固、耕地提质改造等农田水利设施建设，新建高标准基本农田1333.33公顷。力争全年农业增加值增长3.8%以上。

壮大特色旅游产业。实施“大南岭”全域旅游发展总体规划，立足“山水林瑶禅谷”独特旅游资源，抓好银山南岭温泉、云门阳光湖、古母水度假区、大瑶山西京古道218国际户外运动等项目建设，支持南岭国家森林公园、云门山旅游度假区创建国家AAAAA级景区。抓好旅游名镇、名村建设，全力创建全域旅游示范县。全方位、立体式开展旅游宣传推介，唱响“世界过山瑶之乡”“大南岭生态文化旅游”品牌，进一步扩大乳源旅游知名度和影响力。力争全年旅游接待人数增长10%以上、综合收入增长12%以上。

做强商贸物流产业。发挥民族地区企业所得税优惠政策优势，规划建设总部经济特色小镇，抓好总部经济过渡商务区建设，加快培育区域总部和功能性总部经济。推动硕成化工等企业将公司总部设在乳源，力争引进1－2家大型商贸综合体。实施“互联网+”“云网融合”行动计划，建成粤北农特产品电商物流交易平台，支持物流企业发展。加快推进“三网融合”，深入实施村村通光纤工程，推进4G网络农村全覆盖，提高全县信息化水平。

三、坚持城乡建设不减力，统筹城乡发展，进一步优化发展环境。

坚持城乡发展一体化建设，打造民族风情浓郁、生态景观壮美、宜业宜居宜游的魅力乳源。

强力打造特色县城。推进城南片、城北片改造和二九一片、侯公渡片开发，抓好亿华时代广场、盈翠银湾等项目建设。实施城市道路断面、绿化景观、瑶族风貌、霓虹彩灯等提升工程，抓好鹰峰路建筑外立面瑶族风貌改造和“一江两岸”慢行系统工程建设，完成南北环路生态景观升级改造。推进滨江东路亲水公园建设，建成民族风情园“四馆”和县运动中心、残疾人康复中心。推进北环路和鹰峰东路东段改造，打通朝阳路北段道路。完善城市供电、排污、通信等设施，建成城北片区供水工程。推动人防事业和城市建设协调发展。积极培育和践行社会主义核心价值观，深入开展全国县级文明城市创建活动，全力构建“和美瑶城”。

推动乡村振兴发展。推进桂头航空小镇、一六互联网农业小镇、洛阳森林特色小镇和东阳光精箔小镇、中农批农旅小镇建设，促进一、二、三产业融合发展。深入实施农村人居环境综合整治建设美丽乡村三年行动计划，发挥富丽源振兴开发公司平台作用，推进乳桂公路沿线田园综合体和旅游景观大道建设，推动“五彩瑶乡”省级新农村示范片连线成片。加强古村落保护、古建筑修复和瑶族特色村寨建设，启动瑶族迁移点砖瓦房楼房化改造。实施村村通自来水工程，抓好一六镇供水管网扩建。推进35千伏长溪、古月、必背变电站建设，抓好新一轮农村电网改造。

优化城乡交通网络。规划建设韶连高速公路，加快省道258线鸭麻湖至大布段公路升级改造，推动国道323线乳源段改建和省道250线一级公路改造项目动工建设。加快大布至鹆英、红云至大坪等农村公路改造，抓好云门寺至云门山、大东至岭溪等新建公路建设，推进环瑶山公路建设。

四、坚持生态发展不动摇，筑牢绿色屏障，进一步厚植发展优势。

牢固树立“绿水青山就是金山银山”发展理念，强化生态保护和环境治理，让瑶乡山更绿、水更清、天更蓝、生活环境更美好。

加强生态环境保护。推进自然保护区范围和功能区调整。全力配合做好粤北生态特别保护区范围划定和规划工作，努力打造国家公园。推进新一轮绿化乳源行动，实施森林进城围城、乡村绿化美化等生态工程，加强石漠化综合治理。加快珠江防护林体系建设，开展碳汇造林304公顷，建设生态景观林带106公顷，封山育林333.33公顷。实施环县城山岭、西京古道和环南水湖自行车赛道沿线林相改造。新建森林（湿地）公园1个，力争森林蓄积量达800万立方米。加强森林资源管理，落实森林采伐限额制度，禁止砍伐天然林。

强化生态环境治理。落实中央环保督察反馈意见整改任务。实施“南粤水更清”行动计划，推行“河长制”和“湖长制”管理，抓好南水水库环境综合整治，推进中小河流“三清一护”。抓好大气、水、土壤污染防治和固体废弃物处置，落实畜禽养殖“三区”划定成果，严格控制引进大型畜禽养殖项目。推进镇村生活污水处理设施建设，抓好镇级新型热能垃圾处理站建设和垃圾填埋场整治。强化环境监管网格化管理，严厉打击破坏生态环境的违法行为。实施全民节能行动计划，倡导绿色低碳的生活方式和消费模式。

加快发展绿色产业。牢固树立“生态+”发展理念，积极构建绿色发展的产业结构和生产方式，推动“生态+产业、生态+民生、生态+园区”等发展，把“绿水青山”变成“金山银山”。实行产业准入负面清单管理。大力发展生态经济、循环经济、低碳经济、绿色经济，做大做强绿色工业、生态农业和现代服务业。实施创新驱动和质量强县战略，加强科技创新、产品创新、业态创新、管理创新，加快转变发展方式。加快技术革新应用，推进企业绿色清洁生产。

五、坚持改善民生不懈怠，建设美好生活，进一步增进民生福祉。

把人民群众对美好生活的向往作为政府工作的奋斗目标和努力方向，切实保障和改善民生，让发展成果更多、更公平惠及人民群众。

全面决胜脱贫攻坚。落实“八个到户”措施和“1+N”政策，用好各级扶贫资金。加强资产性收益项目管理，强化“以奖代补”产业扶持和小额贷款扶持，实施一批旅游、光伏、农业等扶贫项目，促进贫困人口增收脱贫。落实社保兜底和教育、医疗、就业保障政策，抓好保障性住房和新农村示范性安居工程建设。坚持脱贫攻坚挂图作战，确保所

有贫困人口实现“两不愁、三保障、一相当”和稳定脱贫，坚决打赢脱贫攻坚战。

切实保障改善民生。加强青年职业技能培训，坚持举办专场招聘活动，支持异地创业务工人员返乡创业就业，力争新增就业人员1100人。落实全民参保登记计划，巩固城乡居民医疗保险和社会养老保险扩面成果。抓好机关事业单位养老保险制度改革工作。加强复退军人服务体系建设，做好医疗救助、优待抚恤、“救急难”等工作，关心困境儿童、农村“三留守”人员和残疾人生活。加强社会福利机构管理，推进乡镇敬老院公建民营管理。

加快社会事业发展。扎实推进义务教育学校“全面改薄”“扩容改薄”工程，抓好大布中心幼儿园和特殊教育学校综合楼建设。推进义务教育现代化学校创建工作，全力创建全国中小学校责任督学挂牌督导创新县和省社区教育实验区。加快县级医院扩容提质，支持与省市医疗机构和镇卫生院开展医联体合作，积极创建卫生强县。实施健康乳源战略，加强全科医生培养，支持医院重点学科和特色专科建设，大力发展瑶医瑶药。抓好人口计生工作。推进瑶族文化生态保护区建设，抓好博物馆布展和基层综合文化服务中心建设，做好瑶族语言文化典藏和瑶族史料整理编纂工作。坚持举办瑶族“十月朝”系列活动，常态开展文化惠民活动，精心筹备自治县成立55周年县庆活动。持续举办大型户外运动活动，打响民族体育和南水湖户外运动品牌。全力备战广东省第六届少数民族运动会。

积极创新社会管理。加强重点行业、重点企业、重点项目和关键环节的风险隐患排查和专项整治，坚决遏制重特大事故发生。强化食品药品和粮食安全监管，严厉打击制假售假行为。加强社会风险隐患排查整治，提高突发公共事件应急处置能力。健全领导干部包案和定期接访制度，抓好人民调解、法律援助工作，及时化解社会矛盾纠纷。推进“平安乳源”建设。强化社会治安综合治理，实施“雪亮工程”，严厉打击各类违法犯罪活动。深入开展民族团结进步创建活动。此外，还要统筹做好发展改革、宗教事务、统计、监察、审计、双拥、保密、气象、档案史志、国防动员、革命老区、社会组织管理、外事侨务和对台等工作，支持工、青、妇、工商联、老干部和民主党派各项工作。

今年，县政府将在抓好以往承诺民生工作的同时，重点办好10件实事好事：1. 减免低收入家庭子女普通高中阶段教育学杂费和住宿费。2. 择址新建县人民医院，实施妇幼保健院、中医院改扩建工程，新建公建民营村卫生站26间。3. 整治县城“五大出口”环境。4. 兴建城南生态公园。5. 建成工人文化宫。6. 打造农村人居环境综合整治示范村84个。7. 实施农村狭窄公路路面拓宽和安全防护工程，完成农村公路硬底化30千米。8. 实施南水水库泄洪河道弃渣整治工程。9. 兴建流浪乞讨人员安置中心。10. 新建农村健身广场10个。

六、坚持深化改革不停顿，创新体制机制，进一步激发发展活力。

推动全面深化改革向纵深迈进，不断激发经济社会发展动力和活力。

深化行政管理改革。推进行政事业单位改革，进一步整合、优化单位职能，提高政府行政效能。推进“放管服”改革，推进职权下沉和服务前移。深化行政审批制度改革，完善投资项目联合审批制度。推进商事制度改革，落实“多证合一”“证照分离”、注册容缺登记制度，推行电子营业执照和全程电子化登记管理。实施“扬帆计划”和紧缺人才引进实施办法，着力引进、培养一批高技术、高技能、高层次和紧缺拔尖等方面人才。

深化经济管理改革。推进供给侧结构性改革，围绕“三去一降一补”，加快“僵尸企业”市场出清，推动房地产市场健康发展；推进金融去杠杆化，规范金融市场秩序，加强风险防范和管控。加强财税体制改革，积极培育财源税源，优化财政支出结构，提高公共财政资金使用效益。深化国有企业改革，支持银源公司资本扩张和明源公司盘活国有资产，做大融资平台。抓好农信社改制工作。

深化农村综合改革。加强村民小组“五有”规范化建设，建立健全村民理事会管理机制，推动农村基层自治事务下沉到村民小组、基层公共服务下沉到行政村。推进农地“三权分置”改革，抓好农村集体产权制度改革试点县工作，推进农村资源变资产、资金变股金、农民变股东改革。完善公共资源交易管理，抓好涉农资金整合工作，强化农村集体“三资”监管。抓好第三次全国土地调查工作。

七、坚持自身建设不松劲，强化责任担当，进一步提升政府效能。

进入新时代，面对新形势、新任务、新要求，要用新理念、新思想指导政府工作，全力开创政府工作新局面。

*加强政府思想建设。*深入学习贯彻党的十九大精神，牢固树立政治意识、大局意识、核心意识、看齐意识，坚决维护党中央权威。按照县委工作部署，扎实开展“不忘初心、牢记使命”主题教育活动，常态抓好“两学一做”学习教育，把学习贯彻党的十九大精神持续引向深入。坚持用新理念新思想武装头脑、指导实践、推动工作，让习近平新时代中国特色社会主义思想在乳源落地生根结硕果。

*加强政府法治建设。*严格按照法定权限和程序履行职责、行使权力，自觉接受人大法律监督、政协民主监督和社会公众监督，广泛听取民主党派、群团组织意见，认真倾听社会各界声音。落实重大事项集体研究和民主决策制度，完善政府党组会议、政府常务会议、县长办公会议、专委会议议事规则。健全政府法律顾问制度，推动参与重大行政决策，推进依法行政。

*加强政府效能建设。*坚持把作风建设作为提高政府执行力的突破口，引导广大党员干部把心思花在谋发展、干事业上，把精力用到抓落实、求实效上。全面落实岗位责任制、首问负责制、服务承诺制、限时办结制，强化权力清单、责任清单、负面清单管理。加强效能监察和行政问责监督，坚决治理为官不为和懒政怠政。抓好政务公开标准化、规范化建设，让权力在阳光下运行。

*加强政府廉政建设。*坚持把纪律和规矩挺在前面，落实党风廉政建设责任制，严格遵守廉洁从政各项规定。加强重大事项、重点项目、重点领域、关键环节的行政监察和审计监督，加强财政资金使用、国有资产运营、公共资源交易等重点领域监管，堵塞行政权力寻租空间。厉行勤俭节约，严格控制“三公”经费和一般性支出，腾出更多的财力来搞建设、促发展、惠民生。

新时代，新征程；新使命，新作为。站在新的历史发展起点上，让我们更加紧密地团结在以习近平同志为核心的党中央周围，在上级党委、政府和县委的坚强领导下，不忘初心、牢记使命，把握机遇、乘势而上，为奋力开创新时代乳源振兴发展新局面、决胜全面建成小康社会而不懈努力！

名词注释

一片两带：城郊观光农业产业示范片和石灰岩山区耐寒耐旱农业产业带、深山区农林经济产业带。

四馆：文化馆、瑶族文化传承中心、青少年活动中心及老干部活动中心等4个场馆。

三清三拆：“三清”是指清路障、清淤泥、清垃圾；“三拆”是指拆危房和残破建筑、拆违章建筑、拆旱厕。

河长制：由各级党政主要负责人担任“河长”，负责相应河湖的管理和保护工作。

三区：禁养区、限养区、适养区。

“五个一工程”奖：中共中央宣传部组织的精神文明建设“五个一工程”评选活动，自1992年起每年进行一次，评选上一年度各省、自治区、直辖市和中央部分部委，以及解放军总政治部等单位组织生产、推荐申报的精神产品中五个方面的精品佳作。这五个方面是：一部好的戏剧作品，一部好的电视剧，一部好的电影，一部好的图书，一部好的理论文章（社会科学方面）。

村（社区）“两委”：村（社区）共产党支部委员会和村民自治委员会的简称。

平安细胞：平安村、平安社区、平安物业管理小区（大厦）、平安工地、平安企业、平安市（商）场、平安校园、平安医院、平安银行、平安机关、平安旅游单位、平安文化娱乐场所、平安车站、平安大道（铁路）、平安家庭等15个方面的简称。

“两学一做”：学党章党规、学系列讲话，做合格党员。

一门式一网式：“一门式”是指整合基层行政审批事项和公共服务事项到一个“门”来办理，实现一窗通办、一次办结；“一网式”是指整合行政审批事项和公共服务事项到一张“网”来办理，做到“前台综合受理、后台分类审批、统一窗口出件”。

社会主要矛盾：人民日益增长的美好生活需要

和不平衡、不充分的发展之间的矛盾。

“四上”企业：规模以上工业企业、资质等级建筑业企业、限额以上批零住餐企业、规模以上服务业企业的统称。

三品一标：无公害农产品、绿色食品、有机农产品和农产品地理标志。

三网融合：电信网络、有线电视网络和计算机网络的相互渗透、互相兼容，并逐步整合的信息通信网络。

田园综合体：是集现代农业、休闲旅游、田园社区为一体的特色小镇和乡村综合发展模式，是在城乡一体格局下，顺应农村供给侧结构改革、新型产业发展，结合农村产权制度改革，实现中国乡村现代化、新型城镇化、社会经济全面发展的一种可持续性模式。

国家公园：国家为了保护一个或多个典型生态系统的完整性，为生态旅游、科学研究和环境教育提供场所，而划定的需要特殊保护、管理和利用的自然区域。它既不同于严格的自然保护区，也不同于一般的旅游景区。

“八个到户”措施：在新时期精准扶贫精准脱贫工作中，实施资产和投资性收益到户、产业帮扶到户、就业服务到户、教育资助到户、危房改造到户、医保救助到户、金融扶持到户、社会保障到户等政策措施。

“1+N”政策：“1”指有扶贫产业，“N”指有若干项扶贫政策措施。

两不愁、三保障、一相当：稳定实现农村相对贫困人口不愁吃、不愁穿，义务教育、基本医疗和住房安全有保障，基本公共服务指标相当于全省平均水平。

困境儿童：流浪的未成年人，因其他原因暂时失去生活依靠的未成年人，包括事实无人抚养儿童、受艾滋病影响的儿童、父母服刑或戒毒期间的儿童、贫困家庭患重病和罕见病儿童等。

农村“三留守”人员：农村留守儿童、留守妇女、留守老人。

雪亮工程：以县、镇、村三级综治中心为指挥平台、以综治信息化为支撑、以网格化管理为基础、以公共安全视频监控联网应用为重点的“群众性治安防控工程”。

放管服：“简政放权、放管结合、优化服务”的简称。

扬帆计划：粤东西北地区人才发展帮扶计划的简称。

三去一降一补：去产能、去库存、去杠杆、降成本、补短板。

五有：有健全的班子、有可行的发展规划、有民主的决策程序、有规范的理财制度、有科学的管理机制。

农地“三权分置”：土地承包经营权分为承包权和经营权，实行所有权、承包权、经营权分置并行。

三资：农村集体经济中的资金、资产、资源。

“三公”经费：政府部门人员因公出国（境）经费、公务车购置及运行费、公务招待费产生的消费。

中国人民政治协商会议
第十届乳源瑶族自治县委员会常务委员会
工　作　报　告

（2017 年 3 月 20 日在政协第十届乳源瑶族自治县委员会第二次会议上）

赵志敏

政协第十届乳源瑶族自治县委员会常务委员会向大会作报告，请予审议，并请列席会议的同志提出意见。

2016 年工作回顾

一年来，在县委的坚强领导下，县政协全面贯彻中共十八大和十八届三中、四中、五中、六中全会精神，深入学习贯彻习近平总书记系列重要讲话精神，紧紧围绕全县中心工作，坚持团结和民主两大主题，积极履行政治协商、民主监督、参政议政职能，充分发挥人民政协协调关系、汇聚力量、建言献策、服务大局重要作用，为主动融入珠三角加快建设新乳源、全面建成小康社会作出了新贡献。

一、发挥优势，服务大局，政治协商更加扎实有效

我们充分发挥政协群体的智力优势，抓住党委政府重视和人民群众密切关注的重大问题，积极调查研究，主动建言献策。

把握全局广泛协商。九届六次会议和十届一次会议期间，组织委员通过大会发言、分组讨论等形式，紧紧围绕县政府工作报告以及全县经济建设和社会发展的重大问题，进行广泛协商议政，所提建议得到党政领导及有关部门的重视和采纳。

民主协商务实有效。市政协副主席、县委书记吴春腾深入县政协与各党派、团体、界别代表人士，就乳源重大决策实施和共同关心的重要问题进行面对面协商，认真听取各界人士的意见和建议。对政协提供的调研、视察报告高度重视，作出批示，要求有关部门和单位研究落实。

选准专题深入调研视察。结合我县的实际，紧扣“六大工程”中心工作，精心组织委员围绕相关专题开展调研，通过走访县直部门、企业、镇村，听取情况通报、召开座谈会等形式，掌握实际情况，提交常委会专题协商后，形成《关于我县贯彻落实〈广东省信访条例〉情况的调研报告》《关于我县少数民族特色村寨建设的调研报告》等调研报告。这些报告翔实、客观分析了存在问题，找出了差距，提出了 11 项有可行性和战略性的意见建议，得到县委、县政府领导和有关方面的充分肯定，许多建议被采纳并付诸实施。带领委员对县看守所监管工作开展专题视察，对县看守所过去一年的工作给予充分肯定，并对今后工作提出多项针对性建议。

二、抓住热点，畅通渠道，民主监督促进工作落实

紧密围绕全社会普遍关注的热点、难点问题，认真开展提案、社情民意、视察等各项工作，想党政之所想，急群众之所急，体民情，察民困，解民忧，取得了良好的效果。

认真做好提案工作。坚持提高质量、务求实效的原则，引导委员围绕乳源经济社会发展的重要问题和重大事项认真撰写提案。完善提案督办的长效机制，坚持党政主要领导和政协班子成员督办重点提案做法，涉及面广、影响大、群众诉求强的重大提案，市政协副主席、县委书记吴春腾，县长邓志聪亲自督办，其他重点提案由政协班子成员分工督办。通过各方努力，做到事事有结果、件件有落实，委员满意率达到100%。九届六次会议以来，委员们共提出提案36件，经审查立案6件，已全部办复和完成。

积极听取情况通报。运用常委会议、各界人士座谈会、党政领导与委员座谈会等形式，听取县政府经济社会发展，县纪委、县法院、县检察院的工作情况通报，有力助推工作开展。

深入开展委员监督。积极鼓励和推荐委员受聘担任特约监督员、陪审员、评议员，进一步拓展了委员监督领域，为全县政风行风建设和政府公信力的提升发挥了积极作用。

三、紧扣中心，一线履职，主动作为助推科学发展

我们积极配合县委抓大事、议大事，当参谋、作助手。积极联系重点工程项目，深入工程建设现场了解掌握存在的困难和问题，主动帮助协调解决。带领机关干部，经常下到各自的联系村或单位指导工作，体察民情，排忧解难。落实领导包案制，多次带队深入县直部门、挂点镇，指导综治维稳、精准扶贫工作，服务全县经济建设和社会发展。按照县委安排，县政协有关领导还担任三个乡镇的精准扶贫专责工作、县重点项目督查工作。

四、广泛联系，团结合作，凝心聚力共促和谐稳定

我们坚持把团结和民主贯穿于各项工作中，不断巩固和发展民主团结、生动活泼的政治局面，充分调动政协委员和各界人士的积极性，较好地发挥了政协的整体优势。

团结各界合作共事。密切与各民主党派、工商联和无党派人士、各人民团体的经常性联系，加强合作共事，发挥积极作用，主动邀请各人民团体、工商联和社会各界人士参加调研、视察、协商等活动，为他们知情参政、建言献策创造良好的条件和宽松的环境。

广泛开展交往联谊。加强与县内委员的沟通，提高政协委员干事创业、参政议政积极性，增强政协组织凝聚力。深化与港澳、珠三角委员的联系，让委员更多地了解县情、乡情，为乳源经济社会发展献计出力。

注重文史宣传工作。编辑出版了《乳源政协》和《同舟共进谱新篇》文史专辑，并以此为载体推动委员学习。加强与新闻单位合作，报道政协动态，组织专题采访，扩大政协社会影响。

五、开拓创新，转变作风，切实加强政协自身建设

我们坚持把加强自身建设作为做好政协工作的重要保障，注重内强素质、外树形象，着力提升政协工作的科学化水平。

圆满完成政协换届工作。在县委的高度重视和坚强领导下，加强与县委相关部门的协调沟通，依照政协《章程》，充分发扬民主，严格工作程序，做好政协委员和政协常委人选的推荐工作。认真组织召开县政协十届一次全会，协商产生了新一届县政协常委会及领导班子，圆满完成了政协班子的新老交替和政治交接。

充分发挥委员主体作用。坚持开展主席会议成员走访委员活动，了解委员工作生活情况，听取委员对政协工作的意见、建议。健全完善委员履职管理机制，加强委员履职管理。坚持优秀政协委员、优秀提案、承办提案先进单位的评先评优制度，激发委员履职积极性。建立了委员微信群，密切委员之间、政协与委员之间的沟通联系。鼓励动员委员积极参与“委员之家”平台互动，更好发挥政协协商民主作用。

提升机关服务保障能力。深入开展“两学一做”专题学习教育，着力打造学习型、调研型、服务型、廉洁型机关，全面加强思想、组织、制度和作风建设，进一步完善机关管理，明确工作岗位职责，不断增强机关干部的全局意识、合作意识、服务意识、创新意识，机关服务水平和保障水平不断提高。

在肯定成绩的同时，我们也清醒地看到，工作中还存在许多不足，比如，探索新形势下协商民主政治建设举措不多，创新协商民主方式不够，民主监督的实效需要进一步增强，调研视察需要更加深入，委员主体作用还有待进一步发挥，等等。这些都有待于在今后的工作中努力改进和完善。

2017年工作意见

2017年是深入实施“十三五”规划的重要一年，是主动融入珠三角加快发展、全面建成小康社会的关键之年，也是十届县政协的开局之年。县政协工作总体要求是：高举中国特色社会主义伟大旗帜，全面贯彻落实中共十八大和十八届三中、四中、五中、六中全会精神，深入学习贯彻习近平总书记系列重要讲话精神，紧紧围绕县第十二次党代会确立的发展战略和总体思路，坚持团结和民主两大主题，围绕中心、服务大局，认真履行政治协商、民主监督、参政议政职能，为主动融入珠三角加快发展、全面建成小康社会贡献智慧和力量。

一、强化学习培训，着力提高履职能力

学习是人民政协的优良传统。我们要把加强学习作为履行职能的第一需要，用科学理论武装头脑，指导实践。坚持自学与集中辅导相结合，组织委员深入学习贯彻以习近平同志为核心的党中央治国理政新理念新思想新战略，统战理论和人民政协知识，中央、省委、市委关于加强政协工作的一系列文件精神。结合政协工作实际，一是举办委员学习培训班，就如何当好政协委员、如何做好提案工作等进行专题辅导；二是举行专题学习会，组织委员继续深入学习《政协章程》、政治协商《规程》和提案工作《规程》；三是组织政协委员参加全县举办的有关专题辅导；四是办好政协自身刊物，印发学习资料。通过形式多样的学习培训活动，切实把各党派团体、各族各界人士的思想行动统一到中央、省委、市委、县委的重大决策部署上来，使广大委员深刻理解县第十二次党代会精神，准确认识和把握我县今后发展的总体思路、奋斗目标和主要任务，进一步增强广大委员履行职能的责任感和使命感，不断提高履行职能的能力和水平。

二、深入调研视察，着力助推改革发展

扎实调查研究，积极建言献策。紧扣“融入珠三角加快发展、全面建成小康社会”的总目标和狠抓“三大主题工作”、大力发展“四大产业”、建设“两区三地”的发展思路，深入开展“我县企业现状”“精准扶贫工作”“特色县城建设”等重要课题，坚持问题导向，深入调查研究，开展多层次的协商议政，形成一批高质量的报告送县委、县政府，积极为县委、县政府建真言、献良策、谋善举。

加强民主监督，促进工作落实。围绕“进一步推进五彩瑶乡建设”“金禧小学和八一希望学校扩容工程”“东平山正觉寺建设”“人民医院住院部大楼建设情况”等专题开展视察，向县委、县政府提出科学合理的意见建议，协助县委、县政府把好事办好、实事办实，切实发挥好政协参谋智囊作用。

开展专题考察，借鉴先进经验。在搞好专题调研、专题议政的同时，各专委会要结合界别特点，选择“美丽乡村建设”“古道开发利用”“公立医院改革”“瑶族文化传承发展”等专题，有计划地组织委员外出学习考察，开阔视野，增长见识，学习借鉴兄弟县市经济社会发展经验，结合乳源实际，形成考察报告，提出对策和建议。

三、坚持履职为民，着力促进民生改善

围绕民生改善履职尽责。积极助推重大民生项目、重点工程建设，结合县政府确定的2017年10件实事好事，密切关注群众创业、就业、增收、社保、住房、入学、卫生医疗和生活环境等方面的民生问题，努力实现全县人民学有所教、劳有所保、病有所医、老有所养、住有所居，提高人民群众的幸福感。积极发动委员参与社会公益事业，倾力为困难群体解难事、做好事、办实事，促进民生改善。

做好提案和社情民意工作。要以提案工作为抓手，进一步提高提案质量、办理质量和服务质量，着力改进督办方式，切实推动提案所提民生类建议的更好落实。要以社情民意信息为载体，深入基层，了解民情，倾听民意，反映问题，使县委、县政府以及各职能部门的领导及时掌握了解广大人民群众的诉求和愿望。

四、坚持团结协作，着力维护和谐稳定

积极参与共建和谐。要把发扬民主、增进团结、协调关系、化解矛盾作为履行职能的重要着力点，关注和关心各界别、各阶层群众的利益诉求，努力协助党委政府做好凝心聚力的工作，广泛宣传县委、县政府的重要战略决策，充分发挥人民政协协商民主重要渠道作用，组织引导社会各界优秀代表参加到政协中来，参与经济社会事务管理。

密切联系各族各界。不断丰富各民主党派、工商联、各人民团体和无党派人士参政议政的内容与形式，拓展广度与深度，巩固和发展多党合作的政治格局；要进一步加强同新经济组织、新社会组织代表人士的联系，引导他们爱国、敬业、守法，鼓励他们为增加社会财富、改善群众生活、促进转型发展多作贡献；要围绕民族宗教政策的贯彻落实，及时了解、反映和协助解决影响民族宗教工作的新情况新问题，巩固和发展平等、团结、互助的民族关系，大力促进民族团结、宗教和谐。

*联谊交流汇聚合力。*一是要继续办好各界人士迎春座谈会。二是加强与港澳地区社会各界的沟通联系，选择适当时机组织港澳政协委员到我县观光考察，以增进他们对乳源经济社会发展的了解，推进区域经济和文化的交流与合作。三是积极走出去，拓展联谊，密切与港澳、珠三角等地各界人士的联系，组织有关人员到港澳、珠三角地区走访政协委员，宣传推介乳源，做好穿针引线工作，争取引进项目、资金、技术，促进乳源经济社会发展。

五、注重务实创新，着力加强自身建设

*健全完善协商民主相关制度。*制定协商议政实施意见，明确协商议政的主要内容、有效方式、相关责任，加强与县委、县政府的工作衔接，共同制定年度协商计划，有序组织好会议协商、专题协商、对口协商、提案办理协商等，促进协商民主广泛多层制度化发展。

*加强委员队伍建设。*出台委员履职工作规则，对履职内容、履职方式、履职保障和考核等方面作出明确规定，建立委员履职档案，对委员履职情况进行量化考评，考评结果作为评选优秀委员和下届是否提名的主要依据。通过健全完善委员履职管理长效机制，充分调动政协委员的履职积极性，进一步提升履职水平，充分发挥政协委员的主体作用。

*强化专委会建设。*组织专委会成员深入开展视察、调研和考察活动，丰富专委会活动内容，增强专委会的凝聚力和影响力。

*加强政协机关建设。*强化机关干部的学习教育和日常管理，提高全局观念和服务意识，增强协调能力和统筹能力，努力造就一支“人品好、人缘好、形象好、履职好”的政协干部队伍，着力建设学习型、和谐型、服务型、创新型、活力型的“五型”机关。

2017年是立足新起点、抢抓新机遇、实现新跨越的关键一年。使命因担当而光荣，履职因有为而精彩。我们一定不辱使命、不负众望，坚定理想信念，锤炼道德品行，增强履职能力，积极投身乳源改革发展大潮，谋大计，议大事，为大局，聚合发展之力，激发人和之气，成就跨越之势！让我们更加紧密地团结在以习近平同志为核心的中共中央周围，在中共乳源瑶族自治县委的坚强领导下，不忘初心、逐梦前行，撸起袖子加油干，扑下身子抓落实。为推动乳源加快融入珠三角，全面建成小康社会而努力奋斗，以优异的成绩迎接中共十九大和省第十二次党代会胜利召开！

大　事　记

1　月

1月4日　《广东省瑶族文化（乳源）生态保护试验区总体规划》（简称《总体规划》）评审会在乳源召开，副县长梁丽娟及县直有关单位负责人参加评审。

1月5日　市妇联主席汪波一行走访慰问游溪镇上营村乳腺癌患者，并送去棉被、油等慰问品及“贫困妇女两癌”救助金。随后，汪波一行先后到一六镇团结村“妇女之家”示范点、乳源瑶族自治县牧草源农场（小香猪养殖基地）进行调研。县委常委、组织部部长伍梅华及县妇联等相关单位负责人陪同。

1月7日　副省长邓海光到乳源督导检查中小河流治理工程情况，了解项目资金落实、建设管理、工程质量及河长制等事宜。市委书记江凌，市长骆蔚峰等及县有关领导陪同。

1月10日　乳源瑶族自治县举办“数字乳源”地理空间框架建设项目成果发布推广会。市、县、镇有关部门负责人及数字乳源地理空间框架建设试点工作领导小组成员单位代表、项目验收专家组全体成员参加推进会。会上，验收专家组一致认为数字乳源地理空间框架建设达到预期目的，通过验收。

1月13日　省金融办率检查组到东坪镇检查验收农村普惠金融“村村通”建设工作。检查组先后到县综合征信中心、东坪镇新村村委会、金融（保险）服务站和助农取款服务点了解县综合征信中心建设、运行情况以及东坪镇信用户、信用村创建、金融（保险）服务站、助农取款点建设等各项试点工作开展情况。

1月13日　乳源召开各镇和县直党（工）委书记抓基层党建工作述职评议会，市委组织部派出人员到会指导。吴春腾、邓志聪、林昌卫、赵志敏、张军等县领导，以及县委党建工作领导小组和基层治理领导小组正副组长及成员，各镇党委书记、组织委员，县直属机关工委书记，明源公司、银源公司党委书记，“两代表一委员”、基层党员干部、群众代表等参加评议会。会上，各镇党委书记，县直属机关工委书记，银源公司、明源公司党委书记围绕履行抓基层党建工作责任情况、推进落实基层党建重点工作情况、2015年度述职评议考核中查摆问题的整改情况、对基层党建工作存在问题的分析和解决对策等方面内容进行述职，与会人员对全体述职人员进行评议。

1月16日　县人民法院举行“首批入额法官集体宣誓仪式”，14名被确定入额的法官参加宣誓仪式。

1月17日　乳源保障性住房怡乐居分配仪式在县住建局举行，来自79户困难家庭代表及相关单位负责人参加分配仪式。

1月18日　乳源瑶族自治县人民政府与广东温氏食品集团股份有限公司签订一体化养鸡项目投资合作框架协议，双方就提升乳源现代农业水平、发展养殖产业达成合作共识。副县长唐保生，县政协副主席黄寿生，广东温氏食品集团股份有限公司执行董事严居能，温氏联营公司总经理简仿辉及相关部门负责人参加签约仪式。

1月20日　乳源召开“西京古道保护规划编制汇报会”。广东省文物考古研究所负责编制“西京古道保护规划”相关人员、县文广新局、县住建局、县旅游局、县民宗局、南水湿地公园等相关单位负责人及大桥镇、东坪镇的负责人参加会议，副县长梁丽娟及县文史专家许化鹏出席会议。会议上，广东省文物考古研究所介绍西京古道保护规划编制情况，与会者就规划编制修改完善提出意见和建议。

1月22日 由市政协副主席、县委书记吴春腾，县委副书记张军，县委常委、县委组织部部长伍梅华，县委常委、县委办主任秦正京等领导分别率慰问组，走访慰问离退休老干部盘才万、邓中兴、邓运良、梁家珍、莫瑞福、胡又新、陈莲花等。

1月23日 乳源召开2017年全县精准扶贫工作会议。会议通报韶关市考核组考核乳源年度精准扶贫工作成效情况，总结2016年全县精准扶贫工作情况，部署2017年度精准扶贫工作任务。2016年全县投入帮扶资金1.16亿元，完成年度脱贫人口1454户2514人，超额完成2500人的年度脱贫任务，全县的脱贫攻坚工作呈现起步较早、开局良好、初见成效的局面。

1月23日 南岭国家森林公园、云门山景区成立“旅游巡回法庭”景区工作室。市旅游局相关负责人，县委常委、县委宣传部部长谢向军，副县长梁丽娟，县人民法院、县旅游局、乳城镇、大桥镇以及县旅游协会相关负责人出席揭牌活动。

1月25日 市委副书记、市长骆蔚峰，市人大常委会副主任邓小杰一行到乳源大桥镇，看望慰问该镇五保户、低保户、残疾人、贫困户和困难优抚对象等弱势群体。

1月26日 市委书记、市人大常务委员会主任江凌率队调研乳源瑶族自治县西京古道保护开发和“五彩瑶乡”省级新农村示范片建设情况。市领导孔云龙、王伟阳，县领导吴春腾、邓志聪等及市、县相关部门负责人参加调研。江凌实地考察大桥镇观澜书院、西京古道梯云岭路段、乳城镇云门村兴隆自然村。

1月 由市科技局组织专家鉴定乳源南岭智能家用机械有限公司完成的“节水型即热自动翻盖直冲式智能坐便器集成研究及产业化”、乳源瑶族自治县东阳光化成箔有限公司完成的“高比容高强度化成箔技术开发”和广东南岭国家级自然保护区管理局完成的“广东南岭山地植物综合调查研究及应用”等三项科技成果达到国内领先水平。

1月 由乳源本土作家许化鹏作词、广东曲作家梦竹、雁峰作曲的原创歌曲《瑶乡恋歌》，荣登CCTV《2017新春原创音乐会》获金奖。

1月 春节7天乳源共接待游客72.21万人次，与2016年同期增长10.37%，旅游综合收入4.9亿元，与2016年同期增长8.14%。

2　月

2月4日 乳源在县政府广场举办2017年“南粤春暖”企业现场招聘会，招聘会共进场招聘企业35家，进场求职人数达3000多人次，提供就业岗位2000多个，达成就业意向人数735人，现场录入人数398人。

2月4日 乳源在政府广场举行升国旗仪式，吴春腾、邓志聪、林昌卫、赵志敏、张军等县四套班子领导及县直部门正副职及上级直管部门主要负责人、县政府大院全体干部职工参加升旗仪式。

2月10日 市政府副厅级干部王伟阳到乳源开展“西京古道保护利用”专题调研。副县长梁丽娟汇报“西京古道保护利用”工作情况，县旅游局、住建局、文广新局、教育局等部门负责人汇报对口项目进展情况。

2月14日 乳源召开2017年第三次全国农业普查推进工作会议。县委常委、常务副县长许益云，各镇镇长、分管领导、业务员，县农普办成员等参加会议。县人民政府与各镇签订农业普查责任书。

2月15日 全县农村危房改造工作推进会在县住建局六楼会议室召开。

2月16日 省统计局巡视员梁彦一行到乳源检查督导第三次农业普查工作，市统计局局长杨水养等陪同。检查组与镇、村“两员”干部进入普查小区，采取抽取部分农户、规模户和单位进行登记过程的演示、PDA录入及上报工作检查方式，解答就镇、村普查员、普查指导员遇到的重点、难点问题。

2月17日 中共乳源瑶族自治县第十二届纪律检查委员会第二次全体会议在县政府中心会堂举行。县领导吴春腾、邓志聪、林昌卫、赵志敏、张军等四套班子领导出席会议，县纪委委员，各镇、县直单位、上级直管单位主要负责人、纪检组组长，县纪委副科以上干部参加会议。会议期间开展述责、述廉、述德（三述）活动。

2月20日 县长邓志聪，县委常委、常务副县长许益云，副县长、公安局长杨云及各镇政府主要负责人，安委会各成员单位主要负责人在乳源分会场收听收看省政府召开安全生产工作电视电话会议，会议传达贯彻落实省委书记胡春华关于安全生产工作的重要指示批示精神，分析研判安全生产形势，部署2017年全省安全生产特别防护期重点工作。

2月21日 省旅游局局长曾颖如率省旅游局办公室、规划发展处及旅游专家一行到乳源开展县域旅游发展情况调研考察。市长骆蔚峰，市政府副厅级干部王伟阳，市政协副主席、县委书记吴春腾等领导和市、县相关部门负责人陪同。

2月23日 市委同意：张健和挂任中共乳源瑶族自治县委委员、常委；免去戴浩平中共乳源瑶族自治县委常委、委员职务。

2月24日 乳源召开“2017年度全县一村（社区）一法律顾问工作业务培训会议”。参加会议有全县基层司法所工作人员，负责乳源村（社区）法律顾问工作的律师事务所主任及驻村（社区）律师共50余人。

2月24日 由省老龄办、省老科联组成的调研组到乳源开展“银龄行动”工作调研。调研组在县民政局召开“调研会”，县民政局、县教育局、县卫计局、县农业局和县林业局等相关部门派人参加会议。会后，调研组一行到一六镇团结村皇帝柑生产基地现场察看果树生长和传授皇帝柑种植技术。

2月24日 市委召开中心组学习（扩大）会议暨第一期韶关学习论坛。县长邓志聪、县人大常务委员会主任林昌卫、县政协主席赵志敏等县四套班子领导及县直有关部门负责人在乳源分会场收听收看电视电话会议。会议主要讲授《关于新形势下党内政治生活的若干准则》和《中国共产党党内监督条例》。

2月 北京意维地景规划院资深专家、规划设计师等一行乳源开展县域调研考察，组织编制《乳源瑶族自治县全域旅游发展总体规划》。规划组先后到云门山旅游度假区、西京古道、天井山国家森林公园等景点进行实地考察调研。

3　月

3月4日 团县委、县志联会在县政府广场举行主题为“传承雷锋精神，弘扬时代新风”2017年全民学雷锋志愿服务行动月活动启动仪式，活动现场设置法律政策咨询、消防安全咨询、用电安全咨询、健康咨询与义诊、免费理发、修补鞋子衣物、义卖助学等多个便民利民的志愿服务项目点，设置关于雷锋事迹的图片展览及派发学习倡议书专区。

3月8日 省林业厅厅长陈俊光到乳源检查指导春季造林工作。市林业局领导，县委副书记张军，副县长唐保生及县林业局相关领导陪同。陈俊光到县城周边查看森林景观改造工程，对乳源造林绿化工作表示肯定，希望乳源加快春季造林工作进度，要严把造林植树各个环节质量，确保在春季雨水充足季节完成种植。

3月9日 乳源召开县消费者委员会成员单位联席会议。县委常委、常务副县长许益云出席会议并讲话。会议总结乳源2016年消委会的主要工作情况，明确2017年的工作要点。2016年，县消委会共受理消费纠纷投诉39宗，成功调解39宗，调解成功率为100%，成功为消费者挽回经济损失6.34万元。

3月10日 市委常委、副市长万卓培到乳源调研对口帮扶工作和产业发展情况。万卓培先后实地走访调研中农批公司、东阳光公司、长安乳源对口帮扶指挥部，深入到企业生产车间，实地察看企业的建设和生产情况。

3月13日 共青团广东省委书记池志雄一行到乳源开展共青团改革工作专题调研，召开专题座谈会，听取各界青年代表对共青团改革工作的意见和建议。市政协副主席、县委书记吴春腾，县委常委、县委组织部部长伍梅华出席会议，共青团韶关市委、乳源团县委负责人以及各界青年代表参加会议。

3月14日 乳源瑶族自治县第十二届人民代表大会常务委员会第四次会议决定：任命张健和为乳源瑶族自治县人民政府副县长。

3月15日 全市春耕备耕暨农业科技、放心农资、农业机械“三下乡”联合活动在乳源桂头镇举行。副市长许志新，副县长唐保生以及市、县农业部门有关领导参加活动，活动现场设立咨询处，设立展示区，展示机耕、机播、机插等先进的农业生产机械和科技产品。

3月16日 乳源召开2017年全县春季重大动物疫病防控工作会议。副县长唐保生和县防控重大动物疫病指挥部成员单位负责人，各镇镇长及分管领导，畜牧兽医水产站站长参加会议。

3月16日 大桥镇在盘龙祠门前举行“2017年春季乳源民俗文化旅游节暨契娭生日活动”。来自大桥行政村、岩口村、红星村、红云村及周边村、必背镇部分村庄等地1000多名村民参加活动。

3月17日 乳源召开“2017年全县宣传思想文化工作会议暨创建全国县级文明城市攻坚会议”。吴春腾、林昌卫、赵志敏等在家四套班子领导，各镇党委书记、宣传委员，县直及上级直管各有关单位主要负责人等共180多人参加会议。会上，副县长梁丽娟总结全县2016年度文化工作，部署2017年全县文化工作任务。县委常委、县委宣传部部长谢向军通报全县2016年度宣传思想和创文工作，部署2017年全县宣传思想和创文工作。县住建局、县公安局、县市场监督管理局（工商）、县教育局，乳城镇等5个单位负责人作创文工作表态发言。

3月20日至21日 中国人民政治协商会议第十届乳源瑶族自治县委员会第二次会议在县政府中心会堂召开。市政协副主席、县委书记吴春腾，县领导邓志聪、林昌卫、张军、赵志敏、陈松海、刘宏美、黄寿生、吴巧英、释明向、禤继文等出席会议。县政协副主席陈松海主持会议。大会应出席委员150人，实到委员120人。县政协主席赵志敏向大会作政协工作报告。会议期间，书面传达学习省政协十一届五次和市政协十二届一次会议精神，并就如何当好政协委员对参会委员进行专题学习培训。下午，参会的政协委员实地视察鲜明八一希望学校、县中医院、中农批以及雕子塘新村。21日，中国人民政治协商会议第十届乳源瑶族自治县委员会第二次会议在县中心会堂闭幕。

3月21日 县第十二届人民代表大会第二次会议在县政府会场召开，县领导吴春腾、邓志聪、林昌卫、赵志敏等出席会议。大会应出席代表162人，实际出席代表156人，符合法定人数。大会由县人大常务委员会副主任朱均玉主持。县委副书记、县长邓志聪代表县人民政府向大会作政府工作报告。县人大常务委员会主任林昌卫向大会作人大常务委员会报告。会议听取县人民法院和县人民检察院的工作报告。审查县2016年国民经济和社会发展计划执行情况与2017年计划草案报告。审查县2016年财政预算执行情况和2017年预算草案的报告。驻县的全国、省人大代表和市十四届人大代表，县委常委，原县十一届人大常务委员会领导，县人民政府领导，部分离退休老干部，县人民法院副院长、县人民检察院副检察长，县政府组成部门负责人、县直副科以上行政事业单位的正职、垂直管理单位负责人和出席县政协十届二次会议的政协委员等列席会议。

3月23日 县道358线（K14+800）处路段东田—老东坪路段发生上边坡塌方，塌方覆盖路面长60米、宽7米。塌方量约2000立方米，该塌方造成交通中断。县交通运输局与地方公路养护人员组织12名抢险人员，2台50型号铲车，1台挖掘机和6辆大型运输车，对塌方路段前后方进行全面抢通工作，于24日下午15点30分恢复正常通车。

3月25日 乳源首届采茶节暨“2017”云锦杜鹃观赏节在洛阳镇举行。韶关市旅游局局长林炜东，副县长梁丽娟，县旅游局、县农业局等单位负责人和近400名游客参加活动。

3月27日 省委、省政府召开全省村（社区）“两委”换届选举工作电视电话会议，动员部署2017年村（社区）“两委”换届选举工作。市政协副主席、县委书记吴春腾，县长邓志聪，县委副书记张军等县领导以及相关单位负责人在乳源分会场收听收看会议。

3月28日 团县委在乳源中学组织开展第二届寻找“最美南粤少年”评审会，参加评审会的评委有来自各校的教师代表、学生代表以及媒体代表共计10位。活动通过评比美德好少年、创新好少年、智慧好少年、才艺好少年、活力好少年、自强好少年等6项类别的好少年，传递青少年的青春活力，为全省中小学生选树身边的“好榜样”。

3月30日 韶关市“县域振兴发展工作（西

片）会议”在乳源召开。会上，浈江、武江、乳源、乐昌4个县（市、区）分别汇报各自经济社会发展工作情况和需市政府支持协调的重大事项。市政府分管领导及市有关部门负责人就相关问题现场作出回应。市领导朱余旺、高冬瑞、李欣、刘清生、吴春腾，县领导邓志聪、许益云、张健和，市有关部门负责人，各县（市、区）及相关单位负责人参加会议。

3月30日 “乳源瑶族自治县义工协会成立大会”在县政府广场举行，县领导许益云、吴巧英出席大会，县委常委、常务副县长许益云在大会上致辞。县关工委主任、县政协原主席费玉海，县委宣传部、县妇联、团县委、县总工会、县老干局、县关工委、县残联及市、县相关部门及行业负责人、义工代表等参加大会。

3月31日 乳源与中国燃气控股有限公司签署战略合作协议。副县长龚民，中国燃气华南区域总经理张丙爱就持续深化合作进行交流座谈，并分别代表双方签署协议。县经促局、县住建局及中国燃气华南区域公司有关负责人出席签约仪式。

3月 国家民委发布《关于命名第二批中国少数民族特色村寨的通知》，全国共有717个村寨予以命名挂牌，游溪镇中心洞村民委员会政研瑶族新村获第二批“中国少数民族特色村寨”命名挂牌。

3月 中央统战部、国家宗教事务局决定授予299个宗教活动场所“第三届全国创建和谐寺观教堂先进集体”荣誉称号，乳源云门山大觉禅寺是广东省获此荣誉称号的8个单位之一，也是韶关市唯一受此荣誉的单位。

3月 广东省民族宗教委命名表彰第一批全省民族团结进步创建活动示范单位，全省共85个单位获此荣誉称号，乳源的游溪镇人民政府、东阳光实业发展有限公司、瑶乐居小区、乳源高级中学、民族实验学校、云门山大觉禅寺等6个单位获评“第一批广东省民族团结进步创建活动示范单位”。

4　月

4月7日 乳源在县政府会场召开“全县农业农村和扶贫开发工作会议”。市政协副主席、县委书记吴春腾，邓志聪、林昌卫、赵志敏、张军等县领导以及各镇党委书记、镇长等参加会议。县委副书记张军总结过去一年农业农村和扶贫开发工作，对2017年的工作进行安排部署。副县长唐保生通报乳源2016年度先进新型农业经营主体表彰奖励名单。

4月7日 由省立中山图书馆副馆长倪俊明、省文化馆副馆长郑小阳等专家、领导组成的检查验收组到乳源验收检查第一批图书馆总分馆试点建设工作。检查组先后到乳城镇分馆、云门村委服务点，桂头镇分馆、东岸村委服务点以及县图书馆就图书馆总分馆和基层服务点检查，就图书馆总分馆组织保障、服务基础、资源调配、人员队伍建设以及台账管理等方面工作提出指导意见。市文广新局副局长黎阳升，县委常委、县委宣传部部长谢向军及市、县文广新局、图书馆、文化馆有关负责人陪同。

4月10日 香港食物及卫生局局长高永文及新界首长社团联谊会一行40余人到乳源侯公渡中心小学和大桥中心小学开展奖教奖学金颁奖活动，发放奖教奖学金11万元，受奖教师84名、学生138名。县关工委主任、县政协原主席费玉海，副县长梁丽娟及教育局、乳城镇、大桥镇有关领导参加活动。

4月11日 国家宗教事务局宗教研究中心副主任加润国一行5人到乳源云门山大觉禅寺进行调研。调研组员实地察看云门寺的寺院设施、寺院文化和佛学院建设情况，对云门寺近年来寺院发展、管理运作以及景区旅游开发情况、存在问题等方面进行详细了解。市政府副厅级干部王伟阳，市政协副主席、县委书记吴春腾，市民宗局局长文清年，县委常委、县委统战部部长简连英陪同。

4月11日 省文化厅党组书记汪一洋一行到乳城镇综合文化站、东坪镇新村雕子塘综合性文化服务中心、县博物馆、县传习馆、县图书馆调研公共文化建设情况。副市长高冬瑞，市政协副主席、县委书记吴春腾，市、县文广新局相关领导陪同。

4月11日至12日 县食安办联合县教育局、县工商管理局、县住建局、县食药监局等部门分别对县第一小学、金禧小学、乳源中学、乳城镇中心小学四所学校周边的小商店、小摊贩进行为期2天的食品安全整治检查。

4月12日 省中医药管理局长徐庆锋率组到乳源开展基层中医药服务能力提升督导调研。督导组一行先后到县中医院、县人民医院，就中医院升级建设项目、治未病平台项目、民族医特色科室调研督导，详细了解建设进展情况、资金投入等情况。副市长高冬瑞，市政协副主席、县委书记吴春腾，副县长梁丽娟及10个县市区卫计有关负责人、省市县相关工作人员陪同。

4月12日 广东省经济和信息化委何荣副主任一行到乳源调研产业共建和省产业转移工业园新落地项目、在建项目和新投产项目建设进展情况。副县长李明华，县经促局和县开发区相关人员陪同。

4月14日至16日 香港乳源同乡联谊会会长魏事成一行36人到乳源开展“寻迹瑶乡”系列活动，为县民族实验学校校师生捐赠价值2.5万元的文具、体育用品1批。县委常委、县委统战部部长简连英，县委统战部、县驻香港办事处等有关领导参加活动。

4月18日 省妇幼保健协会联合省红十字会、广州健朗医用科技有限公司到乳源妇幼保健院开展“情系瑶区、关爱妇幼”义诊暨物资捐赠活动。捐赠价值10万元孕产妇用品1批。省妇幼保健协会终身名誉会长、广东省卫生厅原厅长黄庆道，省妇幼保健协会副会长兼秘书长曾广辉，省红十字会副部长魏宝玲，副县长梁丽娟，广州健朗医用科技有限公司总经理助理冯庆元以及省妇幼保健协会、韶关市妇幼保健院、广州市海珠区、天河区妇幼保健院、广州市妇女儿童医疗中心的专家等出席义诊暨物资捐赠仪式。

4月18日 湖北长阳土家族自治县人大常委会副主任李晓英率调研组一行7人到乳源考察学习森林资源保护立法工作。县人大常委会副主任邓国雄，县人大内务司法工委、经工委相关人员，县林业局负责人陪同。

4月20日 广东省社会体育中心主任麦良率省户外体育赛事承办单位、宣传媒体及竞赛服务团队工作组，共23人在乳源召开座谈会，商议2017年省三项户外体育赛事有关事宜。市体育局副局长胡强，副县长梁丽娟及县有关单位负责人参加座谈会。

4月20日 省政府召开全省水利与三防工作会议，总结2016年全省水利与三防工作，研究和部署2017年全省水利与三防工作。县长邓志聪、副县长唐保生，县三防指挥部成员单位负责人，各镇镇长、分管领导，县水务局股级以上干部共70余人在县电信局二楼会议室参加会议。

4月21日 乳源在县政府会场开展无偿献血活动。来自各单位的干部职工们共有35人成功献血，献血量10000多毫升。

4月21日至23日 财政部农村水电增效扩容改造绩效评价工作组及水利部水电局、省水利厅农电局等有关领导到调研农村水电增效扩容改造工作。工作组到县水务局查阅全部工程项目的审批、招标、建设、完工验收等资料，与改造电站业主召开座谈会，并到电站实地查看改造成果。工作组对乳源农村水电增效扩容改造工作给予高度评价，认为乳源工作开展扎实，项目管理规范，建设程序完善，效益提高明显，总体成绩显著，在广东省起到示范作用，“十三五”期间将继续关心支持乳源农村水电增效扩容改造工作。

4月22日 2017年“海联茹果杯”全国柔道锦标赛暨第十三届全运会柔道项目结束。乳源籍运动员邓丽娟获全国柔道锦标赛女子70公斤级第3名。

4月24日 县总工会召开十一届九次全委（扩大）会议，县委组织部相关领导出席会议并作讲话，十一届委员会委员、县总工会全体工作人员参加会议。会议听取和审议乳源瑶族自治县总工会关于2016年度财务和经审工作情况报告。审议通过乳源瑶族自治县总工会第十一届九次会议决议。并通报表扬2016年乳源瑶族自治县合格职工之家。

4月26日 由县委宣传部、县文广新局主办，县总工会、县银源公司承办主题为“中国梦·劳动美”的“激情广场·幸福乳源”2017年“企业之光”文艺晚会在县政府广场举行。县委常委、县委宣传部部长谢向军，县人大常委会副主任邱波，县人大常委会副主任、县总工会主席许尔金等领导出席晚会。晚会现场，县领导为荣获先进集体和个人颁发牌匾和证书，其中南水发电公司荣获省模范职工之家称号、日本电产三协电子（韶关）有限公司荣获省“五一”巾帼奖称号，东阳光实业发展有限公司工会副主席应旺萍被评为省优秀工会工作者，县自来水分公司、污水处理厂、鹰咀石电站、龙谷电站、上狮电站等5个单位工会被评为县级合格职工之家。

4月26日 县工商业联合会（总商会）召开第六次会员代表大会。大会审议并通过县工商业联合会（总商会）第五届执行委员会工作报告。大会选举产生县工商业联合会（总商会）第六届执委会委员47名；第六届执委会一次会议选举产生主席1人、专职副主席1人、副主席10人、秘书长1人，曾庆明当选为新一届执委会主席。市委统战部副部长孔庆红、市工商联主席张红伟、市工商联副主席陈岳峰，县领导张军、简连英、吴衍雄、吴巧英、禤继文等出席会议。

4月26日 乳源召开全县水利与三防工作会议，安排部署2017年工作任务。副县长唐保生，各镇镇长、县三防指挥部成员单位分管领导，县水务局班子成员、有关股室负责人和有关水电站负责人等参加会议。会上县级与镇级之间签订《乳源瑶族自治县防汛工作责任书》。

4月27日 广西壮族自治区百色市右江区人大常委会主任谭振宁率区人大考察组到乳源考察学习国家湿地公园建设管理工作做法和经验。县人大常委会主任林昌卫、副主任许尔金，县人大经工委，南水湖湿地公园管理处有关负责人陪同。

4月27日 广东省民族宗教事务委员会党组副书记、巡视员李秀英率考察组一行7人到乳源考察第六届全省少数民族运动会申报工作。考察组先后到民族实验学校、南水发电公司、小岛饭店、乳源中学和丽宫国际温泉酒店，实地考察了解乳源申报第六届省少数民族体育运动会的场馆建设、各类比赛项目场地设置及餐饮住宿情况。市、县有关领导及单位负责人陪同考察。

4月 县人大常委会党组书记、主任林昌卫，副主任朱均玉、赵雷率由县人大机关部分工作人员组成的考察组，赴连南瑶族自治县和连山壮族瑶族自治县交流学习考察人大立法工作。

4月 省政协副主席温思美率领省政协调研组一行，围绕“我省宗教院校与宗教人才队伍建设”专题到乳源调研。调研组到乳源云门寺，重点了解乳源宗教院校与人才培养和队伍建设情况。市政协副主席王德雄，县政协主席赵志敏，副主席黄寿生、释明向，市、县民宗局等有关部门负责人参加调研。

4月 乳源旅游巡回法庭首个受理案件在必背旅游景区就地一审宣判。副县长梁丽娟，县人民法院、县旅游局领导及当地瑶族村民现场旁听宣判。属乳源设旅游巡回法庭后受理的第一个案件。

4月 广东省文化厅公布第三批省级非物质文化遗产传承基地入选名单，乳源民族博物馆成为乳源第二个获得命名省级非遗传承基地的单位。

4月 广东救援辅助队（香港）协会到乳源开展徒步筹款助学助医活动。县领导许益云、许尔金和县教育、卫计等相关单位领导及乳源救援辅助队成员、香港爱心人士、县爱心人士等参加此次活动。活动期间，乳源正式成立救援辅助队特勤组。

5　月

5月5日 省委改革办协调处处长刘德伟率队到乳源开展“五有规范化”建设调研，并到乳城镇农村集体“三资”管理服务中心、东坪镇新村农村集体“三资”管理服务中心实地考察。调研组指出，乳源要继续大力探索基层试点改革工作，探索完善体制机制建设，在工作上求创新出特色，助力地方经济社会和谐发展。市有关部门负责人、县委常委、县委办主任、县委改革办主任秦正京及县相关部门负责人陪同。

5月5日 乳源召开学习贯彻习近平总书记对广东工作重要批示精神专题报告会。参加会议有县委中心组成员，常规列席成员及中心组学习秘书，各镇党委书记、镇长、宣传委员，县直及上级直管各单位班子成员，县政府大院内其他干部等近250人。

5月5日 县气象局与韶关学院就合作共建“韶关学院实习基地”签署合作协议和举行挂牌仪式。县气象局负责人与韶关学院旅游与地理学院院长同为“实习基地”揭牌。副县长唐保生出席仪式。

5月6日至7日 香港旭日扶轮社爱心人士一行13人到乳源桂头小学、民族实验学校、中等职业技术学校、高级中学、第一小学开展助学活动，共捐资44万元。

5月10日 2017年全县“体彩杯”干部职工体育运动会在县体育馆举行，来自县直机关、企事业单位共42个参赛单位参加开幕式。市体育局副局长林静，县领导朱均玉、梁丽娟、刘宏美等出席开幕式。运动会共设置跳绳、羽毛球、拔河、乒乓球、篮球、足球、健身操等七个项目。

5月10日 省环保厅生态与农村环境保护处处长朱经发一行到乳源开展农村环境综合整治工作调研。副县长李明华，县委农办、县环保局等相关负责人陪同。

5月11日 乳源召开普通高考相关单位联席会议，部署2017年普通高等学校招生考试工作。副县长梁丽娟及县教育局等招生委员会成员单位负责人参加会议。全县2017年共有高考考生1293名，其中普通类考生1258人，高职类考生35人，考场45个。县招生委员会与各成员单位签订《乳源瑶族自治县2017年普通高等学校招生考试相关部门工作责任书》。

5月12日 第十三届中国（深圳）文化产业博览交易会在深圳召开。副县长梁丽娟带领县政府办及县文化、旅游部门有关负责人到会参加文化展览交流活动。乳源的国家级、省级非物质文化遗产项目《瑶族刺绣》《乳源瑶族服饰》展品在深圳文博会参展。韶关市委常委、市委宣传部部长柳琛子以及市文广新局副局长梁成斌到韶关展厅指导工作，看望工作人员。

5月12日 乳源115个村（居）民委员会换届选举工作在全市率先完成，共选举产生村（居）委主任、副主任各115人、村（居）委委员262人，其中：115名村（居）委主任中，党员104人、妇女9人。

5月15日 乳源创建全国县级文明城市网格化管理启动仪式在县政府会场举行。吴春腾、邓志聪、林昌卫、赵志敏、张军等县四套班子领导、78个创文网格化管理责任单位一把手、县创文办全体人员、联合执法队人员、创文志愿者共300多人参加启动仪式。

5月15日 韶关市水产管理局会同县畜牧兽医水产局将2万多尾禾花鲤鱼苗送到一六镇稻田养鱼示范户田边，标志着乳源2017年稻田养鱼正式拉开序幕。

5月15日 省农业厅土地确权调研督导组一行5人及市、县农业局领导到桂头镇调研农村土地承包经营权确权登记颁证工作进展情况。调研组听取桂头镇人民政府关于确权登记颁证工作进展情况汇报后，与县农业局领导和相关业务负责人、测绘技术单位负责人座谈，详细了解在确权登记颁证工作中取得的成效、存在的难点和问题，提出一系列意见建议，现场解答一些疑难问题。

5月16日 广东省“银龄行动”专家组教授陈北光、吴洪基、方羽生到洛阳镇开展九节茶苗圃种植调研。在九节茶苗圃现场陈北光教授对杂草、病虫害情况作初步的分析，提出防治措施。就进一步在育苗技术栽培推广示范、病虫害防治、种植培训等方面加强合作交流双方达成共识。县民政局和洛阳镇相关人员陪同调研。

5月16日 市委常委、常务副市长朱余旺到挂点联系的村“两委”换届重难点村——大桥镇均容村委督导村“两委”换届工作。县委常委、常务副县长许益云，市、县组织部及相关部门负责人陪同。

5月16日 创文集中清理工作正式全面铺开，由县领导率领解放路、鹰峰路相关责任单位领导、联合执法队员及创文志愿者，开展创文清理整治行动。集中清理整治行动持续6天，主要对县城范围内的街面环境、道路交通、公共设施等进行全方位治理，解决城市管理老大难问题。

5月18日 县政府组织县发改局、县经促局、县国土局、县环保局、县安监局、县工商局、县开发区、县供电局等相关部门和桂头镇、乳城镇开展钢铁行业“地毯式”清查行动。重点对韶关市博盛精密锻造有限公司、乳源瑶族自治县湘粤永利实业有限公司和乳源瑶族自治县鑫中胜汽车零部件有限公司等近20家辖区内具备炼钢能力的企业进行全面清查，并向所清查企业放发《承诺函》和《相关行业企业情况登记表及汇总表》等。

5月19日 韶关市“平安家庭”创建工作推进会在乳源召开。市委政法委副书记曾洪，市妇联主席汪波，县委常委、县委组织部部长伍梅华，县委政法委副书记谢荣欣及全市各级妇联主席共140

余人参加会议。会议对全国维权先进集体和个人进行表彰，部分县区代表作“平安家庭”创建工作的经验发言。汪波总结2016年以来“平安家庭”创建工作，对下一步的工作作部署。

5月20日 由县委宣传部、韶关日报社、韶关市户外运动协会主办的主题为“与爱同行共享蓝天”韶关市首届关爱残疾人户外活动在乳源云门山旅游景区举行。来自韶关各区、县（市）200多名残疾人参与活动。

5月22日至23日 由省人大常务委员会委员、华侨民族宗教委员会副主任委员蒋乐仪为省人大调研组组长的调研组到乳源，就民族地区发展及经济社会发展情况的主题进行为期2天调研。县人大常委会主任林昌卫，副主任邓国雄，副县长龚民等县领导及东坪镇、必背镇和相关单位负责人陪同。

5月23日 义务教育质量监测国家、省、市视导专家组一行4人到县金禧小学检查指导2017年国家义务教育质量监测准备工作。检查组认为该校对义务教育质量监测准备工作领导重视，认识到位，工作安排到位。对乳源监测工作提出意见。县人大常委会副主任朱均玉等相关领导陪同。

5月31日 县委常委（扩大）会议召开，传达学习省第十二次党代会精神，研究贯彻落实意见。为落实省委、市委工作部署，制定《深入学习贯彻落实习近平总书记重要批示精神和省第十二次党代会精神调研工作方案》，调研主要围绕贯彻落实习近平总书记重要批示精神和广东省第十二次党代会精神，会议梳理出5个方面14个调研课题，由有关县领导根据分工牵头组织开展调研。县领导邓志聪、林昌卫、赵志敏、张军等及县委中心组成员，各镇党委书记等参加会议。

6 月

6月7日 乳源在县政府会场召开全县推进“两学一做”学习教育常态化制度化暨村（社区）“两委”换届总结大会。吴春腾、邓志聪、林昌卫、赵志敏等县四套班子领导，县直各单位一把手、各镇党委书记等参加会议。会议传达全市推进“两学一做”学习教育常态化制度化工作会议精神，安排部署乳源推进“两学一做”学习教育常态化制度化工作，宣读全县村（社区）“两委”换届工作表彰决定，村（社区）“两委”换届工作先进乡镇在会上作经验交流发言。

6月8日 省立法研究所理事会理事长张广宁，省人大法工委主任委员金正佳一行8人到乳源实地调研尾砂坝整治情况。张广宁一行对乳源整治尾砂坝情况给予充分肯定，认为通过环保部门制定尾砂坝整治方案，消除重金属污染的隐患问题，提高区域生态环境治理，保障周边群众的生产、生活安全与身体健康。县人大常委会主任林昌卫，副县长唐保生及相关领导陪同。

6月9日 乳源在县中心会堂召开县文明委2017年全体成员（扩大）会议暨创文攻坚推进会。省文明办副主任吴祖清出席会议。市文明办有关领导，县四套班子成员，各镇党委书记，县直及上级直管各单位一把手，其他相关单位负责人，县创文办全体工作人员近200人参加会议。

6月10日 由县教育局主办、县青少年宫承办、彩票公益金资助的践行“社会主义核心价值观”系列活动之第四届“青少年宫彩票公益金杯”全县青少年现场书画比赛在县体育馆举行，县教育局、团县委、县妇联、县文联等单位和来自市、县美术与书法协会的会长及会员出席开幕仪式。比赛以“中国梦，民族魂”为主题，分美术、书法两大类共7个组别，参赛单位有全县各中小学、特殊学校及幼儿园共30个、参加比赛学生285名。

6月12日 乳源举办全县第七届中青年干部培训班，县委常委、组织部部长、党校校长伍梅华出席开班仪式并作动员讲话，县委组织部，县委党校有关领导及全县各单位推荐的48名优秀后备干部参加开班仪式。

6月19日至20日 省政府文化研究馆馆员、民间艺术院院长秦长江等一行5人到乳源调研少数民族民俗文化传承发展情况。秦长江一行详细了解乳源瑶歌民歌、瑶族刺绣、瑶族服饰以及其他民间艺术等少数民族民俗文化保护、传承与发展情况，并就今后加强瑶族民俗文化保护，推进文化与产业融合发展提出指导意见。副县长梁丽娟及有关部门负责人陪同。

6月21日 副县长梁丽娟巡查乳源各中考考点

情况，县教育相关部门陪同巡查。2017年乳源中考考试时间为6月20日至22日，全县参加中考考生共1261人，分别设乳源中学、侯公渡中学、桂头中学、大桥中学等7个考点。

6月21日 乳源举办为期4天的全县党建对象培训班，来自全县各党支部的党建对象有200多名参加培训。

6月22日 省人大常委会委员、省人大环资委主任委员苏一凡率调研组，到乳源开展关于穿越生态严控区线性工程环境保护措施落实情况的专题调研。市人大常委会副主任梁韶灵及市相关部门负责人，县人大常委会副主任许尔金及县相关部门负责人陪同。

6月24日 “无毒青春·徒步飞YOUNG”——2017纪念国际禁毒日暨首届穿越西京古道千人徒步活动在南水湖举行，来自韶关市各县（市、区）以及珠三角其他地区的徒步运动爱好者和青年禁毒志愿者共1000多人参加活动。省住建厅总规划师李永洁，县委副书记、县长邓志聪，市体育局副局长林静等领导出席活动开幕式。

6月26日 省价格和产业发展协会到乳源就粤北总部经济产业园战略规划相关工作进行调研并召开座谈会。市政协副主席、县委书记吴春腾参加座谈会。省价格和发展协会表示将高度重视粤北总部经济产业园战略规划的课题，并配置充足的研究人员及其他研究资源，高质量、接地气、如期完成这项课题，确保项目能及时实施。

6月26日 乳城镇接受广东省教育强镇复评督导验收。县人大常委会副主任朱均玉，副县长梁丽娟，县教育局、乳城镇以及乳城镇各村（居）委主要负责人，中小学校长、幼儿园园长等参加会议。督导验收组充一致认为乳城镇达到《广东省教育强镇（乡、街道）督导验收方案》要求，同意报请广东省人民政府教育督导室审批。

6月26日 县禁毒办、县教育局、团县委联合在民族实验学校开展“青春无悔·阳光生活”乳源瑶族自治县2017年“6·26”青少年学生禁毒教育专题活动。副县长、公安局长杨云，团县委、县教育局、县禁毒大队等相关单位负责人，全县各中小学分管德育工作的领导和民族实验学校全体师生共1000多人参加活动。

6月26日 市人大常委会副主任陈曦率市委组织部、市直机关工委、韶关调查队相关领导，到对口帮扶的桂头镇调研精准扶贫和“两委”换届工作。县委常委、县委组织部部长伍梅华，县人大常委会副主任、桂头镇党委书记吴衍雄及相关部门负责人陪同。

6月26日至27日 省文化厅厅长方健宏率调研组一行到乳源调研指导文化工作。方健宏一行先后到云门山风景区、东坪镇雕子塘村文化服务中心、乳城镇综合文化站、县博物馆、县传习馆、县图书馆、县中等职业技术学校瑶绣培训基地进行实地调研，详细了解乳源基层公共文化服务建设及非遗保护传承工作情况。市委常委、市委宣传部部长柳琛子，市政协副主席、县委书记吴春腾，市政府副秘书长梁丽芳，县委常委、县委宣传部部长谢向军，市、县文化广电新闻局负责人参加调研。

6月27日 省公路局督查组到大布镇督查省道258线建设进展情况，督查组指出，省道258线改造项目是省政府督办的重点民生工程，要求施工方要切实做好项目管理，在保证项目质量的前提下提高施工效率，提前完成既定施工进度计划，确保如期完成项目建设。副县长龚民，市、县交通局、大布镇等相关单位领导陪同。

6月30日 乳源在县政府广场举行2017年“广东扶贫济困日”活动启动仪式，县四套班子领导以及县政府大院干部职工踊跃捐款。2017年乳源设立5个认捐资助项目，项目分别为：资助乳源贫困村精准扶贫和非贫困村精准扶贫户项目，资助贫困家庭18周岁以下地中海贫血患者救治—“情暖地贫”项目，资助乳源特困供养人员集中供养福利机构（敬老院、福利院）建设项目，资助乳源严重精神病患者救治项目，资助乳源戈谢病患者救治项目。

7　月

7月3日 中国共产党乳源瑶族自治县第十二届委员会第二次全体会议召开。全会听取并审议市政协副主席、县委书记吴春腾代表县委常委会所作题为《扎实推动省党代会精神落地生效，确保如期全面建成小康社会》的讲话，县委副书记、县长邓志聪作关于经济工作的讲话。全会认真学习贯彻习近平总书记对广东工作重要批示精神和省第十二次党代会精神及市委十二届四次全会精神。十二届县委委员、候补委员出席会议。不是县委委员、候补委员的县人大常务委员会、县政府、县政协党员领导，在职的正处级党员，县纪委常委，县“四大办”正副主任，县委组织部、县委宣传部、县委统战部副部长，县委政法委副书记，县人大常务委员会、县政协各科委（室）党员负责人，各镇党委书记、镇长，县纪委派驻纪检组组长，县直及上级垂直管理副科以上单位党员主要负责人，县属企事业单位和东阳光公司党员主要负责人，邀请县人大、县政府、县政协的非党员等领导列席会议。

7月5日 市政府副厅级干部王伟阳，县委副书记张军和市、县民宗局相关负责人一行人到乳源云门寺，为云门山大觉禅寺荣获“第三届全国创建和谐寺观教堂先进集体”的称号颁发荣誉牌匾。

7月6日 由省残疾人联合会、省智力残疾人及亲友协会主办，省残疾人体育协会、县特殊教育学校承办的2017年“全国特奥日”暨广东省韶关地区首届特奥运动会在乳源特殊教育学校举行。来自全市6所特殊教育学校的代表队参赛。

7月10日 由县人力资源和社会保障局主办，县人才工作管理办公室和县就业服务管理局承办的“乳源2017年高校毕业生专场招聘会”在县政府广场举行，共有32家企业参加招聘会，提供岗位1500个，达成就业意向174人，现场成功实现就业人数52人。

7月17日 水利部水电局局长邢援越率组到乳源鹰嘴石水电站、泉水水电厂督查水电增效扩容和安全生产工作。省水利厅副厅长边立明，副市长许志新及省、市有关单位负责人员陪同督查。

7月17日 由县人民政府主办，县教育局承办的2017年全县“体彩杯”干部职工体育运动会篮球赛在县体育馆闭幕。该次全县“体彩杯”干部职工体育运动会篮球赛设有男子5人篮球及女子3人篮球竞赛项目，共有33支代表队伍参赛。县教育局、县公安局、县林业局分获男子组前3名，必背镇、县教育局、县供电局代表队分别获女子组前3名。

7月20日 乳城镇区域性敬老院公建民营合同签订仪式在县民政局二楼会议室举行。出席签订仪式的有市民政局副局长胡建文、副县长唐保生、深圳第一养老服务公司董事长高国仕，乳城镇区域性敬老院社会化改革成员单位参加合同签订仪式。乳城镇区域性敬老院是民政部第二批、广东省民政厅第一批公建民营社会化改革试点之一，也是韶关市首家改革试点单位，是乳源十大民心工程之一。

7月25日 韶关市不动产登记（地籍管理）工作会议在乳源召开。市国土资源局副局长文武宏，市不动产登记局局长罗文辉，各县（市、区）国土资源局分管副局长、地籍股股长、不动产登记中心主任和市不动产登记中心负责人参加会议。

7月25日 韶关市安委办组织市海事局、市公路局、市安监局组成督查组到乳源督查汛期安全生产及水上交通安全工作，并到乳源瑶族自治县东阳光化成箔有限公司和南水湖现场查看。

7月25日 省政协副主席林雄率省政协第七视察团，到乳源开展产业共建专题调研。市政协主席王青西，市委常委、副市长、莞韶对口帮扶指挥部总指挥万卓培，市政协副主席、县委书记吴春腾，县长邓志聪等市、县领导陪同调研和参加座谈会。

7月27日 省旅游局旅游市场秩序综合整治“暑期整顿”专项督查二组一行到乳源开展督查工作，副县长梁丽娟，市、县旅游局主要负责人参加督查活动。该次交叉检查行动，主要目的是加强乳源的旅游质监执法工作，为乳源提供旅游质监执法工作经验，并保障暑期期间游客良好的出行环境，全面提升乳源旅游服务质量。

7月 根据《中共韶关市委办公室韶关市人民政府办公室关于2016年度韶关市县（市、区）工作绩效评价结果的通报》，乳源2016年度县（市、区）工作绩效评价考核得分为96.17，获优秀奖，位列全市第一。

8　月

8月1日 省委批准：钟沛东任中共乳源瑶族自治县委书记；免去吴春腾的中共乳源瑶族自治县委书记职务。

市委同意：钟沛东任中共乳源瑶族自治县委委员、常委；免去吴春腾的中共乳源瑶族自治县委常委、委员职务。

8月3日 乳源在县中心会堂召开2017年全县上半年经济形势分析暨重点项目推进会。县委副书记、县长邓志聪指出，上半年，全县生产总值31.8亿元，增长9.3%，增速在全市排名第一；固定资产投资增长12.5%；财政一般预算收入增长10.4%，经济保持平稳较快增长态势。

8月3日 省农业厅厅长、省确权办主任郑伟仪带队到乳城镇、大桥镇调研督导乳源农村土地承包经营权确权登记颁证工作。韶关市副市长许志新，副县长唐保生，县农业局、县确权办相关业务人员、测绘公司负责人等陪同调研。

8月4日 广东省气象局副局长邹建军率专家组到乳源检查验收突发事件预警信息发布平台项目。韶关市气象局局长李国毅，副县长唐保生及县应急办、县财政局、县水务局、县农业局、县国土资源局、县民政局、县环保局、县教育局、县旅游局等部门领导参加检查验收。经专家组研究，一致认为：项目建设符合相关规范与要求，建设内容和考核项目均已达标，能够满足县突发事件预警发布中心的业务需求，同意通过验收。

8月8日 国家林业局中南林业调查规划设计院院长彭长清，广东省林业厅副厅长杨胜强等一行8人到乳源就第九次森林资源连续清查（第八次复查）工作情况进行督查，详细了解乳源第九次森林资源连续清查工作开展情况和当前进度。副市长许志新，副县长唐保生及市、县林业局负责人员陪同督查。

8月8日 乳源2017年征兵体检工作正式启动，9日，县领导吴炬光、邱波、杨云到县人武部征兵体检现场检查征兵体检工作。

8月9日 韩国荣州市文化研究院参访团一行20人到乳源开展文化交流活动。县旅游局和东坪镇有关负责人陪同。

8月10日至11日 省人大常委会侨民宗委主委陈世庆率省人大调研组到乳源开展民族地区经济社会发展工作情况调研。通过实地调研和听取汇报，省人大调研组对乳源经济社会发展取得成绩给予充分肯定，并表示，将把收集的意见建议整理归纳，给省政府决策提供参考数据，争取出台更多扶持政策促进民族地区加快发展，确保与全省同步全面建成小康社会。市人大常委会副主任林岚，市政府副厅级干部王伟阳，县领导林昌卫、许益云等陪同调研。

8月11日 由广东省体育局主办的2017年南粤古驿道系列活动暨韶关市五项省级户外运动赛事新闻发布会在广州召开。省体育局群体处处长钟志金，副县长梁丽娟及县教育局等相关单位参加该次发布会。由乳源承办的“铁人三项挑战赛和环南水湖自行车公开赛”两项体育赛事分别定于2017年9月30日和2017年11月18日在南岭国家森林公园和南水湖国家湿地公园举行。

8月12日 香港联业合力堂慈善基金有限公司捐医助学团一行50名爱心人士到乳源进行助学考察，并为县人民医院捐赠价值25万元的救护车一辆。

8月14日 县政协主席赵志敏在县文广新局主持召开瑶族语言文化典藏工作会议，县委统战部、县民宗局、县档案局、县文广新局相关负责人及部分工作组成员参加会议。《瑶族语言文化典藏课题》于2017年6月份成功申报为中国语言资源保护工程的重点项目《中国方言文化典藏》，项目课题计划历时2年完成。

8月14日 国家取缔“地条钢”专项抽查工作组到乳源开展抽查落实国家取缔“地条钢”政策工作情况。市委常委、常务副市长朱余旺，县委常委、常务副县长许益云及市、县相关单位领导参加该次抽查活动。经实地抽查，专项组认为乳源被列入部分落后设备（中频炉）的三家企业均完成落后设备拆除，变压器及相关设施拆除移位，炉基报废，炉圈报废，除尘罩切割等工作。

8月15日 全省农村义务教育学生营养改善计划试点调研会在连山壮族瑶族自治县召开。副县长梁丽娟带领县委宣传部、县政府办、县财政局、县发改局、县教育局、县食药监局、县审计局、县卫计生局、县农业局、县工商管理局、县质监局等学生营养改善计划试点成员单位和部分学校的相关负责人参加调研座谈会。乳源是全省农村义务教育学生营养改善计划3个试点县之一，自2012年实施农村义务教育学生营养改善计划试点工作以来，每年给予全县13000多名农村义务教育学校学生每人每天5元的营养补助，进一步改善农村学生营养状况，提高农村学生健康水平。

8月21日至24日 县委常委、县委组织部部长伍梅华带领部分重点项目、公路沿线的村党支部书记一行24人，到贵州省湄潭县参观学习基层党建和新农村建设的先进经验，期间到遵义会议会址开展党性教育活动。

8月23日 市委第二巡察组组长黄光明带领市委第二巡察组到乳源就扶贫领域工作进行为期15天的专项巡察，并召开动员会。钟沛东、邓志聪、张军等县领导及县直各单位主要负责人及各镇负责人参加会议。

8月23日 省督查组对乳源粉尘涉爆企业开展专项检查。该次专项检查采取随机抽查的方式进行，对乳源上报的6家粉尘涉爆企业随机抽取，对韶关市联进纸业有限公司、乳源瑶族自治县东升纸业有限公司和乳源冠丽制衣有限公司进行粉尘爆炸危险场所的设置是否合理、是否有安装除尘系统以及除尘系统是否可靠有效等内容进行检查。

8月25日 省环保督查整改工作领导小组到乳源，对南岭国家级自然保护区西云寺花岗岩石场有限公司、兴达大理岩矿厂的生态修复现阶段整改工作情况进行现场督查。副县长龚民，市、县环保局，县国土局和广东南岭国家级自然保护区管理局主要领导的陪同。

8月25日 乳源在政府广场举行精准扶贫专场招聘会。此次招聘会共有30家企业参加，提供就业岗位约1200个，达成就业意向182人，现场录用35人，派发政策宣传资料500份。

8月28日 全县2017年城乡居民社会养老保险和2018年城乡居民基本医疗保险扩面征缴工作会议在县中心会堂召开。县委常委、常务副县长许益云出席会议并讲话。

8月29至31日 县文明办联合县委督查室、县创文办组成考核组对全县9个镇的文明镇创建及核心价值观宣传建设情况进行考核评比。该次考核评比主要依据《乳源瑶族自治县文明镇创建暨核心价值观宣传建设资金奖补办法》进行，主要通过查阅资料、听取汇报和实地查看的方式，对各镇主题公园（文化广场）建设、镇区和镇政府办公场所氛围营造、道德讲堂建设、环境卫生秩序、经费投入等工作进行量化打分。此次考核评比将依据得分从高到低评出一、二、三等奖，并通过以奖代补的方式，提高各镇对文明创建工作的积极性和创造性。

8月31日 2017年韶关市光彩事业促进会乳源助学活动在乳源高级中学举行。市委统战部常务副部长孔庆红，县委常委、统战部部长简连英，县政协副主席吴巧英，韶关市工商联主席、光彩事业促进会副会长张红伟等参加活动。市光彩事业促进会该次为40名贫困学生发放助学金12万元。

8月 由中国地方志指导小组、中国地方志学会组织开展的全国地方志优秀成果（年鉴类）评审工作通报表扬名单正式公布，《乳源年鉴》（2016）荣获三等奖，成为全国370部、广东省28部受到通报表扬的年鉴之一。《乳源年鉴》（2016）是继《乳源年鉴》（2013）、《乳源年鉴》（2015）获得全国地方志优秀成果二等奖后，乳源获奖的第三部年鉴。

8月 省农业厅专家考核组到乳源考核创建国家农产品质量安全县工作开展情况。副县长唐保生，县农业局、食药监局等20多个创建工作领导小组成员单位参加汇报会。考核专家组就乳源创建工作给出指导性意见：创建国家农产品质量安全县工作是全县大事，各相关部门要高度重视，密切配合，形成合力，逐项落实考核内容。

8月 由广东省泌尿生殖协会、县人民医院联合主办的“广东省泌尿生殖协会‘粤北贫困地区尿失禁诊治’公益试点项目乳源行义诊”在县人民医院举行。该项目是2017年，中央财政支持社会组织参与的社会服务项目。主要目的是提高粤北贫困地区基层医院诊治尿失禁疾病的技术，通过专家义诊、资助贫困患者、健康教育等多种形式，为贫困地区尿失禁患者提供诊治服务。

9　月

9月2日 由大桥镇政府主办，县农业局、县畜牧水产局、南岭国家森林公园协办的“醉美大桥‘鱼’你有约”，大桥千亩禾花鱼美食文化节在大桥镇中冲村委举行。有1000多名村民和游客参加活动。中国水产科学研究院珠江水产研究所所长徐瑞永，韶关市水产管理局局长李成忠，县领导朱均玉、唐保生，县农业局、畜牧水产局、大桥镇等领导出席活动。

9月5日至6日 开平市人大常委会副主任陈百浓率该市人大常委会考察组一行8人，到乳源考察学习民族地区立法、自然资源与历史文化保护工作。先后参观考察乳源云门寺、盘王殿纪念馆、广东大峡谷，详细了解乳源在民族立法、民族文化传承、自然资源保护与旅游开发等工作方面的经验和做法。县人大常委会副主任邓国雄，县人大常委会内务司法工委相关人员陪同。

9月7日 由县委宣传部主办的形势政策教育展览展示活动在政府广场开展，共有20幅关于“四个全面”“五大发展理念”“社会主义核心价值观”“一带一路”“‘两学一做’党史小故事”等主题的展板，该次展览除在政府广场举行2天。

9月11日 省检查组到乳源开展冶金等行业安全生产大检查突击暗查。市、县安监局相关监管人员一同分两个小组参与突击暗查工作。共检查4家企业，发现企业普遍存在职业病防治不重视及企业主体责任不落实的情况，主要表现在未按规范开展职业病危害告知、职业病防治管理及职业健康培训、未建立职业健康管理档案等，以及企业主要负责人未按照安全生产大检查的要求组织开展安全生产大检查工作。对检查过程中检查组提出的19个问题，均由县安监局下发责令限期整改指令书，由县安监局督促企业整改落实。

9月12日 县廉政教育基地在国税局业务大厅前举行揭牌仪式。县委常委、县纪委书记刘峰及市国税局副局长朱戴伟为廉政教育基地揭牌。该廉政教育基地展区面积420平方米，可容纳40多人参观学习。

9月17日 由县委组织部主办的首届“和美瑶城”职工技能大比武活动在县文昌公园举行，30位高技能人才进入决赛，决赛分叉车、电工、炒茶等3个组。

9月18日 乳源举行韶关市首个“青年之家”揭牌仪式，团市委书记刘海旺，县委常委、县委宣传部部长谢向军，县行政服务中心、团县委负责人及各镇团委、县直各团组织书记参加揭牌仪式。

9月18日 乳源邀请省委党校党史党建教研部副主任梁道刚教授，为全县350多名党员干部作题为“中共党史96年概述”的专题讲座。党课由县委书记钟沛东主持。

9月19日至22日 乳源瑶族自治县“两新”组织党组织书记培训班在“211工程学校”——广西大学举办，来自全县各非公企业和社会组织的党组织书记、党员骨干参加培训。

9月19日至22日 省推进教育现代化先进县暨教育强县复评督导验收组一行11人在验收组组长、省教育厅关工委主任王玉学的率领下，到乳源进行督导验收。韶关市政府副厅级干部王伟阳，县领导钟沛东、邓志聪等领导及市、县相关部门负责人参加活动。

9月21日 国家林业局林业工作站管理总站调研员程小玲带领2017年广东省林业工作站长培训班学员共90余人到乳源一六镇参观学习国家标准化林业工作站建设。

9月22日 深圳大榕树基金一行带着价值5万元的图书、书架、体育器材到乳源大桥中心小学、东坪中心小学开展爱心助学捐赠活动，并举行“爱心书屋”揭牌仪式。

9月25日 乳源召开县委扶贫领域专项巡察工作动员部署会，正式启动乳源扶贫领域专项巡察工作。

9月25日 县教育局在民族实验学校举办乳源瑶族自治县家庭经济困难学生认定暨教育扶贫精准助学工作培训会，全县义务教育学校资助负责人和经办人共40多人参加相关培训。2017年乳源义务教育阶段获得资助的家庭经济困难寄宿制学生340多人，特别困难学生受资助700多人，普通困难学生受资助2830多人，少数民族寄宿制困难生受资助809人，教育精准助学建档立卡学生818人。

9月26日 “创青春·创富中国行”活动在乳源举行。活动由共青团中央青年发展部、新华通讯社新闻信息中心共同举办，团县委、县广播电视台、云门山旅游度假区携手承办，主办方邀请3位乳源创业青年，与各镇创业青年代表分享他们创业背后的艰辛故事、交流创业心得。

9月27日 由市水务局、市环保局、市国土局、市人社局等组成的市2016年度实行最严格水资源管理制度考核工作组到乳源实地检查。考核工作组先后到县污水处理厂和南水水源地实地检查，对乳源领导高度重视最严格水资源管理制度考核工作、水资源管理工作落实情况等给予充分肯定。

9月　县委常委、县常务副县长许益云率县打假办，联合县质监局、县工商管理局、县烟草专卖局、县食药监局、县公安局、盐务局乳源分局等部门开展的迎“两节”打假专项行动。该次行动检查主要针对应节食品、烟、酒产品、药品、化妆品、食盐、服装类产品等节日热销商品，共出动执法人员42人次，检查县城、侯公渡的大型集贸市场、商场超市等单位16家。

9月　由县委宣传部、县文广新局主办，县文化馆，县民族传习馆承办的《“喜迎十九大，共筑中国梦”戏曲进农村，进校园暨送戏下乡文艺演出》巡回演出活动在必背镇文体广场正式开始。

9月　县食安委在工商局五楼会议室召开2017年乳源食盐安全工作会议，县政府办、县公安局、县工商管理局、县质监局、县食品药品监管局、盐务局乳源分局等部门分管领导，以及全县食盐渠道商等20余人参加会议。会后，食盐渠道商主动与乳源盐业签订《食盐安全责任书》及《2017年食盐渠道商供应协议》。

9月　韶关市铁路医院“2017年中华健康快车”活动先后在游溪镇和桂头镇举行，该活动主要为疑似白内障患者进行免费筛查。

10　月

10月1日至8日　乳源旅游总接待人数38.62万人，比2016年增长23.09%；旅游综合收入2.7亿元，比2016年增长26.44%。其中云门山景区共接待游客近16万人次。期间无旅游安全事故和旅游投诉报告，旅游市场秩序良好。

10月8日　应香港筲箕湾国庆龙舟会的邀请，县人大常委会副主任许尔金率领县民族龙舟代表队参加香港筲箕湾2017年国庆龙舟大赛。香港筲箕湾2017年国庆龙舟大赛分为男子公开组、男女混合等多个组别，共有来自世界各地的97支龙舟队参加比赛。经过激烈的角逐，县民族龙舟队夺得男女混合组第一名、总决赛第三名的佳绩。

10月12日至27日　由县委组织部、县人社局联合举办的2017年新录用公务员初任培训在县委党校举行，全县各镇、各单位45名新录用公务员参加培训。

10月13日至19日　由广东省文化厅主办，广东省动漫行业协会承办的中国革命道路和中国共产党的光辉历程展览在乳源开展。展出的内容为“中国革命道路”“改革开放历史的巨变与启示”共41版。

10月13日　县委书记钟沛东，县委副书记、县长邓志聪率队到南雄市开展推进农村人居生态环境整治建设社会主义新农村考察调研工作。县领导张军、谢向军、吴衍雄、唐保生及县委办、县政府办、县委农办、各镇相关负责人参加考察调研。南雄市委书记王碧安，市委常委、市委办主任曾文辉等陪同。

10月16日　县委举办“百名法学家百场报告会”县委理论学习中心组（扩大）专场报告会。报告会邀请广东省律师协会副会长、韶关市法学会副会长王少敬围绕《做一名具有法治思维的领导干部》作专题报告。市政法委政治处主任李江南主持会议。钟沛东、邓志聪、赵志敏、张军等县委中心组成员，常规列席成员及中心组学习秘书，各镇、各单位班子成员近300多人到会听报告。

10月17日　县委书记钟沛东，县委副书记、县长邓志聪率团到韶关市考察学习城市提升项目，市提升办相关人员陪同。

10月18日　中国共产党第十九次全国代表大会在北京开幕。县四套班子成员在县政府中心会堂集中聆听十九大报告，并进行讨论。

10月18日　省旅游局副局长梅其洁、省旅游局国家交流合作处处长张国辉、省社科院旅游研究所所长庄伟光、广东新空间旅游规划有限公司执行院院长刘海涛等一行，到乳源调研全域旅游暨旅游扶贫工作，实地调研云门山旅游度假区并召开全域旅游座谈会。市副厅级干部王伟阳、市旅游局局长梁祖超，县长邓志聪、副县长梁丽娟及县旅游、发改、公安等10多个部门主要负责人参加座谈会。

10月18日　县委、县政府召开乳源女子龙舟队参加全国第十三届运动会和广东省第四届体育大会总结会议。钟沛东、邓志聪等县四套班子领导，省、市体育部门相关领导，县直及上级直管各单位的主要负责人、女子龙舟队的全体运动员参加会议。会议通报县参加第十三届全国运动会和广东省第四届体育大会龙舟赛工作情况，对获得“优秀组织奖”称号的县教育局，获得“全国群众体育先进个人”称号的县教育局副局长曹国秀，代表广东省参加全国第十三届运动会获得“优秀龙舟运动员”称号的江仙英、邓新燕，代表韶关市参加广东省第四届体育大会获得“优秀龙舟运动员”称号的邓书妹等8名运动员等进行表彰。

10月20日 县召开《广东乳源南水湖国家湿地公园总体规划（2017—2025）》专家评审会。由省林业厅廖宝文、陈磊、张春霞等组成的专家评审组，市林业局、东坪镇政府和县发展和改革局、国土局、林业局、文广新局、旅游局等相关部门负责人以及南水湖湿地公园管理处全体干部参加会议。

10月23日 由县创文办主办、县教育局承办的2017年乳源瑶族自治县“创文杯”男子篮球赛开幕式在县体育馆举行。县委副书记、县长邓志聪，县委常委、宣传部部长、创文办主任谢向军，副县长梁丽娟及相关部门负责人出席开幕式。“创文杯”男子篮球赛共有直属机关党委等22支队伍200多人参赛，比赛时间共10天。

10月24日 波恩天乐教学楼落成庆典在金禧小学举行。省侨办副主任蔡伟生，省侨心慈善基金会理事长杨昀，德国波恩中文教育与德中文化交流基金会理事会主席、波恩华侨中文学校校长卢康乐，德国波恩中文教育与德中文化交流基金会理事会副主席邓天送，市外侨局的相关领导、嘉宾，县人大常委会副主任朱均玉等出席活动。援建金禧小学的“波恩天乐教学楼”德国波恩侨领邓天送捐赠100万元，教学楼设置有美术室和书法室等多个多功能教学室。

10月25日至28日 乳源在江西瑞金举办2017年村（社区）书记、主任党性素养提升与业务素质提高培训班，全县127名村（社区）书记、主任参加培训，并到实地观摩，学习借鉴外地好经验、好做法。到革命圣地瑞金，全体村干部感受“红色故都”瑞金的峥嵘岁月，铭记历史，不忘初心，涤荡灵魂，锤炼党性。

10月27日至29日 由中国民族医药学会主办，中国民族医药学会瑶医药分会、广东万森生态科技发展有限公司承办的全国瑶医药学术交流会在乳源瑶族自治县举行。来自中国民族医药学会的领导、中国民族医药学会瑶医药分会理事会成员及会员、中医药、各民族医药界相关人士、瑶医工作者共300余人参加大会。县委常委、常务副县长许益云，县政协副主席黄寿生出席大会开幕式。会上，广西中医药大学的副校长、教授庞宇舟，甘肃中医药大学教授王引权，广西中医药大学科学中心常务副主任、教授陈勇等3位专家做主题讲课。各地瑶医药团体展开座谈，听取乳源瑶族医药发展情况介绍，与会领导、专家作专题发言，就瑶医药事业的发展献计献策。

10月30日 县委召开县委理论中心组（扩大）学习贯彻党的十九大精神专题会议，传达贯彻党的十九大精神，安排部署学习宣传贯彻十九大精神工作。钟沛东、林昌卫、赵志敏等县委中心组成员，常规列席成员及中心组学习秘书，各镇、各单位主要负责人近100多人参加会议。县委副书记张军主持会议。会上，县人大常务委员会主任林昌卫，县政协主席赵志敏，县委常委、县委宣传部部长谢向军，县文广新局局长赵丹丹先后结合各自工作实际，谈学习党的十九大精神的心得体会和贯彻落实意见。县委书记钟沛东在会作重要讲话。

10月 省委农办副主任刘洪盛率调研组到乳源开展建设粤北生态特别保护机制及政策研究专题调研。市领导许志新、高冬瑞，县领导钟沛东等陪同。

11 月

11月1日 2017年县“创文杯”男子篮球赛在县体育馆闭幕，县领导邓志聪、谢向军出席闭幕式并为获奖代表队颁奖。该次篮球赛共分A组和B组（A40组）两组开赛，比赛时间10天，22支代表队同场竞技，云门山代表队和县总工会代表队分别获得A组和B组（A40组）冠军，游溪镇代表队和县委联队分别获得A组和B组（A40组）亚军，房管白蚁代表队和龙威汽贸代表队分别获得A组和

B组（A40组）季军。

11月2日至3日 县委组织部、县卫生计生局和县总工会联合举办2017年卫生应急技能竞赛，全县卫计系统共21支队伍42人参赛。竞赛包括突发公共卫生事件消毒杀菌、穿脱防护服、心肺复苏、气管插管等4个项目，共设21个参赛组，每个参赛组2名队员，分为笔试、技能操作两个环节。

11月3日 “全国中小学校责任督学挂牌督导创新县”省级评估验收组组长、省督学、清远市教育局党组成员、主任督学王振华的率验收组一行4人到乳源进行评估验收。市委教育工委委员、市纪委派驻市教育局纪检组组长温强，市人民政府教育督导室主任彭水林等陪同。

11月4日 乳城镇付屋举行“消怨火”糍粑节，付屋村周边10多个村庄村民、乳城居民以及游客约4.2万人次参加活动。

11月7日 广东省发改委员会副主任吕成蹊一行到乳源调研省重点项目推进情况，县委书记钟沛东，县委常委、常务副县长许益云等陪同。在粤北农特产品电商物流商贸城和南水供水工程建设现场，吕成蹊一行详细了解项目建设推进情况。吕成蹊对乳源推进重点项目建设工作给予充分肯定，并对下一步工作提出意见。

11月9日 由农业部渔业渔政管理局、中国水产科学院研究院、中国水产科学研究院珠江水产研究所等单位组成的专家组，对乳源中冲富民合作社国家级稻渔综合种养示范区进行考核。专家组采取听汇报，查阅资料和现场查看等方式进行考核。经评审，专家组一致认为通过考核。该示范区位于大桥镇中冲村委会，中冲村委会于2010年6月成立富民合作社，有社员103人。2014年开始，在当地政府部门的高度重视及珠江水产研究所的技术支撑下，合作社组织社员进行标准稻渔综合种养。至2017年，合作社稻田养鱼面积104公顷，其中核心区33.67公顷。经核定，示范基地种植的优质油黏米，亩产值4800元，禾花鱼亩产值2500元，稻田亩产值为7300元，亩均利润达6000元以上，种养效益高。

11月9日 省环保厅生态考核专家组一行到乳源开展2017年国家重点生态功能区县域生态环境考核工作，副县长李明华及县环保局相关负责人陪同。考核组先后实地查看游溪镇碳汇林工程，乌石岭、八一瑶族新村等五彩瑶山农村人居环境综合整治项目及县垃圾填埋场渗滤液处理系统和东阳光化成箔环保治理项目，听取县相关情况汇报及查阅相关考核资料、台账。通过实地考察和听取汇报，考核组对乳源生态文明建设工作给予充分肯定，对存在的不足提出意见、建议。

11月9日 2017年奔向广东第一峰（韶关·乳源）铁人三项挑战赛在乳源瑶族自治县境内的南水湖国家湿地公园至南岭国家森林公园举行。赛事由广东省社会体育中心、《中国体育报》、南方日报社、广东广播电视台体育频道、广东广播电视台文体广播、韶关市体育局和乳源瑶族自治县人民政府联合主办，乳源瑶族自治县教育局承办。广东省体育局副局长麦良，韶关市政府副厅级干部王伟阳，广东省体育局群体处处长钟志金，韶关市体育局局长孙江平，县政协主席赵志敏，副县长梁丽娟等有关领导出席，并为获奖运动员颁奖。

11月10日 县委书记钟沛东，县委副书记、县长邓志聪率党政考察团一行21人到新丰县考察学习，县领导林昌卫、赵志敏、许益云、秦正京、吴衍雄、龚民、禤继文参加考察活动。考察团一行先后到新丰县云髻山古镇建设、新龙公路改造、一江两岸征拆迁及公园建设现场考察。并详细听取该县关于城市提升、项目投融资和土地收储等方面工作情况介绍，就相关问题互动交流。

11月11日 广东省中医院专家义诊团队到县中医院开展义诊活动。义诊设心血管科、呼吸科、消化科、康复科、骨科、皮肤科、肝肠科、肿瘤科、妇科，出诊专家及其他医护人员共21人（其中专家10名），免费为近400名患者服务。

11月11日 县委宣传部、县旅游局和广东南方卫视台在省台演播厅联合录制大型语言类节目《谁语争锋》乳源专场，节目录制设在省电视台600平方米演播大厅，内容有瑶歌瑶舞表演、瑶族刺绣展示、嘉宾互动、有奖问答等环节，主要宣传推介乳源“大南岭”丰富的自然和人文资源。节目采用瑶话、客家话、蚤𧊅话等乳源本地主要方言，介绍南岭、南水湖、天井山、云门寺、云门山、仙人桥、丽宫温泉、西京古道等旅游景点。设红蓝两队现场听方言试吃互动，推介乳源的猪头皮、瑶家烟熏肉、山坑螺、苦爽酒等特色菜式和旅游美食。

11月15日 由县委组织部主办的“学报告、学党章”集中考学竞赛在县中等职业技术学校举行。来自全县21个党委层层选拔的84名党员参加竞赛，其中秦国洪（东阳光公司党委）、陈海益（明源公司党委）并列一等奖，梅文星（直属机关党委）、黄建栋（教育局机关党委）获得二等奖，林秋武（教育局机关党委）、李岩（东阳光公司党委）、崔毅（县教育局机关党委）、盘莹（乳城镇党委）等4人获得三等奖，赵永生等10人获得鼓励奖。

11月17日至21日 应邀参加第十一届乳源瑶族“十月朝”文化旅游节活动的中国艺术报总编康伟，中国作家书画院常务副院长、秘书长张瑞田等全国著名书画摄影名家一行13人，到南岭国家森林公园、西京古道、大峡谷、南水湖、云门寺等地开展采风创作活动，县委宣传部、县文联有关领导陪同。活动创作一批反映乳源风光风情的书画摄影作品，并在《中国艺术报》上刊登发表。

11月18日 第十一届乳源瑶族“十月朝”文化旅游节在云门山旅游度假区开幕。韶关市委常委、市委组织部部长华旭初，省民宗委党组副书记、巡视员李秀英，韶关市副市长李欣，韶关市政协副主席吴春腾，省直部门领导，市有关领导，市直部门领导，兄弟县（市、区）领导，县四套班子领导、科局和各镇主要领导、部分干部和群众代表，以及新闻媒体记者参加节庆活动。县委书记钟沛东致辞，县委副书记、县长邓志聪主持开幕式。本届“十月朝”文化旅游节系列活动涵盖文化、体育、旅游、农业、经济等各个领域。

11月18日 2017年广东省（韶关·乳源）环南水湖自行车公开赛在乳源县城至南水湖湿地公园举行。比赛由广东省社会体育中心、《中国体育报》、南方日报社、广东广播电视台体育频道、广东广播电视台文体广播、韶关市体育局和乳源瑶族自治县人民政府主办，乳源瑶族自治县教育局和乳源瑶族自治县首南文体健身培训中心承办。赛程共83千米，起点、终点都设在县中农批。来自美国、中国港澳地区和17个省、自治区、直辖市的380多名选手同场竞技。经过三个多小时的激烈角逐，傅诗琪获公开女子组第一名，陈湘源获男子中年组第一名，曾庆龙获男子青年组第一名。广东省社会体育中心、韶关市人民政府和乳源瑶族自治县有关领导出席活动，为赛事鸣枪开赛并为获奖运动员颁奖。

11月18日 第十一届乳源瑶族“十月朝”文化旅游节暨拜盘王祭祀活动在县盘王纪念馆举行，县领导钟沛东、邓志聪、林昌卫、赵志敏、张军等出席活动。拜盘王祭祀活动以“敬我始祖，爱我中华，传承文明，构建和谐，民族团结，促进发展”为主题。旨在弘扬中华文化，颂扬盛世业绩，缅怀先祖功德，传承盘王精神，展示民族风情，促进民族团结，使瑶族盘王祭祀传统文化成为“民族团结的盛典，社会和谐的平台”。

11月18日下午 第十一届乳源瑶族“十月朝”文化旅游节暨第三届粤北（乳源）农特产品博览会正式开幕，县领导钟沛东、邓志聪、林昌卫、赵志敏等四套班子领导及省市相关部门领导干部出席开幕式。此次农博会主要以粤北农特产品的商户为主，同时邀请中国供销的节点市场的一些商户带上他们地方最富有特色的农产品参加展销，共展出农特展品300多种。

11月18日下午 县在云门山旅游度假区举办第十一届乳源瑶族“十月朝”瑶族山歌会暨瑶绣艺术节活动。县委常委、县委宣传部部长谢向军，县文广新局及各镇相关领导出席活动。活动中，由瑶区乡镇民间艺人、县中小学校的师生以及县民族文化传习馆、文化馆的专业技术人员、非物质文化遗产项目代表性传承人组成的演职队伍，用优美的歌声和娴熟的瑶绣技艺，展示多姿多彩的瑶族风情和独特魅力的瑶绣艺术，宣传推介《瑶族民歌》及《瑶族刺绣》这两项国家级非物质文化遗产保护成果。

11月23日 危仓老库改造工程竣工验收会议在一六粮库召开，参加会议的有市发改局、市粮食局、市信诚建设监理有限公司、县发改局、县财政局、县消防大队、县建筑公司等单位的领导、专家、代表，共25人。危仓老库改造工程属县“粮安工程”重要项目，于2015年下半年启动维修改造，投入建设资金2000万元，拆旧建新4栋危仓老库，重建新仓房2栋总仓容为1万吨，维修墙体、地坪3500平方米，完善排水、配电和消防设施，升级配置储粮功能设备。

11月25日 大布镇在广东大峡谷广场举办第十一届乳源瑶族“十月朝”·2017年第二届乳源大布腐竹文化节暨农特产品展销会。县领导钟沛东、赵志敏、许益云、秦正京、谢向军、梁丽娟、杨云，各镇、县直相关单位负责人以及嘉宾等参加腐竹节盛会。活动内容丰富，举行有2017年第二届乳源大布腐竹节开幕式暨“美丽大布·休闲小镇”摄影集大赛颁奖仪式、挖番薯做“捏”糍、亲身制作腐竹、红色文化专题演出、大布土特产品展销会等活动。

11月27日 县委召开学习贯彻党的十九大精神宣讲报告会，邓志聪、林昌卫、赵志敏、张军等县委中心组成员，常规列席成员及中心组学习秘书，各镇、县直及上级直管各单位班子成员，县政府大院内干部共380多人参加报告会。报告会邀请市委宣讲团成员、市委党校副校长杨斌教授进行专题辅导。杨斌教授以《新时代、新思想、新征程》为题，深入浅出地对党的十九大提出的新论断、新思想、新征程、新要求进行全面、准确、系统的阐述。

11月28日 县渔政大队在武江河桂头段开展渔业资源增殖放流活动。该水生生物增殖放流活动由乳源渔政大队组织，渔民代表和社区共同协助，放流鱼苗85万尾，放流金额19万元。参加放流活动有县农业局及桂头镇社区工作人员、渔民代表、志愿者近40人。

11月29日 广东省第十四期“银龄行动”工作座谈会暨三年工作总结会在乳源召开。省老龄办主任潘正钦，省老科联常务副会长、调研员张孝祺，乳源瑶族自治县副县长唐保生出席座谈会并讲话，韶关、云浮、阳江、乳源、广宁、揭西等市县民政局代表参加座谈会。会后，潘正钦一行到广东省“银龄行动”帮扶示范基地——乳源一六镇团结村贡柑场调研。广东省“银龄行动”教育、农业、科普、医疗援助团的多名老专家、老教授随同调研。

11月 “巅峰南岭·新意盎Young”2017韶关市大学生旅游文化节之新生徒步公开赛在南岭国家森林公园举行。广东财经大学、华南农业大学、北京师范大学珠海分校等高校和由韩国、泰国、印尼等留学生组建团队报名，参赛学生1500余名。徒步路线全程16.5千米，线路为景区石坑口—瀑布群景区—九重山到小黄山迎客松停车场。

12　月

12月6日 县委、县政府召开全域推进农村人居环境综合整治建设社会主义新农村示范村现场推进会，县领导钟沛东、邓志聪、张军、谢向军、唐保生、龚民、许尔金，各镇党委书记、分管领导及县直相关部门负责人参加会议。

12月12日 省食品药品监管局副局长王玲率考核组到乳源开展食品生产检查。王玲一行先后到南岭好山好水山泉水有限公司、龙源水产养殖场、温氏公司及丽宫国际温泉酒店有限公司进行食品生产检查。王玲对乳源食品安全工作给予充分肯定，副市长陈磊，县委常委、常务副县长许益云等陪同。

12月12日 县委常委、常务副县长许益云率领由县公安局、县安监局、县教育局、县民政局、县卫计局、县经促局、县住建局、县工商局、县质监局、县文广新局、县消防大队、乳城镇政府、县经济开发区等单位组成的联合检查组对县部分商场市场、公共娱乐场所、物业小区、学校、施工工地、幼儿园、医院、劳动密集型企业、社会福利机构、宾馆饭店、群租房、“三小”场所、废品收购站等消防重点场所进行消防安全检查。

12月14日至15日 省教育强镇复评督导验收组组长陈瑞虹率组到乳源，对照广东省教育强镇督导验收方案各项指标和要求，对大桥镇的教育强镇复评工作予以全面认真的评估验收。反馈会上，省督导验收组对大桥镇党委、镇政府高度重视教育和近年来推动教育发展所做的努力和成绩给予高度评价，指出存在的问题，并提出科学的建议。市政府教育督导室主任彭水林，副县长梁丽娟等陪同。

12月15日 香港乳源同乡联谊会在香港举行第二届就职典礼，中央人民政府驻香港特别行政区联络办公室九龙工作部副部长卢宁，市委统战部副部长廖雨婷，县人大常委会主任林昌卫，县政协主席赵志敏，县委副书记张军，县委常委、县委统战部部长简连英等领导应邀出席，乳源籍旅港乡贤和香港各界热心人共150多人参加就职典礼。

12月20日 县妇女第十次代表大会在县政府会场召开，全县各界妇女代表共181人参加会议。市妇联副主席马小青，县政协主席赵志敏，县委副书记张军，县委常委、县委组织部部长伍梅华，县人大常委会副主任吴衍雄，副县长梁丽娟等出席会议，县总工会、团县委、县残联等群团组织领导应邀出席会议。县妇联主席邓爱萍代表县妇女联合会第九届执委会向大会作《不忘初心牢记使命，为建设“和美瑶城”，开启妇女事业新征程而努力奋斗》的工作报告。大会选举产生县妇联第十届执行委员会委员，选举出新一届县妇联主席、副主席、常委。张军、马小青、伍梅华分别在会上作讲话。

12月21日 “和美瑶城·幸福乳源——2017韶关《民声热线》走基层户外直播之‘乳源特色县城建设大家谈’”在文昌公园举行。县领导钟沛东、邓志聪、林昌卫、赵志敏、张军、许益云、简连英、陈耀宇、秦正京、谢向军等，县直及上级直管单位主要负责人、各镇党委书记参加活动。现场县委书记钟沛东，县长邓志聪带领专家及相关职能部门领导围绕“如何建设富裕、美丽、文明、法治的乳源”与瑶汉群众讲规划、谈设想、绘蓝图，解答群众提出的有关问题。近2000名市民参与活动。

12月25日 由县委组织部主办，县教育局、县直工委、县人社局承办的首届“和美瑶城”教师教学技能大比武颁奖大会在县第一小学举行。活动主题为“创新课堂教学模式，构建有效课堂”。县委常委、县委组织部部长伍梅华，副县长梁丽娟出席会议并为获奖教师颁奖。

12月27日 中国共产党乳源瑶族自治县第十二届委员会第三次全体会议在县中心会堂召开，钟沛东、邓志聪、林昌卫、赵志敏、张军等十二届县委委员、候补委员出席会议，不是县委委员、候补委员的县人大常务委员会、县政府、县政协的党员领导，在职正处级的党员，县人大、县政府、县政协的非党员领导等列席会议。全会听取和审议县委书记钟沛东代表县委常委会所作《以习近平新时代中国特色社会主义思想为指引奋力开创新时代乳源振兴发展新局面》的工作报告，审议通过《中共乳源瑶族自治县委关于坚持以习近平新时代中国特色社会主义思想为指引加快乳源振兴发展的决定》。

12月29日 由县教育局主办的“和美瑶城·舞出健康”——2018年元旦“体彩杯”全民健身广场舞比赛在民族文化广场举行。参赛广场舞蹈队共有29个队（健身点），选手450名，其中金阳健身队获县城组一等奖，必背镇桂坑村委健身队获乡镇组一等奖。

乳源概况

县 情 概 貌

【境域】 乳源瑶族自治县地处广东省北部、韶关市西北、南岭山脉骑田岭南麓。介于北纬24°23′—25°33′，东经112°52′—113°20′。东临韶关市浈江区、武江区，西接清远市阳山县，南连曲江区罗坑镇、英德市波罗镇，北与乐昌市及湖南省郴州市宜章县相接。行政区域总面积2299平方千米。

【行政区划】 乳源瑶族自治县是韶关市人口较少的山区县，县域总面积22.99万公顷。辖9个镇，102个村民委员会，13个（社区）居民委员会，1183个村民小组。（详情见表1）

2017年乳源瑶族自治县各镇村（居）委会一览表

表1

各镇	村民委员会	居民委员会
乳　城	云门、鲜明、大联、岭溪、大群、坝厂、河北、共和、新民、新兴、健民、大东、前进	鹰峰、源峰、云峰、松峰、康乐
桂　头	阳陂、凰村、草田坪、均村、小江、王龙围、杨溪、塘头、莫家村、红岭、七星墩、大坝、松围、东岸	桂头
大　桥	大桥、红星、石角塘、武丰、塘华、大岗、均容、岩口、新谷、大坪、青溪洞、和平、歧石、红光、中冲、核桃山、塘峰岩、三元、红云、柯树下、深源	大桥街
大　布	夹水、坪山、钨连、钨英、英明、白坑、埕头	大布
洛　阳	深洞、坪溪、田螺坑、洛阳、半星、白竹、月街、月坪、富塘、古母洞、双坪、板长	阳升
东　坪	新村、茶坪、东田、下寨、长溪、龙溪、梯下、方武、南水、汤盆	龙湖
游　溪	大村、冷水歧、莲塘边、中心洞、江背、烈村、中联、茨良坑、营坑、上营、大寮坑	中心
必　背	必背、桂坑、公坑、半坑、王茶、方洞、横溪	必背口
一六	一六、东粉、罗屋、乐群、东七、西岸、团结	为民
合计	102	13

【地质·地貌】 境内地质由5个地质界，9个地质系组成，地层出露有上元界震旦系，下古生界寒武系，上古生界泥盆系，石炭系，二叠系，中生界三叠系，侏罗系，白垩系，新生界第四系。地势西

北高、东南低，自西向东倾斜，状似孑孓。五指山平头寨、大东山、瑶山狗尾嶂、老婆头等五大山脉横亘，重峦叠嶂，交错纵横。海拔1000米—1500米山峰82座，1500米—1902山峰20座，南粤第一山峰——猛坑石（石坑崆），坐落于县境西北部边缘。县境溶蚀地貌显著，地形切割强烈，山谷生成明显。以纵横划分，西部是海拔1000米—1902米的山区，是乳源最高地带，中部是海拔600米—1200米山区，是次高地带，东北至东南是海拔300米以下的丘陵平原地带。

【河流】 乳源的山溪小流密布县境西部和北部山区，杨溪河（全长64千米，集雨面积498平方米）、南水河（古称洲头河，亦称乳源河。全长65千米，集雨面积869平方米）、大潭河（全长44千米，集雨面积411平方米）、游溪河（亦称新街河、上司庙河。全长43.95千米，集雨面积100.6平方米）、水源宫河（又称大寮坑河，全长26千米，集雨面积37平方米）、柳坑河（全长20千米，集雨面积53.7平方米）、黄洞河（又称大布河，全长10.5千米，集雨面积59平方米）、五官庙河（又名草田坪河，全长21.8千米，集雨面积41.6平方米）和武江（过境水，境内长度16.25千米，集雨面积749平方米）等9条主要河流纵横县境。全县较大的支流37条，水资源丰富。

【气象灾害】 大雾天气。1月5日至7日，县城区域出现大雾天气，最小能见度小于50米在5日，乳源气象台发布大雾橙色预警。

降雨与灾害。6月上旬，乳源普降大雨到暴雨，局部大暴雨，导致部分道路中断，农田被淹，多条河流河水暴涨，超过警戒水位（其中：6月6日中午12时，东坪镇梯下村有五人被洪水围困，经乳源消防中队营救，全部转移到安全区域。6月14日，乳源普降中到大雨，局部暴雨，造成东坪镇浩发电站因水浸机房造成损失约4万元）。7月上旬前期，连续出现暴雨天气，其中县城2日至3日累计降雨量98.2毫米（强降雨造成乳城、桂头、一六等乡镇部分早稻受淹，少量农房受损，直接经济损失约5万元）。

台风。10月11日至12日受台风“卡努”登陆后环流影响，乳源出现6级至7级大风，造成部分乡镇农户种植的晚稻倒伏，受到一定的损失。

霜冻。12月16日至22日，受冷空气和晴空辐射降温共同影响，乳源各地最低气温降至-3℃到1℃，全县出现大范围的霜（冰）冻，高寒山区出现冰挂和雾凇，境内京珠高速红云至云岩段路面出现薄冰。

雷电。全年雷暴日数46天，较常年偏少。6月27日，洛阳深洞电站因雷击造成发电机受损，经济损失约5万元。

【矿产资源】 乳源境内矿产共发现有28种，矿床69处，矿化点25个，主要是铁、铜、铅、锌、钨、锡、铋、锑、汞、金、稀土（钇族）、钽铌、锗、铀、烟煤、无烟煤、泥炭土、耐火黏土、硅、萤石、水晶、硫、磷、重晶石、锰等。

【动植物资源】 县境内发现野生植物共计216科946属2572种，其中蕨类植物43科100属211种，裸子植物9科22属32种，被子植物164科824属2329种，约占广东省已查明野生维管束植物总数的36%。发现野生动物多达1500种。较大的野生动物700多种，其他较小的野生昆虫类超过1100种。乳源森林境地属广东省动植物科考研究基地之一。

【旅游资源】 乳源为广东省旅游资源丰富的县区之一。有山川峡谷、飞瀑流泉、森林生态、洞穴奇观、地热温泉、古道风韵、佛教禅宗、水库风光、民族风情等景观。主要景点开发有南岭国家森林公园、广东乳源大峡谷、云门寺佛教文化生态保护区、云门山景区、天井山国家森林公园、天景山仙人桥景区、必背过山瑶之乡生态旅游景区、南方红豆杉森林公园、通天箩地下森林公园、西京古道等，省重点建设项目在建的有大桥银山岭南温泉度假村。

【人口】 据县统计局提供数据，2017年末全县户籍总人口22.66万人、常住人口18.74万人（少数民族人口2.3万人），其中瑶族人口2.2万人，占全县总人口的10%，畲、满、回等少数民族人口占全县总人口的1%。全县人口自然增长率10.89‰。

【民族】 乳源是广东省少数民族聚居比较多的县之一。境内居住有瑶、畲、满、壮、回、土家、苗等少数民族30个，世居少数民族为瑶族、畲族，少数民族总人口2.3万人。瑶族主要聚居在必背镇、游溪镇、东坪镇；畲族主要聚居在洛阳镇深洞村民委员会。其余少数民族是中华人民共和国成立后因工作需要调入、毕业分配、部队转业、经商、婚嫁等方式移居乳源的非本土少数民族居民。

【语言】 县内普通话全覆盖。世居乳源的汉族人口70%使用汉语客家方言，瑶族人口母语使用的是属于汉藏语系苗瑶语族瑶语支的勉语，瑶汉族人主要以客家方言交流。畲族使用汉语客家方言。汉族方言还有连滩话、白话（粤语）、湘语（湖南话）、船话（船民特有的语言）和古母水方言话。

【宗教】 乳源境内的主要宗教有佛教、基督教，各教设有宗教活动场所，开展正常宗教活动。地方人大代表和政协委员有宗教界人士。

佛教。主要场所有：由禅宗六祖慧能第七世弟子文偃禅师于南汉乾亨七年（923年）创建、中国佛教五大禅宗之一——云门宗发祥地的云门寺，寺院有僧尼近500人，寺内办有佛教学院。

基督教。中华人民共和国成立前，乳源有基督教在县城、桂头、侯公渡等地活动。现有基督教桂头聚会点。

【经济和社会发展】 2017年全县生产总值84.59亿元，比2016年增长9.2%。其中：第一产业增加值8.36亿元，增长4.3%；第二产业增加值40.72亿元，增长8.3%（工业增加值35.78亿元，增长8.1%）；第三产业增加值35.51亿元，增长11.4%。人均地区生产总值4.47万元，增长8.2%。固定资产投资75.41亿元，增长12.6%。社会消费品零售总额22.47亿元，增长10.3%。外贸出口额7922万美元，减少25.7%；实际利用外资486万美元，减少39.4%。地方一般公共预算收入5.63亿元，增长10.2%。城镇常住居民人均可支配收入2.39万元，增长11%；农村常住居民人均可支配收入1.3万元，增长10.8%。

农业发展。全年农作物播种面积2.28万公顷。谷物总产量5.25万吨，比2016年增长1.3%，其中：稻谷总产量4.82万吨，比2016年增长0.7%；蔬菜总产量8.9万吨，比2016年增长3.6%；水果总产量1.15万吨，比2016年增长5.5%。畜牧业、渔业平稳发展。

工业经济。全年全部工业增加值35.78亿元，比2016年增长8.1%，其中规模以上工业增加值30.67亿元，比2016年增长9.2%。规模以下工业增加值5.11亿元，比2016年增长2%。规模以上工业产值121.33亿元，比2016年增长16.7%。电力生产和供应业产值14.62亿元，比2016年下降5.1%。

旅游业发展攀升。全县接待游客460万人次、增长11%，旅游收入39亿元、增长13%。

商贸物流持续增强。新增市场主体1404户，新增限额以上商贸服务企业11家、年营业额超5亿元大型批发企业1家。全年批发业销售额229.81亿元，比2016年增长47%，零售业销售额16.78亿元，比2016年增长4.8%，住宿业营业额8443万元，比2016年下降14.7%，餐饮业营业额3.11亿元，比2016年增长7%。全年累计社会消费品零售总额24.24亿元，比2016年增长7.9%。其中：批发和零售业零售额21.56亿元，比2016年增长7.6%，住宿和餐饮业零售额2.69亿元，比2016年增长10.32%。按地域分：城镇社会消费品零售总额增长7.85%，乡村社会消费品零售总额增长8%。

重点工程项目有新发展。胜蓝电子科技等5个项目动工建设，高立高空项目建成投产。东阳光公司腐蚀箔生产线扩建扎实推进，锂电池正极材料项目投产，率先建成全市首个县域产值超百亿元的特色产业集群。新增规模以上工业企业3家、高新技术企业8家。

社会事业协调发展。抓教育设施建设，完成乳城、大桥通过省教育强镇复评，创建广东省推进教育现代化先进县和教育强县复评通过省督导评估。加大卫生资金投入力度，完成人民医院新住院大楼投入使用，建成3个镇卫生院公卫楼及社会公建民营村卫生站24间。文化建设有新突破，非遗项目得到新发展，双朝节、苦爽酒酿造技艺入选省级非遗项目名录，民族博物馆成为省级非遗传承基地。

建成村级综合文化服务中心22个，开展文化惠民活动20场，成功举办瑶族“十月朝”系列活动12项，《铜铃悠歌》获省“五个一工程奖”，《瑶山飞来一群金鸪鸪》获省群众音乐舞蹈花会金奖。创建6个省民族团结进步示范单位，云门寺被评为全国创建和谐寺观教堂先进集体。女子龙舟队摘得第十三届全国运动会龙舟竞赛6枚金牌，夺得省第四届体育大会100米直道竞速冠军。建成农村健身广场10个。（县史志办）

政治文明建设

【民主法制建设】 全面实施按法治框架解决基层矛盾工作。深入开展“六五”普法和法治宣传教育，推进省级法治文化建设示范点建设。积极开展“法治镇”和“民主法治村（社区）”创建活动，进一步推进基层镇、村依法治理，圆满完成“法治镇”创建工作目标任务，顺利通过省、市检查组的验收。2017年，洛阳镇获得“广东省依法治省工作先进单位”荣誉称号。（冯春润）

【民主党派、工商联和无党派人士参政议政】 推进“加快培育乳源总部经济”工作，县政协各民主党派、工商联以及各界别政协委员代表，为加快培育经济用足用好乳源优惠政策、加大招商引资力度、优化政务环境、提高职能部门办事效率、加强人才引进，大手笔、高质量做好规划、准确定位总部经济等方面建言献策。就实施“打造瑶族特色县城”提出有价值的意见建议。各党派团体委员2017年共提交提案30件，大会发言2篇，提出意见建议80多条，有效助推县域经济发展。（侯　华）

【政府职能转变和机构改革】 2017年，县编办对全县公共机构节能管理职责、政务信息公开职责、文化许可及文化综合执法职责、金融管理和城乡规划等职责进行调整，进一步转变政府职能，理顺部门职责关系，减少政府部门职责交叉和分散。加强县委巡察机构建设、人大机关建设，设立县安全生产监督管理局，组建县市场监督管理局，在县水务局设立水利水电工程质量安全监督股、设置河长制办公室；成立县交通工程质量监督站、县流浪乞讨人员救助安置中心，整合县地方气象服务机构，推进暂缓分类事业单位改革等工作，深入推进行政事业单位改革，优化政府机构设置，进一步提高政府效能。（县编办）

【创平建设】 开展创建平安宣传工作，制定印发《乳源瑶族自治县2017综治暨创建平安宣传工作方案》，2017年，乳源平安创建群众知晓率排韶关市第3名。开展“平安细胞”创建工作，制定印发《关于深入推进“平安细胞”创建工作的通知》《2017年度平安镇、平安村居创建工作计划》《平安细胞创建工作考核验收方案》，将平安细胞创建纳入年度综治创平考核，对牵头单位和责任单位进行同步考核。新增“平安交通”“平安出租车市场”2类平安细胞。全县参与创建的平安细胞56083个，创建覆盖率达100%，创建达标55826个，验收达标率99.54%。

精神文明建设

【精神文明风尚倡导】 开展全国县级文明城市创建工作，推进社会主义核心价值体系建设，以精神文明创建活动为契机，提升公民思想道德素质和城乡社会文明风尚。重点打造必背镇、必背桂坑村和县国税局等9个示范点精品工程，推动县核心价值观建设不断向广度和深度拓展。创新城市管理方式，通过实施网格化管理模式，实行领导带头、网格管理、部门协同、公众参与的工作机制，提高对城市环境秩序“六乱”现象的整治效果。推进文明细胞创建工作。2017年，全县有1个村委获评国家级文明村镇，1个单位和1个村委获评省级文明单位、文明村镇，6个单位、5个村镇、1个窗口、1个社区获评市级精神文明建设先进集体，4所学校获评市级文明校园，10户家庭获评市级文明家庭。

【思想道德建设】 加强思想道德建设。进一步强化未成年人思想道德教育实践活动，积极开展“美德少年”“孝心少年”等评优选先活动、“扣好人生第一粒扣子”主题教育实践活动，培育、引导未成年人形成良好的道德观念和行为习惯。2017 年，全县有 1 人获得韶关市“美德少年”、2 人获得韶关市“美德少年”提名奖、5 人获得市级“最美南粤少年”、1 人获得省级“最美南粤少年”提名奖。

【道德模范宣传】 发挥典型的带动作用，开展道德模范宣传活动，全县评选出 24 位“乳源好人”，8 人被评为“韶关好人”“第六届感动韶关十佳道德模范”及“第六届感动韶关十佳道德模范”提名奖，1 人被评为“广东好人”。

生态文明建设

【自然生态保护】 乳源地处于粤北山区，水力、森林、矿产、风力、旅游等资源丰富，生态环境良好，水、空气、土壤和声环境都保持在优良水平，空气质量达到国家空气质量二级标准，环境空气质量优良率达 94.8%。主要饮用水源、江河水质全年监测达标，分别达到国家地表水Ⅰ类、Ⅱ类标准，全县拥有多个国家级、省级、市级自然保护区。为保护良好的生态环境不被污染、破坏，县委、县政府加强环境保护力度，提出生态立县的发展战略，对自然保护区、饮用水源保护区、生态公益林等严格保护。对南水水库开展网箱拆除清理整治行动，严格按照地表水Ⅰ类水质标准要求进行整治，消除网箱养殖对水库水质带来的影响，通过制定环保“十三五”规划、土地利用规划、畜禽养殖“三区”划分方案等，从宏观上调控这些区域的过度开发建设，通过把控环评审批、用地审批等行政手段限制一些不宜项目的开发，保障该县生态环境良性发展。

【生态环境宣传教育】 开展“6·5”世界环境日、道德讲堂、法制宣传日和环保志愿服务活动，采取农村、企业、社区开展形式多样的生态环境宣传方式。2017 年开展环保宣传咨询 6 次，发放环保宣传手册 4000 多份，发放环保纪念品 1000 多份，悬挂宣传横幅 10 条，滚动播放宣传标语 5000 多次，制作环保宣传栏 3 个。

【耕地资源保护】 立足耕地保护，坚持最严格的耕地保护制度，强化耕地保护责任意识，确保守住耕地保有量红线。实施基本农田保护经济补偿机制，下达基本农田保护经济补偿省级补助资金 695.52 万元给承担基本农田保护任务的各村委会，专项用于基本农田后续管护、农村土地整治等项目。按照“落地块、明责任、设标准、建表册、入图库”要求，落实推进永久基本农田划定工作，划定面积 15515 公顷，整备区划定面积 304.26 公顷。严格划定垦造水田潜力地块，稳步推进垦造水田工作，全县划定垦造水田潜力总规模 779.61 公顷，规划垦造水田项目 59 个；现启动实施 2 个耕地改造项目，改造水田面积 20.87 公顷，新增水田面积 18.46 公顷。（穆曼云）

各级机构领导人名单

中国共产党乳源瑶族自治县委员会

中共乳源瑶族自治县委

书　记：吴春腾（任至8月）
　　　　钟沛东（8月任职）
副书记：邓志聪
　　　　张　军
常　委：许益云
　　　　简连英
　　　　吴炬光
　　　　刘　峰
　　　　伍梅华
　　　　陈耀宇
　　　　秦正京
　　　　谢向军
　　　　戴浩平（任至2月，挂职）
　　　　张健和（2月任职，挂职）

县委办公室

主　任：秦正京
副主任：吴新超
　　　　刘良军
　　　　丘振强（任至10月）
　　　　巫淑坤

县委宣传部

部　长：谢向军
副部长：欧先凤
　　　　邓伟成

县委组织部

部　长：伍梅华
副部长：苏　葵
　　　　张典华
　　　　罗天养
　　　　赵群英

县委统一战线工作部

部　长：简连英
副部长：邓良胜
　　　　文胡胜

县委政法委

书　　记：陈耀宇
第一副书记：杨云
常务副书记：房东明
专职副书记：徐越健
　　　　　　谢荣欣
专职委员：申飞翔
　　　　　林光平
　　　　　刘建华
　　　　　冯水生
原社工委专职副主任：郑新群

县信访局

局　长：邱振强（任至11月）
副局长：吴细定

县机构编制委员会办公室

主　任：张光胜
副主任：吴学东
　　　　张炼杰

县直属机关工作委员会

书　记：朱远娥
副书记：许碧葵

县委老干部局

局　长：赵群英
副局长：潘玲娟
　　　　谢建华

县委党校

校　长：伍梅华
常务副校长：俞振炜
副校长：张明城
　　　　李寿营

县关工委

第一主任：张　军
第二主任：许益云
　　　　　伍梅华
　　　　　梁丽娟
执行主任：费玉海
常务副主任：许尔华
　　　　　　邓筱俊
　　　　　　赵群英

县委农办

主　任：秦春苟
副主任：王明煌（任至11月）
　　　　郭桂运（11月任职）
　　　　莫胜华（任至10月）

乳源瑶族自治县人民代表大会常务委员会

主　任：林昌卫
副主任：朱均玉
　　　　赵　雷
　　　　邱　波
　　　　邓国雄
　　　　许尔金
　　　　吴衍雄

县十二届人民代表大会法制工作委员会

主　任：邓国雄

人大办公室

主任：刘树明

内务司法工作委员会

主　任：李社权

经济工作委员会

主　任：张寿钦

教育科学文化卫生工作委员会

主　任：王明生（12月任）

选举联络人事任免工作委员会

主　任：马永安

乳源瑶族自治县人民政府

县人民政府

县　长：邓志聪
常务副县长：许益云
副县长：刘永生（挂职，任至1月）
　　　　张健和（挂职，3月任职）
　　　　杨　云
　　　　李明华
　　　　梁丽娟
　　　　唐保生
　　　　龚　民

县人民政府办公室

主　任：陈毓斌
副主任：曹军贵
　　　　盘伟群
　　　　廖聪华

政府职能部门

县人力资源和社会保障局

局　长：林建华
副局长：马展平
　　　　赖志远
　　　　邱冬凌
局党组
书　记：林建华
成　员：马展平
　　　　赖志远
　　　　邱冬凌
　　　　张加正（12月任职）

韶关市社会保险服务管理局乳源分局

局　长：陈海聪
副局长：万戈华
　　　　李炳才

县民政局

局　长：陈　璋
副局长：李洪发（任至9月）
　　　　张馥菁
　　　　陈志雄
局党组
书　记：陈　璋
成　员：李洪发（任至9月）
　　　　张馥菁
　　　　陈志雄

县民族宗教事务局

局　长：王　东
副局长：赵伟胜
　　　　许昌发

县发展和改革局

局　长：李智军
副局长：姚铁骏
　　　　邹秋凯
　　　　陈秋云
局党组
书　记：李智军
成　员：姚铁骏
　　　　邹秋凯
　　　　陈秋云

县市场监督管理局

局　长：许钧华

县食品药品监督管理局

局　长：许钧华
副局长：李　琳
　　　　钟亚平

县工商行政管理局

局　长：陈日富
副局长：谭志林
　　　　王伟东

县质量技术监督局

局　长：章钢生
副局长：陈三福
　　　　黄志鹏

县国土资源局

局　长：齐天伦
副局长：隆周立
　　　　曹　瑜
　　　　邹立清
局党组
书　记：齐天伦
成　员：隆周立
　　　　曹　瑜
　　　　邹立清
　　　　李素玲
　　　　邹福前

县安全生产监督管理局

局　长：张桂辉
副局长：袁振谦
　　　　赵云天
局党组
书　记：张桂辉
成　员：袁振谦

县国有资产监督管理委员会

主　任：沈鸿标
副主任：丘华忠
　　　　林建伟
工会主席：池火生

县明源国有资产经营有限公司

董事长、总经理：沈鸿标
副经理：丘华忠
　　　　林建伟
公司党委
书　记：沈鸿标
副书记：丘华忠
委　员：林建伟

县审计局

局　长：温　存
副局长：丘勇生
　　　　邝显华

县农业局

局　长：秦春苟
副局长：李少灵
　　　　李颖兴
　　　　朱益坚
局党组
书　记：秦春苟
成　员：王明煌（任至11月）
　　　　郭桂运（11月任职）
　　　　莫胜华（任至10月）
　　　　李少灵
　　　　李颖兴
　　　　李金照
　　　　马甫团

县扶贫办

主　任：莫胜华（任至10月）
　　　　郭桂运（11月任职）
副主任：陈见星
　　　　许井养

渔政大队

队　长：李颖兴

县林业局

局　长：唐保生（任至12月）
　　　　李世华（12月任职）
副局长：宋治华（11月前主持局全面工作）
　　　　陈日华
　　　　范永兴
局党组
书　记：唐保生（任至11月）
　　　　李世华（11月任职）
成　员：宋治华
　　　　陈日华
　　　　范永兴
　　　　朱　珽

县公安局森林分局

局　长：朱　珽

乳源南水湖湿地公园管理处

主　任：李茂文
副主任：李建宏
　　　　黄明彩

县农业机械管理局

局　长：马新萍
副局长：陈胜华

县水务局

局　长：李加武
副局长：赵安贵（任至11月）
　　　　雷振宇
　　　　李珊娜
　　　　曹华山（11月任职）
局党组
书　记：李加武
副书记：赵安贵（任至11月）
委　员：雷振宇
　　　　曹华山（11月任职）

县气象局

局　长：王玉宝
副局长：曾德松
纪检组副组长：周中意

县旅游局

局　长：谭群英（任至11月）
副局长：潘伟洪
　　　　黄　清

县公安局

局　长：杨　云
政　委：张伙胜
副局长：邓思东
　　　　张文东
　　　　白宜安
　　　　韩东生
局党委
书　记：杨　云
副书记：张伙胜
纪委书记：龙东升
委　员：邓思东
　　　　张文东
　　　　白宜安
　　　　韩东生

县供电局

局　长：罗海斌
副局长：刘孟宁
　　　　杨俊强（兼任工会主席）
　　　　阙胜和
　　　　李书双
　　　　吕国全
局党委
书　记：杨俊强
副书记：罗海斌
委　员：阙胜和
　　　　李书双
　　　　邓行斌（兼纪委书记）
　　　　谭志明

乳源经济开发区管理委员会

主　任：邬宝华
副主任：张展兴
　　　　黄为民

县经济促进局

局　长：刘文泉
副局长：包　勇
　　　　梁丽君
　　　　唐　彪

县财政局

局　长：禤继文（任至12月）
　　　　李智军（12月任职）
副局长：何　娟
　　　　盘良叁
　　　　邹国忠

县国库支付中心

主　任：刘梅峰
局党组
书　记：禤继文（任至12月）
　　　　李智军（12月任职）
成　员：盘良叁
　　　　邹国忠
　　　　刘梅峰

县交通运输局

局　长：王明生（任至11月）
　　　　李国洪（11月任职）
副局长：谢灿辉
　　　　曹华山
　　　　彭胜利
局党组
书　记：王明生（任至11月）
　　　　赵安贵（11月任职）
成　员：谢灿辉
　　　　曹华山
　　　　彭胜利
　　　　周启文

县公路局

局　长：刘文生
副局长：陈健萍
　　　　苏泉鸣（任至5月）
　　　　神子雄（5月任职）

县司法局

局　长：陈永汉
副局长：郭富强
　　　　付冬妹
政工科科长：侯娟兰
局党组
书　记：陈永汉
成　员：郭富强
　　　　付冬妹

县住房和城乡规划局

局　长：龚　民（任至12月）
　　　　吴文伟（12月任职）
副局长：谭堂奎
　　　　陈大伍（任至11月）
　　　　孙科军
局党组
书　记：龚　民（任至11月）
　　　　吴文伟（11月任职）
成　员：陈　慧

县环境保护局

局　长：吴文伟（任至12月）
　　　　林桥远（12月任职）
副局长：钟寿文
　　　　陈发云

县环境监察分局

局　长：邓战勋

县文广新局

局　长：赵丹丹
副局长：刘宏美
　　　　彭良勤

县广播电视台

台　长：邹卫平
副台长：冯帮助
　　　　李　玲

县教育局

局　长：郑东红
副局长：潘继明
　　　　曹国秀
　　　　吴振光
局长助理：曹胜书

县卫生和计生局

局　长：谭延明
副局长：邓向东
　　　　朱洪养
　　　　张育青

县应急办

主　任：曹军贵

县法制局

副局长：李为生

县外事侨务和台湾工作局

局　长：彭伟英

县人民防空办公室

主　任：傅神双
副主任：庞胜星

县机关事务管理局

局　长：陈　凯
副局长：欧远清
　　　　邓建中
　　　　张纯忠

县接待办

主　任：陈　凯
副主任：吴美兰
　　　　梁春玲

县供销合作联社

主　任：赵兴志
副主任：童树带
　　　　李胤锋

县档案局

局　长：赵天林
副局长：赵伟荣
　　　　郑绍东
局党组
书　记：赵天林
党组成员：赵伟荣
　　　　　郑绍东

县史志办

主　任：赵天林

县行政服务中心

主　任：陈文忠
副主任：肖　健
　　　　唐亚坤

县畜牧兽医水产局

局　长：李金照

县粮食储备中心

主　任：李细平
副主任：骆卫平（任至7月）
　　　　骆红财（任至7月）
　　　　许勇强（7月任职）
　　　　叶柳景（7月任职）

粮食购销有限责任公司

经　理：李细平
副经理：骆卫平
　　　　骆红财

县政府信息中心

主　任：赖南坡
副主任：林小钰

中国人民政治协商会议乳源瑶族自治县委员会

主　席：赵志敏
副主席：陈松海
　　　　刘宏美
　　　　黄寿生
　　　　禤继文
　　　　吴巧英
　　　　释向明
秘书长：邓雯珍

提案委员会

主　任：刘宏美

经济委员会

主　任：黄立东

教科卫体委员会

主　任：邓伟成

社会和法制委员会

主　任：罗天养

民族和宗教委员会

主　任：赵天林

文化和文史资料委员会

主　任：邓雯珍

港澳台侨联络委员会

主　任：岑少华

中共乳源瑶族自治县纪律检查委员会

书　记：刘　峰
副书记：赵　鹏
　　　　杨志坚
常　委：李东生
　　　　付慧燕
　　　　付晓娟
　　　　陈文煜

县监察局

局　长：赵　鹏
副局长：李东生
　　　　付慧燕
　　　　邓丽燕（任至11月）

社会团体

县总工会

主　席：许尔金
副主席：伍尚元
　　　　叶新强
工会党组
书　记：许尔金
成　员：伍尚元
　　　　叶新强

共青团乳源瑶族自治县委员会

书　记：赵婵媛
副书记：赖金平

县妇女联合会

主　席：邓爱萍
副主席：郭小兰

县科学技术协会

主　席：黄章城
副主席：曾耀宗

县归国华侨联合会

副主席：郭富强（兼）
　　　　邓学良（兼）

县工商业联合会

会　长：张红伟（任至4月）
　　　　曾庆明（4月任职）
专职副主席：黄立东

县文学艺术界联合会

主　席：陈路生

县社会科学界联合会

主　席：欧先凤

县残疾人联合会

理事长：吴巧英
副理事长：冯邦庭

县老促会

会　长：莫瑞福
副会长兼秘书长：钟永进

县红十字会

会　长：梁丽娟
副会长：文清良
秘书长：曾凯鸿

瑶族海外联谊会

会　长：赵志发
秘书长：王　东

世界过山瑶语言文化研究学会

会　长：赵　靖
副会长（兼秘书长）：王　东

法院、检察院

县人民法院

院　长：陆国东
副院长：许智昌
　　　　廖聪有
　　　　舒粤平
院党组
书　记：陆国东
副书记：许智昌
成　员：廖聪有
　　　　舒粤平
　　　　梁毓刚（纪检监察室主任）

县人民检察院

检察长：赖正志
副检察长：赵良湾
　　　　李和平
　　　　谢　健
反贪局局长：李和平
院党组
书　记：赖正志
副书记：赵良湾
成　员：李和平
　　　　谢　健
　　　　周　丽（政工科科长）

军　　事

县人民武装部

部　长：吴炬光
政　委：闫振一（任至6月）
　　　　宋海蛟（12月任职）
副部长：阳　灿

武警乳源瑶族自治县中队

队　长：刘　航
指导员：李健鑫

武警乳源瑶族自治县公安消防大队

大队长：吴云波
教导员：邓银良
大队党委
书　记：邓银良
副书记：吴云波

县直企业部门

县银源公司

董事长：徐　明

总经理：赖显东
副总经理：肖正春
　　　　　岑少峰
公司党委
书　记：徐　明
副书记、纪委书记：胡　丹
委　员：赖显东
　　　　肖正春
　　　　岑少峰
　　　　刘建国

县泉水水电厂

厂　长：赖显东
党总支书记、工会主席：李万田
副厂长：罗国雄

县自来水公司

经　理：吴梦龙
副经理：张志光
　　　　吴丽华（工会主席）
　　　　李新华（7 月任职）

烟草·盐业·物资

县烟草专卖局

局　长：张劲辉
副局长：李丹平

广东烟草韶关市有限公司 乳源瑶族自治县分公司

经　理：张劲辉（9 月任职）
副经理：黄跃鹏
　　　　许坚鸿（任至 12 月）
　　　　周雁南（12 月任职）

县盐务分局（盐业分公司）

局长、经理：钟让明

县物资总公司

经　理：罗　辉
副总经理：王莉萍

税务·金融·保险部门

县国家税务局

局　长：侯世长
副局长：李颂华（任至 9 月）
　　　　范卫东（9 月任职）
　　　　曹天射
　　　　陈永彰
　　　　徐　哲
局党组成员
书　记：侯世长
纪检组组长：张汝卡
党组成员：李颂华（任至 9 月）
　　　　　范卫东（9 月任职）
　　　　　曹天射
　　　　　陈永彰
　　　　　徐　哲

县地方税务局

局　长：蔡俊波（任至 3 月）
　　　　罗军富（3 月任职）
副局长：田石通
局党组成员
书　记：蔡俊波（任至 3 月）
　　　　罗军富（3 月任职）
副书记：冯志坚（任至 3 月）
纪检组组长：吴金城
党组成员：田石通

钟振春
张春庭（4月任职）

中国人民银行乳源瑶族自治县支行

行　长：张伟旗（任至8月）
　　　　张新文（8月任职）
副行长：雷　平（任至5月）
　　　　文　光
　　　　江雄文（4月任职）
副主任科员：欧阳会（11月任职）

中国工商银行股份有限公司乳源瑶族自治县支行

行　长：陈建雄
副行长：邹创宁
　　　　张　雪
　　　　沈学智（任至2月）
　　　　陈　勇（2月任职）

中国农业银行乳源瑶族自治县支行

行　长：唐向华
副行长：杨莉萍
　　　　王长江

中国建设银行乳源瑶族自治县支行

行　长：石班门（任至1月）
　　　　周峥嵘（1月任职）
副行长：周峥嵘（任至1月）
　　　　江　荣（1月任职）
营销主管：周峥嵘（任至1月）
　　　　　江　荣（1月任职）
营运主管：刘忠平（任至1月）
　　　　　龚大妹（1月任职）

县农村信用联社

主　任：唐晓飞
副主任：吴小亮
　　　　陈显芳
理事长：张初富
监事长：陈世祯
联社党委
书　记：张初富
副书记：唐晓飞
纪委书记：陈世祯
委　员：吴小亮
　　　　陈显芳

中国邮政储蓄银行乳源瑶族自治县支行

行　长：胡蝶飞（任至1月）
　　　　邓继兵（1月任职）
副行长：张　亮

中国人民财产保险股份有限公司乳源瑶族自治县支公司

总经理：李立伟
经理助理：黄志勇
综合部经理：许志清（任至1月）
　　　　　　钟燕群（1月任职）

中国人寿保险股份有限公司乳源瑶族自治县支公司

总经理：潘祝文
副总经理：范相科

韶关市社会保险服务管理局乳源瑶族自治县分局

局　长：陈海聪

副局长：万戈华
　　　　李炳才

邮政·通信·客运部门

中国邮政集团公司广东省乳源瑶族自治县邮政分公司

党支部书记、总经理：邓国辉
副总经理、工会主席：何新良
业务主管：李智民

中国电信股份有限公司乳源瑶族自治县分公司

总经理：廖海辉
副总经理：钱　平
　　　　　卢炎石

中国移动通信集团广东有限公司乳源瑶族自治县分公司

总经理：张震宇
副总经理：房勇明

中国联合网络通信有限公司乳源瑶族自治县分公司

总经理兼政要营服公司经理：蔡志鸿
一级高级业务主管：李建军

县汽车站

站　长：黄兴彩
副站长：黄志良
支部书记：黄兴彩
工会主席：黄志良

医疗机构·学校

医疗机构

县人民医院
院　长：邱　波（2月任职至6月）
　　　　高凌俊（6月任职至11月）
　　　　凌亚非（12月任职）
副院长：邱　波（6月任职）
　　　　庄小丽
　　　　莫永清（11月任职）
党支部书记：赖兴荣（7月任职）

县中医院
院　长：刘朝华
副院长：邓优胜
　　　　张志伟

县妇幼保健院
院　长：冯晋康
副院长：陈美玲
　　　　雷粤英

县疾病预防控制中心
主　任：江金华
副主任：欧初贵
　　　　吴增洲
　　　　黄　敏

县卫生监督所
所　长：欧六增
副所长：邹远群
　　　　黄　攀

桂头镇中心医院
院　长：谢景军
副院长：霍文欢
　　　　张苏波

大桥镇崇安医院
院　长：李树华
副院长：周满花
　　　　罗贵通
　　　　马文明

重点学校

县高级中学
校　长：周维发
副校长：王新阳
　　　　宋显长
　　　　刘文英
县教师进修学校
校　长：邓光荣（任至12月）
　　　　齐巧花（12月任职）
副校长：冯四清
　　　　陈培养
　　　　邓家庆
县中等职业技术学校
校　长、党总支书记：何先彩
副校长：齐巧花（任至11月）
　　　　黄恩雄
　　　　冯慢松
乳源中学
校　长：孙献忠
副校长：余前镜
　　　　黄恢文
　　　　龚衍科
桂头中学
校　长：毛永星
副校长：张佐芬
　　　　钟明昌
县民族实验学校
校　长：马靖辉
副校长：赵天金
　　　　许红保
　　　　张传湘
乳源第一小学
校　长：罗镇球
副校长：曾春林
　　　　蔡　虹
　　　　黄学军
　　　　张春菱（挂职）
金禧小学
校　长：傅　庚
副校长：邓天伟
　　　　张纯华
　　　　秦锦修（挂职）
县机关幼儿园
园　长：黄爱兰
副园长：黎　慧
　　　　刘纪斌
　　　　张绣中
八一学校
校　长：潘启运
副校长：曾文彬
　　　　丘玉春
　　　　陈　纯
大桥欧晖中学
校　长：李德光
副校长：陈伟波
　　　　邓才生
侯公渡中学
校　长：欧永辉
副校长：丘伟信
　　　　曾伟波
　　　　朱东明（挂职）
一六中学
校　长：黄少华
副校长：张勤辉
　　　　张海英
大布中心学校
校　长：吴宏远（任至1月）
负责人：雷金福（1月就职）
副校长：黄明星
红云中心学校
校　长：黄镇秋
副校长：廖树养
　　　　尧良华

中省驻乳源单位

广东省核工业地质局二九一大队

队　长：苏文聪

副队长：周　鑫
　　　　张辉仁（总工程师）
　　　　张焕雄
工会主席：李毓成
大队党委
副书记：苏文聪
　　　　李毓成（兼任纪委书记）
党委委员：周　鑫
　　　　　张辉仁
　　　　　张焕雄

广东省粤电南水发电有限责任公司

总经理：刘发胜（6月任职）
副总经理：刘发胜（任至6月）
　　　　　刘照平（6月任职）
公司党委
书　记：刘发胜（6月任职）
副书记：许洪文（兼纪委书记）
委　员：吴耿桐（任至12月）
　　　　刘照平（12月任职）
　　　　董红升（12月任职）
　　　　李广勤（12月任职）
公司工会
主　席：许洪文

广东省乳阳林业局

局　长：陈振明
副局长：容建明
　　　　丁海胜
办公室主任：陈国元
局党委
书　记：陈振明
副书记：杨武权
委　员：容建明（工会主席）
　　　　丁海胜
　　　　谷建国
　　　　陈国元

广东省天井山林场

场　长：梁东成
副场长：彭华贵
　　　　黄长娣
办公室、党工办主任：何月玲
林政生产科科长：曾庆团
场党委
书　记：梁东成
副书记、纪委书记：赵学军
委　员：彭华贵
　　　　黄长娣
　　　　黄衍斋（工会主席）
　　　　何月玲（工会副主席）
　　　　曾庆团

广东省高速公路有限公司京珠北分公司

总经理：田增华
副总经理：张建泉（任至7月）
　　　　　吴朝晖（任至7月）
　　　　　杨增法（7月任职）
　　　　　林旭辉（7月任职）
总工程师：康瑜德
　　　　　谢志明（7月任职）
分公司党总支委
书　记：许　锋（7月任职）
副书记：田增华
委　员：杨增法
　　　　谢志明
　　　　林旭辉

广东乳源大峡谷省级自然保护区

主　任：林顺和
副主任：许根有
管理处党组
书　记：林顺和
党组成员：许根有

赵梅英
郑飞舟

乳　城　镇

中共乳城镇委

书　记：林桥远（任至 12 月）
　　　　吴志俭（12 月任职）
副书记：肖福城
　　　　陈囿先
　　　　张润岳
委　员：赵　强（纪委书记）
　　　　张新芳
　　　　杨启梁（武装部部长）
　　　　侯贱娇
　　　　邓永华

镇人大

主　席：陈荣生

镇人民政府

镇　长：肖福城
副镇长：张新芳
　　　　丘国雄
　　　　卢淑珠
　　　　陈广华

桂　头　镇

中共桂头镇委

书　记：吴衍雄（任至 11 月）
　　　　邓桂雄（11 月任职）
副书记：邓桂雄（任至 11 月）
　　　　陈大伍（11 月任职）
　　　　黄博东
　　　　兰　贤
委　员：丘国全（纪委书记）
　　　　李教化（武装部长）
　　　　钟慧秀
　　　　卿笃雄
　　　　马桂洲

镇人大

主　席：黄永久

镇人民政府

镇　长：邓桂雄（任至 11 月）
　　　　陈大伍（11 月始，镇长候选人）
副镇长：马桂洲
　　　　邓晓辉
　　　　周文龙
　　　　黄玉玲

大　桥　镇

中共大桥镇委

书　记：饶峻洪
副书记：黄祖胜
　　　　陈　粤（分管政法）
　　　　赵少辉（12 月任职，分管党建）
委　员：李天福（任至 11 月，兼任纪委书记）
　　　　郎　坤（12 月任职，兼任纪委书记）
　　　　赵少辉（任至 11 月）
　　　　邹伟群
　　　　邓冬英
　　　　袁涔皓（武装部长）
　　　　张　峥（12 月任职）

镇人大

主　席：林文辉

镇人民政府

镇　长：黄祖胜
副镇长：邓冬英
　　　　李雪辉
　　　　陈大俊
　　　　余　周

大　布　镇

中共大布镇委

书　记：赵财保
副书记：杨川毅
　　　　罗　凯
　　　　张芬城
委　员：邝　东（纪委书记）
　　　　叶福全（武装部部长）
　　　　林文坤
　　　　谢　华
　　　　邓奕良

镇人大

主　席：侯永娣

镇人民政府

镇　长：杨川毅
副镇长：林文坤
　　　　禤月明
　　　　陈晓锋

游　溪　镇

中共游溪镇委

书　记：李国洪（任至11月）
　　　　谭群英（11月任职）
副书记：赵天聪
　　　　许路华
　　　　钟美凤
委　员：吴韶华（纪委书记）
　　　　盘小军（武装部长）
　　　　赵　敏
　　　　丘国前
　　　　黄先龙

镇人大

主　席：黄贱胜

镇人民政府

镇　长：赵天聪
副镇长：黄先龙
　　　　李月祥
　　　　江石庆

东　坪　镇

中共东坪镇委

书　记：华　跃
副书记：赵春英
　　　　廖　平
　　　　邓良辉
委　员：陈耀忠（纪委书记）
　　　　朱君鹏（武装部部长）
　　　　李卫清
　　　　谢佰天
　　　　曹建新（12月任职）

镇人大

主　席：郑玮如

镇人民政府

镇　长：赵春英

副镇长：黄静莉
　　　　赵劲成（任至9月）
　　　　潘康文（12月任职）

洛　阳　镇

中共洛阳镇委

书　记：吴志俭（任至12月）
副书记：张　杰
　　　　罗光宝
　　　　赵文源（11月任职）
委　员：蓝　源（纪委书记）
　　　　郑小明（武装部部长）
　　　　陈顺华
　　　　廖桂珍
　　　　江立佳

镇人大

主　席：盘良银

镇人民政府

镇　长：张　杰
副镇长：陈顺华
　　　　陈庭武
　　　　童杰明

必　背　镇

中共必背镇委

书　记：李世华（任至11月）
副书记：赵伟明（11月主持镇党委工作）
　　　　赵　章（分管党建）
　　　　邹福利（分管综治）
委　员：欧天永（纪委书记）
　　　　胡　亮（武装部部长）
　　　　吴旺灵
　　　　盘成华（分管组织）
　　　　赵伟军（分管宣传）

镇人大

主　席：庹　校

镇人民政府

镇　长：赵伟明
副镇长：吴旺灵
　　　　赵艳梅
　　　　盘天发

一　六　镇

中共一六镇委

书　记：丘振强（11月任职）
副书记：潘　鸿
　　　　郭桂运（任至12月，分管党建）
　　　　林永平（分管综治）
委　员：陈良志（纪委书记）
　　　　赵明明（武装部部长）
　　　　陈玉明
　　　　邓素萍（分管组织）
　　　　雷　英（分管宣传）

镇人大

主　席：杨细金

镇人民政府

副镇长：陈玉明
　　　　赵华端
　　　　谢永旺

中共乳源瑶族自治县委员会

综　　述

2017年，在以习近平为核心的党中央坚强领导下，县委认真贯彻落实党的十九大精神和习近平总书记对广东工作重要指示批示、省第十二次党代会、市委十二届四次全会精神，围绕“发展经济、改善民生、促进民族团结进步、维护社会稳定、全面从严治党”五篇文章，坚持守底线创亮点，脚踏实地，善做善成，推动全县经济社会发展取得新进步。2017年，全县实现地区生产总值84.59亿元、增长9.2%，GDP增速在韶关市排名并列第一；地方财政一般预算收入5.6亿元、增长10.2%，排全市第二位；全社会固定资产投资75.41亿元、增长12.6%。城乡居民人均可支配收入18830元，增长10.4%；城镇居民人均可支配收入23897元，增长11%；农村居民人均可支配收入13001元，增长10.8%。

重　要　会　议

【县委工作会议】　1月4日，县委召开工作会议，学习传达贯彻党的十八届六中全会和习近平总书记重要讲话精神、省委十一届八次全会和省委经济工作会议精神、市委十一届十一次全会和市十二次党代会精神，研究乳源贯彻落实全面从严治党的举措。

吴春腾、邓志聪、林昌卫、赵志敏、张军等十二届县委委员、候补委员，各镇镇长，县直及上级垂直管理副科以上单位党员主要负责人，县属企事业单位和东阳光公司党员主要负责人等参加会议。

会上，县委副书记张军传达省委十一届八次全会、省委经济工作会议、市委十一届十一次全会、市第十二次党代会精神。

县委书记吴春腾部署全面从严治党和2017年重点经济工作。吴春腾指出，当前经济发展进入新常态，面临的环境错综复杂，改革发展稳定各项任务繁重，要如期实现全面建成小康社会目标，关键在党，关键在人，关键在落实。必须坚定不移深入推进全面从严治党，才能使党的各级组织更加坚强、更有力量，才能使党员干部队伍始终保持先进性和纯洁性，才能为融入珠三角加快发展、全面建成小康社会提供坚强保证。

吴春腾要求，扎实推进全面从严治党，要把握关键，突出重点，具体做到“七个突出”。即突出“思想引领”，从严加强思想政治建设；突出“严格严肃”，从严规范党内政治生活；突出“能力担当”，从严加强干部队伍建设；突出“强基固垒”，从严加强基层组织建设；突出“抓常抓长”，从严从实深化作风建设；突出“关键少数”，从严全面加强党内监督；突出“正风肃纪”，从严加强反腐倡廉建设。

吴春腾强调，2017年是全面建成小康社会的关键之年，各级各部门要强化责任担心，围绕任务目标，重点抓好工作落实。一是要持续深化改革创新，全面优化营商环境；二是要深入实施融珠战略，全力推动三大主题工作；三是要把握政策机遇期，加快完善基础设施建设；四是要着力补齐民生短板，跟上全省全面小康步伐。

县长邓志聪总结2016年经济工作和部署2017年经济工作。邓志聪指出，2017年要着力抓好七个方面的工作。一是抓绿色工业发展，加快建设现代产业聚集地；二是抓生态农业发展，加快建设珠三角绿色食品供应基地；三是抓特色旅游发展，加快建设休闲度假精品区和健康养生首选地；四是抓商贸物流发展，加快促进第三产业繁荣发展；五是抓城乡环境建设，全力建设韶关最佳宜居卫星城；六是抓金融财税工作，提高经济发展保障水平；七是抓社会事业建设，提高人民群众幸福感。

【县委十二届二次全会】 中国共产党乳源瑶族自治县第十二届委员会第二次全体会议于7月3日在县城召开。全会由县委常委会主持。全会听取并审议县委书记吴春腾代表县委常委会所作题为《扎实推动省党代会精神落地生效，确保如期全面建成小康社会》的报告，县长邓志聪作关于经济工作的报告。

全会认真学习贯彻习近平总书记对广东工作重要批示精神和省第十二次党代会精神及市委十二届四次全会精神，实事求是总结上半年工作，分析发展中面临的问题和困难，安排部署今后一个时期主要工作和下半年工作任务。

全会认为，习近平总书记对广东工作作出“四个坚持、三个支撑、两个走在前列”重要批示，是习近平总书记治国理政新理念新思想新战略在广东的具体化，是指导广东未来工作的总纲。省第十二次党代会聚焦习近平总书记重要批示精神，深入贯彻习近平总书记系列重要讲话精神和治国理政新理念新思想新战略，谋划广东在重要战略机遇期加快转型发展的重大方略，是指导今后五年广东改革发展的纲领性文件。市委十二届四次全会对贯彻落实省党代会精神、加快韶关发展步伐作出的工作部署，是确保韶关如期全面建成小康社会的行动指南。

全会指出，要以习近平总书记重要批示精神为统领，推动乳源各项事业始终沿着正确方向前进；要准确把握当前发展存在的问题和困难，切实增强工作的针对性实效性；要准确把握今后五年全省重大决策部署，坚持和完善“一二三四五”发展思路；要准确把握全面建成小康社会的目标要求，切实增强加快小康社会建设的责任感紧迫感，推动乳源发展在新的起点上再创新局，以优异成绩迎接党的十九大胜利召开。

全会强调，推动省党代会精神在乳源落地生效，要扎实推进供给侧结构性改革，拓宽园区发展新空间，推动与珠三角产业共建，加快绿色工业转型升级，推进农业供给侧结构性改革，推动全域旅游新发展，抢抓机遇发展商贸物流业，努力实现更高质量和效益的发展；要实施创新驱动发展战略，大力建设高效政务平台，积极研究建设科技创新平台、金融服务平台、品牌培育平台、人才服务平台，努力打造粤东西北最优营商环境；要全力推动城市提升，规划建设特色小镇，大力建设美丽乡村，加快完善基础设施，守护乳源绿水青山，全面提升城乡发展水平，努力建设粤北最佳人居环境城市；要加快社会民生事业发展，打赢精准脱贫攻坚战，提升公共服务水平，提高社会保障水平，营造和谐稳定社会环境，补齐全面建成小康社会短板，让全县人民共建共享全面小康社会；要深入推进全面从严治党，强化组织纪律，强化干部管理，强化基层基础，强化正风肃纪，强化民主法治，把党的各级组织建得更加坚强有力，打造忠诚干净担当的高素质干部队伍，切实担负起决胜全面建成小康社会的历史重任。

全会号召，全县各级党组织和广大党员干部群众紧密团结在以习近平为核心的党中央周围，不忘初心砥砺行，撸起袖子加油干，凝心聚力开创乳源发展新局面，为如期全面建成小康社会而努力奋斗。

【县委十二届三次全会】 中国共产党乳源瑶族自治县第十二届委员会第三次全体会议于12月27日在县城召开，全会由县委常委会主持。全会听取和审议县委书记钟沛东代表县委常委会所作题为《以习近平新时代中国特色社会主义思想为指引奋力开创新时代乳源振兴发展新局面》的工作报告，审议通过《中共乳源瑶族自治县委关于坚持以习近平新时代中国特色社会主义思想为指引加快乳源振兴发展的决定》。

全会深入学习贯彻党的十九大精神、中央经济工作会议精神和省委十二届二次全会、市委十二届五次全会精神，实事求是总结县委常委会2017年工作，分析当前乳源面临的新形势新任务，明确未来一个时期乳源的总体发展思路和2018年工作目标任务。

全会指出，党的十九大是在全面建成小康社会决胜阶段、中国特色社会主义进入新时代的关键时期召开的一次具有划时代、里程碑意义的大会。党的十九大在政治上、理论上、实践上、制度上取得一系列重大成果，是中国共产党在新时代开启新征程、续写新篇章的政治宣言和行动纲领。乳源要用习近平新时代中国特色社会主义思想统领乳源一切工作，持续深入学懂弄通做实党的十九大精神，准确把握新时代乳源面临的新形势新任务，深入研究新时代加快乳源发展的重大问题，把党的十九大精神转化为加快乳源振兴发展的生动实践，争当广东省践行习近平新时代中国特色社会主义思想的模范县。

全会认为，2017 年，县委认真贯彻落实党的十九大精神和习近平总书记对广东工作重要指示批示、省第十二次党代会、市委十二届四次全会精神，围绕“发展经济、改善民生、促进民族团结进步、维护社会稳定、全面从严治党”五篇文章，坚持守底线创亮点，脚踏实地，善做善成，推动经济发展上新台阶，改善社会民生有新进步，促进民族团结有新作为，建设美丽乳源有新面貌，建设平安法治乳源有新成效，全面从严治党有新气象，全县改革发展稳定各项工作取得新进步。

全会提出，进入新时代，全县发展的总体思路是：全面贯彻党的十九大精神，以习近平新时代中国特色社会主义思想为指导，紧扣社会主要矛盾变化，坚定不移贯彻新发展理念，打生态和民族牌，走创新发展和质量效益发展道路，推进发展特色精品高效现代农业、特色工业、生态文化旅游业、总部经济和空港经济，建设现代化经济体系；坚定不移贯彻以人民为中心的发展理念，提高保障改善民生水平，促进社会安定和谐、民族大团结；坚定不移推进全面从严治党，增强振兴发展的政治保证，振奋精神，团结拼搏，乘势而上，推进建设富裕美丽文明法治的新乳源。

全会强调，2018 年要坚持稳中求进工作总基调，按照高质量发展要求，统筹推进稳增长、促改革、调结构、惠民生各项工作，促进经济社会持续加快发展。要贯彻新发展理念，培育特色工业产业集群，创建全域旅游示范县，实施乡村振兴战略，培育发展总部经济和空港经济，推进重点项目建设，打造营商环境高地，推进建设现代化经济体系。要坚持以人民为中心的发展理念，优先发展教育事业，持续提高就业收入，完善社会保障体系，扎实推进脱贫攻坚，大力建设健康乳源，提高保障和改善民生水平。要践行绿水青山就是金山银山理念，推进绿色发展，加强生态保护和生态治理，建设美丽乳源。要牢牢把握意识形态工作领导权，培育践行社会主义核心价值观，推动文化的多元化发展，增强少数民族群众获得感，促进民族团结进步。要加强民主政治建设，加强和创新社会治理，建设平安法治乳源。要坚定不移推进全面从严治党，加强党的政治、思想、组织建设，建设高素质干部队伍，持之以恒正风肃纪，增强振兴发展的政治保证。

全会号召，全县各级党组织和广大党员干部，要紧密团结在以习近平为核心的党中央周围，不忘初心，牢记使命，奋力开创新时代乳源振兴发展新局面，推进建设富裕美丽文明法治的新乳源，让习近平新时代中国特色社会主义思想在乳源落地生根结硕果。

重 要 活 动

【邓海光督导检查乳源中小河流治理工程情况】 1 月 7 日，副省长邓海光到乳源督导检查中小河流治理工程建设情况。市委书记江凌，市长骆蔚峰，副县长唐保生等领导陪同检查。

邓海光一行深入一六镇查看重阳水（水源宫一六镇段）治理项目建设情况，具体了解项目资金安排、建设管理、工程质量及河长制落实情况，并听取相关情况汇报。邓海光指出，中小河流治理事关人民群众生命财产安全，不能有丝毫懈怠，要下大力气解决中小河流容易受灾的问题。要抓好河道日常管理和维护，切实落实河长制，进一步细化实施方案；在工程项目的设计、招投标、建设过程中，要高起点规划、高标准建设，并将自然生态放在首位，保护河道及河道两岸的生态环境；要借冬修水利的大好时机，将河道清淤落实到位，确保河道整洁畅通，并建立河道清淤的常态化工作机制。

【骆蔚峰慰问乳源弱势群体】 1 月 25 日上午，市长骆蔚峰、市人大常委会副主任邓小杰一行前往大桥镇，看望慰问该镇五保户、低保户、残疾人、贫困户和困难优抚对象等弱势群体，向弱势群体致以新春的祝福，并送上慰问金和慰问品。市政协副主席、县委书记吴春腾，县长邓志聪以及市、县相关工作人员陪同慰问。

骆蔚峰一行先后前往大桥镇红星村、石角塘村、柯树下村，走访慰问低保户尧永招、周洪春，五保户残疾人林振华，贫困户张定勋。

骆蔚峰一行随后来到大桥镇敬老院，看望慰问敬老院老人。

【江凌率队调研乳源西京古道保护开发和“五彩瑶乡”省级新农村示范片建设情况】 1月26日，市委书记、市人大常委会主任江凌率队调研乳源西京古道保护开发和“五彩瑶乡”省级新农村示范片建设情况。市领导孔云龙、王伟阳，县领导吴春腾、邓志聪、秦正京等参加调研。

江凌实地考察大桥镇观澜书院、西京古道梯云岭路段、乳城镇云门村兴隆自然村，并召开座谈会。

关于古驿道建设，江凌指出，推进西京古道的保护开发，关键是利用西京古道历史文化的独特资源，实现重走古道驿道，感受乡村生态，体验民族风情的目的，从而推动乳源全域旅游发展，带动县域经济发展。一是要抓紧把乳源重要的旅游点梳理出来，围绕古驿道进行布置和统筹，突显古驿道文化魅力，围绕古驿道概念包装，通过串点连线，形成效应；二是抓紧做好基础设施，特别是要把旅游公路规划好、建设好；三是要对西京古道沿线的旅游景点要注入新的内容，提升原有景区景点的质量，加大力度引进新的市场经营主体。江凌强调，搞西京古道的保护开发，目的是搞旅游开发，丰富旅游产品，统一标牌、标志，注重包装营销，提升服务标准。

江凌要求，乳源的新农村建设要在全市，乃至全省起示范作用。一是工作机制方面上起示范作用，要通过政府主导，让群众自发去参与新农村建设，要通过理事会等方式，把群众组织起来，让他们去谋划乡村建设，去推动乡村的建设，去改变乡村的面貌。二是在投融资方面起示范作用，想办法把政府投资放大，动员群众乡贤积极参与新农村建设，动员市场主体参与乡村建设的经营性投入，在投融资方面起示范作用。三是建设内容上起示范作用。要按照新农村建设的要求，加大环境整治，培育好主导产业，加强社会主义核心价值观宣传，弘扬家训家风和优秀民俗文化，丰富内涵形成特色。

【全市县域振兴发展工作（西片）会议在乳源召开】 3月30日上午，韶关市县域振兴发展工作（西片）会议在乳源召开。市长骆蔚峰要求各有关部门要加强沟通协调，落实责任，做好服务，切实为各县（市、区）解决难题，助推县域振兴发展。

会上，浈江、武江、乳源和乐昌4个县（市、区）分别汇报各自经济社会发展工作情况和需市政府支持协调的重大事项。市政府分管领导及市有关部门负责人就相关问题现场作出回应。

骆蔚峰指出，近年来韶关县域经济稳步发展，已成为韶关国民经济的“半壁江山”。2016年，县域发展被列为韶关市“三大主题工作”之一，各县（市、区）要增强信心，市各有关部门要大力支持，形成合力推动县域经济健康快速发展。

骆蔚峰强调，县域发展要用好有限的土地指标，要解决好“三公一业”转移后的遗留问题，要重视人居环境的整治，特色小镇建设要强调特色与产业结合。此外，在规划上要注重统筹协调，研究好总体布局，引导好商业、公共服务业集中发展。

骆蔚峰表示，4个县（市、区）在此次会上提出很多现实问题，有些需要市专题会议研究，如航空产业问题、韶医办学体制问题等，牵头部门要做细前期筹备工作。对于需要争取省级部门支持的，要列出清单，梳理情况，集中汇报。对于一般问题，市分管领导、市有关部门要与各县（市、区）再深入沟通，探讨研究，提出行之有效的解决方案。

【温思美到乳源专题调研“宗教院校与宗教人才队伍建设”】 4月26日，省政协副主席温思美率领省政协调研组一行，围绕“我省宗教院校与宗教人才队伍建设”专题到乳源调研。调研组到云门寺，重点了解宗教院校与人才培养和队伍建设情况。市政协副主席王德雄、县政协主席赵志敏、副主席黄寿生、释明向，市、县民宗局等有关部门负责人参加调研。

调研座谈会上，省政协调研组与市、县民宗局、云门学院负责人一起交流，围绕推动宗教院校与宗教界人才队伍建设进行积极探讨。调研期间，温思美一行深入了解乳源宗教院校建设和宗教界人才队伍建设情况。省政协调研组充分肯定乳源在宗教院校与宗教界人才队伍建设方面取得的成绩，认为乳源十分重视推动宗教界人才培养，积极引导宗教与社会主义社会相适应，较好地发挥宗教界人士的积极作用。调研组表示，将向省委、省政府如实反映乳源的有关情况，就推动宗教院校与宗教界人才队伍建设等方面争取更多的政策倾斜，更好地促进乳源宗教自身良性发展。

【长安乳源召开第二轮对口帮扶工作第一次联席会议】 6月6日，东莞市长安镇委书记何绍田率长安镇党政代表团，到乳源召开长安乳源第二轮对口帮扶工作第一次联席会议。市政协副主席、县委书记吴春腾，县委常委、副县长、长安镇委委员张健和，副县长李明华及相关部门负责人参加了会议。

会上，相关领导介绍乳源经济社会发展情况、上一轮对口帮扶工作情况以及第二轮对口帮扶工作情况、下一步工作计划，审议通过对口帮扶有关事项，并举行乳源瑶族自治县人民政府和胜蓝科技股份有限公司投资签约仪式。

长安镇党委书记何绍田在会上指出，长安镇与乳源第二轮对口帮扶的主要任务包括：产业园区合作共建、招商引资、民生事业发展和深化改革四大方面；目标为：每年为乳源引进不少于2个投资3000万元以上的项目，其中1个为亿元以上项目；争取到2019年，乳源产业园区工业总产值达到80亿元以上；乳源与全省同步全面建成小康社会。

市政协副主席、县委书记吴春腾在会上指出，第二轮对口帮扶工作开展后，帮扶工作团队按照工作安排，扎根乳源，深入调研，沟通协调，使第二轮对口帮扶工作无缝接续，取得良好开端。吴春腾要求乳源各相关部门在第二轮对口帮扶工作中，要主动承担主体责任，全力抓好相关工作方案和行动计划的落实，工作重点要放在产业共建上，要抓好平台建设，抓好招商引资，要优化服务和合作机制。

【林雄率省政协第七视察团到乳源开展产业共建专题调研】 7月25日，省政协副主席林雄率省政协第七视察团，到乳源开展产业共建专题调研。市政协主席王青西，市委常委、副市长、莞韶对口帮扶指挥部总指挥万卓培，市政协副主席、县委书记吴春腾，县领导邓志聪、赵志敏、梁丽娟、黄寿生等陪同调研。

期间，林雄一行实地调研东阳光实业有限公司、广东中农批农产品批发市场有限公司、东坪镇雕子塘新村等地，听取相关情况介绍，并召开“抓住产业共建机遇，加快民族地区发展”专题座谈会。

座谈会上，市委常委、副市长、莞韶对口帮扶指挥部总指挥万卓培，县长邓志聪分别汇报全市及乳源产业共建有关情况和存在问题。省政协视察团成员与市县相关部门进行深入交流，为解决产业共建中存在问题提出意见和建议。

林雄对近年来韶关经济社会发展成绩给予肯定，认为韶关生态环境优美，发展基础良好，前景广阔，领导班子坚定信心，真抓实干。林雄指出，产业共建是广东推动珠三角与粤东西北一体化发展的重要抓手，既能为珠三角更高水平的发展腾出空间，又可为粤东西北地区协调发展注入强大动力。韶关要抓住产业共建新机遇，大力推动民族地区发展。

林雄建议，韶关应通过产业共建，进一步做大做强特色产业，增强创新能力，打造跨区域产业链，形成同等水平、优势互补的区域产业分工合作格局；要特别注重对资源、生态、环境的保护，坚持优化产业布局。积极发展节能环保、技术领先的战略性新兴产业和生态旅游、民族文化等特色产业，走符合自身特点的工业化道路；民族地区要有更加主动融入珠三角经济圈的强烈意识，积极建立合作伙伴关系，寻找引进低碳环保、税收贡献大、产业带动能力强的龙头企业，搭建产业梯队，推进民族地区与珠三角真正实现产业共建，从而带动民族地区加快发展，如期实现全面建成小康社会的目标。

【全国瑶医药学术交流会在乳源举行】 10月27至29日，由中国民族医药学会主办，中国民族医药学会瑶医药分会、广东万森生态科技发展有限公司承办的全国瑶医药学术交流会在乳源瑶族自治县举行。来自中国民族医药学会的领导、中国民族医药学会瑶医药分会理事会成员及会员、中医药、各民族医药界相关人士、瑶医工作者共300余人参加大会。县委常委、常务副县长许益云，县政协副主席黄寿生出席大会开幕式。

大会旨在总结推广瑶医药学术成果，加强瑶医药学术研究，促进瑶医药工作交流和学习，推动瑶医药事业发展。在本次瑶医药学术交流会上，来自广西中医药大学的副校长、教授庞宇舟，甘肃中医药大学教授王引权，广西中医药大学科学中心常务副主任、教授陈勇等3位专家做主题讲课。

出席本次大会的专家教授和学者们共同探讨瑶族医药发展的法治化、标准化建设及可持续发展问题，就各自研究领域上所取得的成果与经验进行交流发言，对瑶医药发展迫切需要解决的实际问题进行认真全面的探讨。

大会期间，高峰论坛专家参观考察龙脑科普园、东坪镇雕子塘瑶族新村和云门寺佛教生态文化保护区。各地瑶医工作者在县政府广场开展民族医药技能展示及义诊活动。

【乳源举行第十一届瑶族“十月朝”文化旅游节】 11月18日上午，第十一届乳源瑶族“十月朝”文化旅游节在云门山旅游度假区开幕。市委常委、组织部部长华旭初，省民宗委党组副书记、巡视员李秀英，市副市长李欣，市政协副主席吴春腾，省直部门领导，市有关领导，市直部门领导，兄弟县（市、区）领导，县四套班子领导、科局和各镇主要领导、部分干部和群众代表，以及新闻媒体记者参加此次节庆活动。

此次瑶族“十月朝”文化旅游节活动从10月底持续到12月初。活动内容主要包括瑶族“十月朝”文化旅游节开幕典礼、拜盘王祭祀活动、瑶族长桌宴、第三届粤北（乳源）农特产品博览会、瑶族山歌会、瑶绣艺术节、2017年广东省（韶关·乳源）环南水湖第五届自行车公开赛、“和美瑶城·文明乳源”—书画摄影名家看乳源采风活动、第三届“让爱远行”天井山森林漫步徒步活动、大布镇腐竹节等12个活动。（赖世水）

县委办工作

【概况】 县委办公室是协助县委领导处理县委日常工作的机构，挂县委保密委员会办公室（县国家保密局）、县决策咨询和政策研究室、县委机要局、县信访局牌子。根据《中共乳源瑶族自治县委关于成立全面深化改革领导小组的通知》，县委全面深化改革领导小组下设办公室（简称“县委改革办”），作为常设机构。县委改革办、县决策咨询和政策研究室挂靠县委办公室（根据乳机编〔2016〕14号文件，县信访局于2016年12月单独设置为县委工作部门，不再挂靠县委办；根据乳机编〔2016〕9号文件，县接待办于2016年6月划入县机关事务管理局，不再挂靠县委办）。根据《关于县委办公室综合督查股更名等问题的通知》，设立县委督查室为办公室内设机构（副科级）。办公室内设8个职能股，其中办公室主任1名，副主任3名，股长5名，机关总编制22名，其中机关行政编制21名。

2017年，县委办在县委的领导和关心支持下，认真学习贯彻习近平新时代中国特色社会主义思想和党的十九大精神，围绕中心、服务大局，积极做好服务领导、服务基层、服务群众“三服务”工作，为推动全县经济社会发展作出积极贡献。

【综合协调工作】 充分发挥主观能动性，工作前置，做到事前勤沟通、事后多反馈，确保工作准备充分，衔接紧密。认真做好县领导、三大办、各部门、上下级和本办各股室之间的工作协调。重点做好第十一届瑶族“十月朝”等大型会议活动的组织协调工作，确保会议活动有序开展。做好黄先耀、慎海雄、林雄、莫高义、骆蔚峰、朱余旺等省市领导到乳源调研的汇报材料及参观协调工作。发挥“微时代”作用，建立县领导工作微信群、四大办主任微信群、乳源会务群等，及时高效发布相关工作通知、工作成效信息等，体现节俭高效原则。

【公文办理】 严格做好公文管理，完成2016年文书档案的归档工作；办理和印发乳发14件、乳委

30件、乳办发14件、乳委办44件、乳委办发电51件、县委常委会议纪要24期。处理来文3510件，其中纸质来文720件、OA来文2790件，向市委报备党内规范性文件20份。接听电话3720个，打电话上传下达通知2860个，处理领导各类批示300多件，收发报刊4000多份，收发领导信件300多封，填报各类报表60份。

【会务活动】 完成县委十二届二次全会、县委十二届三次全会、十月朝活动等大型会议的会务工作28场。着力改进会风，出台加强全县会议管理规定，建立“无会日”制度，大幅提升会议实效，会风得到大幅好转。

【党内法规制度建设】 积极按照中央省市决策部署，积极推动党内法规建设，助推县委进一步提升法治建设水平。加强党内法规制度建设，完善党内法规工作机构，成立文电法规股和县委法律顾问室，统筹抓好党内法规建设工作。制定出台《中共乳源瑶族自治县委办公室关于建立县委党内法规工作联席会议制度的通知》《中共乳源瑶族自治县委关于加强党内法规制度建设的实施意见》等县委党内法规文件，指导党内法规制度建设。召开县委党内法规工作联席会议，剖析存在问题，力促形成党委统一领导、县委办公室统筹协调、部门分工负责，各方面共同参与的党内法规制度建设工作格局。健全各级党委依法决策机制，根据中央省市推行法律顾问制度要求，聘请广东众同信律师事务所3名律师为县委法律顾问，在全市率先完成党委法律顾问配备工作。制定出台《关于推行法律顾问制度和公职律师公司律师制度的实施意见》、截至2017年年底，乳城镇、大桥镇、桂头镇等党委、政府已完成常年法律顾问配备工作。

【综合调研工作】 精心撰写县委十二届二次、三次全会会议材料，从“发展经济、改善民生、民族团结、维护稳定、从严治党”五篇文章出发，提出贯彻落实党的十九大精神、习近平总书记对广东工作重要批示和省第十二次党代会及省市全会精神的思路和具体工作举措，为完善县委发展思路、推动上级决策部署落地生根发挥积极作用。抓好学习贯彻党的十九大精神、经济形势分析、中心组理论学习、民主生活会等会议文字材料和领导讲话起草；认真审核修改“两学一做”学习教育、村“两委”换届、创建全国文明城市、精准扶贫、信访维稳、人大政协会议等会议材料，保障各项会议顺利召开。制定《学习贯彻落实习近平总书记重要批示精神和省第十二次党代会精神调研工作方案》《县领导同志围绕党的十九大重大部署开展专题调研课题安排》，开展营商环境、农村电商专题调研，形成高质量的调研报告，为县委决策提供重要参考。围绕全县工作大局，主动掌握和发现经济社会发展中的新情况、新问题、新经验，积极参与县委重大决策的制定和落实，为县委和领导决策提供参谋服务。加强政策研究梳理，深化与韶关学院图书馆《乳源决策参考》信息服务合作，围绕破解经济社会重点领域存在问题，刊登全域旅游、美丽乡村、总部经济、特色小镇、政策梳理、田园综合体等12期专题。持续做好《乳源调研》采编工作，择优刊登县领导和各镇各单位报送的调研文章，全年共出版《乳源调研》2期，收录调研文章10篇，报送11篇优秀调研文章到省委、市委政策研究室，努力推广好做法好经验好建议。协助抓好重点亮点工作，起草《2017年县委常委会工作要点》《2017下半年重点亮点工作计划》等，细化举措，明确责任，有效推动工作落实。起草审核延长免征企业所得税优惠政策的请示、南岭国家级自然保护区功能区范围调整方案、环保督察工作相关情况报告、设立粤北生态特别保护区工作报告等专题报告，助力相关问题解决。

【信息采编工作】 注重抓住重点、热点、亮点、难点，提高信息采编时效和质量。全年向省、市报送“学习借鉴浙江经验做法加快我市特色小镇培育发展”“乳源县以三重奖补调动村民人居环境综合整治积极性”“乳源开展‘十个一’活动迅速掀起学习贯彻党的十九大精神热潮”等信息96篇，报送新闻信息13篇。加强与各镇、各单位的沟通联系，提高信息采编含金量。对重点信息主动联系相关部门约稿，全年发出约稿通知7份。2017年共收集各镇各单位上报信息500多篇。畅通紧急信息报送渠道，力争第一时间上报信息，提高信息报送时效。全年共编发《乳源要情》33期，涉及各类意外事故、自然灾害、矛盾纠纷和网络舆情等，使上级部门在第一时间了解情况进展，进行科学指挥调度。

【督查督办工作】 充分发挥督促检查作用，围绕2017年县委、县政府中心工作和经济社会发展目标任务开展督促检查。抓好县委重大决策、重要会议、重点工作和领导交办（批示）事项的督促落实。围绕上级领导批示、重大会议部署以及市委督查室开展的督查督办事项，结合县域发展、安全生产、作风建设和“两个条例”落实情况等方面工作，陪同市委督查室开展实地督查5次，及时向市委报送有关工作落实情况，客观反映乳源经济社会发展的情况，并向上级有关部门提出相关工作建议，争取政策支持，确保上级领导批示事项、重点工作，事事有回音，件件有落实。积极督办网络问政工作，2017年共办理网民留言547件。

【机要密码保障通信工作】 严格执行机要24小时值班制度，落实每日主渠道巡查制度和每周传真密码机巡查制度，做好不定期全省电报演练工作，对涉及社会稳定、突发事件、重大灾害等紧急电报即收即办，确保密码通信渠道安全畅通。抓好县电子政务内网机房选址、方案设计和整体搬迁工作；开展密码及设备安全保密自查整改，积极落实密码更换和安全管理工作，全面推进县重要领域国产密码应用。贯彻落实电报销毁制度，对前年度电报及时按规定执行造册登记销毁，共销毁2016年度密码电报295份。全年接收密码电报441份，发送58份；接收明传电报89份；传真收件252份，发送87份，实现无事故、无差错、无错情的目标。

【保密工作】 深入开展保密法制宣传教育，将保密纪律纳入党性教育和党的作风建设的内容。不断加强保密队伍建设，举办保密专题讲座，经常深入乡镇部门进行保密指导，提高保密人员业务素质。强化保密工作责任落实，制订《乳源瑶族自治县领导干部保密工作责任制》，明确领导责任，将保密工作责任制情况纳入干部考察和全县年终绩效考核。加强保密工作硬件建设，强化网络保密监管，建立保密技术监管业务联动工作机制，有效提高防泄密能力。加大保密监督检查力度，开展保密专项检查和“责任制”专项检查，检查台式电脑22台，手提电脑5台，联网计算机20台，党政领导干部20人，检查办公室20个，2017年全县未发生泄密失密事件。

【深化改革工作】 认真做好县委改革办日常工作，组织召开县委全面深化改革领导小组第三次会议；对县委全面深化改革领导小组和专项小组成员进行适时调整；制定《乳源瑶族自治县2017年全面深化改革工作要点》《乳源瑶族自治县2017年重点改革事项责任领导分工表》，提出10个方面26项改革任务，为推进改革工作作出详细的部署。审议出台《乳源瑶族自治县推进共青团改革实施方案》《乳源瑶族自治县事业单位和国有企业公务用车制度改革方案》《乳源瑶族自治县关于推进价格机制改革的实施意见》《乳源瑶族自治县盐业体制改革实施方案》等文件，推动相关领域深化改革。配合上级部门完成基层治理、行政体制改革等各项调研活动，认真报送基层治理、全面深化改革工作督察、开发区改革创新发展、改革机构设置及运转情况、基层改革探索等工作情况，为上级改革决策提供参考。其中，“韶关乳源县大力推进村民小组‘五有’规范化建设健全村民自治机制”在广东改革简报第31期上刊登。

【绩效考核工作】 严格按照《乳源瑶族自治县2016年绩效考核实施方案》的工作要求和步骤，对全县9个镇、53个县直机关单位和6个上级垂直管理单位开展2016年度绩效考核职能指标考核工作，按得分高低对被考核单位进行分类排名，并给予发放绩效奖励。在参照2016年绩效考核实施方案的基础上，结合《2017年韶关市县（市、区）工作绩效评价实施方案》和《2017年韶关市机关绩效考核实施方案》，经过广泛的调研和征求意见，对2017年县绩效考核方案进行修改完善，使考评方案更加科学、合理、高效。 （赖世水）

宣传工作

【概况】 县委宣传部内设办公室、理论和宣传股

（县国防教育领导小组办公室）、精神文明建设办公室等3个股室，机构编制9名。部长由县委常委兼任，县文联、县社科联挂靠县委宣传部，县委宣传部其中一名副部长由县社科联主席兼任。

2017年，县委宣传部在县委领导下，在上级宣传部门的关心、指导、支持下，坚持以党的十九大精神为统领，牢牢掌握意识形态工作的领导权、管理权、话语权，巩固壮大主流舆论，大力培育和践行社会主义核心价值观，着力构建现代公共文化服务体系，扎实推进全国县级文明城市创建工作，为建设富裕美丽文明法治新乳源提供强大的思想保证、精神力量、道德滋养和文化条件。

【理论武装】 强化理论武装，狠抓理论学习，将广大党员干部群众思想统一到党的十九大精神上来。一是抓主线，强措施，干部理论学习实现新提升。充分发挥县委理论中心组的示范带动作用。2017年开展19次集中性的县委中心组理论研讨学习，邀请杨斌、于忠龙、王少敬等6位专家为全县领导干部作专题辅导报告。为县委中心组成员及单位一把手发放《习近平七年知青岁月》《习近平总书记关于意识形态工作的重要讲话汇编》等书籍200余本（册），协调指导各镇、县直有关部门举办专题报告会60多场次。二是抓落实，接地气，让党的方针政策在瑶乡大地开花结果、落地生根。围绕党的十九大精神、习近平系列重要讲话精神为主题，组成县委宣讲团深入乡镇、企业、学校开展宣讲活动33场次。以党的十九大精神为指导，制作瑶汉双语广播，依托“村村通”广播平台，在全县115个行政村定期播放，让党的声音传遍瑶乡大地。三是抓载体，重指导，确保学习不走过场。坚持读原著、学原文、悟原理，深刻学习领会党的十九大精神实质，2017年全县征订《习近平谈治国理政（第二卷）》311本，征订党的十九大精神相关辅导材料5861本（册）。

【重要宣传】 强化考核问责，促进意识形态工作责任制落实，牢牢把握意识形态工作领导权管理权话语权。一是抓好意识形态工作职责的落实。2017年3月，制定并印发《党委（党组）意识形态工作清单》，明确全县54个党委（党组）书记、分管领导和班子成员的工作职责。制定《意识形态工作责任清单》，明确县纪委、县委组织部等19个涉意识形态管理主体责任单位的工作职责，确保意识形态工作职责落实。二是坚持正面宣传，壮大主流舆论。围绕主题宣传、成就宣传、典型宣传，在中央电视台、新华网、人民网、广东电视台、《南方日报》等中省级媒体刊播稿件527篇（条）；在《韶关日报》、韶关电视台、韶关电台、韶关市政府门户网等市级媒体刊播稿件1458篇（条）；出版15期乳源新闻、专题重点版；在县广播电视台、县政府门户网、“乳源发布”“和美瑶城”等县级新闻媒体刊播主流新闻报道3368篇（条）。围绕党的十九大精神宣传，深入开展党的十九大精神“七进”宣讲活动120场，设置大型宣传23个，在各村滚动播放惠民政策瑶语广播6000余次，形成强大的正面宣传合力。三是加强新兴媒体建设和管理，完善优化政务微博、“乳源发布”“和美瑶城”两微一端建设，重点登记备案全县102个党、政、企微信客户端，严格落实信息发布审核制度。

【舆情监控】 坚持问题导向，注重宣传引导，为全县营造良好的舆论环境。一是强化舆论监管，营造和谐环境。牢牢把握舆论引导的主动权，妥善处理负面舆情事件62起。其中，在处置“一六镇原党委书记”事件和“校园欺凌”事件中，宣传部于事发当日组织撰写新闻通稿，并主动在县新闻媒体上快报事实、慎报原因，消除网友猜疑和社会恐慌。在处置“实名举报东坪镇副镇长”事件中，及时与相关部门联系沟通，主动沟通湖南省委宣传部，回应事实，妥善处理举报帖子，避免发生网络大风波事件。二是杜绝出现涉意识形态领域的错误思潮。各镇辖区、各单位办公辖区和职责管理区无涉意识形态领域的错误思潮，无非法出版物，无不良广告，无未经审查批准的报告会、研讨会、讲座、论坛等活动。三是加强网络监管。组织开展对全县23个党政机关网站的专项检查工作，关停有安全漏洞的网站；完成县政府门户网集约化建设，强化政务平台服务功能和安全运行保障，营造风清气正的网络舆论环境。

【文化发展】 大力整合文化资源，积极开展文体活动，创作文艺精品，打造特色文化品牌，极大地丰富人民群众的精神文化生活，促进瑶族文化的传承发展。一是加快推进文化服务功能提升工程，启动民族文化传承中心、新文化馆和博物馆布展工程项目建设，完成县、镇、村三级公共文化电子阅览室建设。二是建立完善"南岭瑶族文化资源"多媒体资源库并通过文化部验收，成为目前全国唯一一个获得文化部立项的瑶族文化资源数据库。三是系列文化惠民活动有序推进。举办 20 场"美丽瑶乡·幸福乳源"暨创建平安乳源主题宣传巡回演出活动，放映农村公益电影 993 场次，受益观众 63455 人次。成功举办 5 场"激情广场·幸福乳源"群众文化系列活动。四是大南岭文化整理工作有序推进。由县委宣传部牵头负责大南岭旅游的文化挖掘和梳理整理基础性工作，已初步形成涵盖县人文历史、生态景观、风俗民情等方面内容的《行走"大南岭"——畅游乳源》书稿及完成插图收集工作，旨在提升县乃至全市的旅游产业、产品的文化品质。

【文明建设】 结合创建全国文明城市（以下简称"创文"）工作，大力推进社会主义核心价值体系建设，深入开展精神文明创建活动，进一步提升公民思想道德素质和城乡社会文明程度。一是发挥典型的带动作用，共评出 24 位"乳源好人"，8 人被评为"韶关好人""第六届感动韶关十佳道德模范"及"第六届感动韶关十佳道德模范"提名奖，1 人被评为"广东好人"。二是有序推进社会主义核心价值观示范点建设，重点打造必背镇、必背桂坑村和县国税局等 9 个示范点精品工程，推动县核心价值观建设不断向广度和深度拓展。三是发挥市民的主体作用。全县建立 76 支志愿服务队，6 个专业志愿者队伍，拥有志愿者 7000 多人，形成三级志愿服务机构和网络。四是发挥讲堂的感化作用，2017 共举办 9 期总堂和 90 多期分堂活动，营造讲道德、做好人、树新风的浓厚社会氛围。五是发挥文艺精品的导向作用。由县文明办推送的原创歌曲《铜铃悠歌》获得广东省第十届精神文明建设"五个一工程"优秀作品奖。六是深入开展全国县级文明城市创建工作。创新城市管理方式，通过实施网格化管理模式，实行领导带头、网格管理、部门协同、公众参与的工作机制，提高对城市环境秩序"六乱"现象的整治效果。七是积极推进文明细胞创建工作。2017 年，1 个村委获评国家级文明村镇，1 个单位和 1 个村委获评省级文明单位、文明村镇，6 个单位、5 个村镇、1 个窗口、1 个社区获评市级精神文明建设先进集体，4 所学校获评市级文明校园，10 户家庭获评市级文明家庭。八是加强未成年人思想道德建设。进一步强化未成年人思想道德教育实践活动，积极开展"美德少年""孝心少年"等评优选先活动、"扣好人生第一粒扣子"主题教育实践活动，培育、引导未成年人形成良好的道德观念和行为习惯。2017 年，1 人获得韶关市"美德少年"，2 人获得韶关市"美德少年"提名奖，5 人获得市级"最美南粤少年"，1 人获得省级"最美南粤少年"提名奖。 （张　亮）

组　织　工　作

【概况】 2017 年，县委组织部在省、市组织部门的精心指导和县委的坚强领导下，坚持围绕中心、服务大局，履职尽责、真抓实干，立足实际，创新推进"两学一做"学习教育常态化制度化。继续深化干部管理制度改革，全面落实正向激励保障、负向约束惩戒机制。深入优化发展环境，推动人才工作开创新局面。县委组织部年末在职在编 19 人。

【学习贯彻中共十九大精神】 一是多形式抓学习。坚持分类辅导，有针对性地在不同党员干部群体中开展形式多样的学习活动，先后举办全县公务员学习贯彻党的十九大精神专题培训班、少数民族干部学习贯彻党的十九大精神会议、离退休干部学习十九大心得体会分享会、年轻干部座谈会、妇联系统学习贯彻十九大精神报告会等专题学习，邀请省、市党校教授辅导授课，以学习十九大精神促进全县干部素质能力的大提升。县委组织部还部署开展包括志愿服务、主题征文、建言献策等内容"十个一"系列活动，切实把学习十九大精神融入基层党组织和党员日常工作、生活中，转化为服务群众、推动工作的实际行动。二是多渠道抓宣传。县委组建十九大精神宣讲团，在全县范围内开展"党的十九大精神进基层"宣讲活动，推动党的十九大精神进企业、进农村、进机关、进校园、进社区、进军营、进瑶寨。充分利用网站、电视、报纸以及“两微一端”等媒体广泛开展宣传，在政府信息网、县电视台开辟“学习宣传贯彻党的十九大精神”专题专栏，多视角、高密度、全方位宣传报道党的十九大精神，及时报道乳源广大党员干部群众对十九大精神的热烈反响，多篇信息在南方网、韶关日报等省市媒体上刊登。突出瑶乡特点，将十九大报告有关内容进行“瑶汉双语”录制，通过村村通广播在瑶族镇村播报，切实把党的十九大好声音、好政策传递到千家万户。三是多方位抓贯彻。坚持学以致用，深入调查研究，完善发展思路，细化工作举措，把党的十九大精神落实到全县经济社会发展的方方面面。县四套班子成员围绕乳源改革发展稳定的热点难点问题，结合分管联系工作积极开展调查研究。各镇、各单位紧密联系实际谋划推动各项工作，切实做到“三个结合”，即把学习十九大精神与“两学一做”学习教育常态化制度化相结合，与冲刺年度目标任务相结合，与完善未来五年工作思路相结合，以实际行动守底线、补短板、创亮点。

【“两学一做”学习教育】 一是坚持分类导学。认真落实市委组织部分类开展的五大主题实践活动，结合乳源实际在机关开展“机关党员固定活动日”，在东坪、乳城等镇推出“三夜三群”“五送暖心”等特色活动，其中“三夜三群”编入《广东“两学一做”学习教育经验集萃》。突出学做结合，提升党员服务意识，“喜迎党的十九大、党员服务展风采”主题活动得到广大群众的一致好评，南方网以《韶关乳源党员志愿者街头设点服务瑶乡群众》为题进行报道。二是坚持支部抓学。以党支部为基本单位，以组织生活为基本形式，扎实落实“三会一课”等制度，不断丰富党员日常教育管理方式，推动“两学一做”学习教育融入日常、抓在经常。县委组织部每半年对组织生活制度落实情况进行一次集中检查，对开展组织生活不经常、不认真、不严肃的予以通报批评。县农业、住建等多个党委组织党员赴湖南韶山、江西瑞金等红色教育基地开展党性锤炼教育，促进学习教育做到入脑入心。三是坚持以考促学。认真落实考学活动要求，通过专人跟踪、定期督促、全县通报等方式，层层落实考学责任，确保不留盲区、不漏一人。“学省党代会精神迎党的十九大召开”考学活动参考率100%。创新举办“学报告、学党章”集中考学竞赛，鼓励和支持广大党员反复多次考学，在学中考、在考中学，不断增强对党的十九大精神实质的学习领会和准确掌握。目前，全县“学报告、学党章”满分率达90%以上。

【从严治党】 一是严抓基层党建研究。县委始终把抓党建工作作为最大的主业，年初由县委书记主持召开全县组织工作会议，常委会先后召开12次会议专题研究部署党建工作，听取各镇、各单位党委（党组）抓党建工作的汇报，研究解决基层党建存在问题。建立基层党建工作调研制度，确定2017年党建调研课题11个，常委班子成员每月至少1次到镇下村开展调查研究，听取党员群众意见，为进一步加强基层党建工作提供依据。二是严肃党内政治生活。印发《中共乳源瑶族自治县委贯彻落实全面从严治党行动计划》，对严守政治纪律和政治规矩、严肃党的组织生活制度、完善领导班子决策机制、严格落实民主集中制等提出明确要求，确保党内政治生活真正严肃起来、落到实处、发挥效用。严格执行领导干部双重组织生活会制度，县四套班子党员领导带头以普通党员身份参加自己所在党支部的组织生活，以上率下，形成严肃党内政治生活的良好氛围。三是严抓党建责任考核。建立健全基层党建责任体系，县委印发《关于建立健全基层党委、部门党组（党委）抓党建工作责任制的意见》，进一步明确党委（党组）书记、班子成员、有关部门抓党建工作的责任清单，健全党建工作责任制和考核评价办法，把党建工作由“软任务”变成硬指标。县委组织部充分发挥协调抓总，采取半年常规督查+平时突击检查的方式，对照党建责任清单逐项考核评价，抓好督促整改。抓好基层党建述职考核工作，针对述职评议会上查摆和点评的问题，详细列出清单，制定整改计划抓落实，及时公示接受社会监督。在2017年年初对2016年工作述职评议中，参与述职的12名党（工）委书记“好”票率全部在80%以上。

【干部队伍管理】 一是深化干部管理制度改革。全面落实正向激励保障、负向约束惩戒机制，打造从严管理干部制度体系，出台并实施《乳源瑶族自治县干部政绩档案管理意见》和《乳源瑶族自治县县管领导干部考验性管理意见》，树立用结果说话、凭实绩用人的正确用人导向，把好干部选出来、用起来，推动形成能者上、庸者下、劣者汰的干部任用“新常态”。二是优化干部培训教育工作。制定《2017—2019年乳源瑶族自治县干部精准培训规划》，对县处级干部、科级干部、一般公务员、专业技术人员、中青年干部、村（社区）干部、女干部、少数民族干部和党外干部三年的培训项目进行了详细安排。举办县第七期中青年干部培训班、全县组工干部和专业技术拔尖人才专题培训班、新提任副科级领导干部培训班、村（社区）书记、主任党性素养提升与业务素质提高培训班，有效提高了培训对象的素质和能力。落实学分制考核管理，印发《关于做好干部教育培训学分考核工作的通知》，明确操作规程、具体措施和工作要求，有效提高干部教育培训工作的规范化和实效性。全县在职干部职工全部纳入学分考核，网络培训实现100%全覆盖。选派领导干部参加省市主体班次进修培训，2017年选送各级领导124人次参加市、省级26个班次的学习。三是强化干部日常管理监督。完成各镇领导班子换届工作“回头看”专题调研，指导并督促县直各单位开展2016年选人用人“一报告两评议”工作。用好提醒、函询、诫勉等组织措施，共找8名科级领导干部进行提醒谈话。落实领导干部个人有关事项报告制度和出国（境）审批制度，全年为24名科级领导干部进行出国（境）政审和备案登记。严格执行《党政主要领导干部和国有企业领导人员经济责任审计规定》，协助上级做好对桂头镇和大桥镇党政主要领导开展经济责任异地同步审计。

【基层党建】 一是常态化开展驻点直联。县委召开11次会议专题研究驻点工作，建立经常性督查工作机制，采取“飞行检查”“天眼”监控等措施开展联合督查，确保驻点直联工作不走过场。在游溪、大桥等镇创新实施“5个1”组建驻点团队、“2+1”模式分配队员等工作方法，助推驻点联系工作取得更大成效。落实县、镇、村三级问题解决联动机制，1月－11月全县共走访群众5.31万户，实现了走访对象的全覆盖；收集群众建议347条，问题671条，解决639条。二是精细化实施青苗培养。以驻点直联等工作为抓手，全面摸清各村党员干部和优秀人才情况，建立311人的后备干部库，其中村支部书记后备人员102人，大专以上学历175人。坚持精细化管理和培养后备干部，对教育培训情况实行动态跟踪，一人一档建立培养档案，并以镇为单位组建了“后备人选微信交流群”，切实抓好集中培训、主题教育、压岗锻炼等教育培养工作。三是精准化整顿软弱涣散。在精准查找问题的基础上，排查7个软弱涣散党组织，采取县镇党委书记挂钩联村、整顿工作组帮扶下村、“第一书记”脱产驻村等方式抓实整顿。全县共投入整顿资金860多万元，用于帮扶软弱涣散村发展集体经济、完善民生设施和基层服务设施等，确保整顿工作任务顺利完成。其中，乳城镇健民村投入100万元建成集便民服务、党员活动、信访调解等功能的办公楼，成为软弱涣散向服务型党组织转变的示范。四是制度化落实镇选村培。制定《农村基层党组织落实“镇选村培”发展党员工作实施方案》，对农村优秀年轻人才进行全面调查，建立300多人的农村发展党员优秀人才库。实行发展党员预审制和备案制，进一步强化镇党委对村级发展党员工作的审查把关作用，2017年共发展农村党员92名。五是大力实施书记项目。严格落实“书记抓、抓书记”基层党建工作责任制的要求，将“实施‘梧桐计划’引才聚智促民生”列为县委党建创新“书记项目”。各基层党委发挥党委抓基层党建的主导作用，结合实际扎实开展党建工作创新活动，确立和实施党建“书记项目”20个，以“书记项目”推动基层党建创新、创优、创品牌。六是强力抓好村级换届。坚持以严肃纪律为支撑点，以选好干部为落脚点，精心组织，周密部署，全县没有发生一起干扰破坏选举及非正常上访事件，整体上换出一个和谐稳定的好局面。全县115个村（社区）共选出“两委”干部522名，“一肩挑”和交叉任职比例分别为90.4%和91.4%，高出市委、市政府预定目标5.4和8.4个百分点。新一届“两委”班子成员平均年龄比上届降低0.6岁，大专及以上文化程度43人，实现“一平稳、一配强、一保持”的目标。抓好换届后村干部培训，组织村（社区）书记、主任走出去学习，先后到贵州湄潭学习考察基层党建和新农村建设工作，到瑞金红井学院举办党性素养提升与业务素质提高培训班，达到开阔视野、增长知识、锤炼党性的目的。七是合力推进基层治理。县基层治理协调小组充分发挥作用，以解决涉及群众切身利益的实际问题为重点，严格落实治理责任，形成组织部门牵头抓总、责任部门分工负责的基层治理合力。农村土地突出问题三项治理、征地社保滞留资金分配、农村“三资”管理、基层公共服务综合平台建设等各项治理任务均已完成；完成农村土地承包经营权应权确权权属调查工作，颁发农村土地承包经营权证34441本，占全土地承包农户数的98.66%。八是着力统筹各领域党建。认真贯彻城市党建和国企党建会议精神，完成县属两家国企（明源公司、银源公司）公司章程修订工作，党建工作按程序写入公司章程，实现加强党的领导和完善公司治理的统一。注重“两新”组织党建工作的规范化建设，走出去在广西大学举办全县“两新”组织党组织书记培训班，县建筑业与房地产协会党支部等5个基层组织列入市级示范点培育对象。

【人才工作】 一是落实党管人才工作机制。充分发挥县人才工作领导小组的宏观指导、综合协调职能，突出抓统筹、抓规划、抓机制，注重分析人才形势、研究人才政策、服务人才需求，做到牵头有力、组织有序、总揽有方。各成员单位紧紧围绕县委重大决策部署，加强工作交流、督导，及时协调解决工作中遇到的问题，人才工作各项任务得到落实。2017年入选百名享受市政府特殊津贴人才共7人，入选市引进百名紧缺适用人才14人。二是引进培养紧缺适用人才。充分利用乳源好山好水的资源优势，组织协调人社、教育、卫生、住建等部门前往甘肃、江西、湖南等地高校和单位招聘人才，全职引进4名紧缺高层次人才，其中中级职称2人、全日制研究生2人，有签约意向人员10余人。继续开展柔性引才工作，成功引进4名高层次人才到乳源开展医疗卫生技术帮扶和传帮带服务。强化人才学习交流，加强对县管拔尖人才的管理联系，筹划举办高层次人才国情研修班活动。三是优化提升人才发展环境。实施人才“安居工程”，落实人才公寓28套，积极开展县人才驿站规划筹建工作，不断完善柔性引才公共服务平台。强化人才跟踪服务工作，组织开展全县首届“和美瑶城”职工技能大比武、2017年卫生应急技能竞赛等活动，召开引进紧缺高层次人才座谈会，发放引进紧缺高层次人才一次性安家费28万元、紧缺高层次人才特殊津补贴376.82万元。四是推进实施“扬帆计划”项目。重点推进瑶族文化传承与创新人才培养工程，加强对县文广新局、中职和民实学校等项目实施单位的跟踪指导，并结合“旅游旺县”目标，把瑶族文化与旅游业紧密结合，积极借助文博会、非物质文化遗产博览会等展示舞台，挖掘和拓宽瑶族文化人才培育方式，提升瑶族文化产业品牌效应。项目已成功通过市专家组评审，上报省评审组审核认定。

【部门自身建设】 一是大力加强政治建设。带头深入开展“两学一做”学习教育、学习廖俊波先进事迹、习近平对广东重要指示、党的十九大精神等活动，自觉增强“四个意识”，加强党性修养，筑牢思想堤坝。二是持续加强作风建设。坚持从严治部，从严带队，强化勤政廉政教育，组织开展廉政读书、纪律教育学习月和参观廉政教育基地、温入党誓词等活动，不断强化组工干部的政治、组织、工作和生活纪律。三是切实加强能力建设。采取集中学习、召开研讨会以及组织党务干部“走出去”到江西井冈山、瑞金市、湖南韶山等地开展培训，不断提升组工干部把握大局、运用政策、知人善任、分析研究、改革创新能力。（郑　熠）

统战工作

【概况】 根据《中共乳源瑶族自治县委、乳源瑶族自治县人民政府关于印发〈乳源瑶族自治县党政机构改革方案〉的通知》，设立中共乳源瑶族自治县委统一战线工作部（以下简称县委统战部），是县委工作部门。归口管理县民主党派、无党派事务、县民族宗教事务局、县工商联、县侨联等单位的统一战线工作。根据《关于设立县委统战部党派工作办公室的通知》，新设立党派办，正股级，配备主任1名，增加行政编制1名。县委统战部现内设办公室、党派办，核定行政编制5名，在职人数5人。

2017年，全县统战系统深入学习贯彻习近平新时代中国特色社会主义思想和党的十九大精神，贯彻落实习近平总书记关于统一战线工作的新理念新思路新战略，牢牢把握大团结大联合主题，充分发挥统一战线重要法宝作用，扎实有效推进各领域统战工作，为全县经济社会发展作出积极贡献。

【学习贯彻中央、省、市统战工作会议精神】 县委把深入学习中央、省、市统战工作会议精神和《条例》精神纳入全县党委（党组）中心组理论学习安排专题学习计划。4月5日，在县委常委扩大会议上传达全国、全省、全市统战部长工作会议精神，听取统战工作专项汇报，专题研究解决统一战线存在领导班子配备、党外干部培养选拔等问题。

【巩固统一战线共同思想政治基础】 全县统战系统深入开展各领域主题教育活动，始终坚持以习近平总书记关于统战工作的新理念新思想新战略武装统战干部头脑、指导统战成员，推动统战工作。11月10日，组织全县统战系统学习贯彻党的十九大精神，传达学习党的十九大精神，并就新时代中国特色社会主义思想和基本方略：坚持“一国两制”，推进祖国统一；坚定不移全面从严治党，不断提高党的执政能力和领导水平等涉及统战工作的内容进行深入学习。12月8日，县工商联（总商会）召开六届二次执委会暨十九大报告精神学习会，帮助企业把握政策的导向，寻求发展的空间。12月，各民主党派通过专题学习十九大报告和召开座谈会等形式，积极撰写学习心得体会，进一步树立“四个自信”、增强“四个意识”，夯实共同思想政治基础，增进发展共识。

【加快构建大统战工作格局】 建立县委统一领导、县委统战部牵头协调、县各有关部门各负其责的县委统一战线工作领导小组，由县委书记钟沛东任组长。9月4日，县委钟沛东书记主持召开县委统一战线工作领导小组第一次会议，强调要认真学习习近平总书记关于统战工作的重要讲话，准确把握统战工作职责，强化统战意识，把统战工作摆在重要位置，切实抓紧抓实抓好，会议审议通过领导小组工作规则、领导小组办公室工作规则等文件。

【夯实多党合作和政治协商制度】 6月，召开全县民主党派、工商联负责人和无党派代表人士座谈会，强调要以习近平总书记治国理政新理念新思想新战略为指针，切实巩固中国共产党领导的多党合作和政治协商制度，牢固树立四个意识，为党的十九大胜利召开凝聚共识、营造和谐气氛。稳步推进“县委出题，党派调研”工作，完成《乳源战略性新兴产业发展对策研究》等调研报告。6月，选派李月祥、张跃东、钟伟华、龙忠善等4名民主党派骨干参加市举办的民主党派基层组织骨干培训班学习。8月24日至27日，联合市委统战部组织市知联会、县知联会共同赴浙江杭州、嘉兴两市学习考察特色小镇建设。做好曾庆明、陈雪平、杨先作、江付明等4名新增县政协委员推荐提名工作，党外代表人士队伍建设不断加强。

【推进非公经济领域统战工作】 4月26日，县工商业联合会（总商会）召开第六次会员代表大会，选举产生县工商业联合会（总商会）第六届执委会委员47名；第六届执委会一次会议选举产生主席1人、专职副主席1人、副主席10人、秘书长1人，曾庆明当选为新一届执委会主席。5月22日，召开县工商联第六届执委会第一次主席会议，研究通过会员缴纳会费的标准，正、副主席轮值制度，讨论工商联2017年重点工作班子分工。在非公有制企业中认真开展学习贯彻十九大精神活动，通过微信分享、走访调研、研讨交流等多种方式，帮助非公有制经济人士准确把握中央和省委有关重大决策部署，引导广大非公有制经济人士认清形势，提振发展信心。5月，发动县工商联（总商会）会员企业为白血病学生患者徐世凭捐款9.42万元。6月23日，组织县工商联主席曾庆明等一行人到南雄调研电商发展。联合市委统战部、市工商联举行2017年韶关市光彩事业促进会乳源助学活动，为40名贫困学生发放助学金12万元。

【构筑团结和谐民族关系】 贯彻落实《关于扶持民族地区加快发展的意见》，积极推动省、市扶持政策措施的落实。1月，游溪镇人民政府等6个单位荣获第一批“广东省民族团结进步创建活动示范单位”，推荐东阳光实业发展有限公司为第五批县级及以下全国民族团结进步创建示范区（单位）。雕子塘瑶族新村等7个村申报为广东省“十三五”期间扶持发展的特色村寨，游溪镇政研瑶族新村获评第二批“中国少数民族特色村寨”命名挂牌，完成5个特色村寨的瑶族特色文化长廊建设。继续推进瑶族迁移人口土地确权工作，完成乳城、一六、游溪、桂头等4个瑶族人口迁入镇83个迁移点耕地、宅基地测量工作，测量耕地面积349.49公顷、宅基地面积95.69公顷，完成调处27宗土地纠纷。认真规划和监管使用少数民族发展资金，配合国家、省民宗委做好少数民族发展资金专项审计工作。

【全面维护宗教界和谐稳定】 组织学习全国、全省宗教工作会议精神，全面贯彻党的宗教工作方针政策，依法管理宗教事务，坚持思想政治教育工作的常规化、制度化，用社会主义核心价值观来引领和教育寺院僧侣和信徒群众，积极引导宗教与社会主义社会相适应。加强宗教场所安全检查与和谐寺观创建工作，1月，云门寺被中央统战部、国家宗教事务局授予“第三届全国创建和谐寺观教堂先进集体”荣誉称号。推进解决云门范屋村搬迁等历史遗留问题以及正觉寺恢复重建工作。协调解决桂头镇基督教聚会点建设用地问题。配合做好《乳源瑶族自治县云门景区综合管理条例》立法调研和起草工作。

【深化港澳台及海外联谊工作】 组织香港乳源同乡联谊会成员到乳源开展“寻迹瑶乡”系列活动。4月14日，香港乳源同乡联谊会会长魏事成一行36人考察乳源民族教育事业发展情况，为县民族实验学校捐赠一批价值2.5万元的文具、体育用品；4月15至16日，组织考察东阳光公司、中农批商贸城、云门山景区等，积极推介乳源投资环境。12月15日，来自香港各界的乳源乡亲共同庆贺香港乳源同乡联谊会第二届就职典礼，中联办九龙工作部副部长卢宁、市委统战部副部长廖雨婷、县人大常委会主任林昌卫等参加活动，魏事成连任会长。协助做好香港乳源同乡联谊会的义工团筹备工作，发挥总指挥、协调作用，促进会务健康发展。发挥侨联、瑶族海外联谊会、对外联谊会的“臂膀”作用，牵桥搭线港澳台和海外各界人士到乳源开展慈善活动。4月10日，香港食物及卫生局局长高永文及新界首长社团联谊会一行40人到乳源侯公渡中心小学和大桥中心小学开展奖教奖学金颁奖活动，发放奖学金11万元。5月6日至7日，香港旭日扶轮社爱心人士一行13人到桂头小学、县民族实验学校、乳源中等职业技术学校开展净水系统捐赠活动，到乳源第一小学开展颁发奖教奖学活动，到乳源高级中学开展民乐队启动活动，共捐资44万元。8月12日，香港联业合力堂慈善基金有限公司捐医助学团一行50人到乳源开展助学考察，并向县人民医院捐赠救护车一辆。

【民主党派工作】 全县现有民革、民盟、民建、九三学社等4个民主党派，5个支部委员会，共有党派成员73人。积极开展“不忘合作初心，继续携手前进”专题教育活动，增进发展共识。8月22日至25日，组织民主党派和知联会骨干赴福建江西红色基地开展学习教育活动，提高民主党派、知联会成员的思想政治素质和理论政策水平，深刻感悟中国共产党的优良传统，进一步提高政治把握能力、参政议政能力。9月1日，韶关市人大常委会副主任、民建韶关市委主委陈曦带队到乳源调研基层组织建设情况。11月4日，民革韶关市委会组织由市粤北人民医院、妇幼保健院的民革党员组成的专家医疗队到桂头镇开展送医送药下乡义诊活动。12月3日，民盟韶关市委举行乳源民盟支部“盟员之家”揭牌活动，民盟广东省委秘书长朱虹、民盟省委宣传处副处长郑江红、韶关市委统战部副部长廖雨婷、民盟市委主委林炜东等出席活动。12月2日，民建乳源支部到大桥镇中冲村村委开展关爱留守儿童活动。完成《加强农村环境综合整治推进美丽乡村建设》《大力弘扬孙文精神加强民革自身建设》等调研报告、《沿着历史的痕迹寻找不变的初心》荣获民建中央“不忘合作初心，继续携手前进”主题征文活动优秀作品奖。2017年民盟乳源支部被评为民盟广东省开展坚持和发展中国特色社会主义学习实践活动“先进支部”。民建会员付胜强获民建广东省委2017年度“社会服务优秀个人”。

【“两学一做”】 推进“两学一做”学习教育常态化制度化，结合《乳源瑶族自治县2017年纪律教育学习月活动实施方案》，县委统战部联合县直属工委组织县工商联、蓝松天泉、一峰生态等单位党支部和县委统战部工会到大桥镇西水小学开展“两学一做”学习教育暨2017年纪律教育学习月活动，县工商联党组书记、专职副主席黄立东为各党支部党员上“两学一做”学习教育专题党课，县委统战部副部长邓良胜传达学习《乳源瑶族自治县2017年纪律教育学习月活动实施方案》，组织党员干部开展“两学一做”知识竞赛，并向大桥镇西水小学赠送一批学习用品。组织支部党员深入学习习近平总书记对广东工作作出的重要批示精神、新党章、十九大报告等，并做好“两学一做”考学等工作。

【精准扶贫】 元旦、春节期间入户做好思想工作，了解贫困户生产生活状况，磋商生产生活计划，并督促贫困户加快实施生产计划，确保增产增收。做好扶贫政策的解读和跟踪落实工作，确保挂扶贫困户应享受的扶贫政策落到实处。鼓励和支持贫困户发展养猪、养鸡、养鸭，种植水稻、杉木等产业，为贫困户发展产业发放种苗、饲料、化肥等。通过牵桥搭线的方式帮助贫困户外出务工。加强就业技能培训工作，其中1名贫困户拿到特殊岗位上岗证。完成1户贫困户脱贫任务。

【统战信息工作】 完成全市统战理论研究重点课题《关于新形势下发挥民主党派民主监督作用的思考》，出版《乳源统战2017》。县委统战部获全市统战信息工作先进单位一等奖，积极组织统战干部和统战成员参与“共画同心圆、喜迎十九大”征文比赛，征文《凝聚民族情，共画同心圆》荣获全省优秀奖。

（叶招娣）

机构编制管理

【概况】 2017年，县编办在县委、县政府的领导和上级机构编制部门的关心指导下，贯彻落实党的十九大、习近平总书记对广东工作的重要批示精神，紧紧围绕县委、县政府的决策部署，统筹兼顾，突出重点，深化行政事业单位改革，做好事业单位登记管理工作，加强机构编制管理，不断提高机构编制工作水平。年末，县机构编制委员会办公室在编人数9人。

【政府职能转变和机构改革】 为减少政府部门职责交叉和分散，进一步转变政府职能，理顺部门职责关系，对部分单位进行职责调整。一是调整公共机构节能管理职责。将县公共机构节能推进、指导、协调、监督工作职责划转县机关事务管理局（县接待办公室），在县机关事务管理局（县接待办公室）设立公共机构节能管理股，承担相关工作任务，进一步理顺县公共机构节能工作管理体制。二是调整政务信息公开职责。将县行政服务中心的“负责县政务公开、政府信息公开日常工作”职责划入县政府办公室，县政府办公室信息股更名为政务信息股。三是调整文化许可及文化综合执法职责。将县市场监督管理局承担的文化许可及文化综合执法职责划转县文化广电新闻出版局。四是调整金融管理和城乡规划职责。将县政府办公室承担的金融管理职责划转由县发展和改革局承担，在县发展和改革局设置金融管理工作办公室，将县住房和城乡规划建设局的城乡规划职责划转县国土资源局。

深化推进行政体制改革，优化政府机构设置。一是设立县安全生产监督管理局。根据省、市要求，进一步理顺安全生产监管体制改革，设立县安全生产监督管理局，印发县安全生产监督管理局“三定”方案。二是加强水利工作的监督协调。在县水务局设立水利水电工程质量安全监督股，加强水利水电质量安全监督；在县水务局设置河长制办公室，调整为县水务局内设机构，加强河长制协调工作。三是加强县委巡察机构建设。为贯彻落实中央、省、市关于加强纪委派驻机构建设和建立巡察机制精神，结合乳源纪检监察工作实际，设立县委巡察办和两个巡察组。四是加强人大机关建设。增设县人大常委会城乡建设环境与资源保护工作委员会，承担城乡建设环境与资源保护工作职责；将县人大常委会经济工作委员会更名为财政经济工作委员会，并配备相应领导职数。五是组建县市场监督管理局。在县市场监督管理局加挂县工商行政管理局、县质量技术监督局、县食品药品监督管理局、县食品安全委员会办公室牌子，印发县市场监督管理局“三定”方案。

【事业单位改革】 一是推进事业单位改革。成立县交通工程质量监督站；设立县社区学院、乡镇社区学校，在瑶区成人文化技术学校加挂教育经费结算中心牌子，承担全县教育经费财务收支结算工作任务；根据省、市要求，设立县流浪乞讨人员救助安置中心；撤销东坪镇敬老院，将东坪镇敬老院的工作任务划入县社会福利院；印发县房地产管理所机构编制方案。二是整合县地方气象服务机构。将县防雷减灾管理中心、县人工影响天气管理中心调整为在县突发事件预警信息发布中心挂牌，其承担的工作任务相应划入县突发事件预警信息发布中心，收回县防雷减灾管理中心、县人工影响天气管理中心事业编制。三是推进暂缓分类事业单位改革工作。明确县教育局管理的中等职业技术学校和教师进修学校、县发改局管理的价格认证中心、县司法局管理的公证处等4个暂未分类事业单位为公益一类事业单位；撤销县工商局机关服务中心，将县工商局机关服务中心的编制和在职人员划入县消费者权益保护委员会，明确县消费者权益保护委员会为公益一类事业单位；明确县人民武装部（后勤）职工参照县直属机关事业单位后勤人员进行管理。

【行政审批制度改革】 完成行政许可标准化工作。严格按照合理合法、清晰明确、实用有效的原则，对事项标准中的申请材料、许可条件、办理时限、许可流程、裁量基准量化表等进行重点审核。通过电话、业务Q群等方式，与部门反复沟通修改，提出审核意见600多条，完成行政许可事项标准化录入、审核确认和赋码发布工作。压减承诺办理时限1116个工作日，简化优化办理环节90个，规范或减少申请材料366件，明确自由裁量标准881项，规范编制审批流程图559个，细化量化模糊条款169条，细化量化兜底条款140条，为进一步提高服务效能、打通服务群众的“最后一千米”搭桥铺路，为群众提供更加优质、更加高效的服务奠定坚实基础。

做好行政许可实施和监督管理情况年度报告工作。制发《乳源瑶族自治县人民政府办公室关于报送2016年度行政许可实施和监督管理情况报告的通知》，要求县直单位以政府部门权责清单为依据，对本单位2016年度行政许可依法实施、公开公示情况、监督管理情况、改革事项落实情况、实施效果和监督管理情况进行自评总结，并将相关资料进行公示。

开展“减证便民”行动。按照上级机构编制管理部门的要求，乳源作为韶关市的样板，开展《要求基层开具涉及群众企业办事的证明（盖章）事项底单》意见征集工作，为省政府下一步开展“减证便民”行动提供事实依据。按照省市“减证便民”行动工作部署，印发《关于在全县开展“减证便民”行动的通知》，对全县各类证明事项的清理和规范进行部署，对全县各类证明事项进行一次全面清理，砍掉一批证明事项，最大限度方便群众办事创业，努力为群众提供便捷高效、公平可及的公共服务。

进一步精简行政许可事项。为贯彻落实国务院、省和市关于进一步深化行政审批制度改革、加快推进政府职能转变有关要求，衔接上级行政许可事项目录，印发《乳源瑶族自治县人民政府关于印发乳源瑶族自治县行政许可事项目录（2017年版）的通知》《乳源瑶族自治县人民政府关于印发乳源瑶族自治县行政许可调整事项目录（2017年版）的通知》，并向社会公布共保留行政许可事项205项，调整34项。

【规范清理中介服务事项】 参照省、市的做法，进一步清理县政府部门行政审批中介服务事项，经过梳理确认，制发《乳源瑶族自治县人民政府关于第二批清理规范18项县政府部门行政审批中介服务事项的决定》，涉及10个部门共18项中介服务事项。实行行政审批中介服务事项清单管理，制定《乳源瑶族自治县人民政府办公室关于印发乳源瑶族自治县保留的县政府部门行政审批中介服务事项清单的通知》，向社会公布共有17个部门的45项中介服务事项列入保留清单。

【权责清单制度建设】 为进一步推进基层公共服务平台建设，建立和完善权责清单制度，根据省、市和县关于权责清单工作的部署，通过逐一对照法律法规规章和有关规范性文件，全面梳理乡镇职权，认真开展合规性合法性论证，反复征求县直部门和乡镇意见，编制形成《指导目录》，共编列各类职权162项，其中：行政处罚6项、行政强制4项、行政征收1项、行政给付1项、行政检查7项、行政确认5项、行政奖励5项、行政裁决2项，其他131项。

【加强机构编制管理】 一是开展机构编制问题整改工作。根据省、市关于加强机构编制问题整改推进审批联动工作要求，县编办认真组织各单位开展自查，对存在的机构编制问题建立整改台账，全县共计302个机关事业单位参与本次机构编制问题自查工作，共梳理出人员超编的情况17项，其中因组织任命、统一招考或历史遗留等问题造成的人员超编情况4项，秉承尊重历史、立足当下的原则，抓好整改工作。二是配合做好县养老保险制度改革。为加快推进县机关事业单位养老保险制度改革，协助县社保局审核申报单位的机构性质和在编在职人员基本信息，推动全县机关事业单位养老保险参保登记改革工作有序开展。

【深化事业单位登记管理】 一是印发《关于事业单位提交2016年度报告等有关事项的通知》，共有206个事业单位通过事业单位登记管理平台提交2016年度报告。二是认真贯彻落实《事业单位登记管理暂行条例》《事业单位登记管理暂行条例实施细则》及相关文件要求，严格按照规定办理事业单位法人登记，共办理事业单位法人设立登记12个，变更登记44个，注销登记2个。三是开展事业单位法人公示信息抽查工作。以《事业单位登记管理暂行条例》及其实施细则规定的登记事项、年度报告的具体内容为检查依据，对被抽查的5个事业单位的资料进行详细检查，并对事业单位的牌子、宣传栏和事业单位法人证书等进行拍照归档。

【精准扶贫工作】 多措并举推进精准扶贫工作。通过进村入户走访群众、发放资料等方式，广泛宣传扶贫政策，科学制订2017年帮扶计划，鼓励贫困户积极发展种养业，引导种植李果、柑橘、生姜等特色产业，筹措资金2000多元支持贫困户购买100羽鸡苗及一批鸡饲料，认真落实产业发展以奖代补政策，提高贫困户产业发展水平。

【“创文”工作】 开展好创建文明城市网格化管理工作。制发单位创建全国县级文明城市网格化管理实施方案，成立巡查小组，班子成员担任组长，全体干部积极参加，明确巡查组的工作职责、工作机制，按照县创文办网格化管理要求，开展网格巡查，发现记录问题，做好沟通联系，为县创建全国文明城市献策出力。

【学习贯彻党的十九大精神】 深入学习贯彻党的十九大精神。通过组织收看党的十九大报告、个人自学与集中学习相结合、开展“学报告学党章”考学活动、班子成员上专题辅导课、积极参加专题讲座、培训等活动，在全办掀起学习宣传贯彻十九大精神的热潮，把全办党员干部的思想和行动统一到党的十九大确立的新思想、新论断、新目标、新要求上来，把力量凝聚到实现党的十九大确定的各项任务上来，用习近平新时代中国特色社会主义思想统领改革稳定和党的建设工作全局，把十九大精神作为推动新时代编办各项事业发展的强劲动力。

（张吉缘）

直属机关工委工作

【概况】 县直属机关工作委员会为县委组织部挂牌机构。行政编制3名，后勤服务人员编制1名。其中：书记1名；副书记兼纪委书记1名，股长（主任）2名。后勤服务人员1名。主要职能是规划县直机关党建工作、分类指导行政、事业单位和有关企业单位党的工作，抓好党的思想、组织、作风建设。检查指导县直机关、事业单位和有关企业党的纪检工作。审议直属机关股级以下党员干部违纪问题；指导县直机关、事业单位和有关企业党组织的党代会、代表选举工作，协调有关部门组织劳模和先进工作者的评选工作，完成县委交办的其他任务。设办公室、组织股。

【基层组织建设】 直属机关设有基层党总支13个，所辖支部88个；直属支部31个，党员总数为1412名。根据中央组织部《关于逐步建立发展对象入党前短期集中培训的通知》精神，2017年举办一期全县各镇和直机关发展对象培训班，培训学员153人。抓好吸收预备党员和转正的审批工作，全年共吸收预备党员16名，审批党员转正23名。及时做好支部换届改选和补选工作。为加强党（总）支部的建设，充分发挥党（总）支部在机关作风建设中的战斗堡垒作用。全年有45个党组织进行调整改选，共充实更换支部成员76名，

【机关党风廉政建设】 按照县纪委《关于2017年全县开展纪律教育学习月活动的意见》，认真抓好廉政建设和反腐倡廉工作。狠抓案件查办，加强与纪检部门的协调配合，重点查处党员干部违纪案件。2017年协助县纪委查处违法、违纪案件共7宗，其中开除党籍3人，党内严重警告2人，党内警告3人。（杜永莲）

老干部工作

【概况】 2017年，县委老干部局围绕“畅谈十八大以来变化、展望十九大胜利召开”为主题的系列活动，落实好老干部的各项政策，确保“两个待遇”，真诚为老干部服务。2017乳源有离休干部25人，平均年龄87岁。县委老干局在职干部职工6人（其中一名6月份退休，11月新调进一名公务员）。

【老干部学习活动】 坚持离休干部集中学习活动，以开展学习习近平总书记系列讲话精神和“两学一做”学习教育为重点，组织老干部“学文件、谈国事、拉家常、献良策”，确保老干部思想常新、政治坚定。

强化老干部大学书法班、舞蹈班、音乐班、剪纸班和电子琴班的管理，共有学员200多人。5月老干部活动中心举办“放歌·红五月”小歌会；10月老干部大学、老干部活动中心联合举办“豪情满怀喜迎十九大，轻歌曼舞欢庆重阳节”小歌会，同时联合老年书画协会举办“文显芳华歌盛世，墨舞初心颂党恩”诗词书画作品展；老干部大学红叶艺术团多次到学校、社区、养老院和消防等地进行送戏下乡活动。11月3日和6日，先后两次召开离退休干部学习贯彻十九的精神座谈会，邀请县农办主任、县农业局局长讲解县关于“落实社会主义新农村建设三清三拆”等政策。根据十九大报告指出的“建设美丽中国”精神，号召广大老干部做建设美丽乳源的宣传者、实践者和维护者。

【政治待遇落实】 春节期间，县党政班子主要领导慰问部分离退休干部和原四套班子老领导，送上慰问品和慰问金。发放离退休老干部及遗孀慰问金65万元。中秋重阳节期间，为全县80岁以上的离休干部祝寿，送上水果篮和慰问金。为离休干部和原四套班子老领导人平订阅1份《秋光》杂志以及《老年日报》《南方日报》《韶关日报》等报刊。向老干部通报全县经济和社会发展情况，倾听老干部对县各项事业发展的意见和建议。组织原四套班子老领导列席县党代会、人代会和县委全会。

【生活待遇落实】 确保离休干部“两费”（离休费、医疗费）的落实。机关及企业离休干部的医药费全部实行每月报销一次。2017年，离休干部医药费支出156万元，其中机关离休干部医药费支出109万元，企业离休干部医药费支出47万元。兑现离休老干部健康节约奖，有3名离休干部得到奖金和奖品。

【老干部活动中心建设】 新的老干部活动中心选址在乳源民族风情园内，规划占地面积3156平方米，总建筑面积为6032平方米，总投资约2800万元。2月28日完成施工招标工作，4月12日动工兴建，12月封顶，预计2018年10月份全面建成并投入使用。

【精准扶贫工作】 按照中央、省、市、县精准扶贫工作的要求，县委老干部局全力做好“一对一”，坚持“四看”“五优先”“六进”“七不进”“十一

流程”等工作。2017 年，老干部局挂扶的 8 户贫困户通过政策扶贫基本脱贫，支持桂头镇塘头村委会扶贫资金 1.5 万元，慰问贫困户资金支出 6008 元。

（秦彩金）

县关工委工作

【概况】 2017 年，乳源瑶族自治县关心下一代工作委员会（以下简称县关工委），以习近平新时代中国特色社会主义思想为指导，认真学习贯彻十九大精神和习近平关于做好关心下一代工作的重要论述及中、省、市关工委工作会议精神，围绕县委县政府的中心工作，深入学校、农村，广泛开展调查研究，坚持服务大局，服务青少年，发挥五老作用，为乳源青少年的健康成长，为农村青年的创业发展扎实开展各项工作。

【领导关怀】 9 月 22 日，市关工委执行主任李石保等一行 7 人，在县委副书记、县关工委主任张军陪同下到县关工委调研。县委书记钟沛东出席调研活动。

1 月 19 日，县政协主席赵志敏到县关工委调研并看望驻会人员。

2 月 7 日，县人大常委会主任林昌卫到县关工委调研并看望驻会人员。

3 月 6 日，县委副书记、县关工委主任张军，副县长唐保生到县关工委调研，了解工作情况，关心老干部的生活和身体健康。

3 月 20 日，县长邓志聪到县关工委调研并看望驻会人员。

【调研活动】 2 月 28 日，执行主任费玉海、常务副主任许尔华、邓筱俊、赵群英，在教育局局长郑东红陪同下到县民族实验学校调研，详细了解该校的办学特色。县民族实验学校是广东唯一一所中国关心下一代教育示范基地学校，办好基地学校，对乳源瑶汉族青少年的健康成长营造更好的教育环境，会起到很好的辐射和带动作用。

4 月 19 日上午，执行主任费玉海、常务副主任邓筱俊，在县政协副主席、残疾人联合会主席吴巧英陪同下到县特殊教育学校进行调研，并资助学校 2 万元，用于购买净水设备。

6 月 26 日，常务副主任许尔华在大桥镇镇委委员袁涔皓的陪同下到该镇红光村委上坑自然村农村创业青年张光秀的农场调研，了解张光秀回乡创业的具体情况和创业中存在的困难及今后的设想，对今后发展提出建议意见。

9 月 5 日，执行主任费玉海、常务副主任邓筱俊、赵群英到乳源八一小学调研，当了解到校门口位置特殊，马路对面是汽车站，斜对面是进县城的丁字路口，国道 323 线从校门过，交通十分繁忙，且接送学生车辆多种多样，轿车、面的、三轮车、摩托、脚踏三轮车、自行车等，停放凌乱，加上无牌无证的流动商贩穿梭其中，车流、人流混行，交通相当混乱，极易造成交通事故，危及学生生命的情况后，9 月 15 日，给县公安局拟写一份《关于进一步加强八一小学路口交通设施建设和交通安全管理的建议》函。县公安局领导相当重视，即刻组织设计和施工，对校门公路约 200 米进行渠化，设置人行道，至 10 月 15 日工程完工，同时，每天派交警指挥和疏导交通，极大改善交通安全环境。

10 月 13 日，执行主任费玉海、常务副主任许尔华、邓筱俊、赵群英到高级中学调研，了解高级中学的办学情况并出席县关工委在高级中学举行的爱心扶贫助学金发放仪式。此次受县关工委资助的大学和高中学生共 16 人，合计资助金额 2 万元。

10 月 19 日，执行主任费玉海、常务副主任许尔华、邓筱俊、赵群英在县教育局关工委主任曹胜书陪同下到大桥镇中小学、幼儿园调研。对大桥中学开展“三崇”教育（崇文、崇礼、崇善）系列活动很有特色表示赞赏，并支持一万元作为开展活动的经费。

10 月 26 日，执行主任费玉海、常务副主任邓筱俊、赵群英到乳源金禧小学调研，参观校园后听取学校负责人的工作汇报，在谈到该校开展社会主义核心价值观教育过程中结合实际开展国学教育系列活动取得显著效果时，费主任给予充分肯定，并赞助 18500 元支持活动进一步深入开展。

【农村创业青年培训】 10 月 16—20 日，洛阳深洞村创业青年梁新焕参加广东省关工委举办的广东省“领头雁”农村青年创业致富带头人培训班学习。

8月27日—30日，办公室副主任袁春荣带队参加韶关市关工委举办的农村创业青年培训提高班学习，学员有桂头镇龚伟红、洛阳镇梁新焕、东坪镇赵财银、乳城镇杨少华、大桥镇张光秀等5名农村创业青年。

6月14日，由县关工委主办，县畜牧兽医水产局、大桥镇政府联合举办的农村创业青年禾花鱼养殖培训班在大桥镇政府服务所四楼会议室开班，大桥镇属下各村委村民1000多人分期参加培训学习。执行主任费玉海、常务副主任许尔华出席开班仪式，费玉海作开班动员讲话。

8月10日—13日，由县关工委主办，桂头镇人民政府承办，县电子商务行业协会、中国邮政集团公司乳源分公司、桂头镇均珠马蹄种植专业合作社协办，开办一期以农业种植技术及电商专业知识为主要内容的培训班。来自桂头镇各村委班子和桂头镇种植户、合作社代表，合计78人参加培训。执行主任费玉海、常务副主任许尔华、邓筱俊以及桂头镇委副书记黄博东、副镇长邓小辉出席开班会。费玉海、黄博东作动员讲话，韶关市关工委常务副主任兼秘书长肖志雄一行3人，到会指导办班工作。

【学习培训】 4月10日—4月19日，办公室副主任袁春荣与县民族实验学校的许红保、冯世有、蓝兵强、陈福三、姚良黛、赵艳芳等6位校长、教师参加中国关心下一代工作委员会办公室和中国社会福利基金会关心下一代基金在北京师范大学举办的第六期“园丁计划——中国关心下一代教育示范基地校长、教师研修班”学习。

【专题教育】 4月25日，县关工委会同韶关市公安局交通警察支队、乳源瑶族自治县公安局交通警察大队、县教育局在县民族实验学校联合举办“文明出行，安全校园”交通知识讲座及相关活动，全校1200多名师生参加活动，常务副主任邓筱俊向学校捐赠价值约5000元的小交警警服一批。

（袁春荣）

县委党校工作

【概况】 县委党校负责全县党员干部培训、轮训，承担乳源开放大学的国民教育任务。党校、行政学校与开放大学大合署办公，内设办公室、教务室、教研室、培训办公室四个股室，编制18人，在编16人，校长由县委常委、县委组织部部长担任，设常务副校长（兼开放大学校长）1人，副校长2人。

【干部教育培训工作】 2017年以来县委党校以学习宣传贯彻党的十九大报告精神、习近平新时代中国特色社会主义思想、习近平总书记对广东工作作出的重要批示，深入开展党的理论宣讲和干部教育培训。协助县委组织部、县委宣传部、县人社局、直属机关党委等部门，举办全县公务员培训5期，培训学员1710人；全县公务员初任培训1期，培训学员45人；建党对象培训1期，培训学员95人；全县中青年干部培训1期，培训学员48人；全县新提任副科级领导干部培训1期，培训学员49人。派出四名骨干教师参加县讲师团，到全县九个乡镇及县教育局、消防、地税、学校、直属机关党委、财政、供电、瑶寨、企业、医院、公路局、人大办，巡回宣讲党的十九大报告、习总书记对广东工作的重要批示、党章以及习近平总书记系列重要讲话精神，宣讲共48场，受训人数4380人次。

【开放大学学历教育】 乳源开放大学属国民教育系列，国家承认学历。主要工作是招生、规范教学管理、提供优质服务、完善办学条件、履行好各项职责，为县各项事业发展培养适用人才。2017年，根据县情和学校工作实际，设置行政管理、法学、会计三个专业。2017年大专招生105人，毕业86人；本科招生85人、毕业60人。完成预订计划，取得良好的社会效益。

【精准扶贫工作】 2017年是深入推进精准扶贫、精准脱贫的关键之年。为确保任务的完成，年初作周密细致的部署，安排专人负责。全年走访入户10

余次，对东坪镇方武村 15 户帮扶的家庭做详细的调查了解，根据每个家庭的实际情况实施有效的帮扶。鼓励发展种养，做好产业帮扶政策解释。在人力、物力、财力上给予支持，有效推进精准扶贫工作。

【“创文”工作】 全县创建全国文明城市推进会议以来，校加大整改力度，安排教职工每日对负责区域进行巡查，定期组织教职工进行大扫除，充分利用各种宣传载体，大力营造创文氛围，引导社会各界共同参与创建活动。

【师资队伍建设】 县委党校以贯彻全国、全省党校工作会议精神为契机，新形势下多措并举加强队伍建设，提高师资水平。

以“学”为基础，不断提升专业素质。一是围绕主业主课老师进行自助学习。二是进修学习，组织教师到上级党校和其他学校参加业务培训和学术活动。2017 年派出 3 名教师参加市党校十九大报告学习培训，1 名教师参加省举办的“习近平总书记对广东工作作出重要批示”培训班学习。三是相互学习，同市委党校和其他县委党校加强交流合作，通过抱团谋发展，务实根基，发挥党校姓党和主阵地、主渠道作用。

以“讲”为方法，提高教师授课水平。一是通过教学观摩、教师风采大赛，鼓励教师上台讲课。二是集体备课。三是请市委党校教授进行辅导，着重个人形象、课件制作、备课方法等方面的指导，切实提高教师的讲课水平。

以“研”为基础，促进教师理论转化。深入调查研究，把科研课题带入教学，增强教学的针对性和说服力，教学中讲授热点、难点问题，解决学员困惑，促进科研成果转化。同时，通过以老带新、以新促老，整体提高师资队伍水平。

【乳源开放大学揭牌】 12 月 25 日，乳源开放大学举办揭牌仪式。乳源瑶族自治县广播电视大学（简称乳源电大）正式更名为乳源开放大学。全体教职工参加仪式，县委常委、县委组织部部长伍梅华到校并作讲话，伍梅华希望并要求乳源开放大学的揭牌，意味着又一个新的起点的开始，希望社会各界能继续支持乳源开放大学的发展，也希望乳源开放大学在新时代，有新的面貌、新的作为，并在新的起点上承前启后，继往开来，再创辉煌。

（邓永银）

乳源瑶族自治县人民代表大会

综　述

2017年，在中共乳源县委的坚强领导下，县人大常委会全面贯彻党的十八大和十八届三中、四中、五中、六中全会以及党的十九大精神，深入学习贯彻习近平总书记系列重要讲话精神，始终坚持党的领导、人民当家做主和依法治国有机统一，紧紧围绕县委的决策部署和全县中心工作依法履职，顺利完成县十二届人大一次和二次次会议确定的各项目标任务。

重 要 会 议

【县十二届人大二次会议】　2017年3月20日至21日，县十二届人大二次会议召开。会议应到代表162人，实到代表159人。会议听取审议并表决通过县长邓志聪代表县人民政府所作的政府工作报告、县人大常委会主任林昌卫所作的县人大常委会工作报告、县人民法院院长陆国东所作的县人民法院工作报告、县人民检察院检察长赖正志所作的县人民检察院工作报告。会议审查并表决通过2016年国民经济和社会发展计划执行情况及2017年计划草案的报告、2016年财政预算执行情况和2017年预算草案的报告；批准县2017年国民经济和社会发展计划、2017年财政预算。驻乳源的全国人大代表、省市人大代表，出席政协乳源瑶族自治县十届二次会议的政协委员，部分离退休老干部，不是县人大代表的县四套班子领导和政府组成人员，原县十一届人大常委会部分领导，县人民法院副院长，县人民检察院副检察长，垂直单位、中省驻乳源单位和金融保险部门负责人，县政府组成部门负责人，县直副科以上行政企事业单位、群众和社会团体的正职等列席会议。

【参加韶关市十四届人大一次会议】　2017年1月8日至12日，韶关市十四届人大一次会议在韶关市区举行。乳源瑶族自治县代表团共23名代表参加会议，吴春腾任代表团团长。乳源团代表肩负乳源21万人民重托，以高度的主人翁责任感，认真履行宪法和法律赋予的职责，畅所欲言，各抒己见，共商韶关发展大计。代表认真审议市政府工作报告、市人大常委会工作报告、市人民法院工作报告、市人民检察院工作报告、市2016年国民经济和社会发展计划执行情况及2017年计划草案报告、市2016年财政预算执行情况和2017年财政预算草案报告等六大报告；就深入实施中心城市“五大提升工程”、打赢精准扶贫攻坚战、推动全域旅游发展、加快建设航空产业园等方面提出审议意见。依法参加投票选举新一届市人大常委会、市政府领导班子、法院院长、检察院检察长。会议期间，乳源团代表共提出代表议案1件、意见建议4件。

【参加韶关市十四届人大二次会议】　2017年5月16日至17日，韶关市十四届人大二次会议在市区举行。乳源瑶族自治县代表团共23名代表参加会议，吴春腾任代表团团长。会议依法选举市人大常委会主任、市长。

【参加韶关市十四届人大三次会议】　2017年12月18日至20日，韶关市十四届人大三次会议在市区举行。乳源瑶族自治县代表团共24名代表参加会议，钟沛东任代表团团长。乳源瑶族自治县与会代表认真履行宪法和法律赋予的神圣职责，投票选举韶关出席省第十三届人民代表大会的代表。

【县人大常委会会议和主任会议】 2017年，县十二届人大常委会召开6次常委会会议和12次主任会议。听取和审议县政府关于县2016年财政预算执行和其他财政收支的审计工作报告、关于2017年上半年财政预算执行情况和预算调整方案的报告、关于2017年国民经济和社会发展计划执行情况报告、关于2017年财政预算执行情况和预算调整方案的报告、关于请求办结《加强封山育林优化生态环境的议案》的报告。听取和审议“一府两院”专项工作报告7个，听取县政府关于县人民代表大会代表议案、建议和意见办理情况汇报。作出乳源瑶族自治县简化用水分类实施居民阶梯水价方案、使用预算稳定调节基金、采用政府购买服务模式建设五彩瑶乡新农村示范片环境综合整治项目、“七五”普法规划、县政府追加有关项目资金预算等重大事项决定，进行人事任免。

主 要 工 作

【监督工作】 2017年，县人大常委会创新监督方式，综合运用多种监督形式，依法实施有效监督，督促和支持“一府两院”依法行政，公正司法。共听取“一府两院”专项工作报告8项，开展视察、调研和执法检查35次，作出决议、决定5项，提出审议意见23条。听取和审议县政府关于半年、全年的计划执行情况以及财政预算执行情况报告、财政审计情况报告，针对经济运行、社会发展、财政预算决算中存在的及审计中发现的问题，提出审议意见。听取县政府关于城区教育资源优化配置、创建全国县级文明城市、五彩瑶乡省级新农村示范片建设等专项工作报告，进行专项工作评议。实施对县政府组成部门工作满意度评议制度，分别对县水务局和县交通运输局进行工作满意度测评。坚持少而精、重实效的原则，开展食品安全执法检查。组织代表开展司法体制改革、公益诉讼、预防未成年人犯罪等视察和调研活动和旁听县人民法院的庭审活动，提出加强司法执行队伍建设、规范执法行为的视察意见，促进公正司法。调整县人大规范性文件备案审查工作领导小组，制定下发备案审查规定，做好规范性文件报备和审查。

【民族立法工作】 坚持立法与改革决策相衔接，立符合实际的法、有效管用的法、百姓拥护的法。积极营造“党委领导、人大主导、政府依托、公众参与”的立法工作格局，不断提高立法质量，为加快建设富裕美丽文明法治新乳源提供有力的法治保障。制定《乳源瑶族自治县2017—2021年立法规划》和《2017年乳源瑶族自治县立法计划》，筛选确定《云门景区保护管理条例》《南水水库水质保护条例》《非物质文化遗产保护条例》《城镇市容和环境卫生管理条例》等4个的立法规划项目。制定《制定自治条例和单行条例工作规则》，规范全县制定自治条例和单行条例的立法行为。坚持开门立法、民主立法、依法立法，加快实施《云门景区保护管理条例》《南水水库水质保护条例》调研和起草工作，共开展立法调研5次，组织立法责任单位和专家座谈6次、立法研讨会2次，签订立法协议2份。组织对涉及生态文明建设和环境保护的3件单行条例开展专项自查，提出清理意见。

【重大事项决定和人事任免工作】 注重把握好人大决定权与党委决策权的关系，依法决定本行政区域内事关全局的、根本的、长远的和改革发展稳定的重大事项。先后听取和审议县政府关于购买服务模式建设相关项目、关于2017年财政预算调整等报告7个，作出相应的决定决议，为维护改革发展稳定大局和推进全县经济社会发展发挥重要作用。在人事任免中，坚持把党管干部原则与人大依法行使任免权有机结合起来，严格按法定程序办事，确保县委人事安排意图的实现。依法实施县人大新任命的国家机关工作人员向宪法宣誓制度，坚持干部任前法律知识考试制度。2017年累计任免国家机关工作人员30人次，其中决定任职16人，决定免职11人，批准辞职3人；补选县人大代表5人。

【代表工作】 针对换届以后代表队伍中新代表多、对履职不够熟悉的情况，邀请市人大专家到乳源进行《中华人民共和国全国人民代表大会和地方各级人民代表大会代表法》和代表履职知识培训。认真做好县十二届人大二次会议期间和乳源代表团出席市十四届人大一次、二次、三次会议的各项服务工作，不断提升代表履职服务保障水平。加大议案建议督办力度，积极跟进县十届人大六次会议通过的《关于加强封山育林优化生态环境的议案》和县十一届人大四次通过的《关于加强县城周边森林生态保护建设的议案》办理工作，经县十二届人大常委会第九次会议审议通过，同意《关于加强封山育林优化生态环境的议案》。进一步完善代表议案建议办理工作机制，对重点意见建议继续实行常委会领导和相关工委跟踪督办制度，严格实行常委会领导和相关工委对重点议案建议督办的制度，将群众关注度高的建议列为重点建议，由常委会领导和相关工委负责跟踪督办，县十二届人大一次和二次会议期间代表提出63件建议意见全部办复，代表对办理工作表示满意的有40件，比较满意的有23件。严格按照省、市人大关于人选推荐工作的要求，完成全县全国人大代表、省人大代表人选推荐工作任务。

【县镇人大工作和建设】 深入贯彻落实中央和省委关于加强人大工作和建设的文件精神，严格按照粤常办〔2017〕47号文件要求，进一步推进县镇人大工作和建设。督促各镇人大认真贯彻落实好新颁布的《广东省乡镇人民代表大会工作条例》，规范各镇人大年中会议制度，依法保障镇人大代表活动经费。对各镇人大代表联络室建设情况进行督查，促进各镇人大完善代表联络室，健全日常工作机制，丰富基层代表活动形式。建立对各镇人大贯彻落实上级关于加强人大工作意见的绩效考核制度。

【宣传工作】 改版升级并刊发《乳源人大》，增设《乳源人大工作动态》简报，加强与宣传新闻部门的联系和沟通，共同研究和探讨进一步加强和改善人大宣传工作的相关事宜。充分利用县内外新闻、网络等媒体，加强对人大制度和工作的宣传，全面反映县人大及其常委会依法行使职权的全过程，扩大人大工作的影响，深化社会对人民代表大会制度的认识。

【信访工作】 高度重视人大信访工作，认真落实信访工作责任制，通过信访渠道，督促“一府两院”和有关部门认真研究解决一些涉及群众切身利益的实际问题。2017年，共受理群众来信来访25件，62人次，督办个案8宗，有效化解社会矛盾，维护社会和谐稳定。

【自身建设】 积极参加县委中心理论组学习、党廉教育等培训学习活动，结合“两学一做”专题教育，深入学习党的十九大和习近平总书记系列重要讲话精神，学习党章和党的纪律规定。班子成员紧密联系思想实际，深入开展专题研讨，筑牢思想基础和履职基础，通过理论清醒保证政治坚定和行动自觉，严守政治纪律和政治规矩，切实在思想上、政治上、行动上与党中央保持高度一致。落实好新时期精准扶贫工作任务，牵头有关帮扶单位为挂点镇解决部分扶贫工作经费和基础设施建设经费。分别于8月和10月组织县人大常委会组成人员、镇人大主席和人大工作人员，赴深圳和青岛培训中心参加履职提升培训；积极组织有关人员参加省市人大组织的立法工作专题班、浙江大学培训班、县镇人大负责人专题班等培训；组织常委会组成人员赴连南连山等地学习立法经验。 （冯春润）

乳源瑶族自治县人民政府

综　述

乳源瑶族自治县人民政府是县人民代表大会的执行机关，是乳源瑶族自治县的地方国家行政机关，对县人民代表大会和上一级国家行政机关负责并报告工作。2017年，县人民政府全面贯彻党的十九大精神，以习近平新时代中国特色社会主义思想为指导，深入贯彻习近平总书记对广东重要指示批示精神。牢牢抓住振兴粤东西北地区发展机遇，围绕建设韶关融入珠三角先行区的发展定位，坚持打民族牌、走生态路，全力做好“发展经济、改善民生、促进民族团结进步、维护社会稳定、全面从严治党”五篇文章，全县呈现经济发展、民族团结、社会和谐的良好局面。据统计，全县完成地方生产总值84.59亿元，增长9.2%；三次产业结构优化为9.9∶48.1∶42；地方财政一般预算收入5.6亿元，增长10.2%；全社会固定资产投资75.41亿元，增长12.6%；城乡居民人均可支配收入1.88万元，增长10.4%。

重　要　会　议

【县政府常务会议】　县政府召开11次常务会议，主要审议：乳源瑶族自治县集体所有土地征收补偿安置条例（草案）；县十二届人大二次会议政府工作报告（讨论稿）；乳源瑶族自治县征地拆迁工作专业队工作方案；乳源瑶族自治县城乡村（居）民最低生活保障制度实施细则（修订）；乳源瑶族自治县特困人员救助供养实施细则；乳源瑶族自治县城乡困难群众医疗救助实施细则（修订）；乳源瑶族自治县临时救助实施细则（试行）；乳源瑶族自治县自然灾害救助应急预案（修订）；乳源瑶族自治县人民政府2017年工作要点；乳源瑶族自治县2017年农村留守儿童健康关爱工作方案；乳源瑶族自治县镇级残疾人专职委员选聘实施方案；乳源瑶族自治县财政支出执行进度考核管理暂行办法；乳源瑶族自治县国有企业职工家属区“三供一业”分离移交工作方案；乳源瑶族自治县2017流动人口健康服务年活动方案；2017年乳源高级中学校长（副校长）、县民族实验学校校长、县中医院院长年度绩效考核办法；乳源瑶族自治县兴达大理岩矿厂矿山地质环境保护与土地复垦工作方案；乳源瑶族自治县西云寺花岗岩石场矿山地质环境保护与土地复垦工作方案；乳源瑶族自治县市政消火栓管理办法；乳源瑶族自治县畜禽养殖禁养区、限养区和适养区划定方案；乳源瑶族自治县政府采购需求论证联席会议审核议事规则（试行）；乳源瑶族自治县广东韶关机场军民合用工程土地征收留用地安置方案；乳源瑶族自治县广东韶关机场军民合用工程房屋拆迁补偿安置方案；乳源瑶族自治县建立和完善复退军人服务体系实施方案；乳源瑶族自治县第二批拟清理规范的县政府部门行政审批中介服务事项目录；乳源瑶族自治县拟保留的县政府部门行政审批中介服务事项清单；乳源瑶族自治县企业发展奖励办法；乳源瑶族自治县促进银行业金融机构发展激励方案；乳源瑶族自治县贯彻落实中央第四环境保护督察组反馈意见畜禽养殖禁养区清理专项整治方案；乳源瑶族自治县贯彻落实中央第四环境保护督察组反馈意见镇级垃圾填埋场专项整改方案；乳源瑶族自治县贯彻落实中央第四环境保护督察组反馈意见自然保护区专项整改方案；乳源瑶族自治县贯彻落实中央第四环境保护督察组反馈意见县级以上饮用水源保护区违法项目专项整改方案；乳源瑶族自治县禁养区畜禽养殖场关停拆迁补偿方案；乳源瑶族自治县行政许可事项目录（2017版）；乳源瑶族自治县行政许可调整事项目录（2017版）；乳源瑶族自治县乳城镇（城南片）农村环境综合整治示范片建设项目土地及房屋征收工作方案及补偿安置方案；乳源瑶族自治县不动产统一登记有关问题的处理意见（试行）；2017年由政府安排工作退役士官定岗安置方案；乳源瑶族自治县2017年国民经济和社会发展计划执行情况及2018年计划草案的报告；乳源瑶族自治县2018年县级部门预算；十二届人大三次会议政府工作报告。主要讨论：简化用水分类实施居民阶梯水价方案；将乳源公路局家属区地块列入“三旧”改造项目；在县体育馆旁规划建设县工人文化宫；开展住宅专项维修资金收缴管理工作；贯彻落实国家供给侧结构性改革去商品房库存工作措施；采用政府购买服务模式建设五彩瑶乡新农村示范片环境整治项目；进一步优化投资营商环境和促进民营经济及旅游大发展的补充措施；修改完善全域旅游发展总体规划编制工作；瑶族风情园项目建设前期经费；财税部门2017—2019年税费征收经费；益利非金属矿制品厂在采矿许可证有效期内继续经营、到期不再续期；实施县中医院、县妇幼保健院升级建设项目；划拨县妇幼保健院升级建设项目用地；实施信访工作人员岗位津贴；县南水湖湿地公园管理处、县工商局城南工商所和县水务局大桥水利管理所、双口水利所、引杨水利所及各镇水务管理所纳入乡镇工作补贴发放范围；补发县公安森林分局2015年人民警察警衔津贴差额；调整机关事业单位工作人员基本工资标准和增加机关事业单位离休人员离休费；保障县人民检察院、法院干警办案津补贴及追加县“两院”劳动合同制司法辅助人员经费；县明源公司成立四家国有独资企业作为新承贷主体；将节日补贴和公务交通补贴项目列入住房改革补贴计算基数；县政府大院物业实行社会化管理；对商住小区供水实施“一户一表”工程改造；安排县银源公司承接洛阳镇麻布水电站经营管理；采用政府购买服务方式调整政府专职消防队员及消防文员待遇；对县财政局投资评审中心非公务员身份的在职事业人员增发奖励性绩效工资；将原县公共资产管理中心和下属企业县金瑶城市经营投资有限公司名下资产无偿划拨给县财政局；推动建设乳城镇滨江西路（洲下街）回迁房工程的相关事宜；实施县人民医院信息系统升级改造项目；安排资金解决乳城镇省教育强镇复评经费；解决符合政府安排工作退役士兵安置遗留问题；设置一六镇狮头岭矿区建筑石料用石灰岩采矿权；开展安全生产工作大检查；以政府购买服务形式续聘农村饮用水监测人员；县安瑶融资担保有限公司增加注册资金；重新设立乳城镇深庄陶瓷土矿采矿权；解决全县钢铁行业拆除中频炉落后设备企业工作经费；解决县人才公寓装修和购置家具家电经费；对县政府招待所的消防及客房设施设备进行维修改造；大瑶山西京古道218国际户外运动文化旅游项目开发框架协议补充说明；引进本县具有一定资质和规模的养殖企业合作新建与经营县城生猪定点屠宰场；关于规范地方政府举债融资情况汇报；提高县精简制职业民警生活救济金标准；退回违规使用的扶贫资金；解决县扶贫办工作经费和历年欠账；撤并东坪镇敬老院设立县流浪乞讨人员救助安置中心；推进“多规合一”（县级空间规划编制）编制工作；将得源锦绣大厦县糖烟酒公司回迁房6套共552.96平方米出让给原居住的退休职工；洛阳镇申报创建国家级“森林特色小镇”；县机关事业单位参加职工生育保险；建设桂头镇、大桥镇政府专职消防队；增加全县中小学校保安服务经费；将桂头镇人民法院西北侧地块及桂头饮服公司片区作为韶关机场安置小区（桂头镇农村环境综合整治示范项目）第一、第二安置点；成立乳源瑶族自治县富丽源乡村振兴有限公司；给予广东欧珀和维沃通信旗下代理公司经济贡献奖奖励；县华达建材有限公司国公岩采石场采矿权延续及变更矿区范围和生产规模；县益丰石料有限公司采矿权延续及变更矿区范围；协调解决坝厂片区旧村场房屋征收补偿资金；解决征地工作经费；收储二九一片区、洲下街旧城片区、乳源瑶族自治县矿产公司片区、桂头镇饮食服务公司片区、乳城镇旧硫化锑厂、乳城镇铸造厂及（旧水泥厂）明源国有资产公司片、双口水利管养所、乳城镇新兴村委国道323线至天然冰片项目公路新建、乳源瑶族自治县鑫中胜汽车零部件有限公司项目、一六镇东粉村委等11块地块；整合上级少数民族发展资金和省级新农村建设资金推进少数民族特色村寨建设；调整机关事业单位工作人员死亡后遗属生活困难补助标准；县金叶发展公司取消收支两条线后由明源公司管理；划拨县林业局洛阳镇林业站木材临时堆放点地块（约600平方米）给洛阳镇人民政府用于建设公共场所；维修县市场监督管理局办公大楼；县市场监督管理局购置安装电梯设备；补发县2014年度机关事业单位工作人员住房改革补贴；安排桂头镇农村环境综合整治示范片建设项目资本金；解决产业共建特色小镇过渡商务区项目改造资金；追加2017年财政扶贫资金预算；追加2017年乡镇部门预算；解决乳城镇征收土地资金；将符合精准扶贫保障标准但未达到最低生活保障标准的227户423人按民政补差保障方法落实兜底保障措施；实施原县有色金属工业总公司地块“三旧”改造项目；县引杨水利管理所电站申请信用贷款作为增效扩容改造工程项目投资周转金等问题。

【县政府工作会议】 县政府召开58次工作会议。主要审议：鹰峰中路地段旧城改造项目建设；鹰峰中路和原国土资源局及县艺术团住宅等地段旧城改造项目建设；云门山旅游度假区项目建设；中国供销·粤北农特产品电商物流商贸城项目建设；韶关丹霞机场建设项目推进；解决南水水库网箱养殖清拆资金；金禧小学扩建征地拆迁遗留问题；土地矿产卫片执法；南水水库网箱养殖清拆工作；广东源之都公司相关问题；参与政府购买服务承接主体库投标；县建材厂至侯公渡中学公路扩建；政府购买服务模式建设相关项目；乳阳林业局学校和医院移交地方管理；桂头镇均村村委会宝鸭塘养殖场整治；县城东北片区自来水扩网工程；兴达大理岩矿厂、西云寺花岗岩石场生态修复；交通发展和建设委员会工作；县土地管理委员会工作；全县乡镇污水处理厂工程建设项目；遏制钢铁行业违规新增产能彻底淘汰落后产能工作；全县建设领域征税工作；县河道采砂采石工作领导小组工作；全县被征地农民社保资金分配工作；校车安全管理和学校食堂食品安全管理工作；长安乳源第二轮对口帮扶工作；韶关丹霞机场建设项目征地工作；全县核实查处涉钢企业工作；瑶乐居小区规范管理工作；全县农村人居环境整治工作；塘头水电站项目建设；预防道路交通事故；亿华项目协调工作；民族风情园“四馆”项目建设；粤北农特产品电商物流商贸城项目推进；环境保护督察整改工作；2016年度省级预算执行和其他财政收支审计工作报告反映问题整改落实工作；云门山瑶家灯火及乳源瑶族自治县旅游服务中心房屋办理不动产权登记；规范公务接待；北环市政道路改造工程；专题研究全县近期工作；2018年国家重点生态功能区县域生态环境质量考核工作部署；两不具备村庄搬迁审计整改工作；“星河会”“谷妮氏”酒吧安全隐患处置工作；省审计组扶贫领域审计反馈整改；进一步加强协税护税工作等内容。

【县政府专题委员会会议】 2017年共召开19次专题委员会会议。其中召开县城市规划委员会会议6次，县城市发展和管理委员会会议5次，县土地管理委员会会议5次，交通发展与建设委员会会议3次。

召开县城市规划委员会会议6次，审议：乳源瑶族自治县富源大道南侧（深圳高立高空作业设备公司东南侧）地块控制性详细规划；乳源瑶族自治县中医院西侧地块控制性详细规划；乳源瑶族自治县武装部射击场地块控制性详细规划；乳源瑶族自治县鑫源地块控制性详细规划；乳源瑶族自治县瑶族风情园地块控制性详细规划；乳源瑶族自治县体育馆西南侧地块控制性详细规划；乳源瑶族自治县金禧小学北侧地块控制性详细规划；污水处理厂西侧A、B地块控制性详细规划；乳源瑶族自治县南珠人造金刚石有限责任公司地块控制性详细规划；乳源东阳光精箔有限公司地块控制性详细规划；乳源瑶族自治县洛阳镇供销社A、B地块控制性详细规划；乳源瑶族自治县屠宰场地块控制性详细规划；乳源瑶族自治县建材厂地块控制性详细规划；绿鲜冠天然食品公司西侧地块控制性详细规划；乳源瑶族自治县消防大队地块控制性详细规划；广东冠华食品有限公司地块控制性详细规划；乳源东阳光药业有限公司地块控制性详细规划；乳源瑶族自治县一六镇团结村委TJ－01－02地块控制性详细规划；乳源鲜明北路新一小北侧地块控制性详细规划；乳源瑶族自治县大布镇垃圾处理站地块控制性详细规划；乳源瑶族自治县大桥镇垃圾处理站地块控制性详细规划；乳源瑶族自治县必背镇垃圾处理站地块控制性详细规划；乳源瑶族自治县洛阳镇垃圾处理站地块控制性详细规划；乳源瑶族自治县华景城市广场地块控制性详细规划；乳源瑶族自治县富源大道南侧（立强磁铁东侧）地块控制性详细规划；乳源瑶族自治县东阳光生活片区A、B、C、D、E、F六地块控制性详细规划；乳源瑶族自治县鲜明北路新一小北侧地块控制性详细规划；乳源瑶族自治县大联一、三村西侧地块控制性详细规划；乳源瑶族自治县游溪镇污水处理厂控制性详细规划；乳源瑶族自治县必背镇污水处理厂控制性详细规划；乳源瑶族自治县大布镇污水处理厂控制性详细规划；乳源瑶族自治县一六镇污水处理厂控制性详细规划；乳源瑶族自治县东坪镇污水处理厂控制性详细规划；乳源瑶族自治县洛阳镇污水处理厂控制性详细规划；乳源瑶族自治县东坪镇卫生院南侧地块控制性详细规划；乳源瑶族自治县桂头镇供电所地块控制性详细规划；乳源瑶族自治县大桥镇供电所地块控制性详细规划；乳源瑶族自治县化工基地电化厂地块控制性详细规划；乳源东阳光龙船湾机械厂地块二控制性详细规划；乳源东阳光龙船湾机械厂地块三控制性详细规划；韶关市大唐研磨材料有限公司地块控制性详细规划；乳源瑶族自治县坪乳公路加油站北侧地块控制性详细规划。主要讨论：乳源瑶族自治县云门锑粉厂地块规划指标；县新型热能垃圾处理站选址；县镇污水处理厂规划选址；乳源鲜明北路新一小北侧地块容积率指标；县工人文化宫外立面效果图；县残疾人康复中心规划建筑方案设计；大瑶山西京古道218国际户外运动文化旅游项目（2017—2076）；县运动中心项目方案；县亲水公园方案；鹰峰路外立面整治项目设计方案；一江两岸景观提升及慢行系统构建设计方案；原外经公司地块调整建筑限高；东坪镇卫生院南侧地块调整用地性质；调整县城市规划委员会委员等事项。

召开县城市发展和管理委员会议5次，讨论：乳源丽宫国际温泉酒店有限公司利用约20公顷土地建设一个开放式公园；一六镇中心小学运动场升级改造；增加乳城镇农村综合安居安置房二期项目；县综合射击场项目采取勘探设计施工总承包招标；组织实施乳源私人住宅方案设计；编制乳源瑶族自治县西京古道石门坳段详细规划；开展鹰峰路外立面整治项目竞赛的问题；关于开展县城“一江两岸”景观提升设计竞赛的问题；组织实施坝厂新村排污设施变更方案；西京古道腊岭段停车场建设；洛阳镇区主街道改造项目；将县新农村示范性安居房建设建筑面积减少部分调整到金禧小学背后地块建设；河南路垃圾中转站及公厕进行升级改造；县城人行道冲洗；将云门燕子窝垃圾场污水处理设备投入运营；保障性住房小区实行物业管理；对小额工程交易开展建库工作；县城城南片人居环境整治修建性详细规划编制有关事宜；将县鲜明北路至朝阳路（幸福家园段）道路工程纳入朝阳路道路工程；组织实施县鹰峰东路至沿江东路排水管道改造工作；组织实施华景路至解放北（K0+000－K0+385）段市政道路建设项目；迁移南鹰线（华景路至解放北路段）高压线路；增加乳源县怡乐居（旧实验学校公租房）配套基础设施工程建设内容；风华路（二小至金狮北路）市政道路工程设计变更；组织实施县富华路简易市场项目；组织实施县洲街简易市场项目；组织实施县新汽车站站前广场改造工程；大桥镇提出的关于大桥街道维修工程方案可行性；开发区管委会所拟西罗坑招商储备用地基础设施建设方案；实施县城桥梁检测项目；实施鹰峰路人行道整体提升改造项目；实施鹰峰路外立面整治项目（一期）工程；将县政府大院维修整治列入“县城三年提升行动计划”；实施对东坪雕子塘新村、坝厂新村、环城北路地下管网铺设光纤线路的惠民工程；县总工会提出的县工人文化宫建设项目前期工作的有关事宜；组织实施县西京古道标志系统建设；同意实施县民族文化广场建设工程设计变更方案；实施县柏油路项目县城鹰峰路段未铺设部分约12.1万平方米面层改用辉绿石和改性沥青；增铺县城第一小学、广播电视台等地段沥青面积1.1万平方米；统一增设县旧国道323线坝厂至侯公渡道路扩建设工程地下管涵及附属设施；组织实施县城市政道路交通安全设施工程；对县城3间公厕（政府公厕、环城东路公厕、文昌路公厕）按“创文”标准进行室内外改造等事项。

召开县土地管理委员会议5次。主要审议：乳源瑶族自治县2017年度国有建设用地供应计划；乳源瑶族自治县2017年度耕地提质改造（旱改水）实施方案；一六镇狮头岭矿区建筑石料用灰岩矿采矿权网上交易出让方案；乳源瑶族自治县新一轮农网改造升级电力建设征地拆迁补偿方案；桂头镇乳桂路旁片区“三旧”改造项目房屋征收补偿方案。主要讨论：征收国道323线乳源上围至沙坪段部分土地；收储乳城镇大群村委第一、二村民小组集体建设用地；收回县扳钳厂、县被服厂、新达铸造厂国有建设土地以及征收大群村委集体土地；征收大布镇幼儿园用地；到期贷款本金拨付归还事宜；出让地块（2017W002）网上交易方案；东阳光化成箔有限公司地块置换；华景城市广场地块置换；延期签订乳城镇示范农场片区“三旧”改造项目地块出让合同；征收经济开发区原国道323线北面地块、乡道910和乡道909公路扩建用地；出让地块（2017W005）网上交易方案；拟定3宗地块的网上交易方案〔乳源县富源工业园区内（原南珠人造金刚石片）地块（宗地编号：2017W008）网上交易方案、桂头镇人民法院西北侧（机场安置房项目）地块（宗地编号：2017W010）网上交易方案、乳城镇华城市广场旁（房地产项目）地块（宗地编号：2017W011）网上交易方案〕；县土地储备中心收储乳城镇云门村委两块共计约39公顷土块（地块一约5.33公顷，地块二约33.6公顷）作为储备用地；县土地储备中心收回益盛工艺有限公司两块土地的国有土地使用权；征收东坪镇方武、南水、汤盆3个村委共计17600平方米的土地用于南水水库生态环境保护子工程——东坪镇连片整治二期工程人工湿地建设；对依照《乳源瑶族自治县违法用地违法建设的处理意见》处理过的“两违”住房根据户数装水、电表；乳源县鲜明北路新一小北侧地块（宗地编号：2017W009）网上交易方案等事项。

召开交通发展与建设委员会议3次。讨论：要求设计变更云门寺—云门山旅游公路规避民爆炸药库安全距离；侯公渡—江湾段公路升级改造工程项目资金；调整省道258线—钨英—坪山农村公路建设；公路建设工作经费；新建公坑至方洞公路；省道258线公路调出2017年交通建设重点项目并延迟到2018年或与正觉寺建设同步进行；组建“乳源瑶族自治县交通行业小额建设工程企业库”；云门寺至云门山旅游公路（二期）建设线路北移；县城北环市政道路改造工程建设涉及两座市政桥改造（乳城桥采用新建方案，邓屋桥采用旧桥加固方案）；调整乡道932线等三条线路窄路基路面改造及安全生命防护工程设计方案；调整县交通发展与建设委员会成员；大东至岭溪公路改建工程设计方案的确定；北环市政道路改造工程由施工方负责解决对北环市政道路改造项目弃土场临时用地的选址、租用等事宜，北环市政道路用地范围内涉及相关单位、企业的土地无偿使用并不做相应补偿事宜；省道258线鸭麻湖—大布段公路改建工程等项目使用林地森林植被恢复费用和沿线临水改线迁移的工程造价事宜；乳源县申报城乡交通运输一体化第二批国家试点等事项。

重 要 政 务

【社会建设稳步推进】 2017年，全县经济社会建设取得较好成绩，地方生产总值增速位居韶关市七县（市）三区并列第一。农村人居环境整治深入推进，建成乡村绿化美化省级示范点4个。全国县级文明城市创建工作稳步推进，通过省级文明县城验收考评。创建省民族团结进步示范单位6个，云门寺被评为全国创建和谐寺观教堂先进集体。政研瑶族新村被命名为中国少数民族特色村寨，必背镇桂坑村获评全国文明村，乳源荣获“广东省推进教育现代化先进县”称号。

【经济实力持续增强】 47个县重点项目完成投资31.4亿元，其中12个省市重点项目完成投资25.27亿元。引进1000万元以上项目63个，投资总额32.3亿元，实际利用外资486万美元。胜蓝电子科技等5个项目动工建设，高立高空、锂电池正极材料建成投产。东阳光公司率先建成全市首个县域产值超百亿元的特色产业集群。全县新增规模以上工业企业3家、高新技术企业8家。全县工业增加值34.6亿元，增长8.5%。新增农业企业13家、农民专业合作社31家、家庭农场79家。“华瑶”牌红茶获“中茶杯”茗茶评比特等奖，“盘王鱼”牌三角鲂获评省“十大名牌”系列农产品。全县农业增加值8.25亿元，增长3.8%。云门山玻璃桥、索道缆车项目建成运营。中农批游客集散中心和农旅风情街投入使用。成功举办首届采茶节、第二届“瓜果漂流”节等特色旅游活动。推出《南岭云水间》主题宣传片和《谁语争锋》乳源专场节目。全县接待游客460万人次，增长11%，旅游收入39亿元，增长13%。新增市场主体1404户，新增限额以上商贸服务企业11家，年营业额超5亿元大型批发企业1家。社会消费品零售总额24.2亿元，增长7.5%。全县第三产业增加值35.8亿元，增长13%。

【城市功能整体提升】 建成锦绣花园、滨江印象等一批商住小区，建材厂片、示范农场片等旧城改造项目稳步推进，鹰峰路建筑外立面瑶族风貌改造动工实施。民族风情园“四馆”建设扎实推进，建成民族团结广场、城北公园和新档案馆主体工程。完成滨江西路改造和主要街道柏油路面铺设。侯公渡新市场建设扎实推进，完成中心市场改造和洲街、富华城简易市场建设。城市供水、供电、排污管网改造扎实推进。全国县级文明城市创建工作稳步推进，实行街长制和网格化管理，拆除违章设施300多个，通过省级文明县城验收考评。

【脱贫攻坚取得成果】 投入帮扶资金6985.4万元，实施产业帮扶项目3033个，2376户6671人贫困户获得资产收益分红。完成贫困户住房改造750户。举办专场招聘会15场，开展创业技能培训537人次。贫困家庭学生助学政策全面落实，贫困人口城乡基本医疗保险和大病商业补充医疗保险实现全覆盖。全县有劳动能力贫困人口人均收入达9981.43元，2978人实现稳定脱贫。

【社会事业协调发展】 完成八一小学、金禧小学和高级中学饭堂改扩建。乳城、大桥通过省教育强镇复评。人民医院新住院大楼投入使用。建成3个镇卫生院公卫楼和公建民营村卫生站24间。双朝节、苦爽酒酿造技艺入选省级“非遗”项目名录，民族博物馆成为省级“非遗”传承基地。建成村级综合文化服务中心22个。开展文化惠民活动20场。成功举办瑶族“十月朝”系列活动12项。《铜铃悠歌》获省“五个一工程奖”，《瑶山飞来一群金鸪鸪》获省群众音乐舞蹈花会金奖。女子龙舟队摘得第十三届全国运动会龙舟竞赛6枚金牌，夺得省第四届体育大会100米直道竞速冠军。建成农村健身广场10个。发放创业小额担保贷款54笔854万元。城镇新增就业1395人，城镇失业人员再就业1115人，城镇登记失业率控制在2.39%。城乡居民基本养老保险和医疗保险参保人数分别达7.2万人和16.3万人。农村、城镇居民最低生活保障标准分别提高到每月400元和580元。医疗救助、临时救助、优待抚恤等政策有效落实。区域性敬老院实行公建民营管理。完成村（社区）“两委”换届选举。划定县镇村综治网格1120个，“平安细胞”实现全覆盖，社会治安秩序良好。应急处置及时有效，安全生产形势保持稳定。产品质量、食品药品和粮食安全有效监管。

【政府自身建设不断加强】 完成市场监督、文体旅游、城乡规划、金融服务等机构职能整合。完成行政许可标准化工作。取消、调整行政许可事项34项，清理行政审批中介服务事项18项，编列乡镇权责清单162项。投资项目联合审批系统接入省市“一门式一网式”政务服务系统。行政审批优化办事环节90个、减少申报材料366项。免除行政事业性收费项目8个和政府性基金3个。落实“无会日”制度。完成企事业单位公务用车制度改革。办理人大代表议案和建议63件、政协委员提案和建议60件，处理网络问政、“民声热线”和县长信箱反映问题585个。“两学一做”学习教育扎实推进，党风廉政建设责任制有效落实，认真学习贯彻落实党的十九大精神。

重 要 决 策

【推进农村集体土地确权登记颁证工作】 为摸清每一宗土地的权属、界址、面积和用途（地类），形成完善的地籍调查成果，确保农村集体土地确权登记发证依据充足，颁布《关于开展农村宅基地、集体建设用地地籍调查的通告》。

【推进新型职业农民培育工作】 为推进以提高农民综合素质，造就高素质新型农业经营主体为目标，以服务现代农业产业发展和农业从业者职业化为导向，加快建立“三位一体、三类协同、三级贯通”的新型职业农民培育制度，依托农技推广站等公益性培训机构构建一主多元的农民教育培训体系，着力培养一支有文化、懂技术、善经营、会管理的新型职业农民队伍，为发展现代农业提供人才保障和智力支撑，出台实施《乳源瑶族自治县新型职业农民培育工作实施方案》。

【推进“救急难”试点工作】 为充分发挥各项社会救助制度作用，统筹各类救助资源，提升社会救助综合效应，形成政府各部门高效联动以及政府救助与慈善救助的紧密衔接，营造社会力量广泛参与的良好氛围，让突遇不测、因病、因灾等陷入生存困境的居民得到及时救助，织密编牢社会救助安全网，防止冲击社会道德和心理底线事件发生，有效保障困难居民基本生存权和人格尊严，维护社会稳定，出台实施《乳源瑶族自治县开展“救急难”工作试点实施方案》。

【推进农村留守儿童关爱保护工作】 为建立健全监测预防、发现报告、应急处置、监护干预等农村留守儿童救助保护工作机制，确保到2020年，未成年人保护制度体系更加健全，全社会关爱保护儿童的意识普遍增强，儿童成长环境更为改善、安全更有保障，儿童留守现象明显减少，出台实施《乳源瑶族自治县加强农村留守儿童关爱保护工作实施意见》。

【推进困难群体救助工作】 为全方位的保障或救助低保、特困等困难群体，出台实施《乳源瑶族自治县城乡村（居）民最低生活保障制度实施细则（修订）》《乳源瑶族自治县特困人员救助供养实施细则》《乳源瑶族自治县城乡困难群众医疗救助实施细则（修订）》《乳源瑶族自治县临时救助实施细则（试行）》。

【进一步优化营商环境和促进民营经济及旅游大发展工作】 在乳府〔2015〕45号文件的基础上，为进一步盘活闲置土地、厂房，进一步优化营商环境，出台实施《关于进一步优化营商环境和促进民营经济及旅游大发展的补充措施》。

【全域推进农村人居环境综合整治】 为进一步补齐农村建设短板，加快推进农村人居环境综合整治，促进农村社会文明进步，建设美丽乡村，出台实施《乳源瑶族自治县全域推进农村人居生态环境综合整治建设社会主义新农村示范村工作方案》《乳源瑶族自治县农村人居环境综合整治“三拆”项目实施细则》和《乳源瑶族自治县农村人居环境卫生整治奖补办法》。

【完善城区商住小区供水模式】 为提高全县商住小区生活给水设施管理水平，改善供水水质和供水服务质量，彻底解决历史遗留的供水“中间层”问题，出台实施《乳源瑶族自治县商住小区供水“一户一表、抄表到户、计量收费”实施意见》。

【加强市政消火栓管理】 为保障本行政区域内市政消火栓规划、建设、使用、巡查、养护及监督管理等活动的有序开展，保障人民生命财产安全，出台实施《乳源瑶族自治县市政消火栓管理办法》。

【完善行政审批职能】 为进一步对接上级行政审批职能调整，不断更新调整完善我县行政审批事项，出台实施《乳源瑶族自治县行政许可事项目录（2017版）》和《乳源瑶族自治县行政许可调整事项目录（2017版）》。

【推进审批服务改革】 为进一步运用互联网思维，整合部门办事窗口和审批服务系统为政府综合服务窗口和网上统一申办受理平台，创新政府服务模式，积极推动“一门式一网式”政府服务模式覆盖全县，出台实施《乳源瑶族自治县全面推进一门式一网式政府服务改革工作方案》。

【全面推进精准扶贫精准脱贫】 为进一步落实贫困户“三保障”工作的要求，实现应保尽保，打赢新时期脱贫攻坚战，将符合精准扶贫保障标准但未达到最低生活保障标准的贫困户按民政补差保障方法落实兜底保障措施。

重大活动

【第十一届乳源瑶族“十月朝”文化旅游节】 11月18日，第十一届乳源瑶族“十月朝”文化旅游节正式开幕。本次瑶族“十月朝”文化旅游节的系列活动从10月27日持续到11月下旬，内容包括全国瑶医瑶药学术交流会、第十一届乳源瑶族“十月朝”文化旅游节暨第三届粤北（乳源）农特产品博览会、瑶族长桌宴、2017年广东省（韶关·乳源）迷你铁人三项赛、2017年奔向广东第一峰（韶关·乳源）铁人三项挑战赛、2017年广东省（韶关·乳源）环南水湖第五届自行车公开赛、拜盘王祭祀活动、瑶族山歌会、瑶绣艺术节、书画摄影名家看乳源采风活动、韶关大学生徒步公开赛、天井山森林漫步徒步公开赛、大布腐竹节等11项活动，涵盖经济、文化、体育、旅游、农业等各个领域。

【三项县级体育赛事】 5月10日，由县人民政府主办的2017年乳源瑶族自治县“体彩杯”干部职工体育运动会开幕，全县42支参赛队伍，共计2000余人。10月23日，由县创文办主办的2017年乳源瑶族自治县“创文杯”男子篮球赛开幕式在县体育馆举行。11月11至13日，乳源瑶族自治县第六届“教工杯”乒乓球赛在县体育馆举行，来自全县各镇中小学、县直学校共18支代表队100余名运动员参加比赛。

【四项地方民俗特色文化旅游活动】 6月12日，“善美韶关·旅动南岭”2017韶关市大学生旅游文化节开幕式暨文明旅游志愿者出征、校企共建产学实习基地仪式在南岭国家森林公园举行。8月12日，2017首届广东大峡谷彩色跑旅游节庆活动顺利举行。11月4日，乳源瑶族自治县乳城镇付屋隆重举行“消怨火”糍粑节，市民及游客约4.2万人次参加此次活动。11月25日至26日，第二届乳源瑶族自治县大布腐竹文化节暨农特产品展销会在AAAA级旅游景区大峡谷举办。

【“民族团结进步杯”摄影展】 9月29日，由县民族宗教局，县摄影家协会共同举办“民族团结进步杯”摄影大赛的作品展览在县政府广场举行。此次摄影展充分展现在党和国家的民族团结进步政策引领下，乳源的瑶汉族人民共同团结进步、在经济和社会发展各领域取得巨大的成果，全县的城镇、乡村、田园，到处都有翻天覆地的喜人变化。

县政府办工作

【概况】 根据《乳源瑶族自治县人民政府职能转变和机构改革方案》，设立县政府办公室，挂县外事侨务和台湾工作局、县法制局、县人民防空办公室牌子，为县人民政府工作部门。县政府办公室机关行政编制21名，内设秘书股、综合股、调研股、信息股、督办股和县应急管理办公室（应急指挥中心）等6个职能股室。其中办公室主任1名，副主任3名，县应急管理办公室主任1名，股长5名，后勤服务人员4名。承担外事侨务和涉台事务、县政府法制、人民防空、辖区内金融机构协调服务和小额贷款公司监管等工作。

2017年，县政府办公室紧紧围绕县委、县政府中心工作，扎实开展十九大精神和习近平新时代中国特色社会主义思想学习教育，牢固树立服务领导、服务基层、服务群众和服务大局意识，积极作为，勤勉尽责，勇于创新，切实履行秘书工作、综合协调、督促检查、信息反馈等职能，充分发挥以文辅政作用，狠抓落实上级和党委各项要求，组织落实县政府各项工作部署，以强有力地举措和扎实的知识储备做领导的好参谋、好助手，全力服务乳源加快发展大局。

【秘书工作】 牢固树立效率意识、质量意识、服务意识，严格遵循办事、办文、办会程序，及时准确、保质保量完成文件上传下达、会议通知筹备、文稿撰写审核等各项工作。2017年，完成以县政府及县政府办公室名义编号印发的文件共661份；通过OA系统发送文件3066份，接收市委、市政府及市直、县直部门文件4532份。完成登记在册的各类会议通知共353个，转发领导批示件共361件。根据省、市信息公开的有关要求，通过政府信息公开平台发布乳源县政府及办公室的公开信息共349条，完成文字材料拟写任务2000多份，高标准、高质量完成县十二届人大三次会议政府工作报告的撰写任务。此外，细致处理群众来信来访，及时收集和整理网络信访案件，接受公民或法人依申请公开信息4件。

【政务调研信息】 围绕“发展经济、改善民生、促进民族团结进步、维护社会稳定、全面从严治党”主题，针对县政府工作重点、改革难点、社会热点和主要领导指示，组织对全县经济、社会发展及相关政策等方面的调查研究，协助领导撰写《推进瑶族元素与城市建设融合，加快建设韶关融入珠三角先行区》《提高融资使用效率，助推乳源发展》等多篇调研文章；多次组织开展重点项目进展情况专题调研，深入基层、企业开展学习调研，掌握重点项目、重点工作进展情况，为领导科学决策提供参考依据；参与年中、年末两办工作调研，组成2个调研组深入各镇、各单位，全面了解全县2017年经济社会发展情况，听取各镇、各部门关于2018年的工作打算以及对县委、政府的建议，为起草两会报告打下坚实的基础。政府门户网、微博、微信、“醉美乳源”党政客户端四大平台在推动信息公开、加强政民互动、引导网络舆论、宣传推介乳源等方面的重要作用，2017年，发布政府门户网信息3410篇，图片775张，通知公告471条，视频新闻365条；“醉美乳源”党政客户端共推送“乳源要闻”版块信息385篇，“聚焦乳源”版块信息107篇；“乳源发布”政务微博信息2162篇，发布微博969篇、图片445幅；“乳源发布”公众号推送微信信息72次305篇、图片893幅；发布县政府及办公室公开信息2134条。

【督办工作】 围绕加快推进经济社会发展，对落实上级方针政策和决策部署，县中心工作、重点工作，民生热点难点等进行督查，全年开展各项督查活动23次，撰写督查报告、信息75篇，实事求是反馈情况，针对存在困难和问题，提出意见建议供领导决策参考。一是督促落实上级重大决策部署。对落实国务院大督查、中央环保督查、中央预算内投资、乡村振兴、配合建设粤北生态特别保护区、推进服务性政府建设等重大决策部署进行跟踪督办，督促严格按照上级工作要求抓好落实，保证顺利完成年度工作任务。二是督促加快推进县域经济建设。按照市、县党委政府制定的年度目标，对主要经济指标和各镇各部门推进完成情况开展不定期督查；每月督促主要经济部门深入企业一线分析研究、共寻对策破解难题、加速企业发展步伐，促进各项指标任务落到实处。三是督促加快重点项目建设。结合县重点项目用地、融资、审批等建设难题，不定期对责任单位和困难对应解决部门开展督查督办，形成合力解决建设难题，推进项目加快建设。四是督促落实民生事项。跟踪办理好国务院第四次大督查及第十三督查组热线电话转交事项，督促落实中央环保督查整改工作，跟踪好县政府承诺10件民生实事推进情况，督促完善“一门式一网式”公共服务平台事项、精准扶贫精准脱贫、农村土地确权、农村人居环境整治等工作，确保按照年度工作计划，如期完成各项工作任务。五是督促提升行政效率。跟踪落实“放管服”工作，推进行政审批简化，加速提升行政效能。督促跟进经济分析会、重点项目推进会、各项专题会议落实情况，督促进一步转变作风，树立爱岗敬岗模范榜样，促进提高机关效能。

【应急管理】 制定《乳源瑶族自治县2017年春运应急预案》，修订完善《乳源瑶族自治县自然灾害应急预案》《乳源瑶族自治县卫生计生系统春运卫生应急预案（修订）》等应急专项预案。积极开展预案演练，如地质灾害避险应急演练、污水处理站液碱泄露突发事故应急演练，全员消防实战演练和开展卫生应急技能竞赛。不断完善基层应急管理机构建设，进一步加强人员队伍的配备。科学妥善处置8起社会事件并做好信息报送工作。落实涉及自然灾害、事故灾难、公共卫生、社会安全等领域突发事件风险隐患排查和整改工作。广泛开展应急知识宣传培训，加强学校应急管理科普宣教工作，结合“百人百场”应急宣讲活动、安全生产月等契机，开展了形式多样的培训和宣传活动，发放各类宣传资料近万份，电视宣传200多条次。

【法制服务】 充分发挥参谋助手作用，对县政府签订的各类合同进行合法性审查；严格审核县政府出台的规范性文件，促进依法行政。不断加强行政执法管理监督。依法开展行政复议和应诉工作，受理行政复议案件3件，审结3件。办理涉及县政府的行政应诉案件14件，胜诉11件。（张建华、郭二妮、马杰、李长霞、朱观军、赵琪奇、杨浩、廖小兰、赵晨琳）

外事侨务和台湾工作

【概况】 县外事侨务和台湾工作局负责对外宣传交流、引进海外捐资投资和先进科技、办理因公出国（境）手续、落实各项侨务政策、维护归侨侨眷合法权益以及对台事务等工作。年末在职在编人数1人。

【外事工作】 严格执行因公出国（境）有关规定，做好全县因公出访人员审查申报和管理工作。2017年，受理全县因公出国（境）63批237人次。做好外宾接待及对外交流工作，积极对外宣传推介“美丽乳源”。其中分别在9月、12月办理了2批19人次县民族文化馆演员赴港文化演出活动，宣传推介乳源过山瑶特色文化艺术。

【侨务工作】 引导港澳同胞、海内外热心人士捐资助学、扶贫济困，全年共接受海外捐赠资金239万元，其中德国波恩侨领邓天送先生捐赠100万元援建金禧小学“波恩天乐教学楼”建设。有力促进教育、卫生等事业的快速发展。加强为侨服务，维护归侨、侨眷的合法权益，节日期间对归侨进行慰问。

【对台工作】 坚持把“为经济建设服务、为招商引资服务、为台胞台属服务”作为工作重点，积极开展对台交流交往，全力维护台胞台属台商权益，解决台属生产生活中遇到的困难。（廖小兰）

档案·史志

【概况】 2017年，乳源瑶族自治县档案局（以下简称县档案局）实行局馆合一体制，是省一级国家综合档案馆，加挂乳源瑶族自治县史志办公室牌子，设局长（史志办主任）1名，副局长2名，内设办公室、档案业务指导股、档案管理股、党史股和方志股。1月，退休1人；10月，招录1人；年末有公务员编制14个，在编人员13人，工勤编制1个，在编人员1人。

【档案业务指导和培训】 2017年，县档案局业务指导股工作人员对全县9个乡镇及县直单位进行档案业务指导，协助各镇、各单位做好立卷归档工作。组织档案业务人员参加韶关市农业局和韶关市档案局联合举办的农村土地确权档案业务培训。安排业务人员前往县农业局和农村土地确权档案作业单位检查指导农村土地确权档案整理工作，对存在问题提出整改意见建议。7月，组织11名档案管理人员参加2017年广东省档案人员岗位培训班和继续教育培训班。

【档案行政执法检查】 2017年下半年，县档案局开展2017年度档案行政执法检查，重点检查各单位实体档案保管情况和未移交到期档案（包括文书档案和专业档案）的单位档案管理工作情况。发现问题要求限期整改，严格规范各单位档案管理工作。

【档案馆藏和数字化建设】 2017年，县档案局加大档案馆藏和档案数字化建设力度，聘请专人对馆藏档案进行扫描备份、目录编排及照片档案的整理归档。全年接收文书档案681卷、4772件，实物档案6件，全宗卷29卷（3个单位），现行文件177件；新增馆藏资料760册，光盘档案50张，照片档案358张；新增档案扫描712卷（110061张），全部实现目录数字化。

【档案库房安全管理】 3月，县档案局组织工作人员更换档案库房杀虫药，做好档案实体防虫工作。5—6月，开展档案库房隐患全面清查工作，对所有馆藏档案进行清点核对，纠正几处错误数据。根据清查记录制成馆藏数据电子表格，方便每年更新数据。排查线路和机器设备，检修老旧线路3处。全年坚持做好库房每天消防巡查、温湿度记录和调控，以及梅雨天气防潮工作。

【档案利用服务】 2017年，县档案局接待查档群众655人次，提供档案资料776卷，供查档群众查阅、摘录或拍照，为查档群众复印档案2786张。利用目的涉及人口迁移、婚姻证明、创文资料考证、革命历史资料考证、修编族谱、财产公证，以及社会保障和山林土地纠纷等信访问题。民生档案利用需求增大，每月群众利用婚姻档案和林权档案均超过30人次。

【档案馆新馆建设】 3月25日，乳源瑶族自治县档案馆新馆建设项目正式动工。该项目是全县重点建设项目之一，建筑面积4828.23平方米，预算总投资2481.42万元。9月14日，项目主体大楼封顶。截至12月31日，主体大楼外装及消防管道铺设完成。期间，县档案局安排1名分管领导每天到工地巡查，时刻掌握工程建设进度与施工细节。每周一定期与代建部门、设计单位、监理单位和施工单位召开工地例会，总结每周施工情况，安排部署每周施工计划，协调解决存在问题，保障工程项目安全顺利施工。

【档案宣传】 6月9日国际档案日前夕，县档案局启动2017年档案日宣传活动，张贴《中华人民共和国档案法》宣传画，向查档群众宣传《中华人民共和国档案法》和相关条例。在县政府门口制作活动宣传栏，对外宣传档案工作服务社会的能力，让更多的群众了解县档案局（馆）的发展沿革和业务职能。

【党史编纂】 2017年，县档案局完成《乳源瑶族自治县党史大事记》（2016）编纂出版工作。继续开展《中共乳源瑶族自治县历史》第三卷编纂和资料收集工作。撰写《改革开放实录》研究课题《乳源瑶族自治县文化信息资源共享工程建设回顾》，上报中共广东省委党史研究室。

【年鉴编纂】 1月，县档案局启动《乳源年鉴》（2017）编纂工作。安排6名编辑人员参与编辑工作，编印《〈乳源年鉴〉撰稿人员编纂参考资料》派发给各单位撰稿人员。编纂期间，完成编辑、统稿、总纂、审稿、排版和出版前评议等一系列流程，《乳源年鉴》（2017）于12月正式印刷出版。

【全县自然村落历史人文普查】 1月13日，县档案局组织各镇分管地方志工作的领导及普查员召开全县自然村落历史人文普查工作推进会，通报全县自然村落历史人文普查工作情况，部署安排下一阶段普查工作任务，推动普查工作稳步向前。2—3月，县史志办组织人员到各乡镇进行督查，规范落实自然村落历史人文普查工作，督促各乡镇加快工作进度。3月，安排工作人员参加全市自然村落历史人文普查审查验收培训会议，为全市的终审验收做好准备。截至12月31日，全县1072个自然村全部完成普查，完成《全粤村情——广东省自然村落历史人文调查》（以下简称《调查》）初稿1072个，初审《调查》450个，形成《调查》总纂761个。

【地方志资源开发利用项目结项】 2月，广东省地方志资源开发利用项目——“乳源瑶族传统村落调查”结项，编纂出版项目成果《乳源瑶族村寨》。

【地方志信息化建设】 8月，安排工作人员参加全省地方志信息化与方志资源开发业务培训。2017年，在网站工作动态栏目上传信息9篇、热点新闻栏目上传新闻报道23篇、五彩瑶乡栏目上传乳源要闻12篇、乳源年鉴栏目上传综合年鉴2部（《乳源年鉴2015》和《乳源年鉴2016》）、乳源县志栏目上传《乳源瑶族志》1部。

【党的建设】 2017年，县档案局落实“一岗双责”，推进党风廉政建设，推进“两学一做”学习教育常态化制度化，落实“三会一课”制度。9月29日，按要求召开党支部换届大会，选举出新一届局党支部委员会，明确支委成员分工。2017年党支部大会讨论通过接收预备党员1名，按规定收缴党费5882元。8月8—11日，组织4名党员干部赴韶山参加中共乳源瑶族自治县政府办口党总支加强党性教育培训班。全年组织党员活动4次。

【精准扶贫】 2017年，县档案局组织干部开展精准扶贫工作，全年进村入户了解贫困户生产生活情况，开展贫困户家庭住址GPS认定、农村危房入户调查和认定、派发帮扶联系卡和补充医疗保险单、对贫困户2017年度种养情况摸底、产业奖补申报、年终慰问等工作6次以上。全年帮助15户贫困户申请到产业扶持奖励补助42020元，帮助6户10名贫困户子女申请到教育补助17500元，帮助18户

63 人申请到资产收益分红 75600 元，帮助 6 户贫困户申请到危房改造资金 100000 元（2017 年拨付到户总金额）。12 月 21 日，前往大桥镇武丰村委和塘华村委开展送温暖扶贫慰问走访活动，为 20 户贫困户分别送上 200 元慰问金，以及棉被、食用油等物资，共计 8600 元。2017 年，向大桥镇人民政府捐助扶贫款 6000 元；帮助大桥镇 12 户贫困户实现脱贫。（李德胜）

机关事务管理

【概况】 2017 年，县机关事务管理局（县接待办）围绕县委、县政府中心工作，以服务为宗旨，加强管理，完成县委、县政府部署的各项工作。乳源瑶族自治县机关事务管理局（县接待办）（以下简称县机关事务局）是县人民政府直属公益一类行政类事业单位，正科级，参照公务员法管理。县机关事务管理局内设 6 个股，分别是人秘股、接待综合股、财务股、房管股、环境和保卫股、公共机构节能管理股；核定事业编制参公人员 21 名，到 2017 年年底，实有参公人员 14 人，其中局长 1 名，副局长 3 名、接待办副主任 2 名，副主任科员 2 名（其中 1 人 2017 年退休），科员 7 名，后勤服务人员 2 人。管理县政府车队、机关事务管理局后勤保障服务中心、县政府招待所 3 个事业单位。其中政府车队在编 6 人；后勤保障服务中心在编 4 人；政府招待所在编 3 人。

【财务管理】 大院机关有关经费管理。2017 年，争取财政核拨各项经费，各项经费按时到位；规范财务管理，严格执行财经管理制度，落实各项经费的使用与监督、管理，做好县委、县政府内部办公设备的采购工作。

【公务用车管理】 进一步深化公务用车改革，在规范公务用车的同时，完成县领导及相关部门工作用车的安全和服务保障。完成县人大、县政协“两会”期间的车辆调配工作和“十月朝”文化旅游节期间的车辆保障工作。

全年共投入车辆维护维修 4755 个工时，车辆维修及保养 313 台次，节省经费开支 15 余万元。

【内务管理】 公共设施维修与管理。2017 年，做好县中心会场、政府家属区、政府大院等公共场所设施的维修，政府大院全面铺设沥青，优化停车位的设置；县政府大院和第一家属区新购置车辆智能识别系统；第一家属区停车位重新规划整治；加强对水电设备设施管理，供排水管道维护检修 8 次、会场与大院内办公室等相关公共设备设施供电线路维护检修 20 多次。安全隐患得到有效预防和排除，政府大院公共设备设施正常运转。

2017 年 9 月，通过公开招投标，县政府大院和家属区的物业以购买服务的模式引入有资质的物业公司进行管理，政府大院的安保、保洁和绿化工作交由物业公司管理，政府大院和各家属区的物业、安保、绿化等管理和维护工作水平得到提升，全年没有发生安全责任事故。

【会务保障】 会场会务保障服务，2017 年，添置会场设备 1 套，购置移动会议设备 1 套，中心会堂全面安装 LED 照明灯，完成会场会议布置 90 余场次，后勤服务得到保障。

【县政府招待所管理】 完成消防系统和客房内部设施的改造，客房床垫、被褥进行全面更新，更换部分楼层的空调，进一步提高接待能力，改进餐饮部、客房部的服务质量，完成县委、县政府下达的各项接待任务。

【精准扶贫工作】 选派专人 1 名到游溪镇，作为精准扶贫驻镇干部，全力以赴做好游溪镇的精准扶贫工作，确保脱真贫、真脱贫。陈凯等 11 位干部分别帮扶游溪镇、大桥镇的 11 户贫困户。

【党建工作】 坚决落实“一岗双责”，做好发展党员和党费缴交工作，有 2 人确定为入党积极分子。做好软弱涣散党组织整顿工作，派出 1 名干部到游溪镇的冷水岐村参与整顿，全年投入整顿工作经费 2 万元，顺利完成整顿工作。

【学习中共十九大精神】 根据县委的统一安排部署，有计划、有步骤地抓好全体干部职工学习贯彻党的十九大精神，并把认真学习宣传党的十九大精神，作为当前和今后一个时期的首要政治任务。

【党风廉政建设工作】 坚决执行中央“八项规定”及实施细则，驰而不息反“四风”，出台《零星维修制度》《办公用品申购制度》和《车辆维修保养制度》等制度，全面防范和控制廉政风险。

（雷耀荣）

行政服务中心

【概况】 乳源瑶族自治县行政服务中心（以下简称县行政服务中心），为县人民政府直属正科级公益一类事业单位，内设办公室、业务股、督查股，核定事业编制10名，后勤编制1名，其中：主任1名、副主任2名、股长3名，年末在编人员9人。2017年，县行政服务中心紧扣县委、县政府中心工作，继续稳步推进“一门式一网式”政务服务模式改革工作，深化行政审批改革，加强基层公共服务平台业务指导和完善建设，搭建投资项目联合审批平台，优化营商环境，落实解决“12345”政府服务热线民生投诉。

【县服务大厅建设】 升级改造办事大厅。将原一号大厅改造升级为“小一门”公安服务厅，原分散办公的户政科、出入境管理科、交警车管所、乳城派出所、消防队全部进驻办事大厅，设置新的独立自助办事区、档案室、制证室，全面规范公安服务窗口。

继续优化县二号大厅功能。国地税、供水、电视台等窗口搬入二号大厅，拓展二号大厅功能，进一步推进“一门式”大厅业务整合。

打造“青年之家”示范点。与团县委联合打造市“青年之家”示范点并揭牌，增设“青年之家”服务窗口，针对不同群众需求，中心在二号大厅增设茶水供应区、快乐儿童区、青年沙龙角、爱心妈妈屋、男士吸烟区、温馨休憩亭和自助充电处等专题区域，优化公共服务环境。

【县服务大厅管理和考核】 完善管理考核制度。制定印发《乳源瑶族自治县行政服务中心大厅工作绩效评价方案》，每季度对窗口工作情况进行考核评价，规范大厅窗口单位和人员管理和考核。

实施月通报制度。每月通报全县各镇、各进驻窗口、各分中心的业务数据情况和日常管理情况，并把月通报情况纳入考核。

开展窗口评选活动。设立党员示范岗、团员先锋岗、优质服务岗、标兵单位和“服务之星”，激励窗口人员争优创优。

实现人员培训规范化。中心2017年上半年建成培训室，用于大厅窗口人员及镇村工作人员日常培训，通过加强人员培训，提高窗口人员业务水平和业务素质，提升各级平台窗口水平。

改进机关人员作风。制定出台《乳源瑶族自治县行政服务中心工作绩效评价实施方案（试行）》，通过绩效评价，改善机关懒政、怠政、庸政的不良作风。

【基层公共服务平台建设】 整合服务事项。镇级整合原“七站八所”职能，镇级范围内面向基层群众的70多项公共服务事项，全部进驻镇公共服务中心集中办理；村级把党建、村务公开、综治维稳和农产品电商等60多项村级公共服务事项整合到公共服务站集中办理。

镇村标准化改革。规范县、镇两级行政许可事项和公共服务事项，完善县镇村（社区）公共服务事项目录清单，印发2017年版县镇村服务指南和业务手册。

落实村（社区）公共服务站整改升级。根据广东省村（社区）公共服务中心（站）最新建设参考指引，对全县115个村（社区）公共服务站进行全面升级改造。

【镇、村（社区）公共服务平台管理】 制定最新镇村考核方案。根据广东省财政厅关于《广东省推进基层公共服务综合平台建设方案》现对原考核方案修改完善，制定《乳源瑶族自治县镇村（社区）公共服务工作考核办法》。

加强镇村督查指导。通过电子监察系统，每日抽查镇、村（社区）公共服务平台运行情况，每季度到各镇村进行实地考核督查评估工作，及时通报问题，并将通报情况纳入镇村公共服务平台考核。

建立常态化沟通机制。中心每季度定期召开镇公共服务平台工作会议，了解各镇公共服务平台工作运行情况，探讨存在问题的原因及解决办法，加强对各镇公共服务工作的业务指导。

加强镇村窗口专职人员培训。县行政服务中心拟定2017年镇村（社区）窗口工作人员培训方案，全年共计开展镇村窗口人员培训9次。县镇村三级培训参与培训共计200余人次。

【“一门式一网式”政务服务改革】 推行“全天候一窗式”模式。推进公共服务事项进驻办事大厅实行“一门”办理，县办事大厅能办理乳城镇派出所、自来水、供电局、国地税、公安局等35个部门的458项行政审批和服务事项。“一窗式”综合窗口可办理25个单位的审批服务事项181项，取消部分专设窗口，逐步扩大综合窗口进驻单位和事项。2017年县三级公共服务平台共为群众办理事项约37万件，其中县办事大厅为群众办理事项约14万件，“一门式”服务效果显著。

深入推进“互联网＋政务服务”。依托全省统一的网上办事大厅服务体系，制定县“互联网＋政务服务”工作方案，2017年9月完成与韶关市“一门式一网式”政务服务信息系统对接、培训、业务配置、样表上传、事项目录公开等工作，并正式启用市“一门式一网式”网厅。县进驻网上办事大厅事项458项，其中行政审批事项400项，公共服务事项58项，全年网办事项为4781件，其中“一门式一网式”政务信息系统业务量为1549件。

实行网上办事大厅动态管理。县行政服务中心根据权责清单梳理优化网办进驻事项、清单及流程，更新审批人员信息，及时统计分析各职能部门的网办业务情况。

推广“全县通”网上办事系统。县镇村（社区）窗口专职人员可通过“全县通”系统为群众办事，打通镇、村代办服务渠道，实现公共服务线上与线下有机融合，全年累计受理事项18096件。

升级“一网式”设施设备。中心机房升级建设。顺应“互联网＋”时代需求，为“互联网＋政务服务”的大数据运行打下坚实的硬件基础。

【投资项目联合审批改革】 搭建投资项目联合审批平台。推进企业投资项目“一网式”办理，创新服务企业审批方式，优化县营商环境，县行政服务中心梳理投资项目审批事项清单及流程，召开全县投资项目联合审批研讨会，协同技术公司研发投资项目联合审批系统，9月起由各部门逐步完成系统配置事项，10月至11月模拟审批试运行，12月正式运行。

【公共服务便民措施】 “全天候一窗式”服务。通过推行轮值和调休工作制度，确保周末和节假日全年365天对外办理业务。

推行“全能型”窗口服务。实现一个综合窗口实现办理百件事项，解决群众办事“等”“挤”“排队”等难题。

推行“直通车”代办服务。通过与邮政部门合作，结合镇村（社区）群众实际困难及需要，借助邮政速递手段进村入户为群众提供便民服务。

推行“微时代”快捷服务。开通“乳源公共服务”微信公众号作为县公共服务平台组成部分，拓展延伸公共服务事项，利用信息推送平台为群众提供生活生产类信息和办事服务。鼓励村委干部和窗口工作人员主动服务，利用微信、QQ等新兴媒体为长期在外居住或务工的村民办事，解决外出群众办事难的问题。

推行“自助办”贴心服务。开通24小时自助服务区，进驻户政、出入境、人社、供电等多台自助终端机，利用现代信息化设备，群众可以自行到自助办事服务区自主办理相关业务，利用镇内自助终端机查询个人社保及农村“三资”等村务信息。

【农村普惠金融建设】 中心按上级要求成立县级综合征信中心，按期完成建设任务，配备县行政服务信息化设备、办公家具和工作人员，制定征信系统管理的规章制度和办事指南，大厅征信窗口可查询个人金融和农村农户信息，“全县通”办事系统“征信模块”可对接、查询企业信息及全县农村合作社、企业及个体户的信息。完成征集县工商局、国税局等6个部门涉及企业的征信信息。

【“12345”投诉平台建设】 县行政服务中心作为乳源瑶族自治县“12345”政府服务热线处办单位，

统筹协调处理县内群众投诉和咨询等业务，在规定限期内按职责做好分转业务的接收、分流、跟踪、处理、督办和反馈工作。2017年全年累计承接群众咨询投诉319件。

【精准扶贫工作】 贯彻县新时期精准扶贫精准脱贫三年攻坚要求，县行政服务中心开展精准扶贫工作，对口帮扶桂头镇凰村村委26户贫困户，多次进行入户调查摸清贫困户情况，完成贫困户建档立卡，制定贫困户帮扶计划，落实产业帮扶、教育帮扶、医疗帮扶等措施，2017年实现7户贫困户脱贫，累计完成23户脱贫任务。（卢诗婷）

中国人民政治协商会议乳源瑶族自治县委员会

综　述

中国人民政治协商会议乳源瑶族自治县委员会(以下简称县政协)。县政协机关工作机构，承担为县政协履行政治协商、民主监督、参政议政职能提供各项服务工作。2017年，县政协全面贯彻党的十八大、十九大精神，以习近平新时代中国特色社会主义思想为指导，围绕县委、县政府提出的奋斗目标和中心任务，积极履行政治协商、民主监督、参政议政职能，充分发挥人民政协协调关系、汇聚力量、建言献策、服务大局重要作用，为主动融入珠三角加快建设新乳源、全面建成小康社会作出新贡献。

乳源有第十一届广东省政协委员1人、第十二届韶关市政协委员8人、第十届县政协委员152人。县政协机关编制10名，其中行政编制9名，后勤服务人员事业编制1名；年末行政在职人员9人。

重要会议

【县政协十届二次会议】　3月19—21日，在县城召开县政协十届二次会议。十届县政协委员152人，出席会议120人。县政协主席赵志敏，副主席陈松海、刘宏美、黄寿生、吴巧英、释明向、禤继文，秘书长邓雯珍出席会议。市政协副主席、县委书记吴春腾，县委副书记、县长邓志聪，县领导林昌卫、张军、许益云、简连英、秦正京，原县领导邓中兴、盘才万、梁家珍、莫瑞福、陈莲花、邓运良、胡又新等到会祝贺。会议听取和审议县政协主席赵志敏代表县政协常委会所作的工作报告；列席县十二届人大二次会议，听取和讨论县政府工作报告；会议审议通过十届二次会议决议。市政协副主席、县委书记吴春腾在闭幕大会上作讲话。

【政协常委会议】　2017年，政协常委会召开4次会议。

3月13日，县政协召开十届常委会第2次会议。会议审议通过《县政协十届二次会议常委会工作报告》、县政协十届二次会议议程、县政协十届二次会议日程。

7月28日，县政协召开十届常委会第3次会议。会议审议通过《赴云南省峨山等县考察学习少数民族非物质文化遗产传承保护与开发利用工作的报告》《赴云南省西盟县学习考察特色县城建设的报告》《关于我县创建全国县级文明城市工作的视察报告》，审议通过朱忠伟辞去政协常委、委员相关事宜。

11月7日，县政协召开十届常委会第4次会议。传达学习党的十九大精神，县民革、民盟、民建、九三学社四个民主党派主要负责人，围绕学习贯彻中共十九大精神发言。会议审议通过《赴贵州省丹寨县和余庆县学习考察农村经济发展的报告》《我县精准扶贫工作调研报告》《关于金禧小学、鲜明八一希望学校扩容工程建设情况的视察报告》。

12月26日，县政协召开十届常委会第5次会议。审议通过县政协十届三次会议议程、日程、《赴德庆考察报告》，协商通过县优秀政协委员、优秀提案、承办提案先进单位名单，审议通过《县政协十届三次会议常委会工作报告》《县政协十届一次会议以来的提案工作报告》，协商通过委员增补、辞职有关事宜。

【民主协商会议】　6月27日，韶关市政协副主席、县委书记吴春腾主持召开县委专题协商会议。

就“加快培育乳源总部经济”专题听取县政协各民主党派、工商联以及各界别政协委员代表的意见和建议。县政协主席赵志敏，副县长唐保生，县政协副主席陈松海、黄寿生、吴巧英、禤继文等县领导出席会议。各民主党派、各界别政协委员代表围绕加快培育乳源总部经济踊跃发言，就用足用好乳源优惠政策、加大招商引资力度、优化政务环境、提高职能部门办事效率、加强人才引进，大手笔、高质量做好规划、准确定位总部经济等方面提出许多建设性的意见和建议。

12月12日，县政协召开“打造瑶族特色县城”专题议政会。县委副书记、县长邓志聪，副县长龚民应邀出席会议。县政协主席赵志敏主持会议，县政协副主席陈松海、刘宏美、黄寿生、吴巧英、禤继文出席会议。与会委员畅所欲言，在加强县城规划、挖掘民族文化、强化统筹建设等方面提出许多有价值的意见建议。

重 要 活 动

【专题议政调研视察】 5月，县政协民族和宗教委员会考察组围绕“少数民族非物质文化遗产传承保护与开发利用工作”和“特色县城建设”开展专题考察。6月，县政协经济委员会考察组围绕“民族地区发展农村经济”开展专题考察；是月，县政协社会和法制委员会视察组对县创文工作开展专题视察。7月，县政协调研组对县精准扶贫工作开展专题调研。9月，县政协教科文卫体委员会视察组对县金禧小学和八一希望学校扩容工程开展专题视察。11月，县政协考察组对德庆新农村建设开展专题考察。

主 要 工 作

【参与中心工作】 在履行三大职能工作的同时，主动参与县委、县政府的中心工作。做好政协班子成员联系重点项目以及薄弱村的联系工作。带领相关部门深入挂点镇，做好精准扶贫工作。

【提案办复】 2017年，共收到委员提案60件，立案20件，全部答复，采纳46件。

【文字信息】 截至2017年12月，编辑出版《乳源政协》第14期。

【团结各界和“三胞联谊”】 坚持团结和民主两大主题，广泛开展联谊活动。接待省、市政协领导及兄弟政协100多人次。密切与县各民主党派、工商联以及社会各界、各人民团体的联系。办好各界人士迎春座谈会。坚持重大调研活动邀请民主党派、工商联代表参加的制度。密切与珠三角委员、港澳委员、香港社团的联系，促进与港澳地区的经济文化交流与合作。积极参与配合省政协开展的“我省宗教院校与宗教人才队伍建设”“加快民族地区产业共建”专题调研。

【自身建设】 认真贯彻落实《中共乳源瑶族自治县委政治协商规程》，发挥各民主党派、工商联和无党派代表人士在政协工作中的重要作用。制定《县政协加强协商民主工作实施意见》和《县政协委员履职工作规则》，进一步推动协商民主的规范化、制度化、程序化，积极探索发挥政协界别功能和委员主体作用的形式和载体。继续实行县政协正副主席、秘书长联系委员的工作制度，拓宽委员参加政协活动的形式，进一步调动委员履行职责的积极性和主动性。坚持把学习宣传党的十九大精神作为首要政治任务，坚持政协党组和常委会带头学，以上率下，用党的十九大精神和习近平新时代中国特色社会主义思想统领政协工作。（侯　华）

中共乳源瑶族自治县纪律检查委员会

综　述

按照《关于印发乳源瑶族自治县人民政府职能转变和机构改革方案的通知》和《中共乳源瑶族自治县委办公室关于印发〈中共乳源瑶族自治县纪律检查委员会机关、乳源瑶族自治县监察局主要职责、内设机构和人员编制方案〉的通知》文件精神，县纪委机关与县监察局合署办公，实行“两块牌子、一套人马”，内设10个室，另设7个派驻纪检组，县纪委监察局机关和派驻纪检组行政编制合计56名，后勤服务人员数3名。截至2017年12月，在职48人，其中机关工作人员26人、派驻纪检组人员17人、县委巡察机构5人。

2017年，在县委和市纪委的坚强领导下，全县纪检监察机关认真学习贯彻党的十九大精神，按照中央、省市纪委和县委的决策部署，以坚强的政治定力深入推进党风廉政建设和反腐败斗争，推动全面从严治党向纵深发展。

主要工作

【廉政宣传教育】 组织全县党员干部深入学习新修订的《中国共产党章程》《关于新形势下党内政治生活的若干准则》和《中国共产党党内监督条例》等党内法规，开展党规党纪专题巡回讲座6场次，引导全县基层党组织规范党内政治生活，加强接受党内监督的自觉性。参加全市党规党纪知识竞赛，获得三等奖。开展拟提拔领导干部任前廉政法规考试制度，共组织7名干部参加考试，并对7名新提拔干部进行任前廉政谈话。深入开展纪律教育学习月活动，组织全县领导干部观看警示教育片《失责必问》。在县国税局办公楼建成总面积约450平方米的县反腐倡廉教育基地，打造廉政教育新载体、新阵地。开展以案治本信息采集，制作完成第一部以本地案例为题材的教育警示片。选取本县10个违纪典型案例，编制印发《村级组织换届纪律教育警示案例选编》。开展重点岗位“一把手”及其配偶“弘扬廉洁家风，筑牢拒腐防线”座谈会，以家风引领作风，着力提升党员领导干部廉洁修身、廉洁齐家的思想意识。开展“两学一做，重拾信心”主题征文活动，举办廉政书画作品展和第七届“廉洁读书月”活动，开展优秀廉政小品、曲艺创作活动，其中作品《团圆》获得韶关市戏剧曲艺花会银奖荣誉，《送礼新高度》入围韶关市纪委廉政作品展第六名。

【党风廉政建设】 锲而不舍落实中央八项规定精神。紧盯重要时间节点，坚持暗访、查处、追责、曝光“四管齐下”，着力解决隐蔽的、转入地下的“四风”问题，重点纠正形式主义、官僚主义问题，坚决防止不正之风反弹回潮。共开展明察暗访4轮次，发现违反工作纪律问题线索13条、违反群众纪律问题线索2条，发函督办整改9起，发监察建议书2份，批评教育11人，通报曝光典型问题4起。

坚持抓早抓小，落实谈话提醒制度，发现倾向性问题及错误苗头及时谈话提醒，真正体现对党员的严格要求和关心爱护。共开展谈话提醒工作1214人次，其中咬耳扯袖1116人次、红脸出汗98人次，咬耳扯袖、红脸出汗逐渐成为党内政治生活常态。

【监督检查工作】 紧紧围绕贯彻党中央和省、市、县重大决策部署，特别是县委、县政府重点工作、重要民生工程，加强对各级党组织和领导干部落实执行情况的监督检查，推动决策部署落地生效。开展对《关于新形势下党内政治生活的若干准则》和《中国共产党党内监督条例》执行情况的监督检查，确保政策法规执行不走样、不变形。

开展落实“主体责任”的监督检查，通过层层传导压力，督促各单位党委（党组）落实全面从严治党“主体责任”。完善述责述廉述德制度，坚持问题导向，把领导干部个人有关重要事项、接受谈话函询的情况及巡察发现的问题、本地本单位发生重大案件的整改情况等列入述责述廉述德重要内容，增强监督针对性。组织大桥镇、县交通局、县旅游局、银源公司等4个单位的党委（党组）书记向县纪委全会述责述廉述德，并现场接受县纪委委员的询问。以严肃问责不断压实主体责任，共对3名落实全面从严治党主体责任不力的领导干部进行了问责。

【纪律审查】 坚持无禁区、全覆盖、零容忍，聚焦党的十八大以来不收敛、不收手的问题和群众身边的腐败问题，继续保持惩治腐败高压态势，反腐败斗争压倒性态势得到进一步巩固发展。全县纪检监察机关共受理信访件115件次，处置线索189条，立案90件，结案77件，谈话函询8件，给予党纪政纪处分76人，党内除名1人，移送司法机关3人，挽回经济损失52.37万元。

认真落实县镇村三级线索排查工作机制和领导包片包案督导制度，持续开展农村基层党员、干部违纪违法线索排查，全县共排查农村基层党员、干部违纪违法线索291条，转立案64件，结案64件，给予党纪处分63人，移送司法机关2人。

坚持依纪依法安全文明开展纪律审查，强化对执纪审查安全工作的监督检查，加强对镇纪委开展农村党员干部案件线索摸排和独立办案工作的督办催办和业务指导，严格实行“镇案县审”，确保镇纪委办案质量。

【深化监察体制改革】 认真贯彻落实习近平总书记关于“不断与时俱进，推动巡视向纵深发展，探索市县巡察，完善巡视工作网络格局”重要指示，成立县委巡察工作领导小组及其办公室，设立2个巡察组，并于2017年8月正式启动首轮巡察。

加强派驻机构建设，推动派驻机构改革。对派驻纪检组的派驻方式、名称、编制管理、职责权限等进行统一规定，整合派驻力量，对县直机关和企事业单位进行综合派驻，实现派驻机构的全覆盖。7个派驻纪检组共对14个县直部门及下属单位、9个镇、19个村（居）委开展了派驻巡察工作，应邀参加各单位、部门班子“三重一大”会议110余次，发现问题线索19条，诫勉谈话3人，下发督办函4份，提出整改意见22条。

扎实推进国家监察体制改革试点工作。认真履行牵头抓总的专责职责，协助县委抓好改革试点工作的组织实施和任务落实，围绕改革目标任务，细化时间表和路线图，认真做好监委办公场所改造、人员编制转隶、资产划转、监委班子成员提名考察、案件线索移交和纪法监司衔接等工作。

【干部队伍建设】 组织全县纪检监察干部学习党的十九大精神和习近平总书记系列重要讲话精神，用先进理论武装头脑、指导实践、推动工作。组织专题学习《中国共产党巡视工作条例》《中国共产党纪律检查机关监督执纪工作规则（试行）》等法规条例，进一步树立纪检监察干部的自我监督意识和规则意识。综合运用各种形式和载体，建立健全分层次、全覆盖的培训体系，切实加强对纪检监察干部的教育培训，共选派9名干部参加省纪委举办的业务培训班，2名干部参加市委党校的进修班，选调9名新任职镇纪委书记到县纪委跟班学习，切实增强纪检监察干部监督执纪能力水平。开展县纪检监察机关公开选调考试，从全县公开选调4名优秀年轻干部到县纪委（监察局）机关，进一步充实纪检监察人才队伍。

持续强化机关作风建设，始终坚持建制度、立规矩、划红线，强化内部监督制约，共修订完善《乳源瑶族自治县纪检监察系统科级领导干部外出请示报告制度》《乳源瑶族自治县纪检监察机关内务监督委员管理实施细则》等4项规章制度，通过以制度管人管事，把制度约束转化为纪律自觉。

重 要 会 议

【第十二届纪律检查委员会第二次全体会议】 中国共产党乳源瑶族自治县第十二届纪律检查委员会

第二次全体会议，于2017年2月17日在县中心会堂举行。全会听取韶关市政协副主席、党组成员，县委书记吴春腾的讲话，审议并通过刘峰代表县纪委常委会所作的《坚持全面从严治党，认真监督执纪问责，为建设韶关融入珠三角先行区保驾护航》的工作报告。

监 察 工 作

【概况】 2017年，县监察局围绕县政府中心工作，充分发挥行政监察的职能作用，采取有力措施，坚决纠正损害群众利益的突出问题，切实加强领导干部廉洁自律，确保政令畅通。

【执法效能监察】 开展“为官不为”专项治理工作，严格执行《韶关市机关作风和效能问责实施意见》，加大对懒政怠政问题的整治力度，坚决查处不给好处难办事、变相吃拿卡要、敷衍塞责、推诿扯皮等作风问题，督促4个单位建立健全规章制度，规范在财务、办证、公务用车等方面的管理。通过动真格、敢碰硬的正风肃纪，向全县不断释放执纪必严、违纪必究的强烈信号，促进干部作风不断好转。

*开展对精准扶贫政策落实情况的监督检查。*组织5个核查组，对全县9个镇的734户贫困户进行核查，重点督查拨付到镇、到村的扶贫专项资金使用情况。复核查否线索数7条，查是线索数13条，线索核查率达100%，发现问题线索25条。

*开展村（居）“两委”换届纪律监督。*通过提前召开专题会议分析研究，找准症结，确定重点、难点，努力控源治本，防止和抵制不正之风对换届的干扰。采取观看换届纪律警示教育片、开展专题学习、约谈提醒、派驻专项巡察等方式，对换届纪律进行宣传和监督。

*严把选人用人廉洁关。*对党代表人选、人大代表人选、政协委员人选及拟提拔干部的廉政情况严格把关，办理党风廉政情况回复157人次，建议暂缓提拔使用1人，坚决防止“带病提名”“带病提拔”，确保换届风清气正。（县纪委办公室）

社会团体

县 总 工 会

【概况】 2017年，乳源瑶族自治县总工会（以下简称县总工会）机构内设办公室（组织维权部），下设事业单位1个（工人文化宫）。总工会机关行政编制4名，其中主席1名、副主席2名、主任（正股级）1名，后勤服务人员1名，工人文化宫编制6名。

2017年，县总工会深入学习贯彻“十九大”精神，紧紧围绕县第十二次党代会确定的战略决策和目标任务，认真履行参与、维护、建设、教育职能，以服务职工群众为宗旨，以帮扶维权为重点，以规范基层工会建设为抓手，切实发挥工会桥梁纽带作用，各项工作有序开展，扎实推进。

6月15日，东阳光公司工程师陈锦雄被市授予“韶关工匠”提名奖。8月2日，县总工会被市总工会、市卫计局授予2017年韶关市卫生应急技能竞赛暨全国卫生应急技能竞赛韶关市选拔赛优秀组织奖。11月1日，县总工会篮球队荣获县“创文杯”男子篮球赛B组（A40）第一名。11月19日，县总工会代表队荣获韶关市首届职工“风行体育杯”排舞展示大赛优秀奖。

【十一届九次全委会议】 4月24日，召开县总工会召开十一届九次全委（扩大）会议。伍尚元主持，许尔金作《求实创新 锐意进取 为我县融入珠三角加快发展作出新贡献》的工作报告，县委组织部相关领导出席会议作讲话，十一届委员、县总工会机关全体工作人员参加会议。会议听取和审议县总工会关于2016年度财务和经审工作情况报告，审议通过乳源瑶族自治县总工会第十一届九次会议决议，通报表扬2016年乳源瑶族自治县合格“职工之家”。

【学习中共十九大精神】 11月17日上午，县总工会举行全县工会系统学习贯彻党的十九大精神专题报告会。县委党校副校长张明城授课；各镇工联会、基层工会代表、县总工会第十一届委员会委员、县总工会干部职工等40多人参加报告会。

【保障工作】 2017年，县总工会大力实施“百万帮扶暖千家”工程，切实帮助职工排忧解难。春节前夕，为9家困难企业和564户困难职工及72位县级劳模发放春节送温暖慰问金22.51万元。春运期间，在新汽车站举行为期10天的以“情系外来工，温暖回家路”为主题的“暖流行动”，免费为返乡务工人员提供姜糖水、热茶和价值2.4万元的食品，派发文明礼仪、工会知识、法律法规和禁毒知识等宣传资料5000多份，惠及外来工6600多人。继续开展“百万帮扶暖千家暨金秋助学”活动，共为145户困难职工发放生活、医疗、助学救助帮扶资金26.6万元（中央财政专项帮扶资金帮扶81户，20万元；县总工会资金帮扶64人，6.6万元）。开展“夏送清凉”活动，为环卫所等11家单位户外一线高温作业的工人提供清凉饮料1153箱，价值3.45万元。做好职工医疗互助保障工作，全年为17个单位125人办理女职工安康互助保障计划，为12个单位527人办理职工医疗互助保障计划，为12个单位906人办理职工住院医疗综合、住院津贴互助保障计划，共为21位患病职工申领互助金16.92万元。

【精准扶贫】 多渠道筹措资金，大力实施精准帮扶项目，支持贫困户开挖鱼塘、购买种苗与化肥农药、兴办猪场，协助农户争取金融扶贫贷款，共计近 8 万元。为精准帮扶点西岸村贫困户送上 150 棵优质鹰嘴桃树苗、5000 多尾鱼苗。为 8 户挂点扶贫户发放春节、中秋节慰问金，每人 400 元。

【“企业之光”文艺晚会】 4 月 26 日，县总工会和县银源公司联合承办以“中国梦·劳动美”为主题的“激情广场·幸福乳源”2017 年“企业之光”文艺晚会在县政府广场举行。县领导谢向军、许尔金、邱波等出席晚会。

【送文艺进企业活动】 8 月 15 日晚，由省总工会、省文化厅、南方报业传媒集团联合举办的“中国梦·劳动美”广东工人艺术团送文艺进企业活动走进乳源东阳光。省总产业工会主席卢晓露，市总工会副主席傅勇，县领导伍梅华、许尔金、龚民，县工会相关领导、部分县直及上级主管单位和企业工会主席、东阳光公司干部职工近 2000 人一起观看演出。

【“劳动杯”职工摄影大赛】 8 月 12 日，由县总工会主办，县公路局、县银源公司、乳源供电局、南水发电公司、中国工商银行乳源支行协办，县摄影家协会承办的乳源瑶族自治县“劳动杯”职工摄影大赛举行开镜仪式。许尔金出席仪式作讲话。

【县级劳模疗休养活动】 7 月 18 日，县总工会组织首批县级劳模 20 人到乳源南岭劳模疗休养基地进行为期 5 天的疗休养活动。

【健康知识讲座】 7 月 3 日至 6 日，县总工会女职工委员会邀请全国总工会女性健康知识公益讲座讲师张红梅，分别在县人民检察院、小岛饭店、县财政服务中心、乳城镇、富之光公司、县银源公司、游溪镇、必背镇及县明源公司开展以“健康工作、快乐生活”为主题的女职工健康知识讲座。此次讲座共 4 天 9 场，全县有 28 个单位近 800 名女职工现场聆听。

【劳保法律知识培训】 6 月 14 日，县人社局、县总工会、县工商联在县人社局会议室联合举办劳动保障法律法规知识培训班，参加培训的有制造、建筑、餐饮、住宿，物业、旅游等行业的经营者或劳资负责人等 60 多人。

【富源工业园工会联合会成立】 10 月 25 日，乳源瑶族自治县富源工业园工会联合会正式成立，市总工会副主席钟山红、县领导许尔金、乳城镇人大主席陈荣生、县政府办副主任廖聪华参加揭牌仪式。

【首家“新时代职工讲习所”揭牌】 12 月 8 日，乳源瑶族自治县首家“新时代职工讲习所”在县富源工业园职工服务站揭牌。仪式同时为富之光、信得、三协、晟发、鑫源环保等 5 家企业工会“新时代职工讲习所”授牌。

【工人文化宫建设项目开工】 12 月 29 日，举行乳源瑶族自治县工人文化宫建设项目开工奠基仪式。参加此次奠基仪式的有省、市、县工会领导、县政府分管领导、相关部门负责人以及部分基层工会主席。

【上级领导调研】 4 月 28 日，韶关市总工会副主席钟山红一行深入南水发电有限责任公司进行厂务公开民主管理工作调研；5 月 25 日，钟山红等一行到县地税局调研工会工作，县领导许尔金、县地税局罗军贵、县总工会伍尚元等参加调研。

【工作交流】 11 月 23 日，江门市江海区总工会务副主席邓红荔等 25 人，崇义县总工会党组成员、副主席陈荣裕等 14 人，到乳源总工会及企业进行考察和工作交流；三方就新形势下群团改革、工会组建、职工保障、企业特色文化建设等进行交谈，两地工会考察组参观乳源“三个一批”示范点富源工业园工会联合会，详细了解工联会职工服务站、职工书屋等建设方面的情况。（李　敏）

团县委

【概况】 2017 年，中国共产主义青年团乳源瑶族自治县委员会（以下简称团县委）围绕一条主线

（做好新时期青年群众工作）、强化两个服务（服务党政工作大局、服务青年成长成才）、突出三个重点（全面深化青少年思想引导、切实加强特殊青少年群体关爱、探索创新青年志愿服务工作），开展全县共青团工作，推动全县共青团工作迈上新台阶。年末，团县委行政在编人员3名。

【学习与团建工作】 2017年，团县委把学习十九大精神作为首要政治任务，作为第一堂团课、第一堂政治必修课，组织开展系列活动学习宣传贯彻党的十九大精神。10月31日，团县委联合县委组织部组织开展全县青年干部（35岁以下）学习贯彻十九大心得体会征集评选活动。11月1日，团县委召开全县基层团干部学习贯彻党的十九大精神专题会议，对全县各级团组织和团员青年深入学习贯彻中国共产党第十九次全国代表大会精神提出明确要求。12月8日至年底，在“青年之家”举办一系列“学习十九大　青春正当时”读书分享会。各基层团组织团干和青年阅读《习近平的七年知青岁月》，组织大家结合自身实际谈心得、讲体会。12月25日下午，组织召开全县各界青年学习贯彻党的十九大精神报告会，结合党的十九大精神广东宣讲团走进基层活动，邀请团省委青年宣讲团陈怡讲师为全县团干、创业青年代表授课。

【选树先进模范】 2017年，团县委于“五四”期间表彰一批县优秀团员青年，向省、市共青团报送先进集体和个人。其中：大桥镇团委被评为“广东省五四红旗团委”和“韶关市五四红旗团委标兵”，大布镇团委被评为“韶关市五四红旗团委”，工商局团支部被评为“韶关市五四红旗团支部”；邓志乐被评为“广东省优秀共青团员”，陈斯敏、黄淑攸、赵越被评为“韶关市优秀共青团员”，蔡俊辉、付小君被评为“韶关市优秀团干部”。

【禁毒宣传工作】 2017年，团县委开展一系列禁毒宣传教育活动。6月22日，联合韶关市妇联、县妇联、县禁毒办和县人民检察院在桂头社区广场举办“不让毒品进我家　共创平安幸福家”禁毒宣传教育活动，提高家庭防毒和拒毒能力。6月24日，以“无毒青春·徒步飞YOUNG”为主题举行纪念国际禁毒日暨首届穿越西京古道千人徒步活动，向全社会传递昂扬向上的青春正能量。12月28日，带领乳源县高级中学学生参加“无毒青春　善美韶城”2017年韶关市禁毒志愿者宣传展演，节目《青春应有的模样》荣获三等奖。

【“青年之家”成立】 9月18日上午，团县委举行乳源第一个也是韶关市首个“青年之家”成立揭牌仪式。这个青年之家实体化综合服务平台，作为市级示范点，自建设工作开展始，团县委结合实际，做大量工作，较快较好完成建设工作。

【志愿服务活动】 2017，团县委大力弘扬志愿服务文化，营造人人参与志愿服务氛围。6月30日，团县委组织开展“一元捐赠　一份爱心”“广东扶贫济困日”志愿服务活动。9月29日，由团县委携手乳源家园网、韶关市旅游产业促进会发起“我为环卫工人送月饼”公益活动；全县一批爱心企业积极响应，纷纷献出爱心，向一线环卫工人送上240盒月饼。10月27日，团县委、县志愿者联合会在大桥镇敬老院开展“浓浓重阳情　深深敬老意”重阳关爱老人志愿服务活动。12月18日下午，团县委联合乳源义工协会一行到洛阳中心学校开展“青春情暖　衣暖童心”关爱留守儿童活动，为50名学生送新衣，温暖过冬。团县委全年组织开展各类助残助弱助老、关爱留守儿童、应急救援、政策法规宣传等志愿服务活动200余次。热情服务2017年广东省（韶关·乳源）铁人三项和环南湖自行车体育赛事。积极推进广东“i志愿”信息管理服务平台，到2017年12月31日，志愿者注册服务平台人数为4467人。

【主题教育实践】 2017年3月15日，乳源团县委联合东坪镇、洛阳镇及天井山林场团委在洛阳镇天井山林场开展“保护母亲河·共植青年林”义务植树活动。教育引领青少年增强植树护林的意识，调动广大志愿者参与义务植树的积极性。“五四”期间，组织全县中学生（含中职）开展“我眼中的共青团”演讲比赛和“知团史守团章听党话，做合格共青团员”知识竞赛，在乳源中学举行入团仪式示范活动，在全县团组织中开展“我的青春我的梦

——学习总书记讲话，做合格共青团员”主题征文活动，组织全县各镇团委、县直及上级直管有关单位团组织和各中学团委团干开展以“青春扬帆踏征程传承五四新风采”为主题的团干素质拓展训练活动。7月26日，团县委与县人社局联合举办“2017年全县创业青年培训班”。8月26日，在“七夕”来临之际，团县委主办“青春追梦·七夕情缘”——单身青年交友活动，搭建公益性联谊平台，服务广大适龄单身青年，促进全县青年婚恋问题的解决。9月28日，中秋节前夕，团县委全体干部深入扶贫挂点洛阳镇田螺坑村委，到贫困户家中走访慰问，关心关怀贫困户。（温玉婷）

县妇女联合会

【概况】 2017年，乳源瑶族自治县妇女联合会（以下简称县妇联）围绕县委、县政府中心工作，以建设坚强阵地和温暖之家为目标，以党群共建创先争优活动为动力，服务大局、服务基层、服务社会、上下联动，较好地发挥桥梁纽带作用，取得新的成绩。

2017年，县妇联被韶关市精神文明建设委员会评为“2016—2017年度韶关市文明单位”；县地税局丘艳萍、县特殊教育学校杨翠萍、大桥镇青溪洞村委林兰凤被韶关市妇联评为“2016年度韶关市三八红旗手”，县国税局被评为“2016年度韶关市三八红旗集体”，县地税局桂头分局办税服务厅被评为“2016年度韶关市巾帼文明岗”，大桥镇中学谢建家庭、大布镇中心学校冯引成家庭被评为“2016年度韶关市优秀书香家庭”，丘永和家庭获得2017年度韶关市最美家庭提名。

【纪念“三八”活动】 2017年，为纪念国际妇女节107周年，县妇联在县体育馆组织举办庆祝“三八”妇女节趣味活动。副县长梁丽娟、县政协副主席吴巧英出席活动，各镇妇联、县直机关妇委会26个单位，近300名女干部职工参加活动。活动中巾帼志愿者向参赛队员及现场观众派发反家暴、妇女维权、家庭教育等宣传资料1000多册。活动调动妇女参与社会活动的积极性，增强干部队伍的向心力和凝聚力，普及妇女维权相关法律法规，进一步提高妇女的法律意识。活动分别产生一等奖3名、二等奖6名、三等奖12名。

【先进典型人物宣传】 利用“三八”节庆，联合县委组织部开展“党建带妇建　巾帼展风采”主题宣传专栏活动。利用乳源电视台、政府信息网、远程教育网等媒体，对全县优秀基层巾帼增收致富带头人、女能手姜灿中、陈美莲、盘伟珍、张光秀等先进典型进行宣传报道，发挥典型引领、示范带动作用，形成聚精会神抓党建、凝心聚力促发展的浓厚氛围，为推动乳源振兴发展贡献力量。

【家庭文明建设】 “三八”期间，命名“好婆婆”5名，“好媳妇”8名和“五好文明家庭”15户。一六镇团结村成为2017年韶关市家庭文明建设示范点。开展好家风家训宣传活动，依托妇女儿童之家，以讲座、文艺会演、亲子游戏等多种形式，开展“传承家庭美德　培育良好家庭”“关注家庭教育　呵护孩子成长”等主题活动9场。广泛传播科学的家庭教育理念、知识和方法，为儿童健康成长创造良好的家庭环境。

【“平安家庭”创建】 2017年，全县有115个村委、社区，68935户家庭参与创建“平安家庭”创建活动，参评率100%。其中“平安家庭”68756户，达标率99.74%，完成2017年度既定目标。5月12日，市妇联副主席马小青一行到游溪镇召开“化解矛盾纠纷　创建平安家庭”妇女民生座谈会，了解当地综治创平存在的困难和问题、基层妇女婚姻家庭状况，帮助她们化解婚姻家庭纠纷矛盾、营造和睦家庭关系。县妇联邓爱萍、游溪镇镇长赵天聪，镇、村妇联和妇女群众代表30余人参加座谈会。5月17日—18日韶关市妇联系统维权服务工作培训班在乳源举行。全市各级妇联主席、维权干部170余人参加会议。5月19日，韶关市“平安家庭”创建工作推进会在乳源召开，市委政法委副书记曾洪、市妇联主席汪波，县领导伍梅华、谢荣欣及全市各级妇联主席140余人参加会议。联合民政局、司法局、公安局、综治办等部门成立县婚姻家庭纠纷人民调解委员会，2017年为2个家庭进行婚姻调解。县妇联组织人员参与县委政法委“美丽瑶乡·平安乳源”文艺晚会，选送的舞蹈《爱在瑶乡里飞扬》受到群众欢迎。

【妇女创业发展】 2017年，县妇联扎实推进实施小额担保贷款工作，为7名妇女获得贴息贷款60万元，有效支持和帮助妇女创业就业。联合县人社局、韶关市“真情月嫂培训学校”免费举办“真情月嫂”技能培训班，共6期，为300余名妇女热爱“月嫂”服务业的城乡妇女、下岗女工、外来务工女工提供“培训、就业、安置”服务。

【保障妇女儿童权益】 2017年，县妇联接待来信来访来电46宗，法律援助妇女2名。县妇联干部作为合适成年人全程陪同旁听审讯3名未成年人刑事案件。以“倾听妇女心声·关护妇女权益”为主题，开展“12338”热线妇联主席接听日活动，为妇女群众答疑1宗。以“3·5”雷锋日、“三八维权周”“6·26”禁毒日、“11·25”反家暴日、“12·4”宪法日等为契机，开展“建设法治乳源·巾帼在行动”“化解矛盾纠纷 创建平安家庭”“普法乡村行”“不让毒品进我家 共创平安幸福家”“无毒青春 徒步飞扬”等维权宣传活动，通过悬挂宣传横幅、发放宣传资料、举办讲座等方式，积极宣传《中华人民共和国反家庭暴力法》《中华人民共和国妇女权益保障法》《中华人民共和国婚姻法》《中华人民共和国未成年人保护法》等多种法律法规。全年举办各类宣传活动28场，2万余人次参与，发放各类宣传资料3.5万余份，提高普法覆盖面，确保法律知识和维权意识入村、入户。

【家庭教育大讲堂】 10月18日，县妇联联合市妇联，到乳源机关幼儿园举办“传家训、立家规、扬家风”为主题的家庭教育系列讲座1场，参与人数600余人次。

【创建省级儿童之家】 2017年，县妇联重视农村留守儿童关爱服务工作，打造“儿童之家”农村留守儿童关爱服务阵地。成功创建必背镇桂坑村委“儿童之家”，为留守儿童与外出父母交流搭建网络平台。

【妇联主席能力培训】 10月31日上午，县妇联组织举办2017年镇、村（社区）妇联主席能力建设培训班。邀请省妇联法律服务中心律师、国家三级心理咨询师王飙尘讲授《基层妇女维权常见问题与处理技巧》课程，各镇妇联主席、副主席，村（社区）妇联主席、县妇联全体干部共130余人参加培训。

【学习贯彻中共十九大精神】 10月31日下午，县妇联召开乳源妇联系统学习贯彻党的十九大精神报告会。邀请中共韶关市委党校副校长、广东省级形势政策宣讲员杨斌讲授《新时代、新思想、新征程》——学习党的十九大精神。各镇妇联主席、副主席，村（社区）妇联主席、县妇联全体干部共130余人参加培训。县妇联主席邓爱萍主持会议。

【第十次妇代会召开】 12月20日，县妇女第十次代表大会在县政府会场隆重召开，全县各界的181名妇女代表齐聚一堂，共商妇女事业发展大计，共谋妇女美好未来。县妇联主席邓爱萍代表县妇女联合会第九届执委会向大会作题为《不忘初心，牢记使命为建设“和美瑶城”、开启妇女事业新征程而努力奋斗》的工作报告。大会选举产生县妇联第十届执行委员会委员、常委、副主席、主席，审议通过县妇联第十届执行委员会报告的决议。市妇联副主席马小青，县政协主席赵志敏，县委副书记张军，县委常委、县委组织部部长伍梅华，县人大常委会副主任吴衍雄，副县长梁丽娟出席会议。县总工会、团县委、县残联等群团组织领导出席会议。

【精准扶贫工作】 县妇联紧紧围绕“提高精准度、注重含金量、增强获得感”的目标，积极主动开展结对帮扶工作，制定帮扶措施，跟踪帮扶对象生活、工作、学习情况，及时把好的政策落实到位，利用春节、“七一”建党节、中秋节前到帮扶对象家中进行春节前慰问活动，为贫困户送上慰问金和棉被、风扇、月饼等慰问品，让他们感受到来自大家庭的温暖。

【基层妇联组织建设】 全面完成镇、村（社区）妇联组织区域化建设改革。按照全国、省市妇联组织区域化建设改革文件要求，精心部署，狠抓落实，9个乡镇妇联、115个村（社区）妇代会全部完成改建工作，改建率100%。镇、村（社区）妇联组织网络建设基本成型，基层妇联组织得到发展，基层妇女的活力得到激发。

【妇女儿童民生实事】 *送温暖献爱心慰问活动。*2017年，县妇联利用春节、“六一”等节日开展送温暖慰问活动。春节走访慰问48名单亲特困母亲，送去慰问金2.2万元，为2名“两癌”贫困妇女向上级申请“两癌”求助款25000元，送上棉被、面条等生活必需品，为“两癌”贫困妇女送去“娘家人”的问候。“六一”前夕，与市妇联、县四套领导班子一同前往金禧小学、特殊教育学校、桂头镇中心小学、一六镇中心幼儿园等学校开展慰问活动，为师生送去慰问金及节日祝福。

*推动“妇女之家”创建工作。*游溪镇烈村、一六镇罗屋村成功申报市级“妇女之家”示范点；一六镇妇联、一六镇团结村、乳城镇康乐社区成功申报省级“妇女之家”示范点；游溪镇烈村成功申报省级区域化“妇女之家”。通过以点带面，真正向妇女儿童提供娱乐、教育、卫生和社会心理支持等一体化服务的体系。

*关爱留守儿童活动。*联合团县委、县志联会在县消防大队、大桥镇中心小学、一六镇中心幼儿园开展“情暖童心　心手相牵”“心手相牵·童心飞翔”“我们的节日”关爱农民工子女、留守儿童志愿服务活动，给幼儿园儿童感受到党和团组织的温暖和关怀以及社会各界关心、促进儿童充满正能量，树立正确的人生观、价值观，学会学习、生活、关心和感恩；联合县委组织部、团县委、教育局、县摄影家协会共同举办“关注成长·心系未来”关爱留守儿童摄影大赛。以此呼吁全社会来关注、关心、关爱留守儿童，让儿童感受来自社会大家庭的温暖，不再孤独，健康快乐成长。

*大病救助活动。*县妇联积极联系爱心人士为东坪镇东田村直肠癌患者赵英莲送去救助款4000元。

*关爱帮扶活动。*县妇联利用“秋季爱心助学”等特困帮扶爱心活动，为2孤贫学生发放助学资金6000元。发挥桥梁作用，在香港励贤会、爱心父母及社会爱心人士的支持下，为110名贫困学生，发放助学资金8.6万元，解决贫困学生读书问题，让更多贫困学生能够顺利完成学业成就梦想。争取到市妇联“母亲安居房”援建款20000元，为1户单亲特困母亲圆安居梦。（郑结园）

县科学技术协会

【概况】 乳源瑶族自治县科学技术协会（以下简称县科协），为全县各自然科学学会、协会（研究会）的联合组织，属省科协地方组织和市科协团体会员，是县委、县政府直接领导的群众团体，业务受省、市科协的指导。2017年年末，县科协在职人数4人。

县科协下设有农学会、林学会、工业学会、水利学会、农电学会、中华医学会乳源分会、建筑学会、蚕桑研究会、烟草研究会、气象学会、金属学会、花卉学会、兰花学会、赏石学会、青少年辅导协会、畜牧水产学会、天井山林学会、五指山林学会等县属学会（研究会）18个，有会员936人。农村专业技术协会15个，会员730多人。科技示范户230多户，科普示范基地5个、科普示范社区1个。

2017年，县科协获得中科协和广东振兴基金会联合筹资28万元捐赠的“科普大篷车”1辆，用作县科普宣传工具。

【老科学家科普巡讲活动】 3月14日，“2017年中科院老科学家科普演讲团”在县一小及一六中学开展科普巡讲活动。中国科学院自动化研究所研究员、博士生导师原魁，北京师范大学天文系教授、博士生导师何香涛分别为学生演讲《离我们越来越近的机器人》和《寻找另外一个地球和外星人》科普报告。演讲过程中结合多媒体演示，采用大量生动的图片与视频资料的方式向学生介绍机器人、地球、宇宙星空的相关科普知识。演讲富有知识性、科学性和趣味性，激发学生热爱科学、亲近科学的兴趣，学生真切体会到“科学就是力量”“科技就在身边”。

【科技文化卫生三下乡】 3月24日，市科技馆来到乳城镇康乐社区举行文化科技卫生“三下乡”科普进校园、进社区系列活动。活动有科普知识图展、科普3D电影、科普有奖知识问答、智能机器人表演、科普知识小手册发放等内容。活动中为康乐社区居民准备连环套、猜灯谜等游园活动，县卫计局、乳城镇计生办以及爱尔眼科等也参与到活动中。

4月28日，2017年广东省文化科技卫生“三下乡”科普进校园暨追梦起航——全国航空科普文化季广东省活动（韶关乳源站）在县第一小学举行。广东省科普中心联合省航空学会、韶关市科协、韶关市科技馆和县科协、县教育局等单位联合组织省市县内热心于科普教育事业的企事业单位、科教服务机构为活动送来科普资源和服务。活动现场，航空科普成为师生们眼中的焦点。

【省、市领导调研】 3月17日下午，韶关市科协党组书记罗金锋一行到乳源云门山旅游度假景区进行科普工作调研。调研内容有云门山旅游度假景区科普设施建设和科普活动开展情况及其工作成效，对工作现状、存在的难题、亟须解决问题和下一步工作打算提出宝贵的意见。

4月20日，省科普中心陆朝光一行在市、县科协的领导陪同下前往县科普基地天井山国家森林公园、粤凰生态科技园及县公众科学素质教育馆进行科普工作调研。调研组听取汇报，查看硬件设施，就科普基地、公众科学素质教育体验馆建设、管理以及如何发挥在全民提素工程中的作用等问题进行探讨，提出指导意见。

【培育科普先进典型】 2017年，县科协培育科普惠农兴村先进典型，加强优秀项目后备库建设，推进全县科普惠农兴村计划。运用典型示范，引导县农技协、科普带头人、科普示范基地发挥科技兴农示范作用。一峰生态度假庄园获得“广东省农村科普示范基地”荣誉称号和奖补及并作为科普e站建设示范点。云门山旅游度假景区获得“韶关市科普教育基地”荣誉称号。

【提高农民科学素质行动】 2017年，县科协组织各成员单位深入一六、大桥、大布等镇开展送科技下乡培训活动6次，发放农业生产科普资料6000多份，培训农村党员、基层干部300人次。

【科普讲堂进社区】 为增强辖区居民养生意识，提高居民身体素质，引导居民建立科学健康的生活方式，县科协联合云峰社区和县中医院、县慢病站、县气象局等在社区“科普讲堂”开展养生健康知识、气象知识等讲座，全年共开展科普讲座6场次，约400人次居民参加活动。“科普讲堂”为社区居民学习科学知识提供场所，创新乳源开展科普工作的新模式。

【全国科普日活动】 9月14—15日，由东莞科技馆、韶关科技馆联合办的科普活动山区行分别在大布镇鸽连谭兆小学和游溪镇柳坑中心小学举行，该活动是“2017全国科普日”系列活动之一。活动别开生面，有科学实验秀、科普剧及航模表演三个环节。寓教于乐的科学展演带来小学生新奇而有趣科技之梦。

【精准扶贫送温暖活动】 12月6日，由广东省科普中心、韶关市科学技术协会、韶关学院医学院、韶关市医学会、韶关市科技馆和县科学技术协会等单位共同组织的2017年广东省“全国科普日”科普进学校、进农村活动（韶关乳源站）暨精准扶贫送温暖大型集市活动，在一六镇政府及一六镇国芳中学、一六镇中心小学举行。各主办、协办单位汇集大批科普资源，以科普助力精准扶贫，开展送健康，送服务，送温暖行动。在现场，有科学技术展演，还有卫生健康知识宣传与义诊等。

【科普自由行活动】 发挥科普示范基地示范作用，创新科普宣传工作方式。县科协把由市科协牵头创新的亲子游与科普活动结合在一起的“科普自由行活动”推广发展，全年在天井山林场科技馆、粤凰生态科技有限公司乳源生态农业科技园、一峰生态假庄园及云门山旅游度假景区等旅游景区开展“科普自由行活动”24场，接待游客约1200人次。起到很好的科普宣传作用，创新乳源旅游景区开展科普宣传的方式。（曾祥伦、黄杰峰）

县归国华侨联合会

【概况】 根据《关于印发乳源瑶族自治县归国华侨联合会主要任务内设机构和人员编制规定的通知》，乳源瑶族自治县归国华侨联合会（以下简称县侨联）2017年的人事核定为事业编制2名，其中主席1名，办公室主任兼秘书长1名。县侨联属人民团体，由归侨、侨眷组成，归口县委统战部管理，作为县委、县政府联系广大归侨、侨眷和海外侨胞的桥梁和纽带，依法关心和维护归侨、侨眷及海外侨胞在国内的合法权利与利益。

2017年，乳源侨联围绕市侨联和县委、县政府中心工作，认真履行“海外联谊、参政议政、群众工作、维护侨益”等职能，充分发挥侨联自身优势，服务大局，服务侨界群众，拓展交流联谊。

【为侨服务】 按照上级要求，大力开展《中华人民共和国归侨侨眷权益保护法》宣传活动，积极向归侨侨眷普及法律常识，提高归侨侨眷的法律意识和维权意识，维护归侨侨眷自身利益。春节期间，集中走访慰问困难侨界群众，看望老归侨侨眷，向老归侨侨眷发放慰问品和慰问金，把党和政府的关心送到困难侨界群众家中。主动工作，深入实际，掌握动态，积极与相关职能部门协调，把涉侨矛盾纠纷化解在基层、解决在萌芽状态。

【建言献策】 2017年，县侨联拓宽联络渠道，以各种活动、信函、电子邮件等方式加强与归侨侨眷、海外侨胞的联系。组织做好侨界政协委员参政议政工作。按照发展社会主义民主政治的要求，引导归侨侨眷积极主动参与政治协商和民主监督，支持老归侨侨眷为侨界群众的切身利益表达意愿。

【侨爱工程】 主动加强与外界联系，大力开展“送温暖、献爱心”等系列扶贫济困活动。2017年联合市侨联、韶关爱尔眼科医院联合举办“侨爱心·光明行”活动，为全县各镇符合条件的眼疾患者进行免费义诊，对符合手术要求的5位患者免费进行手术。10月，统计全县范围内听障人士数量，为符合条件的听障人士申请魏基成天籁列车助听器。

【交流联谊】 为掌握侨情变化，探索适合新形势下侨务工作特点的新方法，县侨联开展侨情调查工作，发放调查表，采取走访、座谈等多种形式，及时掌握第一手资料，对华侨、侨眷登记在册，为下一步开展各项工作奠定基础。（叶招娣）

工商业联合会

【概况】 乳源瑶族自治县工商业联合会（简称县工商联）是中国共产党领导的面向工商界，以非公有制企业和非公有制经济人士为主体的人民团体和商会组织，是党和政府联系非公有制经济人士的桥梁纽带，是政府管理和服务非公有制经济的助手。2017年，县工商联机关有行政编制2名，2月份退休一人；工勤编制1名；党组书记兼专职副主席1名。

【换届工作】 2017年4月26日召开乳源瑶族自治县工商业联合会（总商会）第六次会员代表大会。大会选举产生县工商联（总商会）第六届执行委员会委员47名。第六届执委会一次会议选举产生主席（会长）1人，专职副主席（副会长）1人、副主席10人，副会长14人、秘书长1人。曾庆明当选为新一届执委会主席。原主席张红伟当选为韶关市工商联主席。8月12日，广东省工商联（总商会）第十二次会员代表大会在广州召开，县工商联主席曾庆明、党组书记黄立东作为代表参加会议，原工商联主席张红伟当选为广东省总商会副会长。

【创建“五好”】 2017年，县工商联充分发挥自身优势，主动作为，提质增效，在全省县级工商联建设评比中，整体水平有较大提升。经过县工商联自评、市工商联审核、省工商联复核、省工商联驻会主席办公会议审议，通过广东省“五好”县级工商联检查验收，被认定为广东省“五好”县级工商联。

【商会交流】 2017年6月，县委常委、统战部部长简连英，县工商联主席曾庆明、党组书记黄立东及副主席、副会长等一行人前往南雄市工商联交流调研。一行人在南雄市委常委、统战部部长林军的带领下参观南雄市的电商园区，进行相关座谈交流。

【精准扶贫】 2017年县工商联多举措开展精准扶贫工作。一是做好与贫困户入户对接工作，准确了解贫困户生产生活情况，做好思想工作，磋商好生产生活计划；二是做好服务工作，如扶贫政策的解读和跟踪落实，确保挂扶贫困户应享受的扶贫政策得到落实等；三是鼓励和支持贫困户发展种植、养殖产业，增加贫困户的家庭收入。

【中共十九大专题学习活动】 2017年，县工商联认真组织学习贯彻党的十九大和习近平总书记系列重要讲话精神。11月，机关全部人员参加由县委统战部组织召开的全县统战系统学习贯彻党的十九大精神会议；12月，召开第六届第二次执委会暨十九大报告精神学习会，会上，县委党校副校长张明诚为非公企业人士解读十九大报告；12月，党支部组织全体党员学习贯彻党的十九大会议精神。

【公益活动】 2017年县工商联持续开展社会公益活动。1月，党组书记黄立东带领全体机关工作人员前往必背镇桂坑村委慰问贫困户，给他们送上春节慰问金和食用油、饮料、米粉等物资。2月，总商会副会长艺天实业有限公司总经理许清平为品学兼优的贫困学生余娥娥捐献助学款9000元。6月，第六届执委为白血病患者乳源中学七年级学生徐世凭捐献治病，共筹集善款9.42万元，由党组书记黄立东带队前往广州市第一人民医院探望患者，把善款交到徐世凭家属手上。8月，在乳源创建“全国文明城市”的关键时期，携手乳源义工协会，在主席曾庆明、党组书记黄立东和义工协会名誉会长钟聪的带领下，前往一线慰问环卫工人，送上饮料和慰问品。

【“两学一做”】 为深入开展“两学一做”学习教育，强化党性教育和爱国主义教育，筑牢党员干部“四个意识”“四个自信”的思想根基，8月，县工商联联合县委统战部、县直工委、县民宗局、县供销社等单位党支部赴福建、江西红色基地开展“两学一做”学习教育活动。9月，联合县委统战部、县直属机关工委、广东蓝松天然饮品有限公司、乳源一峰农业发展有限公司等单位党支部一起到大桥镇西水小学开展“两学一做”学习教育暨2017年纪律教育学习月活动。活动中举行“两学一做”知识竞赛，为大桥镇西水小学赠送一批学习用品。

【发展会员】 2017年，县工商联发展乳源瑶山洞藏酒坊、广东神达新能源有限公司、韶关辰锐研磨材料有限公司、乳源瑶族自治县富弘投资管理有限公司、乳源瑶族自治县新铭威贸易有限公司、乳源瑶族自治县不远万里商行、乳源瑶族自治县恒福建材店、乳源瑶族自治县陵云公墓管理有限公司等8家热心社会公益事业的非公有制经济代表人士，加入商会。

【调查研究】 2017年，县工商联持续开展企业调研活动，深入基层企业，及时了解情况，主动收集建议意见。按照调研计划和受省、市工商联委托，开展“广东省促进民营经济发展调查问卷”“广东省营商环境评价综合调查”“民营企业高质量发展调查”“民营企业减负调研”“开展乡村振兴调研”等10多个课题调研工作，征集民营企业家意见。

【会员活动】 2017年12月，县工商联（总商会）举办2018新年联谊会，县工商联会员企业代表、非公有制经济人士齐聚一堂，喜迎新年，共谋发展。县领导钟沛东、简连英、文建平、吴衍雄、李明华，市工商联主席张红伟、副主席陈岳峰等出席晚会。

（骆艳红）

县文学艺术界联合会

【概况】 乳源瑶族自治县文学艺术界联合会（以下简称县文联）与县委宣传部合署办公，编制2名。2017年，县文联以习近平新时代中国特色社会主义思想为指导，深入学习贯彻党的十九大精神，以党的十九大精神统揽全局，贯彻落实“五位一体”总体布局和“四个全面”战略布局，按照县委统一部署，发挥文联组织团结联络、服务管理、协调指导、自律维权作用，团结和引导全县广大文艺工作者，围绕中心、服务大局，积极开展各项文学艺术活动，为进一步推动全县文化事业繁荣发展出力。

【自身建设】 2017年，县文联组织各协会学习贯彻习近平总书记在中国文联十大、中国作协九大开幕式上的重要讲话精神，引导各协会积极开展各项活动。组织党员及相关协会会员参加全县宣传文化系统学习宣传贯彻党的十九大精神专题会议；组织各协会召开乳源文艺界学习贯彻十九大精神会议，结合实际学习党的“十九大”精神、学习习近平新时代中国特色社会主义思想、学习新党章，强调加强党的领导、坚持正确的文艺发展方向。加强协会班子建设，及时调整观赏石协会、书法协会、美术协会班子人员。成立乳源瑶族自治县盆景艺术协会。作家协会每月举办一期文学沙龙提升会员文学基础和写作能力。音乐、舞蹈协会组织开展瑶族歌舞辅导进校园、“非遗”进校园、民间瑶族艺人“拜盘王仪式”、瑶族干部学唱“瑶族民歌”等培训班，大力弘扬本土优秀民族文化，进一步推进非物质文化遗产保护、传承和发展。书法协会邀请知名书法家、中国书法家协会会员李广志开展书法讲座，为书法协会员传授正确的学书方法和临帖技巧。

【惠民活动】 大力开展惠民志愿活动，促进文艺下基层进农村进校园。书法协会分别到县政府广场、一六镇、洛阳镇、乳城镇、县农行开展以“春联书写价值观”为主题的现场挥毫送春联惠民志愿活动，累计送出春联1600多对；音乐、舞蹈协会组织举办多次“欢乐进万家”志愿者文化惠民巡回演出；作家协会在县金禧小学、县图书馆举办“文学创作”和“世界读书日”讲座，丰富师生精神生活、培养文学艺术人才、提升学校“软实力”和影响力，传递新颖的阅读理念；摄影协会举办“送摄影入户”惠民活动，深入农村为群众拍摄相片，并将相关照片送给被拍摄者本人。

【赛事展览】 组织开展赛事展览活动，丰富群众文化生活。举办“2017年迎春书画作品展”；举办“县廉政书画大赛”及获奖作品展，推动乳源廉政文化建设；组织书法协会、美术协会参加“广东省第七届新人新作书法展”“广东省第五届中青年书法篆刻作品展”、韶州风物展等，取得不菲成绩；摄影协会举办“八一人防杯”摄影大赛、“民实人防杯”摄影大赛、“民族团结进步杯”摄影大赛及作品展、“美丽大布·休闲小镇”摄影大赛、乳源“新八景”摄影作品展、乳源鸟类摄影图片展、李财阶摄影作品展等多项赛事展览活动；作家协会举办“我与经典有约朗诵比赛”“南水湖湿地杯”中小学生征文比赛、青少年宫作文大赛等赛事，让中小学生感受文字之美、提升写作能力、享受读书之乐，增加学生对本土文化的了解与热爱，促进全面发展。

【文艺交流】 积极参加文艺交流活动，促进文艺水平的提高。音乐协会、舞蹈协会组织会员前往香港参加庆祝香港回归祖国20周年文艺演出和乳源—香港同乡联谊会；摄影家协会组织会员参观2017年市艺术摄影展，赴乐昌开展交流活动；盆景艺术协会分别组织会员到韶关市马坝人遗址、乳源五指山水上农庄、韶关市坪石镇金鸡盆景园、乐昌市黄月荣盆景园进行盆景相关技艺交流，学习盆景换盆的要点、盆景整型、红豆杉盆景种植等技巧和经验；观赏石协会征集会员作品参加“赏石艺术博览会暨第五届中国赏石名家赏石精品展”“粤湘赣红三角精品石展”、首届“创客”深圳赏石文化艺术节展销；美术协会组织会员参加关山雪教授主讲的“中国山水画小品欣赏与创作”讲座。

【采风创作】 积极开展采风创作活动，促进文艺作品创作。举办“和美瑶城·文明乳源”——书画摄影名家看乳源采风活动，为宣传推介乳源和促进文艺交流产生深远影响；音乐协会深入乳源瑶乡东坪镇东田村开展瑶族民歌采风活动。

【主要成果】 书法协会姚斌的楷书作品在广东省第七届新人新作书法展获得优秀奖；作家协会梁红玉的作品《爸爸，我又想你了》荣获世界杯原创文学大赛铜奖；许化鹏的作品《瑶乡恋歌》荣获中央电视台“CCTV2017 新春原创音乐会”本届晚会金奖，《以古道为依托，发展全域旅游》荣获中国区域经济发展研究院经济建设理论成果特等奖，《西京古道行》荣获韶关市人民政府“韶关市哲学社会科学优秀成果”三等奖；舞蹈协会、音乐协会盘桂青的作品《铜铃悠歌》荣获广东省第十届精神文明建设“五个一工程”奖，小品《团圆》荣获第五届韶关市戏剧曲艺花会银奖，《瑶山飞来一群金鸪鸪》荣获广东省第七届群众音乐舞蹈花会金奖；观赏石协会参加“赏石艺术博览会暨第五届中国赏石名家赏石精品展”获得银奖，参加“粤湘赣红三角精品石展”获得一个金奖、十三个铜奖。（李　俊）

县社会科学联合会

【概况】 乳源瑶族自治县社会科学联合会（以下简称县社科联）与县委宣传部合署办公，编制 2 名，主席由县委宣传部一名副部长兼任。社科联有研究学会 15 个，会员 1850 人。2017 年，县社科联围绕县委、县政府的中心工作，紧扣建设富裕美丽文明法治新乳源这一主题，深入学习贯彻党的十九大以及习近平总书记系列重要讲话精神，在探索研究历史文化产业等方面取得新成就。

【学术科研活动】 2017 年，县社科联协助大桥客家联谊会在大桥镇古道文化森林公园成功举办韶关市非物质文化遗产大型活动——南岭观音诞“契娭生日”文化旅游节（3 月 16 日）和纪念舜帝诞辰庆典暨庆祝西京古道评选中国十大古道网络投票夺冠活动（9 月 23 日），取得良好效果。

2017 年，县社科联协助各媒体完成西京古道宣传工作。1 月 25 日至 7 月底，协助广东电视台完成五集大型历史文化纪录片《南粤古驿道 · 西京古道》摄制工作；3 月，协助广东各有关大专院校学生开展《西京古道》视频录像大赛摄制工作；6 月，协助东莞电视台拍摄完成《西京古道》旅游纪录片摄制工作。

2017 年，县社科联原副主席许化鹏参与广东省南粤古驿道保护利用工作，全年志愿协助省、市专家组和规划团队，完成西京古道保护利用的调查规划和实施等具体工作。

2017 年，县社科联原副主席许化鹏协助乳源瑶族自治县西京古道评选中国十大古道工作。5 月至 7 月，志愿独立完成《西京古道——2017 中国十大古道评选媒体资料选辑》上下册的资料收集、编写等系列工作。

2017 年，县社科联原副主席许化鹏通过多方调查，发现西京古道麒麟山高灵仙唐代南岭观音文化传承基地，组织完成乳源第一方摩崖石刻《高灵仙记》。

2017 年 9 月至 11 月，县社科联分别协助市社科联举办 2017 年韶关市“尚善尚美”社科知识校园行活动乳源高级中学专场、金禧小学专场以及侯公渡中学专场，取得良好效果。

【科研成果】 2017 年 7 月，县社科联原副主席许化鹏撰写的《以古道为依托，发展全域旅游》论文获中国区域经济发展研究院“2016—2017 年度经济建设与发展理论实践成果”特等奖。

2017 年 9 月，县社科联原副主席许化鹏著写的《西京古道行》获韶关市人民政府颁发的“韶关市第三届哲学社会科学优秀成果”三等奖。（许化鹏）

县残疾人联合会

【概况】 乳源瑶族自治县残疾人联合会（以下简称县残联）承担全县残疾人业务工作，内设办公室和康复教育就业股，有行政编制 5 名在职 4 人，下设残疾人综合服务中心，有事业编制 4 名在职 4 人。2017 年年末，全会在职人数 14 人。

【康复救助】 2017 年，县残联坚持以残疾人康复为重点，扎实推进各项康复服务工作。全年，县残疾人康复中心开展 3—9 岁脑瘫、智障残疾儿童免费抢救性康复训练 21 人。联合县人民医院、慢病站、残疾人康复中心、乡镇医疗站等医疗康复机构，为残疾人提供精准康复服务 375 人。结合动态更新及无障碍设施改造工作作入户调查，对残疾人辅具需求进行摸底，免费为65名残疾人适配了轮椅、拐杖、座便椅、沐浴凳、助听器等辅助器具。

【扶残助学】 2017年，县残联深入开展扶残助学活动，切实保障困难家庭的残疾学生完成学业。5月份，联系教育部门，广泛宣传残疾人新生入学资助政策，对即将升入大学或中专就读的残疾人进行调查摸底，最大限度让贫困残疾新生享受优惠政策。全年申报“南粤”扶残助学残疾人大学生5人，资助在读中高等残疾学生8人，发放资助资金7万元。

【就业帮扶】 2017年，县残联加大按比例安排残疾人就业年审力度，年审企业64家，安置残疾人就业64人，征收残疾人就业保障金66万元。加大就业培训宣传力度，组织推荐53名残疾人参加市盲人定向行走、养蜂、西式面点、电脑操作等技能培训，联合扶贫办动员建档立卡残疾贫困户参加种植、养殖实用技术培训，帮助残疾人掌握一技之长，更好地实现就业创业。

【民生保障】 2017年，县残联认真落实省、市、县惠残政策，全力保障和改善残疾人民生。配合县民政局实施“两项补贴”，为全县1801名重度残疾人发放护理补贴432万元，为1269名低保困难残疾人发放生活补贴228万元，帮助重度、贫困残疾人家庭改善生活条件。与县社保局、财政局通力协作，落实特殊人群参加基本养老保险和基本医疗保险有关规定，为450名一、二级重度残疾人参加养老保险按照最低缴费标准实行全额补贴，为4900名一、二、三、四级残疾人参加基本医疗保险实行全额补贴。开展困难残疾人节日慰问，春节前夕走访慰问贫困残疾人家庭135户，发放慰问金共计4.5万元。为102名肢体残疾人发放机动轮椅车燃油补贴2.7万元，保障下肢残疾人基本出行的权益。

【组织维权】 2017年，县残联进一步抓好基层残疾人组织建设，选优配强镇、村残疾人专职委员队伍。上半年，在县人社局协助配合下，顺利完成乡镇残疾人专职委员公开招聘，招录5名合格的残疾人担任乳城镇、桂头镇、必背镇、东坪镇、大布镇残疾人专职委员；经镇、村（社区）层层选拔，选聘116名优秀的残疾人担任村、社区残疾人专职委员，于5月中旬举办业务培训班，对新选聘的残疾人专职委员进行系统培训。加强残疾人证书核发，进一步规范办证程序和管理，2017年新增办理残疾人证307件，累计核发二代残疾人证4890张。认真贯彻《中华人民共和国信访工作条例》，做好信访接待和矛盾调处工作，全年接待残疾人及亲属来电来访100多人次，妥善处理机动轮椅车扣押纠纷2起，维护残疾人的切身利益，维持社会的和谐稳定。

【宣传文体】 在第27次全国助残日期间，组织116名村、社区残疾人到县博物馆参观，陶冶残疾人的文化情操；在国际残疾人日期间，组织35名残疾人协会成员到英德市残疾人康复中心、社区康园中心培训学习，增长视野、提高业务水平。努力挖掘残疾人文化、体育特长，积极鼓励、推荐残疾人参加省市各类比赛，在乳源集训的市特殊龙舟队在2017年度粤港澳特殊龙舟赛中获得冠军。

【残疾人信息数据动态更新】 动态更新工作是每年的常规性工作，目的是为精准了解掌握残疾人的服务状况和需求，有针对性地解决残疾人存在的实际问题和需求。2017年，全县残疾人调查数4960人、社区调查数117个。6月下旬，组织镇残联专干、村（社区）残疾人专职委员和信息采集员召开工作部署会暨培训班，做好入户准备工作；7月份，组织信息采集员以入户调查、电话询问等采集方式进行信息采集；8月底，完成所有采集信息的比对、录入及上报。进一步完善全县残疾人基础需求信息数据库，为更好地开展残疾人各项服务打下良好基础。

（范永平）

县红十字会

【概况】 乳源瑶族自治县红十字会（以下简称县红十字会）是从事人道主义工作的社会救助团体，属群团机关序列副科级单位，主要负责在自然灾害突发事件中，对伤病人员和其他受害者实施救助，开展人道领域内社会服务、公益活动和人道主义救援工作。

县红十字会挂靠县卫生局，有编制3名，其中会长1名（由县领导兼任），副会长1名，秘书长1名；配备办公用房2间、备灾救灾物资仓库1间。

2017年，县红十字会协助完成无偿献血944.2人次，无偿献血量达18.88万毫升。

【无偿献血】 2月14日，县红十字会协助进行情人节爱心献血活动；4月21日，协助政府机关和公安武警系统爱心献血；10月13日，协助南方电网、银源公司员工无偿献血；9月29日，协助教育系统爱心献血；8月11日，协助乳城镇爱心献血。30名志愿者参与此5次活动，完成300人次的无偿献血计划。

【爱心活动】 2017年，县红十字会组织红十字会志愿者主要开展探访、慰问老人和贫困户活动，活动进行14次共计210人次，为老年朋友和贫困户送上关爱与慰问品。

全年组织和参与开展活动有：

慰问活动12次，送温暖活动3次，开展科普活动3次，开展自愿者服务活动11次，参与交通劝导活动9次，参与送医送药义诊活动2次，组织无偿献血活动6次。

【关爱儿童】 先后协助二名贫困先天性心脏病儿童、二名唇腭裂儿童申请免费手术，手术成功。

（曾凯鸿）

县革命老区建设促进会

【概况】 乳源瑶族自治县革命老区建设促进会（以下简称县老促会），属县政府管理下的社会团体，工作职责是协助县委、县政府促进老区人民政治、经济、文化、社会、生态等五个文明的建设与发展。工作人员由离退休老干部担任，不领工资，用热心开展工作。2017年办公地址设在县城环城西路9号。

【宣传学习】 2017年，县老促会组织学习《中共中央国务院关于深入推进农业供给侧结构性改革，加快培育农村发展新动能的若干意见》《关于加大扶贫攻坚力度支持革命老区开发建设的指导意见》和《关于加大扶贫攻坚力度支持革命老区开发建设的实施意见》这三个纲领性文件；学习十九大精神和习近平新时代中国特色社会主义思想。举办讲座（会议）七场，印发资料近100份。县老促会和大布镇获中国老促会“老区宣传工作”三等奖，会长莫瑞福被韶关市老促会评为“先进个人”。

【调查研究】 2017年，县老促会进行如下相关的调研活动：一是大桥解放初期“三区事件”中有14人牺牲的情况；二是红七军在桂头杨溪村以烧炭活动掩护身份开展革命斗争的情况；三是乳城镇云门村委壮大集体经济、进行新农村建设的情况；四是大布老区镇近年来抓好绿色产业发展的情况；五是至2016年乳源老区空置学校的情况。全年进行考察活动13次，其中外埠考察3次。

【项目呈报】 2017年，县老促会向省扶贫办、省老区办、省老促会陈开枝会长呈报《关于要求解决乐夫村东炮楼维修资金的请示》和《关于请求支持维修国内一、二战时期红色游击区乐夫村遗址经费的请示》。向市老促会报送请示4个项目，分别是乳城镇云门村委道路建设、大布镇企石村炮楼维修、一六镇乐群村委道路建设及文化广场的铺设。

【资金争取】 2017年，县老促会争取到县财政专项资金150万元，对国内一、二战时期的乐夫东炮楼进行复原维修工作。

【编纂工作】 2017年，县老促会按照《关于编纂全国1599个革命老区县发展史的安排意见》文件精神，全面启动《乳源瑶族自治县革命老区发展史》的编纂工作。在以县委书记为主任、县委副书记为执行主任、县委常委及副县长为副主任的编委会领导下和县老促会的牵头下，有序进行编辑工作。

（李亚财　张国新）

县瑶族海外联谊会

【概况】 乳源瑶族自治县瑶族海外联谊会（以下简称县瑶族海外联谊会）成立于1998年9月25日，是乳源各界人士与海内外瑶族人士及其社团进行联系、合作的涉外民间组织和具有独立法人地位的全县性社会团体。

2017年，县瑶族海外联谊会重点开展过山瑶文化史料收集整理编纂工作。

【过山瑶文化史料收集】 2017年，县瑶族海外联谊会继续与县瑶学会一起开展过山瑶文化史料收集整理编纂工作。该工作进入查漏、补缺、核实、编写初稿阶段。截至12月底，完成初稿编写的85%。

（盘永花）

（世界）过山瑶语言文化研究学会

【概况】 乳源瑶族自治县世界过山瑶语言文化研究学会（以下简称乳源瑶学会）是以全国有关院校、学术机构和十二个瑶族自治县人民政府领导及从事瑶族语言、历史文化研究的社会科学工作者为主的群众性学术团体。成立于2012年12月。主要开展瑶族语言文化学术研究和瑶族文化遗产的整理研究及其传承工作。

【史料收集】 2017年，乳源瑶学会继续与县瑶族海外联谊会联合开展过山瑶文化史料收集整理编纂工作，工作进入查漏、补缺、核实、编写初稿阶段。截至12月底，完成初稿编写的85%。

【国内联谊】 4月14日—15日，乳源瑶学会应连南瑶族自治县瑶学会的邀请，参加连南瑶族自治县瑶学会代表大会。11月份，接到云南省勐腊县委县政府邀请函，经县委、县政府主要领导批准同意，组团于11月30日至12月3日前往参加云南省2017年瑶族盘王节庆典活动。

【“非遗”保护传承】 “十月朝”节期间，陪同省非遗中心摄制组到乳源对瑶族非物质文化传承与发展工作作专门采访，争取将乳源瑶族非物质文化的传承与发展工作录入国家级非遗项目。（盘永花）

法　　治

政法委及综治

【概况】 中共乳源瑶族自治县委政法委员会（以下简称县委政法委）位于乳城镇滨江中路公安局办公大楼九楼，是县委领导政法工作的职能部门，有内设机构6个（办公室、维稳室、综治室、社工室、依法治县办公室），行政编制17名，年末实有公务员20人，后勤服务人员4人（含1名普工）。

【维护国家政治安全】 开展维护国家安全8个专项行动（维护意识形态安全；维护校园政治安全；防范打击境内重点人；阻断香港负面因素倒灌；阻断境外重点组织机构渗透破坏；防范打击邪教捣乱破坏、境外宗教渗透和非法宗教活动；阻断敌对势力插手特定利益群体；信访突出问题治理），制定印发《乳源瑶族自治县迎接党的十九大胜利召开确保政治安全总体工作实施方案》。在“4·15”国家安全宣传教育日，组织开展宣教活动6场次，发放《中华人民共和国国家安全法》等资料12000余份。开展全县政治安全大排查活动，对县域内的重点人员进行排查摸底，收集威胁国家安全和社会政治稳定的相关信息。2017年，县国安部门收集信息10条，向县政府、上级部门报告信息8条，配合上级部门开展国安工作2项，全年未发现有影响国家政治安全的不稳定因素和风险隐患。

【信访维稳】 开展8大重点领域和重点利益诉求群体社会矛盾治理工作，制定印发《乳源瑶族自治县8大重点领域和重点利益诉求群体社会矛盾治理工作方案》，每月对涉农涉土、涉劳资纠纷、涉环境保护、涉房地产、涉众型金融问题、涉交通运输、涉原国企改制职工、涉山林权属8大重点领域和涉军退人员、涉原民办代课教师、涉南水湖网箱养殖户和涉离退休村（居）干部4大重点利益诉求群体的矛盾进行滚动排查，对部分积案难案实行县领导包案化解。定期召开全县信访维稳工作会议，分析研判维稳形势，研究化解社会矛盾和不稳定因素，2017年召开全县信访维稳形势研判会14次，滚动排查社会矛盾和不稳定因素案件285宗，化解276宗，化解率96.8%；确定县领导包案19宗，化解14宗，化解率73.7%。做好重点敏感时期特别是党的十九大的维稳安保工作，从党政各部门抽调17名人员组建全县信访维稳突出问题处置化解工作专班，集中开展信访维稳情报信息收集、研判、协调和劝返工作，全年成功劝返拟进京上访人员45人、拟到省上访人员43人，圆满完成北京“一带一路”高峰论坛、省第十二次党代会、党的十九大等重大敏感节点维稳安保任务，实现“四个不发生”的工作目标，受到省委和市委的通报表扬。

【综治创平】 2017年，县委政法委、县综治办紧紧围绕县委中心工作，以提升社会安全指数和人民群众满意度为目标，深入推进平安细胞建设，全力推动社会治安综合治理力量下沉。

“中心+网格化+信息化”建设。制订印发《乳源瑶族自治县全面推进“中心+网格化+信息化”建设工作方案》。县综治中心实行“综治中心+信息系统+N”的运作模式，通过综治信息系统实现县委政法委与31个职能部门的相互衔接。规范完成各镇综治中心升级改造。规范网格划分，全县共划分网格1116个，配齐1116个网格员。制定印发《乳源瑶族自治县社会治安综合治理网格员管理办法（试行）》和《乳源瑶族自治县社会治安综合治理网格化管理考核细则》，将网格化管理工作纳入年度综治创平考核。制定奖励补助标准，对网格员拟将实行“以奖代补”政策。2017年7月17

日，县综治办组织县直成员单位、各镇、村居约200人开展综治信息系统业务培训。建立县综治信息数据库，2017年全县共导入基础数据3.7万多条，录入并办结网格事件119宗。推进县、镇综治中心视联网建设，投入约114万元，在县、镇两级综治中心配置8.6万元的视联网设备，每个镇综治中心配置2台55寸的电视机。组建全县综治集群网，配备145台综治信息系统移动终端，每年108240元的移动终端月租列入县财政预算。

平安乳源创建。开展创建平安宣传工作，制定印发《乳源瑶族自治县2017综治暨创建平安宣传工作方案》，全年组织各类大型宣传64场次，印发宣传传单20万张，制作宣传栏、橱窗356个，张贴标语63000多张，制作永久性宣传标语620多条，印制宣传海报3500多张，悬挂横幅1586条，印发宣传手册10万册、扇子5000把、环保购物袋1.2万个、雨伞1000把、围裙2000张。2017年，乳源县平安创建群众知晓率排全市第3名。开展“平安细胞”创建工作，制定印发《关于深入推进“平安细胞”创建工作的通知》《2017年度平安镇、平安村居创建工作计划》《平安细胞创建工作考核验收方案》，将平安细胞创建纳入年度综治创平考核，对牵头单位和责任单位进行同步考核。在2016年的基础上，新增“平安交通”“平安出租车市场”2类平安细胞。2017年，全县参与创建的平安细胞56083个，创建覆盖率达100%，创建达标55826个，验收达标率99.54%。

特殊人群服务管理。制定印发《关于加强特殊人群管理工作的通知》，加强对严重精神障碍患者、吸毒人员、社区矫正人员、刑释人员、刑事犯罪高危人员等特殊人群的管理。针对精神障碍患者的管理工作，县委办、县政府办联合印发《乳源瑶族自治县加强严重精神障碍患者救治救助工作方案》，县综治办印发《关于进一步加强严重精神障碍患者救治救助工作，坚决防止肇事肇祸案事件发生的通知》，各镇确定严重精神障碍患者监护人1189名、协助监护人45名，签订有奖监护协议4756份，2017年县财政预算救助救治工作专项经费141.196万元，相关补助发放到位。全县在册严重精神障碍患者1325名，检出率7.17‰，管理率89.96%，规范管理率82.64%，三级以上患者16名，全年未发生肇事肇祸事件；102名社区服刑人员无脱管漏管，510名在册刑满释放人员全部落实接收、安置、帮教、管控“四到位”，社区服刑人员和刑释解教人员无重新犯罪。

社会治安综合治理。在全县范围内开展社会治安重点地区和突出治安问题排查整治工作。2017年全县组织排查252次，全县未确定县综治委和县公安局挂牌整治的对象，桂头镇、大桥镇、必背镇、乳城镇各确定一个突出治安问题由镇综治委挂牌整治。整治过程中，各镇共悬挂宣传标语2.5万多张，组织召开群众座谈会16场次，立8类暴力案件6宗、“两抢一盗”案件15宗、黄赌毒案件11宗，查处治安案件214宗、319人，群众满意度达96.5%，挂牌整治的问题通过整治后全部摘牌。防范命案和特别是民转刑命案发生，下发《关于加强命案防范工作的通知》，排查化解矛盾纠纷特别是民转刑纠纷隐患，建立完善社会治安形势评估预警机制，开展“无命案”镇和“无刑案”村（社区）、小区、单位创建活动。2017年，乳源发生2起命案，未发生民转刑命案。

校园安全管理工作。2017年5月初，“蓝鲸”死亡游戏开始在网络上盛行，5月16日，县综治办制定印发《关于强化安全监管，防范“蓝鲸”死亡游戏危害青少年的通知》，要求公安、市场监管、文化等部门做好对网吧、网站的检查，特别是“蓝鲸”游戏的查杀工作；教育部门及时组织各中小学校进行排查，摸清“蓝鲸”游戏对学生的影响；公安、宣传部门通过政府网站、电视等媒体进行宣传引导，全年未发生因“蓝鲸”死亡游戏自杀事件。3月13日下午，乳源个别微信群流传疑似乳源中学及民族实验学校一群女学生欺凌一名同校女学生的视频。县公安局、县教育等有关部门迅速召集相关工作人员对视频进行比对，确认视频中受欺凌学生和施殴学生后，公安部门迅速介入调查，教育部门启动应急预案，及时将受欺凌学生送至县人民医院检查身体，做好受欺凌学生和家长的心理安抚、情绪稳定工作，事件未在网络舆情上造成负面影响。事后，在全县开展中小学、幼儿园校园欺凌排查和专项治理工作。

铁路护路联防。2017年春运期间，县护路办组织开展路地巡查2次，到铁路沿线村委会排查走访

3次；2月7日，召开全县路地联防工作会议，县与镇、镇与村签订“2017年铁路护路联防暨创建平安铁路目标管理责任书”以及“维护铁路治安秩序承包责任书”；4月10日，县护路联防工作小组制定印发《乳源瑶族自治县2017年度铁路护路联防工作要点》，部署全县反暴防恐、敏感时期的护路联防、铁路护路联防工作信息化建设、防范沿线重点人群不稳定因素、平安铁路创建、爱路护路宣传等工作；2017年6月1日—7月15日，在桂头镇沿线四个村委会及中小学集中开展“喜迎党的十九大，共创平安铁路线”主题宣传教育活动，在铁路沿线悬挂横幅15条、张贴标语5000多条、张贴宣传挂图100套、发放宣传单6000多张；“一带一路”论坛和十九大安全防护期间，镇、村组织重点路段部位巡查检查105天，参与巡查约1200人次，县护路办组织路地巡查8次，督导检查5次。全年辖区铁路沿线社会治安稳定，铁路运输安全畅通。完成全县铁路护路联防工作管理系统的开通运用工作。

【依法治县工作】　2017年年初，按照省委部署的政法机关改革重组工作要求，依法治县办整合到县委政法委机关，依法治县工作上升为“一把手”工程，推动全县依法治县工作上新台阶。

法治建设“四级同创”活动。制定印发《乳源瑶族自治县关于全面推开法治建设“四级同创”活动的实施意见》，将创建完成时间、任务分解到各法治镇创建镇。2017年，乳源有3个法治镇创建，分别是游溪镇、必背镇、桂头镇，3个镇结合各自实际，制定创建工作方案，由“一把手”负总责，分管领导具体抓落实。把法治镇建设列入镇党政领导班子中心组学习的重要内容，重点学习法律知识和法学理论，在县街道和各镇显要位置设立固定法治宣传栏，定期更换法治宣传内容，县委政法委全年印发含法治宣传内容的笔记本约11万份。组织对2016年度法治镇创建达标的大桥镇、东坪镇、洛阳镇进行“回头看”，开展法治镇复评工作，重点检查该3个镇的法治建设整体水平保持情况。10月24日，县委政法委组织召开全县法治建设“四级同创”推进会，会议对全县的“四级同创”工作进行总结和部署安排。12月底，游溪镇、必背镇、桂头镇的法治镇创建工作均达到省级创建标准，并顺利通过省、市检查组的验收。

司法体制改革。2017年，县委政法委发挥牵头抓总的作用，统筹领导政法各单位支持配合监察体制改革试点工作，顺利完成检察人员转录衔接工作。8月初，指导县人民法院开展第二批员额法官遴选工作，年底新增2名员额法官。指导检察院完成内设机构改革和检察人员分类管理改革工作，改革后由原来的14个部门合并为5个部门（反贪污贿赂局、刑事检察部、诉讼监督部、政治工作办公室、检务保障办公室）。

涉法涉诉工作。对涉法涉诉信访及上级交办的案件逐件进行分析和梳理，建立台账，制定工作方案，明确包案部门、包案领导、包案人。开设“书记接待日”“局长接待日”“检察长接待日”“院长接待日”，政法部门“一把手”亲自接待来访群众，答复和处理信访案件。指派政治素质好、业务能力强的律师在每月领导接访日进驻县信访局开展信访接待工作。2017年，全县政法部门共受理涉法涉诉信访案件122件，化解108件，如期完成省交办的6宗化解任务，司法救助案件14件，救助人数25人，发放司法救助金15.7万元。

【防范工作】　开展反邪教宣传教育，在文昌公园LED显示屏滚动播放1000多次反邪教公益广告；在镇、村（社区）张贴挂图、海报100多张，制作宣传栏60块、悬挂横幅50多条、派发反邪教宣传资料1万多份；发放广东“七五”普法读物《36名邪教亲历者实录》250本，在校园派发反邪教作业本和“家庭拒绝邪教承诺卡”2万份。查处打击“法轮功”活动，全年协助侦破邪教“法轮功”反宣案件2起，打击“全能神”违法犯罪活动1宗，抓获邪教“法轮功”和“全能神”邪教人员4人，查获邪教“法轮功”和“全能神”反动宣传资料、宣传品、电脑、MP3等物品1批。开展邪教“法轮功”B类重点人员和“全能神”重点人员回访帮教活动，全年投入回访帮教资金2万元，共回访邪教“法轮功”重点对象11人，“全能神”重点对象2人。开展无邪教示范创建活动，2017年9月27日，必背镇被评为“全国创建无邪教示范乡镇”，必背镇必背口社区、乳城镇坝厂村、东坪镇方武村被评为“全国创建无邪教示范村（社区）”，大布镇大布社区、洛阳镇洛阳村被评为“全省创建无邪教示范村（社区）”。

【社会工作】 2017年9月16日，县委政法委在必背镇桂坑村委挂牌启动关爱农村留守儿童示范点，改善农村留守儿童课外活动条件，定期性开展心理疏导、亲情陪伴、教育辅导等活动，全年组织关爱农村留守儿童活动12场次。9月28日，县委政法委在县政府广场承办2017年“南粤幸福活动周”启动仪式。

【机关党建】 制定印发《县委政法委2017年党建工作计划》《关于2017年推进“两学一做”学习教育常态化制度化实施方案》。组织机关党员干部认真学习习近平总书记系列重要讲话、学《党章》、学《条例》、集中观看反腐倡廉教育片。6月下旬、10月上旬分二批组织委机关领导班子、各室负责人到中国政法大学参加全市政法委干部能力提升班学习培训。“七一”前夕，支部组织机关在职党员前往广东省爱国主义教育基地——仁化县石塘镇双峰寨、韶关市浈江区北伐纪念馆、广东省委旧址开展党性教育实践活动；8月2日，组织机关在职党员干部到县图书馆开展“清廉修身，廉洁齐家”为主题的廉洁读书活动；组织开展自愿者服务活动、慈善一日捐、“6·30”扶贫济困日爱心捐赠活动。全年开展党日党课教育活动10次，组织集中学习交流活动12次。（赵少华）

公　安

【概况】 乳源瑶族自治县公安局（以下简称县公安局）位于乳源瑶族自治县乳城镇滨江中路，受韶关市公安局和中共乳源瑶族自治县委、乳源瑶族自治县人民政府双重领导，是乳源瑶族自治县的治安行政和刑事执法部门。

2017年，县公安局内设指挥中心（加挂办公室、情报信息中心牌子）、国内安全保卫大队、刑事侦查大队（加挂县禁毒办牌子）、经济犯罪侦查大队、治安管理大队（加挂爆炸危险物品监管大队牌子）、交通警察大队、特警大队（加挂巡逻警察大队牌子）、出入境户政管理科、政工办公室、监督室、法制科、警务保障科、网络警察大队13个执法勤务和综合管理机构；下辖乳城镇、侯公渡、一六、游溪、桂头、必背、大桥、东坪、洛阳、大布10个公安派出所；看守所、拘留所2个监管场所；1个行业分局（森林公安分局）。主要职能任务是预防制止和侦查违法犯罪活动，维护社会治安秩序，制止危害社会治安秩序的行为；维护交通安全和交通秩序，处理交通事故；组织实施消防工作，实施消防监督；管理枪支弹药、管制刀具和易燃易爆、剧毒、放射性等危险品；对法律、法规规定的特种行业进行管理；警卫国家规定的特定人员，守卫重要的场所和设施；管理集会、游行、示威活动；管理户政、出入境事务和外国人在中国境内居留、旅行的有关事务；对被处管制、拘役、剥夺政治权利的罪犯和监外执行的罪犯执行刑罚，对被宣告缓刑、假释的罪犯实行监督、考察；监督管理计算机信息系统的安全保护工作；指导和监督国家机关、社会团体、企事业组织和重点建设工程的治安保卫工作，指导治保会等群众性组织的治安防范工作等。年末，有行政编制226人，实有民警227名、普工11名、辅警118名。

2017年，县公安局扎实推进“平安乳源”、治安防控体系建设和“飓风2017”等专项打击整治行动，各项改革和公安工作稳步推进，为维护全县政治安定和社会治安大局持续稳定，促进经济社会发展、构建平安美丽乳源作出积极贡献。在党的十九大安保维稳考核中，乳源瑶族自治县公安局排名全市第4名，“飓风2017”专项行动考核被评为优秀档次。全年，荣立集体三等功2个，集体嘉奖10个，个人三等功6人，嘉奖66人次。

【维护社会稳定】 2017年，县公安局收集深层次、内幕性、预警性情报信息462条。依法取缔7起非法宗教活动，收缴非法宗教书籍10本，处置群体事件苗头和不安定因素26起。

【打击刑事犯罪】 2017年，县公安局开展“飓风2017”专项打击整治行动，严厉打击各类违法犯罪。全县立刑事案件458宗，破322宗，抓获犯罪嫌疑人246名，刑事拘留224人，提请批准逮捕134人，移送起诉220人。侦破“6·14”伤害致死案、“8·21”白骨案、“10·21”聚众斗殴案等3宗命案。抓获网上在逃人员47名。

【打击经济犯罪】 2017年，县公安局立经济案件15宗，破案10宗，抓获犯罪嫌疑人8名。警银联动机制防止电信网络诈骗紧急止付47万元。发起公安部“云端行动”1起。

【禁毒工作】 2017年，县公安局侦破毒品刑事案件20宗（其中广东省公安厅目标案件1宗，韶关市公安局目标案件6宗）；查处吸毒人员232人，强制隔离戒毒58人，提请批准逮捕20人；铲除毒品原植物罂粟1518株。

【治安管理】 2017年，县公安局受理治安案件410宗，查结192宗，查处违法人员326人（警告38人，罚款126人，治安拘留135人，其他27人）。全年审批炸药34.33万公斤，雷管10万余发；审批剧毒化学品购买许可证22个，烟花爆竹道路运输许可证5个；收缴枪支2支；责令停业整顿娱乐场所1家，依法取缔旅馆业1家；审核刻制公章958个；核查在册精神障碍患者1275人，列管3级以上重性精神障碍患者48人；处置涉未成年人案事件9起（交通事故及意外死亡6人、校园欺凌1起、食物中毒1起、网络游戏1起）。

【交通安全管理】 2017年，乳源瑶族自治县发生道路交通事故38起，死亡13人，受伤43人，直接经济损失13.04万元，未发生较大以上道路交通事故，万车死亡率为2.85。县公安局开展重点车辆排查清理，查处重点车辆98台。全年非现场查处交通违法行为26703起，现场查处3508起（无证驾驶776起，酒驾156起，醉驾13起，机动车逾期未年检263起、超员506起、未戴头盔1072起、违法停车2356起）。办理机动车注册登记217宗，互联网业务996宗，转移121宗，年检14683辆。驾驶人初学增驾99人，定期换发2534本，补驾驶证307本，恢复驾证7本，驾驶员年审163人，驾驶证变更86本，注销27本，注销最高准驾6人，异地换证560本。

【出入境户政管理】 2017年，乳源瑶族自治县人口统计总户数63628户，总人口226592人。户口清理整顿注销应销未销人员1849人。审批户口迁移741人，入户1978人，项目变更483人，制发二代身份证17346张，临时身份证3525张。为扶贫户无户口人员158人解决户口问题。新增流动人口登记736人、办理居住证187人。登记刑满释放人员87人、社区矫正人员121人。办理普通因私护照2031人，港澳通行证及签注7008次，赴台通行证及签注225次，赴港澳台定居申请6人。国家工作人员报备4000人，法定不准出境人员56人。

【监所管理】 2017年，乳源瑶族自治县看守所羁押455人，处理出所319人，年末羁押136人。拘留所于6月起独立管理，全年关押行政拘留人员240人，期满释放238人，年末关押2人。

【网络安全管理】 2017年，县公安局督促党政机关和企事业单位网站搬迁至县人民政府信息中心统一管理，纳入广东省公安厅“应急响应平台”。对未落实网站等级技术保护措施和存在安全漏洞的网站关停22家、行政处罚19家。加强公共场所无线上网安全管控，安装WIFI采集设备111个，完成777个AP点建设。监控收集舆情信息40条，处置网络舆情28起，网络谣言8起。狠抓实名制落实，行政处罚并限期整改网吧6家。

【安全保卫】 2017年，县公安局开展警卫任务14次。完成第十一届乳源瑶族“十月朝”文化旅游节、乳源瑶族自治县“体彩杯”干部职工体育运动会等大型活动安保工作6次。

【基础建设】 2017年，县公安局转移支付装备经费495万多元，开展DNA实验室、看守所视频监控系统改造等建设，购置一批公用和单警装备、办公设备。

【惠民服务】 4月，县公安局启用新版往来台湾通行证；7月，启用居民身份证邮寄信息自助（手机）录入功能；8月，启用《全国出入境管理信息系统》，车管所通过PDA查验区验收，增设机动车号牌50选1、互联网和自助选号终端；12月，身份证申领机及领证机投入使用，县行政服务中心一楼公安大厅完成装修升级。畅通群众诉求渠道，信访部门接受、办理群众来信来访20件、网络问政150件。

【支部建设】 2017年，县公安局党委各支部完成换届选举，新成立拘留所党支部。完善党组织和党员基本信息，收缴党费51378元。新发展党员3名，预备党员转正4名。

【党风廉政建设】 2017年，县公安局党委严格落实党委主体责任，制定《班子党风廉政建设主体责任清单》，逐级落实“一岗双责”。落实民主集中制及规范权力监督，健全党委班子议事制度和办公会议议事制度，加强纪检监察部门对“三重一大”事项监督。深入开展“廉政风险”排查防控，认真落实谈话制度。全年受理核查投诉14件，查纠问题3件，发督察建议书2份，通报10份，警诫3人次，诫勉谈话5人次，提醒谈话18人次。

【队伍建设】 2017年，县公安局开展“迎接十九大忠诚保平安”等学习教育活动，增强民警的政治意识、大局意识、核心意识、看齐意识。组织62名民警参加领导干部大轮训、民警岗位大练兵、警种专业大比武活动，提高队伍综合素质。开展典型选树工作，选送3名民警参与韶关市“最美警察”评选活动。组织各类文体活动，提升队伍凝聚力。落实从优待警措施，加强警察职业保障。制定《警务辅助人员管理办法（试行）》，规范警务辅助人员管理。

【公安宣传】 2017年，县公安局在中央、国家级媒体发稿56篇、省级媒体156篇、市级媒体55篇。

（朱孝华）

【消防管理】 2017年，县公安消防大队积极践行习近平总书记提出的建设一支“听党指挥，能打胜仗，作风优良”的人民军队的强军目标，学习党的十九大会议精神，深入开展“两学一做”学习教育活动。一年来，县公安消防大队全体官兵精诚团结，紧密围绕全年工作任务开拓进取，各项工作成效显著，消防监督执法公平公正，灭火救援战斗力明显提升，基础设施建设不断完善，警营文化工作蓬勃发展。2017年，县公安消防大队被韶关市公安消防支队评为“基层建设先进大队”“五好团支部”“基层练兵先进中队”和“优秀基层党组织”，全年共有3人荣立“个人三等功”，2人被评为全省“优秀警官”，10人荣获“嘉奖”。

灭火战斗和抢险救援　2017年，县公安消防大队共接警273次，出动车辆546辆次，出动警力3822人次，抢救被困人员134人，疏散被困人员2758人，抢救财产价值314万元，成功处置“2·25”桂头小孩手指被夹绞肉机、“3·23”南岭公园救援、“4·18”坪乳线交通事故抢险救援、“5·31”地质大队房屋起火、“6·6”抗洪抢险救援和“11·7”山顶救援等重大灾害事故，保证人民生命财产安全。

按纲建队建设　2017年，县公安消防大队被支队列为“按纲建队试点单位”，严格按照《全市公安消防部队按纲建队规范性文件》的有关要求，全面推动大队正规化建设的进程，严格规范执勤、训练、工作、生活、秩序，基本实现执勤规范化、训练实战化、工作流程化、生活条令化、警务信息化的建设目标，营造利于生活、便于工作、贴于实战的和谐警营环境。

消防监督执法　县公安消防大队将消防安全知识，通过多种传媒方式深入辖区居民的日常生活过程中，牢固树立辖区居民的“消防安全”理念，从政府主导消防工作责任入手，不断创新消防监督新模式。2017年，全面开展消防安全大排查大整治活动专项工作，强化多部门联合执法机制，共出动警力5558人次，排查单位2779家，发现火灾隐患2388处，整改隐患2365处，下发责令改正通知书1666份，下发临时查封决定书20份，责令“三停”单位26家，罚款487200元。优化业务受理窗口和档案室职能，新招2名消防协管员专门负责消防安全材料整理工作，更加明确、规范各类基础台账和业务受理的管理制度，为办事群众提供更简便的服务，方便办事群众，达到更便民更利民的目的。

消防宣传教育　为深入推进火灾防控工作，扩大消防宣传教育的覆盖面，2017年，县公安消防大队结合冬春季火灾高发的特点，转变以往集中宣传模式，加大冬春季宣传力度，全面深化今冬明春消防宣传教育工作。

重大活动安全保卫工作　2017年，县公安消防大队在春节期间、全国“两会”期间、2017年瑶族“十月朝”庆祝大会和“十九大”期间的安保工作中，尽责履职，表现突出，确保辖区内火灾形势的稳定，为建设幸福和谐乳源构建一份安全稳定的环境。

警营文化生活　2017年，县公安消防大队投入大量资金，完成操场地面的改造铺设工作、饭堂门前下水道和地面铺设工作、空中花园的改造工作及3D影院修建工作；依托军地资源，结合驻地文化特色，重点打造蕴含深厚地方文化底蕴的荣誉室、文化长廊等文化阵地；精心打造“温馨书吧”，配备五大类1000本以上图书，征订10种报纸，15种杂志，与县图书馆联合建立流动图书机制；建立“温馨话吧”，为官兵提供专门的无线座机。

（汪　冠）

检　察

【概况】　乳源瑶族自治县人民检察院（以下简称县人民检察院），内设政工科、办公室、侦查监督科、公诉科、反贪污贿赂局（含侦查一科、侦查二科）、反渎职侵权局、刑事申诉控告检察科、刑事执行检察科、民事行政检察科、职务犯罪预防科、案件管理中心、未成年人检察工作办公室、司法警察大队、派驻桂头检察室。因内设机构改革试点，采取业务机构、综合行政机构“3+2”模式，将原14个内设机构整合为5个内设机构，即反贪污贿赂局、刑事检察部、诉讼监督部加政治工作办公室、检务保障办公室。在编干警39人。

2017年，县人民检察院始终围绕“强化法律监督，维护公平正义”的检察工作主题，不断强化法律监督、强化自身监督、强化队伍建设，忠实履行宪法法律赋予的法律监督职责，进一步落实司法责任制，稳步推进司法改革。

【侦查监督】　2017年，县人民检察院依法受理审查逮捕案件159件233人，依法批准（决定）逮捕156人，批捕率66.8%。

【公诉工作】　2017年，县人民检察院依法受理移送审查起诉案件173件255人，依法提起公诉案件172人，起诉率67.5%；起诉职务犯罪案件6件8人，两抢一盗案件19件21人，不起诉案件7件7人，法院作出生效判决案件100件128人，有罪判决率达100%。向公安机关发出《纠正违法通知书》10份，《检察建议书》20份，向人民法院提出抗诉2件，均得到支持。

【未成年人检察】　2017年，县人民检察院依法受理案件20件24人，附条件不起诉2件3人，检察建议11份，心理辅导3次，联合本院控申部门司法救助1人；建立法制宣讲团，13名法制副校长走进全县中小学校园宣讲30场20000余人次，发放宣传资料5000多份。

【反贪污贿赂】　2017年，县人民检察院依法立案查处涉嫌贪污贿赂犯罪案件8件9人。移送审查起诉8件9人。

【反渎职侵权】　2017年，县人民检察院依法立案查处涉嫌渎职侵权犯罪案件1件1人。移送审查起诉1件1人。

【刑事控告申诉检察】　2017年，县人民检察院接待各类来信来访160人次，开展检察长接访24次；办理国家司法救助案件4件12人，涉及刑事、民事案件受害人，发放司法救助金人民币47000元。

【刑事执行检察】　2017年，县人民检察院依法向县看守所发出《检察建议书》7份，向县司法局发出《检察建议书》6份，向人民法院发出追缴赃款的《检察建议书》1份；受理羁押必要性审查案件34件，其中20件办案部门采纳县人民检察院的变更强制措施建议。

【民事行政检察】　2017年，县人民检察院受理民事行政生效裁判监督案件5件，审结4件，其中3

件作不支持监督申请处理，1件提请广东省人民检察院抗诉；受理民事执行监督案件8件，审结8件；办理公益诉讼案件10件，其中提出检察建议1件，提起行政公益诉讼9件。

【犯罪预防宣传】 2017年，县人民检察院开展"五进"（进机关、进企业、进乡村、进社区、进学校）专项预防工作。深入机关、企事业单位开展警示教育10次，组织全县党员干部职工参观廉政书画展34场500余人次，向职务犯罪案发单位发出检察建议书1份，通过"预防邮路"发放宣传资料2000余份到各镇、村。

【案件管理】 2017年，县人民检察院利用网络信息平台，发布案件程序性信息364条，发布重要案件信息39条，公开法律文书96份，接待律师等查询案件156次，网上办理辩护代理业务44件，安排阅卷77次。

【派驻检察室工作】 2017年，县人民检察院派驻桂头检察室共接待群众来访30人次，进村走访收集群众信息15条。

【司法警察】 2017年，县人民检察院出动警力押解犯罪嫌疑人、送达法律文书300人次。

【阳光检务】 2017年，县人民检察院在"两微一端"（官方微博、微信公众号、今日头条手机客户端）发布信息282条；举办"检察开放日"活动2次；检察官带队下基层开展送法下乡4次。

【接受人大、政协监督】 2017年，县人民检察院邀请部分人大代表、政协委员听取司法体制改革、公益诉讼、保护未成年人等专题汇报3次，组织人大代表、政协委员参加县人民法院公开观摩庭活动2次，向人大代表、政协委员赠阅2018年度《当代检察官》40份、《检察日报》11份。

【司法体制及检察改革】 2017年，县人民检察院全面落实检察官办案组织及运作，把入额检察官以单独或办案组两种形式组建，入额检察官10人办理案件313件，院领导4人办理案件31件。推进内设机构改革试点工作，业务机构和综合行政机构"3+2"（反贪污贿赂局、刑事检察部、诉讼监督部加政治工作办公室、检务保障办公室）模式挂牌运作。配合推进监察体制改革各阶段工作任务。

【队伍建设】 2017年，县人民检察院推进"两学一做"学习教育常态化制度化，落实意识形态工作责任，促进党风廉政建设和自身反腐败工作。开展逐级约谈提醒活动，党组书记与班子成员、班子成员与分管部门负责人共约谈21次。（蔡　靖）

审　判

【概况】 乳源瑶族自治县人民法院（以下简称县人民法院）有内设机构12个（纪检监察室、政工科、办公室、研究室、审判管理办公室、书记员管理办公室、立案庭、刑事审判庭、民事审判一庭、民事审判二庭、行政审判庭、执行局）、直属机构1个（司法警察大队）和派出机构3个（桂头人民法庭、大桥人民法庭、大布人民法庭）。年末，有在职中央政法编制56人（其中员额法官16人），工勤编制3人，合同制书记员20人，后勤服务人员2人，政府雇员14人。全年共受理各类案件1913件（含旧存249件），审结、执结1601件，同比分别上升12.53%和9.88%，结收案比为96.16%，法定审限内结案率为98.23%。

【刑事审判】 2017年，县人民法院认真贯彻执行宽严相济刑事政策，依法惩罚犯罪、保障人权。全年新收刑事案件117件，同比下降13.97%；审结110件，同比下降17.91%。严厉打击严重危害社会治安及侵害公民人身权利的犯罪分子，如故意杀人、绑架、放火、强奸等严重暴力性犯罪，依法应当严惩的绝不手软，判处5年以上有期徒刑的7人，有效震慑了犯罪分子；对于因婚姻家庭、邻里纠纷等民间矛盾引发的故意杀人、故意伤害案，有自首、立功、从犯等情节，能够积极赔偿被害人的经济损失，特别是得到被害人及其家属谅解的，依法给予从宽处罚，共判处有期徒刑缓刑37件42人。

【民商事审判】 2017年，县人民法院推行多元化纠纷解决机制，加大诉前联调和审前调解力度。针对辖区内家事纠纷较多和当地风俗情况，由法官助理在诉前积极联系当事人，了解核实双方当事人的情况，通过法律知识讲解、家族长辈劝说、亲情感化、村委会干部协调、镇综治办及司法所工作人员沟通协助，力争促成双方当事人和解，实现定纷止争、案结事了。全年新收各类民商事案件1037件，同比上升2.27%，审结977件，同比下降0.7%，其中调解247件，撤诉219件，调撤率为47.69%。

【执行工作】 2017年，县人民法院新收执行案件462件，同比上升22.87%，执结464件，同比上升54.15%，执行标的款实际到位金额6805.35万元。深入开展“攻坚2017”专项执行活动及“春雷行动”，清理执结各类积案103件，成功执结一件历经16年的交通事故赔偿纠纷案。对被执行人违法行为处以罚款共计11万元，对9名“老赖”依法采取强制措施实施拘留，移送追究拒执罪1件，“执转破”移送立案审查23件。专项行动期间，执行干警远赴西藏、上海等多地进行强制执行，将当事人的胜诉权益落实到位，多名申请执行人给执行干警送来锦旗和感谢信，有效维护法律权威。在案件进入执行后的第一时间通过网络“一键式查控”功能，对被执行人的存款、工商登记、车辆等信息进行查询，在得到反馈信息后，立即作出控制措施，使得执行工作有的放矢，降低执行成本，提高执行质效。对外及时发布失信被执行人名单，公开曝光“老赖”。利用网络司法拍卖提高执行效率，全年共计“网拍”135次，成交标的数35次，成交金额1975.95万元，溢价率达12.8%。

【旅游巡回审判】 2017年，县人民法院立足自身职能，围绕生态立县和全域旅游发展规划。1月—5月，先后在必背瑶寨、南岭国家森林公园、广东大峡谷和天井山国家森林公园设立旅游巡回法庭驻景区工作室，在云门山旅游度假区设立旅游巡回法庭，依法妥善快速审理旅游纠纷，保障旅客合法权益，规范旅游市场秩序，为全县旅游业发展提供司法服务与保障。3月，全县首例旅游巡回法庭审理案件在必背旅游巡回法庭开庭审理，县人民法院为其开通绿色通道，及时快速审结了该起景区建设工程施工合同纠纷案。8月，县人民法院联合县旅游局举办旅游巡回法庭司法联络员培训班，为旅游巡回法庭工作深入开展打下坚实基础。2017年，县人民法院受理8件旅游纠纷案全部审结，其中判决6件，成功调解2件，快速有效调处化解各类旅游纠纷。

【司法改革】 2017年，县人民法院制定《乳源瑶族自治县人民法院案件繁简分流和审判权运行工作暂行规定》等文件，构建起彻底放权、严格监督、科学追责相结合的审判权运行机制。8月，进行第二批员额法官遴选工作，经过考核，最终确定2名法官拟进入员额。年末，县人民法院有员额法官16人，占有审判职称人员的61.54%。

【司法公开】 2017年，县人民法院推进立案、审理、裁判、执行信息网上全程公开，及时全面地公开审判流程节点信息。在法院门户网站裁判文书公开平台和中国裁判文书网公布裁判文书591份，生效裁判文书上网率100%。全年编发《乳法简报》87期（含12期执行专刊），被各级各类媒体采用的宣传稿件30篇次。推进官方网站、微信公众号、新媒体平台建设，及时对外发布工作动态，主动公开案件相关信息，进行阳光审判。

【推进诉讼服务中心建设】 2017年，县人民法院不断整合诉讼事项，为当事人提供一站式、综合性、低成本的诉讼服务，推进诉讼服务中心的建设。加大司法救助力度，为伤残、失业、低保等人员实行优先立案、优先审理、优先执行。全年对困难群众减、缓、免交诉讼费6.6万元，对无法通过诉讼获得有效赔偿且生活陷入困难的当事人，给予及时救助，发放司法救助金共计11万元。强化信访工作，完善诉访分离机制，提高信访处置水平，实现从受理、办理、答复、复查、评查、终结和督办等全程留痕。开展敏感案件的排查、化解工作，坚持判后答疑制度，加强释法说理工作，有效预防信访案件。全年接待来访群众52人次，办理来信11件次。圆满化解6件省督办的涉诉信访案件，未出现其他涉诉越级上访情况。

【打造瑶乡智慧法院】 2017 年，县人民法院依托现代化信息技术，构建与社会公众相互沟通、彼此互动的信息化平台，不断满足人民群众的司法需求。完成办公大楼办公区域 Wi－FI 信号全覆盖，为当事人提供便捷网络服务。在全院实现办公室门禁一卡通，方便全院干警的日常工作，有效解决各办公室、电梯、车库等重要通道的安全防范管理。完成 7 个“数字法庭”升级改造，并投入使用。7 月，韶关市中级人民法院在县人民法院召开全市法院档案数字化工作推进现场会，县人民法院在会上做相关经验介绍与分享。11 月—12 月，县人民法院各审判团队相继开展“庭审直播”20 余次，全面提高县人民法院审判流程信息化水平和智能化服务水平，为确保司法权力运行公开、透明，起到重要作用。

【自觉接受人大、政协监督】 2017 年，县人民法院积极构建人大代表、政协委员常态化联络机制，做到年度工作定期报告、主要工作专题汇报、重大情况及时通报。主动邀请人大代表和政协委员旁听重大案件庭审，现场见证监督执行，共计 6 次 21 人。积极配合县人大开展各项审议、评议活动。加强与检察机关的沟通协调，配合检察机关依法履行法律监督职责。充分发挥人民陪审员参与审判、监督作用。重视社会监督，通过案件办理、走访交流等多种形式，及时通报工作情况，畅通监督机制，广泛听取社会各界的意见和建议，提升司法公信力和透明度，提高人民群众满意度。

【队伍建设】 2017 年，县人民法院认真落实“两学一做”学习教育常态化制度化，开展“坚定理想信念、坚定法治信仰”全员读书活动，组织全院青年干警书写学习贯彻十九大精神的心得体会，组织党员干警参与“学报告　学党章”党员考学活动，引导全院干警牢固树立法治思维、公正理念、宗旨意识和核心价值观，营造积极向上、奋发有为的工作氛围。2 月，在全院大力开展“树廉洁家风、创廉洁家庭、促廉洁司法”活动，组织全院干警与其家属签订 92 份《乳源瑶族自治县人民法院家庭廉洁公约》，积极发挥家庭在廉洁教育的内在作用。书写廉政格言赠与干警，印制到干警工作牌上。3 月，组织业务骨干到华南农业大学人文与法学院进行为期 4 天的研修培训，加强司法调研和理论研讨，提高干警业务能力，增强司法水平。6 月，组织党员干警 63 人分两批赴井冈山学习培训，追寻红色记忆，筑牢理想信念，实地体会和感悟井冈山精神。“七一”期间组织开展“两学一做”党章党规知识竞赛。11 月，组织党员干警，瞻仰中共粤北省委旧址，重温入党誓词。通过开展一系列活动，着力打造一支忠诚干净担当的法院队伍。（张思思）

司　法　行　政

【概况】 乳源瑶族自治县司法局（以下简称县司法局）是县人民政府的司法行政管理机关，对全县司法行政工作进行统一管理、指导、监督和检查。内设办公室、宣传教育股、基层工作管理股、公证律师管理股、社区矫正股、政工科。局机关政法专项编制 16 名，其中：局长 1 名，副局长 2 名，政工科科长（副科级）1 名，正副股长（主任）6 名（含政工科副科长 1 名）；工勤服务人员数 1 名。

直属机构：县法律援助处、公证处，其中：法律援助处配备参公管理的事业编制 10 名（含主任 1 名，副主任 2 名），公证处配备事业编制 2 名（含主任 1 名）。

各镇司法所是县司法局的派出机构，9 个镇司法所政法专项编制 21 名，其中：乳城镇、桂头镇、大桥镇司法所各 3 名，其余司法所各 2 名；镇司法所各配备所长（正股级）1 名。

【人民调解】 2017 年，县司法局按照“五有”（有场所、有标牌、有印章、有簿册、有档案）和“六统一”（印章、标志、程序、制度、文书、报表统一）的标准要求抓好人民调解委员会建设，为 102 个村级人民调解委员会统一配备办公桌椅、人民调解标志牌、工作制度和档案柜等。全县共举办人民调解员业务培训班 25 期次，开展人民调解法律法规和业务知识学习教育。共排查受理各类矛盾纠纷 941 件，调解成功 929 件，成功率 98.72%。

【法治宣传教育】 2017年，县司法局制定下发全县“谁执法谁普法”的普法责任制，各单位依据工作职责开展法治宣传活动。全县开展大型现场法治宣传活动45次，派出宣传员300多人次，为群众解答法律咨询12000多人次，发放宣传资料20000多份，悬挂横幅85条，在全县范围内营造浓厚的法治氛围。

【法律援助】 2017年，县司法局围绕规范化服务窗口及县级文明窗口创建活动，加强各援助工作站（点）场所规范化建设，组织律师进驻各镇和妇联、残联、看守所、法院等法援工作站开展法律服务，方便困难群众快速、及时、便捷获取优质高效的法律援助服务。全年办理各类法律援助案件共178宗，实现应援尽援工作目标，超额完成市局下达给县的法援案件指标。

【公证工作】 2017年，县司法局采取发放办证指南、便民联系卡和电话预约办证等便民措施，为年老、残疾、危重病人等特殊困难群众提供上门办证服务，开启办证绿色通道。全年共办理各类公证406件，其中，办理70周岁以上老人免费遗嘱公证7件。

【安置帮教】 2017年，县司法局坚持“以帮教为手段、以安置为重点、以稳定为目标”的工作思路，探索新形势下开展安置帮教工作的有效途径和方法，加强组织管理，健全工作制度，扎实开展工作。接收刑释人员169人，年末在册567人。

【社区矫正】 2017年，县司法局推进集监管、教育、帮扶于一体的社区矫正中心建设，发挥人员接收、定位监管、集中教育、信息处理、应急指挥及政法部门协作配合等方面功能，解决机构不强、制度不全、人员不足、场所不够等问题，强化县级社区矫正机构指导管理职能。全年接收社区矫正人员46人，解除80人，在册98人（其中缓刑93人，假释4人，暂予监外执行1人），无脱管漏管现象。

【一村（社区）一法律顾问工作】 2017年，县司法局根据省、市工作部署和要求，23名社会律师分别签订法律顾问合同挂点到全县115个村（社区）担任法律顾问，实现一村（社区）一法律顾问工作城乡全覆盖。顾问律师在村（社区）开展法治宣传，解决社会矛盾纠纷，促进基层组织民主法治建设，维护基层和谐稳定，全年顾问律师共开展法律服务1660件，其中出具专业法律意见20份，法律咨询692次，法治宣传355次，参与调解纠纷26件，法律援助7件，其他服务560件。 （曹松发）

军　事

人　民　武　装

【概况】　2017 年，乳源瑶族自治县人民武装部（以下简称县人武部）坚决贯彻习主席系列重要指示和学习贯彻党的十九大精神，认真落实党中央、中央军委关于新形势下国防和军队建设思想，紧紧围绕“能打仗、打胜仗”的目标，加紧战备准备，强化军事训练，突出抓好军官和民兵骨干基本知识、基本技能、基本战术训练，强化机关新知识、新技能、新装备训练，分层次、分类别参加和组织各种集训。强化军事训练，狠抓从严治党，积极推进改革，圆满完成上级赋予的年度各项军事工作任务。

【全面规范日常战备工作】　2017 年，县人武部严格落实经常性战备制度，突出抓好重大活动和敏感时期战备工作，保持正规战备秩序和良好戒备状态。加强干部职工和民兵预备役人员战备观念，强化专武干部和民兵预备役人员战备意识。

【召开全县武装工作会议】　3 月 6 日，县人武部在武装部会议室召开全县武装工作会议，全面部署年度武装工作。

【送喜报下乡】　1 月 29 日，县人武部部长吴炬光上校、政委闫振一上校带领民政局、大桥镇武装部有关人员到大桥籍入伍战士家中送喜报以及开展慰问活动。

【坑道普查】　3 月 8 日，县人武部部长吴炬光上校、政委闫振一上校、副部长阳灿中校分别带队，兵分三组带领干部职工和乡镇坑道看管人员对全县 21 条国防坑道进行普查，并完善有关资料。

【参加市轻舟集训】　4 月 23 日，县人武部组织乳源轻舟分队到韶关军分区国防训练基地参加韶关市组织的轻舟训练和考核。乳源轻舟队在拆装机、水上障碍操作考核中，取得总分第二的好成绩。

【“八一”慰问】　7 月 23 日，县长邓志聪带领“八一”慰问团到县人武部慰问干部职工和应急队员。部长吴炬光上校陪同，并介绍人武部近年来的建设发展情况，慰问组对人武部所取得成绩给予肯定。

【党委第一书记任职大会】　8 月 30 日上午，韶关军分区司令员盖长利大校带领工作组到县人武部检查工作，并指导召开民主生活会。下午，参加县人武部党委第一书记任职大会。

【欢送新兵】　9 月 11 日，县召开 2017 年新兵入伍欢送大会，入伍新兵统一集中，县人武部部长吴炬光上校、部队领兵干部、新兵家长分别在欢送会上讲话。

【安全管理工作】　2017 年，县人武部按照军区“突出七个防范重点，确保五个不发生”的目标要求，紧紧围绕人防、物防、技防、联防的安全工作思路，突出抓好人员、车辆、营院、武器装备仓库和信息保密的安全管控和隐患排查。狠抓条令宣传教育和学习训练，推动条令学习制度化、常态化；参加上级开展的军容风纪检查、队列会操和条令知识考核，增强干部职工条令意识；组织司机队伍进行教育整顿，集中解决安全意识不强、私自出车、酒后开车、违章停车等问题；加大经常性管理检查督导力度，大力整顿倾向性问题；认真学习贯彻《部队保密工作检查量化评估规范》文件精神，深入开展防间保密教育，加强对各类涉密载体、工具、指挥网络和信息终端的管理，严抓信息防护，堵塞泄密漏洞。

【清理郭徐毒流】 10月12日，省军区工作组对县人武部进行清理郭徐毒流检查，军分区政治工作处闫振一上校陪同检查。

【全面建设量化考评检查】 11月28日，韶关军分区政治部主任吴楚峰大校带领工作组对县人武部开展武装工作全面建设量化考评检查。

【专武干部、民兵营长集训】 12月3日至8日，县人武部组织全县专武干部、民兵营长进行为期6天的业务培训，促进县武装工作的全面协调发展，全县专武干部、民兵营长带兵能力和整体素质得到提高。

【国防教育】 2017年，县人武部采取多种形式开展丰富多彩的国防教育活动。一是利用国防教育训练基地，组织民兵预备役人员集训，组织八一小学教师上国防教育课。二是县、镇各级召开征兵工作大会，开展征兵工作宣传发动工作，进行国防教育。三是召开县委常委议军会和县四套班子过军事日活动，传达学习习主席有关军队建设和国防建设系列重要讲话的文件，传达两级军区、军分区有关会议精神，增强县四套班子成员的国防意识。四是运用广播、黑板报、宣传栏、图片展览、网络等形式，向广大人民群众开展国防教育。 （田孝明）

人 民 防 空

【概况】 乳源瑶族自治县人民防空办公室（以下简称县人防办），为正科级行政单位，有人员6名，其中行政编制3名，其他人员3名，是县国防动员委员会常设机构和县人民政府办事机构。设专职主任1名、副主任1名，专职干部1名。

【人民防空机动指挥所野外训练】 由县人防办牵头组织的南部片区分别于6月和10月开展人防机动指挥所长途野外拉练训练。训练过程严格按照人防“准军事化”要求进行，进一步提高和熟悉掌握机动指挥所操作技能。

【人防宣传教育基地建设】 12月，依托东坪镇瑶族新农村建设项目，建成雕子塘人防宣传教育基地。平时作为人防宣传教育基地和特色新农村旅游使用，战时作为疏散基地和避难场所使用。

【防空警报试鸣和防空疏散演练】 9月18日，在县城区域组织防空警报试鸣活动，在乳源中学举行防空疏散演练活动，进一步增强人民群众国防观念和人防意识。

【人防宣传】 利用电视公告、手机短信、警报试鸣、“乳中人防杯”摄影大赛和组织城区八年级学生开展人民防空知识教育活动等多种形式，开展人防宣传教育，增强市民的人防意识和国防观念。

（谢东升）

武 警 中 队

【概况】 武警韶关支队乳源中队（以下简称武警乳源中队）组建于1983年6月，主要担负县看守所看守勤务和“处突”“反恐”、城市武装巡逻和抢险救援等任务。

2017年，武警乳源中队完成“执勤”“处突”“反恐”为中心的各项任务，被武警广东总队评为“基层建设标兵中队”“正规化执勤标兵单位”“思想政治教育等级达标一级单位”和“先进基层团组织”，被总队评为“先进基层党支部”，获韶关支队军事训练网上会操第一名。选送技术学兵2人，预提指挥士官4人，发展党员3人，选改晋升士官4人，荣立个人三等功3人，中队荣立集体二等功1次。

【思想政治教育】 2017年，武警乳源中队深入学习党的十九大精神和习近平总书记系列讲话精神。1月至3月，开展“学规范、用规范、保安全”活动；2月开展“读书铸魂、投身强军”活动；4月开展“抓规范、打基础、治隐患、保安全”执勤安全教育整顿活动及“强军风采”系列文化活动；7月开展“党纪条规学习月”活动；8月至12月开展“红色基因代代传”活动。2017年，武警乳源中队官兵思想政治教育等级评定为一级。

【军事训练】 2017年，武警乳源中队全体干部士官达到“四会”（会讲、会做、会教、会做思想工作）教练员标准。开展“岗位练兵”活动，完成专勤专训、应急棍术、警棍盾牌操、摔擒技术、战术及体能等科目的训练，在支队考核中取得第一名的成绩。2017年11月，在武警广东总队、韶关支队组织的年终《军队基层建设纲要》考评中，取得优异成绩。

【执勤处突】 2017年，武警乳源中队圆满完成看守所固定勤务及上级赋予的各项任务，协助看守所押解罪犯嫌疑人71人次。（李健鑫）

经济管理

县发展和改革局

【概况】 县发展和改革局是县人民政府工作部门，负责全县计划、物价、统计、粮食的行政管理、经济体制改革和指导全县统计工作。内设办公室（国民经济动员办公室、综合规划股）、投资与审批股（招投标管理股、重点项目稽查办公室）、工业科技农村社会股（经济体制改革股）、物价业务股、价格监督检查所、粮食调控与监督管理股、国民经济统计股、国民经济核算股、能源管理办公室、金融管理工作办公室等10个股（室、所）。机关行政编制24名。其中：局长1名、副局长3名；股长（主任、所长）10名。后勤服务人员3名。下辖县粮食储备中心（县粮食购销有限责任公司）、县价格认证中心、县普查中心。年底在职人数为56人。

2017年，乳源瑶族自治县实现地区生产总值（快报数，下同）84.59亿元，增长9.2%；人均生产总值45332元，增长8.2%；社会固定资产投资完成75.41亿元，增长12.6%；社会消费品零售总额完成24.24亿元，增长7.9%；城乡居民可支配收入18831元，增长10.4%；地方财政一般预算收入5.63亿元（可比口径），增长10.2%，常住人口自然增长率为8.06‰。

【编制规划】 2017年，制定印发《乳源瑶族自治县2017年国民经济和社会发展计划执行情况及2018年计划草案的报告》，初步总结2017年度全县经济运行情况，科学分析2018年度全县经济社会各项事业发展潜力，谋划年度主要经济社会指标，并经人大会议审议通过。

【固定资产投资】 社会固定资产投资完成75.41亿元，增长12.6%。其中，2017年，全县共安排重点项目47项，年度计划投资46.34亿元（调整），全年完成投资31.43亿元，占年度投资额的67.83%。其中，省市重点项目12个，年度计划投资30亿元，完成投资29.27亿元，完成年度计划投资84.23%。

【项目监督管理】 执行《广东省生态发展区产业发展指导目录》《广东省政府核准的投资项目目录》，全年共完成项目立项117项，总投资额114.94亿元。其中审批64项、备案53项配合省发改委开展2015—2016年中央预算内投资项目督查，重点检查新型垃圾热能处理站、怡乐居配套基础设施、瑶族刺绣歌舞保护利用设施等项目，确保专款专用，推进项目进展。

【新能源项目】 大布一期风电机组投产14台，大布风电二期风电机组及其附属设备招标工作、施工招标工作完成，定制50台风机，有6台风机进入安装阶段；大布夹水、梅花二期风电项目被列入2017年广东省陆上风电开发建设方案，其中梅花二期已获市发改局核准批复，大布夹水完成社会稳定风险评估。积极推广新能源汽车，主动协调机关事务、供电等部门优先在政府机关内开展安装充电桩试点。

【公务用车制度改革】 完成全县封存停驶公务车辆价格评估、拍卖、报废处置。参照省、市车改精神，联合财政局下发《关于进一步规范公务用车使用的通知》，规范保留公务车辆使用管理。按省、市要求，制定下发《关于推进全县事业单位和国有企业公务用车制度改革工作的通知》，对全县企事业单位车改工作作出明确规定。

【世界银行贷款】 一期项目土建工程包、咨询服务包完工，完成提款报账。二期项目乳城镇城区供水及污水管网完善工程进入收尾阶段，开发区道路完善工程、开发区供水污水管网完善工程动工建设；咨询服务包项目“乳城镇水生态文明研究”完成初稿。

【深化改革】 完善县主体功能区功能规划，为全县产业发展提供明确方向。启动粤北生态特别保护区规划建设，制定《乳源瑶族自治县建设粤北生态特别保护区工作方案》，初步拟定全县试点范围，并对试点范围内资源状况进行摸底调查，为下一步国家公园设立提供有力依据。启动乳源瑶族自治县“多规合一”和空间规划编制项目，12月完成项目招标与广州地理研究所签订咨询服务合同。继续发挥助保贷作用，以助保金拓宽中小企业融资渠道，增强企业活力。全年发放贷款2860万元。

【项目申报】 积极申报桂头镇和大桥镇生活污水处理厂、新型垃圾热能处理站、金禧小学、桂头小学、保障房基础设施建设、瑶族文化保护设施等7个中央预算内项目，总投资约1.21亿元。成功争取中农批农特产品电商物流商贸城专项建设基金、侯公渡至江湾公路改扩建、粮安工程等项目资金2.02亿元。其中，中央资金0.42亿元。

【淘汰落后钢铁产能】 年度全面完成鸿峰特钢有限公司、尚东金属有限公司、三宝拉丝有限公司、鑫鹏特钢有限公司4家企业合计103万吨钢铁过剩产能设备拆除（报废、封存）任务。中央、省、市补偿资金累计下达3393万元，其中中央2169万元，省1024万元，市200万元。实际完成4家企业资金拨付合计2103.6万元，其中中央资金1229.6万元，省级资金874万元，涉及职工266人。（彭　艺）

统计行政管理

【概况】 县统计局是对全县国民经济和社会发展情况进行统计调查、统计分析，提供统计服务、统计资料和统计咨询意见，实行统计监督的政府职能机构。2014年8月，县级机构改革组建县发展和改革局，将县统计局的职责整合划入县发展和改革局，挂县统计局牌子。

【统计监测调查】 完成全县农业、工业、能源、固定资产投资、建筑业、社会消费品零售业、基本单位名录库维护、综合核算、城乡一体化住户调查等各种专业2016年度年报、2017年月报、季报、年报和各项统计调查工作。

【提升统计服务水平】 加强经济运行监测。围绕全县经济增长目标，做好2017年计划指标细化预测，每月定期向县领导汇报经济增长目标完成进展情况；按时完成每月的统计月报、统计信息和分析，撰写年度统计公报和2016年度小康社会进程监测报告。

【夯实统计基础】 根据上级部门相关文件要求，继续对全县9个乡镇的双基工作（7个部分、26个方面的内容和指标）、县级统计机构基础建设（5各部分、25方面的内容和指标）、177家联网直报企业的基础台账进行检查。

【联网直报工作】 继续开展统计“四大工程”（建立一个真实完整、及时更新的统一化单位名录库；建立统一规范、方便企业填报的企业统计报表表示制度；建立功能完善、统一兼容的统一数据采集处理软件系统；建立统一高效的统计联网直报系统）建设。县统计局工作人员到企业开展调研，加强协调与企业的工作联系及业务指导，解决联网直报工作难题，推进联网直报工作。2017年，乳源实行联网直报工作的企业有177家，比2016增加9家。积极培育“四上”重点企业，截至2017年年底，全县完成23家“四上”企业申报工作，全部通过国家统计局的审批入库。其中：房地产2家、工业3家、批发、零售业18家。

【统计执法检查】 6月3日至7日，落实《统计法》和《广东省统计管理条例》，开展统计法制宣传，实施统计执法检查和统计巡查。抽取28家企业进行检查，责令1家企业进行统计整改，维护统计法权威。

【加强统计队伍建设】 重视统计干部队伍建设，积极选派人员参加国家级、省级统计部门组织的系统性专业知识培训选，2017年选派四名专业人员到四川参加全国性的统计系统业务培训；组队参加全市统计业务技能岗位竞赛，取得较好名次。

【全国第三次农业普查】 根据《国务院关于开展第三次全国农业普查的通知》和《广东省人民政府关于做好第三次全国农业普查的通知》等相关文件要求，乳源瑶族自治县第三次全国农业普查入户登记工作全面启动。起始时间2017年1月1日。全县466位普查员和271位调查指导员第一时间按照全国的统一部署进行入户登记。终止时间2017年5月15日，圆满完成第三次全国农业普查登记阶段工作。共普查40296户农户、115个村级单位、11个乡镇级单位、738个农业经营单位。第三次全国农业普查取得阶段性成效。 （曾俊峰）

物　价

【概况】 2017年，县物价部门充分发挥价格杠杆作用，依法治价管费，加强价格监管调控，保持价格总水平基本稳定，着力营造良好价格氛围，为经济社会发展大局服务。

【价格监测】 密切关注市场重要商品价格变动，重点加强对粮油、蔬菜、肉、禽、蛋等农副产品和群众生活必需品的价格监测，及时掌握市场情况，跟踪分析价格动态，发生市场价格异动，及时上报预警，采取妥善措施，稳定价格总水平，安定群众生活。

【履行物价部门职能，服务经济社会】 认真做好价格调节基金管理工作。为充分发挥价格调节基金保供应、稳价格、安民心的作用，一是按照政府价格联动机制，妥善落实价格调节基金对低收入群体临时价格补贴政策，2017年临时价格补贴全县困难群体55万元，惠及城乡低保户、优抚对象、农村五保户等共2975户，每户200元。

规范完善全县平价商店建设。为建立长效的平价、稳价、惠民机制，充分发挥平价商店作用，进一步完善平价商店建设，对不够规范、不够完善的平价商店进行纠正，为稳定全县市场物价起到主导性作用。

停止核发行政事业性收费许可证。根据《广东省发展改革委广东省财政厅关于停止核发行政事业性收费许可证及综合年审有关问题的通知》文件规定，于2017年起，正式停止核发行政事业性收费许可证，停止行政事业性收费许可证年度审验工作，县物价部门认真贯彻省、市规定，及时转发文件到相关单位，进一步加强事中事后监管，动态调整收费目录清单，对违规收费或不按规定实行公示等行为的单位依法查处。

简化用水分类实施居民阶梯水价。为贯彻落实国家关于简化用水分类和全面实行居民生活用水阶梯式计量水价的精神，以及合理补偿供水新增成本，在依法进行价格听证和合法性审查的基础上，经十二届政府第3次县政府常务会议讨论通过并提请县人大常委会审议同意，根据《关于乳源瑶族自治县简化用水分类　实施居民阶梯水价有关问题的通知》文件规定，乳源简化用水分类实施居民阶梯水价工作，从2017年年初开始执行，推进供水事业的健康发展。

调整县污水处理费标准。根据韶关市发展和改革局等四部门《转发广东省发展和改革委　财政厅　住房和城乡建设厅关于制定和调整污水处理收费标准等有关问题的通知》文件规定，2016年年底前，县城污水处理费原则上每吨应调整至居民不低于0.85元，非居民不低于1.20元。经县人民政府同意，县物价部门调整全县生活污水处理费的标准，由原价格0.80元/吨/月，按征收对象调整为两类：居民为0.85元/吨/月，非居民为1.20元/吨/月。

【“三项建设”】 重视蔬菜大棚、冷链设施、平价商店“三项建设”工作。根据《广东省发展改革委关于印发广东省农副产品价格调控项目库管理办法的通知》要求，严格审查入库项目，做好申报及入库工作。2017年，全县共有5个项目单位进入广东省农副产品价格调控项目库，其中，生产环节项目单位（蔬菜大棚）共2家，销售环节项目单位（平价商店）共3家。

【价格认证中心】 2017年中心认真做好各类价格认定业务。截至2017年12月底，共依法受理各类业务共152起，全部案件办理终结，均无一例复议和错案发生。

梳理价格认定工作流程，拟定新的价格认定文书格式。根据《广东省发展改革委价格认证中心关于印发广东省价格认定工作质量评查活动实施方案的通知》《关于广东省发展改革委员价格认证中心关于印发广东省价格认定工作质量评查活动实施方案的通知》的文件规定，对照《广东省价格认定案卷评查办法》《广东省价格认定案卷评查评分标准》对县价格认证中心的案卷进行自查并参加市组织的认定档案互查会议，对发现的问题及时整改，重新梳理价格认定工作流程、拟定新的认定文书格式。

【价格专项监督检查】 节日市场价格检查。春节、“五一”、国庆期间，切实加强市场价格监管，建立健全定期巡查和专项巡查相结合制度，开展对节日期间市场食品价格、公路客运票价、旅游景点门票等价格检查工作，重点检查大峡谷、南岭国家森林公园、天井山仙人桥等景区执行价格政策情况及相关市场价格秩序，尤其是景区门票在“黄金周”优惠票价落实情况检查，对检查中发现价格问题，运用宣传、提醒、告诫、限期整改手段，规范市场价格行为，维护市场秩序。

开展电力价格专项检查。根据《广东省发展改革委关于开展电力价格专项检查的通知》文件精神，县物价部门随同韶关市检查组于6月21日对广东电网有限责任公司韶关乳源供电局价格行为进行专项检查。这次电力价格专项检查，旨在加强事中事后监管，纠正和查处电力价格执行中的乱加价、乱收费行为，促进实体经济健康发展。

商品房明码标价检查。会同建设部门组成专项检查组，于11月对县城嘉乐风景园、滨江印象、源水居和紫荆花园等楼盘新建商品房明码标价执行情况进行专项检查。针对检查中发现明码标价不规范问题，责令其立即进行整改和纠正，有效维护商品房交易价格秩序，树立价格诚信形象。

【举报受理和网络问政】 重视网络问政工作，全年共受理群众网络问政工作（含投诉咨询）11宗，涉及物业收费、经营服务性收费、药品以及其他商品价格，经详细调查了解后，及时处理并给予反馈，着力化解价费矛盾，切实为民排忧解难。

（李雯雯）

食品药品监督

【概况】 乳源瑶族自治县食品药品监督管理局设办公室、规划财务股、政策法规股（行政审批股）、综合协调股（应急管理办公室）、食品安全监管股、药品医疗器械监管股、人事股、稽查局8个内设机构和乳城镇、桂头、东坪、大桥4个镇级食品药品监督管理所。行政编制12名，行政执法专项编制14名，后勤编制3名，四个乡镇派出机构专项执法编制12名。在职人员34人，其中局长1人，副局长2人，科员29人，后勤2人。全县监管对象约1439家。其中药品经营企业65家，药品使用单位（医疗服务机构）162家（实际有人执业113家），二类医疗器械经营企业备案48家，医疗器械经营企业12家，餐饮服务单位412家，食品流通领域监管对象约700家，食品生产企业10家，小作坊30家。

2017年，全局认真落实国家总局、省局、市局的决策部署，紧紧围绕用最严谨的标准、最严格的监管、最严厉的处罚、最严肃的问责，切实加强食品药品安全监管，落实有责、有岗、有人、有手段；生产过程中的监管职责和食品中农药、兽药残留和非法添加的检验职责要求，结合全局实际，严防严管严控食品药品安全风险，确保不发生系统性、区域性食品药品安全事故，守住食品药品安全红线。

【稽查执法】 2017年，出动稽查执法人员601人次、车辆298台次，检查食品、药品企业386家次，立案查处食品、药品、化妆品等违法案件53宗，涉案物品金额约1.773万多元，罚没款10.43万多元，其中药品案件24宗，涉案货值金额0.07万元，罚没款0.17万元；食品案件23宗，涉案金额约1.66万元，罚没款约10.23万元；化妆品案件5宗，涉案金额0.07万元，罚没款0.3万元。结案

53 宗，结案率 100%。

抽验食品检出不合格 21 批次，立案查处 17 宗（其中 8 批次不合格并案处理为 4 宗案件），立案查处率 100%，结案 17 宗，结案率 100%；药品抽验检出不合格 14 批次，立案查处 14 宗，立案查处率 100%，结案 14 宗，结案率 100%。

2017 年共接到各类举报投诉 36 宗，依法受理 36 宗，其中食品 36 宗，药品 1 宗，医疗器械 1 宗。全部依法处置并按时回复举报投诉人。

稽查局加强与各部门联合协作，10 月 19 日在乐广高速一六服务区（北行）查获一辆涉嫌走私冻肉的车辆，行动中共查获约 1175 件冻肉产品，该案件已移送公安机关立案侦查。

【生产环节食品安全监管】 2017 年，共出动 427 人次检查 83 家次生产加工单位，其中检查企业 11 家，小作坊 45 家，约谈企业 4 家次，下发整改通知书 1 份，约谈小作坊 4 家，完成县级抽检任务 10 批次，合格率为 90%。

【流通环节食品安全监管】 2017 年，流通股共发出食品流通环节经营许可证 166 家，其中变更 10 家；共完成注销业务 32 家，其中旧证 16 家。认真落实食品市场主体准入制度，依法规范食品经营市场秩序。日常监管出动执法人员 1044 人次，出动执法车辆 130 辆次，检查食品销售商 522 家次，下发整改和监督意见书 48 份。

【餐饮食品安全监管】 2017 年，共发放食品餐饮环节经营许可证 169 张，注销的食品经营许可证 15 张。全局突出重点，强化管理，力求实效，扎实开展餐饮服务食品安全监管工作，确保全县人民饮食安全。目前全县评定出 A 级餐饮单位 12 家，B 级餐饮单位 98 家，C 级餐饮单位 277 家。

日常出动执法人员 272 人次，检查餐饮服务单位 316 家次，单位食堂 23 家次，55 所学校食堂（含托幼机构），下达监督意见书 151 份，责令存在问题的餐饮服务提供者按时整改，及时消除餐饮服务环节食品安全隐患。

完成 58 批次餐饮食品的监督抽样，其中食用油 5 批、餐饮具 10 批、米及米面制品 8 批、熟肉制品 5 批、蔬菜 5 批、糕点及油炸小麦粉制品 14 批、月饼 5 批、液态乳 6 批。合格率为 94.83%。

【药品、化妆品和医疗器械监管】 2017 年，核发“药品经营许可证”7 家，受理“药品经营许可证”变更 24 家次。接受注销药品经营企业 1 家。

共出动执法人员 920 人次，其中检查药品经营单位 254 家次，药品使用单位 134 家次，医疗器械经营单位 60 家次，医疗器械使用单位 15 家次，化妆品经营企业 102 家次。

【专项检查、整治】 开展打击利用互联网实施食品药品违法犯罪“清网行动”。2016 年排查摸清涉网食品经营企业 4 家，餐饮经营企业 64 家。通过清查及时发现和分析辖区网络食品经营存在的问题及隐患，研究加强网络食品安全的监管方法和措施。

开展打击食盐违法犯罪专项行动。执法人员积极加强与盐业部门的联系，主动配合盐业部门开展盐业执法检查，专项行动共出动 180 人次，93 车次。行动中没有发现非法销售假冒食盐、无证批发食盐违法行为，没有发现不符合食盐质量标准的食盐产品在市场流通。

开展“打窝点、清隐患、保安全、促稳定”食品药品违法犯罪打击整治专项行动。全局专项行动共出动 920 人次，301 车次。查办食品药品违法案件 14 起，涉案货值金额 3.39 万元，罚没款 5.09 万元，取缔无证经营食品窝点 1 个。

开展春、秋季学校及周边餐饮业食品安全专项整治。联合县教育局开展学校食堂及周边餐饮食品安全专项整治，共出动 138 人次，检查 55 所学校食堂（含托幼机构），周边餐饮单位 28 家。

推进餐饮单位“明厨亮灶”创建。2017，全县已有 137 家餐饮服务单位完成“明厨亮灶”创建工作，其中采取安装视频监控设备的有 55 家（大型餐饮服务单位 5 家、学校食堂 50 家），透明玻璃式 82 家。

开展对饮用桶装水的专项检查。制定相关计划对全县生产饮用桶装水的企业进行专项整治，配合市局对 3 家生产企业进行责任约谈，明确食品安全主体责任。组织人员对 3 家生产企业“一次约谈，两次抽检，三次监督检查”，督促生产企业落实食品安全主体责任，3 家企业的 9 次抽检结果均为合格。

开展“两超一非”百日专项整治。工作人员对腐竹、肉制品等生产企业或小作坊进行检查，重点检查其食品添加剂的使用情况（超范围超限量使用食品添加剂和食品中非法添加非食用物质）和食品添加剂是否符合相关规定；按照国家标准组织生产、落实索票索证和出入库记录。

开展保健食品欺诈和虚假宣传整治。7 月至 9 月开展此项专项整治。重点治理食品、保健食品欺诈和虚假宣传的违法行为，未经许可经营食品、保健食品和进口食品行为；食品和保健食品标签虚假标志声称功能行为；未经审查发布保健食品广告以及发布虚假违法食品、保健食品广告行为；违法添加药物和其他非食用物质等违法违规问题。出动执法人员 72 人次，共检查 24 家，发现一家食品销售经营者有夸大宣传行为，责令其整改。

开展保健食品非法会议营销专项治理行动。6 月至 10 月在全县联合开展保健食品非法会议营销专项治理行动，重点检查保健食品非法会议营销、虚假及夸大宣传。严厉查处利用会议非法派发宣传单张、张贴海报、夸大功效及成分作用销售保健食品行为。共出动检查人员 144 人次，车辆 15 车次，检查医疗器械使用单位 1 家，经营保健食品单位 48 家，其中有会议营销模式的企业数 2 家，没有发现涉嫌非法会议营销的单位。

开展医疗器械专项整治。围绕无菌和植入性医疗器械使用单位、经营单位监督检查计划开展。共检查医疗机构 60 家次，发现有 15 家存在不符合《医疗器械经营管理规范》管理的现象，对其要求限期整改。

开展以“四打一规”为主要内容的化妆品专项整治。以祛痘、祛斑、面膜类产品为重点品种，以护肤类生产企业、主流商业区经营企业、妇婴专营店等为重点监管对象开展日常巡查检查，共检查 102 家各类化妆品经营企业。

市级化妆品示范区建设工作。选择主流街乳城镇华景路及其周边，涵盖化妆品专卖店、商场超市、美容店、美发店、妇婴专用品店、酒店，一共 6 家化妆品经营企业，开展 2017 年度市级化妆品市场安全治理示范区建设工作，设立创建示范点 5 个，完成并通过市局验收。

特殊药品监管定期巡查。共检查药品经营企业 79 家次，其中经营含特药成分的药店有 48 家次，未发现有违规经营的企业；定期巡查药品使用单位 120 家次，其中有使用特殊药品的医疗机构 5 家，使用二类精神药品和含特药成分药品 12 家，暂未发现违规现象。

药品流通领域风险隐患排查整治。共检查药品经营企业 115 家次，未发现违法违规行为；检查医疗单位 120 家，其中在村卫生站发现 2 家存在违规行为，由稽查部门依法进行查处；个体诊所 18 家，其中发现有存在违规行为的 1 家，由稽查依法进行查处。

药房药库规范化工作。按照市局部署继续开展药房药库规范化精神开展年度工作，全年安排 3 家医疗机构参加药房药库规范化创建，截至 11 月底完成创建工作。

【落实创文网格化监管，突破克难攻坚阶段】 一是制定《乳源瑶族自治县食品药品监督管理局创建全国县级文明城市网格化管理实施方案》，认真落实创文网格监管，加强日常巡查，劝阻不文明行为，宣传文明理念，积极配合县创文办参与集中整治；二是开展文明交通志愿服务，由主要领导带队改善辖区内不文明交通行为；三是“文明餐桌”行动，督促县城辖区内的餐饮单位张贴文明餐桌海报，营造文明用餐氛围；履行监管义务，牵头组织相关单位创文整治市场及其周边环境。

【2000 家农贸市场开展食用农产品快检工作】 2017 年度选出适合全县农贸市场快检情况的最佳委托检测机构，在乳城中心市场、富华城市场、桂头新市场三家农贸市场开展食用农产品快检工作，在三家农贸市场设立 LED 显示屏公布快检信息。三个市场计划完成 3600 批次农产品快速检测，实际完成 10218 批次，完成率 283.8%，其中水产品计划完成 240 批次，实际完成 572 批次，完成率 2.38.8%，其中蔬菜检出 19 批次不合格，合格率为 99.80%，水产品合格率为 99.83%。

【精准扶贫】 局精准扶贫对象分布在桂头镇七星墩和东岸两个村委9个村民小组，共有贫困户47户109人，其中一般贫困户19户56人，低保贫困户24户49人，五保户4户4人（七星墩村贫困户22户36人，其中一般贫困户2户4人，低保贫困户16户28人，五保贫困户4户4人；东岸村贫困户25户73人，其中一般贫困户17户52人，低保贫困户8户21人）。

至2017年12月，全局投入帮扶资金44400元，其中支持桂头镇政府扶贫办扶贫资金1万元，东岸村委1万元，春节慰问贫困户每户300元，中秋慰问贫困户每户200元，“七一”贫困户党员慰问每户300元。帮扶14户贫困户18人进行教育助学补助，其中学前教育2人，义务教育14人，高中职中1人，大专1人，为贫困户子女就学筹备教育补助专项资金5.8万元，极大缓解贫困户子女教育上的困难。帮扶贫困户14户41人完成产业扶持奖励资金补助工作，涉及资金50860元，极大激发贫困户自主脱贫内生动力，完成七星墩贫困户住房改造3户，申请帮扶资金3万元。实现脱贫人数13户34人，完成县下达的脱贫任务。完成的脱贫人数中，低保贫困户9人通过享受转移就业、产业扶持、教育扶持、医疗保障、资产性收益等扶持政策实现脱贫。 （马骏晴）

工商行政管理

【概况】 县工商局为正科级建制单位，内设8个股室、1个直属行政单位、2个事业单位，下设4个工商所（乳城、城南、桂头、大桥），全系统在职干部职工60人。

乳源有市场主体9869户，其中企业总数1629户，个体户总数7891户，农民专业合作社总数349户。2017年度新增市场主体数量1025户，比2016年增长11.59%；

【改革创新】 2017年，县工商局制定《乳源瑶族自治县深化商事登记制度改革方案》。2017年8月15日登记首间企业托管服务公司，2017年11月22日，登记首批集群注册企业，截至2017年年底，全县共登记企业托管服务公司1户，集群注册企业115户。

【登记注册便利化改革】 一是放宽登记条件。执行登记前置和前置改后置审批事项“两个目录”、注册资本认缴制、经营范围登记改革、住所（经营场所）登记改革，降低准入门槛。二是拓展登记渠道。推进电子化登记，实行网上登记和电子营业执照，开辟“直通乳源”企业登记注册快速通道，外商投资企业“一局多点”服务模式、城区冠市名企业辖区内通办。三是优化登记服务，推出“网上登记、双向快递”服务。2017年度共发出电子营业执照50张，指导企业完成1笔全程电子化登记注册，“足不出户”即可办照成为现实。

【实行“马上办”提速措施】 2017年9月15日起，全县登记窗口全面实行“马上办”提速措施，即申请登记资料齐全、符合法定形式的，马上办理，现场办结。申请人网上提交登记材料通过后，只需“跑一次”登记窗口，即可办理并领取营业执照。2017年，工商局企业业务半小时内办结率达到92.44%，其中10分钟内办结率为77.91%，位列全市第一位，提高行政办事效率。

【换照工作】 实行“多证合一”改革，把工商营业执照、组织机构代码证、税务登记证、社会保险登记证、统计登记证、住房公积金缴存登记、外商投资企业设立备案、对外贸易经营者备案登记、国际货运代理企业备案、检验检疫报检企业备案、原产地证申领企业备案登记等11个事项的证照，整合到登载统一社会信用代码的企业营业执照一次性办理，大大提升开办企业便利度的发展空间。截至2017年年底，全县换发加载组织统一社会信用代码的企业营业执照808份，换照率达93.09%。

【商事登记银政直通车服务】 延伸商事登记窗口服务，推行银政直通车服务，委托商业银行网点免费代为办理商事登记各项业务。分别与县建行、工行签订《代办企业登记注册业务合作协议》，推出全程电子化工商注册一站式金融服务，突破时间和空间限制，申请人足不出户、身在异地能办理业务。

【实施2016年度报告工作】 截至2017年6月30日，2016年度年报报送情况为：内资企业，应报1270户，实报1207户，年报率95%；农合应报332户，实报332户，年报率100%；个体户应报6739户，实报5759户，年报率85.46%。

【“双随机、一公开”】 即时公示信息抽查。按照“双随机”的原则抽取辖区11户企业作为检查对象，其中9户企业的即时信息抽查情况正常，2户企业未按规定公示其他应当公示的信息，县工商局按时发出责令限期履行公示义务通知书后，1户企业按要求公示即时信息，1户企业未在规定时间内完成公示，被移入经营异常名录。

商事主体年报抽查工作。此次企业抽查名单由省工商局按属地企业3%的比例不定向随机抽取检查企业名单，抽查名单共37户企业［委托会计师事务所对随机抽取企业中的部分企业（27户）开展抽查］。农民专业合作社及个体工商户抽查名单由县工商局按照3%的比例随机抽取，农民专业合作社10户，个体工商户180户，按照辖区将抽查名单划分到各工商所。抽查情况：28户企业的抽查情况正常；9户企业因公示企业信息隐瞒真实情况、弄虚作假已移入经营异常名录；9户农民专业合作社的抽查情况为正常，1户因通过登记的住所或者经营场所无法联系移入经营异常名录。177户个体工商户的抽查情况为正常，3户个体工商户通过登记的住所（经营场所）无法联系移入经营异常名录。被列入经营异常名录的企业，积极进行信息修复，信用惩戒制度效用显现。

【清理长期停业未经营“僵尸户”】 根据省、市清理“僵尸户”企业的文件精神对连续三个年度以上未年报且长期停业未经营企业进行认真梳理，摸清底数，采取发布通知公告、到登记的住所或经营场所现场检查等方式，逐一核实情况，依法开展清理工作。截至2017年年底，共吊销企业84户，其中有限公司53户、分公司5户、内资企业法人企业10户、内资企业法人分公司4户、个人独资企业10户；注销企业5户，唤醒企业5户。利用唤醒一批，规范一批，吊销一批长期停业未经营的企业，引导企业守法诚信经营，净化市场环境，节约社会资源，提高行政效率。

【商标品牌战略】 开展全县商标宣传活动，实地走访大型超市、商场企业，对企业相应的标志、包装、广告等进行摸排清查。深入开展地理标志商标培育工作，对企业申报材料中存在的问题，提出针对性修改意见，帮助企业少出差错、少走弯路，确保企业更为翔实、完整地展示自身的品牌综合实力。帮助广东宝华农业科技有限公司成功申报著名商标，引导和协助企业办理普通商标30个，充分发挥好工商部门在商标注册方面的行政职能作用。

【整治农贸市场环境】 配合开展农贸市场升级改造，扎实开展中心市场及周边环境治理工作，对存在问题有针对性地进行整改，指导市场管理方健全管理制度，提升公共面貌和安全保障水平，指导场内业主文明诚信服务、亮照经营、规范摆放商品，不占道经营，加强市场公益广告宣传，开展创建“诚信经营示范店”活动。评选文明诚信经营户，对“诚信经营户”进行挂牌经营和公示，取得扎实成效。

【抓好H7N9禽流感防控】 把好禽类市场准入关，加强巡查监管，落实禽类经营者进货查验、索证索票、进销货台账制度，督促市场开办者履行市场管理义务；加强对禽类经营者个人防护工作指导，落实群防共治措施，切实加大禽类市场监管和防控力度。

【开展网络市场监管整治】 开展2017年网络市场监管专项行动。联合县发改局、经促局、公安局等十一个部门印发《转发省工商局等部门关于印发2017年网络市场监管专项行动方案的通知》，要求各部门要按照省、市政府的统一部署分工合作，全力开展好专项行动。组织确立由县工商局牵头，县发改局等部门组成的网络市场监管联席会议制度，代拟《乳源瑶族自治网络市场监管联席会议制度》。继续完善网络经济户口，向网络经营主体网站发放“红盾电子标志”19个。日常网络行为监管核查27条、网络广告监管151条。

【开展打击走私、传销综合治理】 一是开展群众性宣传教育和打击传销进社区、进校园、进车站、进企业活动，累计派发宣传单、宣传小册2000多份。重点宣传传销行为特点，公布投诉举报电话，营造打传氛围，巩固打击传销的工作成果。二是开展粤西北片区打击过境走私行动、国门利剑2017联合专项行动、打击走私“洋垃圾”专项行动、成品油走私专项行动，保持高压严打态势，广泛宣传打击走私相关法律知识，共同营造打击走私的良好社会氛围。2017年10月19日，联合县公安，县食药监、县工商部门在一六服务区截停的大货车内，查获一批涉嫌走私冻肉，共计1175件，重量约25吨。

【打击制售假冒伪劣商品违法行为】 2017年，在全县范围内开展元旦、春节期间打假专项行动检查，重点检查流通环节销售各类商品以及节假日消费量多的应节商品，长期开展不合格商品专项后续处理工作。从4月起，重点对服装、儿童用品、建筑材料、家电、灶具等六类商品经营户建立定点监管制度，通过约谈培训、下发抽检不合格、缺陷商品名单等手段提高经营户诚信经营的意识，主动自行下架退货处理有质量问题的相关产品，及时制止过期、劣质、假冒商品的流通，共出动执法人员169人次，检查经营户633间。

【开展反不正当竞争专项行动】 对各辖区经营电器、汽车配件、农资产品、预包装产品零售业、公用行业等行业进行专项检查，以查处侵犯驰名商标、著名商标、地理标志、涉外注册商标专用权的违法行为和“傍名牌”等不正当竞争行为为重点，增强市场主体的诚信守法和注册商标专用权的自我保护意识，形成自觉抵制假冒伪劣商品遵纪守法的社会氛围，维护消费者合法权益，确保地方经济良好的市场经营秩序。

【消费维权】 一是扩大消费维权宣传。3月15日开展主题为“新消费，我做主”的“3·15”国际消费者权益日宣传咨询活动，活动共发放新《中华人民共和国消费者权益保护法》、消费警示、打传、商事登记改革等宣传资料10000多份，现场向群众解答有关法律法规的问题98人次，接受群众咨询360人次，现场受理消费者投诉3宗，利用移动、联通、电信三大通信企业发出5.4万条公益短信，吸引数千名市民群众驻足参与活动，进一步提高全社会消费维权意识，收到良好社会效果。二是认真处理消费者投诉。2017年共受理消费者投诉案件12宗，其中商品消费投诉10宗，服务消费投诉2宗。成功调解结案12宗，调解成功率达100%，争议金额1.67万元，为消费者挽回损失1.26万元。做到上为政府分忧、下为百姓解难，情系消费者，以实际行动树立起消委会的“门易进、事易办、话易说”良好形象。

【党建工作】 一是配合党总支抓好各支部的组织建设和党务管理工作。完成县工商局党总支、各党支部的换届工作。县工商局现有在职党员45名（2名预备党员），退休党员干部10名，个私协会党员10名。做好建党对象的考察工作，向党组织输送新鲜血液。全年共发展2名预备党员，1名预备党员转正。二是深入开展“两学一做”教育工作。县工商局紧扣“学党章党规、学系列讲话，做合格党员”主题，立足于乳源工商多年来党风、政风和行风建设成果，紧扣改革与确保稳定关键点，坚持“学要带着问题学，做要针对问题改”，把“两学一做”学习教育与工商职能和中心工作紧密结合，着力强化全局党员理想信念，用科学理论武装头脑，学用结合，知行合一，领导带头，以上率下。

（尹　淇）

质量技术监督

【概况】 县质量技术监督局内设办公室（与纪检组、监察室合署）、政策法规股、质量股（稽查队）、标准与计量股、特种设备安全监察股等5个股室，行政编制12名，行政执法专项编制2名，年末在职在编公务员12人，聘用人员3人。承担全县产品质量安全监管、特种设备安全监察、计量监管、标准化管理和打假治劣相关职能，县人民政府打击生产和经销假冒伪劣商品违法行为办公室设在县质量技术监督局。

【质量强县】 推进质量强县建设。完善质量强县工作机制，争取加大质量发展资金投入力度，将质量强县建设纳入政府国民经济发展规划。组织开展质量月活动，制定出台质量发展纲要2017年行动计划、2017年质量状况分析报告。

开展质量品牌提升行动。对全县企业摸底调查，制订名牌产品培育计划，针对企业申报中存在的不足，从标准化、计量、质量基础工作入手，引导企业建立健全标准化体系、计量管理体系和质量管理体系，推动企业争创名牌。

加强名牌企业梯队建设，做好广东名牌产品申报工作。全年推荐3家企业申报广东省名牌产品（其中1家为服务类企业），协助2家企业开展广东省名牌产品复评工作。

抓好质量考核和质量诚信体系建设。充分发挥质量强县办综合协调作用，组织各部门落实质量考核工作，完成2015—2016年度政府质量工作考核。推动企业发布质量信用报告，做好质量合格率调查、工业企业产品质量指标报告、年度综合统计，为质量宏观管理提供依据。全年共抽查产品企业27家，产品63批次（省、市专项抽查19批次、县级监督抽查44批次），其中：食品相关产品9批次；化工产品26批次（工业用过氧化氢、副产盐酸等16批次、白云石粉3批次、液化石油气6批次）；建筑用材料12批次（水泥2批次、预拌混凝土4批次、环形预应力混凝土电杆1批次、烧结砖5批次）；消费品12批次（卫生纸、面巾纸7批次，定配眼镜5批次）；钢材3批次。省、市专项抽查合格19批次，不合格1批次，合格率94.7%，县级产品质量监督抽查44批次，不合格1批次，合格率97.8%。对不合格的食品相关产品和建筑用材料产品生产企业进行监督抽查不合格产品后处理工作，督促企业落实整改。对获证企业分类监管进行动态更新，对全县获工业产品生产许可证的5家企业进行分类，分类结果全为A类5家。

【标准化建设】 探索区域实施技术标准战略新途径，利用技术标准保护和推动乳源特色优势产业的发展，发动企业积极参与标准制修订，完成一项采标工作，严把企业产品标准质量关，辖区企业标准化水平明显提高。南岭国家森林公园于6月2日顺利通过“标准化良好行为企业”现场评审，评定为最高等级的AAAA级标准化良好行为企业。切实抓好韶关市九节茶标准化示范区建设，协助示范区承担单位举办三期种植培训班。举办乳源“标准化+”战略专题培训班，开展标准化知识培训，在全县普及“标准化+”理念。

【民生计量】 加强计量监督管理。突出集贸市场、商场超市、加油站、医疗卫生等民生保障及安全生产领域的计量监督管理，依法查处计量违法行为，督促生产经营单位落实计量管理主体责任。督促县检测所完成计量器具强制检定及集贸市场、医疗机构在用计量器具免费检定，全年强制检定计量器具3710台（件）。

【特种设备安全监察】 强化电梯安全保障。加大对《广东省电梯使用安全条例》宣传力度，落实各环节企业主体责任，联合相关部门依照各自职责强化电梯安全监管。对老旧电梯实施攻坚，构建电梯隐患整治常态化、长效化工作机制。建立电梯维保单位星级评定制度和质量失信“黑名单”制度，约束规范提升电梯维保质量。检查中发现问题、存在隐患的，要求相关单位限期整改，确保电梯安全。整改不到位的，依法查处，绝不允许带病运行。

夯实特种设备监管工作基础。为规范锅炉使用行为，督促锅炉使用单位落实主体责任，严格按照法律法规的规定配备相关持证人员，保障锅炉使用安全，制定《锅炉使用单位人员配备及持证专项整治工作实施方案》，要求各锅炉使用单位开展自查自纠，排查锅炉人员持证情况。全年出动特种设备安全监察人员54人次，对27家锅炉使用单位进行现场监督检查，其中4家存在问题责令整改。指导乳源瑶族自治县祥安旅游投资有限公司组织大型游乐设施安全应急演练、乳源云门山旅游开发有限公司组织客运索道安全应急救援演练，进一步提升企业应急水平。

完善监督抽查工作机制。特种设备使用单位日常监督检查90家，100%完成计划数。全县特种设备安全形势稳定，未发生等级以上的安全事故，无人员伤亡，达到预期的目标。

【稽查执法】 突出民生导向，继续针对农资、建材、消费品等涉及人民群众生命财产安全的重点行业和产品开展“质检利剑”和“双打”专项执法行动，深挖行业“潜规则”，提升专项执法行动效果。全年共出动行政执法人员422人次，检查企业及经销门店188家次，立案查办行政处罚案件3件（其中特种设备案件1宗、计量案件1宗、商品条码案件1宗），查获涉案产品货值0.733万元。县打假办定期组织各打假部门开展打击生产、经销假冒伪劣商品违法行为联合行动，全县未发现区域性、行业性、系统性制假售假现象。 （李 贲）

国土资源管理

【概况】 县国土资源局是县人民政府主管国土矿产的职能部门，主要是贯彻执行国家有关土地、矿产、测绘管理的方针、政策和法律、法规，合理利用和保护土地资源。内设办公室、规划用地股、不动产登记局（地籍测绘股）、耕地保护股、矿产资源管理股（地震股、地质环境股）、执法监察大队、行政审批股等职能部门。下属有5个派出机构中心镇国土资源管理所，以及不动产登记中心、土地整治管理中心、土地储备中心、国土资源综合服务中心等4个事业单位。

【土地利用规划管理】 2017年，开展土地利用总体规划调整完善编制上报和审批工作，落实交通、水利、旅游和民生项目用地规模406公顷。完成韶关机场改扩建工程、省道S258线乳源段公路改建工程重点项目核减多划基本农田上报和审批工作；完成4宗重点建设项目用地预审，面积222.69公顷；完成32个县级建设项目用地（预审）意见。

【用地服务】 完成大布风电项目1.58公顷的用地报批工作，组件上报韶关机场建设用地122公顷和城镇建设用地第一批次18公顷。完成2017年度国有建设用地供应和储备计划工作，完成土地收储17.39公顷；组织出让地块10宗，面积18.3公顷，成交（缴纳）土地出让金总额7338万元。审批集体建设用地4个批次108户、集体土地使用权变更手续14宗、临时用地1宗、设施农用地备案4宗、划拨项目用地4宗。

【土地管理和监管】 加强批后监管，加大闲置土地处置力度，盘活低效用地，处置1宗华景城市广场闲置用地。严格执行《土地征收实施细则》，发布征地预通告（公告）20个，涉及征地面积约190.73公顷。实施城乡建设用地增减挂钩试点拆旧区复垦工程，总规模75.08公顷，完成施工，通过县级初验。

【耕地保护】 开展耕地质量等别年度更新评价与年度监测评价工作，编制上报成果。通过省市2017年度耕地保护目标责任考核，全县耕地保有量18098.87公顷，基本农田面积15471.2公顷。实施基本农田保护经济补偿机制，下达2017年度基本农田保护经济补偿省级补助资金695.52万元。新建21个基本农田保护区标志牌，组织实施基本农田整治复垦工作。完成城镇周边及全城永久基本农田划定工作，划定面积15515公顷，县镇村逐级签订责任书103份，成果通过市级验收，数据库通过省国土资源厅审核，汇交国土资源部，正式启用。开展永久基本农田整备区划定工作，全县划定永久基本农田整备区面积304.26公顷，完成县级验收和成果上报工作。

【不动产登记】 编制实施《关于国有划拨土地房屋所有权土地出让金补缴标准等若干问题解决建议》《乳源瑶族自治县不动产统一登记有关问题的处理意见（试行）》，全面运行监管模块（软件），执行落图、落宗、落号要求。组织不动产统一登记数据整合建库和信息管理平台建设工作，整理登记纸制档案，搭建完善登记信息平台。受理业务3799宗，办理不动产权证书3020本、不动产登记证明2761份。

【地籍测绘】 2017年，完成2016年度土地变更调查工作，实地调查图斑144个，面积44.45公顷。做好农村集体土地所有权数据库更新备案，核查更新宗地权属信息，成果备案省国土资源厅。开展农村地籍调查工作，测量面积2235.45公顷，外业成果通过质检。完成全县建设项目测绘面积377公顷、测绘放样47.4千米。组织全覆盖排查整治“问题地图”专项行动，清理整改“问题地图”。

完成数字乳源地理空间框架建设项目，开发启用基于数字乳源的地质灾害、地籍、规划、旅游和公安5个应用示范系统。实施国土资源系统2000国家大地坐标系转换使用工作，全面梳理国土资源管理的各类存量空间数据及信息管理系统的转换工作需求，开展摸底调研前期工作。

【矿产资源管理】 完成矿业权信息公示工作，对全县20宗探矿权项目、19个采矿权项目进行公示。组织2个石场延续变更，完成1个矿权延续登记、2个采矿权设置。征收矿产资源补偿费14.47万元，收缴矿山地质环境治理恢复保证金55.6万元；与17家矿山企业签订三方监管协议，督促缴存矿山土地复垦费312万元。关闭兴达大理岩矿、西云寺花岗岩石场，督促矿山生态修复；实施乳城镇岭溪石场矿山地质环境恢复治理。

【执法监察】 制订《乳源瑶族自治县2017年土地矿产卫片执法监督检查重点工作实施方案》，由县人民政府牵头组织5次整治拆除行动，拆除11宗违法建筑物，面积3公顷。核查土地遥感监测图斑170个，面积80.28公顷，核实违法用地面积18.41公顷，立案48宗，拆除3宗，复耕复绿3宗，缴纳罚款98.67万元。查处矿产非法违法违规案件14宗，处罚金额77.76万元。

【地质灾害防治】 编制《乳源瑶族自治县2017年度地质灾害防治方案》，对各地质灾害危险点、隐患点进行排查核对；发放地质灾害防灾工作明白卡和地质灾害避险明白卡1609份，告知书1508份，发送预警短信约2000条。组织实施5个地质灾害治理项目，竣工2个治理项目。组织县民族实验学校开展地质灾害避险应急演练。

【高标准基本农田建设】 高标准基本农田建设项目2016年度建设面积1373.33公顷，进场施工完成总工程量的40%；2017年项目建设规模2106.4公顷，安排在2个镇15个行政村实施，总投资约4739.54万元，正编制规划设计与预算编制方案。组织高标准农田建设项目上图入库及信息统计工作，总面积6533.33公顷。

【水田垦造提质】 严格划定垦造水田潜力地块，全县划定垦造水田潜力总规模779.61公顷，规划项目59个，完成成果编制、上报。2017年度垦造水田计划数不低于10公顷，启动实施大桥镇、一六镇两个耕地改造项目，拟改造水田面积20.87公顷，预计新增水田面积14.97公顷，完成实施方案编制和改造地块选址、可研编制和论证、项目立项、施工设计总承包等前期工作。

【精准扶贫精准脱贫】 召开精准扶贫精准脱贫工作会议，帮扶干部职工到大桥镇青溪洞村、大坪村以及新谷村入户走访32户挂扶贫困户，进行新时期精准扶贫精准脱贫对接帮扶和宣传慰问。发放慰问品及慰问金2.24万元，帮扶贫困户实现脱贫13户36人；完成住房改造8户，落实改造资金38.8万元；协助27名贫困户子女申请教育助学金9.4万元；1申请落实8户贫困户产业奖补资金6.81万元；为1户1人申请最低生活保障，协助2户2人办理残疾证。

【“土地日”宣传】 围绕“土地与生态文明建设”主题，开展第27个全国“土地日”宣传活动，全县悬挂横幅8条、接受群众咨询200余人次、发放宣传资料3000余份。设立宣传咨询点，向群众解答关于基本农田保护、不动产、农民建房审批程序等问题，向公众宣传讲解土地管理法律法规、办事流程以及地质灾害防治知识，提高珍惜土地资源、建设生态文明的意识，营造节约集约用地、人人保护耕地的社会氛围。 （穆漫云）

安全生产监督管理

【概况】 县安全生产监督管理局（挂县安全生产委员会办公室牌子），为县政府工作部门，负责全县安全生产、执法等工作，属正科级单位。内设办公室、规划法规股（县安全生产应急救援指挥中心办公室）、安全监督管理一股、安全监督管理二股、安全行政综合执法大队（副科级）5个职能股室，人员编制14名，后勤服务人员数2名。

2017年，全县共发生各类事故17起，死亡6

人，受伤 11 人，直接经济损失 8.43 万元。其中：道路交通事故 13 起，死亡 6 人，受伤 11 人，直接经济损失 4.09 万元；消防事故 4 起，无死亡受伤人数，直接经济损失 4.34 万元。各项指标均比 2016 年有所下降。杜绝较大生产安全事故的发生，全县安全生产形势持续稳定好转，较好保障人民群众的生命财产安全。

【安全生产“一岗双责”制度】 严格落实安全生产行政一把手负总责，分管领导牵头抓，其他领导成员具体抓的“一岗双责”制度。县级各行业主管部门依法履行行业监管职责，坚持“谁主管、谁负责”“谁审批、谁负责”的原则，加强主管行业安全监管，确保全县安全生产形势稳定。4 月 19 日，县政府召开全县安全生产工作会议，参加会议有各镇、县安委会成员单位及部分重点企业共 120 多人。县政府与各镇、县安委会成员单位及重点生产经营单位签订《安全生产责任书》，明确各镇、各单位部门的年度安全生产工作目标任务、监管责任，层层落实安全生产责任制。安全生产工作列入县委、县政府对乡镇和全县所有副科级以上单位的年度重点工作绩效考评，客观评价各镇、各单位年度安全生产工作，对安全生产责任制考核不合格、连续两年突破安全生产控制指标或发生重特大安全生产事故的单位，实行“一票否决”和责任追究。

【宣传教育】 广泛普及安全生产法律法规知识和职业卫生知识，提高全民安全生产意识和素质，全县安全生产社会氛围日益浓厚。一是多次组织企业主要负责人、职业卫生管理人员和乡镇、工业园区专职安全员参加市安监局举办的安全生产管理培训班，联合韶关市安全生产宣教中心、县开发区管委会，组织举办工贸企业主要负责人和安全管理有关人员法律法规安全教育培训班，全县共 120 余人参加培训；二是结合职业卫生经常性监督工作，积极向企业负责人宣传《中华人民共和国职业病防治法》有关规定及企业应当履行的职责，利用联合检查行动，积极开展职业病防治知识宣教活动，发放宣传资料 50 多份，职业危害告知卡、警示牌共计 50 余张。与县人社局、县卫计局紧密合作，派出工作人员到职业危害项目严重的企业现场对一线员工进行职业卫生知识培训。多措并举，多层次培训，有效提升全民安全生产的意识和技能，预防和减少违规作业与违反劳动纪律行为。6 月 20 日，以“全面落实企业安全生产主体责任”为主题，联合县公安局、县食药监局、县住建局、县交通局、县气象局、县供电局等 15 个部门，在县经济开发区民族工业园举办 2017 年安全生产宣传咨询日活动，通过悬挂安全主题标语、设置展板、现场设摊咨询、回答群众提问、发放安全生产宣传品及安全知识手册、现场扫描二维码关注安全生产等一系列活动，全面普及安全科学知识，提高公众安全意识，倡导安全健康生产生活方式，在全社会营造遵章守法、关注安全、关爱生命的良好氛围。制作和发放“五落实，五到位”宣传牌和挂图 1200 块发放至企业，确保企业安全生产主体责任落到实处。

【安全标准化建设】 积极推行安全标准化三级达标及平安企业创建活动。建立安全生产责任制，制定安全管理制度和操作规程，排查治理隐患，规范生产行为，确保各生产环节符合安全生产法律法规和标准规范的要求。2017 年，全县创建平安企业 62 家、平安企业示范点 2 家，共有 5 家工矿商贸企业完成安全标准化三级达标验收。

【安全生产专项整治】 按照“全覆盖、零容忍、严执法、重实效”总要求，抓好重点行业领域安全生产专项整治工作。制定《关于印发危险化学品安全综合治理实施方案的通知》《关于印发〈乳源瑶族自治县 2017 年危险化学品汛期灾害防范和安全生产隐患大排查工作方案〉的通知》《关于印发〈乳源瑶族自治县非煤矿山汛期灾害防范和安全生产工作方案〉的通知》《关于印发〈乳源瑶族自治县冶金等工贸行业领域汛期灾害防范和安全生产工作方案〉的通知》等文件，联合国土、公安、交通、住建、气象等职能部门开展专项行动，重点对未经安全条件审查建设的项目、证照过期未及时换证、安全生产指令执行情况、无证上岗情况、制度和操作规程、应急预案建立完善情况和安全设备设施配备情况的非煤矿山、危险化学品、烟花爆竹等重点行业企业加大执法检查力度，打击非法违法行为，预防和减少生产安全事故发生。2017 年，检查各类生产经营单位696家，发现一般隐患483条，完成整改483条，整改率100%；对存在无证上岗、安全意识不足、设施设备设计安装不符合行业标准等违法行为的7家经营企业进行处罚，处罚金额共计0.6万元。

【安全生产应急管理】 2017年安全生产应急管理工作总体思路和任务是：牢固树立安全“红线”意识，推进应急管理立法工作，提升应急救援队伍能力，推动应急机构职能、应急救援基地、应急信息化建设，加强应急宣传教育工作。6月开展安全生产月和安全生产万里行活动，组织危险化学品、烟花爆竹、公共场所消防安全等企业应急预案演练活动，全县举办30多次不同程度应急演练。通过演练，磨合队伍、明确职责，确保应急救援工作时刻处于战备状态和全县安全生产形势持续稳定。

【职业卫生监管】 贯彻落实《中华人民共和国职业病防治法》，落实企业职业病防治主体责任，强化职业病危害源头治理和前期预防，推进安全生产和职业卫生一体化监管执法。按照市局统一安排，开展安全生产和职业卫生普法宣传活动，协助企业完善职业卫生的规章制度、操作规程、职业卫生档案建立工作。全年完成建设项目职业卫生“三同时”11件，收到现状评价报告12件。共有35家企业开展职业健康检查，检查人数3000余人。有效保障劳动者健康安全。（马一飞）

国有资产管理

【概况】 县明源国有资产经营有限公司（简称县明源公司），成立于2004年1月。内设办公室、企财审计部、资产经营部3个职能部门。是由县政府出资设立的资产经营有限公司（国有独资公司），主要以独资、控股方式从事国有资产产权经营和资本运作的企业法人，是县政府授权的国有资产运营机构（国家授权投资的机构），对政府授权范围内的国有资产直接行使资产受益、重大决策、选择经营者等出资者权利，承担国有资产保值增值责任。

【国有企业改革】 2017年，出清重组“僵尸企业”（指已停产、半停产、连年亏损、资不抵债，主要靠政府补贴和银行续贷维持经营的企业）完成木器综合厂与医药总公司营业执照注销工作。做好县民族水泥厂破产准备工作。县建筑材料厂、韶源永磁材料有限公司破产程序进入收尾阶段。

【国有资产监管】 2017年，相继对县物资总公司、饮食服务公司等公司进行企业内部审计，促进国有企业财务监管规范化。完成燃化总公司液化石油气站与韶关市汇新能源有限公司合资经营相关手续，确保国有资产保值。

【国有资产运营】 2017年，完成县新农村示范性安居工程A、B安置点（坝厂“两不具备”安置新村和五彩瑶山南侧地块“两不具备”安置新村）基础施工工作。做好乳城镇农村综合安居工程基础施工工作前期准备。金瑶山宾馆（原民族宾馆）整体改造项目重新立项规划，计划改造成产业共建特色小镇过渡商业区，进入招投标阶段。做好县生猪定点屠宰场异地搬迁兴建工作。

【商业总公司】 县商业总公司是县明源公司下属企业，公司以“保障国有资产增值保值”为核心，主要经营房产物业，收取物业租金。业务涉及深圳、珠海、韶关市及乳源县城，房屋店铺共有57间。公司有在职人员7人，离退休人员19人。

（乔茹茵）

审计工作

【概况】 乳源瑶族自治县审计局内设机构：办公室、法规审理股、经济责任审计股、经贸审计股、财政金融审计股。核定机关行政编制10名，其中：局长1名、副局长2名，股长（主任）5名。后勤服务人员2名。2017年，完成审计项目31个，审计发现非金额计量问题85个，提出审计建议110条，审计查出主要问题金额94879万元，其中：管理不规范94751万元，违规金额128万元，应上缴财政1万元，上缴财政1万元，移送纪检监察机关处理2项，移送有关部门处理2项，提供审计专项服务5次。

【县级预算执行审计】 2017年，完成2016年县级预算执行和其他财政收支审计。围绕构建财政审计大格局，拓展预算执行审计的广度和深度，以全部政府性资金为主线，对县本级财政预算执行和其他财政财务收支情况进行审计。重点审计预算编制、调整、预算收支执行和预算平衡情况，审计调查国库集中收付等财政管理制度执行情况。对县交通运输局、县民政局、县住房和城乡规划建设局、林业局、人力资源和社会保障局5个单位2016年度部门预算执行情况进行审计。审计中着重从体制、机制和管理层面研究财政问题和提出审计建议，强化财政资金的预算约束力。

【经济责任审计】 2017年，做好审计全覆盖规划，对16个单位的领导干部开展经济责任审计。重点审查领导干部任职期间单位“资金、资产、资源”管理制度是否完善，制度是否有效执行，单位资产账实是否一致，是否存在账外资产、资产未经规定程序随意处置，增强领导干部执行“中央八项规定”和财经纪律的意识，促进领导干部依法行使权力和履行职责，提高单位财务管理水平和依法理财能力。

【民生项目资金审计】 2017年，按照上级审计机关的统一部署，组织开展2016年供给侧结构性改革推进情况跟踪审计、“放管服”政策落实跟踪审计、县加强基层医疗卫生服务能力建设政策落实情况跟踪审计、精准扶贫精准脱贫跟踪审计等项目，查找各项惠民政策贯彻执行存在的问题，促进国家各项政策措施落实到位，推动乳源经济平稳运行、健康发展和转型升级。

【县国有企业审计调查】 2017年，对县属2个国有企业开展审计调查。根据调查资料进行分析，针对县属国有企业的状况，提出审计建议。

【上级交办的审计任务】 2017年，抽调3人参加市审计局组织的为期1个半月乡镇党政领导异地同步经济责任审计，1人参加省审计厅组织为期2个月的县级党政领导异地同步经济责任审计，1人参加审计厅组织（韶关市局负责）的保障性安居工程异地交叉审计（清远市），1人参加市纪委组织为期1个月的各类扶贫、新农村建设和重要民生专项资金自查自纠工作专项检查。抽调3人参与7个村账的审计调查工作，共查出问题23个，针对存在问题，提出审计意见和建议，促使县有关部门完善村账管理制度。

【精准扶贫工作】 2017年，审计局派出工作组配合乡镇抓实挂点村委精准扶贫工作，切实做好贫困户扶贫项目产前、产中、产后服务，完善各项帮扶政策的落实和资料采集造册。针对各户实际问题，因地制宜，因户施策，制定帮扶措施。争取各部门支持，帮扶措施实施到位有效。贫困户收入稳步增长，达到脱贫计划指标。（陈　燕）

农业·农村·气象服务

农　业

【概况】　乳源瑶族自治县农业局（以下简称县农业局）加挂县委农村工作办公室牌子，实行“一套班子，两块牌子”办公工作，内设机构11个，下设机构23个。2017年局机关行政编制26名，渔政大队专项编制8名，农产品质量安全监督检测站参公编制10名，动物卫生监督所事业编制8名，农业技术推广中心事业编制17名，畜牧兽医水产局参公管理事业编制16名，乡镇农业技术推广站事业编制25名，乡镇畜牧兽医水产站事业编制21名。

【农村经济】　2017年，全县发放种粮补贴、禁渔补贴等强农惠农补贴资金1262.07万元。农作物播种总面积22769.13公顷，其中：粮食播种面积12088.47公顷，总产量6.096万吨（水稻8257.93公顷、总产4.82万吨，玉米1126.93公顷、总产0.36万吨，大豆817.4公顷、总产0.197万吨，番薯1053.93公顷、总产0.403万吨，其他832.28公顷）。蔬菜5040.53公顷、总产8.91万吨，黄烟522.2公顷、总产0.107万吨，花生1986.8公顷、总产0.56万吨。全县生猪存栏为9.79万头（其中能繁母猪存栏1.25万头），肉猪出栏15.77万头；肉类总产量1.47万吨，禽蛋产量0.99万吨，水产养殖面积5026公顷，水产生产总量2870吨（淡水捕捞产量约223吨），产值3118万元。2017年，全县农林牧渔业总产值13.23亿元，比上一年增长4.3%；第一产业增加值8.36亿元，增长4.3%。

【农业科技】　2017年，县农业局在全县推广先进农业技术和优良品种，大力发展优质粮油、优质蔬菜、优质果茶，提高农业优质化率和综合效益。重点推广粮食高产创建、测土配方施肥、病虫害综合防治、绿色防控、水稻“三控”（控肥、控苗、控病虫）技术、机械化作业等技术措施，结合春耕、冬种、农产品质量安全等工作，积极开展送科技下乡活动，举办技术培训82期，发放农业科技信息等有关书籍2000余册，推广水稻五优308、泰丰优208、花生粤油13号等优良品种9个，蔬菜、西瓜和水稻种子等21个新优品种在游溪、一六和乳城镇开展试验示范。实施国家农用地测土配方施肥补贴项目，9个乡镇共完成土样采集300个；乳城、大桥、一六、东坪、桂头镇各完成一个砂糖橘的田间肥效试验；修正施肥配方5个，发放施肥建议卡3万张；每个镇建设1个测土配方施肥示范区。深入田间做好农情信息收集整理工作，编写、发布《农作物病虫情报》9期。配合广东省农科院完成农作物种质资源普查，对全县征集的200份种质资源进行采样、基本生物学特征鉴定、评价、编目、入库，及时上报。实施基层农技推广体系改革与建设补助项目，全县选聘专家10名，技术指导员56名，科技示范户560户，示范户类型有作物、园艺、畜禽、水产及其他五类，认定农业科技示范基地3家。实施2016年度新型职业农民培育工程项目，举办培训班2期，累计培训新型职业农民培育对象285人，其中黄剑华获得“广东省百佳新型职业农民”称号。开展“寻找最美农技员活动”，大桥镇农技站邹新华荣获“广东省最美农技员”称号。

【产业发展】　围绕省对乳源北部生态农业区定位，实施“一片两带”建设，大力发展特色生态农业主导产业和新型农业经营主体，采用龙头企业、农民专业合作社、一乡一品等多种形式促进农业产业化经营。2017年全县水果种植面积达2302.95公顷，岭南落叶水果产业带初现雏形；全县稻田养鱼约544.5公顷，投放禾花鲤鱼苗约85万尾，稻田养鱼基地建设初具规模；大桥镇中冲富民蔬菜专业合作社成功申报国家级稻渔综合种养示范基地。全县有农业产业化经营组织628家，其中农民专业合作社356家，家庭农场148家，农业企业124家，其中省级农业龙头企业2家，省级示范家庭农场2家，省级农民专业合作社示范社8家，新新农业和金盛农业2家农业企业在上海股权交易中心成功挂牌。“盘王鱼”牌三角鲂、“瑶家花”牌梅花猪获评为广东省第二届“十大名牌”农产品，瑶山王红茶、“盘王鱼”牌鳙鱼、冠益米粉被评为省名牌产品。建立以瑶乡园农产品协会为主体注册的农产品区域公用品牌“乳江”。搭建“互联网+”农特产品O2O平台，O2O体验馆建设基本完成。继续推进“中国供销·粤北农产品电商物流商贸城”项目，对接珠三角地区，拓展乳源优质农产品销售渠道。11月18日—21日举办“第三届粤北（乳源）农特产品博览会”，近200家农业企业、农民专业合作社、种植养殖大户等参加展销，参展企业范围扩大到邻省、广东省内各市。依托乳源的各大旅游景点，推广各类优质农产品，积极拓展农民增收渠道。在云门寺、云门山等大型旅游景点带动下，省级新农村示范片主轴线旁的瑶山彩石加工销售点和休闲农庄迅速发展，呈现一、二、三产业快速融合发展态势。

【农产品质量安全】 3月份，乳源被农业部认定为第二批国家农产品质量安全县创建试点。农业部门以创建国家农产品质量安全县为抓手，推进农业产业化、标准化发展。落实农业生产主体责任制，坚持农产品生产经营主体为农产品质量安全的第一责任人，把全县正常经营的292家农产品生产经营主体纳入监管名录，督促生产主体建立完善的农产品生产记录档案。与农业生产主体签订“依法依规生产经营使用农药承诺书”“水产品质量安全承诺书”等安全承诺书1000多份。强化农产品质量安全监管，广泛进行安全生产宣传，发放“依法依规使用兽药告知书”“依法规范使用农药告知书”“农产品质量安全手册”等宣传资料1万多份。细化农产品质量安全监督管理网格，设立村级农产品质量安全协管员，形成覆盖全县1082个自然村的县、镇、村三级农产品质量安全监管网格。加强检测体系建设，县级检测站开展农药残留定量检测；9个乡镇农技站（检测分站）配备农残检测、土壤速测等农产品质量检测仪器，全面开展农残快速检测工作，形成“以县级检测站为骨干、乡镇分站为基础”的监测网络。结合日常检测和节假日专项监测行动，加强农产品质量安全监督，2017年，全县共检测蔬菜、茶叶等农产品样品48183份，检测合格率达99.77%。加大农资监管与农业综合执法力度，深入开展农资打假专项治理行动，累计检查经营企业、养殖场416家次，出动监督执法人员876人次。与湿地公园管理处、环保局、公安局和东坪镇等多部门联合开展南水水库库区网箱清理拆除专项大行动，累计清除大银鱼网339张，拆除网箱养殖户14户、折合面积6984平方米。全年未发生重大农产品质量安全事件，全县有无公害、绿色食品等有效认证产品24个。

【农村综合改革】 稳步推进农村土地承包经营权确权登记颁证工作。11月，乳源完成农村土地确权数据汇交工作，率先通过农业部检查验收，成为广东省第一批成功汇交的2个县（市、区）之一；至年底，全县实际颁发土地承包经营权证书到户32701本，颁证率93.68%；完成实测承包地面积19210.8公顷，实测率100.3%。落实农业三项补贴、政策性水稻玉米种植保险、休（禁）渔补助等国家强农惠农富农政策，继续实施《乳源瑶族自治县农村改革发展实施意见（2016—2018年）》《关于扶持农业产业化发展的实施方案（2016—2018年）》《关于改善农村人居环境工作三年行动计划（2016—2018年）》和《加快水果产业发展的意见》等延续性政策，2017年全县发放耕地地力保护补贴资金1262.07万元、休（禁）渔及渔船油价补助资金84.76万元、新种果树补贴169.22万元，完成政策性水稻玉米保险9345.87公顷，覆盖率100%。完善农村集体“三资”（资源、资产、资金）清理核实工作，加强“三资”常态化监管，全县102个行政村的财务公开率达100%。在全县9个镇认定91个惠农信息社，启动洛阳镇6个惠农信息社试点建设工作，把这些信息进村入户建设作为“互联网+现代农业”行动计划在农村落地的示范工程。

【“一事一议”】 2017年实施一事一议村级公益事业财政奖补项目23个，涉及村委19个，村小组23个，受益人口9625人。其中：村内道路硬底化项目5个，村内小型水利设施项目4个，村内公共场所项目13个。竣工项目22个，共完成安全饮水管线4.5千米、村内水渠1.8千米、村内道路硬底化10.61千米、公共活动场所10552平方米。项目总投资2006.25万元，其中省级以上财政奖补资金535万元、市级配套资金41万元。

【农村人居环境】 继续实施农村环境综合整治三年行动计划，农村人居环境日益改善，281个村初步整治完成，293个村完成村庄整治规划，达到2016年和2017年整治目标。2017年，乳源申请农业发展银行贷款项目，融资10亿元，主要用于农村人居环境综合整治，投入资金3.6亿元，落实在各镇和“五彩瑶乡”省级新农村示范片实施高标准农田、农村公路、自来水建设、中小河流治理等农田水利基础设施改造工程和污水处理、垃圾收运、外立面整治等农村环境综合整治工程中。全县完成村巷道硬底化村庄410个，通自来水村庄557个，建有卫生保洁队村庄388个，实行雨污分流村庄170个，建有小公园或文化活动场所村庄115个，其中省级新农村示范片41个重点村的村巷道硬底化、路灯亮化、卫生厕所和自来水百分百完成。实施村庄整治和美丽乡村行动计划，建成村级健身广场16个，84个村加入创建整洁村（示范村）签署双向承诺书，全力推进“三拆”和规划设计，全年累计拆除残垣断壁和破旧危房694间，建成东坪镇雕子塘、一六镇乌石岭等12个美丽乡村。向各镇村发放《工作手册》《致父老乡亲们的一封信》共1万多份，先后通过《南方日报》《韶关日报》《羊城晚报》宣传乳源新农村示范片建设成果与农村人居环境整治工作情况，让乳源人民喜看瑶乡的美丽嬗变。

（赖月新）

林　业

【概况】 乳源瑶族自治县林业局（以下简称县林业局）是2014年5月政府机构改革中重新设立的正科级行政机关单位。2017年内设机构6个，分别是局办公室、计划财务股、政策法规股（山林纠纷调处办公室）、林政股（行政审批股）、营林股（县绿化委员会办公室）和森林防火办公室（县森林防火指挥部办公室）；直属行政单位1个，是县公安森林分局；下属事业单位14个，分别是在9个镇的林业工作站、泉水市级自然保护区管理站、县生态公益林管护中心、县木材检查站及森林资源综合管护大队、县森林资源评估中心。

2017年，县林业局深入贯彻党的十九大和党的十八大以来关于加强生态文明建设的整体战略，按照县委、县政府既定的“生态立县”发展战略和新一轮绿化广东大行动的部署要求，着力推动林业各项重点工程，牢牢守好林业生态安全底线，为主动融入珠三角和大湾区提供生态支持。

【营林工程】 2017年全县以森林碳汇、生态景观林带、森林进城围城、乡村绿化美化四大重点林业生态工程为载体进行营林工作，全县完成森林造林2583.6公顷，其中生态重点森林碳汇造林304公顷。继续加强对京珠和乐广高速公路两旁景观林带（106公顷）的抚育管护工作。建成有乡土味道、各具特色、环境宜居的乡村绿化美化示范村10个。建立1个33.33公顷的镇级森林公园。推进石漠化综合治理，在石漠化地区种植油茶、茶叶、果树药材等420公顷。实施封山育林11.4万公顷。

【林政管理】 2017年，县林业局严格执行森林采伐限额制度，成立林木采伐审批小组，做到采伐管理全流程公开。全年审核审批林木采伐48568.2立方米。严禁天然阔叶林商业性采伐。严格执行林地定额管理，积极引导建设项目节约使用林地；省林业厅审核审批使用林地13宗，共106.55公顷。理顺各项审批事项和服务事项的服务流程和办结时限，简化流程。组织产业带项目建设申报，获批油茶产业带建设项目和特色经济林补助项目，合计460公顷。按照《广东省林业厅关于开展新一轮森林资源二类调查工作的工作的通知》，开展新一轮森林资源二类调查工作，准确掌握全县森林资源具体情况，为科学经营和管理森林提供依据。

【森林防火】 2017年，县林业局开展县镇两级《广东省森林防火条例》宣讲会及相关业务知识培训活动，组织扑火机具实战操作使用演练多场。全年投入经费60余万元用于森林防火宣传工作，运用印发森林防火环保袋、《条例》、宣传册、宣传笔盒，加密设置野外森林防火宣传牌，悬挂横幅，张贴标语，电视台滚动播放《条例》规定和手机短信温馨提示等形式，宣传普及森林防火知识。创建3所“森林防火示范学校”。投入30余万元购置一批扑火装备，配备给各镇护林员和县森林消防大队。全年度发生森林火灾5宗，森林火灾受害面积27.9公顷，森林火灾受害率0.21‰，符合省级森林火灾控制要求标准。

【综合治理】 2017年，县公安森林分局根据国家、省市森林公安机关统一部署，在全县范围内开展“红线行动”“利剑行动”“飓风1号”“护林行动”“秋冬季打击破坏候鸟等野生动物资源”等一系列专项行动，严厉打击各类破坏野生动植物资源、林地资源等森林资源违法犯罪行为。全年受理各类森林案件146起，其中：立刑事案件37起，破11起，受理林业行政案件109起，查处109起。林业行政处罚199人次，收缴木材103.9立方米，收缴野生动物53只。恢复林地3.67公顷。不定期开展木材加工厂清理整顿专项行动，打击违法经营加工木材行为，有效遏制木材流通领域的违法犯罪行为。

【社会服务】 2017年，县林业局积极推进造林补贴和森林抚育补贴等林业强农惠农项目。全年完成造林补贴1153.3公顷，其中乔木林和木本粮油林473.3公顷，水果等其他林木366.7公顷，迹地人工更新、低产低效林改造313.3公顷。完成森林抚育7026公顷，其中中央森林抚育补贴733.4公顷，省级森林碳汇林抚育1632.6公顷，其他森林抚育4660公顷。加强自然保护区保护管理，狠抓各项制度的落实，逐步推进全县4个市县级自然保护区总体规划修编工作；启动建设粤北生态特别保护区工作，做好范围划定、资源摸底调查等规划建设前期工作；完成泉水市级自然保护区生态公益林示范区建设工作；开展全县国家级生态公益林林区落界工作；完成国家级生态公益林落界外业及数据录入工作，将数据上报规划设计院审批；完成8.49万公顷生态公益林补偿资金发放工作。

【林权改革】 积极深化推进集体林权制度改革。2017年全县集体林地面积15.95万公顷，林地所有权发证面积15.28万公顷，林地使用权发证面积15.28万公顷，林权证发证率95.8%。林地林木权属流转37宗，面积2335.31公顷。实施林权抵押贷款12宗，面积0.27万公顷，融资金额3500万元。全年调处山林矛盾纠纷案件共20宗（其中积存案件18宗、新增案件2宗），涉及森林面积2792.86公顷；山林纠纷调处办接待群众来访186人次，化解矛盾纠纷案13宗，调处化解涉林面积2626.33公顷，累计化解率65%，圆满完成省市下达调处山林纠纷的工作任务。

【精准扶贫】 2017年，县林业局积极贯彻省、市、县新时期精准扶贫系列文件精神，投入12.85万元用于洛阳镇洛阳、富塘、深洞、坪溪等4个村委的建设和扶贫工作，完成助学扶持、产业扶持、危房重建等任务，引导贫困户树立自立自强和劳动致富思想，贫困户生活条件得到改善，收入稳步增加。

（李丽珍）

水 务

【概况】 乳源瑶族自治县水务局（以下简称县水务局）内设置9个机构部门：办公室、财务审计股、工程管理股、水政水资源股（行政审批股）、水保农水股（规划计划股）、农电管理股、水库移民办公室、防汛防旱防风指挥部办公室、全面推行河长制领导小组办公室，下辖县水政监察大队、机电排灌管理总站、水土保持监督站、引杨水利管理所、大桥中心水利管理所、双口水利管理所6个事业单位。核定行政编制16名。其中：局长1名、副局长3名；防汛防旱防风指挥部办公室主任1名，股长（主任）7名。后勤服务人员2名。2017年年末水务系统有干部职工93人。

【水利工程建设】 冬修水利修复工程。2017年度县水务局完成修复建设冬修水利及水毁水利工程共19宗，项目总投资为300万元，改善666.67公顷农田灌溉用水。

病险山塘除险加固工程。2017年6月，经县政府办公室批复，同意县水务局对县内病险山塘进行除险加固，工程项目采用设计施工总承包方式进行建设。

农村水电增效扩容改造工程。2017年全县被列入“十三五”农村水电增效扩容改造项目共19个，改造前总装机容量7.04万千瓦，改造后装机容量8.43万千瓦，平均年发电量2.6亿千瓦时。项目总投资1.63亿元，其中中央补助资金0.59亿元，地方自筹资金1.04亿元；完成全部项目设计及评审工作。

引杨灌区改造项目。引杨灌区改造总投资为2761.35万元，该改造项目于2017年年底完成主体工程建设。改造主干渠总长度23.253千米（A段7.70千米，B段12.25千米，C段3.303千米），改造完成后该灌区灌溉面积由0.1万公顷恢复到0.67万公顷，灌溉水利用系数由0.40提高到0.665，水土资源潜力得到充分挖掘利用。

中小河流治理项目。为提高杨溪河治理河段的防洪减灾能力（保护人口11450人和耕地340.67公顷），改善河岸自然景观，增强生态功能，县水务局实施山区五市2017年中小河流治理工程（杨溪河治理工程）。项目总投资2200.87万元，治理河长13.873千米，工程于1月5日开工，年底全面完工。实施山区五市2017年（二期）中小河流项目有2宗，杨溪河治理工程和其他北江一级支流治理工程。治理河长8.829千米，总投资1566.57万元。工程于11月5日开工，杨溪河治理工程于年底全面完工，其他北江一级支流治理工程上游段完工，下游段由于征地问题暂未开始施工。

村村通自来水工程。2017年度计划完成投资3200万元，具体实施的项目有乳城镇东北片区、桂头镇片区和大桥镇武丰片区三宗工程。三宗工程截至12月，完成投资约2200万元，超额完成省级下达的年度投资1372万元的任务。

【防汛防旱】 实施汛前防汛备汛工作安全大检查，落实汛期值班巡查制度。指导各镇汛前开展安全大检查，对发现的问题及时处理（汛前安排人员分组分批下乡镇抽查）；要求在汛期期间，各镇各水利工程单位对所有的水库、堤防和易造成山体滑坡的危险地带安排专人24小时巡查、监测，发现险情上报和处置险情要及时。调整好三防指挥部成员单位名单，会同水政、水电协会共同做好安全责任书签订工作。

【依法治水】 在3月22日至28日第二十八届“中国水周”期间，在市水务局、市水政支队和有关部门的大力支持配合下，认真组织开展内容丰富，形式多样的水法规宣传活动。在各镇区及政府广场开展《中华人民共和国水法》《中华人民共和国防洪法》《中华人民共和国水土保持法》等法律法规宣传。在组织部开展“喜迎党的十九大，党员服务展风采”的活动中，大力宣传水行政相关法律法规、节水护水知识。全面推行河长制工作，进一步提高人民群众的节水意识、水资源保护意识和水法律意识，加深对河长制的了解。2017年共征收水规费1208.8万元，其中水资源费1157.9万元，水土保持费50.9万元，全额上缴国家金库乳源瑶族自治县支库。

【水资源管理】 取水管理。完成一年一度的水资源季报、水资源管理年报、水资源公报的上报统计任务及取水户取水许可计划、总结工作。完成变更取水许可证30套。

采砂管理。做好河道巡视，对各采砂现场进行严格监管，加强日常对河道巡查监管，对发现的和群众反映的各类水事违法案件进行及时调查处理，保持对非法采砂的高压严打态势。

水资源节约与保护。初步开展2017年省级水资源节约与保护专项资金运作项目（乳源瑶族自治县节水示范学校建设实施方案），委托第三方开展水平衡测试工作和建设工程。

最严格水资源管理制度考核。组织全县有关单位参与2016年度实行最严格水资源管理制度考核公众评价网络问卷调查，完成乳源瑶族自治县最严格水资源管理制度考核相关工作。

【全面推行河长制】 2017年全县河长制工作全面推进，县水务局河长办及相关部门积极响应、采取有力措施，以“保护优先、自然恢复”为原则，大力开展河湖治理工作，推进河湖沿岸绿化、湿地保护体系建设等工作；编制全县7条县级河流、镇村级河流管护实施方案，造册河湖名录，不断推动河长制工作的进行。向社会公布全县三级河长名单179人。为履行河长巡查职责，全县7名县级河长开展巡河工作，对巡河过程中发现的问题交办给各相关单位进行落实整改。

【安全生产】 健全安全生产管理制度，做好安全生产及消防工作。坚持“安全第一、预防为主、综合治理”方针，实行各级领导干部安全生产“一岗双责”制度；落实党政领导干部安全生产“一票否决”制度和责任追究制度；开展安全生产法规宣传教育工作，做好《水利安全生产知识》《中华人民共和国安全生产法》宣传，增强安全防范意识。

【水库移民管理】 根据县委的安排部署，圆满完成三个环节工作，强化组织建设、作风建设，提升为民服务水平和群众工作能力。2017年到位资金共2173.04万元，（其中：后扶资金944万元、结余资金608万元、库区基金54万元、省属移民资金567.04万元），计划安排到乳城、东坪、一六、游溪、桂头、必背等镇建设新农村建设、文化教育、农田水利等项目建设。

落实移民后扶资金直补政策，到年底足额发放大中型水库移民后期扶持资金直补到人748.33万元，受益移民群众13694人，切实维护移民群众的切身利益。

加强移民基础设施建设。全年投入基础设施建设资金1424.71万元，用于移民村农田水利设施、乡村公路、村内街道硬底化、环境整治、村文化室、太阳能路灯等工程，进一步提高移民生产生活条件，帮助移民融入迁入区区域经济、融入迁入区人居环境，与群众共同发展、共同繁荣。（丘　洁）

南水湖湿地公园管理

【概况】 南水湖湿地公园于2009年12月经国家林业局批准建设，2012年8月挂牌运作，2015年12月经国家林业局验收批准的国家级湿地公园。它的地理位置在县城西南16千米的东坪镇境内，地理坐标为北纬24°39′45″～24°58′57″，东经113°08′01″～113°12′30″，南向北呈狭长形廊道走向，东西垂直长约为10.0千米，南北垂直宽约为18.7千米，规划总面积为6283.7公顷。湿地公园分为南水湖湿地保护保育区、山溪入库口湿地保育区、环库湖滨森林生态缓冲保育区、湿地生态功能展示区、湿地体验区、服务管理区等功能区。南水湖湿地及周边地区植被类型多样，物种丰富，共有植物2400多种，其中国家级珍稀保护植物35种和省级保护植物2种；有野生脊椎动物438种，非脊椎动物有3000种以上，其中有国家级保护动物34种，广东省重点保护动物13种。

乳源南水湖湿地公园管理处属县政府直属正科级事业单位，定编人员15人，其中主任1名、副主任2名、股长4名、站长1名；2017年年底在职人员13人。

【湿地保护】 2017年，根据南水湖湿地公园规划，开展立项恢复南水湖湿地周边湖边岛屿裸露地面的植被工作，增加湿地植被密度，改善湿地生态环境。恢复工程内容为在湿地公园东田境内种植红枫、樱花等木本和草本植物，植被恢复面积约3.6公顷；完成乳源南水湖国家湿地公园2017年植被多样性恢复工程设计和预算，项目建设内容为在湿地公园仿真动物园及管理处周边道路旁杂草丛生处，种植红枫、樱花、玫瑰、红继木、勒杜鹃、满天星等乔灌木和地被，增加植物多样性，改善生态环境；完成广东乳源南水湖国家湿地公园湿地恢复及附属设施采购项目，项目内容为在湿地公园的阿公岩地区，种植黄槐、红花羊蹄甲、福建山樱花等乔木苗木，每种苗木种植成活率达到95%以上，相关附属设施建设按设计图纸进行建设，植被栽种面积约3.33公顷。

【科研工程】 开展广东乳源南水湖国家湿地公园陆栖脊椎动物多样性监测项目。完成2016年度的年度动物监测季度报告，预计2018年年底完成全部监测报告，届时可以查明湿地公园的鸟类、兽类、两栖类等的陆栖脊椎动物的组成、种群数量、区系特点、地理分布、迁徙类型、濒危与特有现象。安排管理处相关专业技术人员对湿地公园内进行常规巡查，做好野生动物疫源疫病监测上报工作以及日常巡护记录，完成全年度的疫源疫病监测上报工作。对水文气候的监测数据，委托韶关市水文分局及粤电南水发电公司进行监测。为确保湿地周边生态系统稳定，续聘6名巡护人员，与周边相关村委签订管护合同。完成2017年全年对南水湖的生态资源进行常态化跟踪检查巡护任务。

【服务建设】 继续完成第三期南水湖国家湿地公园太阳能路灯宣教安装工程，在南水湖湿地公园管理处所在地周边区域内架设安装100杆太阳能路灯。完成宣传石采购项目，在南水湖湿地公园阿公岩地区（97号桩）周围内埋设宣传石100个。协助县政府开展网箱拆除工作，配合相关部门，确保网箱拆除工作稳步开展，截至2017年12月26日，拆除网箱面积约5.5万平方米，拆除银鱼网架约500个。

【科普宣传】 在2月2日举办以“新《野生动物保护法》·世界湿地日”为主题的宣传活动，管理处联合韶关市野生动植物保护办公室、乳源林业局在南水湖湿地公园周边多个路口向广大人民群众展示动植物标本并发放相关宣传海报和环保宣传袋，张贴宣传标语，发放宣传手册，粘贴宣传图片；与乳源中学联合创办“湿地学校”；与教育局、关工委联合举办全县中小学生征文比赛。通过宣传活动，提高广大人民群众自觉参与保护南水湖的意识，南水湖生态环境日益改善。（彭云成　黄　婷）

农　业　机　械

【概况】 乳源瑶族自治县农业机械管理局（以下简称县农机局）为县人民政府直属正科级公益一类事业单位，主管全县农机安全监理、农机推广工作。内设办公室、农业机械监理股、农业机械管理股。定编11名，在职人员11人。其中局长1名，副局长2名，股长（主任）1名。乡镇聘用农机员8名。

【学习中共十九大精神】 2017年，为深入学习贯彻党的十九大精神，县农机局要求全体干部职工以全会精神为指导，着力抓实“两学一做”学习教育，认真研究、深刻领会，进一步创新农机化服务和安全生产工作，确保圆满完成全年农机服务和农机安全生产目标任务。工作中，坚持按照上级的统一部署，把十九大中的新理念、新部署、新要求转化为推动工作的强大动力；认真听取干部群众的意见和建议，不断修正和改善工作方法，提高工作效率和质量；进一步理清工作思路和发展思路，严格要求党员干部职工做好“两学一做”，坚决树立“零事故、零死亡”的安全发展理念。

【农机化推广】 为进一步加大农机购置补贴政策的宣传力度，2017年想农机局开展多形式、多层次的宣传活动。一是编印《广东省2015—2017年中央财政农业机械购置补贴政策解答》1000册，分发到全县9个镇和所有行政村；二是利用广播、电视、专栏等宣传媒体，就农机购置补贴政策面向全县进行宣传，公布县农机购置补贴政策咨询电话、监督举报电话、补贴产品经销商名单和农机补贴目录情况；三是印制并利用圩日发放宣传资料。通过采取以上措施，广大农民群众对农机购置补贴工作有更深入、全面的了解，提升农机购置补贴政策的透明度。

【农机购置补贴工作】 严格补贴操作程序，确保补贴政策规范实施，严格按照《广东省2015－2017年中央财政农业机械购置补贴实施方案》的要求，规范操作，严肃工作纪律，严格执行补贴标准；充分尊重农民的自主选择权，不强行向农民推荐补贴产品，由农民自主选择补贴目录内的产品；按程序操作，对所有补贴机具统一建立档案，由专人管理。切实抓好补贴实施监管，确保补贴政策执行的严肃性，发现补贴实施过程中存在的问题，及时做好纠正和整改工作，切实把问题消灭在萌芽状态，确保补贴资金安全。

【农机监理】 一是开展变型拖拉机注册登记整治，严把年度检审关，加大对变拖的处理力度。开展拖拉机驾驶员考试专项整治，杜绝伪造、变造、套用、涂改牌证和使用过期无效牌证等违规、违法行为，规范农业机械牌证的使用和管理工作。二是强力推进隐患排查治理。采取分片、包村，定岗定责的方法，认真组织开展隐患排查治理行动。相关单位部门及农机监理人员以包片、包村、包户的方式，深入村队及农机户家中，对无牌证、未参加年度检验的拖拉机、改装车、无证机手等现象进行全面调查摸底统计，动员督促其办理相关手续。对黑车非驾、违章载客、私自改装的超宽大拖车等严重违法行为按照“四个到位”原则，进行排查治理。

【安全生产】 根据农业机械面广量大的分散作业的特点，组织人员深入乡村道路、田间、场院，大力开展农机安全检查，坚决取缔拖拉机载客、“黑车非驾”、酒后驾驶等严重违法违章行为，做到发生1起处理1起。建立违章登记、整改、销案制度，记录违章行为。对违章作业人员进行教育、下发整改通知书，督促其做好整改。通过开展拖拉机违章专项整治工作，预防和减少农机事故发生。在变型拖拉机专项整治工作安全生产大检查活动期间，组织3个整治小组，分赴全县9个镇，在拖拉机出行频繁的路段、主要作业与停放场所开展集中整治活动。通过专项整治，促进农机优质、高效、安全服务和帮助农村经济稳步健康发展。到年底，全县无发生1起农机安全生产事故。 （蔡秋婷）

扶 贫 工 作

【概况】 2017年，县扶贫开发领导小组办公室内设三个职能股室，在职人员13人。2017年，全县建档立卡的贫困人口2823户7157人，其中按劳动能力分，有劳动能力的贫困户1413户4697人，无劳动能力的贫困1410户2460人。贫困人口中，残疾户1174户3141人，患病人口涉及2908人（长期慢性病1093人、患大病273人），需要住房改造的有750户。2017年脱贫2978人，占总贫困人口的42%。

【工作落实】 2017年，县委、县政府高度重视扶贫工作，按照县三年脱贫攻坚方案和年度工作计划，围绕“两不愁、三保障”（即稳定实现贫困人口不愁吃、不愁穿，义务教育、基本医疗和住房安全有保障，基本公共服务主要领域指标相当于全省平均水平）总目标，紧紧抓住年度预脱贫3000人的任务和有劳动能力人均年收入达到6883元以上的目标，在各级各部门和广大帮扶干部的共同努力下，工作有序进行。2017年全县累计投入扶贫资金6019.76万元，其中省市资金4916.51万元（入股银源公司4000万元，产业奖补387.75万元，银行风险金300万元，教育补助228.76万元），投入县级财政资金1103.25万元（危房改造929.5万元、教育助学93.3万元、其他资金80.45万元）。

【工作成效】 2017年扶贫工作的成效主要有：一是开展产业帮扶增收。落实发放“以奖代补”产业扶持资金353.43万元，开展种养项目2000多个，吸纳1078户贫困户发展西瓜、香芋、马蹄、蔬菜、烟叶、禾花鱼、香猪、三鸟养殖等种养产业以及传统种养项目（如养猪、鸡鸭、养牛，水稻种植、花生、黄豆、红薯、笋竹等）生产，带动贫困户的增收。在2016年入股5353万元的基础上，再筹集资金4000万元入股银源公司，累计入股资金达到9353万元。截至11月底，全县有劳动能力贫困户的人均收入达到6906.2元。二是多渠道落实就业服务。县人社局举办“精准扶贫招聘会”6场，进驻招聘的单位81家次，提供岗位2399个，进场咨询人数1580人次，咨询或应聘的贫困户人数114人；开展公益性岗位安置贫困人口劳动力就业，安排15名有意愿的贫困户在公益性岗位上工作；组织537人次参加劳动技能培训，组织劳动力转移就业213人。三是落实教育资助。全县落实生活补助人数1345人，累计落实生活补助资金233.88万元。四是大力实施住房改造。全县2017年贫困户危房改造任务750户，动工750户，动工率100；完成改造任务348户，占总任务46.4%；共发放省市补贴资金1167.1万元，县级配套补贴资金929.5万元。五是落实医保救助。为6998人建档贫困人口新农保卡，落实医疗补助救助资金60.24万元；大病医疗保险理赔10人次，理赔金额13465元。六是落实社会保障。投入15.23万元，为1133人购买农村居民养老保险，其中2.66万元是为60岁以上的42名贫困人口通过一次性趸缴办理农村居民养老保险享受待遇补贴。七是病残鉴定。落实病残鉴定38人次，通过组织亲子鉴定解决49个家庭77人的户籍问题；解决无户籍人口登记215人。八是金融扶贫。截至11月底，发放贷款72.6万元，共18笔，支付利息2187.71元。九是开展社会扶贫。2017年“6·30”扶贫济困日活动共募集善款113.17万元。（许井养）

气象服务

【概况】 乳源瑶族自治县气象局（以下简称县气象局）是基础性、科技型社会公益事业单位，实行以上级气象主管机构领导为主与本级人民政府领导为辅的双重领导管理体制。内设气象灾害防御管理办公室（重大气象灾害应急指挥部办公室，简称防灾办）、办公室（人力资源股）、站网管理股、预报股、发展改革与财务股5个职能股室；下设县气象公共服务中心、县气象局机关服务中心、县气象公共安全技术支持中心3个直属事业单位，管理乳源瑶族自治县突发事件预警信息发布中心1个地方气象机构。至2017年年底，在职人数21人，其中中级及以上职称人员7人。

2017年，县气象局扎实推进全面建设气象现代化，全面提升气象服务能力，在新形势、新常态下充分发挥气象服务地方经济、社会发展和人民生产生活的职能，开拓创新，锐意进取，努力当好地方政府防灾减灾、造福百姓的参谋。

【气象灾害】 1月5日至7日，乳源县城区域出现大雾天气，其中5日早上最小能见度小于50米，乳源气象台发布大雾橙色预警。6月上旬中期，乳源普降大雨到暴雨，局部大暴雨，导致部分道路中断，农田被淹，多条河流河水暴涨，超过警戒水位。6月6日中午12时，东坪镇梯下村有五人被洪水围困，经乳源消防中队营救，全部转移到安全区域。6月14日，乳源普降中到大雨，局部暴雨，造成东坪镇浩发电站因水浸机房造成损失约4万元。7月上旬前期，连续出现暴雨天气，其中县城2日—3日累计降雨量98.2毫米，强降雨造成乳城镇、桂头镇、一六镇等镇部分早稻受淹，少量农房受损，直接经济损失约5万元。10月11至12日受台风“卡努”登陆后环流影响，乳源出现6级—7级大风，造成部分乡镇农户种植的晚稻倒伏，受到一定的损失。12月16日至22日，受冷空气和晴空辐射降温共同影响，乳源各地最低气温降至-3度到1度，全县出现大范围的霜（冰）冻，高寒山区出现冰挂和雾凇，境内京珠高速红云至云岩段路面出现薄冰。全年雷暴日数46天，较常年偏少；6月27日洛阳深洞电站因雷击造成发电机受损，经济损失约5万元。

【公共服务】 2017年，地面观测和天气预报业务平稳有序，气象服务水平提升。观测业务全年未出现重大错情，监测数据完整，网络传输及时，数据可用性高，整体质量达标，为气象预报预警服务提供强力支撑。气象服务为政府防灾减灾当好工作参谋，做好公共、决策气象服务工作。全年向政府、社会发布天气报告、重大气象信息专报、重大气象信息快报47期，决策服务短信16万余条次，各类预警信号142次，接受电视台记者采访约7次。

做好气象基础设施建设、维护保障工作，提高服务能力。一是加强旅游气象、特色农业气象服务，推进旅游景区、特色农业区域自动站建设布点，年内完成云门山旅游度假区、广东大峡谷、丽宫国际温泉酒店3个景区及大桥镇中冲村1个特色农业自动气象监测站建设。二是做气象信息显示屏和大喇叭维护工作，解决气象信息传播最后1千米问题。三是做好区域自动站点维护工作，确保监测数据及时准确，为预报、预警服务提供实时数据支撑。

做好人工影响天气工作。制定2017年乳源人工影响天气作业计划，严格落实作业公告制度，完成所有作业人员岗前培训及人影装备检测。根据政府需要，9月22日协助韶关市气象局在沐溪水库开展人工影响天气作业1次。

【安全生产】 落实安全生产责任，加强行业安全监管。年初完成汛期安全生产大检查自查工作，全面排查，消除安全隐患。坚持“管行业，必须管安全”原则，将气象防灾减灾安全生产工作列入党政领导班子安全生产责任制考核目标体系，3月9日至10日，与县2015—2016年度党政领导班子安全生产责任制考核组一行，现场考核乡镇气象灾害防御暨防雷安全生产等工作。

2017年，结合实际情况，多次对辖区危险化学品、易燃易爆场所、旅游景区等进行专项检查排查，扎实做好领域防雷减灾。4月25日，县气象局参加由安监、气象、旅游、交警、交通等部门组成的检查组，联合开展“五一”节前安全生产联合督查活动。7月19日，参加县政府组织的由分管领导带队对分管部门、行业安全生产大检查行动，现场检查乳源联兴烟花爆竹仓库、盈田公司、华达石场、电化厂等场所。8月7日，县气象局联合县住建、安监、旅游抽调业务骨干5人组成专项检查组对乳源东阳光电化厂、广东中农批农产品批发市场有限公司、乳源云门山旅游景区开发有限公司3个重点单位进行行业领域气象灾害防御专项执法检查。10月，县气象局组织人员完成全县中小学校防雷装置检测和防雷安全隐患排查。

开展高考考点防雷安全义务检测活动。5月31日，县气象局组织技术人员，对乳源高级中学进行防雷装置安全检测和隐患排查，重点对考点建筑物、考场监控室、配电系统等场所进行技术检测，为乳源考生顺利高考保驾护航。

【依法行政】 坚持依法行政，严格履行行政许可审批职能。2017年网上行政审批处理业务30件，出具《防雷装置设计核准意见书》6份，《防雷装置验收意见书》24份，客户满意度为100%。

【科普宣传】 加强科普宣传，提高全民防灾救灾意识。围绕2017年世界气象日“观云识天”主题，3月23日，县气象局在政府广场开展科普宣传活动，在气象局举行小学生气象知识讲座、有奖抢答等多种形式的气象科普活动。4月27日，县气象局站室向韶关学院44名大学生开放，供他们参观学习。5月5日，县气象局与韶关学院合作共建“韶关学院实习基地”。6月22日，县气象局参加县政府在东阳光实业有限公司举行的安全生产咨询月活动，现场发放科普宣传资料，宣传防灾减灾知识。

根据《韶关市各县市气象科普场所建设实施方案》，县气象局计划2018年启动项目建设，其中2018年投资160万元，2019年投资240万元。

【现代化建设】 全力推进气象现代化建设，全面提升气象服务能力和预报预警水平。按照“大应急”格局，县气象局大力推进县突发事件预警信息发布平台“一模”建设，于7月底完成调试，顺利通过验收。

为实现大数据、大平台、多部门联合共享，县突发事件预警信息发布中心初步接入三防会议视频系统、水利工程动态监管系统、韶关市地质灾害预警信息查询系统、韶关市地质灾害应急决策支持系统、韶关市智慧旅游气象服务系统和韶关市环境气象网，实现市、县、镇三防三级视频会商，实现对辖区内山塘、水库、地质灾害隐患点、污染源的动态分析和实况监测，为县委、县政府在决策、统一指挥调度，防灾、减灾、救灾上发挥重要作用。8月23日，县长邓志聪坐镇突发事件预警信息发布中心，召集应急、三防、水务等应急指挥成员单位部署台风“天鸽”防御工作，经实战检验，预警中心基本满足县委县政府在突发事件中快速、科学、有效地应急决策和指挥调度的需求。（赖晓琳）

畜牧兽医水产

【概况】 2017年，乳源瑶族自治县畜牧兽医水产局（以下简称畜牧水产局）内设办公室、行政审批股、畜牧兽医兽药饲料管理股、水产管理股等4个股室。核定参公管理事业编制16名，后勤服务人数2名。正常退休2人，面向社会公开招聘工作人员2人，年末在职人数12人。下属9个镇畜牧兽医水产站，核定事业编制21名，调离1人，年末在职人数15人。

【畜牧业】 全年生猪存栏9.79万头（其中能繁母猪1.25万头），肉猪出栏15.77万头；牛存栏0.38万头，出栏0.18万头；羊存栏1.41万只，出栏0.68万只；家禽存栏53.07万羽，出栏82.63万羽；肉类总产量1.47万吨；禽蛋产量0.99万吨。

2017年，全县各类养殖大户271户，其中常年存栏 100 头以上生猪养殖场（户）157 户，存栏 50 头以上养羊户 63 户，存栏 10 头以上养牛户 15 户，存栏 1000 只以上肉禽养殖户 42 户。全县肉羊养殖规模化比例为 83%，肉猪养殖规模化约为 70%。大桥镇、一六镇养殖杂交野猪户 3 户，存栏种猪 295 头，出栏 755 头；大布镇、桂头镇、一六镇香猪养殖户 3 户，存栏 1385 头，出栏 1172 头；乳城镇黑土猪养殖户 1 户，存栏 580 头，出栏 395 头。特色养殖全年产值约 464 万元。

【水产业】 全县水产养殖面积 5026 公顷，水产生产总量约 2870 吨（淡水捕捞产量约 223 吨），产值约 3118 万元，产量、产值比上一年分别增长 5.86% 和 7.56%。

2017 年，全县稻田养鱼面积 544.5 公顷，稻田养鱼养殖户 1291 户，产量 150 多吨，产值 1500 多万元；杂交鲟养殖面积 5000 平方米，产量 142 吨，产值约 468 万元；三线闭壳龟、黑颈乌龟、黄喉拟水龟、黄缘盒龟等龟类养殖产量约 9000 多只，产值约 1600 万元；三角鲂、禾花鲤、有机草鱼等优质鱼类产量约 1892 吨，产值约 2838 万元。2017 年，全县优质鱼比例 65%，高于全市 43% 的平均水平。

【重大动物疫病免疫】 2017 年，完成禽流感免疫注射 85.2 万羽，猪口蹄疫免疫注射 22.6 万头次，牛口蹄疫免疫注射 1.1 万头次，羊口蹄疫免疫注射 2.4 万只次，羊小反刍兽疫免疫注射 2.2 万只份，犬狂病免疫注射 0.6 万条次，全部免疫率均 100%。免疫牲畜耳标二维码信息上传率 98.67%，免疫证发放 94%，防疫台账建档率和规模养殖场建档率 85%。

【动物疫病监测】 2017 年，完成动物疫病抗体检测 2328 份，抽检畜禽血液样品 1083 份，完成省、市下达监测采样送检样品 1581 份。样品包括猪口蹄疫、猪瘟、猪蓝耳、羊口蹄疫、牛口蹄疫、羊小反刍兽疫、鸡禽流感、鸡新城疫和鸭禽流感。免疫抗体水平反映是：猪口蹄疫病免疫抗体合格率 95.1%，猪瘟免疫抗体合格率 83.6%，猪蓝耳免疫抗体合格率 91.9%，羊口蹄疫免疫抗体合格率 86.3%，牛口蹄疫免疫抗体合格率 100.0%，羊小反刍兽疫免疫抗体合格率 100.0%，鸡禽流感免疫抗体合格率 89.9%，鸡新城疫免疫抗体合格率 98.0%，鸭禽流感免疫抗体合格率 98.8%，均达到农业部要求。

【质量安全监管】 2017 年，深入畜禽、水产养殖场（户）签订承诺书 280 份，发放规范用药和安全生产宣传资料 652 份；深入畜禽规模养殖场 256 家次，水产养殖场 53 家次，宣传督促畜禽、水产养殖场（企业）完善相关生产档案制度，规范兽药、饲料和饲料添加剂使用行为。完成 21600 例养殖场生猪瘦肉精尿液检测任务，检测结果均为合格；配合省、市级水产部门开展水产品质量安全监测抽样任务 45 份，自行完成水产品例行监测任务 150 个、水样检测任务 50 个，合格率均 100%。全年出动兽药监管执法人员 312 人次，检查兽药、渔兽药经营企业 52 家次，没有发现违规经营销售假劣、违禁兽药产品现象。开展生猪屠宰监管“扫雷”专项行动，检查生产经营企业 10 家次，出动执法人员 31 人次。全年进行生猪定点屠宰场“瘦肉精”检测 3671 头，合格率 100%。

【动物检疫】 2017 年，产地检疫生猪 84419 头、牛 24 头，鸡 12153 羽，鸭 62320 只；屠宰检疫生猪 55011 头。开展水产苗种产地检疫宣传培训活动 1 期，培训人数 86 人，发放相关宣传资料 120 多份，签发检疫证 108 张（其中 A 证 7 张、B 证 101 张）。检疫鱼苗共计 1200 多万尾，检疫项目主要为草鱼出血病、淡水小瓜虫病等。无害化处理病死猪 1218 头。

【稻田养鱼】 2017 年，投放稻田养鱼（石鲤）鱼苗数量约为 85 万尾，投入资金 60 多万元。共举办稻田养鱼技术培训班 10 期，参加培训人数 1000 多人次。建立洛阳镇田螺坑桃珠水稻田养殖示范基地、乳城镇金盛农业稻田养鱼示范基地、大桥镇中冲稻田养鱼示范基地、大桥镇塘峰岩稻田养鱼示范基地、大桥镇一峰生态有限公司稻田示范基地等 6 个示范基地，共计 53.33 公顷。

【“三区”划分】 2017年，对全县265家畜禽规模场和123家畜禽养殖专业户进行精确定位并制作图纸，完成县畜禽养殖禁养区、限养区和适养区“三区”划分工作。8月14日在乳源公众信息网正式公布《乳源瑶族自治县畜禽养殖禁养区、限养区和适养区划定方案》，11月底，禁养区内5家畜禽养殖场关停。

【南水水质保护】 2017年，畜牧水产局参与南水水库专项整治和水质保护工作。组织实施南水水库富营养化控制工程，建设浮床4000多平方米；生态修复绿地建设3000多平方米；先后在南水水库投放鲢、鳙等滤食性鱼苗240多万尾。拆除南水水库网箱面积54429.43平方米，拆除灯光诱捕银鱼网、定置张网等232个。

【安全生产排查】 2017年，积极开展畜牧水产业安全生产隐患排查行动，共排查畜禽、水产养殖场265家，出动人员321人次，发放安全生产宣传资料502份。全面开展厂房、用电、鱼塘、沼气和防洪等方面安全隐患排查，排查风险隐患28处，整改率达100%。

【惠农政策】 2017年，累计承保能繁母猪4555头、生猪27500头、家禽60000羽，赔付金额26.68万元。发放2015年10月至2016年3月养殖环节无害化处理病死猪补贴23.18万元。

【行政审批】 2017年，累计网上办理“动物防疫条件合格证”2份，“水产种苗生产许可证”1份，“水域滩涂养殖使用证”4份，“重点保护水生野生动物利用许可证”（初审）1份。 （林 琳）

渔 政

【概况】 广东省渔政总队乳源大队（以下简称乳源渔政大队）是乳源瑶族自治县农业局直属的正股级行政执法单位，业务工作接受广东省渔政总队指导，主要负责渔业行政执法工作。2017年，行政编制8名，实有人员8人。

【禁渔期工作】 3月1日至6月30日是武江河桂头段禁渔期，乳源渔政大队多措并举，开展春季该天然水域禁渔工作：加强宣传，多次前往桂头渔民新村、桂头码头、杨溪等实地悬挂横幅、张贴标语、发放宣传单，在桂头码头竖立警示牌，利用电话、短信通知渔业队队长加强监管；加大巡查力度，打击破坏行为，对发现的违法违规捕鱼行为予以坚决的制止和严厉的处罚，共出动执法车辆28车次，人员126人次参与行动；为适当补偿渔民因执行禁渔制度造成的损失，对全县符合休（禁）渔补助申请资格的119艘渔船，238名渔业人员，发放2016年度休（禁）渔补助资金总额25.96万元。

【渔船的安检】 2017年，乳源渔政大队切实加强渔业生产安全工作，执法人员每月至少三次不定期前往桂头镇及东坪镇的河流水库，对相关渔船进行安全抽检。全年出动执法人员250人次，车辆50辆次，执法行动36次，检查渔船126艘次。为进一步增强船员的安全意识，提高渔业船员自救能力，渔政大队前往桂头组织开展“2017年乳源县渔民船用消防安全设备发放”活动，向持有捕捞证的船舶船员发放船用（工作）救生衣、消防桶和船灯等设备。全年向全县渔民发放船用消防安全设备金额达6万元，提高捕捞渔民的自身安全防范意识和能力。

【船员的培训】 2017年，乳源渔政大队在桂头镇举办一期渔业船舶安全生产全员培训班。全县252名渔民参加培训；培训的主要内容有安全生产意识、船舶安全及安全设施、人员安全、应急措施、海上急救和典型安全生产事故案例及安全实操演练；培训形式采取课堂授课和室外实操相结合，课上用生动的PPT讲解增强渔民安全生产意识，室外通过实物演练向渔民传授安全设备的使用方法及自救方法。

【增殖与放流】 2017年，乳源渔政大队共开展三次增殖放流活动。3月支付省级放流资金19万元，放流鱼苗150万尾；6月份支付县级放流资金4万元，放流鱼苗20万尾；11月份支付中央放流资金

19 万元，放流鱼苗 85 万尾。放流种类为青鱼、草鱼、鳙鱼、鲢鱼和鲫鱼等。

【水产品执法】 2017 年，乳源渔政大队组织开展水产品质量安全专项执法检查。出动执法人员共 20 人次，对集贸市场 7 家鲜鱼销售点、2 家水产品批发门店、7 家餐馆等重点区域进行专项检查。从现场检查情况看，被检查对象证件齐全，未发现有捕捞和贩卖水生野生动物的违法现象。

【船东的互保】 2017 年，乳源渔政大队大力推进渔业互保工作，为渔民化解渔业风险，恢复生产，减轻政府抗灾救灾压力，促进平安渔业建设。全县共收缴渔业互助保险费 7 万余元，渔民船东互保人数达 251 人，完成 2017 年渔业互保工作任务。

【油补的工作】 县渔政大队贯彻落实中央财政国内机动渔船油价补助强农惠农政策，完成 2016 年度渔业渔船油价补助专项资金发放工作。全县符合规定可享受油价补助的捕捞渔船共 126 艘，发放金额 58.80 万元。

【网箱的清拆】 2017 年，乳源渔政大队协同多部门联合开展南水水库库区网箱清理拆除工作专项大行动，累计拆除网箱 69225.08 平方米，清除银鱼网、螺旋网等捕捞设施 518 张，完成养殖户存鱼收购 24 户，收购存鱼 9.5 万公斤。取得阶段性成效。

【保护区巡查】 2017 年，乳源渔政大队采取发放宣传单、悬挂横幅等方式，在地处洛阳镇大潭河的山瑞鳖县级自然保护区开展野生动物保护等知识宣传教育活动，累计发放传单 40 余份，出动执法车辆 4 辆次、执法巡逻人员 20 人次，实现自然保护区宣传执法全覆盖。 （刘 雅）

工　业

电　力　工　业

【概况】　广东电网有限责任公司韶关乳源供电局内设9个职能部门；1个二级机构；7个供电所，2个配电运维中心，员工300人。2017年，在广东电网韶关供电局的正确领导下，在乳源县委、县政府的大力支持下，乳源供电局深入学习贯彻党的十九大精神，坚决落实上级各项决策部署，务实工作、攻坚克难，全面完成年度各项工作目标任务。

【安全生产】　2017年，乳源供电局圆满完成年度安全生产目标，乳源电网连续安全运行2202天。完成了39条架空配电线路的防雷改造，清理树障862处，整治374个用户设备隐患，完成配网自动化覆盖率100%。积极开展降低配网故障率专项行动，中压线路故障率13.62次/百千米年，比2016年降低57.97%；严格管控计划停电，减少延时停电，大力推广带电作业，积极开展小水电自组网工作，用户平均停电时间23.76小时，比2016年下降27.2%。

【经营情况】　2017年，乳源供电局完成售电量14.91亿千瓦时，比2016年上升7.1%。全口径用户平均停电时间23.76小时，比2016年下降27.2%；客户平均停电次数4.804次，比2016年下降61%；故障平均停电时间4.17小时，比2016年下降80%；综合电压合格率99.999%。当年电费回收率100%，旧欠电费回收率100%，综合线损率1.34%。

【电网建设】　2017年乳源供电局大力配合实施乡村振兴战略，提升“三农”服务水平，“小康电”建设投资完成1.27亿元。

2017年，完成10千伏配网投资7568万元，全面完成21个中心村电网改造升级。35千伏红车站建成投产，提高大桥镇与东坪镇配网联络率及可转电率；基建综合评比在韶关县区局排名第一，桂头工业甲线荣获省公司样板金质工程奖，云门寺充电站及莫家二村台区项目获市局样板金质奖。乳源配网项目部2017年被省公司评为准四星班站所，被省公司评为基建先进集体。基建物流管理规范高效，闲置物资再利用率100%，韶关物资管理综合评比排在前列，被评为韶关局物资管理先进集体。

【优质服务】　2017年第三方客户满意度85分，满意度分数位列韶关区县局第二名。2017年，乳源供电局配网自动化覆盖率、计量自动化覆盖率双双达到100%，全县78237户低压用户全部实现智能电表和低压集抄全覆盖，自动抄表电子化结算率居韶关地区前列。解决21个中心村和瑶山新农村的用电问题，解决乳源42个小水电终端无信号的问题，实现自动抄表。积极向政府汇报，争取支持，大力推进对独立自供区的接收工作，对7个未理顺的区域情况再次进行全面摸底，形成“一区域一档案”。7月，东坪镇上寨村正式用上大电网的优质电，成为乳源首个瑶族小水电自供区与大电网相连的自然村。

【做好重要活动及自然灾害保供电】　2017年，乳源供电局全力做好中共十九大、第十一届瑶族“十月朝”文化旅游节等大型保供电任务，乳源电网实现长周期安全生产运行。2017年8月份，乳源供电局共同抗击50年一遇的台风“天鸽”，调遣“党员突击队”，千里驰援珠海，连续鏖战按质按量快速恢复5个台区、6000多户近3万人的用电，圆满完成负责片区的全部抢修复电任务。

【党建企业文化、品牌形象】 乳源供电局扎实开展“两学一做”学习教育，严格按照《党章》规定，积极做好党员的培养和发展工作。目前，乳源供电局有党员165名，下设12个党支部，17个党小组。企业品牌形象进一步提升，涌现出省公司“十大杰出青年”吕国全等先进人物。2017年，乳源供电局工会荣获省公司先进职工之家称号，乳城供电所荣获“南方电网公司最美供电所”银奖，荣获“中国金牌最美供电所”，以及“南方电网工人先锋号、广东电网有限责任公司职工小家”等荣誉称号，乳源供电局被评为2017年度南方电网“五一劳动奖状”单位。 （吴世韶）

银源公司

【概况】 银源水电有限责任公司，系由原广东银源水电股份有限公司改制分立的县属国有独资公司，承继其原国家股资产、债权和债务。经营范围：水力发电、自来水生产供应、生活污水处理、城市路灯管建、市政基础建设、水电器材销售、交通项目投资与管理，以及县政府授权项目的投资管理等。公司内设行政、财务、生产技术安全监察和政治思想工作4个职能部门，下设泉水水电厂、（县城）自来水分公司、桂头自来水分公司、大布自来水分公司、电产管理分公司、龙谷电站、鹰咀石电站和洛银电站8家分公司，以及官溪水电有限公司、上狮水电站和污水处理厂3家子公司。在职员工534人，其中中专（技）以上学历314人，专业技术人员126人，退休人员238人。

【经营效益】 完成发电量1.73亿千瓦时、售电量1.7亿千瓦时，产水量1668.5万吨、售水量1118万吨，污水处理452万吨；路灯、一江两岸彩灯亮化率达98%以上；实现营业收入1.03亿元、利润2795.87万元，上缴税金1924.16万元，分别完成年计划的98.62%、147.59%和95.75%；上缴财政利润1150万元，支付县委基层办、扶贫办、桂头镇政府、大桥镇政府、广东粤水公司等股份分红1020万元。

【安全生产管制】 汛前、重大节日前、岁末年初，组织安全生产检查和隐患整改；开展安全生产法规知识宣传学习，进行安规考试、反事故应急演练；组织龙谷上狮35千伏线路改造、各电站水工设施加固维护、市政经营单位设备更新等，投入维护、技改、更新费用400多万元。泉水水电厂实施安全标准化建设，对安全隐患实行登记建档；完善标志牌、警示线等，规范各种设备及操作指引；更新防护栏、给水管道、消防器材、大坝照明等设施；厘清生产与生活功能区的划分，整治、美化厂容厂貌。

【提升员工素质】 组织95名一线员工进行维修电工职业技能评价培训；选送员工参加电焊、高空作业、特种设备等上岗资格考试；开展专业人员继续教育，有4名员工新获助理、中级职称；做好运行、检修人员“电工操作证”等年审。加强对员工的政治思想教育，组织党课学习，邀请县委讲师团举办习近平总书记对广东工作重要批示精神、党的十九大精神的宣讲，开展党的知识竞赛，参观县廉政教育基地，观看中国革命道路和中国共产党的光辉历程展览，收看十九大开幕式，进行“学报告学党章”考学、手机普法学习。举办趣味运动会，分（子）公司还组织员工进行踏青、秋游等文体活动，陶冶员工情操，全方位锻造、提升员工综合素养。

【经营职能拓展】 注册成立创园公司、大布自来水分公司和洛银电站，统筹工业污水处理厂建设，协调接管大布自来水厂和麻布水电站的产权；成立明琛、诚源两家融资平台公司，为游溪镇、东坪镇、桂头镇农村人居环境综合整治项目贷款6亿元；新承精准扶贫资金4362.7万元，增加扶贫电站分红436.27万元，承担支付扶贫电站分红1220万元。

【增强市政服务效能】 自来水分公司实行党员佩戴党徽胸章上岗，在县城营业厅安装电子显示屏，做好服务流程引导和说明，增加微信缴费方式，完善水表登记归档工作，健全42项常规和106项全分析指标检测，每季度向社会公开水质信息，启动实施商住小区“一户一表”改造，完成蔚蓝水岸小区抄表到户改造工作，成立客服中心，做好供水服务与保障。污水处理厂加强对设备、设施和仪表的维护、技改，对鼓风机房冷却用水进行升级改造，利用回用水循环使用，节约运行成本，通过省环保部门 COD、氨氮减排验收，获得中央、省财政专项奖励。电产管理分公司确保县城路灯、“一江两岸”彩灯亮化，帮助桂头王龙围村、消防大队、武装部、总工会等单位完善用电线路和照明，配合实施紫荆桥、民族文化广场等亮化工程。

【项目建设进展】 官溪、龙谷、鹰咀石和上狮 4 座水电站增效扩容改造工程完成招标和商务、技术合同签订，工业污水处理厂土建工程完工，处于安装设备阶段。必背镇、洛阳镇、东坪镇、大布镇等 4 个镇污水处理工程相继动工。世行贷款二期项目污水管网工程完成管道铺设 4 千米，完成计划 68%。世行贷款二期项目供水管网工程完成管道敷设 5.4 千米，完成的计划 46.33%。一六镇、游溪镇村村通自来水工程，累计完成 2082 户通水。县城东北片区供水、桂头镇村村通自来水工程总投资 7191.97 万元，年底动工。

【党建和内部管理】 新发展 3 名党员。开展优质市政供水“书记项目”活动，自来水分公司获得县“优质服务示范窗口”称号，员工黎玉清获得县“窗口服务之星”称号；在重大事项决策前，党委成员先沟通，达成共识，再按《中华人民共和国公司法》和公司章程规定审议通过；公司章程增列“党组织”章节，党建工作实行制度化管理；选调骨干驻点桂头王龙围村，协助整顿软弱涣散党组织；修订完善工程项目和物资服务采购招标管理办法；改革业务经营用车管理，按规定执行公务交通补贴，对保留的经营用车实行统一标志、统一调度，车辆运行管理费比改革前下降 11.02%；适时开展内部审计和离任审计，增强内部防控。

（林子弘）

泉水水电厂

【概况】 泉水水电厂是一座以发电为主兼顾防洪的水力发电厂，主要由水库大坝、引水隧洞（压力管）、厂房三大部分组成。2017 年，在职员工 116 人，内退员工 11 人，退休员工 84 人。

【生产经营】 2017 年，泉水水电厂增效扩容改造工程完工后试运行，电厂全面推进安全生产标准化建设，厂容厂貌、工作环境改善较大，是年着力抓好安全生产管理，企业运营稳步发展。增效扩容后设有机组 4 台，每台机组 7200 千瓦，装机总容量 28800 千瓦，全年机组运行 4466 小时，实现连续安全生产 3277 天，完成发电 1.28 亿千瓦时，售电 1.27 亿千瓦时，产值 6510 多万元。

【安全生产】 2017 年，电厂加强安全生产目标责任制管理。坚持“安全第一、预防为主”，严格执行运行交接班制、设备巡视制度，做好“两票三制”的执行和监督，全年开出工作票 153 份，执行操作票 63 份，两票合格率 100%。

切实做好度汛工作，确保泉水大坝安全度汛。汛前，制定防洪度汛方案和防御特大洪水预案，做好防汛宣传，在下游泉水村及其河道附近张贴防洪警示标语，修建 4 块防洪警示牌；对流域 4 个雨量测站全面维护，确保汛情信息报汛准确、准时无误。是年来水较少，全年泄洪闸门共启闭 9 次，泄放水量 894 立方米，仅为多年平均泄放水量的 11%。汛后，利用水库低水位的条件，重新校核大坝水尺，修缮码头，及时处理溢洪道渗漏水及冲蚀麻面隐患，确保大坝安全。

【安全生产标准化建设】 推进安全生产标准化建设。完善制度建设、规范生产行为，做到各生产环节符合有关安全生产标准规范要求。

一是按标准制作设备标志牌、警示线。规范设备工具、警示线和防护图形等安全生产标志，明确各种设备操作指引。二是按标准对厂区及大坝区域护栏进行改造，厂区护栏全部更换为 304 不锈钢烤漆护栏。三是更换或补充全厂的灭火器和灭火器箱，重新布置厂区消防栓，重新铺设厂区消防水管及饮用水管。四是重新对大坝进行功能区划分：办公区和宿舍生活区分开，柴油机搬迁至距离大坝近、易于操作且更符合安全标准化的控制室；旧柴油机房改造为坝区职工饭堂，保障大坝值守员工后勤供给。五是对闸阀层水沟进行淤泥清理及水沟盖板的铺设。六是对大坝照明进行改造，方便日常维护。

【队伍建设】 结合安全月的安全知识宣传、班组思想作风建设及开展普法学习等途径，引导员工遵章守纪，保持良好的安全意识和行为，保障企业安全生产水平持续提高。积极开展人才评价培训，14人通过培训获得维修电工资格；认真做好专业技术职称评审工作，2人获得助理工程师资格，1人获得中级职称；派送员工考取“电焊操作证”及“特种设备操作证”等上岗资格；做好运行及检修人员“电工操作证”年审。泉水水电厂员工持证上岗率不断提高，确保员工技术水平提升。

【党工建设】 电厂认真学习贯彻落实党的十九大精神，致力基层党组织的全面建设。2017年，精简各种会议、形式活动；厉行节约，拒迎来送往，严格按标准进行公务接待，严格执行公车使用制度。认真执行上级的各项规定和禁令，厂班子成员和管理人员带头杜绝铺张浪费，厉行节俭，勤俭办事。

【环境建设】 配合安全生产标准化建设，2017年，电厂大力施行环境改善工作。对厂区大门、1号主变旁副厂房外墙、大坝大门、停车场、厂区过道及办公楼卫生间进行改造，厂区路面铺设沥青，厂房原中控室铺设木地板，厂区饭堂大炒炉及排烟管进行重修，对渗漏严重的检修楼和办公室楼楼顶进行修补，安全隐患较为严重的综合楼右侧挡土墙及厂区饭堂对面挡土墙及时进行修整。环境改善，有力提升企业外部形象，整洁、漂亮的环境带来的舒适心情，极大激发员工热爱集体、热爱工作的热情，营造良好单位文明形象。（陈　晟）

自来水分公司

【概况】 县银源水电有限责任公司自来水分公司、桂头自来水分公司、大布自来水分公司，主营供水、安装、维修服务及管件销售。内设行政综合部、营销部、生产技术部和制水厂4个职能部门。在职员工总数133人，退休员工39人。2017年，自来水分公司完成生产水量1504万立方米，销售水量992万立方米，产值1810万元（含税），比2016年分别增长12%、20%、52%，年平均水损率34%；桂头自来水分公司完成生产水量164万立方米，销售水量126万立方米，产值219万元（含税），与2016年同期相比分别增幅5%、15%、46%，年平均水损率24%；大布自来水分公司于2017年11月7日成立，尚未建账立制。全年新增用水户3357户，其中县城2131户、桂头镇1226户、大布镇450户。现有自来水本部营业厅、解放北路行政服务中心营业厅、桂头镇营业厅、一六行政服务中心营业厅、游溪行政服务中心营业厅5个业务办理缴费点。

【水质管理】 不断推进城镇供水规范化管理，严格执行饮用水水源地保护制度，保障源水安全。加强水源水、出厂水、管网水的水质监测，水厂化验室每天进行11项、每月25项常规检测。每年委托资质机构进行4次42项常规和2次106项全分析检测。各项检测指标均符合《生活饮用水卫生标准》。利用县人民政府网、微信公众号、营业厅等渠道，每季度进行水质信息公布，主动接受社会各界的监督。加强水质监控，加装监控设备，定时巡视生物监测池。加强药品、药剂采购管理，指定专人负责采购及验收，严把质量关，登记造册，安全保管。全年水质综合合格率达100%。

【安全生产】 以安全供水为中心，抓好安全生产。严格执行安全生产规定，定期对员工进行安全生产教育培训，加强员工防护意识，不定期组织安全生产检查，及时排除隐患。完善安保制度，水厂成立安保班，确保厂区安全生产。加强设备设施三级维修保养，对水泵组、真空泵、空气压缩机等设备进行清理检修，全年定期检修维护两次，实现乳源水厂、桂头水厂设备检修维护工作常态化，保质保量供水。汛前、节假日前对供水设备设施进行全面检查、维护保养，对反应池、沉淀池、滤池等制水构筑物进行定期清洗，保障设备设施运行顺畅。加强供水管网的巡查力度，及时修复发现的漏点，全年共维修DN100毫米以上大口径管道漏点90处、DN80毫米以下管道漏点547处。

【管网建设】　世行项目二期供水管网建设，完成新建改造管网5.4千米，完成投资420万元。世行一期中控楼项目，完成土建主体结构建设。对国道323线中农批路、宋田村路段供水主管道进行改造。乳城镇东北片区和桂头镇村村通自来水供水工程，投资约7000万元，完成项目立项、施工图设计、施工预算、工程招标工作，进入施工准备阶段。一六镇村村通自来水工程，完成1632户通水任务。游溪镇完成851户通水任务。大布镇自来水厂已投入使用，正积极推进该镇村村通扩网工程，将供水管网铺至各村路口。逐步推进县商住小区“一户一表”改造工程，完成蔚蓝水岸商住小区的改造，福源新邨、幸福家园等小区进入施工阶段。

【优质服务】　根据县发改局《关于乳源瑶族自治县简化用水分类实施居民阶梯水价有关问题的通知》，自2017年3月1日（即从2017年4月1日起抄见水量）起，简化用水分类，实施居民阶梯水价。提供便民服务，增加客服人员，及时收集、反馈、处理用户反应的问题，全年共接听来电、来访337条，通过公众号、短信发布平台发送停水信息，提升服务质量。修订完善“城镇供用水合同”，简化安装流程，缩短报装时间，实行登记造册、归档管理。县城营业厅安装电子显示屏，用户能及时了解供水信息，新增微信支付的缴费方式，用户足不出户就可通过微信平台缴纳水费。不断加强窗口服务，自来水服务窗口荣获县行政服务中心颁发的2017年度上半年和下半年“优质服务示范窗口”称号，员工黎玉清荣获“窗口服务之星”称号。

【党务与民主管理】　扎实开展书记项目，推行服务窗口党员示范岗，抽调党员骨干参加重点民生工程的建设，发挥党员的模范带头作用。10月17日，选举产生自来水分公司第五届支部委员会，完善党的基层组织建设。做好中共十九大精神的学习、宣传、贯彻工作，通过宣传栏、公开栏等形式，加强宣传引导，组织党员和、管理人员集中学习宣传贯彻十九大精神和新党章。2017年度，分公司共有党员27名，其中在岗党员20名，退休党员7名。

加强民主管理，通过职代会和推行厂务公开制度，维护员工合法权益。组织员工普法考试，加强法制教育。关心爱护员工，看望、慰问患病困难职工8人次。开展趣味运动会，增加员工间的团队协作交流。完善“职工之家”活动室，丰富员工文化生活。关心退休职工生活，举办退休职工春节慰问座谈会。

（尧雪梅）

经济开发区

【概况】　广东乳源经济开发区管理委员会（以下简称开发区）成立于1992年，2006年5月经省政府批准为省级经济开发区，2015年5月经省政府同意依托开发区建立产业转移工业园。园区认定范围位于乳源县城东南郊，规划总面积561.56公顷，开发面积300.4公顷，入驻企业70家，（规模以上企业35家），以铝箔加工、电子元器件制造业为主。新材料产业园是依托产业园发展的延伸聚集区，规划面积164公顷，开发80公顷，入驻企业8家（规模以上企业6家），主要是以东阳光电化厂、氟化工为核心的产业聚集区，主要生产制冷剂、双氧水、氯化石蜡等化工产品。

开发区作为县政府的派出机构，实行两块牌子（广东乳源经济开发区管理委员会、乳源产业转移工业园管理委员会），一套人马的管理体制。内设：主任1名，副主任2名。下辖办公室、经济发展股、规划建设股3个股室，在职人员20名，其中行政编制人员12名，专职安全员6名，后勤服务人员2名。

【经济增长】　2017年，开发区纳入省产业转移工业园统计考核，41家企业完成规模以上工业产值99.89亿元，比2016年增长13.63%；实现工业增加值19.77亿元，比2016年增速30.51%；新增固定资产投资项目16个，年度完成固定资产投资159261万元，设备投资84552万元；新增固定资产投资项目24个，其中新建项目5个，续建项目4个，技改项目15个。2017年度园区全口径税收29038万元，其中：国税征收21801万元，比2016

年增收 7528 万元，增幅 52.74%；地税征收 7236 万元，比 2016 年减收 328 万元，比 2016 年下降 0.43%。2017 年度工业入库税收 28724 万元，其中：国税 21639 万元，比 2016 年增收 7507 万元，比 2016 年增长 52.29%；地税 7031 万元，比 2016 年减收 17.54 万元，比 2016 年下降 0.25%。

【招商引资】 2017 年，开发区新引进并签约的项目 8 个，其中亿元以上项目 3 个；新建开工项目 7 个，动工率 87.5%，履约率达 87.5%。

【企业建设】 2017 年园区新增高新技术企业 8 个；新增专利数量 69 个，新增企业研发机构 21 个；新增省著名商标 1 个、名牌产品 5 个和经省认定的新技术产品 28 个；园区获省、市科技计划、技改等财政扶持资金 5028 万元。

【土地利用和储备】 园区共有厂房建筑面积 90 万平方米，闲置厂房约 16.7 万平方米，闲置率为 18.55%，2017 年清理、盘活、转租闲置厂房约 5.16 万平方米，清理后闲置率为 12.8%，降低 5.78%。2017 年，园区共收储土地 35.15 公顷。

【设施建设】 2017 年，开发区运用省扶持产业园基础设施专项资金、农发行贷款资金、国债资金、市县财政专项资金，推进园区基础设施建设，优化园区的发展环境。其中工业污水处理厂项目位于三协电子厂东南侧，占地面积 2 公顷，分两期建设，首期污水处理能力 2500 吨/日，远期 5000 吨/日，总投资约 2830 万元，土建工程全部完工。新材料产业园河堤一期项目治理河段 450 米，总投资约 420 万元，完成竣工验收。二期治理河段 950 米，投资 1260 万元。新材料产业园新建桥梁工程项目位于凌一化工公司到东阳光氟有限公司南水河段，总投资 500 万元。横三路西段位于开发区富源工业园内，大唐南侧，道路全长 700 米，宽 18 米，总投资 703 万元，主体路面完成。乳城镇污水管网完善工程一期在新材料产业园内埋设污水管网 1.8 千米，总投资 447 万元，完成竣工验收。二期埋设污水管网在迎宾北路、东阳光高科技园内、化工基地内地段，总投资 1031 万元。国道 323 线泽桥至墩子公路项目位于三协电子厂西侧，道路全长 0.563 千米，宽 7.5 米，车行道 6.5 米，总投资 303 万元，该项目施工完成。新材料产业园盈田硕成地段边坡治理工程总投资 621.84 万元。县开发区墩子村段八仙河堤防工程总投资 344 万元，施工量完成过半。西罗坑招商储备用地基地基础设施建设工程处于招投标准备阶段。

完成园区新材料产业园的绿化、路灯安装，鑫中胜、宝华冠华、万森科技园道路硬底化，纵四路、鑫中胜道路、百草园入厂道路、仙湖工业园区道路的路灯安装，方便附近企业的日常生产生活需要。为保证园区工程项目的进度、质量、造价及相关管理，开发区建立基础设施建设综合监理项目，负责跟进园区招投标项目监理工作。

【重点项目】 2017 年，园区在建项目 31 个（续建 9 个，新建 3 个，技改 20 个）。其中重点建设项目 100 吨天然冰片投资 2000 万元完成 53.33 公顷龙樟脑种植和 2 个育苗基地以及一个临时厂房。东阳光的 8 条低压腐蚀生产线建设项目整个安装基本完成。电化厂电解槽扩建项目新增 14#电解槽 11 月在上海报关，各项准备工作就绪土建进入收尾。15000 吨镍钴锰酸电池材料项目 10 月完成三元、前驱体设备进场，11 月份开展衬管及公用管道安装工作，罐区设备和辅助车间设备跟进建设。硕成二期完成厂房建设处于安装生产设备阶段。永恒二期土建工程全部完成，处于安装设备阶段。鸿翰电子新材料完成基础建设。恒扬二期再增加 2 套腐蚀生产线处于购买设备阶段，2 套化成生产线项目处于安装调试阶段。

【组织建设】 2017 年，为做好园区党组织排查工作，完善园区 341 名党员信息，2 月 23 日开发区组织干部到南雄工业园学习借鉴园区党工委建设工作，为园区成立党工委夯实基础；积极推进“两学一做”学习教育常态化制度化，组织全体党员干部在清明节到“县革命烈士纪念碑”进行扫墓，重温入党誓词，朗读诗歌《梅岭三章》；在 5 月 11 日组织全体党员干部到县图书馆开展革命传统教育读书活动，强化党员干部理想信念；10 月 18 日，组织全体干部职工观看党的十九大开幕盛况，学习贯彻党的十九大精神。

【廉政建设】 2017年，开发区以推动构建“亲”“清”新型政商关系为目标，以提升服务质量，为园区企业解决实际问题为导向，着力开展党风廉政教育，加强反腐倡廉，开展干部谈话提醒工作，认真落实领导干部主体责任清单，做到廉政风险防微杜渐。5月11日，邀请县纪委业务专家为全体干部和园区企业代表开展党风廉政教育专题课；扎实开展纪律教育学习月活动，分别组织全体职工干部到县图书馆学习和县廉政教育基地进行参观，引导干部职工树立牢固反腐倡廉思想。

【安全生产】 坚持安全生产例会制度，定期、不定期地开展安全生产检查督查活动，重点检查企业的安全生产制度落实情况，坚持常抓不懈。制定开发区园区突发事件应急预案，建立园区风险点、危险源和企业安全生产监督检查台账。 （罗 丹）

民营规模以上企业

【乳源东阳光电化厂】 隶属广东东阳光铝业股份有限公司，位于广东乳源经济开发区氯碱特色产业园内，是广东省最大的氯碱生产厂，2017年员工总人数472人。主要经营研发、生产和销售氢氧化钠、高纯盐酸、双氧水、液氯和次氯酸钠等产品，其中盐酸和氢氧化钠可用做食品添加剂。离子膜烧碱项目采用最先进的烧碱生产工艺，核心装置选择先进的离子膜电解工艺，双氧水项目生产装置采用国内蒽醌固定床自动氧化法，2万吨（50%）食品级双氧水生产装置系国内最大的食品级生产装置之一。该厂是高纯盐酸行业标准的编纂单位，生产高纯盐酸符合食品添加剂盐酸、化学试剂盐酸、电子级盐酸标准，高纯盐酸品质居全国同行业前列。2017年实现产值104025万元，比2016年增长44.14%。

【韶关包装印刷有限公司】 位于广东乳源经济开发区，隶属深圳东阳光实业发展有限公司的全资子公司。2017年有员工167人，其中大专及以上学历占20%。公司拥有国际先进的生产设备和“务实、进取、和谐、高效”的管理团队。主要从事纸品印刷、镀铝包装膜、转移膜/纸及相关激光制品三大系列产品生产与销售，集产品设计开发、生产、服务为一体高新企业。是年实现产值6514万元，比2016年增长30.10%。

【乳源阳之光亲水箔有限公司】 位于广东乳源经济开发区，公司占地面积4万平方米，建筑面积2万平方米，2017年有员工239人，其中技术管理人员20余人，是以生产空调器散热翅片用亲水涂层铝箔为主，集科研、开发和生产为一体高新企业，是全国最大亲水箔生产基地。多次获得管理技术创新奖、优秀奖、专利奖。是年实现产值201245万元，比2016年增长49.11%。

【乳源东阳光化成箔有限公司】 成立于2004年12月，注册资本15000万元，是全世界最大腐蚀箔生产商，生产能力为年产中高压3500万平方米。公司员工总人数505人。产品主要销往日本的尼吉康、罗比康、凯美康和欧洲的EPCOS等世界主流市场，主要产品为腐蚀箔、化成箔、阴极箔。2017年实现产值96658万元，比2016年增长55.78%。

【乳源东阳光机械有限公司】 位于广东乳源经济开发区，主要产品为：腐蚀化成设备电柜、镍锌材料模具、“三鸭”智能坐便器一体机。2017年有员工98人，拥有近30台数控精密电加工机床，为乳源东阳光化成箔厂及宜都东阳光化成箔厂生产上百条腐蚀化成生产线，为乳源东阳光磁性有限公司提供磁性材料模具。重点发展方向是智能冲洗坐便器、太阳能组件设备及机器人制造。是年实现产值17239万元，比2016年增长103.77%。

【乳源东阳光磁性材料有限公司】 位于广东乳源经济开发区，公司员工总人数1199人。主要产品种类有：高频低功耗软磁铁氧体材料、抗电磁干扰高磁导率软磁铁氧体、抗电磁干扰镍锌及镍铜锌软磁铁氧体材料。产品主要原材料有：三氧化二铁、四氧化三锰、氧化锌等。主要辅助材料有：硬脂酸锌、聚乙烯醇、分散剂、五氧化钒、五氧化二铌等。公司拥有全自动氮气保护烧结窑 14 条、钟罩炉 7 台、镍锌空气窑 4 条、全自动磨床近 60 台、3T－100T 全系列自动干粉压机 100 多台。制粉工序，从配料到成品料出口均采用流水线操作，产品质量稳定，长期与国内著名研究机构建立合作关系，拥有一流磁性材料生产技术，产品主要用于小型变压器、电磁开关等，广泛应用于家电、通信、数码、汽车、电脑等行业配件变压器中。年生产规模有锰锌功率铁氧体 9000 吨/年，锰锌高磁导率铁氧体 1000 吨/年，镍锌抗 EMI 铁氧体 1000 吨/年的能力。2017 年实现产值 30529 万元，比 2016 年增长 30.90%。

【韶关东阳光电容器有限公司】 是集产品开发、生产、服务为一体的高新技术企业，2017 年有员工 367 人，其中大专以上技术管理人员 50 人。专业生产全系列高、中、低压铝电解电容器，主要用于电脑、彩电、空调、照相机、VCD 等家用电器及数控车床、占地电子机等工业设备。拥有国家一流的大型自动化生产设备，月生产量 Φ18 毫米以上 800 万只，Φ5 毫米—Φ12.5 毫米 1 亿只，实现产值 10611 万元，比 2016 年增长 36.08%。

【乳源阳之光铝制品有限公司】 是以铝制品再冶炼为核心业务铝加工企业，员工总人数 62 人。主要产品有成品铝锭和合金铝锭等，重点的发展方向为太阳能用框架铝合金和焊带，产品直接供应铝加工企业。2017 年实现产值 7909 万元，比 2016 年下降 60.33%。

【乳源东阳光氟有限公司】 是国内 A 股主板上市公司——广东东阳光科技控股股份有限公司下属子公司，成立于 2011 年，注册资本 3.5 亿元，公司员工总人数 299 人。主要经营新型环保制冷剂系列产品：R125、R32、R13AAAA、R22、R410a、R407c、R40AAAA、R507 等。公司秉承“科技兴企，质量第一，客户至上”经营理念，以科学企业管理体系和完善的品质保障体系促进企业不断改进，2014 年顺利通过 ISO 9001、ISO 14001 及 OHSAS18001 体系认证。与格力、美的、日本大金、韩国三星、TCL、志高空调等公司建立战略合作伙伴关系。2017 年实现产值 63069 万元，比 2016 年增长 117.47%。

【广东宝华农业科技股份有限公司】 位于广东乳源经济开发区富源工业园，公司员工总人数 80 人。是一家以油茶产业为主体生物科技企业，集良种油茶育苗、种植、油茶深加工及销售科研于一体广东省农、林业龙头企业。2017 年实现产值 3286 万元，比 2016 年下降 3.40%。

【广东冠华食品有限公司】 位于广东乳源经济开发区富源工业园，员工总人数 377 人。生产“冠益”牌系列排米粉产品，原料为大米，是一家集产品研发、生产、销售为一体的农产品深加工企业，采用国家最新节能、环保循环流化床锅炉、全不锈钢自动流水生产线和先进生产工艺质量控制技术，推行“公司＋基地＋农户”的生产经营模式，真正达到双赢目标。2017 年实现产值 8373 万元，比 2016 年增长 14.17%。

【乳源瑶族自治县永恒实业有限公司】 位于广东乳源经济开发区新材料产业园区内，以生产经营氯化石蜡及副产盐酸等系列产品为主，主要产品氯化石蜡－52 具有低挥发性、阻燃、电绝缘性良好等优点。公司氯化石蜡产品注册“挂绿”牌商标，是广东省知名商标产品，主要销往长三角、珠三角、江浙一带等省内外 28 个大中城市。有在册员工 49 人，其中：各专业中高级以上技术人员 13 人，管理人员 10 人，产业人员 39 人。2017 年实现产值 7036 万元，比 2016 年下降 2.65%。

【韶关赛普超硬材料科技有限公司】 坐落于广东乳源经济开发区富源工业园，员工总人数 28 人。主要从事超硬材料专用设备和人造金刚石的研发生产及销售。公司自主研发 ZZSP－1500 型压机具有自主知识产权和 7 项技术专利，系国内先进生产金刚石的设备。2017 年实现产值 2023 万元，比 2016 年增长 0.01%。

【韶关市晟发有色金属有限公司】 于 2006 年 5 月成立，注册资本 4000 万元。坐落于广东乳源经济开发区富源工业园，公司员工总人数165人。主导产品为：电解锌及综合回收铟、铋、锡等有价金属，设计年产电解锌15000吨。公司以绿色环保资源综合利用及清洁生产为宗旨，利用固体废物再生资源次氧化锌为原料，生产电解锌及综合回收铟、铋、锡等有价金属，每年综合利用次氧化锌近30000吨，减少固体废物排放量近150000吨。公司不断加大投入研发新工艺、新技术，大力降低能耗，使用离子交换除杂等新型技术及工艺达到清洁生产目的，获得ISO 9001质量管理体系认证和ISO 14001环境管理体系认证。2017年实现产值10730万元，比2016年增长79.97%。

【乳源瑶族自治县鑫源环保金属科技有限公司】 位于广东乳源经济开发区富源工业园，是一家专业化综合处理工业固体废物科技型环保和资源综合利用企业，广东省民营科技企业之佼佼者。公司员工总人数190人。主要收集利用电子、电镀工业废水和渣等工业固体废物（WH17、WH22和WH46等危险废物）为生产原料，在进行无害化、减量化处理过程中，综合回收其中有价值铜、镍等有色金属和金、银、钯等贵金属，实现工业固体废物资源化。2017年实现产值6369万元，比2016年增长17.50%。

【乳源瑶族自治县富特机械配件制造有限公司】 位于桂头镇七星墩，主要经营机械零部件加工、制造和销售。是广东富华工程机械制造有限公司上下支板、托架成品、凸耳、连杆、钢圈等汽车悬挂产品的合格供应商，是其上下支板唯一供应商。有员工55人，管理人员4人。2017年实现产值3663万元，比2016年下降8.05%。

【乳源瑶族自治县恒力碳素制品有限公司】 位于桂头镇，是一家碳素制品企业，主要生产和销售电池炭棒、再生胶，及销售原材料。与广州市虎头电池集团有限公司达成友好长期合作伙伴关系，完成第二期生产线建设，投入生产。有员工96人，其中95%是乳源籍农民工，管理人员任用以外招和内部培养提拔共存。2017年实现产值3355万元，比2016年下降18.81%。

【韶关好特利电子有限公司】 坐落于广东乳源经济开发区富源工业园，是一家专业生产高精密度线路板、盲埋孔板厂家。工艺有无铅沉锡、无铅喷锡、化学沉金、化学银等。主要生产线路板、节能灯具、LED灯，产品广泛应用于电脑、通信、汽车、医疗设备、光电仪器、仪表等领域，客户遍布国内外，60%销往美国、韩国、中国台湾地区，40%销往华北、华东及本地客户。建有一支技术力量雄厚和高素质员工队伍，员工78人，其中本、专科人员39人。2017年实现产值2531万元，比2016年下降0.39%。

【韶关大唐研磨材料有限公司】 位于广东乳源经济开发区富源工业园，主要生产经营磨料、磨具、砂纸、砂布及其制品。其母公司——顺德大唐研磨材料有限公司是华南地区第一家集磨料磨具、抛光研磨材料、抛光工具、表面处理器材的开发、制造、销售于一体的企业，拥有一支高素质、专业化的员工队伍，建立一套完整质量管理体系，2000年8月通过ISO 9000质量体系认证，是中国涂附磨具协会副理事长和中国超硬材料协会理事单位，开发生产花轮、纱布砂纸、金刚石软磨片砂轮、抛光轮等系列磨具产品100多种，创立小太阳、坚力士、新东江、永亮等著名品牌，产品畅销国内外市场。有员工136人，其中大专以上学历人员37人。2017年实现产值2833万元，比2016年增长9.84%。

【韶关硕成化工有限公司】 位于广东乳源经济开发区氯碱特色产业园内，生产销售化工原料、化工产品、电子线路板及相关产品，注册资本1390万元，有员工总人数40人。2017年实现产值3343万元，比2016年增长23.23%。

【韶关绿之源包装食品有限公司】 坐落于广东乳源经济开发区富源工业园，是收购原韶关乳源绿鲜冠天然食品有限公司基础上新成立一家食品饮料加工企业，注册资本500万元，占地面积25.33公顷，有员工总人数88人。公司是集研发、生产、销售于一体的综合性企业。拥有先进金属易拉罐制罐全套生产设备和PET热罐装生产线，年产能达700万箱。2017 年实现产值 2057 万元，比 2016 年增长 1.09%。

【乳源瑶族自治县鑫中胜汽车零部件有限公司】 公司成立于 2012 年 2 月，经营范围为生产销售汽车零部件及配件。坐落于广东乳源经济开发区富源工业园，有员工总人数 95 人，生产能力为年产 60 万件汽车零部件。2017 年实现产值 2997 万元，比 2016 年增长 35.39%。

【韶关威鸣研磨材料有限公司】 公司成立于 2013 年 10 月，注册资本 2000 万元，生产销售砂布、砂纸类研磨产品。坐落于广东乳源经济开发区富源工业园，占地面积 1 公顷，有员工 62 人。有坯布浸渍定型/涂刮线、重型砂纸、砂布制造线、柔曲机、磨毛机、烧毛机、分卷机、在线质量检测系统（准备）等各种生产设备 20 多台/套，生产能力为年产 300 万平方米涂附类研磨产品。2017 年实现产值 3088 万元，比 2016 增长 6.70%。

【韶关盈田环保材料有限公司】 公司成立于 2009 年 11 月，坐落于广东乳源经济开发区新材料产业园。主要从事 PVC 复合热稳定剂的研发、生产、销售。产品使用范围涵盖 PVC 电线电缆、建筑管材、塑钢型材、皮革薄膜等制品。有员工 53 人，其中大专学历 28 人，研发人员 6 人。2017 年实现产值 4586 万元，比 2016 增长 25.97%。 （文锦洪）

商贸·商业

经济贸易

【概况】 县经济促进局（县科学技术局、县知识产权局）编制19名，其中机关行政编制17名，后勤服务人员编制2名。年末人员16名。内设办公室、工业和外资外贸管理股（行政审批股）、能源股（节能监察办公室）、商贸流通管理股、科技电子信息管理股（知识产权股、县无线电管理办公室）、中小企业局等职能部门。2017年，面对错综复杂的国内外形势，在县委、县政府的正确领导下，全面贯彻党的十九大精神，以习近平新时代中国特色社会主义思想为指导，坚持稳中求进，贯彻新发展理念，积极推进供给侧结构性改革，大力实施创新引领开放崛起战略，全县经济运行呈现稳中有进，稳中向好的良好态势。全县实现生产总值84.59亿元，比2016年增长9.2%，实现地区生产总值84.59亿元，比2016年增长9.2%，GDP增速在全市排名第一。

【工业经济】 2017年，全县实现地区生产总值84.59亿元，比2016年增长9.2%，在七县（市）三区中排名第一。其中，其中第一产业增加值比2016年增长4.3%；第二产业比2016年增长8.3%；第三产业比2016年增长11.4%。产业结构进一步优化，三次产业结构由上年的10.9∶46∶43.1调整为0.66∶39.86∶59.48。完成工业总值146.5亿元，比2016年增长14.9%，完成工业增加值35.19亿元，比2016年增长6.4%，其中规模以上工业企业完成工业总产值121.33亿元，比2016年增长16.69%，增加值30.67亿元，比2016年增长9.2%。规模以上工业企业效益持续改善，全县规模以上工业企业利润总额比2016年增长47.33%，增速比2016年提高1.06个百分点。两大支柱中，东阳光集团产值、增加值分别比2016年增长30.8%、42.1%，拉动规模以上工业增加值增速18.4个百分点；由于今年降雨量与2016年相比减少了两成多，造成了水力发电企业的工业产值、增加值则分别比2016年下降了23.3%、24.1%，直接拉低了规模以上工业增加值增速5.3个百分点。

【招商引资】 2017年，大力实施“走出去”行动计划，用好税收优惠政策开展招商引资工作。全年新增市场主体1404个，新设立有限责任公司317个，其中注册资本1000万元以上的71个；投资总额达38.88亿元，完成产业梯度转移承接项目4个；新批外商直接投资项目4个，合同吸引外资136万美元；实际利用外资486万美元，完成市下达县实际利用外资任务的101%。

【外经外贸】 2017年，全县完成外贸进出口总额10111.2万美元，比2016年下降21.1%，其中进口2188.9万美元，比2016年增长1.7%，出口7922.3万美元，比2016年下降25.7%。

【“四上”企业】 2017年，共新增“四上”企业23家，其中新增规模以上工业企业3家，新增限额以上商贸服务企业20家。新增年营业额超5亿元大型批发企业1家。

【社会消费】 2017年，全县完成社会消费品零售总额24.24亿元，比2016年增长7.9%，增速比全市平均水平高0.2个百分点。限额以上批发业实现销售额227.7亿元，比2016年增长49.2%。其中限额以上企业步步高乳源商贸公司完成销售额

201.5 亿元，占全县限额以上批发业销售额比重 88.5%，比 2016 年增长 57.3%。

【节能降耗】 2017 年，不断完善和健全节能工作管理体制机制，落实乳源“十三五”及年度能耗总量和强度“双控”目标责任，大力落实企业节能主体责任。完成单位地区生产总值能耗下降 3.04%，单位万元 GDP 综合能耗 1.07 吨标准煤。完成清洁生产企业 3 家。4 家工业企业申请韶关节能减排财政综合示范项目，顺利通过专家组评审，获得韶关市节能减排城市示范项目资金近 1000 万元。完成电机能效提升任务 5.049 万千瓦，超额完成市下达乳源电机能效提升任务。

【科技成果】 2017 年，大力开展科技创新工作，提升乳源企业科技创新水平，推动科技成果的转化和应用。专利申请量比上一年有明显增加。全年完成专利申请 226 件，其中发明专利申请 59 件，获得专利授权 127 件，发明专利授权 10 件。大力推进产学研工作，积极建设各类科技研发平台。全年新增省级工程技术研究中心 1 家，新增市级工程技术研发中心 20 家，全县省级研发中心 4 家，市级研发平台 22 家，主营业务收入 5 亿元以上工业企业研发机构实现全覆盖，超额完成市下达“20% 的规模以上企业建立研发机构”目标任务。通过专家评审，有 7 项科技研发成果技术达到全国领先水平。加大高新技术企业培育力度，推动企业转型升级。2017 年，全县 28 个高新技术产品通过认定，新增高新技术企业 8 家，新增高新技术培育企业 7 家，2017 年全县拥有高新技术企业 15 家。积极实施“双百人才”计划。全县共有 7 名高级人才获得市政府的特殊津贴，23 名新引进的人才获得市政府引进紧缺适用人才补贴，占全市引进人才补贴的三分之一。

【企业服务】 2017 年，为企业争取上级资金 6673.18 万元，其中支持珠江西岸先进装备制造业发展专项资金 1700 万元；企业技术改造项目专项资金 1063.35 万元；服务贸易发展专项资金 30 万元；高新技术企业培育资金 194.59 万元；产业园扩能增效专项资金 500 万元；节能减排综合示范城市项目专项资金 314.34 万元；企业共建奖补资金 300 万元。为企业发放贷款 8 笔，金额 2860 万元。基金成立以来累计入库企业 30 家，累计发放贷款 41 笔，金额 2.28 亿元。

【技术改造】 2017 年，共 32 家次企业投入 12.98 亿元进行工业企业技术改造。其中：乳源东阳光磁性材料有限公司投资 2.5 亿元资金进行镍钴锰酸锂锂电池正极材料项目改造；乳源瑶族自治县立东电子科技有限公司投资 2.5 亿元资金进行低压腐蚀生产线改造；乳源东阳光优艾希杰精箔有限公司投资 5000 万元进行节能环保型电子光箔绿色制造建设项目改造；韶关东阳光电容器有限公司投资 3000 万元进行导电高分子铝固体电解电容器建设项目改造；韶关市晟发金属有限公司投资 3600 万元进行年产 10000 吨电解锌生产线技术项目改造；乳源瑶族自治县立东电子科技有限公司投资 4.5 亿元进行低压软态高速腐蚀生产线及低压硬态腐蚀生产线建设项目。

【重点项目】 2017 年，重点项目共计 5 项：东阳光抗肿瘤药物产业化项目、东阳光氟化工基地项目、蓝威科技生态园项目、大布农业光伏科技园项目、大光药业中草药种植基地项目。

【教育活动】 2017 年，积极开展“两学一做”专题学习教育活动。分别学习十八届六中全会精神、党章、十九大精神、习总书记对广东重要批示精神、省第十二次党代会精神、廖俊波个人先进事迹等。通过学习，有力提升全体党员干部的思想政治素养和履职能力。

【安全生产】 2017 年，坚持“安全第一、预防为主、综合治理”方针，以落实安全生产责任制为核心，开展民爆安全生产专项整治、安全生产大检查等活动，确保全年无安全生产责任事故发生，为乳源工业发展创造良好安全环境。 （卢建军）

粮油购销与储备

【概况】 2017 年，县粮食储备中心和县粮食购销有限责任公司以“为耕者谋利，为食者造福，为粮企增效”为宗旨，主动适应新常态，履行粮食安全各项职责，落实粮食工作政府负责制，扎实做好“广积粮、积好粮、好积粮”三篇文章，切实构建县辖区内安全可靠的粮食保障体系，承担全县粮油储备管理和军粮保障供应等政策性业务工作。年末县粮食储备中心在编10人；县粮食购销有限责任公司在职在岗24人。

【粮油轮换收储】 落实“抓粮源、保供给、稳粮价”工作任务，发挥粮食部门主导作用，执行好国家早籼稻最低收购政策规定，确保农民新收获的粮食顺利出售；加快库存粮食销售、腾仓并库、新建仓房等办法，备足收购仓容；充分做好仓房和收购器材的检修维护；主动与农发行沟通协调，争取收购资金信贷支持，确保及时、足额支付，坚决执行“五要五不准”收购守则，严禁“打白条”。各级储备粮从3月开始轮换，其中县级储备粮轮换销售采取委托广东华南粮食交易中心以公开竞价方式挂网拍卖，夏粮收购于7月开始，采取边轮换边收储的方式进行，至9月30日，共计轮换收储入库粮油6000吨以上，100%完成2017年度全县各级储备粮油轮换收储任务。

【安全责任考核】 根据省、市粮食安全责任制考核要求，发挥发改粮食部门职能作用，推进粮食安全政府责任制落实。做好2017年度粮食安全责任制考核牵头工作，主动沟通协调，协助政府分析和梳理各成员单位工作中存在的问题，补短板、强弱项，实现全县粮食供需平衡、价格稳定、质量安全、应急有效，夯实保障粮食安全的基础。做好迎接市考核组到乳源开展粮食安全责任考核实地核查工作，4月，市考核组通过实地考察；11月，市粮食安全责任考核工作领导小组办公室发（韶粮〔2017〕165号）文件全市通报，乳源上一年度粮食安全责任制考核被评为优秀等次。

【基础设施建设】 加快“粮安工程”（含一六粮库危仓老库维修改造和仙湖粮库粮食应急加工厂建设项目）进程，两项工程自2016年下半年启动，共投资2000万元，对4栋危仓老库进行拆旧建新，重建2栋总仓容为10000吨（建筑面积2350平方米）的新仓房；新建粮食应急加工厂1座（日加工量120吨，建筑面积1275平方米），购置一批粮食应急加工设备（含碾米机、色选机、打磨机等成套碾米系统），包括维修墙体、地坪3500平方米，完善排水、配电和消防设施，配置储粮功能升级设备。11月—12月分别完成“粮安工程”两个项目竣工验收。

【军粮供应服务】 县粮食购销有限责任公司军供站始终坚持“军供无小事”理念，遵循为部队服务、为国防建设服务的宗旨，一是坚持抓好军粮质量管理，配合市军供中心认真履行“一批一检一报告”制度；实行“统一粮源、统一加工、统一包装、统一配送”的四统一新流程；坚持做到及时供应和义务送粮；以《军粮供应服务公约》为指导，为部队提供“全天候”的军粮供应服务保障。二是节日期间开展形式多样的拥军爱军工作，2017年“八一”前时值建军90周年之际，县发改局、军供站一行12人看望慰问辖区武警消防部队和驻留部队官兵，广泛征求官兵意见和建议，为走好军民融合式发展打下基础。开展军民共建联谊活动，进行篮球、乒乓球、台球友谊比赛，加强军民鱼水情关系。2017年度军粮供应服务问卷调查回馈，所有军供伙食单位“满意”率100%。

【安全生产管理】 县粮食储备中心与各相关股室、公司粮库签订《安全生产责任书》，落实“安全第一、预防为主、综合治理”方针，将安全管理和综合治理工作层层分解，落实到人，确保粮食安全生产监管不存在真空；6月，组织全县粮食系统保管员参加市粮食局组织的“一规定两守则”学习考核活动。8月—9月，开展全县“粮食安全隐患大排查快整治严执法”及“大快严回头看”等专项行动，及时排查并消除安全隐患。发展绿色储粮，实现科学储粮和节能降耗，努力争取专项建设资金，推进仙湖、一六粮库智能化粮库升级改造规划进程；坚持开展春秋两季粮油安全普查工作，检查结果均为粮食账实相符、账账相符、质量良好、储存安全。

【依法治粮监管】 落实“双随机、一公开”监管要求，营造公平竞争、合法经营的粮食流通市场环境，做好市场粮油供应和价格变化分析预测，及时为政府粮食宏观调控提供决策依据，在粮食收购、批发零售等环节上，设立5个粮油市场信息监测网点；开展粮食政策法规的宣传，10月16日是第37个世界粮食日和第27个全国爱粮节粮宣传周，县发改局、农业局、教育局、经促局、妇联等部门围绕“改变移民未来—投资粮食安全，促进农村发展”和“爱粮节粮保安全，优粮优价促增收”的活动主题，在县政府广场举行宣传主题活动，发出“爱粮节粮、科学消费”倡议书，发放各种爱粮节粮宣传资料3000余份，普及爱粮节粮知识，倡导市民自觉爱惜粮食，做爱粮节粮的倡导者、践行者、宣传者；加强粮食行政执法力度，严格粮食储存、加工、流通、销售各环节的监管，引导粮食经营者守法合规经营，确保全县粮油市场的平稳有序。

【深化创文工作】 落实县创文办下达的创文工作任务，“七一”前夕，配合县发改局组建党员志愿者服务队，深入原附城粮所、物价局、粮食局家属区、县城和责任路段，开展维护交通秩序、机动车停放格网、文明劝导、清理卫生死角、宣传爱粮节粮等志愿服务，累计达60余次，参与300余人次，其中，对家属区堆放生活垃圾和占用公共场地堆放物品进行统一清理，共清理垃圾杂物68车（三轮车），拆除鸡棚3户、乱搭乱建瓦房3间、铁皮房1间、板房2间，清理下水道5条；对县城鹰峰西路原附城粮所家属区空坪烂地进行路面清障和硬化维修，硬化面积630余平方米。（许勇强）

供销合作社

【概况】 2017年，县供销合作社结合本县供销工作实际，深化供销合作社综合改革，加强为“三农”服务的意识。全县系统实现销售总额11312.70万元，比2016年增长6.72%。其中农资销售1852万元，比2016年增长9.66%；日用消费品销售8403万元，比2016年增长3.41%；农产品加工与销售859万元，比2016年增长9.30%；烟花爆竹销售204.67万元，比2016年增长15.98%。社会贡献总额75.20万元，比2016年增长7.09%。供销合作社内设办公室、人事股、财会股和业务股。年末在职干部职工12人。

【基层社经营服务网点改造升级】 2017年，县供销社加强基层社经营服务网点改造升级工作。侯公渡供销社完成乳韶公路边破旧砖瓦房的改造升级，改造后的商铺租金大幅提高，资产得到有效保值升值。

县政府招商引资整体征用洛阳供销社土地房屋，洛阳供销社购国道323公路旁平房加层改造升级，保住为农服务阵地。

【安全生产】 强化烟花爆竹经营市场监管。县供销社配合安监、公安、工商部门对烟花爆竹经营市场进行大力整治，打击非法经营烟花爆竹行为，共收缴罚没非法烟花爆竹1720箱，市值约10万元。

加强农资质量检查。县供销社重视农资商品质量，到对农资经营网点开展农资商品质量大检查，杜绝供销社销售渠道出现假冒伪劣产品和过期农资商品。

加强消防安全检查工作。定期或不定期对基层社和直属公司经营网点用电用气开展安全检查，对存在消防安全隐患的网点和场所要求立即整改，及时消除安全隐患。重视烟花爆竹批发仓库的消防安全工作，全年举行2次消防安全演练，提高工作人员的应急救援能力。

【精准扶贫】 按照县委、县政府“精准扶贫”工作部署，县供销社挂点扶贫乳城镇前进村委、新兴村委，共23户困难户，每位干部职工帮扶1户—2户。县供销社派出专门工作人员驻镇驻村，组织单位干部职工进行一对一帮扶，根据困难户的实际情况制定切实可行的年度帮扶措施上报乳城镇政府。中秋节春节期间，县供销社帮扶干部对困难户进行节日慰问，慰问品开支9000多元。

【创文巡查工作】 县供销社每日对所负责的网格街道进行巡逻清查，对商户占道经营、机动车乱停放等不文明现象进行劝导，遇到顽抗和不听劝阻的及时反馈给巡逻执法队，并监督巡逻执法队是否有及时到场依法执法，网格化管理路段得到很大改观，不文明、不规范现象得到根本性扭转。

【探索新路】 县供销社和富农电子商务有限公司签订入驻电子商务平台协议，通过入驻富农电子商务平台的方式开拓电子商务业务，是县供销社在电子商务建设工作的新的突破。为充分发挥电商平台作用，尝试利用绿色公司品牌与大布镇腐竹厂合作，以参资入股方式参与到绿色食品加工领域，打造绿色食品品牌，利用电商平台将产品销售到更广阔的市场，带动当地黄豆种植业的发展，增加农民收入。

【廉政建设】 县供销社注重党建工作，完善党支部各项制度，落实年初制定的“三会一课”工作制度，开展纪律教育学习月活动，以“两学一做”丰富教育内容，提高党员干部的政治素养和廉洁自律意识。严格执行中央“八项规定”和有关党纪党规，遵守《中国共产党廉政准则》《中国共产党纪律处分条例（试行）》有关规定，构建不敢腐，不能腐的纪律约束机制。 （赵艳琼）

烟 草 专 卖

【概况】 2017年县烟草专卖局（广东烟草韶关市有限公司乳源瑶族自治县分公司）有员工90人；内设机构有：综合管理部、财务部、专卖管理办公室、营销部、烟叶管理部、大桥烟叶中心工作站、侯公渡烟叶收购点。是年，县分公司完成卷烟销售38604.81万支，实现销售金额24560.62万元；收购烟叶20951.17担，实现收购金额2454.72万元，全部完成烟叶调拨任务；创税2083.28万元。

【专卖管理】 2017年县烟草专卖管理，保持打假高压态势，整治卷烟市场，抓好非烟治理工作，巩固打假成果，“两烟”市场得到规范净化。提高内部监管效能，健全专卖内管长效机制，履行同级监管，各项工作有效开展，“两烟”生产经营更趋规范。2017年全县查处涉烟违法案件214宗，查获涉案卷烟360.23万支，涉烟违法案值836801.32元。全县持证经营户778户。

【卷烟销售】 2017年，“按客户订单组织货源”，做好卷烟品牌培育、明码标价和配送工作。是年，需求预测38030.70万支，零售客户需求量39244.17万支，需求预测准确率96.91%，实际销售量38604.81万支，订单满足率98.37%。卷烟配送由配送人员将卷烟零售户订购的卷烟直接送到其店里，配置3辆专用送货车负责对全县777户持证经营户进行配送，按时、按质、按量把卷烟配送到零售客户手中。全年销售卷烟38604.81万支，其中，一类烟9201.34万支，二类烟8367.00万支，三类烟17448.12万支，四类烟1727.44万支，五类烟1845.74万支，无价类15.17万支。

【收购调拨】 乳源烟叶收购工作，于2017年8月2日开磅，10月10日全面结束。期间，县烟草专卖局（分公司）成立烟叶收购工作领导小组，加强专卖管理和宣传力度，严格烟叶收购“七条要求”和“五条纪律”，树立“烟农至上、服务至上”的原则，提高服务质量和水平，确保烟叶收购任务的顺利完成。是年，收购烤烟20951.17担，完成收购计划99.77%，实现收购额2454.72万元。分两批次向广东中烟工业公司调拨烟叶20953.6担，完成全年的烟叶调拨任务。 （潘伟雄）

盐业管理

【概况】 2017年，乳源盐业分公司全体人员统一听从指挥，服从安排，共同克服困难，不怕苦不怕累，在县委、县政府的正确领导下，围绕加强食盐管理，打击涉盐违法犯罪行为，维护市场管理秩序，确保食盐安全等方面开展工作。

【盐产品销售】 乳源盐业分公司小包装食盐全年销售565吨，比上一年上升103吨；工业用盐销售24吨；食品加工用盐销售32吨。但受盐改方案、韶关食盐冲销导致乳源小包装食盐价格、食盐品种混乱等因素影响，乳源盐业分公司高价值食盐销量自11月起出现明显的下降。

【销售市场及经销户状况】 乳源自11月开始，普通食盐销量出现明显的下降。主要原因：一是低价冲销，市区食盐经销商海林、韶利、东林等批发部为抢占客户市场，长期将食盐低于韶关盐业公司批发价送货到乳源城区和各镇，对食盐销售市场价格的稳定有较大的影响。二是外地违规盐产品进入乳源食盐销售市场，有市区批发商（如润四海、广彩等批发部）违规从珠三角佛山、广州公司等销区调入食盐批发到乳源，造成乳源食盐销售市场既有市区低价冲销的韶关盐，有违规低价购销佛山广州公司出品食盐的现象。

【综合整治】 乳源盐业分公司联合县药监、打假办、工商、公安等部门在县城和各镇开展多次有针对性的联合检查，效果有所改观。违规行为仍屡查不止，上述批发部仍在经营佛山广州公司出品食盐并送货到乳源各镇。

【边界情况】 乳源盐业分公司边界只有大布、洛阳镇等有交界处，人员较少各镇每年只有10吨的销量。经检查没发现有外区和外省盐在市场上出现。

【盐政专项打击制假售假】 乳源盐务分局积极参与政府相关部门的专项打击制假售假的各类行动。与政府相关部门联动，下移工作重心，重点加大对乡镇食盐市场、县城、酒楼、大排档、学校、幼儿园、企事业机关食堂等的稽查力度和日常巡查密度。严厉打击私盐冲销、售假食盐行为。加强对食品加工、工业用盐企业（户）用盐情况的跟踪稽查，完善监管体系，避免冲击小包装食盐市场。根据韶关市两法衔接办公室文件《转发市盐务局关于联合开展打击韶关市食盐违法犯罪专项行动方案的通知》的指导意见和韶关市盐务局韶盐政〔2017〕4号文的通知内容，由市盐务局牵头组织，县经促局、食药监局、公安局、工商局、质监局、县盐务分局等相关执法部门联合参与，定期在全县开展打击食盐违法犯罪专项检查行动，由电视台进行追踪报道。

【食盐安全宣传活动】 为维护全县食盐安全和公共安全，切实保障全县食盐渠道商经济利益和消费者的食盐安全，增强广大群众的守法意识和食盐安全意识，自觉抵御一些省外食盐生产企业，警示个别商贩进行非法经营活动的现象，分局年初组织第一阶段的派发由市食安委、市盐务局、市工商局、市食品药品监督局联合发文的《致食盐渠道商、消费者一封信》宣传行动，及通过“3·15”“5·15”宣传和“臭脚盐”事件取得好效果，向市民群众解读文件内容，并与全县零售店、餐饮业及单位食堂、学校幼儿园食堂签订《食盐安全责任书》。8月，分局再次开展第二阶段的派发《一封信》宣传行动，分局全体员工统一思想，统一行动，主动放弃周六、周日休息时间，按照区域管理及范围，开展宣传行动，做到宣传全覆盖，不留死角。加大力度开展“粤盐”品牌宣传和“粤盐”新品推广。行动共派发宣传资料1700多张，检查商铺、餐饮、饭店共2000多家。（盐业分公司）

民爆物资监管

【概况】 县物资总公司2017年有员工17人，其中总经理1人，副总经理1人，干部职工15人。

【安全学习】 2017年，县物资总公司积极派人参加学习培训：其中2人参加省民爆协会举办主要负责人继续教育培训；3人参加市民爆协会举办保管员安全继续教育；2人参加市安全监督局举办安全管理人员培训；1人参加市交通局举办押运员取证学习；1人参加市交委举办危货司机换证培训学习；2人参加市民爆协会举办保管员取证学习，做到每个员工持证上岗。

【安全生产】 2017年1月5日韶关市经信局举行“行业主管部门组织2016年岁末年初安全生产大检查”行动，检查组对乳源分公司提出三个存在问题：1. 加强仓库现场人员配置；2. 加强现场管理杜绝动物进入库房现象；3. 工作人员搬运雷管操作不规范；2017年2月17日韶关市经信局进行“行业主管部门组织的2017年度安全生产大检查”行动，检查组对公司提出四个存在问题，需立即整改：1. 视频监控显示2017年2月17日上午9：40，一驾驶员进入炸药库前未触摸防静电装置，存在超员进入炸药库现象；2. 视频监控显示 2017 年 2 月 17 日上午 10：11，一工作人员进入雷管库前未触摸防静电装置；3. 仓管员在拆箱间拆分雷管操作不规范；4. 挂墙规章制度公章与落款不符。2017 年 5 月 15 日，乳源瑶族自治县公安局治安管理大队进行安全检查，提出整改问题二个：1. 没有按每小时巡查一次，无记录；2. 仓库没有发现有大型犬；2017 年 11 月 28 日，韶关市经信局进行“行业主管部门组织 2017 年安全生产大检查”行动，检查组对公司提出二个存在问题：1. 视频监控发现 2017 年 11 月 27 日下午炸药出库过程中运输车辆装卸作业停放不规范；2. 安全除患未完善闭环管理制度。12 月 22 日，公司组织相关人员进行“闭环管理”检查，对需整改项目逐一确认，全面整改。

【安全检测】 6 月为安全生产月，公司切实抓好安全生产月活动。一是公司负责人组织员工一起演练安全操作，学习各项安全生产操作规程、安全生产规章制度、岗位责任制，《广东省经济和信息化委印发经济和信息化系统 2017 年“安全生产月”和“安全生产万里行”活动方案的通知》，学习测验，全部合格；二是组织在职员工在民爆仓库进行消防应急演练，效果良好；三是组织有关人员对仓库管理人员进行思想教育，要求仓库管理人员要忠于职守，不能带有情绪工作；四是韶关市粤联民用爆破器材销售有限公司 2017 年冬季防盗抢安全应急演练在乳源分公司仓库进行演练，演练结果得到公司领导和同事们的认可，2017 年乳源分公司获韶关市粤联民用爆破器材销售有限公司安全生产管理先进单位荣誉称号。（王莉萍）

财税·金融·保险

财　政

【概况】 乳源瑶族自治县财政局内设局办公室（法规税政股、行政审批股）、预算股（地方债务管理股）、国库股、综合股、行政政法股（县统发工资办公室）、教科文股、工贸发展股、农业股、经济建设股、社会保障股、外经金融股（县世界银行贷款业务办公室）、会计股、绩效评价股、监督检查办公室、政府采购监督管理股、行政事业资产管理股（小汽车定编办公室）、人事股（监察室）等17个机构，挂靠归属管理的单位有县国库集中支付中心、财政投资评审中心，垂直管理9个乡镇财政所。

2017年，乳源地方一般公共财政预算收入完成56301万元，比上一年增收4230万元，增长8%（按可比口径计算增长10%），比县第十二届人民代表大会常务委员会第九次会议审议通过的预算调整方案增加1196万元。

上划中央收入完成46435万元，比上一年增收8200万元，增长21%；上划省“四税”收入完成23179万元，比上一年增收5498万元，增长31%。

全县一般公共财政预算支出完成268575万元，比2016年增支45124万元，增加20%，比县第十二届人民代表大会常务委员会第九次会议审议通过的预算调整方案增加4562万元，主要是新增上级转移支付资金形成支出。

全县公共财政预算总收入299375万元，其中：地方一般公共预算收入56301万元，上级补助收入166517万元，调入预算稳定调节基金1257万元，债务转贷收入18000万元，上一年滚存结余53847万元，调入资金3453万元。

公共财政预算总支出275532万元，其中：一般公共预算支出268575万元，上解上级支出4106万元，补充预算稳定调节基金2851万元。

上述收支相抵后，年终滚存结余23843万元，全部结转下一年支出。

【争取税收优惠政策取得新突破】 2017年，县财政部门向省厅有关部门及时汇报实施企业所得税优惠政策的相关情况，主动加强沟通协调，与县有关部门积极向省争取继续实施免征企业应缴纳企业所得税地方分享部分政策。省政府于8月批复同意自2018年1月1日起至2025年12月31日，继续实施少数民族地区免征企业所得税优惠政策。这一政策将有利于引入更多的大型企业到乳源发展，做大总部经济，加快乳源发展步伐。

【财政收入实现全年预定目标】 2017年，县财政局始终把组织财政收入作为工作的重中之重，落实征管各项措施，加强对重点税源税种的动态监管，努力挖掘财源税源。与相关部门共同协调配合，充分利用免征企业所得税政策，加大招商力度，以引进大型商贸企业为主攻方向，积极打造总部经济，培植财源税源。积极做好协税护税工作，将协税护税工作纳入考核，做到应收尽收，确保收入入库，实现预期目标。

【预算支出管理有保有压有力】 2017年，县财政局树立“过紧日子”的思想意识，抓好重点项目和涉及民生保障、经济发展的重大项目支出，严控经费支出，压缩一般性支出。全年县级部门预算，除基本支出和必保项目外，其他一般性项目支出一律按不低于5%的比例压减。严控“三公”经费、办公费、会议费、培训费和其他交通费等支出，“三公”经费预算继续执行“只减不增”的规定。加大财政资金统筹力度，积极盘活存量资金，强化地方政府债务管理，防范财政运行风险。

【全面落实“降费减负”政策】 按照国家、省、市关于“降费减负”的有关政策要求，2017年对全县各项收费情况认真组织开展自纠自查，对涉企收费的现状进行摸底调查，了解企业缴费情况及负担水平。根据相关政策文件要求严格落实国家明令取消、停征、免征以及降低收费标准的行政事业性收费项目，对不符合收费管理规定、不符合实际情况的收费项目全部取消，对过高的收费标准坚决降低。

【制定实施财政支出考核机制】 2017年，县财政局制定出台实施《乳源瑶族自治县财政支出执行进度考核管理暂行办法》，将财政支出情况与绩效考核挂钩，按要求落实财政支出工作。指导、督促各预算单位加快支出进度，提升部门预算特别是项目预算的执行率，实行定期通报制度。进一步加强对财政资金支出的定期跟踪落实，把财政资金如期落实到项目建设上，发挥财政资金推动发展的作用。

【全面推进全口径预算管理】 2017年，县财政局加强规范乡镇非税收入的管理工作，从2017年12月起，将各乡镇所有收入全部缴入县国库，纳入县级预算管理。进一步完善乡镇预算编制，科学确定非税收入征收计划，细化各项支出预算，切实落实收支两条线管理，优先保障乡镇基本支出及加快乡镇经济社会发展所急需的项目，落实全口径预算管理的要求。

（马万里　许剑波）

国家税务

【概况】 乳源瑶族自治县国家税务局（以下简称县国税局）于1994年10月28日挂牌成立，是乳源瑶族自治县内实施国家税收征收管理的行政执法机关，实行垂直管理。内设职能股室9个，直属机构1个，派出机构1个，事业单位1个。2017年，全系统在职干部职工67人。

【组织收入】 2017年，组织税收收入102787万元，首次突破10亿元大关，比上一年增收36268万元，增长54.5%。其中：增值税收入71903万元，比上一年增收16696万元，增长30.24%；企业所得税收入28709万元，比上一年增收18431万元，增长179.34%；“营改增”收入12623万元，比上一年增收6225万元，增长97.39%；车辆购置税2131万元，比上一年增收1105万元，增长107.7%。

【党的建设】 通过“四个五”党建品牌创建、“四个之家”党建阵地建设、党建工作创新创优大赛等工作，推动党业深度融合。坚持党建带工建、带团建、带妇建，以“求实、向上、奉献、创新”为主题，精心打造功能齐全、具有瑶族文化特色的“党员之家”“职工之家”“团青之家”和“妇女之家”，是全市国税系统县级局首个投入使用的“四个之家”党建工作平台。积极开展树立“齐心、尽心、细心、贴心、热心”的“五心”服务理念，创评“团结之星、敬业之星、文明之星、创新之星、学习之星”的“五星”系列品牌活动，助力党建工作再上新台阶。2017年，局党总支被评为韶关市国税系统“五个好”先进基层党组织，“四个之家”入选2017年韶关市国税系统“五创新”党建工作案例，团支部被评为乳源瑶族自治县“2016年度五四红旗团支部（总支）”，1人获广东省国税系统“五过硬”党务工作者荣誉称号，2人获韶关市国税系统“五带头”优秀共产党员荣誉称号，3人获韶关市国税系统“阳光老人”荣誉称号。

【纳税服务】 2017年，县国税局高效落实二维码便捷开票应用工作，实现代开发票全程自助，实现税企双向减负增效。推广使用电子税务局，试点纳税人实名认证率达99.84%，月平均办税率为97.96%，为纳税人带来全新的“互联网+”办税体验。逐步完善办税服务大厅建设，优化服务设施，增配6台电脑、自助代开机和自助发票发售机；配备2—3名导税员，现场指导纳税人通过自助办税设备直接办理业务，减少纳税人等候时间。

【深化合作】 推进“税银互动”，与建设银行等5家商业银行签署银税合作框架协议，实现全县“银税互动”100%全覆盖。全年为诚信良好的小微企业提供贷款21笔，金额达2467.92万元。全力打击各类税收违法犯罪，持续开展打击发票违法犯罪活动，强化税警协作。2017年配合公安部门开展云端行动2户，涉案税款170万元，移送公安部门立案查处8宗。全面推行“一窗式”综合业务，在全县2个国地税联合办税服务厅设置17个“一窗通办”窗口，联合为纳税人办理信息登记、税务认定、发票办理、申报纳税、优惠办理、证明办理、社保费等8类、242项国地税基础业务。全年国地税联合为431户纳税人开展纳税信用等级评定，联合培训辅导纳税人1250人次。

【税制改革】 采用电话访问、入户、培训和座谈等方式及时将“营改增”的最新政策告知纳税人；积极引导试点纳税人适应税制变化，实地专项调研辅导达732户次，确保符合条件的纳税人享受“营改增”政策红利。严格落实各项税收优惠政策，对减税政策进行充分解读，做好各项税收优惠政策宣传辅导工作。2017年，办理出口退（免）税8955万元，为享受小型微利企业所得税优惠政策的156户企业减免税额208.79万元，为享受民族地区企业所得税优惠政策的255户企业减免税额18473万元，减免力度突破历史峰值。

【作风建设】 严格执行中央八项规定，牢牢抓住从严治队主线，狠抓系统作风建设。强化监督检查，开展“一案双查”（违税案件中由稽查和监察部门分工查实）工作，严格执纪办案，切实规范权力运行。认真履行党风廉政建设主体责任，强化廉政宣传教育，开展党内两部法规专题讲座、新上岗人员岗前廉政教育、党员随身“微教育”活动、廉洁读书月系列活动、拍摄反腐微电影等，营造廉洁自律氛围。9月，与县纪委联合打造的乳源瑶族自治县廉政教育基地正式对外开放，全年参观超过1500人次，掀起廉政文化学习的新高潮。

【文化建设】 重点打造“勉”文化品牌，提炼“勤勉、励业、善德、敬法”的乳源国税精神，更新完善乳源国税文化展厅，形成“勉立业、德立人、法立税”的乳源国税核心价值观。充分发挥“青年文明号”在税收工作中的积极作用，成立“纳税服务志愿者”“青年志愿者服务队”，深入企业、校园开展政策宣传、税收援助等纳税服务，推进志愿服务常态化，被市国税局推为“青年文明号开放周”示范点。各项工作创出实绩，部门形象显著提升。2017年，县国税局荣获广东省2016—2017年度文明单位，属下纳税服务股获2016年度韶关市“三八红旗集体”荣誉称号。（罗吉妍）

地方税务

【概况】 乳源瑶族自治县地方税务局（以下简称县地税局）内设6个职能部门，分别为办公室、人事教育股、征收管理股、税政股、纳税服务股和监察室，辖1个稽查局、1个规费服务中心和4个税务分局。2017年，在职干部职工75人。

【组织收入】 2017年组织税费收入79595万元，比上一年增收4294万元，增幅5.7%（剔除营改增因素比上一年增收9889万元，增幅14.29%）。其中税收收入为45923万元，比上一年增收1716万元，增幅3.88%（剔除营改增因素比上一年增收7311万元，增幅19.17%），其中：中央收入16539万元，比2016年增收3806万元，增幅29.89%（剔除营改增因素增收3601万元，增幅28.36%）；省级收入5003万元，比上一年减收2750万元，减幅35.47%（剔除营改增因素比上一年增收511万元，增幅11.69%）；县级收入24381万元，比上一年增收660万元，增幅2.78%（剔除营改增因素比上一年增收3199万元，增幅15.19%）。八项费金收入合计33672万元，比2016年增收2578万元，增长8.29%。社保费基金收入28530万元，增收2562万元，增长9.87%。

【依法行政】 推行行政执法公示制度、执法全过程记录制度、重大执法决定法制审核制度“三项制度”工作，依法及时主动向社会公开有关税收执法信息，实现税收执法全过程痕迹化管理和可回溯管理；积极开展欠税清理专项行动，追缴往年欠税入库285万元；全年共清理稽查积案4宗，查补入库税款268万元，收缴滞纳金123万元，罚款78万元；狠抓纳税诚信建设，实行联合惩戒机制，维护公平竞争市场环境。推进社保费征缴扩面工作，2017年，养老保险申报缴款人数达19995人，超额完成任务人数395人，比2016年增长12.38%。

【减税降负】 落实国务院6项减税政策和少数民族地区企业所得税减免优惠政策等政策，全年减免各项税费13445万元，其中：享受小型微利企业所得税优惠政策的企业户数为60户，受惠面100%，减免所得税额71.54万元；享受研发费加计扣除、固定资产加速折旧等企业科技创新税收优惠政策户数1户，减免企业所得税2158.99万元；享受少数民族地区企业所得税优惠政策户数40户，减免企业所得税3037.87万元。推进“多证合一”，简化行政许可事项办理程序，确保审批“零超时”，推行实名办税，完善和细化事中事后管理措施，全面深化“放管服”改革，优化税收营商环境。

【纳税服务】 联合县国税局开展全覆盖式对纳税人大走访行动。推行“一窗受理、内部流转、限时办结、一窗出件”的“一窗式”服务模式，将纳税服务股前移，成立纳税服务分局，推进纳税服务一体化、办税服务厅实体化运行。按照广东地税A类办税服务厅标准，规范软硬件设置，将纳税服务分局办税大厅打造成省一级标杆办税厅。推行网报、自助终端等多元化申报纳税。建成乳源首个24小时自助办税服务厅；启用智能办税机器人“大白”，响应“互联网+税务”行动。联合县国税局共同推进“银税互动”，建立纳税信用评价激励机制，打造银税互动数据交换平台，2017年共计发放贷款26笔，惠及22户企业，贷款金额5967万元，切实帮助企业解决融资难题。

【改革创新】 全面实施纳税人分类分级管理改革，调整基层税务分局职能，设立纳税服务分局、税源管理分局、数据管控分局，实现从“管户制”到“管事制”转变。以转变机关职能、构建服务型机关为目标，打破县局内设机构与直属行政单位架构，最大限度地将职能相近的部门合并，成立行政综合办公室、业务综合办公室、监察室，实行扁平化管理。

【队伍建设】 探索人与事相匹配的组织建设体系，结合岗位要求和个人能力进行岗位大轮换，将80%以上的80后年轻干部充实到各业务分局。完善“四个之家”（党员之家、妇女之家、职工之家、团员之家）建设，成立瑜伽、羽毛球等多个兴趣小组，开展青年干部读书活动，鼓励年轻干部积极报考“三师”（注册会计师、税务师、法律职业资格考试），在文化建设、纳税宣传、业务培养等方面调动年轻干部，提升综合素质。

【党廉建设】 持续推进“两学一做”教育常态化，认真抓好党建工作。落实“三会一课”制度，召开党组中心组学习扩大会议4次，组织专题学习6场。建立2017年党廉责任制绩效考评办法（试行），把监督执纪、检查管党治党责任落实情况纳入绩效考核。认真开展廉政谈话提醒活动，全年针对六大纪律开展提醒谈话17人次。聚焦税收执法、涉税中介、项目采购、资金使用和违反中央八项规定精神五个方面，开展基层违法违纪线索自查。按月开展作风纪律明察大走访。聘请8位不同行业代表为第六届特邀监察员，制定制度规范特邀监察员管理工作，加强“两权”（行政管理权和税收执法权）监督。对照中央八项规定精神，修订完善差旅费管理、公务车辆使用、培训费管理等制度11项。制定《乳源瑶族自治县地方税务局加强党员干部“八小时以外”活动监督管理实施办法》，强化党员干部八小时以外活动监督管理。（李慧芳）

人民银行乳源支行

【概况】 人民银行乳源支行内设机构3个，有干部职工21人。2017年围绕“服务实体经济、防控金融风险、深化金融改革”三项任务，有效贯彻落实稳健中性的货币政策，加大金融风险防控力度，推动金融改革，提升金融服务效能，全力支持地方经济发展，全县金融业稳健运行。

【金融机构】 2017年，全县有人民银行乳源支行、工商银行乳源支行、农业银行乳源支行、建设银行乳源支行、邮储银行乳源支行、农村信用合作联社、乳源瑶族自治县德杰小额贷款有限公司、财产保险公司、人寿保险公司9家金融机构。金融机构营业网点26个，其中：工行2个、农行2个、建行1个、农信社13个、邮政储蓄5个、小额贷款有限公司1个、人寿保险1个、财产保险1个。全县金融机构从业人员295人。

【货币政策】 继续实施稳健中性的货币政策，灵活运用各种工具组合，保持银行体系流动性合理充裕，不断优化信贷结构，支持实体经济发展；加大信贷政策和产业政策协调配合，引导辖内金融机构合理、适度、平稳投放。2017年，全县各项存款94.6亿元，比上年增长8.49%；各项贷款44.26亿元，比上一年增长8.55%，存贷比达到46.79，在韶关市各县（市）中名列第三；全县涉农贷款余额26.69亿元，有效支持县辖“三农”经济发展。

【金融服务】 推进普惠金融工作，全面提升金融服务。“三信”（信用镇、信用村、信用户）建设稳步推进，典型示范作用明显，2017年，全县信用村81个，占全县行政村的比例为77.14%。省农户信息系统采集农户信息30667户，占全县农户的75%。移动支付领域稳步拓展，全县城乡离行式自助设备ATM机增加至57台、POS机增加至697台。进一步完善短信服务、手机银行、网上银行、微信银行、第三方支付等业务，实现“基础金融不出村、综合金融不出镇”的初衷。金融服务的便利性持续提升，带动服务的覆盖率、可得性、满意度等大幅提升。

【跨境结算】 积极加强联系沟通和政策宣传，促进县辖内重点出口企业继续提升使用人民币跨境结算的意愿，促进出口企业开辟结算业务新领域。贸易便利化、降低企业汇率风险和经营成本的政策效应进一步显现。2017年，全县结算业务量2.2亿元。

【国库服务】 配合国库集中支付制度改革，建立起以国库单一账户体系为基础、资金缴划以国库集中核算为主要形式的体系。做好第二代支付系统上线推广工作，充分利用国库集中支付系统、中央银行会计核算数据集中系统。落实核算操作程序化、账务处理标准化、业务管理制度化“三化”一体的管理机制。支付结算及国库服务持续保持高效、安全；全年办理一般预算收入39.95亿元，办理一般预算支出27.46亿元。

【金融稳定】 积极协调公安经侦等有关部门落实好维护金融稳定、打击洗钱、打击假币、打击银行卡犯罪等工作职责，确保社会秩序稳定。加强对金融机构的风险监测，密切关注金融运行情况，及时分析金融稳定形势和风险状况，牢固守住不发生系统性、区域性金融风险的底线。加强对全县各银行机构开展专项执法检查，促进各金融机构塑造更好专业服务形象。充分发挥金融协会在金融知识宣传、纠纷调处、综合评价等方面作用，构建和谐的金融消费关系。

（林华盛）

工商银行乳源支行

【概况】 中国工商银行股份有限公司乳源支行（以下简称县工行）内设4个机构，在职员工30人。2017年围绕市分行下达各项业务指标，坚持“四大标杆”理念，贯彻落实“稳中提速”要求，推动转型发展，各项工作保持发展势态，实现内控案防双零目标。各项存款余额129000万元，比2016年增7452万元。其中：对公存款68714万元，比2016年增3391万元；储蓄存款60800万元，比2016年增4639万元。各项贷款余额74190万元，比2016年减少7874万元，含还原后的拨备前利润4173万元，增幅14.6%，拨备后利润4235万元，增幅3.9%；净利润3176万元，增幅3.9%；实现年初制定相关核心目标任务。

【负债业务】 落实负债业务经营目标，完善考核机制，调动员工积极性；采取多种形式加大业务营销，依托综合业务系统优势，重点发展银行卡、电子银行、工银e支付业务。加强自助网点建设，引导客户逐步改变传统柜面储蓄方式，推动客户多使用自助银行产品，缓解客户排队问题。通过强化分层次营销工程，完善考核激励机制，全方位、多层次开展市场营销，促进存款业务持续发展。

【信贷业务】 为发展乳源经济，加强经济金融良性互动，促成银企双赢，县工行围绕县政府“建设现代化经济体系”“培育特色产业集群”“全域旅游开发建设”等经济工作重点，以城市化、工业化、住房商品化为三大主攻方向，按照“大投入、大集聚、大发展”的信贷工作思路，落实“择优扶植”信贷原则，一手抓信贷有效投入，一手抓信贷风险防范，促进乳源经济和社会事业发展。

【业务亮点】 县工行在开展传统金融业务的同时继续向资本市场业务和投行业务领域坚定前行。2017年继续担任主承销商为企业发行超短期融资券30亿元。为更多样化地满足企业的现金管理需求、降低财务成本、改善企业融资结构、使企业灵活应对突发性资金需求，继续引导企业使用集合性融资产品——票据池。

2017年，县工行拓展“工银E缴费”业务，实现燃气费代扣1家，物业费代扣2家。接触涉及群众水、电、电视等缴费业务。推动缴费互联网化，给予企业、个人以方便快捷银行缴费服务，拓展客户2000多户，开通手机银行1800多户；“工银E缴费”业务推广成为韶关市工行系统第一个实现实质突破最终成为年度十大营销案例之一，取得良好业绩推广效果。年初开立的物业维修基金账户，累计归集资金2000多万元，解决政府和居民物业维修基金的归集，保障基金的安全、高效运作，得到多方认可。

【互联网战略】 工商银行互联网金融产品有“融e购”电商平台、“融e联”即时通讯平台、“融e行”直销银行平台、“工银e支付”“逸贷”“工银e投资”“工银e缴费”和“线上POS”等八大系列互联网金融产品。工行网络融资中心推出“网络循环贷款”“网上小额贷款”“网上质押贷款”“法人网上信用贷款”“网上票据池质押融资”等各类全流程线上融资产品。

【支持企业】 2017年，针对企业融资需求，县工行创新信贷产品，优化信贷流程，为地方重点工业企业和商贸企业提供符合其生产经营特点的信贷产品，有效解决企业生产经营所需资金。全年发放各项表内企业融资29631万元。在创新业务品种方面，根据工行推出的互联网融资产品——网上小额贷款，为县域商贸类企业发放5万元互联网融资。在资本市场业务方面，县工行主动通过积极运作，成功为县里重点企业东阳光集团承销发行30亿元超短期融资券，有效地为企业提供了生产经营资金。发挥工行的科技系统优势，继续推广网络循环贷款等小微企业适合的业务品种，提供便利的企业网银、现金管理、网银对账、法人理财等多项现金管理配套服务。

【社会效益】 加大对企业信贷、结算等服务投入，实现自身业务快速发展。一是在流动性收紧的形势下，把重点企业、重点项目、优质成长型企业作为首选目标，拓展新能源、新材料和文化旅游等新兴产业市场，支持实体经济发展和结构调整，支持一批规模以上企业快速成长；二是为企业提供资金，支持企业加快转型扩大规模，确保企业经营稳；三是创新金融产品，满足多样化融资需求，做到担保方式多样化，以不动产抵押、动产抵押、票据质押、企业保证、保证金质押、应收账款质押等手段不断创新和完善贸易融资类、置业按揭类、权利质押类等产品，形成较为完善产品体系，为后续服务县域经济积累经验；四是支持地方企业发展，2017年为企业发行30亿元超短期融资券，向企业投放表内贷款29631万元，年底贷款余额比上年减少8600万元，全年实现拨备前利润3642万元（净利润：3077万元），比2016年减少202万元，计划完成率为88.8%，比2016年增加5.3%。

【中间业务】 2017年，中间业务收入持续增长，实现中间业务收入1047万元，比2016年减少319万元。依法合规经营，积极开拓结算服务、代理业务、投融资顾问、高端财务顾问、贵金属销售等业务。

【“反洗钱”工作】 组织落实反洗钱制度学习培训，提高员工对反洗钱工作重要性认识和遵守反洗钱规章制度自觉性，做好反洗钱工作。对可疑交易和可疑行为进行监测、分析，严格执行人民银行及工总行、省行关于反洗钱各项规章制度。

【优质服务】 组织员工认真学习“五声服务”“七步曲”等规范化服务流程，领会规范化服务意义；要求员工在服务中规范用语、规范操作，保证争创规范化服务示范网点工作开展。

【队伍建设】 落实案件防范责任，依法合规经营，落实各岗位职责。加大监督，督促相关责任人履行职责。加强道德教育、制度建设、监控机制三方面工作。以人为本，从严治行，提高干部员工队伍素质，促进精神文明建设。把创建市级文明单位作为精神文明建设、支行党建重要任务。开展“严格执章、严肃执纪、严防案件” “三严”教育活动；“学制度、纠违章”，层层签订责任书，每季召开防案分析会，加强员工行为动态管理和安全防范意识教育，强化内控管理和安全保卫月度检查，实现“三防一保”和内控防范“双零”目标。

【家园文化】 认真落实总行、省行“共创、共健、共享”的家园文化建设要求。一是落实好老干、困难员工的慰问工作；二是继续完善饭堂建设，对网点放心午餐实施统一配送；三是做好员工生日、生育、有疾病员工实时问候工作；四是完善职工书屋建设和支行宣传栏信息发布。努力营造家园文化建设，不断提高员工满意度。

【精准扶贫】 2017年县分配给县工行挂扶扶贫户共13户，42人，分别在乳城镇大群村委会新屋、下村、二村、七村等自然村和乳城镇共和村委会老付屋、罗屋、墩子等自然村。县工行认真组织学习中央精准扶贫的方针政策，积极行动，强化基础建设，改善被帮扶户生活环境，增加他们的收入，提高他们的生活水平。一是政策的宣传，从“扶贫先扶志”根本上出发，鼓励贫困户；二是入户走访，了解各帮扶户产业状况及住房情况，为其申请报送产业扶持、危房改造；三是发放慰问金，在重大节假日期间，为挂扶贫困户发放慰问金（中秋300元、春节577元）。

（黄胜波）

农业银行乳源支行

【概况】 2017年中国农业银行乳源瑶族自治县支行（以下简称乳源农行）内部机构设综合管理部、客户部、风险管理部，有支行营业部、乳城支行2个营业网点，开设13个服务窗口，设备有大额存取款一体机4台，超级柜台2个，ATM存取款机15台。有6个离行式自助银行服务点，分布在乳城镇、侯公渡和桂头镇，布有ATM存取款机9台。在职员工45人。

全年各项存款126135万元，比2016年减少5250万元；各项贷款余额为112935万元，比2016年增加25864万元；实现利润2536万元；受客观因素影响存款没有完成分行下达的经营指标，利润完成分行下达经营指标。全年运营安全无事故、无案件，实现“双零”目标。

【存款业务】 2017年，为做好服务“三农”工作，提高服务质量，拓展存款渠道，乳源农行各项存款126135万元，比2016年减少5250万元，下降3.99%，增量在四大国有银行中排第二，其中：对公存款37440万元，比2016年减少12634万元；个人存款88695万元，比2016年增长7384万元。各项存款日均余额127095万元，比2016年增长908万元，其中：对公日均存款41031万元，比年初减少7543万元。个人日均存款86064万元，比2016年增长8541万元。

【信贷业务】 根据总行“服务‘三农’、支持‘三农’”的指导思想，主动应对市场变化，支持地方经济的发展。2017年投放贷款25865万元，其中中小企业贷款16158万元，个人住房按揭贷款9707万元（住房按揭贷款净增5857万元），其他个人生产经营贷款3850万元。各项贷款余额为112935万元，比2016年增加25864万元，增加率为29.7%；市场份额38.79%，比2016年增加2.16%，在乳源四大行中增量排名第二。

【业务推广】 开展走进社区、走进农村“双走进”活动，在提高自身经营效益同时，服务农村、农民，担当社会责任，2017年继续做好乳源金融村村通工作，农行金融服务站有效点达41个，达到符合条件全覆盖。

【党建工作】 乳源农行健全完善支行党组织体系，把党支部设在基层网点，支行营业部、乳城支行分设独立党支部，强化支部战斗堡垒作用。在思想作风上，开展“两学一做”党员教育活动，引领广大党员干部不忘初心，继续前行，打造严守纪律、敢于担当的干部队伍。落实“五有十上墙”的要求，制定《关于党总支部领导班子成员2017年度党风廉政建设工作任务分解意见》制度，各班子成员分头抓好分管范围内党风廉政建设工作的推动和落实，做到党风廉政建设工作有人抓、有人管、有人办、有人监督。

【风险管控】 2017年做好风险防控工作，做到业务发展与风险防控两手抓。一是通过加强企业生产经营、现金流向以及贸易真实性核查，开展资金流向动态跟踪监管，协助企业做好资金规划，将信贷风险管控工作前移，提高信贷资产质量；二是做好贷后管理，跟进贷后服务，及时发现风险点，协助客户采取措施归还贷款，保持资产良好状态；三是做好逾期及不良贷款催收工作，多策并举，依法清收，把不良贷款控制在萌芽状态。全年乳源农行资产不良率0.01%，为乳源同行业较低水平，远低于国际《巴塞尔协议》要求，达到业务发展、风险控制双目标。

【队伍建设】 贯彻落实干部员工交流、重要岗位人员轮岗、近亲属回避等制度规定，任用二级支行行长1人，人员轮岗11人，强化基础管理，优化队伍结构，促进领导干部履职能力的提升。

（林恒青）

建设银行乳源支行

【概况】 中国建设银行乳源支行（以下简称乳源支行）内设营业部和客户部两个部门，按照“三综合”网点转型要求进行岗位设置，即网点负责人岗、营销主管岗、营运主管岗、网点客户经理岗、产品销售经理岗、高级柜员岗、柜员岗和大堂经理岗共八个岗位。在综合业务方面，按要求除经办对公业务、个人业务及对公和个人外汇业务外，还经办中小微企业信贷业务、个人类贷款业务；业务趋于全方位、综合发展。2017年，以打造“三大工程”和塑造“五大机制”的发展思路，完成网点“三综合”转型工作，提升综合服务能力和价值创造能力，完成各项KPI指标。荣获省分行“十强网点”和韶关市分行“先进集体”称号。获得韶关市分行2017三季度中间业务“抢收季”考核优胜单位、韶关市分行首季“开门红”综合考核优胜单位、韶关市分行首季“开门红”个人业务优胜单位的奖励。

【人员结构】 2017年，全支行在职人员18人，其中网点负责人1人，营销主管1人，营运主管1人，员工15人。

【业务发展】 2017年，乳源支行全口径存款余额230181万元，比上年新增54617万元，增幅31.11%；存款增额为乳源同业排名第一。其中企业存款余额141510万元，比上年新增36612万元，增幅34.90%，增额在当地同业排名第一；个人存款余额88671万元，比上年新增18005万元，增幅25.48%，增额同业排名第二。各项贷款余额100038万元，比上年新增58546万元，增幅85.36%。其中：公司类贷款余额79553万元，比上年新增27042万元，增幅51.50%；个人类贷款余额20486万元，比上年新增4413万元，增幅27.46%。中间业务收入493万元，比上年减少174万元。全年实现账面利润4775万元，比上年新增1285万元。

【工作创新】 2017年，按照上级建设银行工作部署，完成乳源支行“三综合”转型建设工作，进一步提高支行综合服务能力和价值创造力。

建立“三综合”工作架构，组织全员学习培训“三综合”文件、会议精神，统一思想认识、明确工作重点，对照各项具体工作实施方案，逐条抓落实，按时、保质推进“三综合”转型建设工作。

完善支行业务功能。一是制订会计业务培训管理考核办法，组织安排员工在对公柜台轮岗培训，确保柜员熟练掌握对公、对私业务。二是加强对柜员的外汇业务学习、培训，更多员工熟悉外汇业务操作。三是提升网点信贷经营能力，整合客户经理岗位职能，提高信贷业务知识，提升拓展市场能力。

通过“三综合”转型建设工作，乳源支行全员综合素质和各项经营指标得到提升，于年末顺利通过建设银行广东省分行的验收，成为建设银行韶关市分行系统内唯一获得省分行“三综合”转型标杆的示范网点。

配合县委、县政府各项工作，支持县域经济发展工作，通过创新服务模式服务乳源实体经济。2017年新开通小微企业网银快贷业务，实现小微企业全流程网上银行申请贷款，从申请到放款最快3分钟贷款即可到达企业账上。（周淑婷）

农村信用合作联社

【概况】 2017年，乳源瑶族自治县农村信用合作联社（以下简称乳源联社）领导班子成员5人，在职员工151名。内设7部2室，分别是人力资源部、合规与风险管理部、守信管理部、内审监察部、金融业务部、运营部、安全保卫部和联社办公室、纪委办公室。辖内有营业网点13个（含1个离行式自助银行）。

【经营成效】 截至2017年年末，乳源联社各项存款余额30.23亿元，比上一年增加0.08亿元，增幅0.28%；各项贷款余额13.62亿元，比上一年下降2.02亿元，降幅12.92%；实现经营利润7743万元，比上一年增加1050万元，增幅15.69%。存贷款总量位居全县金融机构首位、市场份额全县第一。

【公司治理】 2017年，乳源联社以党建工作为抓手，积极探索与公司治理的有机结合，将党的领导写入章程。按照《中华人民共和国公司法》《乳源瑶族自治县农村信用合作联社章程》有关规定，定期召开“三会”（召开社员代表大会2次，理事会6次，监事会4次），审议表决通过《章程修订案》等59项提案。按照“三会一层”工作职责，理事会认真落实执行社员代表大会的决议，监事会持续发挥监督作用，经营管理层认真贯彻落实党委会、理事会通过的重大决策及经营管理方案。在改制农商行关键时期，认真做好股东、客户、员工的思想工作，确保各项工作稳步进行。

【改制工作】 根据省政府全面加快改制农商行动员大会精神和省市联社要求，乳源联社于2017年11月启动改制农商行工作。工作依法合规进行，成立改制领导小组、召开动员大会、预评估和财务重组、上报启动组建报告、聘请中介机构、拟定筹建方案等。地方政府大力支持，县政府于2017年11月23日组织召开加快组建农商行动员大会，2017年12月5日成立广东乳源农村商业银行股份有限公司筹建工作小组及其办公室，办公室设在乳源联社，办公室主任由乳源联社张初富理事长担任。

【支持“三农”】 2017年，结合当地农业实际，积极推广农村产权抵押担保、妇女小额担保财政贴息等贷款。明确信贷投放重点，促进区域产业结构调整，大力支持供给侧结构性改革，重点扶持符合国家产业政策和行业政策的小微企业。为深入贯彻落实省委省政府关于新时期精准扶贫精准脱贫三年攻坚战的重要精神，充分发挥金融扶贫在助推精准扶贫中的重要作用，2017年乳源联社共发放涉农贷款120277万元、小微企业贷款82025万元，均位居全县第一位，农村金融主力军地位进一步得到巩固。

【社会责任】 2017年，乳源联社积极践行普惠金融，持续加大金融服务站、助农取款点、信用村建设。继续完善服务站功能建设，为农民提供小额助农取款、刷卡消费、转账汇款、水电费代缴、话费充值等金融服务；积极参与信用村评定，协助各村委采集并录入农户信用档案，对信用户实施授信，根据信用户评级给予贷款价格、授信额度、审贷流程等方面便利优惠。响应号召开展“扶贫攻坚”，党委领导班子成员实行“一对一”精准扶贫，累计到大布镇坪山村委帮扶 15 次，并对扶贫户进行慰问。2017 年，对口扶贫户各方面取得较大改善，年收入增长，教育、助学、医疗救助、住房等方面配套落实到位，扶贫攻坚工作成效明显。

【合规建设】 2017 年，乳源联社严格落实案件防控各项工作部署，自上而下逐层签订各项责任书，把责任落实到人，共签订《反赌博承诺书》《不良贷款责任状》《综治维稳暨平安金融创建》共 700 余份；建立完善的内控组织体系，成立理事会消费者权益保护工作委员会、纪委办公室，逐步做到运行规范化、管理科学化、监控制度化；充分运用管理工具，通过风险预警系统，逐步提高机构风险、信用风险等的管理水平；加强公文、车辆、印章、声誉风险等环节管理，完善各项管理制度，切实做好后勤服务保障；稳步推进异地值守工作，加强安全设施基础建设，实现安全稳健发展。

【党建工作】 2017 年，乳源联社党委对照党中央和省委以及省、市联社党委关于全面加强党建工作的部署和要求，认真学习贯彻党的十九大精神，切实统一和加深“坚持和加强党对农信系统领导”的认识，探索农信“强党建”之路。深入学习贯彻党的十九大精神，制定落实《学习贯彻十九大精神活动方案》，通过传达学习、专题学习讨论、广泛宣传、抓落实促发展；邀请县委党校宣讲团作十九大报告精神专题宣讲，乳源联社党委书记作专题辅导、上党课等。全面落实管党治党的政治责任，制定党委会议事规则，完善“三重一大”程序；把党风廉政建设和反腐败工作放在心上、扛在肩上、抓在手上的责任，坚决落实好党风廉政建设责任。

【企业文化】 2017 年，乳源联社坚持以人为本，着力建设现代金融企业。选优配强中层管理人员，建设高素质专业化干部队伍，组织开展青年干部进步工程选拔；加强群团组织建设，充分发挥工会组织的桥梁纽带和保障作用，继续完善和发挥职工互助金作用，深入开展困难员工、贫困党员等帮扶活动；积极参与和开展业务营销、文体、社会实践等活动，打造活力农信、幸福农信，携手共建乳源农信“农商梦”。（潘明、贺莎）

邮政银行乳源支行

【概况】 2017 年，中国邮政储蓄银行股份有限公司乳源瑶族自治县支行（以下简称邮储银行乳源支行）认真贯彻落实党的十九大精神及习近平新时代中国特色社会主义思想，坚持服务“三农”、服务小微企业的战略定位，主动履行普惠金融责任，积极融入地方经济建设，服务实体经济发展，为乳源经济发展做出积极贡献。

【业务发展】 2017 年，各项存款余额为 13.61 亿元，较上一年增长 1.65 亿元，其中个人储蓄存款为11.83 亿元，较上一年年增长1.88 亿元；各项贷款余额为 1.82 亿元。积极支持辖内重点行业企业发展，全年为辖内小水电发放贷款 2347 万元，为辖内工业园区小企业发放贷款 3260 万元，成功向东阳光集团发放贸易融资贷款 2850 万元。创新步伐逐步加快，承兑汇票、无抵押企业贷款等系列服务不断丰富，受到市场好评。

【履行责任】 积极助力“双创”发展，全年为全县 50 名创业者提供再就业担保贷款 764 万元。与县扶贫办签订金融精准扶贫贷款合作协议，成功发放首笔精准扶贫贷款 3 万元。积极配合推进城乡居保服务工作，为城乡居民提供“一站式”服务，持续发挥辖内覆盖 9 个乡镇共 50 个银行卡助农取款服务点的辐射作用，积极解决金融服务“最后一千米”难题。

【基础管理】 一是夯实案防合规管理。推进“三三四十”系列专项检查活动，持续不懈抓内控案防及合规管理工作，首次开展邮政金融网点负责人合规履职工作，邮储银行乳源支行荣获邮储银行韶关市分行 2017 年度安全保卫工作先进单位奖和 2017 年度“降投诉、提服务、化风险”专题活动优秀组织奖一等奖，全年实现资金管理、案件防控“双〇”目标。二是落实企业文化建设。持续推进精细化管理，支行行风行貌保持良好。认真学习宣贯党的十九大精神，深入推进“两学一做”学习教育常态化制度化，持续开展党风廉政建设，为经营发展提供可靠的政治保障和思想保障。

（邓继兵　易素华）

财　产　保　险

【概况】　中国人民财产保险股份有限公司乳源支公司（以下简称乳源财保）是中国人民财产保险股份有限公司在乳源瑶族自治县的分支机构，属国家企业，其业务主要开展的有：车辆保险、农业保险、责任保险、意外险、企财险。

乳源财保2017年有在职职工13人，其中领导成员2人。公司内设经理室、办公室、直销业务一部、直销业务二部、桂头营销服务部、理赔分部及客户服务部；在9个镇设有“三农”保险服务站，发展的协保员共有126人。

乳源财保始终立足乳源经济社会发展全局，坚持以市场为导向、以客户为中心，引领乳源财产险市场的发展，以金牌服务回报客户。公司积极履行企业的社会责任和公众责任，响应和配合政府做好扶贫工作，积极支持地方公益及教育事业。

【经营情况】　2017年，乳源财保得到县委、县政府领导的关心和支持，认真贯彻相关工作会议精神，提供保险保障351亿元，保单量2.2万份，完成保费2487万元，比2016年增5.8%。其中：车辆保费1756万元，占总保费的70.6%；商业非车险346.2万元，占总保费的13.9%；农险保费384.8万元，占总保费的15.5%。

2017年处理保险赔案1552宗，支付赔款共1007.4万元。其中：车险966宗，支付赔款703.8万元；财产险36宗，支付赔款26.5万元；责任信用险65宗，支付赔款138.9万元；意外健康险189宗，支付赔款56.6万元。

【“三农”保险】　2017年，乳源财保按县政府的要求，积极开展政策性农业保险工作，站在“农民利益无小事、民生工程无小事”的角度，积极推动乳源政策性农业保险工作的开展。全年开展的农业保险有：水稻玉米保险、能繁母猪保险、生猪保险、家禽保险和农村住房保险，共有9个镇3.79万农户参保，提供保险保障8.3亿元。其中承保水稻0.81万公顷、玉米0.12万公顷、能繁母猪4740头、生猪2.95万头、家禽6万只，农房37895户。全年政策性保险共处理理赔案件296宗，支付赔款81.6万元。其中：水稻保险理赔20宗，赔付金额5.2万元；玉米保险理赔1宗，赔付金额2.6万元；农房保险理赔31宗，赔付金额13.7万元；能繁母猪保险理赔200宗，赔付金额22.1万元；生猪保险理赔2150宗，赔付金额22.1万元。

【特殊理赔案件】　2017年乳源财保共处理两个特殊理赔案件。一是4月18日县农业局为全县农户投保早稻种植保险，共3199.73公顷。7月5日，公司接到桂头镇镇政府农办负责人报案：该乡镇的阳陂、王龙围和松围3个村委共300多户农户种植的水稻因病害造成水稻受损减产。公司接到报案后组织人员立即前往出险现场，在了解出险情况后，交代种植户做好抢救措施，组织村委和协保员统计受灾农户的种植信息。经农业专家和当地农技站负责人现场评估后，确定受灾水稻为感染稻瘟病，有279户的水稻受灾严重，损失程度达到50%以上，其余农户受损较轻，经最终确认，公司支付赔款共计21万元。二是3月16日，杨女士报案，称其被诊断为左乳腺癌，需住院治疗。公司接到报案后，对杨女士进行案件跟进。经确认，杨某所在单位于2017年3月10日为其购买团体意外险，且连续购买2年，其中含重大疾病赔付项目，每人保额10万元。公司立即安排理赔专员进行人伤探视、家庭慰问和现场收集资料等服务工作，充分展现优质的服务理念。县公司最终支付赔款10万元。

【党建工作】　2017年，乳源财保党支部突出从严治党，系统上下深入学习党的十九大精神，严抓主体责任，制定实施党建工作要点，逐月督导党建工作落实。严抓思想武装，坚持“三会一课”制度，扎实推进“两学一做”学习教育制度化制度，促进党员身份意识回归。严抓政治生活，学习贯彻《关于新形势下党内政治生活的若干准则》和《中国共产党党内监督条例》，细化完善并严格执行“三重一大”党委决策制度，全面开展办公用房、公务用车自查整改工作。

【平安金融】 2017年，乳源财保积极做好金融系统社会治安综合治理工作，坚持做好刑事案件、经济案件、泄密案件、违反治安管理处罚条例案件、重大交通事故案件、火灾事故案件、治安灾害事故案件、集体上访案件、反洗钱案件等各类案件事故登记，加大交通、消防、反洗钱、非法集资等专题的宣传和培训工作力度，有效预防和减少金融事故案件的发生，维护金融稳定，为创建平安乳源，建设美丽幸福乳源作贡献。

【服务创新】 飞机救援服务是国内保险行业首创的服务项目，乳源财保是乳源地区与金汇航空救援唯一的合作保险机构。2017年，乳源财保开通此项服务。救援通航范围覆盖全国各地。该服务受益者主要是投保本公司车险（总保费3000元以上者）的被保险人（救援不限定在高速公路、偏远山区等出险环境，包括客户在户外发生疾病或其他意外情况时均可接受报案并提供救援服务）。 （钟燕群）

人寿保险

【概况】 中国人寿保险股份有限公司乳源支公司（以下简称县公司）属国家企业，属科级单位，内设经理室、综合部、个险部、团险部、银保部、柜面客户服务部。2017年县公司拥有人力176人，其中在职干部、职工15人，一线业务骨干及精英161人。县公司秉持“成己为人，成人达己”的“双成”理念，努力建设“管治先进、制度健全、内控严密、技术领先、队伍一流、服务优良、发展和谐”的一流寿险公司，积极服务于社会。

【业务发展】 2017年县公司总保费收入突破6598万元，其中长期人身寿险保费4055万元，短期人身意外险2543万元。全县新参加人寿保险人数2685人，参加机关团体医疗保险2450人，有利增强乳源人民的生活保障。

【管理机制】 县公司在人员、时间、业务结构等方面进行改革和调整。按照上级公司部署，“职务能上能下、收入能增能减、员工能进能出”的原则，落实“定岗、定责、定薪、定人”的要求，构建扁平化管理体系，使管理机制更趋合理，增强公司的核心竞争力。有反洗钱体系。对员工加强内控合规守则学习、员工基本守则的学习、岗位职责的重新认知、签名确认等各种风险的防范等，把风险发生降至低点。2017年个险销售队伍建设全年指标考核评分为90，全市排名第二。

【客户服务】 一是分别对销售团队宣导保全、新单、理赔、客服等方面的内容，确保新老客户信息的准确性达到95.18%，长险客户保单手机覆盖率达到近90%，比2016年初提升近12个百分点；二是承保全县中小学校学生险，解决广大家长的后顾之忧；三是按照省公司的部署和要求，加强专项组织领导，全面动员，“内紧外松”，以银保渠道为重点，制定追踪方案，点面结合，前后台联动，加强沟通协调，逐笔跟踪，及时有效处理问题，化解矛盾，未发生群体性事件，守住不出区域性系统性风险这个底线，平稳渡过首次年度满期给付高峰；四是加强领导和上下沟通与内外协调，精心研究策划，适时调整竞争策略，有重点有针对性地攻关，与平安养老韶关分公司组成联合体参加竞标，获得成功，成为全省系统第一个率先取得突破的分公司；五是以理赔速度和质量为重点，解决理赔方面存在的问题，要求限时赔付，提高结案速度和结案率，2017年全县的理赔案共1290件，其中长期人身险共赔付2792万元，短期意外险145万元。

【产品宣传】 2017年县支公司扩展服务领域，举办“客户服务节”“牵手国寿，健康生活”等一系列客户联谊活动。全年举办以客户为中心的感恩回馈强强联手礼品大派送活动50场；开展问卷调查活动，了解群众最关心的热点话题，促进“国寿福保险”“国寿康宁重大疾病保险”“人身意外伤害保险”和“家庭保险”等险种得到客户的青睐；在白云天园林宾馆、天井山林场等全县各场地举办保险知识讲座和产品展说推销会等，大小70多场，参加人数近10万人次。借助乳源三大商业银行、邮局、及农村信用社等窗口行业，将中国人寿的经营理念和保险产品推介出去，增强乳源人民的保险意识。

（胡忠有）

旅游·服务业

旅　游

【概况】 乳源瑶族自治县旅游局为县政府直属的公益一类事业单位，正科级。内设机构有办公室、资源开发和市场拓展股、行业管理股和下设一个直属单位：旅游发展服务中心。在职人员 10 人。2017 年，县旅游局狠抓特色旅游产业发展，不断加大招商引资力度，加快旅游重点项目建设，推动旅游基础设施建设，强抓旅游市场联合营销，打造系列旅游节庆和赛事，创新智慧旅游宣传，加强旅游安全监管和文明旅游服务，促进旅游业发展环境更加宽松，关联产业不断深入融合，旅游经济总量不断壮大，乳源旅游业得到长足发展。2017 年，旅游接待人数 461.92 万人次，比 2016 年增长 11.42%，旅游综合收入 39.33 亿元，比 2016 年增长 13.12%。省人社厅、省旅游局授予乳源瑶族自治县旅游局为“广东省旅游工作先进集体”称号。

【全域旅游建设】 制定《创建广东省级全域旅游示范县方案》《关于推进大南岭生态文化旅游规划建设方案》《大南岭生态文化旅游规划建设重点项目表》，为全域旅游建设做好顶层设计。编制《乳源瑶族自治县全域旅游发展总体规划》，争取市旅游局、市规划局支持，完成大桥镇、东坪长溪村、乳城云门村、游溪八一瑶族新村等“一镇三村”旅游名镇、名村旅游发展规划编制工作，为乳源全域旅游发展打下基础。

【旅游重点项目】 2017 年纳入市重点旅游项目 4 个，年度计划总投资 7 亿元，完成投资 7.57 亿元，完成年度投资计划 108%。其中：市重点项目银山南岭温泉度假村年度计划投资 2 亿元，完成投资 2.1 亿元，完成年度投资计划 105%；南岭国家森林公园生态旅游综合开发项目年度计划投资 1.5 亿元，完成投资 1.54 亿元，完成年度投资计划的 103%；云门阳光湖养生旅游度假村年度计划投资 1.5 亿元，完成投资 1.5 亿元，完成年度投资计划 100%；云门山旅游度假区年度计划投资 2 亿元，完成投资 2.43 亿元，完成年度投资计划 122%。

【旅游节庆】 成功举办云门山“春节庙会”活动、首届洛阳采茶节暨第二届云锦杜鹃赏花节、云门山第二届“瓜果漂流”节、第四届南岭一峰“瓜果花香世界”旅游节、云门山第二届“国际风车艺术节”、广东大峡谷首届彩跑节、“迎国庆，2017 广东天井山森林生态科普文化旅游节”“消怨火”糍粑节等。筹划乳源瑶族“十月朝”文化旅游节活动之铁人三项挑战赛、环南水湖自行车公开赛等。通过策划一系列节庆活动，充分利用乳源良好的生态资源优势，打造“世界过山瑶之乡”和“大南岭生态文化旅游区”这两张名片，积极推动旅游、文化、商品、商贸等资源融合，促进乳源旅游市场的繁荣。

【旅游营销】 积极参加“湖北第九届华中旅游博览会”“第 31 届香港国际旅游展”“2017 首届佛山·禅城旅游文化周暨高铁经济带旅游博览会”“韶关（东莞）旅游推介会”“第 13 届深圳文博会”“2017 中国广东国际旅游产业博览会”等旅游营销活动，推介乳源旅游资源、产品和线路，拓展旅游市场客源地。完成以“山、水、谷、禅、瑶”五大文化主题旅游形象宣传片制作，国庆节期间在市电视台与网络新媒体上同步进行广泛播出；制作《南岭云水间》宣传片，在中央电视台综合频道《中华民族》栏目播出，第四季《谁语争锋》之乳源专场在南方卫视 TVS-2 频道播出。

【安全监管】 开展重要节假日旅游市场专项整治行动，规范市场行为，维护消费者合法权益，净化旅游市场环境。加强对《中华人民共和国旅游法》《中华人民共和国消费者权益保护法》《旅游安全知识》《文明旅游》等法律法规、文明公约和旅游安全知识宣传力度，推进依法治旅，普及旅游安全知识，提高游客文明旅游意识。加大旅游投诉受理查处力度，维护消费者合法权益。安排专人负责处理旅游投诉事件，公布旅游投诉电话，2017 年处理投诉事件 11 起。推进旅游巡回法庭建设，发挥“1 + 3 + N”旅游综合监管机制效用，处理游客在景区内与旅游经营者和服务者发生的旅游纠纷，建立必背、南岭、云门山、大峡谷、天井山 5 个旅游巡回法庭。建立健全旅游协会组织，通过行业协会自我约束、自我监督促进服务质量的提升。

【精准扶贫】 贯彻精准扶贫战略思想，扎实推进大扶贫战略行动，认真做好大布镇钨瑛村委 15 户包干扶贫户工作，领导干部结对帮扶低收入困难户，帮助扶贫户申请建房补助，建立《扶贫户三年行动计划》《扶贫户登记册》，为精准扶贫工作支持扶持资金。

【旅游厕所建设】 争取省旅游厕所项目资金 140 万元，新建旅游厕所 2 座，改扩建 11 座。争取省旅游高端项目 PK 资金 1000 万元，支持云门山旅游度假区设施建设。

【旅游招商】 2017 年落实旅游招商建设项目 2 个，分别是：古母水—仙人桥旅游度假区项目和大瑶山西京古道 218 国际户外文化旅游项目纳入全域旅游发展总体规划，作为县特色建设项目。古母水 - 仙人桥旅游度假区项目是广东省旅游局在洛阳镇板长村驻村帮扶时，积极牵线搭桥引进的旅游扶贫项目。大瑶山西京古道 218 国际户外运动文化旅游项目是以过山瑶文化为主线，结合西京古道的保护利用，将东坪镇、大桥镇、洛阳镇、游溪镇、必背镇片区旅游景点串联起来，打造出一条集民族特色、古道文化、户外运动、休闲旅游为一体的国际户外运动文化旅游线路。

【旅游大数据】 为推动“大南岭”全域旅游景区建设，县旅游局与乳源移动公司就智慧旅游营销和大数据服务中心项目建设开展交流合作，由乳源移动公司研发旅游大数据短信技术服务，利用大数据平台获取游客数据，对游客来源、旅游路线、景点喜好、驻留时长等方面进行实时数据统计分析，掌握旅游动态。（何　俊）

旅游景区简介

【南岭国家森林公园】 南岭国家森林公园位于广东乳源、阳山、乐昌以及湖南宜章的两省四县交界地，处于南岭山脉的中心偏南地带，总面积 273 平方千米。

有洁净的空气和水源。负离子含量是广东之最，瀑布群景区的负离子含量为 10 万个/立方厘米，“飞流瀑”达到 17 万个/立方厘米。

珍稀动植物。南岭山脉逶迤连绵，存留着广东省最完整、领地面积最广的原始森林，有最完整的自然生态系统，是广东天然生态保护屏障。植物有 2000 多种，野生动物 200 多种，属国家一、二级保护动植物达 82 种，是华南虎的栖息地之一，南岭享有“广东物种宝库”的美誉。

广东最高峰——石坑崆。海拔 1902 米，有“广东屋脊”之称。山顶天气变化莫测，时而晴空万里，时而云雾缭绕，远眺群山，心境开阔；第二峰、第三峰与石坑崆相邻。

【广东乳源大峡谷】 广东大峡谷位于乳源瑶族自治县西南 68 千米处的大布镇，属石英砂岩地貌，是华南唯一的地陷式峡谷。峡谷长达 15 千米，谷深 300 多米，谷面是一马平川的高原草地，峡谷两边悬崖峭壁，谷底一瀑一潭，珍稀动植物丰富。广东大峡谷是国家 AAAA 级旅游景区，曾被评为“广东最美的峡谷”“最受外国人欢迎的广东十大景观之一”“广东自驾游十大最优景点之一”，有“峡谷之母”“地质之母”的美称。

广东大峡谷集“雄、奇、险、峻、秀、美”于一体，沟壑纵横、奇峰林立、古木参天、飞瀑流泉。峡谷内瀑布成群，大小瀑布有十几处，有群象出谷、水卷寨等二十多处神奇景观。峡谷有3.5亿年前恐龙的草食植物“桫椤”，有15亿年前生存至今的古生物活化石“桃花水母”。谷中多处神奇景观，保持良好的原始生态，是探险猎奇，休闲娱乐的旅游胜地。

峡谷上空建有钢丝表演设施，有“天女散花、孙悟空翻跟斗、空中摩托飞车”等精彩节目。

【云门寺佛教文化生态旅游区】 位于广东省乳源瑶族自治县城东北6千米的云门山慈悲峰下，俗称“云门寺”，是国家AAAA级旅游景区。云门寺佛教文化生态保护区旅游资源主要分佛教文化类和生态资源类。云门寺创建于（后唐同光元年923年），由六祖惠能七代弟子文堰禅师开山建寺，距今有1000多年的历史，与湖南沩仰宗、河北临济宗、江西曹洞宗、南京法眼宗齐名，并称佛教五大宗，是国家重点寺院，是佛教禅宗一花五叶之“云门宗”的发祥地，寺内设有云门佛学院，是全国为数不多农禅并重的寺院之一。

【云门山旅游度假区】 云门山旅游度假区位于广东省韶关市乳源境内，距离县城6千米，京港澳高速乳源出口7千米、广乐高速乳源东出口约10千米、武广高铁韶关站30千米。

云门山旅游度假区总投资11.3亿元人民币，区内面积5平方千米，依托云门山得天独厚的自然风景资源，发挥云门寺佛教文化圣地和“世界过山瑶之乡”的优势，突出体现“云门禅宗文化”及“过山瑶民俗风情文化”的特色主题。云门山旅游度假区是按照国家AAAAA标准打造的综合性旅游景区。

【天井山国家森林公园】 位于乳源瑶族自治县西北部，距县城33千米，是国家AAA级旅游景区，属山岳型自然风景区，面积5593公顷，以原始森林、山地矮林和云锦杜鹃、溪流瀑布等景观著称，是广东省天然林面积最大的国家级森林公园。景区内动植物资源极为丰富，森林层次众多，有维管束植物216科946属2572种，占广东省查明野生维管束植物总数7055种的36%。

【天景山仙人桥景区】 位于乳源瑶族自治县洛阳镇境内，距县城38千米，景区内自然生态原始，景色迷人，集山水溶洞、仙踪奇迹、道教文化、仙人桥于一体。主景区仙人桥高约138米，内拱106米，宽53米，长156米，突显秀、奇、峻、美的特点。景区内开发的景点有雅玛秀水、同心鹊桥、仙人朝圣、源远流长、鱼跃龙门、木石姻缘、仙山大象、龙凤朝阳、情侣奇树、天下第一洞天、神童戏水、悬崖栈道、仙人古洞、仙桥神游、西京古道、古道迷踪、灵霄宝殿、天上美景等。

【必背过山瑶之乡生态旅游景区】 位于乳源瑶族自治县城东北50千米处，是旅居海外瑶族同胞的祖居地，被誉称为“世界过山瑶之乡”。必背瑶寨自然风光优美，人文景观丰富、民族特色突出，是集旅游、科考、休闲于一体的民族生态休闲旅游景区。

【南方红豆杉森林公园】 位于乳源瑶族自治县西北部的大桥镇，京珠高速公路、坪乳公路可直达，距县城约45千米。公园是自然观光体验型风景区，因国家一级保护植物红豆杉树数量众多而得名，面积约10190公顷。核心景区内约有红豆杉3万棵，百年以上树龄的有1000多棵，其中最为壮观的是“红豆杉王”，树龄约2000多年，树径超过5米，是华南地区古老的红豆杉。

【通天箩地下森林公园】 位于乳源瑶族自治县大桥镇。距县城约50千米。由海拔高度690多米的石灰岩高原上垂直下陷而成，洞口直径100多米，垂直深度90多米，底部最大直径140多米，四壁反坡峭立，形似一个倒扣的谷箩，故名“通天箩”。底部有一片原始森林植物群落，面积约4500平方米，洞底有洞相互连通，神秘莫测，有被誉为“中华第一洞”之称。

【西京古道】 位于乳源瑶族自治县大桥镇，是广东省文物保护单位，距离县城约40千米。西京古道指东汉时期，在南岭开凿的一条南起英德浛洸，途径乳源，北接湖南湘粤古道，通往古京都西京的大路。保存较完好的路段在乳源境内有：梯云岭路段约2.5千米，猴子岭路段约2千米，乌桐岭路段约2.5千米，续成亭路段约3千米，红云乐善亭路段约2.5千米，老虎冲纳凉避雨亭和三元寿德亭路段，约800米。其中梯云岭路段和猴子岭路段被纳入广东省文物保护单位。古亭有8个：梯云岭亭、红云村仰止亭、猴子岭心韩亭、乌桐岭官止亭、老虎冲纳凉避雨亭、红云乐善亭、三元寿德亭、续成亭。其中梯云岭亭、红云村仰止亭、猴子岭心韩亭被纳入广东省文物保护单位。

【南水湖国家湿地公园】 位于广东省乳源瑶族自治县西南，距县城13千米，京珠高速公路、坪乳公路可直达。南水湖是1958年由国务院总理周恩来批准动工修筑的大型水库，属中华人民共和国成立后采用定向爆破筑坝工程项目之一，水面达3800公顷，库容12亿立方米，是广东省第三大人工湖。

（何　俊）

交通·邮政·通信

交 通 运 输

【概况】 2017年，乳源瑶族自治县交通运输局内设机构有：办公室、综合运输股（交通战备办公室）、综合规划股（基建管理股）、政策法规股、交通综合行政执法局和行政审批股。行政编制9名，综合行政执法局行政执法专项编制35名，后勤服务人员5名。事业单位有：县地方公路管理站，事业编制36名，其中站长1名、副站长2名。县交通运输管理中心，事业编制管理岗位7名。县交通工程质量监督站，事业编制3名，其中站长1名。2017年，交通运输局实有人员77人。4月，成立县交通工程质量监督站。5月，经党组决定，邹英志任县交通工程质量监督站站长。

【公路建设】 2017年，完成农村公路路面硬底化41.875千米。完成黄田桥、陈江桥建设。县城至乌坑坝工程（环瑶山公路）主体工程完工。大桥镇至银山温泉度假村旅游公路完成招投标工作。行政村通客运班车线路窄路基路面拓宽改造工程5个项目：大布至钨英、大布至坪山开工建设，必背至王茶、石角塘至塘华、大坪至青溪洞完成招标工作。农村公路安全生命防护工程建设计划里程77千米，已完成乡道800线、乡道585线、县道322线三条线路10.6千米安全生命防护工程建设，乡道902线进入动工阶段，县道325线进行招标前期工作。

游公坑至老游溪公路完成工程量70%。公坑尾至大村公路完成工程量43%。省道258线鸭麻湖至大布段公路完成A标路基工程10%、B标路基工程90%。侯公渡至江湾公路完成工程量18%。云门寺至云门山旅游公路完成工程量20%。红云至大坪旅游公路完成工程量46%。县城环城北市政道路扩建工程完成工程量的14%。

【修复村道水毁公路】 共投入资金约543万元，分别修复县道321线、324线、325线、326线、359线5条线路水毁18处，修复挡土墙6500立方米，路面850平方米，防撞栏260米，涵洞6座。修复乡道515线、887线、901线、922线、960线、938线、933线、934线8条线路水毁25处，修复挡土墙2682立方米，路面3700平方米，重建涵洞12座。

【交通执法】 2017年，与19家重点货运源头单位签订县重点货运源头治超承诺书，开展不定期巡查重点货运源头单位，禁止非法超限超载车辆出场、出站。12月8日，县交通运输局联合公安交警部门深入开展整治公路货车违法超限超载行为专项行动。12月28日，县交通运输局联合公安交警前往桂头镇开展黑校车专项整治行动。检查接送学生车辆10余辆，查处校车超员搭载学生1起，执法员向校车驾驶员、学生开展宣传教育。2017年，出动执法人员5500人次，车辆1126辆次，检查车辆1868辆次。查处违章车辆99辆次，违章案件99宗，罚没款5.99万元。其中：路政案件60宗（全部为超限运输），卸载货物2561.11吨；运政案件39宗（无从业资格证10宗、扬撒22宗，改装1宗，非营1宗、不按站点上下客2宗、其他3宗）。10月20日，按照《广东省交通运输厅关于印发广东省高速公路治超非现场执法实施推广方案的通知》要求，乳源高速公路治超非现场执法工作全面启动。2017年，收到告知书98份，推送194宗，审核通过35宗。

【路政管理】 2017年，对辖区内县道、村道公路实施路政巡查和安全监管285天，巡查人次1641

人次，巡查里程 29120.37 千米。依法拆除辖区内道路沿线的非公路标志、标牌，制止公路晒粮，处理违章建筑。发现并制止公路违法行为 47 起，查处路政案件 4 宗。

【运输监管】 2017 年，对车辆维修企业、危货、普货、客运站进行检查，出动 8 次 40 人次，发现有不符合要求的企业当场责令业主整改。对 13 家相关运输企业进行质量诚信评价考核工作，其中 1 家被评为 AA、12 家被评为 AAA。2017 年全县新增运营公交路线 6 条：新汽车站至铝箔厂、旧汽车站至铝箔厂、小岛饭店至三协电子厂、南水至新兴、游溪镇至三协电子厂、新村至铝箔厂。增加客运车辆 22 辆：2 月份投入新能源客运汽车 10 辆、3 月份投入普通客运车辆 5 辆、9 月份投入县内班线客运车辆 7 辆。

【公路养护】 2017 年，全县纳入交通运输局管养的地方公路 1359.54 千米，其中县道养护 178.89 千米，好路率 80.5%，村道养护 1180.66 千米，良好路率 76.5%。加强对水沟、边坡、路肩的清理维护，对县道 322 线、358 线、359 线增设标志牌 20 块、警示桩 50 条。

【质量监督】 2017 年，依据质量监督管理标准要求对县城至乌坑公路、公坑尾至大村公路、大布至钨英公路、泽桥至墩子公路、红云至大坪旅游公路 5 条县道村道进行 6 次质量监督检查，检查工程管理资料、现场施工等方面，发现工程管理资料不齐全，施工、监理主要人员未到施工现场，无警示标志等问题，责令其停工，要求建设、施工、监理单位在 15 天内写出整改报告，待检查合格后方可施工。

【行政审批】 2017 年，办理行政审批事项 6535 项，其中审批道路运输许可 20 项、维修许可 2 项、建设施工许可 10 项、驾驶员培训审批 6294 项、车辆审验 209 项。

【春运工作】 按照“安全第一、组织有序、以人为本、优质高效”的原则，成立春运工作领导小组，制定春运工作方案。春运期间投入运营班车 131 辆，车辆总行程 215 万千米，发出班车 8884 班次，运送旅客 101301 人次，其中加班车 30 班次，客运 1144 人次，班次比 2016 年上升 8.99%，客运量比 2016 年下降 10.34%，未出现旅客滞留现象。春运期间巡查公路 2325 千米，完成抗冰保畅通工作任务。出动执法人员 726 人次，检查车辆 258 辆次，查处违法车辆 1 辆。做好春运工作的应急保障，道班做好养护机具的检查维修工作，确保养护机具处于良好技术状态。大桥道班订购溶冰用盐 5 吨、沙 10 立方米、碎石 15 立方米，订租铲车 1 辆；桂头及古母水道班各订购沙 10 立方米、碎石 15 立方米，订租铲车 1 辆。

【安全生产】 7 月 12 日，省质监局副局长汤武带领省道路交通督察组到乳源开展道路交通安全生产督察工作，市县领导及乳源相关部门负责人陪同督查。督察组到韶关粤运汽车运输有限公司乳源汽车站实地了解安全生产情况。督察组全面了解县道路交通安全生产工作现状，对乳源下一步安全生产工作的重点提出指导意见。12 月 25 日，韶关海事局李景陶副局长一行 3 人到乳源开展南水湖“三无”游船整治工作调研，县交通运输局局长李国洪、综合行政执法局局长周启文陪同调研。开展中秋、国庆节前交通运输行业安全生产专项大检查，出动检查人员 100 余人次，发现安全生产问题 8 项，要求相关单位进行整改。交通运输局与下属单位和企业签订安全生产管理责任书，认真落实属地管理及“一岗双责”制度，抓好安全生产目标管理责任制的落实。7 月 10 日，开展“安全带—生命带”专项整治活动，检查出县两家客运企业均存在安全带不完整和不易配戴等相关问题，发出整改通知书责令整改完毕。加强节假日期间南水湖水域的值班巡逻工作，出动车辆 8 辆次，人员 16 人次。

【“两学一做”学习教育活动】 一是以支部为基本单位，采取集中学习和个人自学的方式，扎实推进“两学一做”学习教育常态化、制度化。二是开展党性专题教育实践活动，6 月，组织全体党员干部前往仁化双峰寨开展“不忘初心，砥砺前行”党性教育实践活动，加强爱国主义教育。三是组织参加廉洁读书月活动、参观廉政教育基地、观看《疯狂抢建背后的腐败乱象》等专题教育片，加强廉洁纪律教育，行业自律得到进一步增强。

【学习贯彻党的十九大精神】 制定《交通运输局深入学习贯彻党的十九大精神系列活动方案》，集中学习党的十九大报告和新修订的党章。召开贯彻党的十九大精神学习会，邀请县委党校的教师对全体干部职工进行授课。各党支部分别采用座谈和集中培训深入学习党的十九大精神，每名党员干部参加十九大培训不少于5天。为全体党员配发新党章、党的十九大报告辅导读本等学习辅导材料，撰写优秀心得8篇。

【党风廉政建设】 贯彻落实党风廉政建设责任制，认真履行“一岗双责”，制定交通运输局主体责任清单，明确党组书记和党组成员的职责。完善党风廉政风险防控措施，实施有效的内控管理。抓好专项治理工作，加大排查整改力度，建立工程廉政建设监督检查、督促、落实、排查、整改的长效机制。（彭志英）

公路建设与管理

【概况】 韶关市乳源公路局位于乳城镇鹰峰东路15号，2017年在职干部职工70人，退休干部职工174人。是韶关市公路局垂直管理的正科级事业单位。内设办公室、生产技术股、人事监察股、路政管理所、收费管理所、财务股、安全生产股、韶关市乳源公路养护中心8个正股级机构。主要负责辖区内公路的改造建设与养护、路政管理、机动车辆路桥通行费年票追缴等工作。

【路桥建设】 2017年，乳源公路局以提高路面质量为中心，抓质量、强管理，确保如期完成各项工程建设任务，改善国省道公路状况，提高路网通行能力。一是完成国道240线（原省道249线坪乳公路）高家村至乳源县城段灾毁整治工程75个整治点主体工程的施工任务。该工程全长47.674千米，批复预算2969.46万元。二是完成国道323线（K391+500~K392+200）段安全隐患整治工程。该工程铺设5厘米厚砼表处和7厘米厚沥青砼下面层1392平方米，新建中央防撞栏51米，路侧防撞栏40米，路面标线660平方米，减速标线243平方米，标志38个，总造价51万元。三是完成省道248线K113+740~K128+608段公路安全生命防护工程。该工程起点为桂头镇东岸与乐昌市交界处，终点位于乳源与浈江区交界处，全长14.87千米，批复预算113.1万元。四是完成国道323线K398+708处邓屋桥、省道248线K126+796处凰村桥和省道250线K16+273处龙角陂桥的中修工程，工程批复预算分别为42.3万元、41.3万元、8.8万元。

【公路养护】 认真抓好日常养护管理工作。坚持月度检查常态化，完善内外业资料和文明建设、完善各种养护制度，营造和谐公路、善美交通，积极做好“畅、洁、绿、美”养护工作。加强桥梁检查、病害修复、排水系统疏导，确保养护路段的行车安全、畅通。种植香樟、荫香、紫荆、红叶石兰美化公路。全年累计清理路肩边坡杂草202千平方米、清理路肩堆积物1022立方米、清运塌方2807立方米（16处）、修复损坏路缘石与边沟200多米、修补路面坑槽89平方米、水泥砼路面灌缝2.8千米、清扫路面8668千米、行道树刷白66千米、路缘石刷白102.1千米。

坪乳公路交通顺畅，通行能力日益完善。坪乳公路在2016年5座大桥的加固和路容、路面、水沟彻底整治的基础上，2017年进一步优化养护管理，集中3个养护所人员对路容路貌进行全面修整，标志标线、边坡整治的提升使坪乳公路真正成为一条交通畅顺的国道。乳源瑶族自治县第十一届“十月朝”文化节活动，坪乳公路作为铁人三项赛、环南水湖自行车公开赛的主要比赛路段，美丽乳源、善美公路受到赛手的好评，得到政府的表扬。

及时修复水毁，保障公路畅通。乳源公路局地处乳源山区，平时注重水毁预防工作，特别是雨季的防范，积极巡查、监管，24小时值班，一旦发生水毁，全局立即启动应急抢险预案进行抢通工作。7月2日早上7点零5分，国道240线K53+500处左侧发生山体塌方，交通中断，乳源公路局应急处理，圆满完成任务。

积极主动做好省公路局微电影《在路上》的协拍工作。为适应新媒体宣传需要，展示公路行业在经济社会发展中的重要作用，省公路局选择韶关市乳源公路局作为拍摄地。乳源公路局接到任务后，义不容辞肩负重任，对拍摄工作给予大力的支持，做大量艰苦细致的工作，保障拍摄工作圆满完成。

【路政管理】 乳源公路局坚持“依法治路、规范管理”，加强路政管理，严格规范路政许可审批，确保公路安全畅通，提高执法能力和服务社会的意识。2017年清理各类路障316.3立方米，拆除非公路标志及横幅65块（条），查处公路违法案件48宗、制止4宗，移交交通行政综合执法局违法案件44宗，处理事故车辆损坏路产案3宗，收取损坏路产补偿费8193.50元，有效保护路产路权。

积极履行《广东省公路条例》赋予路政管理的职责，加大路政巡查力度，继续开展与养护所联动的巡查制度，及时发现制止各种违反路政管理法律法规行为，及时处置、报送案件44宗，积极主动配合做好韶关市南水水库供水工程的相关工作，保护公路的完好。

配合市人大代表做好有关国省道、县乡道公路不准建筑的调研工作，提高管理部门的职能、权限，控制公路两边的非建范围，有效利用资源，为加快发展提供有力保障。

【年票征收】 根据市政府《关于取消韶关市普通公路机动车辆路桥通行费的通告》的精神要求，以加强年票催缴（补缴2016年以前欠缴年票）作为工作重点，加强收费员业务学习，提高服务质量，强化窗口服务，树立良好服务形象，2017年年票追缴工作开展顺利，全年补缴年票40万元。

（朱正标）

汽车客运

【概况】 乳源汽车站成立于1958年，是韶关市粤运汽车运输有限公司所属从事客运业务的一家分公司，位于乳源瑶族自治县鲜明南路1号，站场面积2万平方米，属二级站场。2017年，车站（含乳源出租车公司、乳源顺达公司）在职员工113人（其中管理人员29人），拥有19条客运班线经营权（其中市际班线2条、县际班线3条、县城公交线路4条、县内农村客运班线10条）和1块市际包车牌、3块县际包车牌，营运车辆131辆（其中营运客车71辆、公交11辆和出租小汽车50辆）。

【经营发展】 2017年，站场累计发班65854班次，客运量58.89万人次，日均发班183班次，日均发送旅客1636人次；营运车辆安全行驶总里程约1584.01万千米，四项考核指标均控制在上级下达的目标范围内，无发生责任火灾、爆炸、中毒事故，无发生责任机损事故，无发生公务车、交通车责任事故，无发生严重服务质量、违法、违规、违章等媒体曝光事件；年度营业总收入1749.04万元，利润总额414.61万元。

【业务创新】 乳源首个旅游集散服务中心构建实地考察调研。9月7日，县交通运输局局长王明生及县旅游局局长谭群英在韶关粤运公司董事长兼总经理袁立新等一行10余人的陪同下，对乳源汽车站进行实地考察，召开调研工作座谈会，以助推乳源首个旅游集散服务中心构建。（黄秋琴）

邮　政

【概况】 中国邮政集团公司广东省乳源瑶族自治县分公司（以下简称乳源邮政分公司）内设两部一室：综合办公室、金融部、市场部，下设投递部和四个支局，8个邮政所，有邮政从业人员82人。2017年，按照省分公司党组提出的金融业务“高于一切，先于一切，优于一切”的要求，面对复杂多变的发展形势和繁重的工作任务，围绕年度新增金融总资产2亿元的目标，乳源邮政分公司主动融入地方社会经济建设，着力塑造企业精神，全力推进金融业务发展，乳源邮政分公司工会组织“我为金融献客户”劳动竞赛，纪检监察组织金融发展效能监察，全县邮政广大干部员工迅速形成人人重金融，人人为金融，上下一心，真抓实干，邮政金融业务发展创下历史新高。

【精准扶贫】 乳源邮政分公司帮扶干部认真按照"扶贫工作"的实际要求，以"两学一做"学习教育为载体，转变作风、真心服务困难群众，扶贫攻坚工作取得一定成效。乳源邮政分公司负责的贫困户吴世兰的解困房计划开工建设，吴定社等3户贫困户搬进崭新的解困房。一是以人为本，全力抓好扶贫工作。认真落实国家有关扶贫政策，对纳入乳源邮政分公司帮扶范围的贫困户，积极帮助贫困户理清发展思路，找准发展方向，确定适宜项目，及时将扶贫政策宣贯落实到位。二是突出特色，初显成效。依据村情民意，配合镇政府发展特色产业，大力发展种养业，促进贫困户增收致富。在深入分析研究村情的基础上，利用自有资源，搭建电商平台，积极为烈村困难群众出主意，想办法，筛选有知识、有胆识且有从事电商经营愿望的男女青年，参加"农村淘宝"——电子商务业务培训，优化电子商务平台建设，帮助种植户拓宽销售渠道，增加销售收入，带动更多的贫困群众脱贫致富。

【寄递业务】 参照市场化调整揽投模式，出台政策抢夺市场，重点开发农特产寄递项目、政企客户和电商客户。开展"整合资源，优化投递队伍，提高当天妥投率，做大做强寄递市场"，成本运营初显成效，大幅提升邮件投递时限，寄递业务得到蓬勃发展，全年实现寄递收入110多万元，进度130.7%，比2016年增长64%，全年超额完成收入27.62万元。金融+快递+农村电商模式初见成效。电商服务站拓点112个，完成进度103%，其中A类站点45个，占比达40.1%。文化创意工作亮点频现。扎根政府购买服务，创新营销思维，文化创意开发项目4个，创收160多万元。其中县委宣传部社会主义核心价值观主题公园项目创收92.27万元，省级新农村文明示范片项目创收49.82万元，乳源中学、必背镇政府社会主义核心价值观标志项目创收18.55万元。

【金融业务】 2017年实现邮政金融收入1800多万元，完成市公司进度99.6%，比2016年增长11.2%，全县践行省公司金融业务"高、先、优"发展战略理念，强力推进700亿元工程，完成新增金融总资产目标，比2016年多增8000万元，新增市场占有率20.75%，比2016年上升1.16个百分点。代理保险新增保费1600多万元。新增有效POS商户446户，进度143%，位列全市第四，商户规模累计612户。全年开发代发项目11个，代发金额2亿元。鹰峰中和桂头两个网点余额发展势头强劲，全年新增分别为8000多万元和6000多万元，比2016年增幅分别为72.65%和82%，新增银信通8537户，收入比2016年增幅为10%。

【安全生产】 组织各单位签订2017年各级安全生产责任书，签订率达100%。积极推进安防专项设施改造，全县邮政安全物防和技防能力得到提升。组织开展"安全生产月"专项教育活动，组织金融网点人员、安全管理人员、押钞警等深入学习资金安全和操作相关管理规定，提高各相关部门和人员安全责任意识和履职行为。开展金融资金安全专项整治活动，对全县网点重点部位、办公楼、邮件处理场地等进行检查，发现问题68个，整改68个。乳源邮政金融实现"零案件、零重大违规违纪事件"的"双零"目标。

【速递业务】 2017年，乳源邮政速递物流分公司认真贯彻落实集团公司"一体两翼"经营发展战略，深入践行"挑战不可能，实现新跨越"的速递物流新企业文化理念，抓住提速增效这个根本，努力在发展规模、服务品质、创新能力和竞争实力上打开新局面。全年完成速递物流业务2.76万件，比2016年增长94%；总收入60多万元，比2016年增幅50%，增收超过20万元。

【党的建设】 常态开展书记上党课、学习党章、班子走基层，"双体验"活动，完善公司"党员活动室"功能，推进"两学一做"融入日常，积极开展党风廉政建设，落实"一岗双责"。2017年，围绕中心工作，支部重点开展下基层挂点帮扶活动，采取"公司领导挂点，部门包支局，领导干部帮网点"的挂点帮扶形式，加大"挂点帮扶"机制的推进力度，挂点党员领导干部做好帮扶支撑，出谋划策，助力网点共拓市场，落实金融"高、先、优"发展理念，支撑金融发展，充分发挥基层党组织的战斗堡垒作用，攻克难关，全面完成市公司下达的目标。

【小家文化】 齐心打造邮政特色的“家文化”，为员工提供暖心力量。2017年将星级职工之（小）家创建活动注入“家”文化内涵，完善相关星级职工小家创建标准，对小家硬件进行升级改造，桂头支局、大桥支局职工小家双双被评为二星级职工小家，邮政特色“家文化”的成功创建，为基层一线员工提供温馨舒适的工作和生活环境。（陈尚升）

电　信

【概况】 2017年，中国电信股份有限公司乳源分公司按照省市公司工作部署，围绕转型3.0战略目标，以智慧家庭引领，提高光宽质量，加快4G网络建设和天翼高清电视规模发展。在“岁末年初”工作部署，二季度“三大格局战”，“五一”“五一七”促销，三季度“十二项行动饱和进攻战”，四季度“百日冲刺”等，把这些活动贯穿全年的“渠道拓展、产能提升战”中，快速行动，精心组织，运用“政企+公众”结对子、商客专项团队、兵团作战队、微推会、装维协销、全员行动等营销方式，狠抓天翼高清、翼支付、光宽3.0、4G等四大基础业务规模发展和存量经营，落实实名制和服务规范等工作，有效完成全年的工作任务目标，2017年分公司工会被中国电信集团公司工会评为“模范职工之家”。

【支部建设】 2017年，以党建引领企业工作，强化综合管控，在全体党员开展“两学一做”教育，认真落实中央“八项规定”和国有企业领导人廉洁自律七项要求。落实党风廉政建设责任制，推进廉洁从业教育常态化。强化综合管控，坚持依法运营，严格执行内控管理和“三重一大”民主决策制度。严格党建责任，建立支部工作运行机制，梳理完善“三重一大”议事决策制度，制定《中国电信乳源分公司支部委员会议事规则》和《中国电信乳源分公司贯彻落实“三重一大”决策制度实施细则》，层层签订党风廉政责任书。持续开展“两学一做”学习教育，严格落实“三会一课”、组织生活会、民主生活会等企业党建基础工作。加强作风建设，开展执行中央八项规定精神情况调查、“四风”问题整治“回头看”，组织分公司经理人员参与对照检查。做好集团内部巡视整改工作，推进反腐倡廉，全面开展“四个专项治理”和各种风险检查，强化规章制度的落实。

【员工教育】 2017年，加强员工学习教育培训，注重政治思想、纪律法规和职业道德教育，开展学习《中国共产党问责条例》《党委会的工作方法》，中央、省、集团公司与省公司的纪检工作会议和党的十八届六中、七中和党的十九大重要会议精神等，开展纪律教育月活动。强化对部门负责人、中心经理，特别是关键岗位的员工进行廉洁从业、思想道德、党风法纪、企业行风建设等教育，强化党员落实“两学一做”到具体工作中去。开展全体员工安全生产、社区经理技能提升、规章制度学习、“电视引领、光纤入户”“光进铜退”“粤想家”“天翼视讯”“雷霆反击”“兵团作战实战培训”“百日冲刺实战培训”“渠道拓展，产能提升”等培训。

【网络建设】 2017年，新建端口约6000余个，加大城区、桂头、一六等中心FTTH的覆盖厚度，延伸大桥、大布、东坪等镇边、远、散自然村的资源覆盖。建设完成全县各村点120个远程党教点、乳阳林业局林区光缆ICT集成工程项目，五指山林场部分区域的C网基站覆盖，天井山15个点的森林防火系统；新建800M基站99个，室分系统5个；至2017年年末全县光宽端口总数为40810个，增大通信网络的容量。

【装维服务】 安装维护是面对客户的一项重要工作，是年，完善各专业设备的日常维护、抢修和应急预案。重视宽带、电信电视等安装维护工作，加强宽带故障4小时内及时响应和做好当天报、当天装、当天维服务的管控，降低装维服务抱怨率。对单位企业务故障处理流程及时限的开展时效管控，加强管线及后端人员对故障处理的业务培训及树立服务责任意识，减少故障工单的累积，提高工作效率和服务质量。

【通信保障】 2017年，重视做好通信网络保障工作，严格执行传输及各专业设备的日常维护、抢修、应急处置、隐患排查整治和应急演练等规程与制度的落实；严格执行干线日常巡检和“三盯”（盯紧、盯死、盯到底）工作。做好各类故障维修及光缆迁改工作，2017年管线基础维护共完成故障维修950宗、外力破坏应急抢修146宗、迁移各类光缆线路112宗；加大光缆线路质量的整治工作，提升通信线路质量，通过整治和优质维护，2017年ONU光衰达标率由原来的78.5%提升至91%；全年保障全县网络的正常运行和党的十九大通信安全畅通的顺利完成。（张树明）

移动通信

【概况】 中国移动通信集团广东有限公司乳源分公司（以下简称乳源分公司）秉持中国移动“大连接”战略要求，做大连接规模、做优连接服务、做强连接应用，全面贯彻落实省公司战略部署，认真执行市公司工作方针，各项工作紧紧围绕4G客户发展、家庭数字化、政企数字化、4G网络建设、渠道效能和党风廉政建设有序、扎实开展，实现市场、网络、管理新突破。内设综合部、市场部、网络部、政企部等共4个部门，其中市场部下设渠道运营组、家宽组、服务厅组3个班组，年末在职员工44人。

【党建引领，促进协同发展】 贯彻落实全面从严治党要求，坚持将党建党廉工作与业务中心工作相融合，一是党支部委员挂点网络建设和业务短板，开展4G网络建设课题攻关、攻坚克难；二是强化廉洁教育，组织案例和警示学习，开展节日提醒谈话和专题学习；三是提升风险防控，组织各级干部员工共同研讨，确定26条嵌入式风险防控清单，制订80条防控措施，100%覆盖全员岗位。

【机构调整，政企业务快速增长】 调整机构，成立政企部。把握大项目机遇，持续做大专线、物联网、IDC收入规模，成功拓展“政务网三期”“温汤酒店综合通信”“中农批综合通信”等综合通信项目。

【多措并举，4G客户发展迅猛】 打造乡镇“一镇一核心”渠道，依托乡镇渠道常态化开展促销及上门营销，4G客户占比超过60%，流量比2016年增长121.50%。

【以点带面，提升宽带覆盖率】 抓住农村刚需突破口，以城区端口扩容、FTTB改造为主，桂头区域农村连片覆盖为辅，针对性地开展家宽网络建设，全年完成覆盖突破1万户。

【攻坚克难，夯实网络基础】 通过借鉴兄弟公司优秀经验，开展重难点攻坚摘牌工作，全年共完成76个站址建设，年度任务完成率100%，网络覆盖用户满意度排名县同行业前列。

【联系群众，做实员工关爱】 加强与群众的联系，采取开展班组座谈、深入一线现场调研、流程痛点梳理、组织生活会等方式，共收集问题超过30个，90%以上得到有效落实。（邱丽霞）

联通通信

【概况】 中国联合网络通信有限公司乳源县分公司（以下简称乳源联通公司），位于县城鹰峰东路联通综合办公大楼，下设乳源营业厅、乳源政要营服公司、乳源公众营服公司、综合支撑室。2017年，联通乳源分公司在编员工14人，其中总经理1人（兼政要营服公司总经理）、一级高级业务主管1人、乳源营业中心3人、乳源政要营服3人、乳源公众营服4人、综合支撑2人。

【“五新”互联网化运营】 2017年，乳源联通公司持续推进战略转型、深化混合所有制改革、全面实施互联网化运营，实现高质量发展。新基因、新治理、新运营、新动能、新生态成为乳源联通公司2017年关键词。互联网化的创新为乳源联通公司带来动力强劲的新动能，4G用户得到稳定的提升，光纤用户宽带业务高速发展。

【提供优质服务】 乳源联通公司“提速降费”红利覆盖乳源市所有联通用户；与腾讯合作的“大小王卡”，与支付宝合作的“蚂蚁宝卡”等，“以一切为了用户”为服务宗旨，满足年轻用户的需求，得到用户的一致好评。

【网络建设】 2017年，乳源联通公司加快“光纤改造”项目，完成城区和乡镇镇区的光纤改造建设，满足乳源高速光纤宽带和大数据中心建设的需求。

【综合管理】 一是部署落实转变作风建设核心工作，开展转变学习作风系列活动，进一步促进管理干部队伍转变思想观念，提升综合素质和业务能力，推动企业转型跨越发展。健全完善党风廉政建设制度，认真执行民主集中制和“三重一大”决策制度，落实教育、防范措施，加强监督检查，督促各级领导人员严格执行廉洁从业规定。持之以恒抓好作风建设，坚决反对“四风”，厉行勤俭节约，维护群众利益，建立健全作风建设长效机制。二是重视人才培养。具根据岗位的不同需求，努力营造有利于人才脱颖而出的机制和环境，为高技能人员岗位成才、展示才华、实现自身价值搭建平台。三是关心员工身心发展。员工关怀工作以“加大保障关怀、改善组织氛围、助力企业成长、彰显企业文化”四大方面为主线，通过实事助力公司业务发展，实现员工合同企业发展成果，提升员工幸福感。四是重视安全生产管理，贯彻落实公司安全生产视频会议精神，切实加强安全生产工作，对安全生产工作落实责任、提高意识、加强教育、严格执行，把隐患根治到位，提高安全生产事故的预防和处置能力。（陈慧芳）

城建·环保

住房和城乡建设

【概况】 县住房和城乡规划建设局内设办公室、城乡规划股（县城市规划委员会办公室）、城市建设管理股（住房保障与房地产管理股、城市建设档案室）、建筑管理股、行政审批股等5个股室。年末在职人数13人。

2017年，县住房和城乡规划建设局以深入贯彻落实党的十九大精神和习近平总书记对广东工作的重要批示精神为统领，紧紧围绕“发展经济、改善民生、促进民族团结进步、维护社会稳定、全面从严治党”五篇文章，坚定不移打好民族牌、走好生态路，按照“守底线、创亮点”的工作方法，把建设“宜居、宜业、宜游的山水瑶城”作为重点战略目标，注重规划引领，强化项目建设，加强城市管理，积极实施城市扩容提质，完成全年各项工作任务。

【城乡规划】 实施规划的调控引导作用，完成县城总体规划修编。组织开展县城鹰峰路外立面瑶族特色风貌整治设计、“一江两岸”景观提升及慢行系统构建设计方案竞赛；编制《乳源古驿道文化线路保护利用专项规划》和梯云岭、腊岭示范段详细规划，完成西京古道标志系统设计；开展城南片区改造方案、县城五大出入口特色风貌整治等专项规划编制。完成游溪镇、一六镇总体规划修编，启动大桥、大布、洛阳总体规划修编，开展87个自然村的村庄规划编制工作。核发“一书三证”，依据《中华人民共和国城乡规划法》及县城区总体规划，严格审查报建资料，核发《建设项目选址意见书》12宗，“建设用地规划许可证”22宗，核发“建设工程规划许可证”86宗，核发“建设项目竣工规划验收合格证”32份。

【市政设施】 完成示范农场至新一小（示范农场段）、滨江西路（民族桥至南水电厂段）市政道路及县城主要街道路面“白改黑”工程建设，积极推进旧G323线坝厂至侯公渡段道路扩建工程及风华路、朝阳路、华景路至解放北路等市政道路建设。加快城区市政道路路面、人行道、道路排水设施改造力度，完成南环路排水渠、南水花园旁排水渠、鹰峰东路至沿江东路排水管道工程，对县城8座桥梁实施检测维护。

【完善城市功能建筑】 加快“瑶族风情园”四馆建设，该项目包括文化馆、青少年活动中心、老年活动中心及老年大学、瑶族文化保护利用设施等项目，总建筑面积约2.68万平方米。2017年四馆完成主体结构封顶，计划于2018年9月全部完工。推进鹰峰路外立面整治工作，该项目一期工程位于鹰峰东路与二九一路路口段、鹰峰西路与环城西路路口段。涉及改造楼房14栋，2017年进入紧张的施工阶段。推进县“一江两岸”景观提升及慢行系统构建项目，整治总长约8.5千米，南至北方向宽约100米—400米，2017年完成方案竞赛确定设计单位。推进农贸市场建设，完成侯公渡农贸市场建设，兴建洲街、富华城简易市场。积极推进县档案馆新馆、运动中心、工人文化宫、县综合射击场、残疾人康复中心、粤北农特产品电商物流商贸城等重点项目建设。

【园林绿化】 加强县城美化绿化。大力开展公共休闲广场建设，完成观音山公园改造、环城东路塑石公园、城北公园（乳桂路口）建设，建成占地20000平方米的县民族团结广场；启动“一江两岸”（含慢行系统）环境整治和金狮森林公园改建、南水桥头公园二期、沿江东亲水公园等工程建设。加大市政园林绿化美化和维护管理力度，完成安装行道树大理石树池180个，对二九一路口、乳桂路等路段进行绿化改造，新种补种行道树343棵，补种绿化苗木96000株。

【环卫管理】 强化县城长效保洁机制和垃圾处理管理机制，将每天的保洁时间由原来的12小时延长至16小时，以街道为单位按每条街1至2人的标准，建立环境卫生义务监督员队伍；完成清扫保洁垃圾清运中转站运行及垃圾填埋场运行管理业务招标工作；完善设施提高保洁工作效率，投入10.6万元购置专业割草船，添置200个街边垃圾桶，加强河道垃圾、水草清理；清除“城中村”城乡结合部、内街内巷等卫生死角及县城四大出口、边坡堆积的生活垃圾、建筑装修垃圾；聘请专业队伍清理县城街边小广告和涂鸦，开展人行道冲洗工作。启动大桥镇、必背镇、大布镇、洛阳镇等4个镇的热能垃圾处理站项目建设工作，健全保洁队伍，确保农村生活垃圾清运保洁覆盖率达100%，农村生活垃圾有效处理率达90%；积极推进镇村污水处理设施建设，农村环境得到较大改善。

【城市管理】 加大市容市貌管理整治力度。实行街长制和网格化管理，抽调24名城管，组织30多名施工人员对鹰峰路、北环路、滨江路等12条主街道店铺设立的违建广告进行清理拆除。拆卸违规搭建的雨棚及其他建筑物300余个，清理违规、残旧商业广告及横幅270余幅（条），整顿占道经营商铺150余家，纠正占道经营、违规停车、乱摆乱卖等不文明行为200多宗。针对洲街临时市场和富华城临时市场占道经营、文昌公园乱摆卖、坝厂村道路两旁脏乱差、金狮北路彩石占道等问题进行专项整治，加大力度对紫荆桥、排灌站、洲街桥等路口的流动摊贩及幸福名居夜宵摊档进行整治。全年发出《责令停止违法建筑行为通知书》33份，《责令限期整改通知书》12份。

【建筑市场管理】 加强质量管理，提高工程质量水平。2017年，核发施工许可证47项，建筑面积33.6万平方米，市政道路2.3千米，总工程造价6亿元；办理竣工验收27项，建筑面积18.43万平方米，工程造价2.2亿元，工程验收合格率100%。狠抓施工安全生产和文明施工。认真开展“安全生产月”活动，实施安全生产许可证、建筑业安全生产“三类人员”持证上岗等项制度，实行安全生产动态化管理，健全质量管理体系，特别对高边坡、高大支模、深基坑、脚手架、井字架（塔吊、人货用梯）、施工用电、燃气企业安全生产等存在的安全隐患进行重点排查，坚决排除安全隐患，遏制安全事故发生，全年安全生产形势保持总体稳定，未发生一般安全事故和责任事故。（江春凤）

环境保护

【概况】 2017年，县环境保护局内设3个股室：办公室、环境保护管理股（加挂行政审批股）、环境应急与监察股（环境监察分局），下属事业单位乳源瑶族自治县环境监测站。机关行政编制5名，行政执法专项编制10名，后勤服务人员1名，下属事业单位编制20名。12月，实有干部职工34人。

【环境质量】 2017年，乳源环境质量达到优良水平，县城城区环境空气质量达标天数比例94.8%，主要河流水质监测断面水质达标100%，城市集中式饮用水水源地水质达标100%，城市区域声环境质量达到二类区水平标准。

大气环境　城市环境空气质量达到优良天数为345天，达标天数占全年94.8%，超标天数为19天，超标天数占全年5.2%。其中，空气中二氧化硫年平均浓度均值为0.009毫克/平方米、二氧化氮年平均浓度均值为0.013毫克/平方米、一氧化碳24小时平均第95百分位数为1.3毫克/平方米、臭氧日最大8小时平均第90百分位数为0.132毫克/平方米、可吸入颗粒物平均浓度均值为0.035毫克/平方米、细颗粒物平均浓度均值为0.027毫克/平方米，均达到国家空气环境质量二级标准。城市降雨酸浓度pH年均值为5.10，酸雨频率50.0%。

水环境　全县境内有武江河、南水河、杨溪

河、大潭河等9条主要河流，总流域面积达2205平方千米。这些河流大部分处于源头和上游，未受到污染，符合国家饮用水标准。武江河段上游因有工业废水和生活污水排放，造成一定污染，只符合地表水质标准，可作工业用水或农田灌溉之用。位于县城西部10千米处的南水水库，水面面积3800公顷，库容12.43亿立方米，是县城主要饮用水源和韶关市区备用水源，水质一直保持在国家地表水环境质量标准Ⅱ类标准。全县9条主要河流总体水质良好，均达到水功能区目标要求。在监测的6个常规监测的断面中，水质均符合地表水环境质量目标要求，达标率100%。

声环境 县城区域环境噪声等效声级平均值昼间为53.0分贝，比2016年上升0.7分贝，主要声源为生活噪声和交通噪声。县城区域道路交通干线噪声等效声级平均值为62.7分贝，未超过标准值70分贝，比2016年降低1.4分贝，平均车流量607辆/小时，监测点达标率为100%。

【环境影响评价】 2017年，县环保局共完成建设项目环评审批20宗，完成环保竣工验收9宗，完成排污许可证发放93份，其中新证18宗、换证72宗、变更3宗。

【污染物减排】 2017年，完成全县1家养殖场环保治理设施建设和台账编制工作，拟通过环保核查核算，顺利完成农业源减排任务。桂头镇污水处理厂和大桥镇污水处理厂建成并投入运行。机动车减排进展顺利，机动车环保检测率达到80%以上，发放环保标志5534个，发放率达95%以上。

2017年，全年化学需氧量排放控制在1805吨，氨氮排放控制226吨，二氧化硫排放控制在1000吨，氮氧化物排放控制在825吨，完成年度减排任务。

【环境监察与排污费征收】 县环保局扎实开展环境安全大检查，加强饮用水源环境监管力度，及时调处群众来信来访的环境污染纠纷案件，提高对涉重金属、危废等重点污染源的监管力度，组织人员对全县非法倾倒处置固体废物进行专项检查。按照市环保局统一要求，县环保局从2017年开始正式执行双随机抽查制度，通过“执法人员随机、被检查企业随机”的形式，从县企业库中随机抽查48家次企业，运用移动执法平台为工具，实现撰写执法检查记录、询问笔录无纸化办公。2017年分局出动执法人员1300多人次，执法车辆400多车次，检查企业600多家，对企业下达整改通知84家，行政处罚5家，罚款206995元。

【环境监测】 完成2017年全县环境质量报告书编制，认真做好空气质量、水环境质量、常态预警监测、农村环境质量、降尘降雨等常规监测以及企业监督性监测，做好信息公开工作。2017年，获得：有效监测数据10673个，其中水质常规监测数据2434个、监督性监测数据2212个、环境调查监测数据1921个、污染调查数据195个；气监督性监测数据3473个、环境调查监测数据180；噪声监督性监测数据112个、污染调查数据1个、环境调查数据13个、常规监测数据132个。

【政务信息及环境信访】 加大环境信息公开力度，按时在市重点领域信息公开平台、政府信息公开平台等网站上发布城市环境空气质量日报、重点流域水质月报、集中式饮用水水源地水质月报、重点企业监督性监测信息，全年主动公开政府信息159条。

2017年，共接投诉案件146宗，其中水污染投诉23宗，大气污染投诉73宗，噪声污染36宗，固体废物14宗，处理率达100%，没有因此引发群体矛盾和越级上访现象。

【固体废物监管】 乳源区域固体废物主要包括生活垃圾、养殖废物、矿山尾渣、工业垃圾、医疗废物等。2017年，5个乡镇垃圾转运到县城生活垃圾无害化填埋场处置，4个乡镇垃圾收集后就近填埋；53家规模化养殖场实行猪粪返田利用，用作种植基肥；工业垃圾进行分类处置，可回收利用垃圾全部实行回收，危险废物全部安全暂存和处置，污泥、中和渣进行填埋处置，工业危险废物处置利用率为26.15%。全县医疗废物大部分交由韶关市波丽医疗废物处理有限公司进行无害化处理，少部分边远乡镇医疗机构的医疗废物自行消毒焚烧，医疗废物集中处置率为97.81%。

【自然生态保护】 乳源地处于粤北山区，水力、森林、矿产、风力、旅游等资源丰富，生态环境良好，水、空气、土壤和声环境都保持在优良水平，空气质量达到国家空气质量二级标准，环境空气质量优良率达94.8%。主要饮用水源、江河水质全年监测达标，分别达到国家地表水Ⅰ类、Ⅱ类标准，全县拥有多个国家级、省级、市级自然保护区。为保护良好的生态环境不被污染、破坏，县委、县政府加强环境保护力度，提出生态立县的发展战略，对自然保护区、饮用水源保护区、生态公益林等严格保护。对南水水库开展网箱拆除清理整治行动，严格按照地表水Ⅰ类水质标准要求进行整治，消除网箱养殖对水库水质带来的影响，通过制定环保“十三五”规划、土地利用规划、畜禽养殖“三区”划分方案等，从宏观上调控保护区域的过度开发建设，采取把控环评审批、用地审批等行政手段限制不宜项目的开发，保障生态环境良性发展。

【生态环境宣传教育】 结合“6·5”世界环境日、道德讲堂、法制宣传日和环保志愿服务活动，深入农村、企业、社区开展形式多样的生态环境宣传。2017年开展环保宣传咨询6次，发放环保宣传手册4000多份，发放环保纪念品1000多份，悬挂宣传横幅10条，滚动播放宣传标语5000多次，制作环保宣传栏3个。

【农村环境保护】 县环保局利用环保专项资金，开展农村环境综合整治，推进农村整治示范县建设，2017年，完成洛阳镇泉水村小组、一六镇楼下村小组、高元村小组、合掌夫村小组、大岭新村，游溪镇营康村等农村环境综合整治。建成一批农村生活污水集中处理和生活垃圾处理设施。完成桂头镇杨溪水饮用水源地规范化建设，建立隔离防护网405米，设立标志牌23个，加强桂头镇饮水安全。加强畜禽养殖业污染防治，对列入2017年减排的1家规模化养殖项目每季度进行督查，督促按期完成污染治理设施。 （罗 婕）

文　化

文化行政管理

【概况】 县文广新局内设办公室（行政审批股），社会文化股，文物和非物质文化遗产股，新闻出版与广播电视股，文化产业和艺术股。下辖县民族文化传习馆、民族博物馆、文化馆、图书馆4个下属单位。

【文化阵地建设】 瑶族刺绣歌舞保护利用设施以及新文化馆建设完成主体工程。博物馆布展工程顺利开标，进入布展深化设计。2016年，乳源被省政府列为全省十个“图书馆总分馆制试点建设”县之一，至2017年，共建成9个分馆、27个基层服务点，实现市中心馆、县总馆、乡镇分馆村服务点图书统一编目、统一配送资源、统一管理以及通借通还，资源共享。完成一批基层综合文化服务中心建设。

【公共文化】 贯彻落实《中华人民共和国公共文化服务保障法》，举办《中华人民共和国公共文化服务保障法》学习培训班、学习贯彻十九大暨公共文化服务培训班、瑶族传统音乐舞蹈业务培训班等活动。县图书馆举办“书香乳源”迎春书画展、世界读书日、图书服务宣传周、韶关市首届“学问杯”——《说出你的故事》演讲比赛、“分享故事，共同成长”《李因夜读》故事会等各类阅读推广活动28场次，有力推动全民阅读。全年图书馆共接待进馆读者133728人次，比2016年增加19%，阅览276814册次，外借图书28022册次。为乡镇分馆订阅报刊380份、新购图书16000册。开展全县农家书屋及图书轮换，选送近万册廉政图书和十九大读本到全县115个村（居）委。

【社会文化】 开展20场“美丽瑶乡．幸福乳源”暨创建平安乳源主题宣传巡回演出活动。举办元旦、春节“文化三下乡”、送欢乐进万家志愿者文化惠民巡回演出、大型音舞情景剧《云里古粤瑶》演出、第五届韶关市戏剧曲艺花会优秀剧目巡演、瑶族二月初一赶鸟节暨文化志愿服务文艺表演活动。承办广东省文化厅2017年公共文化服务“三百工程”暨“中国革命道路和中国共产党的光辉历程展览”活动、2017“三百工程”文化惠民进基层“百场群文精品演出”。桂头、洛阳等镇文化站举办文娱竞赛、书法比赛、篮球赛等活动，丰富群众精神文化生活。成功举办第十一届“十月朝”文化旅游节系列活动。围绕本地“一镇一品”群众文化品牌，指导支持举办必背镇王茶“村晚”、大桥镇《契娭生日》非遗专项展演活动。支持洛阳镇举办第一届采茶节暨第三届天井山云锦杜鹃观赏节，支持指导一六镇举办西瓜文化节等。群众性文化活动品牌丰富多彩。

【文化遗产】 完成《广东省瑶族文化（乳源）生态保护实验区总体规划》编制上报工作。将民族博物馆创建为广东省非物质文化遗产传承基地。将《双朝节》《苦爽酒酿造技艺》《西京古道石阶除道》成功申报列入韶关市第七批非物质文化遗产代表性项目名录。公布4名县级传承人并申报为第六批市级传承人。举办瑶族干部瑶歌培训班。《西京古道保护规划》通过省级专家评审；完成西京古道保养工程；观澜书院修缮工程通过省级专家初步验收；完成乐富村农民协会旧址修缮工程；顺利完成县级保护单位官亨桥修缮方案编制。

【文艺创作】 文化馆创作选送的《铜铃悠歌》荣获广东省第十届精神文明建设“五个一工程”奖、音乐作品《瑶山飞来一群金鸪鸪》获广东省第七届群众音乐舞蹈花会金奖、小品《团圆》获第五届韶关市戏剧曲艺花会小品类银奖。传习馆创作选送的小品《送礼新高度》获韶关市优秀廉政小品曲艺创作评选三等奖。

【文化交流】 参加韶关市2017年“山欢水笑迎新春”春节联欢晚会演出、2017年“春风行动”区域联动促进就业暨“精准扶贫”招聘会活动文艺演出及2017年韶关市庆祝建军90周年军民联欢晚会。完成15场2017年东莞市全民艺术普及行动文化惠民演出活动。文化馆先后组织瑶族刺绣、瑶族服饰传承人及展演队参加2017年韶关“文化和自然遗产日”“非遗”展演活动、深圳文博会、成都国际非物质文化遗产节“中国传统工艺传承新生代艺人竞技与作品展”、2017年广东省“文化和自然遗产日”主会场活动暨开平碉楼与村落申遗成功十周年系列活动、第二届长江“非遗”大展。组织瑶族文化工作者参加世界瑶族文化交流大会。

【广播电视新闻出版】 开展春节、“五一”期间和暑假、国庆、十九大前等重要时段化系统安全大检查行动。检查文物安全、广播电视播出安全，对重点行业、重点领域及相关经营单位，采取严厉有效措施集中进行整治，查处和及时清理不良歌曲3首、不良游戏2部。开展春节电影展映、学习宣传党的十九大精神优秀国产电影展演等活动，2017年共放映农村公益电影1224场次。妥善解决老放映员历史遗留问题，按照上级要求完成有关补助核准发放工作。瑶族漫画《盘瓠传说》形成初稿，进入审核修改阶段。

【课题研究】 启动乳源瑶族语言文化典藏课题项目、乳源非物质文化遗产与旅游发展课题、过山瑶文化与关联产业发展课题研究项目。形成乳源非物质文化遗产与旅游发展以及过山瑶文化与关联产业发展课题研究初稿。乳源瑶族语言文化典藏课题项目基本完成瑶族语言词条收集工作，项目组共收集词条1500余条，超额完成词条搜集任务，拍摄图片收集整理500余张，完成30%的任务。

【文明创建】 围绕创建全国县级文明城市的有关工作要求，组织开展了“身边好人”评选活动，李福军获评第二季度“乳源好人”。组织拔尖技术人才、广东省基层文化先进工作者等骨干文化志愿者到基层开展学雷锋系列活动。文化馆、传习馆深入敬老院、农村、基层学校举办“大手牵小手、爱心助成长”关爱留守儿童舞蹈培训，组织文化义演，开展关爱老人、关爱留守儿童学雷锋系列活动。参与“创文”网格化管理工作。成功举办第七期道德讲堂活动。（邓雄华）

广　播　电　视

【概况】 县广播电视台是县政府直属正科级事业单位，主要职责是：把握舆论导向，发挥党和政府的喉舌作用，围绕县委、县政府的中心工作开展新闻宣传；制订、组织、实施广播电视台事业和产业的发展规划，负责广播电视节目的制作、播出，制定镇广播电视事业发展规划，整合镇广播电视传输网络，指导基层广播电视工作。内设办公室、总编室、网络部、新闻部、广告部、雷公岭转播中心等部门和乳城镇、大桥镇、桂头镇、东坪镇等4个镇广播电视站。2017年，有广播电台1座，电视台1座，广播电视发射和转播台1座。在职员工73人，退休人员14人。

在2017年举办的韶关市广播电视优秀节目评比中，《铁人三项挑战赛270名“铁人”激烈角逐》《60辆摩托车迎新娘夺人眼球》两作品获得新闻类二等奖，《精彩实战设卡演习　上千市民大开眼界》《吴兰英：为群众做好每一件小事》《乳源民俗文化之乡系列》等作品分别获得新闻类三等奖。《乳源新闻播音》获得播音主持类类三等奖。

【新闻报道】 2017年1月至12月份，完成新闻播出1353条。其中上送省台4条，市电视台362条，市电台211条，完成用稿、上送市台数量、质量均好于上一年水平。紧密结合县委、县政府各时期阶段性重要工作，及时组织各类形式的宣传和舆论监督，为各时期重大工作的顺利开展营造良好的舆论氛围；多组记者深入云门寺、云门山旅游景区、南岭国家森林公园、大峡谷等景点景区报道景区春节期间旅游情况以及县里举办的游园、猜灯谜等活动，为节日增色；全面宣传报道“两会”各项活动，为两会的圆满成功营造了良好的舆论氛围；以开辟专栏、推出系列报道等形式，强化学习十九大精神、学习贯彻习近平总书记系列讲话精神等工作的宣传报道，全方位、不同角度对全县各级各部门学习贯彻精神进行采访报道；深入宣传报道县创建全国县级文明城市活动，翔实报道县直各部门创建工作，推动创建活动的扎实有效的开展；围绕社会主义核心价值观，深入挖掘和宣扬先进典型和先进事迹，弘扬主旋律，传播正能量；多方面报道优秀教师在平凡的岗位上兢兢业业精神。深入报道瑶族“十月朝”系列活动宣传报道工作取得圆满成功；全面采访报道开展精准扶贫精准脱贫工作开展情况；采访报道各单位各部门开展道德讲堂活动情况，大力弘扬道德模范，积极倡导社会新风，推进社会主义核心价值体系建设，吸引全县广大干部群众投身道德实践活动；紧紧围绕县委、县政府的中心工作，认真策划好市县区连线的宣传报道工作，新闻质量深获县领导的高度评价和充分的肯定；积极与教育局、供电局、司法局、旅游局、政法委等县直部门开展宣传合作；制作县经促局、公安、法院的专题片。

【设施维修、建设】 有线数字电视网络正常运作，受三大运营商等的冲击，原用户数逐年减少，新装用户亦逐年减少，呈下降趋势。全县有线数字电视用户有1.5万户。2017年发展新主机用户462户，副机152户，开通所有新光点和主干线工程约10千米。为提高新闻播出质量，争取到县政府支持资金58万多元，购买录音、演播室设备，提高新闻画面质量，最大限度地提高演播室录制质量，带给观众更好的观赏感受。在资金吃紧的情况下，投入3万多元更换旧机房UPS电源；开通一个中心、9个乡镇的政法视联网；开通源水居、水岸国际第三期、华景商业城二期、紫荆花园二期的有线数字电视；开通鸵鸟寨、盈翠银湾、亿林豪庭光点；重新规划东阳光、山水城、老林屋线路，更改三协电子厂信号线路；完成全县政法网专线铺设，配合南水供水工程改造，新拉光纤1.5千米，改造光结点6个

【安全播出】 切实做好2017年安全播出工作，特别在春节、国庆期间及十九大会议期间，没有出现安全播出责任事故。

【广告业务】 受多媒体和新媒体激烈竞争、数字电视用户下滑明显的影响，广告业务下滑厉害。

【扶贫工作】 认真贯彻落实国家、省、市、县有关新时期扶贫开发的决策部署和相关文件精神，县台成立以台长邹卫平为组长的精准脱贫工作领导小组，由副台长分管，安排专人负责此项工作，抽调全台中层以上干部和部门骨干，分成十组，对23户贫困户进行帮扶，其中13户低保户、9户一般扶贫户、1户五保户。2017年实行产业帮扶、教育帮扶、危房改造帮扶。其中对2户进行产业帮扶，9户进行教育帮扶，有8户进行危房改造。

【其他工作】 认真学习贯彻落实党的十九大精神，全面落实意识形态工作责任制，认真开展“两学一做”“三会一课”学习教育活动。 （肖群梅）

广东新华发行集团乳源新华书店有限公司

【概况】 广东新华发行集团乳源新华书店有限公司前身是广东省乳源瑶族自治县新华书店，于2011年3月按照粤办发《中共广东省委办公厅、广东省人民政府办公厅关于加快推进全省新华书店改革重组工作的通知》精神，由原来属事业编制的广东省乳源瑶族自治县新华书店实行转企改制为国有控股的有限责任公司（法人独资），公司注册资本500万元，总资产7880142.34元，设有综合部、营销管理部，有在职员工10人。公司主要经营零售图书、报刊、音像制品、文化用品、日用百货。

【公司理念】 公司始终坚持为人民服务、为社会服务、为党和国家中心工作服务的方针，坚持先进文化方向，坚持社会效益与经济效益有机统一的原则，努力发行好党和国家的重要文献，传播科学文化知识，配合政府开展文化建设，在出版物分销领

域发挥国有经济的主导、示范、带动作用，形成“新华”品牌特色，起到链接出版与读者良好的桥梁关系，真正做文化摆渡者，树立诚信经营、优质服务的良好形象。

【完成指标】 2017 年度实现营业收入 519 万元，其中教材、教辅 399 万元；一般图书、文体用品及其他 120 万元，实现利润 49 万元。

【中共十九大系列读物发行】 公司结合日常实际工作，找准关键环节，提出具体措施，专门成立发行工作小组，布置下达征订十九大文件书籍任务，按人员分工，按区域分片，征订任务量化，责任到人，公司发行党的十九大报告、党章、学习辅导、汇编等系列读物 8 种共 8622 册，码洋 156119 元。完成十九大系列读物配送任务：10 月由县文广新局向全县 9 个乡镇共 115 个村委会（社区），赠送的十九大读本 460 册；12 月由省文广新局向全县 9 个乡镇共 105 个村委会，赠送的十九大文件读本 840 册。

【教材、教辅发行】 始终把中小学的教材、教辅发行工作作为新华书店的重要任务，面对教材、教辅发行的新情况，及时调整征订发行策略，广泛征求师生的意见，尽可能满足教学需求，竭诚为全县 23 所中小学校教师，24800 个多学生服务。

【综合性文化服务中心建设】 积极配合广东省促进地方公共文化服务事业发展工作，补齐人均公共文化短板，如期完成全县 12 个综合性文化服务中心图书阅览室的图书，包括书架、阅览台、椅子等设备的配送安装工作。

【农家书屋】 公司积极承担起相应的社会责任，圆满完成全县 9 个乡镇 115 个村委会（社区）农家书屋出版物补充更新的 23 万元图书配送、上架工作。

【义教新华字典】 完成 2017 年政府义务教育段一年级新华字典的配送发行工作，全县总册数为 3212 册，金额 44968 元。 （莫庆军）

卫 生 · 体 育

卫生和计生

【概况】 乳源瑶族自治县卫生和计划生育局（简称卫计局），内设机构有办公室、规划与财务股、人事股、医政股（县深化医药卫生体制改革工作领导小组办公室）、疾病控制与妇幼保健股（卫生应急办公室），科技宣教发展股、信息统计与考核评价股（流动人口服务管理股）、综合监督股、政策法规股（行政审批股）。编制21名，后勤服务人员3名。下属事业单位有：卫生监督所、疾病预防控制中心、慢性病防治站、妇幼保健计划生育服务中心、中医医院（民族医院）、人民医院，另有9个镇卫生院：乳城镇卫生院，桂头镇中心卫生院，大桥镇中心卫生院，一六镇卫生院，东坪镇卫生院，游溪镇卫生院，大布镇卫生院，洛阳镇卫生院，必背镇卫生院。原人口和计划生育任期目标管理责任制考核办公室更名为人口与计划生育目标管理责任制考核办公室。

县红十字会，县爱国卫生运动委员会，均属副科级事业单位，挂靠县卫计局。县计划生育协会，正股级单位，挂靠县卫计局。

全县卫计系统干部职工总数1107人，离退休256人，在职851人，2017年公务员招录2人。调出干部5人；退休干部2人，职工1人。

驻乳源厂（场）矿医疗单位有：广东省乳阳林业局职工医院、广东省天井山林场卫生所。

2017年全县卫生医疗机构152家。村卫生站95家，村卫生站在岗104人，其中执业（助理）医师14人，乡村医生84人，执业护士6人。全县有开放病床546张，每千人口拥有病床2.48张。在职干部职工836人。医疗机构专业技术人员738人，其中中级以上职称244人、初级职称415人。全县有执业医师296人，注册护士315人。

全县2017年出生人口4250人，增加533人，比2016年增长11.08%，政策生育率为97.55%，政策外多孩率2.12%；常住人口出生3212人，增加330人，政策生育率为98.22%，政策外多孩率1.56%；出生人口性别比为105.12。

【基础设施建设】 改扩建的县人民医院住院楼建成竣工，于2017年7月投入使用；新建县中医院治未病中心、改扩建康复科、完善信息平台建设；完善县妇幼保健计划生育服务中心的儿保中心和信息平台建设。先后完成大桥、桂头卫生院基础设施建设和大布、游溪、洛阳镇卫生院公卫楼建设，以及乡镇卫生院X光室改造。按照省公建规范化要求完成24间村卫生站建设。不断完善医疗设备，提高医疗诊断能力。2017年，增设64排螺旋CT、四维B超、数字化脑电图机等一批先进仪器设备，价值约8000万元。

【引进培养人才】 引进医疗卫生专业技术人才47名，培训业务技能人员2300多人次，争取7名对口三甲医院的专家到县人民医院支援帮扶，选派13名医生到对口医院进修学习，完成全科医生转岗培训19人，所有镇卫生院配备2名以上全科医生。按照省、市要求招聘特设岗位全科医生18名。

【深化医院改革，推进“书记项目”】 局党组书记亲自谋划、推进的《持续打造“两个信心”，全面提升县人民医院服务能力》“书记项目”。县人民医院完善医疗管理制度10项，引进7名本科医技人才，引进驻点帮扶专家36人，开展宫腔镜、腹腔镜等新技术4项，在专家指导下实施腔镜手术200多例，肿瘤外科诊治、脊柱微创技术及经皮椎体成形术取得新突破，增设一批约1500万元的先进医疗设备，改扩建成新住院大楼，医疗服务能力得到明显提升，2017年县人民医院综合业务收入比2016年增长10.71%，转诊率从6.29%下降至4.14%。

【宣传教育】 发挥电视、网络、微信等传媒作用，举办文艺演出、义诊、健康教育技能竞赛等活动，宣传“全面两孩”政策、孕前优生服务，提高群众对政策法规和健康知识的知晓率。2017年投入135万元进行卫计宣传，开展卫生技能竞赛1次，组织全县性专题宣传活动2次，更新计生三栏124处、健康宣传栏145处，发放健康教育资料13.5万份，举办知识讲座222次，开展现场咨询活动185次。

【服务能力建设】 推进5个试点镇“新家庭人口文化示范基地”创建工作。开展“家庭医生服务”工作，全县组建家庭医生式服务团队65个，签订服务协议2.3万户，签约人数6.9万人，全人群签约率30.93%。加大力度开展地中海贫血筛查工作，全县新生地贫筛检测率为100%。实施新生儿出生缺陷干预工程，覆盖面100%；新生地贫筛检测率、地贫防控电子健康建档率和月报上报率100%。

【公共卫生服务均等化】 2017年，全县建立常住居民电子健康档案14.09万份，建档率为76.56%。其中严重精神障碍患者建档1285人，规范管理率83.58%；管理高血压患者7234人，完成任务77.22%；管理糖尿病患者1736人，完成任务56.31%。全年为农村生育妇女补服叶酸2378人；全县完成免费孕前优生健康检查947对。

【疾病防控】 加强登革热、人感染H7N9禽流感等重点传染病的防控。强化慢性病防治管理，顺利完成艾滋病、结核病、地方病等疾病的预防和控制。2017年全县报告传染病疫情21起和1例手足口病重症死亡病例，其中15起手足口病疫情、5起水痘暴发疫情和1起疱疹性咽峡炎聚集性疫情，及时处理率100%；国家免疫规划疫苗接种率达95%以上；全县报告法定传染病2155例，传染病报告及时率100%；报告突发公共卫生事件4起，突发公共卫生事件相关信息报告率100%。无甲类传染病发生。2017年未发生较大突发疫情。

【依法行政】 严格依法征收社会抚养费，2017年全县征收社会抚养费135万元。开展整治“两非”活动，出台举报“两非”奖励制度，开展整治“两非”联合执法行动2次，清查医疗机构、药店和卫生站（室）36家，查处“两非”案件1宗。严格落实信访工作领导责任制，2017年受理医疗纠纷投诉5宗，计生术后并发症信访案件8宗，回复市、县交办信访案件57宗，信访案件结案率100%。

【落实优惠扶助政策】 2017年全县有3701人享受计划生育节育奖，773人享受农村部分家庭奖，34人获得失独家庭特别扶助金，兑现城镇居民独生子女父母奖励837人，发放扶助金额340多万元。实施计划生育特殊家庭联系人制度，为计生特殊家庭办理绿色通道就诊卡。提高计生手术并发症人员补助标准，每人每月提高100元。加强协会工作，从2017年始，把全县计划生育家庭意外伤害保险列入财政预算，投入23万元为3788名计生家庭成员购买意外伤害保险。组织开展计生“三结合”工作，第一期投入50万元，帮助38户计划生育家庭脱贫致富。开展计生困难家庭扶助活动，向37户计生困难家庭发放扶助金3.7万元。

【行业作风建设】 2017年采取专题会、座谈会、组织生活会等形式先后12次组织全系统干部职工开展十九大精神、“两学一做”、道德讲堂等系列学习教育活动，要求全县卫计系统深入学习党的十九大及省、市、县全会精神，以习近平新时代中国特色社会主义思想作为行动指南，用“四个坚持、三个支撑、两个走在前列”统领卫生计生各项工作。组织观看专题教育片，开展《从细节做起，从党员做起，倡导绿色生活反对铺张浪费》活动。

（袁素兰）

疾病预防控制

【概况】 乳源瑶族自治县疾病预防控制中心为副科级公益一类事业单位，同时加挂乳源瑶族自治县检验中心牌子，主要负责疾病监测、卫生监测检验、疾病防治研究、突发公共卫生事件处理、卫生宣传与健康教育、卫生培训与技术指导等工作。2017年，有工作人员45人，本科学历18人，大专学历18人，副主任医师2人，中级职称15人。内设疾病预防控制科、慢病科、公共卫生科、健康教育科、预防接种门诊室、质量管理科、检验科、中心办公室、财务科9个科室。

【计划免疫管理】 2017年，全县儿童常规免疫接种率达95%以上，乙肝疫苗首针接种及时率达到90%以上，安全注射率100%，未发生重大预防接种副反应。适龄儿童建证、建卡率100%。入托入学查验证率100%。开展疫苗针对传染病的主动监测，落实疫苗异常反应零报告制度，报告疑似异常反应共27起，处理27起（其中19例为一般反应，7例异常反应，1例偶合症），处理率100%。全县范围内无甲类传染病发病和死亡报告。每月一期的“妈妈课堂”专题讲座常态进行。

【传染性疾病防控】 全面落实人感染H7N9禽流感和艾滋病防控等工作，积极应对手足口病、登革热和水痘等疫情，成功处置11起手足口病和1起疱疹性咽颊炎聚集性疫情、3起手足口病和2起水痘暴发疫情、1起水痘突发疫情和1例手足口病重症死亡病例。

【应急处置】 积极适应新形势需要，组建县疾病预防控制中心突发公共卫生事件应急工作队，开展多轮卫生应急技能竞赛。在县卫生应急技能竞赛“突发公共卫生事件处置”项目中荣获个人一等奖，在全市卫生应急技能竞赛中荣获团体一等奖和优秀组织奖，组织应急队员观摩由市疾控中心组织的韶关市突发公共卫生事件应急演练。通过技能竞赛和实战演练，理顺工作流程，完善应急处置工作方案，应对重大突发传染病的实战能力和应急处置水平得到提升。

【全民健康生活方式】 制定《乳源瑶族自治县2017年全民健康生活方式行动工作计划》，分阶段推进健康生活方式行动工作。以“和谐我生活，健康中国人”为主题，以讲座和现场宣传活动的形式开展9次“三减三健”、适量运动、控烟限酒、心理健康等全民健康生活方式行动活动。对全县8个乡镇（除游溪外）对开展创建1个示范社区、1个示范食堂、1个示范单位支持性环境建设情况进行督导，对发现的问题要求及时进行整改，加快验收进程。规范信息网络报告，及时上报健康知识讲座和现场活动工作信息到全民健康生活方式行动工作信息管理系统，上报率100%。

【卫生保障】 2017年11月18日至11月21日，乳源瑶族自治县举办第十一届瑶族“十月朝”文化旅游节活动，县疾病预防控制中心按照重大活动卫生保障技术规范要求，完成接待酒店、会议场所用品、生活饮用水和餐具的卫生监测检验。整个活动期间，没有发生食物中毒和饮用水污染事件，没有发生传染病疫情，圆满完成卫生保障任务。2017年6月，负责高考卫生保障工作，对考生试室、饭堂进行空气环境消毒，加强传染病疫情的监测和控制，高考期间无食物中毒和传染病疫情的发生。

【饮用水卫生监测】 按照《2017年韶关市饮用水卫生监测和用户水龙头水质监测信息公开工作方案的通知》的要求开展全县饮用水卫生监测工作。2017年，生活饮用水水质卫生监测覆盖全县9个乡镇和城区，覆盖率达100%。其中城市饮用水共检测水样22份，除1份末梢水二氧化氯低于标准值外，其余检测项目均符合标准值，合格率95.45%。农村饮用水共检测水样60份，合格份数25份，合格率达41.67%，不合格项目主要为菌落总数、总大肠菌群以及肉眼可见物。

【食源性疾病监测】 建立和完善全县食品安全风险监测和食源性疾病监测网络体系。2017年，在乳城镇、桂头镇两个食品安全风险监测点完成5批次10大类共计180份样品采抽样工作，采样范围覆盖超市、农贸市场、食品批发店、市场摊点、餐饮店及乡村农户。成功处置1起毒蘑菇中毒事件和2起疑似聚集性食源性疾病事件。

【医疗、托幼机构消毒质量监测】 根据《乳源瑶族自治县医疗机构消毒质量监测技术方案》的要求对辖区内9间乡镇卫生院和4间县级医院开展消毒质量监测工作。主要监测在工作中使用的消毒剂、室内空气、医务人员手、物体表面的细菌菌落总数，以及灭菌器的灭菌效果和紫外线灯辐照强度，检测样品232份，合格样品215份，合格率为92.67%。根据《2017年乳源县托幼机构消毒质量监测技术方案》的要求对全县36间有资质的托幼机构开展消毒质量监测工作，检测样品537份，合格样品393份，占73.18%。

【健康教育】 针对重点人群，危险因素、重点疾病预防保健知识等内容，充分利用卫生节日向城乡居民提供内容丰富通俗易懂的健康教育宣传知识和健康教育咨询服务。开展一系列健康教育活动，提高群众健康意识。2017年，全县发放健康教育印刷资料110种135240本，更新出版宣传栏287次；开展健康讲座222次，参加群众人数达10493人次；开展咨询活动185次，参加咨询活动群众10628人次。其中县疾病预防控制中心制作宣传单、折页20种134400张、小册子12000本，宣传画1500张，发放目标人群宣传资料73种共49566份，发放宣传道具3000份，更新出版宣传栏12次，开展健康讲座12次，参加群众人数达1000人次，开展咨询活动11次，参加咨询活动群众3130人。开展由县卫生和计划生育局主办、县疾病预防控制中心承办的2017年全县健康教育技能竞赛暨市级选拔赛，以赛促练，提高乳源健康教育从业人员的专业水平，在参加韶关市健康教育技能比赛中，县疾病预防控制中心分别获得“新媒体健康传播方案设计及演讲比赛”个人二等奖、团队二等奖及优秀组织奖。

【能力建设】 2017年，完成艾滋病初筛实验室质量考评和水中砷含量、食品样品中致病菌检验分离鉴定的质量控制考核工作。7家乡镇医疗机构取得“艾滋病初筛点”资格，全县各医疗机构均具备艾滋病检测资格，艾滋病初筛点覆盖率100%。引进原子吸收光度计、尿碘检测仪和血常规分析仪等先进设备一批，可新增微量尿碘等检测项目，实验室检验检测能力得到进一步的提升。（欧　华）

卫　生　监　督

【概况】 乳源瑶族自治县卫生监督所是参照公务员管理的副科级公益一类事业单位，核定事业编制17人，在职干部职工13人，位于乳城镇鹰峰东路106号，内设办公室、受理办证股、公共场所卫生监督股、医疗卫生监督股和稽查股5个股室。主要承担医疗卫生监督、公共场所、生活饮用水、职业卫生、放射卫生、学校卫生监督和卫生行政处罚、卫生许可审查、上报、发证等工作。

【卫生许可】 2017年，办理公共场所卫生许可138件，其中新办24件、复核20件、延续47件、变更10件、注销27件、母婴保健服务许可15件，医疗机构执业许可126件，护士事项76件，医师执业许可43件，及时办结率100%。

【宣传培训】 2017年，举办3次全县卫生计生监督协管员培训班，1次公共场所从业人员卫生知识培训班，1次放射安全知识培训班，1次乡村医生从业人员法律法规知识培训班；开展4次广场宣传咨询活动，宣传主题为艾滋病防控、合理膳食、职业病宣传、无烟日宣传，共派出8人次，发放630份宣传小册子，群众咨询230人次，更新8次宣传栏。

【公共场所监督】 对辖区内的住宿场所，美容美发场所，娱乐场所，游泳场所，沐浴场所进行卫生监督检查。抽查游泳、住宿、沐浴、美容美发等场所以及集中空调通风系统的卫生管理情况，抽检室内空气、顾客用品用具、水质以及集中空调通风系统卫生质量。推进公共场所卫生监督量化分级管理，完成资料整理归档。2017年查处1间理发店，罚款人民币500元。

【医疗机构监督】 完成医疗机构的日常卫生监督工作。重点排查无证行医、医疗机构聘用非卫生技术人员行医、医疗机构出租、承包科室、非法鉴定婴儿性别、非法终止妊娠等超范围行医行为，查处有执业资格但不依法依规执业或违反医疗技术规范执业的医务人员和机构，维护医疗市场秩序。完成7次医疗卫生专项检查任务，分别是收托养机构的卫生督导检查，医疗卫生机构医疗废物处置执法专项检查，医疗机构依法执业专项检查，《中华人民共和国传染病防治法》等法律法规落实情况监督检查，医疗卫生国家监督抽检任务（广东省传染病防治监督抽检计划），医疗卫生机构传染病防治分类监督综合评价工作以及中医医疗机构传染病防治和感染防控监督执法专项检查。2017年派出打击非法行医执法人员72人次，处理非法行医案件6宗，罚款人民币1.75万元。

【放射卫生监督】 全县有9家医疗机构设有放射科，持有“放射工作人员证”的放射工作人员37人，全部建立职业健康档案。大部分放射机构都设有专（兼）职管理人员，建立放射诊疗工作制度。2017年有8间改建的放射诊疗场所未进行职业病防治预评价，均给予行政处罚，责令整改。

【学校卫生监督】 有序开展学校综合评价。全县25所中小学校，评价学校13所，卫生合格学校13所。设立卫生室8间，其中1所有“医疗机构执业许可证”，无学校发生传染病疫情，各学校均有专人负责疫情报告，晨检记录、因病缺勤记录、定期消毒记录齐全，有新生入学接种卡、证查验记录。2017年下达卫生监督意见书13份。完成学校饮用水卫生监督检查。全县25所中小学校（不含村小以及教学点），除县城各中小学（特殊教育学校除外）、桂头中小学、游溪柳坑中心小学，一六中小学、乳城镇侯公渡中小学外是使用市政供水（乳源县自来水厂），其余乡镇学校使用未经处理的饮用水。2017年使用直饮水（净水）设施的学校有5间，经检测水质合格。

【饮用水卫生监督】 加强生活饮用水卫生监督执法力度，检查集中式供水单位2家，二次供水单位10家，持有卫生许可证2户。对2家水厂以及10家二次供水单位现场开展现场快速检测，各项指标符合标准。对县自来水公司和县自来水公司桂头分公司2家经营性集中式生活饮用水供水单位和26个农村集中式供水设施开展饮水安全专项检查，出动卫生监督员32人次，车辆12台次。

【卫生监督稽查】 围绕着装风纪、案件评查、投诉举报处理开展内部稽查工作。着装风纪稽查开展2次，被稽查对象8人次，监督员按规定穿着卫生监督制服执法，非监督员着便装。案件书面稽查工作每半年开展1次，反馈卫生监督员稽查表8份，卫生监督执法文书稽查表4份。2017年接到投诉举报3件，立案1件，不立案2件。

【卫生计生监督协管】 2017年新聘任卫生计生监督协管员26人，全县9个乡镇和2个省属厂矿医疗单位开展卫生计生监督协管服务工作，覆盖率100%。各卫生计生监督协管员发现的事件或线索次数53个，报告的事件或线索次数53个，卫生计生监督协管信息报告率100%，协助开展的食源性疾病、饮用水卫生安全、学校卫生、非法行医和非法采供血、计划生育实地巡查609次。

【“双随机”工作】 2017年按时完成“双随机”工作任务，抽查6间学校，13个公共场所，2个医疗卫生机构，2个游泳池场所。

【医疗卫生保障】 2017年顺利完成全国少数民族中医中药交流会、乳源“十月朝”系列活动、乳源高级中学高考等重大活动的医疗卫生保障工作。

（杨志康）

医疗机构简介

【县人民医院】 乳源瑶族自治县人民医院（以下简称医院）创建于1963年，地处县城中心位置，毗邻乳江河畔，是一所集医疗、预防、保健、康复、教学和科研等功能于一体的国家“二级甲等”综合医院。目前医院职工人数408人，专业技术人员357人，高级职称19人（其中主任医师1人），中级职称90人，初级职称213人。医院内设机构41个，其中职能科室13个，临床医技科室28个，床位定编330张，实际病床500张。医院学科齐全，技术力量雄厚，拥有64排螺旋CT、DR、CR、麻醉呼吸机、彩色B超、电子胃肠镜、血液透析机、全自动生化分析仪等现代化诊疗设备。医院120急救中心肩负着全县各种突发事故及危重病人的院前、院内急救重任。各科有副主任医师学科带头人，能够完成中毒、心衰、休克、呼吸衰竭等危重病人的救治，能开展创伤、颅脑、骨科、妇科、产科重大手术，腔镜微创手术技术成熟。

业务指标完成情况。2017年度总收入1.29亿元，其中业务收入1.10亿元，比2016年增加1240万元，增长率为12.60%，其中：医疗收入1.08亿元，比2016年增长1209万元，增长率为12.59%；药品收入2669万元，比2016年减少34万元，下降1.26%，药品收入占业务收入的比例为24.09%，比2016年下降3.42%；医院门诊诊疗233478人次，比2016年增长7%。住院13696人次，比2016年增长5.57%；平均住院日6.19天，与2016年持平；病床使用率104.85%，比2016年增加10.65%；病人转院率4.45%，比2016年下降0.89%；法定传染病报告率100%；医院感染发病（例次）率0.79%，完成指令性任务100%，病人满意率95%。

医院持续发展。一是建立及完善相关医疗质量管理机制，保障医疗安全。引入第三方调解机制，购买医疗责任险，为医院发展提供风险保障。二是加强护理管理，提升护理服务能力。转变服务观念，注重护患沟通，转变服务观念，促进护理质量改进。三是加强药事管理，提升合理用药水平。加强医院药事管理，规范合理用药，各项用药指标符合国家标准要求。四是牢抓院感管理，改进院感质量控制。完善医院感染管理制度和监控措施，建立医院三级医院感染监控网络，医院感染各项指标符合国家标准。五是规范医保管理。贯彻落实各项医保政策，规范执行医保协议，医疗行为、诊疗项目、药品管理和费用给付工作符合规范。六是加大教学科研力度，促进医院持续发展。医院践行科教兴院的方针，加大教学科研工作力度，提高医疗技术水平，举办培训班32场次，培训人员5000多人次，申请市级继续教育项目3项，医院继教达标率94.75%。选派进修轮训骨干44人次，通过副高级职称评审5人，申请推广应用新技术、新项目获市卫生局审核通过3项；获韶关市卫计局科研立项课题1项。

医院专科建设。一是外科专业技术水平提升。完成大中腔镜手术267例，较上一年增加96例。革新观念，实施痔上黏膜环切术，业务能力和水平提升。二是内科引进和运用新技术。继续加大哮喘防治的INA标准的推广和运用；推广微量恒速泵在内科危重症病例救治方面的应用，提高内科危重病例救治技术水平。三是重症监护科救治能力提升。肺复苏术、气管插管、CRRT、中心静脉置管术等技术日益成熟，抢救能力及抢救成功率提高。四是儿科加强学习，提高诊疗水平，开展PS气管内注入技术，成功抢救63名早产儿（其中最小胎龄28周1例及早产超低体重儿900克1例），创医院救治的最小胎龄和体重新生儿记录。五是增设心血管内科专家门诊、粤北医院专家门诊、省二院专家门诊，方便患者享受专家诊疗服务。六是医学影像科提高业务能力和水平。新购置东芝64排螺旋CT于3月正式使用，顺利开展心脏冠脉CTA、主动脉、肺动脉、下肢动脉及头部CTA检查，冠心病临床诊断能力提升。

医院医联体工作。在广东省第二人民医院、粤北人民医院等医院支援专家的帮助下，加强专科建设力度，开展新技术、新项目，提高科室诊疗效率和诊疗水平，缓解群众"看病难"的问题，让老百姓不出县就得到省市医生的诊疗。一是结合医院实际，与广东第二人民医院签订协议，加强内分泌科、肿瘤科、皮肤科、五官科、心血管内科等5个二级学科的建设。驻点专家新开展妇科、外科腹腔镜技术、宫腔镜技术、镇痛分娩技术等新技术4项，累计开展近600例。二是在粤北人民医院对医院托管的时间里，完善医院制度管理体系，使医院管理规范化、科学化、制度化；新建妇产科生殖医学工作室、神经内科工作室、内分泌科工作室等专科工作室。为创建相应二级学科奠定基础。新开展椎体成形术、胃癌根治术、直肠癌会阴联合切除术等新技术新项目，提升专科诊治能力，增加老百姓对医院诊疗信心。三是延用完善2016年年初启动的绩效分配制度改革，临床一线医务人员待遇提高，稳定医疗人才队伍，人才流失现象得到遏制。为响应国家医改政策，适应未来医院发展实际，经县委、县政府同意，于12月1日起，解除粤北人民医院对医院的托管关系，改为医联体合作模式。四是与韶关市第一人民医院签订协议，成为医院首家柔性人才引进合作单位。

医院惠民利民。一是救治流浪、乞讨、“三无”人员等群体。对该类人员开通“绿色通道”，先抢救、诊疗或住院。收治各类突发意外伤害事件或患急重症疾病及上述类型人员113人次，垫付医疗费用138611.04元，体现医院公益性。二是组织人员义诊和支援帮扶工作，与各乡镇卫生院签订《卫生下乡对口支援援助项目工作协议书》，建立双向转诊机制，完善转诊流程。二是组织上级医疗专家开展义诊活动，专家在院内开展义诊活动1次，派出义诊队伍4次，开展公众健康咨询12场，派发宣传资料7500多份，诊治群众300人次，免费赠送药品1300元。三是保障各项指令性任务完成。医院派出医疗保障队50余次，出动救护车100余辆次，派出人员140人次，医疗保健计70天。四是完善便民惠民措施。在妇产科门诊增设1个收费窗口，在输液大厅新增彩色LED大屏，在一楼大厅、儿科、体检中心增加健康知识宣教自动播放屏，每月更新健康教育宣传栏，增加座椅、电视、饮水机等便民设施。在门诊二楼增设导诊台和导诊人员，完善医院各项指引标志，修缮无障碍厕所。

医院基础设施建设。一是依据《广东省加强县级人民医院设备装备建设实施方案》要求，对照设备目录，根据医院实际情况，购置实时四维彩色多普勒超声诊断仪、数字减影血管造影X线机（DSA）等9个类型设备，改善医院基本设备装备配置水平。二是新住院大楼于8月投入使用，旧住院楼同步进行改造。新大楼建设投入使用，缓解和改善病床不足、病房功能设施、就医环境差的问题，改善医疗环境。三是医院择址新建项目推进。根据省卫计委、省财政厅、省中医药局《关于印发〈县级公立医院升级建设项目申报指南〉的通知》文件要求，县委、县政府申请项目资金择址新建人民医院。择址新建项目地址位于县城城南片牛头角（民族风情园西侧）“睡美人”山脚下。争取2018年8月底动工建设，用3—5年时间，使医院综合服务能力提高。（侯永朝）

【县中医医院】 乳源瑶族自治县中医医院成立于1985年6月，是一所集医疗、保健、康复等功能于一体的综合性二级甲等中医医院。主要担负全县21万瑶汉族群众疾病的医疗、预防、保健、康复等重任。医院为副科级事业单位，属县卫计局管理。设院长1名，副院长2名。有干部、职工100人，其中副主任医师2人，中级职称23人，注册护士32人，执业医师21人。新中医院项目于2011年12月10日开工建设，于2013年10月28日投入使用。其中门诊楼3层，住院楼5层，设置床位140张，总建筑面积6541平方米，总投资2536万元。其中中央预算内资金1300万元。新院建成后，医院的规模和各项指标达到《中医医院建设标准》和二级甲等中医医院标准，有效缓解医院业务用房严重不足、科室布置不合理的矛盾，从而提升中医药服务能力水平，是便民利民的一项重大民心工程。

医院坚持中医特色为主，中西医结合的发展方向，开展理疗康复科、门急诊、治未病科、瑶医瑶药门诊部、中西医内外科、中医妇科、口腔科等业务。康复科是“韶关市特色专科”，能有效的治疗颈、肩、腰、腿痛等疑难杂症，拥有中风偏瘫康复治疗室，设有上下肢主被动训练器、颈腰椎治疗多功能牵引床、骨质疏松治疗机、多体位手法推拿床、离子导入仪、温热磁疗仪、温热式低周波治疗器、电子脉冲敷贴仪、远红外按摩理疗床、神经肌肉电刺激仪、吞咽功能障碍治疗仪、空气波压力循环治疗仪等。治未病科开展中医体质辨识、药膳、膏方、中药熏蒸、中药足疗、汗蒸疗法、艾灸、平衡火罐、埋线等治疗保健方法，拥有高级中药熏蒸治疗仪等。中医妇科有“韶关市特色专科”称号，有先进的诊疗技术，结合中医治疗方法，传承民族医药文化。开设瑶医瑶药门诊部，瑶医外治疗法主要有刮痧疗法、瑶药熏洗、刺血疗法、药罐疗法、火攻疗法、药线点灸疗法和点烧疗法。骨外科对四肢骨折病人能进行传统手法复位治疗，可施行髋关节置换术、四肢骨折手术等。腹部外科主要能施行消化系统与泌尿系统等外科手术。中医肛肠科、血透是医院近期发展的重点科室。医院拥有先进的体外碎石机、DR－X光诊断系统、彩超、生化分析仪、纤维胃镜、骨科治疗仪、微波综合治疗仪等先进医疗设备，能适应各种疾病的检查、诊断、治疗需要。

医院奉行“以病人为中心”的服务宗旨，为病人提供优良的技术、优质的服务、优惠的价格、优美的环境。（黄善东）

【县妇幼保健计划生育服务中心】 乳源瑶族自治县妇幼保健院始建于1953年，从妇幼保健站到妇幼保健所，1998年更名为妇幼保健院，2015年整合成立妇幼保健计划生育服务中心，是一所集医疗、教学、科研为一体的公益一类妇幼保健机构，属公益一类事业单位。全院职工203人，在编130人，其中专业技术人员165人，副高职称2人，中级职称28人。是全县唯一定点免费婚前医学检查、孕前优生健康医学检查医疗机构，内设妇产科、儿科、新生儿科、内科、儿童保健科、妇女保健科、乳腺专科等临床医技及辅助科室16个。

医院占地1.06公顷，建筑面积7518.7平方米，业务用房6918.7平方米，内设停车位120个，开放床位120张。科室布置科学、合理、规范，为全县瑶汉妇女儿童提供舒适、安全和方便的就医环境。

2017年度，门诊就诊人次117917人次，较2016年增长34.61%，住院人次3902人次，较2016年增长17.11%，临床治愈率达到98.3%；住院分娩产妇1762人，较2016年增长16.30%，产妇分娩量占全县55.29%。

专科建设。妇幼保健计划生育服务中心与东莞市、韶关市妇幼保健院达成技术合作，对产科、新生儿科、中医儿科、中医妇科、妇科、生殖医学等专科建设取得突破性的进展。在东莞市妇幼保健院的技术帮扶下妇科领域突破宫腹腔镜手术零的空白，与韶关市妇幼保健院建立生殖医学专科联盟，为不孕不育夫妇提供方便快捷的服务。积极开展各项中医适宜技术，将中医理念贯穿在妇科、产科、儿科、儿童保健、妇女保健的诊疗过程中，医疗保健效果明显，得到群众的普遍认可。

人才培养。加强重点学科及技术人才队伍的培养，选送1名业务骨干到省级医院进修，25人到市级医院进修。坚持“柔性引才”的理念，与东莞市妇幼保健院、韶关市妇幼保健院签订对口帮扶合作协议，柔性引进高学历、高职称的专业技术人才和管理人才参与医院的管理。2017年市级妇幼保健院共派驻16名专家到县妇幼保健计划生育服务中心开展支援工作。

重大公共卫生。2017年共完成出生缺陷筛查（唐氏+结构畸形）2700余人次，新生儿疾病筛查3000余人次。完成孕妇地中海贫血初筛2900余人，完成孕妇地贫初筛率96.21%，地贫筛查发病率2.17%。实施孕产妇免费艾滋病、梅毒、乙肝检测项目，完成孕期HIV抗体、梅毒、乙肝检测率为92.11%。落实免费孕前优生健康管理工作，全年完成免费孕前健康检查夫妇947对。

医院升级建设。根据广东省卫生计生委、广东省财政厅、广东省中医药局关于印发《县级公立医院升级建设项目申报指南》的通知，县妇幼保健计划生育服务中心申报升级建设项目，在医院地块用地红线西侧（原气象局）建设住院综合楼。建筑面积13900平方米，其中地上建筑面积9900平方米，地下建筑4000平方米。升级建成后全院开放病床220张，配置有产科重症和新生儿重症监护科。2017年新医院建设完成项目可行性研究报告，进入项目环境评估阶段。（黄淑妮）

【桂头镇中心卫生院】 乳源瑶族自治县桂头镇中心卫生院始建于1957年的韶边县人民医院，1963年成立乳源瑶族自治县后更名为桂头卫生院，1995年核定为桂头镇中心卫生院，是一所集医疗、预防、保健、康复、健康教育以及计划生育技术服务等功能于一体的政府办非营利性一级甲等综合卫生院。全院占地面积1.39万平方米，建筑面积2300平方米，业务用房4750平方米。

2017年，该院核定编制74人，拥有职工91人，其中，在编职工70人，含卫生专业技术人员60人，其他专技人员4人，工勤人员6人，临聘职工21人。卫生专技人员副主任护师职称的1人，中级职称13人，初级职称42人。

业务工作。2017年接诊35158人次，其中门急诊33576人次，诊疗人次比2016年下降2.60%；出院人次688，比2016年增长0.43%，出院与出院诊断符合率99.9%、手术前后诊断符合率100%，甲级病案符合率100%。业务收入393.14万元，比2016年增长19.28%。

设施建设。2017年，该院积极筹措资金新购进除颤仪、妇科治疗仪、心电监护、温湿度监控系统、阴道镜等设备，进一步满足临床需求，提高医院诊疗水平。投资20万元建设规范化药房。扩建中医堂服务区，可有效的开展中医药服务。投资30万元进行手术室改造，改造完成后的手术室可独立施行普外手术、骨科手术、肛肠部手术、创伤急诊手术和剖宫产手术等，进一步提升该院的医疗服务水平。

基本公共卫生服务。为辖区居民建立家庭电子健康档案25149人，占全镇总人口81.36%，档案中有动态记录的档案7524人。全镇孕产妇450人，建卡411人，建卡率91.33%，住院分娩450人，住院分娩率100%，产后访视433人，访视率96.22%。65岁及以上老年人建立电子健康档案2762人，占辖区内老年人总数的92.62%，高血压患者建档1239人，任务建档完成率78.77%，Ⅱ型糖尿病患者已管理335人，任务完成率64.67%，严重精神障碍患者全年规范管理237人，规范管理率95.18%。病情稳定人数237人，稳定率95.18%。经县卫计局考核，该院基本公共卫生2017年县级排名中期第一，年终排名第二。2017年获批得第一批“公建民营”卫生站共3个。

家庭式医生服务。该院建立15个家庭医生健康管理团队，实行“分片包干、团队合作、责任到人”工作机制。团队下乡到村，进行签约体检，为辖区常住人口签约20803人，其中0—6岁儿童签约2786人，65岁及以上常住居民签约1864人，孕产妇签约330人，在管高血压患者家庭医生签约1113人，糖尿病患者签约239人，严重精神障碍患者签约238人。

东莞市长安医院对口帮扶。2017年12月1日，在该院召开协议签订现场，与东莞市长安医院签订《东莞市长安医院对口帮扶乳源瑶族自治县桂头镇中心卫生院工作协议书》，东莞市长安医院在人才、技术、管理等方面对该院进行帮扶，提升该院内部管理水平，提高卫生技术人员对常见病、多发病的诊疗水平和公共卫生服务能力，保障桂头片区居民享有安全、有效、便捷、经济的基本医疗卫生服务。

（朱永烨）

【大桥镇崇安医院】 乳源瑶族自治县大桥镇崇安医院，前身是1956年创建的大桥人民公社卫生院，1995年春由香港崇安堂捐资50万港元兴建医院综合楼，后改名为大桥镇崇安医院。是一所集医疗、预防、保健、康复、健康教育以及计划生育技术服务等于一体的非营利性一级乙等综合医院。编制78名，有职工48名，其中中级职称6人，师级16人，士级20人，办公后勤6人．医院占地面积1.1万平方米，建筑面积5000平方米，业务用房3531平方米。医院为一类公益事业单位，实行收支两条线、基本药物实行零差价制度、普通门诊实行一般诊疗费制度。医院设有4个行政职能科室（办公室、临床科室、医技科室、后勤科室），其中临床科分有门诊、内、外、妇、儿、中医、急诊等诊疗服务，医技科室分有检验室、X光室、B超。

基础设施不断完善。2017年对基础设施、就医环境、绿化环境、业务用房进行整改。住院大楼改扩建项目顺利完工，医疗环境得到有效改善。其中投入160万元用于建设医院供应室、中医馆、手术室、环境绿化。投入49.62万元购置医用电梯、音视监控系统、按摩椅、足浴器等设备一批。

医疗服务。2017年，编制床位26张，开放床日数9490日，实际占用总床日数4130日，病床使用率43.6%。门诊23514人次，日均门诊64人次，门诊人均费用35.69元/人次，住院人数579人次，住院人均费用1846.49元。

基本公共卫生服务。2017年，财政投入公共卫生经费149.63万元，建立居民电子健康档案24827份。其中0至6岁儿童管理1526人，高血压管理1363人，糖尿病管理235人，重症精神病管理244人，65岁及以上老年人管理2149人，孕产妇管理352人。下乡为65岁以上老年人及慢性病患者免费体检4200人。到各学校、村委及公共场所进行健康知识讲座12次，健康咨询活动11次，出宣传栏12期，发放健康教育宣传资料3506份。2017年大桥镇出生儿童建卡240人，一类疫苗接种5878剂次，二类疫苗接种2176剂次。对全镇19所小学和2所幼儿园开展预防接种证证明查验工作，查验小学入学新生252人，幼儿园新入园儿童184人。全镇发现传染病44例（法定传染病32例、非法定传染病12例），网上直报45例。儿童保健严格实行

"4.2.1"体检制，即：1周岁以内每年检查4次，1—3岁每年检查2次、3—6岁每年检查1次。7岁以下儿童保健人数1880人。新生儿采血送市妇幼保健院筛查25人。

家庭医生式服务。医院成立10大服务团队，与辖区内居民签约12877人。为签约人员提供简捷、便利、经济、优先的医疗服务12877人次。

送医送药。2017年为"第四届南岭瓜果花香世界旅游节""广东省（乳关．乳源）环南水湖第五届自行车公开赛""大桥中学体育升中考试""乳源县九年义务教育均衡县国检"等大桥镇境内活动派出11支医疗队，医务人员44人次。为各项活动顺利进行提供医疗保障。大桥镇塘华村委尧家村、大桥镇红云希望幼儿园发现手足口病后，派出医疗队指导疫情单位落实清洁卫生消毒措施，开展人群的健康宣教，发放消毒物品一批，宣传资料400份。下乡支农，派出2支医疗队15名医务人员，到大岗、岩口村委开展义诊活动，诊疗345人次，免费赠送药品2030元。

人员培训。选送1人参加乳源瑶族自治县助理全科医生培训，1人参加韶关市全科医生转岗培训，2人到县妇幼保健院进修学习。全体医生网上进行《医师定期考核》培训学习，全年对乡村医生培训10次。

医疗保险。城乡医保服务门诊4438人次，总费用33.35万元，统筹基金支付12.52万元，住院551人次，住院总费用93.71万元，统筹支付费79.95万元。职工医保门诊、住院579人次，总费用8.29万元，统筹支付4.48万元。

村卫生站管理。大桥镇有22个村（居）委会，卫生站25名乡村医生。其中大专3名，中专22名；有执业助理医师证2名，有乡村医生证23名。全镇卫生站实行一般诊疗费制度及基本药物零差价制度。村卫生站实行行政统一管理、业务统一安排、培训统一实施、药品统一采购、收费统一标准、工作统一报表的六个统一管理，乡医承担辖区内居民百分之四十的基本公共卫生服务。

2017年全镇新建卫生站6间，权属为公建民营，按省市相关文件精神建筑面积不低于80平方米统一建设标准（统一布局、统一外观、统一标志）。村卫生站建设成本为20万元，资金分别由省、市、县等各级财政部门负担。（文　洁）

体　育

【概况】 2017年，乳源瑶族自治县突出抓好体育工作，实现全民健身设施健全、群众体育活动丰富多彩、竞技体育出成绩、户外体育放光彩、体育产业有突破。

【全民健身设施建设】 一是启动县运动中心工程建设工作，新建的运动中心配有少数民族综合训练馆、游泳馆、乒乓球馆、羽毛球馆、足球场等体育场地和设施。二是建成10个村级全民健身广场，为各健身广场配备健身路径、乒乓球台等健身器材。三是做好市体育局下拨全民健身器材的接收工作。2017年，县体育局向全县各村委发放篮球架3副、乒乓球台27张、健身路径17套、二连单杠4件等。

【竞技体育】 在全国第十三届运动会群众比赛龙舟项目中，乳源2名龙舟队运动员被入选省龙舟队参加女子组6个比赛项目，包揽全国女子龙舟项目6枚金牌；在广东省第四届体育大会龙舟赛上，乳源27名运动员代表韶关市勇夺100米直道竞速冠军；县民族龙舟队参加香港筲箕湾2017年国庆龙舟大赛，夺得男女混合组第一名、总决赛第三名的佳绩；乳源派出2支队伍参加韶关市第21届端午节龙舟比赛，其中乳源桂头队获得第三名、乳源民族队获得第七名；乳源代表队参加韶关市第十五届青少年运动会，参与竞技体育组的乒乓球、羽毛球、跆拳道、举重、射击、赛艇、皮划艇、武术套路和田径比赛9项比赛以及学校体育组的比赛，表现出色。

【群众体育】 圆满完成2017年奔向广东第一峰（韶关·乳源）铁人三项挑战赛、2017年广东省（韶关·乳源）环南水湖自行车公开赛的承办任务；组织开展2017纪念国际禁毒日暨首届穿越西京古道千人徒步活动、乳源瑶族自治县"体彩杯"干部职工运动会、县“创文杯”男子篮球赛、元旦拔河邀请赛、春节“体彩杯”体育活动、“三八”妇女节趣味运动会等；参加韶关市第六届老年人运动会，在象棋、太极拳（剑）、广场舞等项目上获多枚奖牌。

【体育彩票】 2017年，乳源瑶族自治县基础销售任务为2500万元，1月至12月共计销售体育彩票3565万元多，在全市排名第6，超额完成年度任务；完成2017年基础销售任务142.63%，在全市排第3名。（县教育局办公室）

科技·教育

科 学 技 术

【概况】 县经济促进局，挂县科学技术局、县知识产权局牌子，设科技电子信息管理股。负责编制、统筹全县科技、知识产权发展规划及科技创新计划，组织、协调县重大科技项目、知识产权战略的实施和管理及技术创新项目的申报；负责推进全县高新技术产业发展，负责各级高新技术企业及高新技术产品的认定和管理；负责科技统计工作；负责科技成果管理，科技成果项目鉴定、成果登记；组织县科学技术奖的申报、评审及奖励工作，推荐优秀项目申报上级奖励；推进信息化和工业化融合；推进信息技术的普及应用；协调推进信息化基础设施和重点信息化工程建设；推动工业、信息化领域电子商务应用与发展；负责协调知识产权创造、运用、保护和管理体系建设；负责组织知识产权对外交流与合作、培训宣传、统计考核工作；协调、指导企业专利工作，落实专利优惠政策。

2017 年，县科技局通过 2016 年市科技进步考核。

【科技支出】 县政府设立县级科技项目，重点支持农业产业化、传统工业高新化、社会发展等领域的技术创新。科技项目 8 项，县科技学支出 4242 万元，比 2016 年增加 25 万元。

【科技计划及项目管理】 2017 年通过广东省高新技术产品认定 29 个，为富之光电子科技（韶关）有限公司的“微型高电容引线式铝电解电容器和耐高温贴片式铝电解电容器”，广东宝华农业科技股份有限公司的“有机油茶籽油和山茶多效护理油”，广东硕成科技有限公司的“明兰保护膜”，广东万森生态科技发展有限公司的“天然冰片和龙脑精油”，恒扬（韶关）工业有限公司的“高致密性铝电解电容器用化成铝”，乳源东阳光磁性材料有限公司的“高性能镍铜锌铁氧体和宽温低损耗锰锌铁氧体”，乳源东阳光电化厂的“绿色环保甲烷氯化物”，乳源东阳光氟树脂有限公司的“高性能 PVC-DF 膜材料”，乳源东阳光机械有限公司“高压多级高速腐蚀生产线”，乳源东阳光优艾希杰精箔有限公司的“新型高强耐蚀汽车钎焊铝合金板带箔”，乳源南岭智能家用机械有限公司的“节水型即热自动翻盖直冲式智能坐便器”，乳源瑶族自治县东阳光化成箔有限公司的“超级电容器集流体用铝箔、高比容高强度化成箔、硝酸铵钙化肥”，乳源瑶族自治县力强磁铁制品有限公司的“高性能（N50）钕铁硼永磁材料和高性能（48H）烧结钕铁硼永磁材料”，乳源瑶族自治县新新生态农业股份有限公司的“盘王鱼三角鲂和盘王鱼鳙鱼”，乳源瑶族自治县东阳光之亲水箔有限公司的“高耐腐蚀涂层亲水铝箔”，韶关东阳光包装印刷有限公司的“新型水性转移膜”，韶关东阳光电容器有限公司的“导电高分子铝固体电解电容器”，韶关蓝威消毒药业有限公司的“蓝威牌二氧化氯消毒液”，韶关瑞和环保科技有限公司的“抗菌涂层用亲水面涂”，韶关威鸣研磨材料有限公司的“超宽幅研磨砂带”，韶关盈田环保材料有限公司的“新型高效环保 pvc 复合热稳定剂系列产品”。

【科技成果】 2017 年，乳源好山好水冬虫夏草有限公司“冬虫夏草繁育有关键技术研究及其产业化应用”项目获得广东省科学技术一等奖。

【科技型企业】 2017 年，全县有广东云测环境科技有限公司、韶关盈田环保材料有限公司、韶关瑞和环保科技有限公司、乳源东阳光氟树脂有限公司、韶关威鸣研磨材料有限公司、恒扬（韶关）工业有限公司、乳源瑶族自治县力强磁铁制品有限公司7家省级高新技术企业入库企业，新增广东云测环境科技有限公司、韶关盈田环保材料有限公司、韶关瑞和环保科技有限公司、乳源东阳光氟树脂有限公司、韶关威鸣研磨材料有限公司、恒扬（韶关）工业有限公司、乳源瑶族自治县力强磁铁制品有限公司、乳源瑶族自治县阳之光亲水箔有限公司8家国家高新技术企业。新增韶关市工程技术研究中心21家，其中省级工程研究中心1家，为韶关聚力胶粘制品有限公司的“广东省特种保护膜工程技术研究开发中心”，市级工程研究中心20家，为广东万森生态科技发展有限公司的“韶关市南岭珍稀药用植物工程技术研究开发中心”，乳源瑶族自治县新新生态农业股份有限公司的“韶关市水产（盘王鱼）养殖工程技术研究开发中心”，乳源东阳光电化厂的“韶关市双氧水生产工程技术研究开发中心”，乳源东阳光药业有限公司的“韶关市靶向抗肿瘤药工程技术研究开发中心”，乳源东阳光机械有限公司的“韶关市高压多级腐蚀高速生产线工程技术研究开发中心”，乳源瑶族自治县阳之光亲水箔有限公司的“韶关市亲水涂料及散热翅片材料工程技术研究开发中心”，乳源东阳光优艾希杰精箔有限公司的“韶关市电子铝箔工程技术研究开发中心”，乳源东阳光磁性材料有限公司的“韶关市锂离子电池材料工程技术研究开发中心”，恒扬（韶关）工业有限公司的“韶关市电极箔工程技术研究开发中心”，韶关东阳光包装印刷有限公司的“韶关市包装材料及印刷品工程技术研究开发中心”，乳源瑶族自治县东阳光化成箔有限公司的“韶关市电极箔工程技术研究开发中心”，乳源东阳光优艾希杰精箔有限公司的“韶关市汽车热交换器用铝材工程技术研究开发中心”，韶关盈田环保新材料有限公司的“韶关市新型环保PVC热稳定剂工程技术研究开发中心”，富之光电子科技（韶关）有限公司的“韶关市铝电解电容器工程技术研究开发中心”，韶关威鸣研磨材料有限公司的“韶关市新型砂带工程技术研究开发中心”，韶关瑞和环保科技有限公司的“韶关市功能性亲水铝箔用环保型涂料工程技术研究开发中心”，乳源东阳光氟树脂有限公司的“韶关市新型制冷剂R125催化剂工程技术研究开发中心”，乳源立东电子科技有限公司的“韶关市电蚀箔工程技术研究开发中心”，韶关东阳光电容器有限公司的“韶关市导电高分子铝固体电解电容器工程技术研究开发中心”，乳源瑶族自治县嘉旺商品混凝土搅拌有限公司的“韶关市矿渣粉外加剂混凝土工程技术研究开发中心”。

【科普与科技培训】 2017年县科学技术局积极开展送科技下乡活动，举办技术培训35期，发放宣传资料3900多份，指导培训7场次，培训人数1480多人次。培育发展科技示范户580家。

【知识产权保护和管理】 2017年专利申请总量160件，专利授权156件，其中发明专利16件、实用新型56件、外观设计84件。 （巫　珊）

信息化建设

【概况】 乳源瑶族自治县政府信息中心属县政府副科级事业单位。负责全县党政机关电子政务的统一规划、指导和组织实施；建设、维护、管理乳源瑶族自治县人民政府信息中心平台和县直党政机关电子政务系统网络，提供技术指导和服务；负责建立、运行和管理“乳源瑶族自治县人民政府门户网站”；组织、指导、协调全县政务信息资源的开发利用和电子政务信息技术的推广应用。中心编制16名，主任1名，副主任1名，股长2名。内设网络技术股、信息采编股。

赖南坡获2017年《南方日报》优秀通讯员奖，作品获2017年《羊城晚报》优秀通讯员奖，获《广州日报》十杰通讯员奖。《示范带动培育新农村新农业新农民》被评为2017年《南方日报》新闻秘书好稿奖。

【电子政务统一平台安全运维】 2017年3月启动平台的技术支持和安全运维设计方案，2017年10月10日向社会公开招标，依法确定韶关移动公司和韶关电信公司作为运维单位，对县电子政务统一平台进行技术支持和安全运维，保障平台稳定高效、可靠安全运行。

【政府网站集约化平台建设】 网站整合。整合资源到全市政府网站集约化管理平台，县政府部门网站逐步关闭整合到县政府门户网，实现一网展示、集中管理，11个部门网站获省政府批准关停，县政府门户网和县地情网正常运行。

政府网站改版。县政府门户网站，县级各部门网站以栏目或频道的形式呈现。新版县政府门户网站11月29日上线运行。

新闻信息采编。截至12月31日，中心累计派出工作人员到现场采访图片信息达254人次，共发布政府门户网信息3410篇，图片775张，联合发稿量200.3篇，通知公告87条，人事任免信息27条，招考信息71条，招标信息286条，视频新闻365条。

【政府网站普查】 对普查的县政府门户网站、县地情网等网站进行全面自查核查，针对存在的问题，采取措施整改，解决一些网站存在的群众反映强烈的“不及时、不准确、不回应、不实用”等问题。2017年未被国家和省通报过。

【基层公共服务】 拓展完善网上办事大厅。整合各部门行政审批事项和公共服务事项，拓展网上申请、在线审批、政务公开、政民互动、实时监察、公共服务等功能，建成“一门式一网式”综合在线办事平台。2017年9月新平台启动以来，全县网上办理件1500多件，实现网上办结率100%。维护视频监控系统。采用“县监控镇、镇监控村、村监控站”的实时监控管理模式，完善124个镇村公共服务中心（站）视频监控平台，优化公共服务视频监控系统与县110指挥中心安防监控网络系统，实现“阳光安全”的公共服务。强业务能力培训。采用集中授课和现场培训相结合的方式，联合行政服务中心开展13期业务培训班，共200多人参加应用能力培训；维护政府视频会议系统。做到“会前调试、会中保障、会后维护”，保证会议的正常召开。一年完成全县各类多媒体演示会议、活动共51场次。

【新型职业农民培育平台通过验收】 建成新型职业农民培育管理服务平台，建立专家库、课件库、良种良法数据库、病虫害防治知识库、农机农艺融合技术库等10个信息资源库，平台累计收集各类信息数据7万多条，通过自助查询终端机推送信息7万多条，培训农民3万多人次，农民自主网上办事率超过12%。扩展建设517个的各类农业专业合作社、基层公共服务站及学校培训机构等具备信息化培训能力的培训基地，累计开展培训班40多期、培训农户2600人次，发放资料24600多份。

【宣传报道】 截至12月16日，在省、市报刊共发表信息244篇，其中《南方日报》21篇、《羊城晚报》13篇、《南方杂志》6篇、《广州日报》17篇，《韶关日报》187篇。用好管好政务新媒体，做好“互联网+政务”宣传报道，2017年，各部门报送“乳源发布”政务微博信息2162篇，发布微博969篇，展示图片445幅；推送“乳源发布”微信公众号信息72次305篇，展示图片893幅，关注总人数1978人；自2017年6月1日推送“乳源发布”南方号信息以来，全年共推送信息47次180篇，展示图片263幅；发布“醉美乳源”党政客户端“乳源要闻”版块信息385篇，“聚焦乳源”版块信息107篇。

【政务信息公开】 财政预决算公开。截至12月31日，镇和县直单位在县政府门户网站、市政府信息公开平台、市重点领域信息公开专栏更新2016年度部门决算和2017年财政部门预算、财政拨款“三公”经费等信息公开。

行政审批信息公开。公布205项行政许可事项目录和《乳源瑶族自治县乡镇权责清单指导目录（2017年）》，清单共编列各类职权162项，其中：行政处罚6项、行政强制4项、行政征收1项、行政给付1项、行政检查7项、行政确认5项、行政奖励5项、行政裁决2项，其他131项。

公共监管信息公开。发布环评审批公告20件，企业监测结果信息29条，安全生产信息2条，“保健食品经营企业卫生许可证”信息29条。网络问政受理答复。一年共按时受理和回复网络问政留言556条，解决多批群众关注的问题。（林小钰）

教　育

【概况】 乳源瑶族自治县教育局是县人民政府工作部门，主管全县教育体育事业和语言文字工作，内设办公室、计财股、教育股、德体卫艺股、体育股、学生助学管理中心、人事股、教育督导室等机构，机关行政编制17人，后勤服务人员3人。

2017年，全县共有中小学校74所、幼儿园36所，其中义务教育阶段学校72所（含初中学校7所，中心小学11所，完全小学2所，教学点51所，特殊教育学校1所），高中阶段学校2所（高级中学和中等职业技术学校）。全县中小学学生总数为27040人，少数民族学生总数为3311人。其中：义务教育阶段学生数为23454人，少数民族学生数为2950人；高中阶段共有学生3586人，少数民族学生数为361人。全县共有在园幼儿8448人。全县共有在职教师2015人，其中高级中学221人，中职134人，初中639人，小学895人，幼儿园113人，特殊教育学校13人。少数民族教师共有172名（其中瑶族教师159名）。

县教育工作以“建好每一所学校，办好每一所学校，全面提高教育教学质量”为目标，以“创建”工作为抓手，保平安，创亮点，狠抓学校基础设施建设、规范化管理、教师队伍建设、教育教学改革等“四大工程”，着力打造“静心读书、安心教书、潜心育人”的干事创业氛围，全力办好乳源人民满意的教育，全县各级各类学校的办学水平和教育教学质量不断提高。2017年，乳源瑶族自治县成为全市首批创建成功的广东省推进教育现代化先进县（区），乳源教育进入一个全新的发展阶段。

【办学条件】 全年教育经费投入51695.4万元，其中教育事业费45752.5万元，各级政府征收用于教育的经费1807.3万元，公共财政预算安排的其他经费230.1万元，校办产业和社会服务收入用于教育经费14.4万元，民办学校举办者投入52.6万元，社会捐赠403.2万元，事业收入3132.4万元，其他教育经费302.8万元。2017年完成桂头中心小学综合楼、鲜明八一希望学校（一期）运动场、扩建工程（二期）验收，完成侯公渡幼儿园建设工程、一六中心幼儿园综合楼、金禧小学改扩建工程、鲜明八一希望学校护坡工程、中等职业技术学校教学楼建设工程、运动场项目工程等主体工程。完成县大布中心学校、大桥中学、红云中心学校等学校的校舍维修工作，完成县义务教育薄弱学校侯公渡中心小学、侯公渡中学、鲜明八一希望学校、桂头中心小学信息化实施设备采购和实验室设备安装并投入使用，完成高级中学课室智能一体机、鲜明八一希望学校办公家具及设备等其他项目采购。

【教科研工作】 2017年，县教科研工作坚持“以校为本，彰显特色；分类指导，全面提高”的工作方针，以教育信息化为抓手，以“一师一优课、一课一名师”活动为载体，引领学校内涵发展。坚持“面向全体，评优辅困；夯实基础，培养习惯”的课堂管理理念，做到重心下移，积极开展教学评价，教学常规视导、教学质量分析、教学竞赛、蹲点教研、送教（训）下乡、备课到校（分片教研）、城乡共同体、支教活动等形式多样的教研活动，落实课程计划和新课程理念，有效实施“高考提质”“科研改薄”两项工程，实现减负增效的目标要求，全面提升教学质量。

【“一师一优课，一课一名师”专题活动】 全县有37节获市级以上优课，其中省优8节，部优4节。1017人参加CCTV全国中小学生英语电视大赛海选，341人参加复赛，187人成功晋级省总决赛。26位学生在2017年全国初中应用物理知识竞赛获市级以上奖励，其中获全国一、二、三等奖分别是2人、3人和7人。推送5所学校参加韶关市特色课程建设优秀成果评选，其中1项的被推送省级评选。2017年广东省特色课程建设优秀方案征集评选，有2项获得省二等奖，4项获得省三等奖。45名教师参加2017年韶关市中小学（幼儿园、中职）青年教师教学能力大赛，共有6人获市级一等奖，39人获市级二等奖，其中乳中物理教师吴燕梅代表韶关市参加省级比赛获三等奖。2017年共有15项课题通过市级评审获批结题，65项县级课题、24项市级课题、5项省级课题通过评审获批立项。

【队伍建设】 坚持把师德建设放在首位，开展师德师风考核、先进典型评选及宣传活动，出台《乳源中小学教师职业行为十项准则》《乳源瑶族自治县义务教育学校奖教金分配方案》。公开招聘38名教师，其中高级中学5名，中职1人，初中4人，小学15人，幼儿园13人；选拔局机关3名股级干部，1名校长、1名园长和1名学校中层干部。2017年，8名教师被评为韶关市优秀乡村教师，1名校长被评为韶关市优秀乡村校长。

【人才培训】 大力实施“强师工程”和“教育百万工程”（教师培训），充分利用省“强师工程”地方奖补资金和县财政下拨的百万教师培训经费，开展多层次、系统化的教师培训。认真完成上级教育行政部门下达的各项培训任务，组织2016—2017学年新参加工作的36名教师报名参加新教师培训；报送2016—2017学年上岗退费人员材料共12人；将《关于完善国家工作人员学法用法制度的实施意见》《关于转发〈关于做好全市公职人员学法考试的通知〉的通知》《关于做好全县公职人员学法考试的补充通知》转发至各中小学、幼儿园；组织3名校长、教师参加韶关市基础教育系统第五期名校长、名教师培养对象高级研修班异地跟岗培训；完成2017年9名中小学、幼儿园校（园）长任职资格培训和13名提高班预报名；开展《工匠精神与广东制造》为主题的专业技术人员公需科目培训，教育系统全部专业技术人员参加培训；配合韶关学院在县一小举办2017级全科型教师新生开学典礼；切实做好清华伟新教育扶贫中小学师生培训相关工作，7位校长、教师参加清华伟新教育扶贫培训；组织两期人员共74人参加韶关博雅文化教育大讲坛培训活动；选派20名教师参加韶关市初中物理、化学、生物实验教师专项培训；选派10名图书管理员参加2017年韶关市中小学图书管理员培训班培训；组织3名教师参加全市特殊教育学校骨干教师培训班培训；推荐11名学员参加2017年省级项目培训；组织6名教师参加2017年度全国社会工作者职业水平考试报名、培训、考试工作。

【职业教育】 2017年，全县中等职业技术在校学生1049人，在职教职工136人，其中专任教师115人，“双师型”教师51人。开设机电设备安装与维修、电子电器应用与维修、汽车运用与维修、计算机应用、计算机平面设计、会计、电子商务、旅游服务与管理8个专业。学校占地面积6万多平方米，总建筑面积3万多平方米，有50多间实训室，总面积8000多平方米，设备总值2460多万元。

【成人教育】 2017年，顺利完成省专家对乳源瑶族自治县创建省社区教育实验区的调研检查工作任务。全县有镇成人文化技术学校9所、瑶区成人文化技术学校1所，其中5所为韶关市示范性乡镇成人文化技术学校，社区学院1所、镇级社区学校9所、社区教育学习站115个，构建好“以县社区学院、镇社区学校为龙头、以村（居）社区教育学习站为骨干、以中小学校（幼儿园）为辅助”的三级社区教育网络。

【学前教育】 2017年，全县共有幼儿园36所，其中公办园12所，民办园24所。全面普及学前三年教育，在园幼儿8448人，学前三年毛入园率98.13%。2017年，县局投入870多万元，用于新建乳城镇中心幼儿园（侯公渡健民）、改扩建一六镇中心幼儿园和改善天井山幼儿园、小星星幼儿园办园条件，着力解决县域“入园难”问题。制定《乳源瑶族自治县市一级幼儿园结对帮扶实施方案》，切实开展结对帮扶工作。

【民办教育】 将学前教育经费列入财政预算，严格落实《乳源瑶族自治县民办教育发展专项资金使用管理办法》，设立专项经费每年30万元用于学前教育资助、补助、奖励和培训；继续实施《乳源瑶族自治县普惠性民办幼儿园认定、扶持和管理工作方案》，对扶持对象、认定程序、成本核算、收费管理、日常监管、财务审计、奖补政策和退出机制等做出具体规定，公办和普惠性民办园认定达96.4%。

（张细林）

重点学校简介

【乳源高级中学】 乳源高级中学创办于2003年7

月，占地 33.33 公顷，是广东省国家级示范性高中。有 55 个教学班（包括 4 个初中托管班），学生 2735 人，教职工 220 人，其中专任教师 210 人（特级教师 2 人；高级教师 64 人；中级教师 91 人；初级 55 人）。2017 年改扩的食堂投入使用，能容纳 3500 名师生同时就餐，解决就餐拥挤难题。2017 年，乳源高级中学被确定为广东省音乐进校园扶持计划示范基地，广东省音乐考级定点考场；获得 2017 年韶关市“文明校园”称号。

乳源高级中学得到各级领导和社会各界的关怀支持。韶关市教育局局长张立江、副局长黄叶亭、县委书记钟沛东、县长邓志聪等市县领导多次到学校调研考察；香港培苗行动组、香港元朗灵粮堂、香港旭日扶轮社等爱心人士多次到学校看望受资助学生。2017 年共有 1191 位学生受到社会各界及国家资助，资助金额达 325 万多元。

乳源高级中学得到省市教育界专家学者的关注支持。先后有韶关市教育局副局长曾楚清、韶关市教科院副院长梁伟光，省教育研究院物理教研员朱美健教授、历史教研员特级教师魏恤民、广东仲元中学历史高级教师将湘恒、华南师范大学心理学院副教授陈启山博士、华南师范大学文学院副院长张玉金教授、华南师范大学外语学院何广铿教授、华南师范大学数学专业苏洪雨教授等到校开办讲座或指导工作。

乳源高级中学在高考中再创辉煌。2017 年，全县普通高考考生 1225 人，第一批本科上线 54 人（含农村专项计划 15 人），第二批本科以上上线 436 人，上线率名列全市 8 县（区）第五名；专科以上上线 1139 人，上线率名列全市 8 县（区）第四名。圆满地完成学校的高考“双四”（重本上线 40，本科上线 400）指标，超额完成韶关市下达的各项高考指标，充分体现该校“低进高出、高进优出”的育人力量。

乳源高级中学“素养＋特长”育人模式结硕果。2017 年，王婉玲获广东省宋庆龄奖学金；林婉婷获“最美韶关少年”称号；各年级学生参加省市县各种竞赛，22 人获得省级一等奖；35 人获得省级二等奖；65 人获得省级三等奖，54 人获市级各等奖，95 人获县级各等奖，学校获 2017 年乳源瑶族自治县青少年学生禁毒征文比赛优秀组织奖，全县中小学幼儿园“中国梦·民族魂”民族集体舞比赛中学组二等奖。教育教学成果明显，德育课题《山区中学生人格教育途径的研究与实践》成功获省级立项，《校园瑶族竹竿舞课程方案》获广东省中小学特色课程建设方案评选二等奖，《舞龙舞狮样本教材》广东省中小学特色教材评选三等奖，获乳源教育系统教职工健身操比赛第一名，获乳源瑶族自治县 2017 年第六届“教工杯”乒乓球比赛女子团体第一名和男子团体第五名。教师在各类评比竞赛中共获省级各等次 13 人次、市级各等次 96 人，共发表市级以上论文 66 篇；李珺睿老师获韶关市“优秀团干部”；刘文英、宗道华获县“优秀教育工作者”，教师陈淑芳等 5 名获县“优秀教师”，教师杨金达等 4 名获县“优秀班主任”。

（刘　超）

【乳源中等职业技术学校】 乳源中等职业技术学校是乳源瑶族自治县教育局直属的一所省级重点中等职业学校。学校成立于 1976 年，前身是附城中学。1981 年升格为县直属完全中学，更名为乳源瑶族自治县民族中学。2003 年改制为职业中学，2006 年晋升为广东省重点中等职业学校，2008 年更名为乳源瑶族自治县中等职业技术学校，是乳源瑶族自治县一所办学效益显著的综合性、示范性学校，先后被评为“广东省绿色学校”“广东省书香校园”、广东省安全文明校园、韶关市“文明单位”、韶关市“美丽校园”、韶关市“社会治安综合治理先进单位”、韶关市“安全文明小区”和韶关市“优秀安全小区”和“广东省创业培训基地”、乳源瑶族自治县“农村劳动力职业技能培训基地”、韶关市“教学管理先进单位” “广东省成人教育先进集体”。学校内设办公室、学生处、教学实训处、招生就业处、总务处、培训处、职业素养教研室等七个处室。开设农业机械使用与维护、机电设备安装与维修、电子电器运用与维修、汽车运用与维修、计算机应用、电子商务、旅游服务与管理、会计等 8 个专业。

学校占地面积 6 万多平方米，总建筑面积 3 万多平方米；有 50 多间实训室，总面积 8000 多平方米，设备总值 5000 多万元；师资队伍较强，有教职工 142 人，其中专任教师占 115 人，“双师型”

教师45人；在校学生800多人，其中招收新生300多人。2017年，新建竣工落成一栋四层教学楼，建筑面积2390平方米，运动场、篮球场全面翻新改造并投入使用；科学楼、学生饭堂进行“穿衣戴帽”翻新改造。参加省、市中职学校学生技能大赛取得好成绩：省赛动漫设计项目获一个三等奖；市赛共获4个团体一等奖，2个团体二等奖，3个团体三等奖；9人获得单项一等奖，13人获得单项二等奖，9人获得单项三等奖。30人参加职业高考，22人上线，上线率高达73.3%。全年培训社会人员1000多人，为劳动力创业、就业提供强有力的支持。（许　涓）

【乳源教师进修学校】 乳源瑶族自治县教师进修学校原名为乳源师范学校，1982年经县人民政府批准改制为乳源教师进修学校。学校建筑面积6880平方米，建有综合教学楼、图书馆和学生宿舍楼。拥多功能报告厅、计算机实训室、舞蹈实训室、钢琴实训室、独立琴房、绘画手工实训室、瑶绣实训室、藏书室、电子阅览室等，教学设备先进，设施齐全。

学校得到县委、县政府，县教育局的大力支持和广东中华民族文化促进会以及香港耀中耀华国际学校等社会各界的资助，办学条件不断改善，校园环境美化优化。2017年5月，香港耀中耀华国际学校捐资人民币7万多元为学校添置4架机械钢琴，独立钢琴室施设施进一步得到完善。

学校开设学前教育专业，在校生142人。学校素以“求真知、做真人”为育人宗旨，实行严格、科学的管理，重视对学生综合素质的培养，为乳源幼教事业提供强有力的师资保障。2005年以来，学校与华南师范大学网络教育学院联合办学，面向教育、机关、企事业单位招生，高标准、高要求开展大专、本科学历提升班的招生、管理和服务工作，为乳源教师、机关及企事业单位相关人员的学历提升提供学习平台。（徐小健）

【乳源中学】 乳源中学创办于（民国30年）1941年秋，2003年9月初、高中分离，为广东省义务教育阶段规范化学校。该校占地面积78000多平方米，校舍建筑面积29000多平方米，校园布局合理，环境更趋绿化美化。2017年，学校有48个教学班，学生2300多人，专任教师168人，其中高级教师32人，一级教师132人。该校继续开展“追求卓越”特色校园文化建设，深入开展教育教学改革，着力打造优秀教师队伍，全力提高教学有效性，注重发展学生个性特长，努力提高教育教学质量。

2017年，该校先后荣获广东省“安全文明校园”、广东省“德育示范学校”、广东省“依法治校示范校”、广东省“中小学校本培训示范学校”等上百项省、市、县级荣誉称号。自2003年以来，学校中考成绩连续15年以绝对优势稳居全县第一，素质教育蓬勃发展，在省、市、县多项学科竞赛中取得优异成绩。（郭庆城）

【乳源桂头中学】 乳源桂头中学创办于1957年，占地面积78000平方米。学校内设办公室、德育处、教务处、总务处4个机构。有教学班21个，在校学生1046人，教职员工101人，专任教师86人，本科学历教师82人，中学高级教师人9人，中学一级教师81人，中学二级教师9人，省级骨干教师1人，县级学科带头人5人，市名校长培养对象1人。

学校秉承“立志成才，报效祖国”的办学宗旨和“相信每一个人的潜能，帮助每一个人的成长”的办学理念，以“激发潜能，成就自我”为校训，营造“乐学、善思”的良好学风，以“培养勤于思考、敏于发现、灵于创新的自信学子”为育人目标，努力实现“立足师生幸福、培育学生梦想的一流名校”的办学目标。以“推进基础教育综合改革”为契机，积极开展以“自主互助型五环节课堂教学模式的实践与研究”的课题的各项教学改革实验，大力推广“导学案”课堂教学模式，开展小组合作学习的教学研究及各类学生社团活动，充分调动学生的学习积极性和主动性；重视依法治校、以德治校，抓常规、塑人格，开展法制教育活动和行之有效的德育课题研究，大力推进“木棉精神”为主题的校园文化建设。

2017年，学校被教育局教研室列入“自主互助当堂训练”课堂教学改革实验基地学校，取得相应的绩效：获得“县中小学幼儿园民族集体舞蹈比赛”三等奖、“乳源县2017年青少年校园足球联赛（初中女子）”第四名、“乳源县2017年青少年校园足球联赛（初中男子）第五名”“2018年全县中小学鼓号操展评”三等奖。（张水城）

【乳源民族实验学校】 乳源瑶族自治县民族实验学校前身是创办于1958年的韶边瑶族自治县民族小学，1998年秋季改建为全日制寄宿制的少数民族实验学校，2005年县委、县政府择址环城南路新建民族实验学校，2007年秋季建成投入使用。学校有26个教学班，学生1253人。教职工117人，其中专任教师95人，高级职称10人，中级职称79人。专任教师本科学历达标率84.2%，其中具有学士学位5人。学校内宿生享受政策倾斜照顾，学生每月每人享受县政府60元的伙食补助，少数民族学生享受省政府每月100元伙食补助。

学校秉持“以人为本，传承创新”的办学理念，以“学会学习，学会合作，学会健体，学会做人”为抓手，开展主题丰富、形式多样的教育教学活动，形成“博学、严谨、爱生、奉献”的教风，“乐学、善思、合作、创新”的学风，弘扬“团结、勤俭、诚善、活泼”的校园风气；学校每周坚持开展老师集体备课和周测工作，提高教师教研教学水平，促进学生良好学习习惯的养成。在2017年高中阶段招生考试中，有140多名学生达到乳源高级中学录取分数线，7名学生达到省重点高中招生分数线。

学校坚持开展传承民族传统项目工作，开设瑶族刺绣、押伽、高脚、陀螺、瑶族歌舞等民族文化传承教育活动课，教师赵天金编撰《瑶语》教材获广东省中小学特色教材评选二等奖，教师赵艳芳撰写的《瑶族刺绣课程方案》获得广东省中小学特色课程建设三等奖，较好展现实验学校作为县少数民族教育窗口的示范形象。

2017年，学校瑶族刺绣学习社被评为韶关市中小学校“优秀学生社团”；初中组获韶关市中小学经典诵读比赛二等奖；获乳源青少年禁毒征文和中小学生“暑假读一本好书”优秀组织奖；民族集体舞蹈《糍香十月朝》获全县中小学、幼儿园校园文艺比赛一等奖；青少年足球比赛分别获初中组男子、女子季军；教师赵艳芳被评为韶关市中小学校学生社团优秀指导老师；教师李佛荀被评为韶关市教育系统关心下一代工作先进个人，教师赵天金荣获乳源瑶族自治县“乳源好人”荣誉称号。教师冯世有的微课《生物的进化》获广东省教育软件评审活动基础教育组一等奖；教师邓桂英的论文《优化演示实验，培养学生科学素养》获韶关市一等奖；教师卢红梅在韶关市初中英语老师教学技能比赛做题及解题比赛中获一等奖；教师王明光和姚良黛分别获乳源瑶族自治县首届“和美瑶城”教学技能大比武活动初中数学和语文一等奖。学生谢荣昌荣获全国物理竞赛一等奖；学生张昕和张慧雅被评为韶关市三好学生；学生胡敏被评为韶关市优秀共青团员。学校教师在各级各类刊物上发表论文25篇，师生获得省、市、县各类奖项285人次。（陈福三）

【乳源第一小学】 乳源瑶族自治县第一小学位于乳城镇育才东路。学校占地面积45137平方米，建筑面积24055平方米。拥有6栋教学楼，1个多功能阶梯课室和田径运动区等教学场所。有84个教学班，在校学生4327人；有教职工208人，其中有省特级教师2人，县学科带头人17名，高级教师4名。

2017年，乳源第一小学以科学发展观统领学校发展全局，认真落实县教育工作精神，以全面提高教育教学质量为目标，全面推进素质教育。紧紧围绕“至坚至美”办学理念，精心实施德育创新、名师培育、质量提升、特色铸造、校园安全、“三风”建设工程，坚持走“科学发展、内涵发展、特色发展”之路，着力把学校打造成平安校园、文明校园、书香校园、绿色校园、现代化校园。

2017年，学校被评为广东省校园足球推广学校、韶关市文明校园、韶关市教育系统模范优秀教工之家、韶关市“减负增效”典型学校、韶关市巾帼文明岗、“共读一本好书”县优秀组织单位，学校少先队大队部荣获广东省“红旗大队”称号，学校还成为首批“广东省基础教育基地”“南岭生物多样性保护校园流动式基站”。2017年，学校教学质量得到不断提升，在县教育局组织开展的年度期末质检抽检中，被抽检各科平均分名列同级同科全县前茅，教学成效突出，收到良好的社会效应。学校师生在各级各类比赛中佳绩频传：教工代表队参与县教工杯乒乓球比赛取得历史好成绩，男队荣获亚军、女队获得季军，陈彬红老师荣获女子单打冠军；参与2017年韶关市中小学“英东杯”文艺竞赛，学校合唱队、舞蹈队分别荣获一等奖；此外，大批师生在各级各类教育教学、先进个人、体艺比赛中获奖。

2017年，学校成功承办全县中小学德育现场会、韶关市中小学数学教师能力大赛；顺利完成创建广东省教育现代化学校的申报和评估验收工作，获得县评估组的高度肯定；扎实推进“自主互助，当堂训练”课堂教学模式改革。举办全校性的书香节、体育节、艺术节、科技节和开展丰富多彩的体艺活动，按计划举办“十佳小歌手”比赛、“践行十九大　描绘中国梦”现场绘画比赛、“不忘初心　逐梦前行”美文诵读等比赛。成功举办首届校园足球联赛校园足球联赛，成功组织六年级200多名学生到广东科学中心进行研学活动。学校积极组织的系列活动，为学生健康成长搭建平台，有效提高学生综合素质。（邓惠琼）

【金禧小学】 金禧小学创办于1992年秋，前称是“县第二小学”，1995年易名为“乳源金禧小学”。有44个教学班，学生1964人，专任教师119人，中级职称78人，高级职称1人。

为达到广东省标准化学校建设标准，县委县政府高度重视学校改建扩容工程，征地10384.53平方米，由原来的10436.12平方米，扩大到21098.28平方米，新建3栋综合楼、1栋教学楼、200米塑胶运动场。总投资6000多万元。改建扩容后的金禧小学于2017年9月投入使用，缓解学校紧张的优质学位，解决大班额难题，实现省标准化学校的要求。

学校以“国学立德，经典育人”为核心办学理念，以“为学生健康成长奠基，为教师持续发展铺路”为办学宗旨。教育教学管理力求精细化、特色化。学校注重打造精品的校园文化，以文化熏陶人、塑造人，注重培养高素质的体育、艺术人才。以学生社团为活动阵地，成立“笔墨缘书法社”“金橄榄文学社”等17个学生社团。每年举办一届大型的“国韵香”文化节。文化节有科技、体育、艺术成果展示，有丰富的文体比赛活动，学生参与面广，积极性高。以“自主互助，当堂训练”课堂教学模式的实践为改革重点，积极推进课堂教学改革，教学成绩稳步提升，群众满意度逐年提高。

2017年，教育教学成果显著：2017年被教育部评为“国防教育特色学校”。11月，学校获“广东省中小学特色课程建设方案”评选三等奖。学校诗歌教育富有特色，在2017年广东小学生诗歌节中被评为诗歌教育示范学校，荣获“2017年广东小学生诗歌节”优秀组织奖。丘婧、谢幸儿、赵婧珊等3名学生获得“2017年广东小学生诗歌节”二等奖；傅悦、胡雨婷、李严严、官绍锐、连盈、黄梓萱、潘佳怡、张舒惠、林思羽等9名学生获得“2017年广东小学生诗歌节”三等奖；曹永坚、文胡新等2名教师获得“2017年广东小学生诗歌节”优秀指导老师。学校被评为“韶关市文明校园”、韶关市“学陶师陶先进集体”“笔墨缘书法社”“金橄榄文学社”分别被评为韶关市中小学校“十佳学生社团”和“优秀学生社团”，学校被评为“韶关市学生社团优秀组织学校”。（官建钰）

【机关幼儿园】 乳源机关幼儿园是乳源首家“韶关市一级幼儿园”“韶关市绿色幼儿园”，创办于1957年，2009年秋择址新建校园，位于县城群英路1号，占地面积8530平方米，建筑面积5825平方米，总投入1500万元，是一间按省一级幼儿园标准兴建、教育教学设备齐全、实现教师办公网络化管理、富有现代气息的全新的幼儿园。拥有一六镇中心幼儿园和东坪镇中心幼儿园两间分园。有13个教学班，500名幼儿，在岗教职工70人，其中专任教师35人，大专、本科学历占80%，学历达标率为100%，保证两教一保的配备。

该园秉以“一切为了孩子”为办园宗旨，全面贯彻党的教育方针，不断加强内部管理，进一步促进教师专业成长，幼儿素质不断提高，孩子的身心得到和谐发展，各项工作深受幼儿家长好评，成为乳源幼教的标杆单位。

2017年，教师的论文、课例、课件制作等作品荣获省市县各种奖励；孩子在美术竞赛、文体比赛中各项成绩名列前茅。邹蕾、游殷绮等两位青年教师参加广东省学前教育专业论文征集评选活动荣获三等奖；教师张春梅、杨慧秀、游殷绮等获得县县优秀教师称号。张苓珑、文以柔等2名儿童参加韶关市英东杯书画现场绘画比赛分别获得一、二等奖。刘诗琦等10名儿童在参加第三届全县中小学、幼儿园“彩票公益杯”现场书画比赛活动中，荣获4个一等奖、5个二等奖、1个三等奖。（邹　蕾）

【乳源八一小学】 乳源八一小学位于乳源县城南环路，始建于二十世纪五十年代初，原址在鲜明村委邹屋。1997年冬，得到中华民族促进会大力支持，择址新建鲜明小学，2014年易名为八一小学。学校占地面积40519平方米，有38个教学班，在校学生1826人，教职工95人，其中，专任教师91人，高级职称3人，中级职称80人。专任教师本科学历12人。

学校严格按照教育局的工作部署，根据实际办学需要，完成二期扩建工程，高标准配备现代化教学设备，运动场、篮球场、教学楼及山体护坡工程也相继完工，办学条件得到全方位提升，创造安全舒心的学习生活环境。内宿生享受政策倾斜照顾，每月每人享受县政府60元的伙食补助，少数民族学生享受省政府每学期400元伙食补助。秉持“以军养德　以军促智　以军健体　全面育人”的办学宗旨，借助广东省军区之力，努力把学校打造成有军地特色的城郊寄宿制义务教育规范化少年军校。6月，学校组织学生前往武警中队进行军营体验，12月举行军事野外拉练活动，磨砺学生意志。坚持“军品励人　放飞希望”的办学理念，以“以军养德，以军促智，以军健体，全面育人”为抓手，开展主题丰富、形式多样的教育教学活动，形成“博学、爱生、乐教、善导”的教风，“乐学、善思、合作、探究”的学风，弘扬“自立、自信、自主、自强”的校园风气；坚持开展老师集体备课和教研活动，提升教师的教研教学水平，促进学生良好学习习惯的养成。贯彻落实人才兴校战略，加强人才队伍建设，于2017年3月派出全体班主任到东莞市东坑镇中小学、常平镇实验小学进行教育教学交流活动，提高班主任工作素养。11月，陈香平、廖文招等两位教师获得2017年广东省青少年毒品预防教育课件设计征集活动二等奖。9月，东莞市教育局派出16位优秀教师来轮岗支教，传授优秀的教育教学方法、传输先进的教育教学理念。

学校荣获2017年11月举办的韶关市“英东杯”文艺竞演一等奖。余华英参与广东省诗歌节荣获省级一等奖、学生罗萱获得省级三等奖。

（苏　怡）

【一六中学】 一六中学是一所镇初级中学，创建于1974年秋。学校占地面积19998平方米，总建筑面积11648平方米。内设教导处、总务处、政教处、办公室、团委、学生会，配有电脑室、语音室、美术室、舞蹈室、多媒体课室、图书室、生化实验室。有教职工57人，教学班12个，学生359人。

学校坚持“以人为本，和谐发展”的办学理念，秉承“立志、健体、笃实、活泼”的校训，形成“文明、团结、求实、创新”的校风，营造“善教、崇德、严谨、爱生”的教风和“上进、笃学、全面、求真”的学风，倡导“健康工作，快乐学习，幸福生活”的工作理念，让师生“快乐工作、快乐学习、快乐生活、快乐成长”。

一六中学的发展战略是“质量立校、安全稳校、寄宿强校、课程兴校”。上下一心咬定一个目标：“全力办好一六老百姓家门口的优质学校”。做实两大课程：“家校联席教育和学生自我教育（激发学生潜能提升自主管理能力）。”推进三项改革：“扁平化管理模式改革；分层教学、自主互助、当堂训练课堂教学模式改革；农村寄宿制学校精细化管理模式改革。”

一六中学男子足球队参加2017年全县校园足球联赛中获得第2名。黄少华、林丽、冯月有、王长秀、许昌耀、黄小英、邓鑫、秦远辉等8位教师在各种竞赛、指导学生中获得市县的各类奖项；教师朱崇方被评为县优秀班主任，教师朱丽娟、刘栋才等被评为县先进教师；教师赵志勤、邹咏梅等被评为镇优秀班主任；教师林丽、邱练书、赵添才、胡泳菊等被评为镇先进教师。学生在美术、书法、作文等竞赛中50人次获得县级一、二、三等奖。1名学生被评为韶关市“优秀学生干部”；4名学生被评为县级“优秀学生干部”；6名学生被评为县级“三好学生”。（朱崇方）

【大桥中学】 学校创办于1964年，其前身为大桥农林中学。1968年更名为大桥中学，1971年设有初中、高中学制，1984年撤并高中学制，成为独立初级中学。2009年为感谢香港欧晖集团远东有限公司对该校慷慨捐资改善办学条件和助学兴教，更名为“大桥欧晖中学”。

学校生源覆盖大桥镇21个村委会265个自然村和1个居委会。学校占地面积30720平方米，建筑面积20277平方米。有16个教学班，702位在校学生，教职工78人，其中专任教师77人。教师队伍年轻化，富有朝气。学校建有教学楼、办公楼、综合楼、教师住宅楼、学生宿舍、学生食堂。借45周年校庆和教育创强机遇，学校的办学条件和育人环境进一步改善。每间课室设置现代化多媒体设备，拥有较完备的图书室、物理、生物、化学实验室、语音室、心育室。

学校致力走文化育人、文化立校的内涵发展道路。以“立足山区、教书育人、服务社会”为办学宗旨，以“为每一个学生的成才奠基”为办学理念，以“崇文尚礼、行如善水”为校训，以“崇文、崇礼、崇善”为校风，以“厚德善教、行为世范”为教风，以“笃学上进、重礼守纪”为学风。学校致力践行“三崇”教育校园文化建设，开设的三崇实践班、文礼善社团、古筝、电子琴、健美操、书法、田径等兴趣小组，推行的跑操、太极、健美操项目，成为学校办学特色与亮点。

2017年，学校不断完善教育教学管理制度，真抓实干、勇于创新，成效显著：学校代表队先后获得“乳源教育系统教职工健身操比赛第八名”“乳源瑶族自治县2017年第六届教工杯乒乓球比赛男子团体第八名”。教师刘树光获2017年韶关市物理教学论文评选一等奖；教师李超结、欧静云、邓月珍等人获县园丁杯教学比赛一等奖；教师谢观华被评为“2017韶关市优秀乡村教师”；教师李超结获“韶关市2017年历史教学论文评比二等奖”；教师吴彩芳获“韶关市中小学（幼儿园、中职）青年教师教学能力大赛二等奖”；教师龙秀丽、邓声富等获“全县中小学德育论文评选一等奖”。教师秦海珍获“全县中学生政史地小论文优秀辅导教师”；教师张作金获“全县青少年现场书画比赛美术类优秀辅导教师”；学生付金盈、廖云云等获“我爱南水湖国家湿地公园主题征文”二等奖；学生陈军英获乳源瑶族自治县第四届“青少年宫彩票公益金杯”中国梦民族魂青少年书画比赛现场书画比赛美术类一等奖；学生陈英子、许寿英获乳源瑶族自治县青少年学生禁毒征文一等奖。（胡金妹）

【侯公渡中学】 乳源侯公渡中学是一所城乡结合部农村初级中学，创建于1969年。侯公渡中学前称红卫中学，1969年至1970年秋开办初级中学，1976年改称侯公渡中学，1970年起招收农业高中学生，1983年撤销高中部，改为初级中学。学校位于乳源瑶族自治县城东南部，距离县城3千米，服务辖区原侯公渡镇六个行政村，占地面积35418平方米，建筑总面积15092平方米。有20个教学班，学生789人，教职工96人。

学校积极争取上级部门和社会各界的关心支持，乘借“创强争先”东风，主动融入珠三角，坚持“硬件建设和内涵发展”齐步走的办法，积极营造“学风浓、校风正、人心齐、正气足”的校园风尚。2017年办学条件日臻完善，功能场室一应俱全，“三通两平台”等信息化建设实现全覆盖。学生住宿和就餐条件得到全面改善。2017年上半年，乳城镇顺利通过省教育强镇复评验收，学校办学水平和教育教学质量提升，进入优质健康发展的快车道。

学校将坚持“质量立校、安全稳校、内容强校、课程兴校”的发展战略和“123”工作思路（咬定一个目标：全力办好侯公渡老百姓家门口的优质学校；做大做强两个课题：“团员教育”和“演讲教育”两大课程；推进三项改革：四线闭环式扁平化管理模式改革、“三三三”自主互助当堂训练教学模式改革、内宿生全封闭精细化管理模式改革），推动侯公渡中学教育事业稳定发展。

2017年，学校获第四届“青少年宫彩票公益金杯”全县青少年现场书画比赛二等奖、乳源教育系统教职工健身操比赛“优秀组织奖”、乳源瑶族自治县2017年青少年足球联赛初中女子组亚军、初中男子组第四名、乳源瑶族自治县第六届“教工杯”乒乓球比赛男子团体第三名、乳城镇“中考成绩优异”奖等荣誉。（张耀群）

【大布中心学校】 大布中心学校是一所九年一贯制学校，分设校本部和小学分教点两个校区。全校共20个教学班，学生866人，其中：校本部设五至九年级，共10个教学班，学生441人；小学分教点设一至四年级，10个教学班，学生425人。校本部占地20200平方米，小学分教点占地面积23560平方米。全校建筑总面积20046平方米。全校共有专任教师68人，其中：中学教师26人，小学教师42人；专任教师学历达标率100%，其中本科学历17人，专科学历40人，中师学历11人；高级教师3人，中级教师55人，初级教师10人。

学校有信息中心、计算机室、语音室、多媒体课室、藏书室、图书阅览室、音乐舞蹈室、美术室、科学实验室、化学实验室、生物实验室、物理实验室、仪器室、体育器材室、校史室；一至九年级各班配备班班通平台或电子白板一体机；建有一个200米跑道标准运动场，可供400多名学生食宿的饭堂和宿舍。全校共有藏书5.8万册，能满足师生的阅读需求。

学校全面实行依法治教、治校。强化德育工作实效，培养学生良好的自我发展能力。全面落实课程标准，努力提高教学质量。强化科研意识，加强教学研究。2017年考入乳源高级中学上线率为33.3%。2017年8月，重新维修小学分教点的旧教学楼，改善学生的就读环境。（陈福员）

【红云中心学校】 红云中心学校地处粤北高寒山区——乳源瑶族自治县大桥镇红云村委，距县城50多公里。学校前身为三元中学。1981年冬从三元搬迁本址，1982春更名为红云中学。2007年香港纺织染工会捐赠80多万元兴建学校综合大楼，更名为红云希望学校。2010年9月进行布局调整，实行九年一贯制的办学形式，改称红云中心学校。2012年秋初中部计划撤并至大桥中学，至2014年秋开始为完全小学。

红云中心学校校园占地面积39564平方米，建筑面积10542平方米。学校分为教学区和生活区两大区域，教学区由教学楼、综合楼和运动场组成，生活区由学生宿舍、食堂和教师公寓组成。学校设有校本部和6个教学点：校本部设有六个年级共9个教学班，教职工28人，学生248人；下设柯树下、深源、核桃山、三元、和平、红光、歧石等八个教学点，分别设一、二、三年级共23个教学班，教师共31人，有学生129人。学校采取派出轮流学习、轮流支教、专题培训、师徒结对、课题研究等等办法，努力提高教师业务水平。

学校注重当地历史传统、文化底蕴的传承，提出“善强”核心文化主题。树立“积善厚德，明礼求真；勤学尚健，强我身心”特色理念，明确“‘五善’立行，‘五强’”立人的办学目标，确立学校“一训三风”，全面打造富有特色的“善强教育”文化育人模式。教学楼设有计算机室、科学实验室、图书阅览室等11个功能室，并按省标配备相关设施设备；学校师生充分利用设施进行教学活动，积极组织合唱、舞蹈、绘画、书法等10个社团中开展丰富多彩的第二课堂活动，有效提高学生的综合素养。

2017年，学校举行第一届“善强”文化节，同年冬举办“善强”文化第二课堂活动成果展，受到各界的一致好评。成功举办“港九纺织染业职工总会乳源红云助学25周年感恩纪念活动”，活动围绕“心系祖国兴教育才、仁心善举功德千秋”主题进行。学校在各类竞赛中获得“县民族集体舞比赛三等奖”“县鼓号操展评活动三等奖”“暑假读一本好书征文优秀组织奖”等荣誉。（张红云）

社 会 生 活

人力资源和社会保障

【概况】 乳源瑶族自治县人力资源和社会保障局是正科级行政单位。2017 年有行政编制 22 人，其中局长 1 名，副局长 3 名。内设机构 9 个：办公室、就业促进股、事业单位人事管理股（人事考试办公室）、工资福利股、社会保险管理股、劳动关系股、公务员管理股、行政审批股、劳动保障综合执法大队。局下属单位 3 个，分别为人才管理工作办公室、劳动人事争议仲裁院、就业服务管理局，下属单位在编人员 29 名。

【就业服务】 2017 年，县人社局以“民生为本、人才优先”为主线，凝心聚力，狠抓落实，就业培训上新台阶，就业创业开新局面，圆满完成市下达的各项目标任务：全县城镇新增就业人数 1395 人，完成市下达任务的 107.3%；下岗失业人员再就业人数 1115 人，完成市下达目标任务的 101.3%；就业困难人员实现再就业人数 165 人，完成市下达目标任务的 110%；促进创业人数 144 人，完成市下达目标任务的 110.8%；城镇登记失业率控制在 2.39%；举办招聘会 15 场，其中：精准扶贫系列招聘会 13 场，招聘会进场企业共 338 家次，进场求职人数达 9036 人次，提供就业岗位 12267 个，达成就业意向人数 1666 人，现场派发宣传资料 5000 多份；2017 年小额担保基金达 590 万元，发放小额担保贷款 59 笔，发放金额 934 万元，带动就业 110 人；办理就业失业登记 2410 人；网上登记招聘单位 51 家，完成年度下达任务的 102%；登记招聘信息 207 条，完成年度下达任务的 138%；登记岗位数 2338 个，完成年度下达任务的 116.9%；登记求职人数 1563 人，完成年度下达任务的 104.2%。培训机构技能晋升培训补贴审核 359 人，发放补贴 47.04 万元，个人技能晋升培训补贴申报 315 人，发放补贴 42.68 万元。

【社会保障】 2017 年，乳源社保扩面征缴工作有序进行，全县参加城乡居民基本养老保险参保人数为 73253 人，完成年度目标任务的 103.68%。全县城乡基本医疗保险参保人数为 193575 人，完成年度目标的 105.09%。在基金征收方面，全县企业职工基本养老保险基金征收为 15273 万元，完成年度目标任务的 113.72%，历年累计结余 40918 万元，抚养比较 2016 年上升为 4.36∶1，历年基金累计结余及扶养比全市排名第一。

【劳动仲裁】 2017 年，县人社局发挥劳动保障监察的职能作用，以维护劳动者合法权益为宗旨，以贯彻落实劳动保障法律、法规为重点，积极工作，奋发进取，取得较好成绩。全县劳动关系总体和谐稳定，全县企业劳动合同签订率达 95%，立案受理劳动保障监察投诉案件 1 宗，涉及劳动者人数 5 人，结案 1 宗，结案率为 100%，指导协调处理案件 6 宗，涉及人数 12 人，涉及金额 87.61 万元；接待群众来电、来信、来访、业务咨询等 185 批次，涉及人数 322 人，收到各类劳动争议案件 100 宗，涉及劳动者 105 人，涉案金额 301.27 万元。其中基层调解组织、仲裁机构案外调解 40 宗，县劳动人事争议仲裁院不予受理 16 宗、受理案件 44 宗，受理案件中调解结案 11 宗，裁决结案 30 宗，撤回仲裁申请 3 宗。2017 年所有案件均办结，法定审限内结案率为 100%，累计结案率为 100%，调解率为 60.7%。

县人社局严格按市、县要求做好建设领域施工企业工人工资支付保证金的收缴工作。收取乳源建设领域施工企业 149 户，涉及工人工资支付保证金

4300多万元（其中2017年共有36户建筑施工企业缴纳农民工工资保证金1111.11万元），退还农民工工资保证金78户共1974.28万元，剩余71户共2364.28万元农民工工资保证金。

县人社局主动衔接执法和司法部门，进一步完善行政执法和刑事司法衔接制度，对拒不支付劳动报酬犯罪行为施以严惩。

县人社局与县总工会、县工商业联合会举行县协调劳动关系三方会议，三方联合制定《关于开展2017年推进集体合同攻坚计划的实施方案》，为2017年开展推进集体合同攻坚计划的实施工作制定具体实施方案，2017年，全县完成建工会的企业集体合同签订率达到84%。

【人事管理】 公务员管理：全年招录公务员及参公人员55人，共调入19人，调回本系统42人，退休45人，开除1人，死亡2人，调到国有事业单位1人；严格做好乡镇公务员年限管理工作，按规定办理公务员调动手续，办理公务员调任47人，其中，调入乳源2人、调出乳源13人，在乳源内部调动32人；组织全县40名公务员赴东莞市参加对口培训，开展3期公务员全员培训及12天公务员初任培训；组织全县1488名公务员参加干部网络培训，完成学分总人数1459人，完成率达98%。

事业单位管理：2017年，办理事业单位人员调动49人，县内调动47人（含系统内调动35人），调出县外2人；开展专业技术资格认定和评审工作，全县共受理申报评审专业技术资格80人（其中教师系列申报高级40人、中级15人、初级16人，其他系列申报初级9人），2017年，全县职称评审工作全面完成，中小学教师职称评审通过31人（中级15人、初级16人）；建筑初级职称评审通过4人；农业初级职称评审通过5人。组织全县3428名专业技术人员进行公需科目培训。继续推进事业单位紧缺高层次人才引进工作，全县2017年引进各类紧缺适用人才49名，其中柔性引进高层次医疗人才35名，实施人才安居工程，落实人才公寓28套，发放安家费28万元，特殊津补贴376.82万元。

人才服务：一是做好市政府“双百”人才工程工作，经市局审定，全县享受市政府特殊津贴人才7名，占全市总人数的6.1%，引进百名紧缺适用人才23名，占全市总人数的33.3%。二是应届高校毕业生报到方面，全县2017年高校毕业生报到人数585人，其中就业560人，未就业25人，就业率达到95.7%。三是“三支一扶”方面，今年全县“三支一扶”期满考核合格6人，吸纳“三支一扶”大学生23人，占全市“三支一扶”总人数的37.1%，成功申请“三支一扶”岗位补贴89600元。四是人事档案管理方面，为实现人事档案标准化管理，2017年改建新的人事档案室，新购置档案密集柜、文档消毒灭菌机、吸尘器、祛湿机、扫描仪等办公设施设备。2017年库存档案总量8135份，流动人员档案寄出135份，开具调档函41份，整理2017年毕业生档案689份，整理2016年招录事业单位人员人事档案43份，整理公务员档案158份。

【工资福利】 严格执行“到龄即退”制度，全年批准126人退休；贯彻落实退休干部生活待遇，审批机关、事业单位病故人员遗属抚恤金67人，审批机关、事业单位遗属定期定额生活困难补助费30人；为机关、事业单位1945名离、退休人员发放春节慰问费38.9万元；根据上级部门新出台的机关人员死亡抚恤规定，拟定出调整丧葬费、一次性困难补助费、遗属定期定额生活困难补助费方案；完成机关事业单位财政全额拨款退休人员2017年度基本养老金预调工作，兑现预调基本养老金466.8万元；积极配合县财政局落实县委补发2014年住房补贴决策，全县共补发5322.33万元；认真协助财政局做好2017年度年终一次性奖的审核和发放工作，确保年终一次性奖发放及时，平稳有序；及时做好2017年度工资统计和2017年度公务员工资试调查的统计和数据报送工作；主动与各方沟通，加紧配合社保部门做好机关事业单位工作人员养老保险数据审核，进行2017年养老缴费基数统计测算，预计全县2018年养老金并职业年金共6684.4万元；开展2017年度公务员职级晋升工作，对符合晋升人员（56人）及时兑现待遇；联合县委组织部、县编办、县财政局做好县机关事业单位防治“吃空饷”的自查和建立长效机制的工作，有效防范虚报冒领等“吃空饷”问题的发生；深化事业单位绩效工资分配改革，做好全县事业单位人员绩效考核及奖金核发工作，审核3700人，兑现绩效工资2664万元。

【精准扶贫】 2017年，县人社局挂扶大桥镇均容村委和塘华村委51户贫困户，共173人，其中低保户19户54人，五保户5户5人，一般贫困户27户114人。2017年全县有就业意愿在家务农的贫困人口有960人，计划帮扶就近就业438人，计划帮扶转移就业514人，计划帮扶公益性岗位安置6人，计划帮扶自主创业2人，至2017年年底，100%完成就业帮扶任务。

做好就业技能社保精准扶贫工作，在2017年农村中青年电子商务和种养殖培训中，因地制宜，结合各镇的种养殖情况积极推进精准扶贫培训工作，将符合条件的贫困户纳入培训学员中。至2017年12月底，共培训354人。

实施社会保险全覆盖，全县建档立卡贫困人口100%参加城乡居民基本医疗保险，参保经费由县财政统一兜底。贫困户60周岁以上的健在老人全部享受城乡居民基本养老保险待遇。完全落实城乡居民大病保险政策，县财政出经费为建档立卡贫困人口购买大病商业保险，让贫困户病有所医，老有所养。

（张方保）

社 保 工 作

【概况】 韶关市社会保险服务管理局乳源分局（以下简称社保分局），为韶关市社会保险服务管理局管理的分支机构，属行政正科级事业单位，主要负责全县68项社会保险工作。内设人秘股、社会保险关系股、养老失业保险待遇核发股、医疗工伤生育保险待遇核发股、城乡居民医疗保险管理股、社会保险稽核监督股、计划财务股、机关事业养老保险股。核定事业编制24人，后勤服务人员2人。

2017年，全县城乡居民养老保险参保人数73253人，医疗参保人数163432人；企业职工养老保险参保人数28673人，医疗参保人数30143人；失业参保人数18292人；工伤参保人数22383人；生育参保人数18107人。按时足额支付：职工基本养老金12880万元，医保待遇4755万元；城乡居民养老金3670万元，医保待遇3438万元；失业保险257万元，工伤保险651万元，生育保险713万元。配合相关部门，为特殊群体人员参保共计10947人，其中民政797人、残联3402人、精准扶贫6748人。

【“两学一做”专题教育】 根据省、市、县的部署，结合单位实际，制定推进“两学一做”学习教育常态化制度化实施方案。组织党员干部学习系列重要讲话和十九大精神、组织党员考学活动，提高政治思想觉悟，党员干部受到良好的教育，工作作风明显转变，服务意识和便民意识大大增加，社会保险服务效率和服务质量明显提高，群众得到便捷优质的服务。

【机关事业单位养老保险工作】 2017年完成乳源县机关事业单位参保登记工作，参保登记单位351个，应参保总人数7241人，完成比例100%。征缴养老保险单位数18个，完成比例5.13%，征缴总人数684人，完成比例13.33%。发放养老保险待遇单位数1个，支付总人数9人，完成比例0.4%。

【社保关系转移接续工作】 2017年办理养老保险关系转入106人，转出123人，开具养老保险参保凭证146人，发送养老保险转移联系函124人；医疗保险关系转入72人，转出46人，开具医保参保凭证129人，发送医保转移联系函120人；办理失业保险关系转入35人，转出14人，开具失业参保凭证27人，发送失业转移联系函24人；退伍军人转入47人。

【开展重复领取养老待遇数据比对工作】 2017年与县民政局比对2011年至2017年火化人员名单，核查省下发的疑似重复领取养老保险待遇人员数据，共清理出多领取养老保险待遇人员318人次，多领金额479456.41元，均停发待遇。出具稽核告知书318份，交当事人单位或各乡镇城乡养老保险工作人员入户宣传、追回，截至2017年12月31日，共追回城乡养老金89257.6元，职工养老金15761.02元，合计105018.62元。

【严格落实医保制度防止基金流失】 为减轻参保群众医药费用负担，加强城乡居民基金监管，防止基金流失，与医疗机构签订协议书，建立医疗机构费用自我约束机制和风险分担机制，促进医疗机构进一步优化内部管理、规范医疗行为。开展智能审核工作，规范医疗机构诊疗行为，对违规诊疗行为所发生的医疗费用，基金不予支付，2017年不予支付不合规费用共163632.28元。

【信访维稳工作】 做好信访接待工作。针对涉及社保方面矛盾突出的信访问题进行梳理，做好解释工作，及时处理问题，对群众通过“网络问政”等方式提出的问题，及时回复，认真听取群众诉求，引导群众正确理解有关社保政策，因政策或其他客观原因，部门和地方难以解决的，及时向上级部门反映，妥善解决特殊群体的历史遗留问题。2017年处理17件信访及网络问政问题。主要领导平均两三天接待一次群众来访，处理疑难问题，维护社会稳定。

（许丽平）

民 政 工 作

【概况】 乳源瑶族自治县民政局是县人民政府主管社会行政事务的职能部门，正科级单位，内设有办公室、优抚股、救灾救济股、基层政权股、社会事务股、行政审批股、社会组织管理中心、“拥军优属、拥政爱民”办公室和婚姻登记管理处9个机构，下属社会福利院、殡仪馆和殡葬监察大队。单位在职人员行政编制12人，参公管理4人，事业在编9人，工勤1人，慈善会3人，临聘3人，共32人。其中正科级4人，副科级3人，科员及以下25人。主要履行工作职能：社会救助和社会福利、基层民主政治建设、拥军优属和管理专项社会事务。

【临时救助】 2月，乳源瑶族自治县被韶关市民政局列为“救急难”重点试点单位。3月，出台《乳源瑶族自治县开展“救急难”工作试点实施方案》，明确救助对象、救助范围、救助标准和申请、审核、审批程序；为进一步完善救助制度，修订《乳源瑶族自治县城乡村（居）民最低生活保障制度实施细则》《乳源瑶族自治县特困人员救助供养实施细则》《乳源瑶族自治县城乡困难群众医疗救助实施细则》《乳源瑶族自治县临时救助实施细则》等规范性文件。新修订的救助制度呈现以下特点：一是扩大救助对象范围。二是提高救助标准。三是简化申请救助程序。

【低保救助】 1月、5月、9月开展三次低保和特困人员核查，全年新增低保255户507人，取消低保517户1481人。

1月1日起，调整城镇居民最低生活保障金月标准为580元，月人均补差为457元，农村居民最低生活保障月标准400元，月人均补差为206元。截止12月，全县享受低保救助的低保户1892户3753人，其中城镇低保户183户284人，农村低保户1709户3469人。全年发放低保金1152万元。

【特困人员救助】 1月1日起，提高特困人员供养标准：农村特困人员月供养标准为674元；城镇特困人员救助月供养标准为928元。

7月，开展特困人员生活自理能力摸底核查；9月，开展特困人员全面核查工作。要求特困人员向镇人民政府提出书面申请，经审核审批程序后，符合条件的纳入特困人员供养救助，不符合救助条件的一律取消。

全县享受特困人员供养救助的有472人，全年发放供养金389万多元。

【医疗救助】 全年救助患者1252人，发放救助金276万元，其中“一站式”结算救助患者910人，拨付救助金70万元；非“一站式”救助患者342人，发放救助金205万元。资助特困人员、低保、精准扶贫对象等参加基本合作医疗保险8798人，投入资金105万元。做好医疗救助政策宣传工作，印刷发放宣传小册子1.2万份，通过各镇救助窗口分发给居民。为提高医疗救助水平，解决特殊困难群众“因病致贫、因病返贫”问题，全县从五月份开始提高合规医疗费用救助标准：城乡特困人员（五保）按照100%的比例给予救助，城乡低保和建档立卡贫困人员按照不低于80%的比例给予救助，其他困难居民按照不低于 50% 的比例给予救助。

【其他救助】 提高精减职业制民警 39 人救助标准。从 10 月份开始，提高职业制民警和老职工的救助标准 500 元/人/月，全年发放职业制民警救助金 16 万元；发放退职老职工救助金 2 万元，救助 5 人。全年临时救助 18 户 63 人，累计发放临时救助金 6 万元。

【项目建设】 区域性敬老院“公建民营”项目于 2016 年 12 月网上公开招标后，县民政局与中标单位深圳市第一养老护理服务有限公司就项目合同于 3 月份和 5 月开展两轮商洽，洽谈结果广泛征求县养老服务社会化改革领导小组成员单位意见。7 月 20 日，双方签订 30 年期限“公建民营”项目经营合同；10 月，深圳市第一养老护理服务有限公司与区域性敬老院开始办理交接手续。

抓好“全国综合减灾示范社区”创建工作和应急庇护场所建设，完成乳城镇鹰峰社区创建“全国综合减灾示范社区”和大桥镇旧烟站应急庇护场所建设。

完成乳城镇新民村委会的城乡社区“基石计划”示范工程项目、洛阳镇富塘村委会的城乡社区公共服务站示范工程项目，城乡社区服务设施得到完善。

【优抚安置】 11 月，完成全县优抚对象数据核查工作。核查应核 212 人，实核 879 人，核查任务达 100%。全年发放重点优抚对象生活补助 1212 人 162.6 万元；发放参战人员抚恤、补助金 3485 人 212.9 万元；发放农村籍 60 周岁以上退役人员补助 2492 人 10.8 万元；发放无军籍退休职工工资 48 人 12 万元；发放 2017 物价补贴 405 人 8.1 万元；发放“八一”慰问金 988 人 9.88 万元；发放义务兵优待和奖励金 203 人次共 182.4 万元。

贯彻落实退役士兵安置和权益保障，鼓励城乡退役士兵积极参加职业技能培训。对 1978 年至 2014 年符合政府安排工作的退役士兵 730 人进行全面排查，其中义务兵 665 人，志愿兵 21 人，初级士官 33 人，转业士官 11 人。对 7 名工作岗位没落实，单位拒收的退役士兵采取改为自谋职业货币化补偿安置，经县政府常务会议通过，按城镇低保一次性补助每人 4.35 万元，共 30.45 万元。

完成退役士兵一次性安置补助金发放共 57 人 125.5 万元；妥善安置符合政府安排工作退役士官 7 人。

积极做好复员退伍军人信访工作，维护社会稳定。积极配合县政法委维稳工作专班工作，做好信息情报的研判和分析，有效确保 2017 年涉军信访维稳工作，未发生到省进京上访事件的发生。

【“双拥”工作】 3 月，慰问参战重点优抚对象 2 户，送去慰问金 1000 元；县慈善会救助退役困难军人 1 人，发放救助金 3000 元。

春节和“八一”建军节，广泛开展拥军优属慰问活动，以走访慰问、座谈会等形式分别慰问韶关军分区、县人武部、县民兵应急分队、县消防大队和县武警中队五个单位，发放价值 21.6 万元慰问品。

【换届选举】 3 月初，对 9 个乡镇进行第七届村委会、第六届居委会“两委”换届调研，召开镇领导班子和村代表座谈会，较全面地掌握了解各镇村（社区）换届的前期准备情况、村级组织现状和换届面临的形势；3 月底，参加省、市组织的村（社区）“两委”换届选举骨干培训班，积极做好村居“两委”换届准备工作。

6 月初，完成 115 个村（社区）“两委”换届选举工作。此次换届按照先村（居）委、后党支部的顺序进行，共选出村（社区）“两委”干部 522 名，全县村支部书记、主任“一肩挑”比例达 90.4%、“两委”干部交叉任职比例达 91.4%，分别比省、市下达目标高 5.4 和 8.4 个百分点。新一届“两委”班子成员平均年龄 43.8 岁，比上一届降低 0.6 岁，最小年龄 20 岁，最大年龄 59 岁。高中以上学历的 216 人，占 41.4%，其中大专及以上文化程度 43 人，比上一届增加 43%，实现总体年龄有所下降、文化程度进一步提高的目标。妇女干部 166 人，占 31.8%，比上一届提升 4.4 个百分点。连选连任的有 238 名村（社区）“两委”干部，占 45.6%。村委干部的补贴从原来每月 2200 元，调至 2400 元。

7月，全面完成全县102个村务监督委员会换届，换届比例达100%，选出监督委员会新成员306名。根据《关于下达2017年村务监督委员市级补助资金的通知》通知要求，村务监督委员会成员补贴调至每月600元。

【基层政权】 依据《广东省民政厅办公室转发民政部办公厅关于做好村（居）民委员会赋予统一社会信用代码有关准备工作的通知》要求，采集村（居）民委员会基础信息，与系统中的现存的数据进行比对和补充完善，于11月20日前全面完成全县115个村（居）民委会成员信息的数据比对工作。

【地名普查】 11月14日，乳源瑶族自治县第二次全国地名普查通过省级验收，被省民政厅推荐为先进单位。

【地名命名】 6月，按照命名要求乳城镇崩岗头村民小组更名为“兴隆村小组”；12月份批准鹰峰东路“滨江印象”商住小区命名。

【创平工作】 为保障“平安边界”工作顺利进行，制定《乳源瑶族自治县2017年“平安边界”创建工作考核验收方案》，明确考核验收标准、时间段的任务，6月份开展平安边界创建活动的考核验收工作，11月，完成镇级行政区域界线的自查自评工作。

【社会事务】 全年为17人次发放孤儿生活保障金15.94万元。

是年，认真审核事实无人抚养儿童的申报材料，做到不漏发、不错发。事实无人抚养儿童基本生活保障金发放标准每人每月500元。全年共发放事实无人抚养儿童76人次，发放金额21.46万元，（2017年10月之后事实无人抚养儿童以个人为单位全部纳入为低保对象，享受低保差额补齐金额）。

9月，成立乳源瑶族自治县流浪乞讨人员救助安置中心，正股级事业单位，编制2名，于11月报县人社局公开招考；撤并东坪镇敬老院为安置中心办公点；全年共为92人次流浪乞讨人员救助27.71万元。

2017年共火化1261遗体具，惠民政策惠及1209人，减免费用193.32万元。

为防范安全生产责任事故，吸取“新丰县练溪托养中心事件”教训，县民政局多次组织开展全县民政服务机构安全生产隐患大排查，共排查出一六镇敬老院住房漏水、县福利院门卫缺失等安全隐患12处，对检查中发现的问题当即下发限期整改通知书。

为加强对严重精神障碍患者的监护，对高风险患者监护人、协助监护人分别予以每人每年3000元、600元的补助，对一般性患者的监护人予以每年1000元补助；全年发放监护人补助1260人次，发放补助金额136.66万元；送治精神障碍患者500元/次，总计送治42人次，发放补助金额2.1万元。

重度残疾人两项补贴（生活补贴和护理补贴）系统2017年全面使用。

【婚姻登记】 落实婚姻登记周末和法定节假日提供服务工作。自5月1日起，周六上午9点到11点和法定节假日（元旦、“五一”、国庆、春节）提供预约婚姻登记服务。

为做好地区婚姻登记管理工作，根据上级要求，婚姻登记处申请开通办理涉外婚姻登记的权限，于5月参加婚姻登记员办理涉外婚姻登记业务培训。2017年办理结婚登记1629对，离婚登记580对，补领登记254份，涉外婚姻1对。

【社会组织】 全年依法办理社会组织成立登记6家，其中民办非企业单位4家，社会团体1家，行业协会1家；依法办理社会组织注销登记1家。2017年，全县有社会组织96家（社会团体59家，民办非企业37家）。

依法对全县社会组织开展年检。经网上资料审核和现场抽查，全县有52家社会组织年检合格（其中社会团体26家，民办非企业单位26家），2家社会团体年检基本合格，3家民办非企业单位年检不合格，31家社会团体未参加2016年度年检，待整改完善。加强对社会组织的清理工作，排查出8家长期不开展活动的名存实亡的社会组织，经与这些社会组织的业务主管单位和法人代表沟通后，建议他们自行注销登记。有2家社会团体完成注销登记。

是年，检查桂头、大桥、乳城等镇共13家幼儿园，指出其存在的安全隐患，要求及时做好整改，确保孩子安全。做好校外托管机构的排查工作，全力排除存在的安全隐患。

组织各机关事业单位和社会人员报名参加社工考试。全县41个单位109人参加社工考试，14人通过考试取得社会工作者资格。

【老龄工作】 全年办理老年人优待证504个；全年发放高龄津贴53316人次，发放金额118.5万元。

银龄安康参保达到80%，覆盖全县100%老年人。

完成东坪下寨、桂头东岸、一六村委农村居家养老服务站建设，总投入120万元。

"重阳敬老活动"慰问老年人和发放慰问金1.3万元，组织桂头各村委宣传队到桂头敬老院慰问演出；组织老年人参加韶关市2017年老年运动会。

【精准扶贫】 是年，多次召开扶贫工作会议，研究部署扶贫工作，要求各帮扶干部深入贫困户家中了解危房改造、产业发展、教育扶持、技能培训等落实情况。帮扶游溪镇营坑村委会19户贫困户，其中低保户13户，一般贫困户6户。春节和中秋节，向帮扶贫困户送去油、米、月饼和棉被等生活物资价值1.2万元。4月，用办公经费为2户贫困户4人做DNA鉴定，协调户籍部门解决2户3人的户籍问题。加大危房改造的宣传力度，引导6户危房改造贫困户做好房屋改造计划，确保年底前完成新房建设。下拨2万元扶贫工作经费支持游溪镇扶贫工作。（彭延雄）

民族宗教

【概况】 乳源瑶族自治县民族宗教事务局为县人民政府工作部门，与县委统一战线工作部合署办公，属正科级行政单位，编制6名，其中局长1名、副局长2名、股长（主任）3名，后勤服务人员1名。内设办公室、民族股、宗教股。根据乳机编《关于设立乳源瑶族自治县过山瑶文化研究中心的通知》文件精神，2013年4月设立"乳源瑶族自治县过山瑶文化研究中心"。属公益一类事业单位，正股级，归口县民族宗教事务局管理，编制5名，配备主任1名，后勤服务人员1名。

【特色村寨命名挂牌】 2017年3月，国家民委发布《关于命名第二批中国少数民族特色村寨的通知》，全国共有717个村寨予以命名挂牌，游溪镇中心洞村委会政研瑶族新村获第二批"中国少数民族特色村寨"命名挂牌。

【民族团结进步创建活动】 2017年3月，广东省民族宗教委命名表彰第一批全省民族团结进步创建活动示范单位，游溪镇人民政府、东阳光实业发展有限公司、瑶乐居小区、乳源高级中学、民族实验学校、云门山大觉禅寺等6个单位获"第一批广东省民族团结进步创建活动示范单位"称号。

【领导考察调研】 2017年4月11日，国家宗教事务局宗教研究中心副主任加润国率调研组一行5人到乳源云门山大觉禅寺进行调研。

4月21日，省政协副主席温思美率领省政协调研组一行，围绕"宗教院校与宗教人才队伍建设"专题到乳源调研。

4月21日，市委常委、市委统战部部长黄劲东率市民族宗教事务局领导，市委统战部副部长孔庆红等到云门寺调研宗教工作。

4月27日，广东省民族宗教事务委员会党组副书记、巡视员李秀英率考察组一行7人到乳源考察第六届全省少数民族运动会申报工作。

【少数民族发展资金使用和管理】 2017年3月2日，县委常委、统战部长简连英组织召开少数民族发展资金使用和管理工作会议。会议要求：加强中央、省级少数民族发展资金的分配和管理，提高资金使用效率，认真组织调研，制定少数民族发展资金使用计划；加强县少数民族发展资金管理使用和项目建设情况进行跟踪检查，确保资金使用合理规范，发挥资金最大效益；配合国家区委、省民宗委做好少数民族发展资金专项审计工作，确保审计工作顺利完成。

【落实扶持民族地区发展政策】 推动省委、省政府《关于扶持民族地区加快发展的意见》的文件精神落实。与上级民宗部门沟通协调，围绕省直有关部门在加快全省民族地区发展现场办公会上的回应清单，督促县直各有关部门与省、市直有关部门对接。落实12月底在清远市连山壮族瑶族自治县举行的全省扶持民族地区加快发展现场会准备工作，推动省、市扶持政策措施的实施。

【举办民族团结进步杯摄影比赛】 2017年4月22日，由县民宗局主办，县摄影家协会承办的乳源“民族团结进步杯”摄影比赛采风活动仪式在东坪镇雕子塘村举行，有7幅获奖作品在省、市民族刊物上刊登。

【精准扶贫】 2017年9月30日，民宗局帮扶干部到必背镇公坑村委对13户贫困户进行走访慰问，帮扶干部为每户贫困户送上一瓶食用油、一包大米和300元慰问金。

【落实民族政策】 落实2017年度在校少数民族大学生助学金的发放工作；落实“两种考生”资格审核，确认符合享受助学金资格共90人。

【土地确权】 组织落实县人大议案，解决瑶族迁移人口土地确权工作。完成乳城镇、一六镇、游溪镇、桂头镇等4个瑶族人口迁入镇83个迁移点耕地测量工作，测量土地面积349.49公顷、宅基地面积95.69公顷，调解处理土地纠纷27宗。

【过山瑶文化史料整理编撰】 至2017年12月30日，完成必背、游溪、东坪3个瑶区乡镇瑶族史料4321户16008人资料收集工作，进入编撰阶段。

【城市民族管理工作】 加强与市民宗局、县公安局及城建部门沟通联系，做好外来经商少数民族群众造册登记，加强管理，做好相关服务工作。全县有3家外来少数民族个体经商户（兰州牛肉拉面馆2家、新疆核桃1家）。

【宗教工作】 2017年3月，中共中央统战部、国家宗教事务局决定授予299个宗教活动场所“第三届全国创建和谐寺观教堂先进集体”荣誉称号，云门山大觉禅寺获评“第三届全国创建和谐寺观教堂先进集体”荣誉称号。乳源云门山大觉禅寺是广东省获此荣誉称号的8个单位之一，也是韶关市唯一获此荣誉的单位。7月5日，市政府副厅级干部王伟阳，县委副书记张军和市、县民宗局相关负责人一行人到乳源云门寺，为云门山大觉禅寺荣获“第三届全国创建和谐寺观教堂先进集体”称号颁发荣誉牌匾。

2017年5月，县民宗局联合县公安局国保卫大队深入乳城镇、大桥镇和天井山林场等地开展非法宗教整治活动，依法对县人民医院家属区私设佛堂、天井山子弟学校家属区基督教非法聚会点、大桥镇石角塘村委坳子村基督教非法聚会点进行整治和取缔。

乳城镇云门村委2017年协调县有关部门，解决范屋村和岭头村村民搬迁，锑粉厂、武装部旧弹药库土地移交，云门山保护区内羊头岭山林权属纠纷历史遗留问题。

【举办“云门农禅”夏令营活动】 2017年7月22日上午，云门寺举行以“体验农禅，参悟人生”为主题的第五届“云门农禅”夏令营活动。通过网上报名，全国10多个省区近200名佛学爱好志愿者报名参加云门寺内为期7天的农禅生活体验。

【恢复正觉寺重建工作】 协调正觉寺重建工作领导小组成员单位，就生态环评、土地调规等问题进行商讨，研究对策。

【立法工作】 2017年9月启动《乳源瑶族自治县云门景区综合管理条例》立法工作，加强和规范云门景区综合管理工作，有效保护云门山和云门寺自然人文资源。

（邓毅明）

城　镇

乳　城　镇

【概况】 乳城镇位于乳源瑶族自治县东南部，是县政府所在地，镇政府驻地侯公渡，距离韶关市区31千米，距县城4千米。区位优越，是乳源的工业重镇、政治中心、经济中心、交通枢纽和信息中心。东临韶关市武江区龙归镇，南连韶关市武江区江湾镇，西邻东坪镇，北与游溪镇、一六镇交界。交通便利，京珠高速公路在境内设有1个出入口，国道323线，省道249线、250线，县道358线贯穿境内。地形西北高、东南低，平均海拔为97米，是丘陵平原地区。全镇土地总面积209平方千米，耕地总面积1639.7公顷，其中水田面积1640.1公顷。林地面积为1.423万公顷，森林覆盖率为83.5%。辖13个村委会，5个居民委员会，216个村民小组，总户数21025户，其中乡村户数10408户，总人口67651人，其中乡村人口38947人。属中亚热带季风气候。南水河自西向东穿越境内汇入北江。

镇内景点有云门寺、桂花潭、云门山风景区、文昌公园、金狮公园、乳源温泉、双峰山、国公岩、丽宫国际温泉旅游度假区、三王石、文秀峰、睡美人（下街岭）、燕子岩、白石岩。

历史文化遗产有泽桥山遗址、横石山遗址、文昌塔、西京古道遗址—大富桥、刘氏宗祠、宋田古戏台、宋田文塔、天德寨。

主要特产有菜干、竹笋、巴西果汁、香蕉李、葡萄、蜜柚、茶叶、冬菇、木耳、山羊、瑶山黑猪、九仙腊味、瑶东生态猪、瑶东腊味、茶油、甜玉米。

【经济社会发展】 2017年全镇国民经济生产总值为32.6亿元，比2016年增长3%。农村经济总收入5.52亿元，比2016年增长9.6%，其中第一产业收入1.67亿元，第二产业收入1.91亿元，第三产业收入1.94亿元。地方财政总收入3248万元，比2016年增长1.5%。农村人均纯收入13000元。

【重点产业与新型企业发展均衡】 以铝箔、生物医药、电子、化工产品、高新材料等产业为主的工业发展持续平稳。全镇小型企业发展壮大，2017年镇域有企业1149个，其中集体企业76个，私营企业985个，港澳台资企业88个，农业企业110个。个体工商户5172个。

【重点项目建设】 加快基础设施建设，搭建招商平台。做好完工项目服务，组织协调好在建项目。完成嘉旺三期、迎宾路至侯公渡中学公路扩建、北环市政道路扩建、东阳光药厂、金禧小学扩建、八一学校扩建、屠宰场等项目建设征地拆迁工作，确保各重点项目建设稳步、有序推进。

【农村经济发展】 优化和调整水稻、烤烟、玉米、花生、甘蔗、大豆等农作物的种植面积，全镇全年种植面积2200公顷，其中早稻面积约1000公顷，中晚稻1067公顷。玉米面积约133公顷。蔬菜面积约100公顷。花生面积约167公顷。黄烟面积213公顷。其他经济作物面积约167公顷。镇域水果种植新增面积127公顷。发放绿肥、油菜籽等冬种种子1万公斤，在大联、岭溪、云门村委实施冬种生产示范连片，总面积13.5公顷。全年出栏生猪5.2万头，牛232头，羊314只，出售三鸟12.86万羽。

产业经济发展。全镇发展有高盛菜场甜玉米基地、葡萄园，泰丰农业园瑶东山猪养殖基地，面积6.67公顷小凌角农业观光园柿子基地，现代烟叶标准化园区，云门村苗圃场，荣达牧业发展有限公司黑猪养殖育种基地，辉耀农业开发有限公司产业基地。2017年封山育林面积8666.67公顷，其中县城景观林带建设2666.67公顷。发放4678.8公顷生态公益林效益补偿金到村、到户共157.9万元。

【农村土地确权】 完成13个村委，216个村小组的土地确权工作，完成确权8936户。切实保障瑶区迁移农户的生活、生产条件，对瑶区居民迁入乳城镇的所有地块进行测量与确权，共完成28个迁移点，614户，2456人，水田面积123.48公顷。

【农业基础设施建设】 积极争取上级交通部门的支持，投入公路硬底化建设资金120.09万元，完成8个自然村乡村公路硬底化建设，路程3.43千米。加大对农业水利设施建设的投入，整治水毁工程项目24宗，其中抢修陂头6宗、山塘3宗、水圳15宗。

【精准扶贫工作】 加强与各帮扶单位的联动协作，扎实推进精准扶贫各项工作，完善建档立卡资料，将符合条件新增贫困户继续纳入精准扶贫，动态管理。全镇建档立卡的贫困人口509户，1120人。脱贫116户，368人，脱贫完成率100%。2017年贫困户危房改造132户。

【农产品质量安全】 建立农产品生产经营主体监管名录，完成全镇13个村委共43户经营主体纳入监管范围。全镇设13名村级农产品质量安全巡查员每月对农产品经营主体巡查。完成农产品定性检测6805个，“瘦肉精”“农残”检测合格率均为100%。全年水稻、玉米种植保险承保覆盖率100%。

【城乡整治建设】 加强城市管理。坚决查处和整治“两违”（违法违规）行为，加大力度打击小产权房，营造共建共享的良好社会氛围。

切实加强耕地保护，发现违规农田宅基地建房47宗，下发《责令停止土地违法行为通知书》47份。

新农村建设。实现垃圾清运处理和保洁体系建设镇域全覆盖，镇以7个试点示范村和10个“五彩瑶乡”示范片主体村为重点，以点带面，在镇域范围内推进农村人居生态环境综合整治。完成试点示范村三拆（拆危房和残破建筑、拆违章建筑、拆旱厕）率达85%以上，拆除总面积约1.35万平方米。

【文化建设】 2017年镇内有文化站1个和文体广场5个、村文化室和农家书屋19家。实行免费开放，促进基本公共文化服务均等化。完成大东新塘、健民上吴屋、共和老付屋文化楼和文化广场建设工程，总投入资金282万元。

【教育工作】 镇内有党校1所，教师进修学校1所，高级中学1所，职业学校1所，初中3所，完全小学4所，成年技术学校1所，幼儿园7所。巩固教育强镇工作成果，推进中小学互助共同体建设和特色学校（金禧小学、鲜明八一小学）建设，缩小城乡和校际差距，促进全镇教育均衡发展。

【卫生计生工作】 推进镇村卫生服务一体化管理，提高镇村医疗卫生服务水平，在健民、新兴、前进、云门4个村委新建村级卫生站，其中健民、新兴、前进村卫生站已经完成主体工程。镇内有县级医院3所，镇卫生院1所，卫生站20所，农村医疗体系建立健全。严格执行人口与计划生育层级动态管理责任制，扎实开展冬季、春夏季和秋季计生集中服务月活动。举办三期大型人口计生知识培训班，培训镇、村干部191人次。全镇共落实计划生育手术276例，社会抚养费征收45.6665万元。

【医保和社会保障】 整合城乡居民基本医疗保险制度、基本养老保险制度，截至2017年年底，城乡居民医疗保险参保人数为32137人，参保率达100%，城乡居民养老保险参保人数6258人。城乡居民基本医疗住院补偿人数395人，住院总费用339.2万元，报销金额142.7万元。全镇共有五保户99人，发放五保金57.9万元，低保户488户，发放低保金316.8万元。发放80岁以上1185人老龄补贴，共30.3万元。做好失地农民养老保障工作，完成14个村小组，5710人次的社保纳入工作，分配金额332.66万元。

【水库、石灰岩移民管理】 发放移民生活补贴1098户211.74万元，发放47个移民村4884人生态公益林款43.9万元，发放移民粮差、生产扶持款5.8万元，完成移民村基础设施建设23宗。

【社会管理工作】 综治信访维稳工作。健全领导班子接访制度、排查制度，完善领导班子包案制度，落实全国“两会”期间等敏感时期的信访维稳工作。开展严重精神障碍患者救治救助及排查工作。2017年，全镇共受理各种信访及矛盾纠纷案件110宗，接受市、县批转各类信访案件61宗，办结61宗，办结率100%。镇村级接待来访群众25人次，受理49宗，办结49宗，办结率为100%。全镇无重大群体性事件。

安全生产工作。镇政府与46个单位签订2017年消防安全责任书、安全生产责任书和食品药品安全责任书。提高企业安全生产意识和管理水平，期间无发生重大安全生产事故。

【镇村二级服务平台建设】 加强公共服务中心的日常管理，建立首问责任制度、一次性告知制度、限时办结制度的多项制度。镇便民服务中心和村级便民服务站为群众代办服务累计9258件，网上办事大厅代办服务累计306件。利用“三资”平台完成健民村委上吴屋村文化楼建设工程、前进村委侯公渡到深庄公路硬底化工程等10宗农村“三资”交易。

【镇第十二届人民代表大会工作】 3月23日，召开第十二届人民代表大会第二次会议，听取和审议《人大主席团工作报告》《政府工作报告》《镇财政预决算报告》。9月27日，召开第十二届人民代表大会第三次会议，听取和审议《政府工作报告》《人大工作报告》和《镇财政预决算报告》。

【创建全国文明城市工作】 主动融入全县创文工作，投入35万元，制作宣传栏、LED显示屏、标语牌等，宣传社会主义核心价值观，提升镇、村思想文化建设水平。健全各村（社区）创文志愿服务队，扎实推进志愿服务常态化，落实创文网格化管理，对县城四个社区卫生死角、背街小巷等盲点盲区巡查清查。开展主干道创文清拆工作，共拆除142处、3977平方米的违搭乱建设施。

【武装工作】 做好民兵整组、民兵预备役、兵役登记工作，组织完成轻舟小队和民兵应急分队训练任务，加强镇域国防坑道普查。8月，启动秋季征兵工作，经过初检、复检和政审，圆满完成2017年征兵工作任务。

【党风廉政建设】 贯彻落实党风廉政建设责任制。明确党风廉政建设“一把手”工程，落实责任分解，强化职能任务；每月定期开展机关效能督导检查，发现问题及时解决，开展谈话提醒19人次，提醒内容35次。

【基层党建工作】 坚持和完善镇党委理论学习中心组学习制度，加强和改进党的基层组织建设。开展软弱涣散村党组织整改工作，确立健民村委为软弱涣散村党组织，选派李书金为健民党支部第一书记，筹资建设综合办公大楼一栋，成立居家养老服务中心。开展驻点普遍直接联系群众工作，18个驻点团队共接待群众400余人，走访群众1.6万户，收集到意见建议207条，解决问题206条，问题解决率为99%，做到了“小事不出村，大事不出镇”。

【完善基层民主机制】 换届选举工作。5月全面完成村、社区“两委”换届选举工作，共选举出村、社区“两委”干部88名，组织各村（居）委进行工作交接，村、社区工作平稳有序开展。

村级干部培训工作。召开专题会7次，举办学习班7期，组织村（社区）“两委”干部学习贯彻《中华人民共和国村民委员会组织法》《中华人民共和国土地管理法》《广东省人口与计生条例》等法律法规知识。

（邱清建）

2017 年乳城镇村（居）委会基本情况表

表 2

村（居）委会	书记、主任	村居民小组	总户数（户）	总人口数（人）	集体经济收入（万元）	农民人均纯收入（元）
云门	林新化	10	462	1852	181.39	13000
鲜明	陈友月	10	725	2677	80.2	13000
大联	袁振海	11	614	2296	14	13000
岭溪	朱移古	11	462	1903	10	13000
大群	邓翠华	17	678	2501	68.48	13000
坝厂	吴　伟	7	218	876	32.36	13000
河北	刘振宽	12	412	1489	15	13000
共和	丘荣胜	19	1513	5441	81.71	13000
新民	丘湖生	28	1168	4458	61.19	13000
新兴	黄秋梅	21	1123	4049	54.87	13000
健民	袁双城	24	1199	4576	60.06	13000
大东	杨少锋	29	1114	4138	46.62	13000
前进	林自强	11	720	2691	31.81	13000
鹰峰	谢善香	/	3259	8580	/	/
源峰	雷慧坚	/	4295	12403	/	/
云峰	董秀芳	/	1194	3134	/	/
松峰	李月英	/	1371	3622	/	/
康乐	黄雪荣	/	498	965	/	/
合计	/	216	21025	67651	737.69	/

桂头镇

【概况】 桂头镇地处乳源境东北部。镇域东与武江区重阳镇、浈江犁市镇接壤，南邻游溪镇、武江区重阳镇，西邻游溪镇、必背镇，北与乐昌市长来镇毗邻。境内有京广铁路、武广高铁、乐广高速公路（设有 2 个出入口），镇区属省道 248 线、250 线交汇点，县道 325、326 线纵横贯穿全境，武江河经镇域由北向东南从中部流过，区位优越，交通便利，是省政府确定的 268 个中心镇之一。全镇总面积125平方千米（其中总耕地面积2985公顷，森林面积6591.3公顷，森林覆盖率53%），辖14个村委会，1个居委会，有93个自然村。全镇有户籍总数10939户，户籍总人口37801人，其中农业人口30100人。镇内设有中学1所，小学12所，幼儿园7所，市级示范性乡镇成人文化技术学校1所。镇级卫生院1所，村级卫生站16个。

2017年，成功推荐余习锦、许玉英评选为韶关市道德模范。邓小英家庭被评为2016—2017年度韶关市“文明家庭”。小江村委会和凰村村委会被授予“韶关市卫生村”称号。

历史保护文物。位于桂头镇阳陂村委会黄沙岭村西南方位800米处（乡道818线）南宋陈军名将“陈司空征北将军侯公安都墓”和“侯安都纪念馆”。

特色农产品。有杨溪砂糖橘、杨溪马蹄、杨溪杨梅、皇帝柑、阳陂甘蔗、均村马蹄、阳陂香芋、大坝蔬菜、松围油黏米、松围鹰嘴桃、桑葚、红肉火龙果。

【农业农村取得新发展】 加大农业产业结构调整力度，“一村一品”生产格局有新进展。2017年，桂头镇农作物耕种面积4388公顷，其中水稻种植播种面积1802公顷。蔬菜种植面积1255公顷，总产量为2122万公斤。发放种粮补贴214万元，发放省生态公益林补偿资金35万元，补贴农户2023户，受益人数9633人。

【仙湖工业园升级改造项目】 仙湖工业园升级改造工作，形成“政府主导、园区配置、市场运作”的招商、稳商、活商引资模式。园区引进企业有11家。仙湖工业园改造项目涉及征收面积63.02公顷，完成小江村、莫家村、墨石村及樟树下村小组征地协议签订及补偿款发放，对小江村及墨石村部分农户选择留用地折算货币进行补偿发放，其他村小组的征地协调工作进入协调阶段，镇域工业经济稳健发展。

【商贸服务再创佳绩】 积极推进商贸物流产业，全镇共有市场主体1719户，其中企业206户，农民专业合作社104户，个体户1409户，本年度新增市场主体211户，其中企业14户，农民专业合作社3户，个体工商户194户，新增注册资金6947万元。镇区农贸综合批发市场改扩建工作有序推进。

【镇区升级改造建设取得新突破】 围绕“航空小镇”的建设目标，大胆探索、全力以赴扎实做好镇区升级改造工作。完成乳桂线、民贸、供销、粮所片区的初步摸底调查工作，走访调查商铺114间，住户173户，完成乳桂路片区房屋（商铺）面积及装修的测量面积919.36平方米。投入1091.69万元完成桂头镇污水处理厂及其配套管网工程，铺设7.1千米的截污管网，加大生活污水的收集处理净化。投资80万元在凰村新人村点、石寨点开展农村环境综合整治工程，改善覆盖区域的生活环境。

【重点项目建设】 协助开展武水塘头水电站项目用地审批等程序，征地拆迁工作完成90%。

【基础设施建设】 不断完善农业基础设施。投入191万元，完成水圳“三面光”工程和机耕桥维修工程6千米。投入82.73万元，完成桂头镇下古塘至千家村乡道146线和王龙围村乡道374线农村公路硬底化工程建设共1.9千米。投入159.33万元，完成小江村委会、松围村委会、阳陂村委会、杨溪村委会LED太阳能路灯或电路灯安装工程。投入20.55万元，完成桂头镇松围村小组通村桥建设工程。投入10.12万元，完成桂头镇消防办公楼及宿舍改造、镇内消防设施及办公场所建设。投入52.20万元，完成桂头镇敬老院修缮工程，敬老院生活环境得到改善。完成新街河、杨溪河、梅村河段中小河流整治工作。

基层公共服务站建设。按照省里的规范化建设要求，完成15个村（社区）公共服务站升级改造，将互联网+融入村级公共服务平台，提高为群众办事的工作效率，扩大服务范围。2017年，桂头镇公共服务中心共受理各类审批服务事项4184件，办结4184件，办结率100%。村级公共服务站共受理各类审批服务事项5251件，办结5251件，办结率100%。

【农村集体“三资”工作】 2017年，全镇利用公共服务窗口平台，开展11宗集体资产资源交易，涉及金额170.88万元。

【土地承包经营权确权工作】 截至12月31日，全镇完成确权农户7294户，面积1969.18公顷，地块41708块，完成率100%。全镇需颁发土地承包经营权证书7294户，核对应发经营权证书共6379本、农户领证6044本，颁证率94.75%。完成全镇农村土地确权及颁证工作90%。

【社会民生保障】 2017年，城乡居民基本养老保险和医疗保险参保人数分别达0.54万人和2.82万人，全镇保障性农村低保户562人，残疾人员828人，特困人员63人，优抚对象154人。农村、城镇居民最低生活保障标准分别提高到每月400和580元。积极为就业困难人员申报社保补贴，促进下岗失业人员再就业，新增就业926人，城镇登记失业率控制在2.5%以内。截至12月底，桂头镇通过信用社桂头分社，县农业银行、建设银行等金融机构累计发放36000多张二代社保卡，协助村民解决发卡存在问题200多宗，补发社保卡100多张。城乡居民基本医疗保险返回结算共895次，结算金额约400多万元。新生儿参保约600多人次，新生儿医保覆盖率98%以上。完成统计征地社保预存资金455.94万元。

【基层组织建设】 重点抓基层党建。严把党员入口关，规范发展党员程序，全年发展党员16名。实施村级班子“青苗”培养工程，建立后备人员微信交流群，全镇14个村有后备人选队伍42人。

落实驻点普遍直接联系群众制度。全镇组建15个驻点团队，共60名驻点团队成员，镇党委每月召开2次直联专题会议，全年进村入户直接联系群众9741户，入户率100%，收集群众反映的问题108条，合理问题全部处理完成。

“两学一做”学习教育活动。全年组织党员“两学一做”专题学习会议56次，学习讲座21场，参加“两学一做”考学活动党员1262名。组织开展向廖俊波、黄大年等先进典型学习活动。11月24日，中共桂头镇委员会组织镇政府支部党员和各支部书记共110人，到南雄市油山镇和珠玑镇灵潭村开展“红色教育”主题党组织活动。

【党风廉政建设活动】 实施反腐倡廉宣传教育工作，制定《桂头镇关于进一步加强作风建设的若干规定（试行）》和《桂头镇2017年度镇村干部工作目标责任制绩效考核方案》。9月12日，镇委组织干部职工代表到县廉政教育基地参观学习。全镇张贴反腐倡廉海报、派发宣传册等共计1000多份，进一步引导村民合法合规监督举报，畅通举报渠道，营造崇尚廉洁的良好氛围。群众上报线索共计30条。开展谈话提醒共计36人次，全年立案调查5宗，办结案件5宗，案件办结率100%。

【创建平安工作】 综治信访维稳。2017年，整合桂头镇资源，创新工作方法，推进“中心＋网格化＋信息化”工作信息平台。全镇受理信访案件60宗，办结58宗，办结率为96.7%，进入办理的2宗。受理矛盾纠纷68宗，其中镇级受理矛盾纠纷15宗，成功调处15宗，成功率为100%。村级受理矛盾纠纷53宗，成功调处52宗，调处成功率98%。全镇未发生非法上访和重大群体性事件。

禁毒工作。6月15日，开展“不让毒品进我家·共创平安幸福家”禁毒宣传活动。11月28日，桂头镇社区戒毒（康复）工作站举行揭牌仪式，县委书记、县禁毒委主任钟沛东及副县长、公安局局长、县禁毒委副主任杨云参加仪式并揭牌。县委常委、宣传部部长谢向军，县人大常委会副主任、桂头镇党委书记吴衍雄等领导出席揭牌仪式。

铁路护路联防工作。调整“两委”换届工作后铁路护路联防领导小组和沿线4个村委义务护路队员，与铁路沿线村签订年度目标责任书。抓铁路护路宣传教育工作，开展“喜迎党的十九大，共创平安铁路线”集中宣传活动，参与活动的群众达1000多人。全年共发放各类宣传品2000多份、传单1500多张。

安全生产零事故。坚持“安全第一、预防为主”的方针，与各村委、辖区各企业签订2017安全生产责任书。设置安全警示牌武江河沿岸30块。取缔均村宝鸭塘涉嫌生产地沟油作坊的养猪场一间。全镇每月实施安全巡查1次，重点时期安全检查4次，下发安全整改通知书15份，要求停业整顿企业或个体6家。组织镇安全员常态化到各个烟花爆竹售卖点、中小学、幼儿园、水电站工矿企业等各行各业开展安全生产检查工作，排除安全隐患，督促整改落实，全年安全生产零事故发生。

防汛工作。制定《桂头镇防汛救灾应急预案》及各村委应急预案和一纸预案，建立健全防汛值班制度。4月底，组织人员对全镇各主要河流、水库及水电站等可能出现隐患的地区进行汛前大检查，及时安排人员对坍塌、跨翻的河道、设施等进行抢修，降低洪灾隐患。

【创建文明镇活动】 核心价值观宣传普及。2017年新增镇区创文宣传广告13块、文明餐桌宣传画42块。其中大型核心价值观宣传牌2块、节俭养德、树立文明新风宣传栏6块。全镇新增移风易俗宣传栏30块，设置专门的道德讲堂活动室14间。推进居民自治，各村均已建立“一约四会”（村规民约、道德评议会、红白理事会、村民议事会和禁毒禁赌会），移风易俗、大操大办、赌博等“五风”（打牌赌博风、红事预喝风、白事择日风、烧纸送灯风、大操大办风）突出问题得到有效遏制。

环境卫生整治。对镇区主干道路流动摊贩、沿街店铺、占道经营，擅自设置户外广告开展专项整治行动。截至12月底，累计拆除擅自搭建雨棚115个、私自搭设帐篷37处、占道灯箱广告牌35个、广告牌16个，清理废弃垃圾53车，收缴摩托车遮阳伞253把、查处各类违章车辆114辆，发放《整改通知书》76份、劝导商贩105家，摆放乱停车辆160架次，日出动宣传车2辆在镇区范围循环播放创文宣传广播，市场环境卫生、经营秩序得到有效改善。

丰富农民精神文化生活。先后在桂头镇健身文化广场举办“激情广场．幸福桂头”暨“三八”妇女节文艺会演活动1次、举办以“无毒青春　和美瑶城　幸福桂头”为主题的桂头镇第二届男子篮球赛1场、举办以“和美桂头　舞动快乐”为主题的庆元旦广场舞比赛1次。

【农村人居环境综合整治】 投资80万元，开展凰村新人村点、石寨点农村环境综合整治工程。完成“三清三拆”（清路障、清淤泥、清垃圾；拆危房和残破建筑、拆违章建筑、拆旱厕）6个试点村工作，完成20户以上农村人居环境综合整治自然村的资料收集、建档立卡，录入全省农村人居环境综合整治信息管理云平台（莫家村、塘头村委移民村、松围村委枧永围、东岸村委东岸村、阳陂村委新人村和香稻村等6个自然村）。截至2017年年底，共拆除破旧房屋及违章建筑4204.99平方米。

【精准扶贫工作】 有效落实各项帮扶措施，2017年完成130户401人的脱贫任务。全镇有发展农业产业的贫困户150户（其中无劳动能力33户），奖补资金发放37.32万元，发放教育补助资金23.22万元。2017年，符合条件纳入农村危房改造计划的贫困户88户，危房改造动工户数88户，动工率100%，其中完成建设84户，完成率95.5%，发放危房改造补贴264.75万元。完成贫困户医疗救助23人，补助金额达10.79万元。协助贫困户购买合作医疗1001人，购买职工医保23人。举办技能培训2次，贫困户有劳力参与人数合计84人次，其中就业和劳动技能培训参加82人次，电子商务培训2人次。完成草田坪“两不具备”松围下岗背岭安置点的建设规划征地工作、坟墓数量的清点工作及清表工作，进入迁坟、土方清理量预算等工作阶段。

【卫生计生工作】 开展形式多样的宣传活动，大力宣传全面两孩国策。全年户籍人口总出生人口708人，其中政策内691人，政策外二孩3人，政策外多孩14人，政策生育率97.60%，性别比105.81。

协助升级卫生医疗设施，改造桂头镇中心卫生院，引进医疗设备。采取自主招入、派送进修、业务培训等形式，培养医学人才。投入资金36.94万元建设完成王龙围博爱卫生站主体工程及其附属工程。村委卫生站建设项目立项有均村、塘头、东岸等3个。完成卫生站选址有凰村、松围、阳陂、红岭、杨溪、七星墩等6个村委。

【武装与征兵工作】 2017年，坚持早安排、早宣传、早动员、早落实，按上级有关工作部署要求，完成民兵整组、兵役登记等任务。根据《中华人民共和国兵役法》及征兵工作统一部署，顺利完成夏季全镇征兵工作任务。

【农产品质量安全工作】 制定《桂头镇农产品质量安全监督工作职责规定》《桂头镇农产品质量安全风险隐患排查与整改工作实施方案》。全面实行农产品质量安全网格化监管制度，实施责任分解落实到镇、到村、到户、到人，最大限度地减少农产品质量安全隐患，保障农产品质量安全。

【河长制工作】 制定《桂头镇全面推行河长制工作方案》《桂头镇全面推行河长制工作督察制度》《桂头镇全面推行河长制河长巡查制度》《桂头镇全面推行“河长制”镇级会议制度》《〈桂头全面推行河长制工作方案〉任务分工方案》。实行“一河一长、一河一策、条块结合、分工负责、统一协调、分级管理”的工作原则，对辖区范围内的镇级河道4条，村级河道16条全部落实具体责任人，全面实施常态化管理。

【农业普查工作】 2017年1月11日，桂头镇召开农业正式普查推进会，对正式普查存在问题进行及时查漏补缺，对普查正式表的质量填写作了要求。2月28日，15个村（居）委完成纸质表入户登记。5月底，桂头镇农业普查工作顺利通过省市验收。

【村（社区）“两委”换届工作】 全镇有合法选举权的选民26318名，本届登记的选民26318人。选举出新一届村民代表687人，其中党员132人，女性代表213人；新一届居民代表59人，其中党员35人，女代表22人。选举产生村（居）民委员会主任15人，副主任15人，委员38人。书记、主任“一肩挑”12个村委，1个居委。村（居）民委员会成员中女性有20人，其中有2名村委女主任，1名居委女主任。村（居）“两委”班子文化程度分布：初中以下文化的39人，占57.35%；高中中专文化的有19人，占33.82%；大专以上的有6人，占8.82%。村（居）“两委”班子年龄结构：45岁以下有24人，占35.29%；46—60岁有44人，占64.70%，平均年龄在48岁左右。村（居）选入女干部率达100%，村委会中书记主任女性比例14.3%，村委会换届村民参选率97.49%。

【学习贯彻十九大会议精神】 全镇新增学习贯彻十九大精神、习近平系列重要讲话宣传栏27块、宣传牌100块、宣传围挡1处，更新灯箱广告40个，LED电子显示屏循环播放宣传广告15个，组织“学报告　学党章”网上考学活动。

10月17日，桂头镇组织党员干部到县政府广场，参观中国革命道路和中国共产党的光辉历程展览。10月18日，组织干部职工认真观看十九大开幕式盛况，深入学习习近平总书记代表第十八届中央委员会所做的工作报告。12月5日，邀请县委宣讲团成员、县委党校讲师彭小玲到桂头镇作学习贯彻党的十九大精神宣讲报告会。12月21日上午，县委副书记、县长邓志聪到桂头讲“以学习贯彻党的十九大精神”为主题的党课。

【人大工作】 健全完善机制，强化工作保障，设立镇人大办公室，制定下发《人大代表联系选民制度》《人大代表接受选民监督制度》《人大代表履职联络站工作制度》等制度，建立制度化、规范化、常态化人大工作机制。全年组织代表开展考察调研活动5次，履职交流座谈会1次，业务培训2次。收到人大代表关于基础设施建设、环境保护、蔬菜产业发展等方面的意见、建议26条，办理26条，代表满意率100%。

3月9日上午，召开桂头镇第十三届人民代表大会第二次会议。镇人大代表、列席人员共80多人参加会议。县人大常委会副主任、镇党委书记吴衍雄出席会议并讲话。

9月22日上午，召开桂头镇第十三届人民代表大会第三次会议。大会应出席代表62名，实到会代表58名。会议听取并审议通过桂头镇人民政府2017年上半年工作报告及人大主席团2017年上半年工作报告，书面审查2017年上半年财政预算执行情况报告。

【妇女儿童工作】 2017年，组织普法乡村行32场次（其中关于反家庭暴力的普法宣传讲座4次、家庭教育6次），关爱妇女儿童行动8次。举办桂头镇第三届免费育婴技术培训班，参加培训妇女有50多名。7月6日，桂头镇妇联联合凰村妇女之家开展“传承好家风、好家训”家庭教育专题讲座，镇妇联会、镇属机关单位妇联会以及村（社区）妇联会代表共100余人参加活动。

2016年10月至2017年7月，改建全镇15个村（社区）妇代会，各村（社区）共有妇女代表310人，改建后产生妇联主席15人，兼职妇联副主席15人，新增执委165人。

11月22日上午，召开桂头镇妇女第九次代表大会。会议听取和审议桂头镇妇联第八届执委会工作报告，选举产生黄玉玲、温转娣、侯四凤等新一届执委会成员共26位。

【共青团工作】 12月29日，召开共青团桂头镇第十六次代表大会，参加会议团员代表共36名。大会听取和审议共青团桂头镇第十五届委员会工作报告，选举产生共青团桂头镇第十六届委员会委员11名，其中，钟慧秀任书记，庞珊珊任专职副书记、宋伟任兼职副书记。

积极开展志愿服务活动。3月24日下午，共青团桂头镇委组织志愿者到镇开展义务清扫活动。6月22日上午，共青团桂头镇委组织志愿者在镇全民健身广场开展“不让毒品进我家，共创平安幸福桂头”禁毒宣传活动。12月5日下午，共青团桂头镇委组织青年志愿者到镇敬老院开展亲情陪伴志愿关爱活动。（麦　翡）

2017年桂头镇村（居）委会基本情况表

表3

村（居）委会	书记	主任	总户数（户）	总人口（人）	集体经济纯收入（万元）	农民人均纯收入（元）
阳　陂	侯荣桥	冯香尧（任至5月） 邹华余（5月任职）	1385	5305	84500	缺统计
凰　村	侯家安	侯家安	650	2509	61930	缺统计
草田坪	张修发（任至5月） 周新华（5月任职）	周文龙（任至5月） 周新华（5月任职）	164	506	71400	缺统计
均　村	郑雪文	郑雪文	693	2493	52000	缺统计
小　江	赖彩发	赖彩发	781	2924	3600	缺统计
王龙围	王　群（任至5月） 王军凤（5月任职）	王　群（任至5月） 王军凤（5月任职）	521	1904	62000	缺统计
杨　溪	朱火发	朱火发	973	3545	55000	缺统计
塘　头	邓洪辉	邓洪辉	384	1338	87500	缺统计
莫家村	莫维东	莫维东	326	1037	93321	缺统计
红　岭	侯丽庭	侯丽庭	430	1564	52680	缺统计
七星墩	陈建华（任至5月） 卿笃雄（5月任职）	龚庆洪（5月任职）	784	2870	52400	缺统计

续上表

村（居）委会	书记	主任	总户数（户）	总人口（人）	集体经济纯收入（万元）	农民人均纯收入（元）
大　坝	林长仪（任至5月） 张传镜（5月任职）	林长仪（任至5月） 张传镜（5月任职）	442	1654	115060	缺统计
松　围	王扬海（任至5月） 邓其学（5月任职）	王扬海（任至5月） 邓其学（5月任职）	1149	4215	54000	缺统计
东　岸	林昌强	林昌强	500	1782	60650	缺统计
社　区	温转娣	黄玉玲（任至5月） 温转娣（5月任职）	1757	4155	/	缺统计
合　计	/	/	10939	37801	/	/

大　桥　镇

【概况】　位于乳源西北部，镇政府驻地距县城约33千米，境内石角塘为省道249线与258线交会点，县道有325线、327线、357线、358线贯穿，京港澳高速公路在境内设有1个出入口，区位优越，交通便利。属乳源3个中心镇之一，东邻必背镇，西邻乐昌市沙坪镇，南邻东坪镇，北邻乐昌市云岩镇，西南邻乳阳林业局。镇域总面积384平方千米，耕地面积2667公顷，森林面积1.87万公顷，森林覆盖率72%。辖21个村委会，1个居委会，266个村民小组，户籍总数9628户，总户籍人口43162人。镇设有中学1间，小学19间，镇级卫生院1间，村级卫生站26个。2017年，全镇国民经济生产总值5.398亿元，农村居民人均可支配收入12598元。

境内历史文化遗产有西京古道、西京古道文化陈列馆、古民居、观澜书院、开来书院、步蟾书院、古通济桥和西云寺等，非物质文化遗产有客家民俗艺术“圣祖祭（亦称舜帝诞辰）”“契娭生日”（亦称“南岭观音诞”活动）、“阿公搓轿”、西京古道“石阶除道”。景点有南岭国家森林公园、红豆杉公园、通天箩等。

大桥镇饮食文化独特，农家菜有禾花鱼、麻包豆腐、懒人豆腐、花生豆腐等。主要特产有石头猪、大桥酸姜、大桥河鱼、禾花鲤鱼、魔芋豆腐、茶叶、三角麦糍、濑油茶等。

【农业】　石灰岩山区耐寒耐旱农业产业带建设稳步推进，2017年，黄烟面积250公顷，收购量9975余担，产值1180余万元。蔬菜面积533公顷，产值2400万元。全镇水田养殖禾花鱼面积386公顷，年产值1856万元，惠及1200余户高寒山区农户。大力发展林下经济，桃树及其他果树类种植新增面积220公顷，全镇果树种植万亩目标实现。发展高山草药种植基地，全镇有红星26.7公顷龙脑樟基地、66.7公顷辣木基地，塘华46.7公顷莫茱萸基地、石角塘33.4公顷金银花基地。

【重点项目建设】　2017年，完成杨溪河（大桥段）河堤整治项目，完成征地约2.87公顷，房屋及其附属设施征收1500多平方米，迁墓60坟，一河两岸美化亮化工程进入施工阶段。完成污水处理厂二期3.6千米管网铺设，完成一体式预制泵站及管护用房建设。总投资1000多万元，完成热能垃圾处理厂基础设施建设。

公路改造工程。红云—新谷—大坪（乡道939线）旅游公路扩建改道项目实施，项目资金总投入3600万元，改建扩道里程长9.67千米。2017年，项目实施第一阶段工作，完成土地征收面积10公顷，迁墓90坟，房屋及其附属设施征收面积约800平方米，第二阶段进入公路扩建改道施工期。推进京港澳高速公路大桥出口至蓝山源岭南东方温泉度假村公路段工程改造，项目总投资2500万元，里程长3.46千米，土地测量、补偿核对工作基本完成，进入公示、补偿款发放等工作阶段。坪乳线公路升级改造为国道240线，争取上级支持资金投入2100多万元，实施排除坪乳线公路两旁石头掉落隐患项目。

【基础设施建设】 高标准农田建设。2017年，完成红星、石角塘、武丰、均容、大岗、核桃山、中冲、岩口、和平、红光等10个村高标农田建设。

农村安全饮水工程项目稳步推进。均容、塘华、武丰饮水工程水管铺设项目、入户初装收费等工作进展顺利。3月，镇区（含红星、石角塘）饮水项目工程正式启动。截至12月，和平、红光、岐石饮水安全工程完成初步摸底统计工作，全镇饮水工程总投资2000多万元。

公路硬底化建设。完成大坪、均容、塘华、武丰、石角塘等5个村委的公路硬底化建设，里程长度累计14.721千米，惠及人口1.5万人。

农田水利工程。2017年，全镇完成检查、维修加固山塘水库220宗、陂头130宗。

【精准扶贫工作】 2017年，精准扶贫持续发力，全镇完成187户691人的脱贫任务。完成276户贫困户申请产业帮扶，奖补资金61.236万元，比2016增长171%。兜底保障60岁以上贫困户享受新农保待遇361人，核对完成全镇12户无劳力贫困户共26人申请纳入低保、孤儿、事实无人抚养儿童范围工作，24名残疾贫困户申请残疾补贴。完成危房改造竣工112户，全年发放危房改造补贴资金585.6万元。教育扶助，全镇发放教育助学金83.51万元。就业帮扶，全镇帮扶153户185人转移就业。解决落实155人户籍问题，协助5户缺乏创业资金农户成功申请小额贷款共14万元。

【综合治理工作】 依法打击“两违”现象，保护全镇耕地及矿产资源。执行国土每日巡查制度，巡查里程达45000多千米，发现违规违法用地行为65宗，下发停工通知书35份，制止违法用地行为65宗。严厉打击“土葬”行为，4月21日上午，全镇安排60多名干部职工，建立多个职能小组，与县殡葬大队等部门联合执法对私自土葬行为开展整治活动。

【农村人居环境综合整治】 2017年，大桥镇以“三清除、三拆除、三整治、一美化”为标准，抓好全镇农村人居环境综合整治工作。全镇被列入镇级农村人居环境综合整治村107个，被列入县级农村人居生态环境综合整治村有19个，其中红星村委石断下村、大富洞村，大桥村委老屋村、新书房村被列为县级整治示范村。依照县改善农村人居环境整治工作要求，红星村委石断下村、石角塘村委中村、大桥村委老屋村等13个村庄启动“三拆”工作行动，共拆除危旧房屋715间，拆除面积17580.85平方米，其中石角塘村委塘面村、红星村委大富洞村全部完成“三拆”任务，进入村庄规划建设阶段。

【生态环境保护工作】 大桥长续发展定位目标为“生态功能区”，生态建设采取多项措施，有效推动生态文明建设发展。

森林防火工作。2017年，全镇共招聘护林员56名，负责日常护林工作。建立30多人防火志愿队，负责突发山火紧急处理。镇封山育林20840公顷，绿化造林676公顷，拥有生态公益林13760公顷，森林覆盖率达72%，全年无发生重大森林火灾。

落实环境监管网格化管理。建立和完善网格化环保监管体系，关停石粉厂、石场等污染企业3家。加强红豆杉森林公园管护、实施余靖文化森林公园申报工作。镇政府制订出《护林防火奖惩办法》。

环保工作。2017年，投入130多万元，用于垃圾清运处理，设置农村垃圾桶500余个。试行划出村组生态公益林集体资金结余30%，用于清理村生活垃圾经费，共筹集保洁费35万多元，收缴率达

81%。开展“农村清洁美”活动，36个村通过验收。

【文化旅游】 2017年，大桥镇围绕“大南岭”全域旅游及创建旅游名镇为发展目标，抓好南岭国家森林公园创建AAAAA景区协调工作，全力扶持蓝山源岭南东方温泉酒店创建AAAA景区。投资约10万元发展种植千亩油菜花观光带，扶持乡村观光休闲旅游产业发展。发展大桥镇红色旅游品牌，启动核桃山乳北抗征队遗址周边土地和房屋的征收工作。对西京古道等古文物遗址、古驿道进行修葺及保护性开发。投入20多万元，分别于3月16日、8月22日，9月2日成功举办“契娭生日”“圣祖祭”“首届禾花鱼美食文化节”等文化旅游活动。

【创文工作】 围绕全县创建文明城市工作，2017年争取群众支持自行整改乱堆乱放杂物建筑垃圾25处，拆卸广告牌33块，小棚屋7处，有效规整镇区容貌。投入10余万元，布设讲文明树新风宣传牌，倡导文明风尚，营造社会主义核心价值观和为创建文明城市增添道德氛围。以人居环境整治，做好网格化“六乱”整治管理。

【农村综合体制改革】 完成21个村委农村普惠金融体系建设，完成农村土地承包经营权确权登记颁证工作，测量完成土地经营承包农户7868户、实测承包地面积4310公顷、实测承包地块数140315块。2017年，全面落实工商资本租赁农地备案制度，大桥镇农村土地承包经营权流转备案面积24.79公顷。完成全镇83个小区农业普查的PDA录入登记上报、修改整理等工作。

【社会民生保障】 全力推动城乡居民养老保险和基本医疗保险制度全覆盖，城乡居民社会养老保险续保缴费人数7146人，续保率达到100.58%，新增扩面286人，成功领取养老待遇6574人。城乡居民医疗保险缴费人数30412人。落实城乡低保工作，新增低保30户，五保19户，取消低保83户，五保8户，全镇共有低保264户，五保110户。投入30多万元，建成避难场所。投入30多万元，完善中心敬老院规范化建设。医疗救助、临时救助、优待抚恤等政策有效落实。

【卫生计生服务】 计生工作常抓不懈，依照生育政策调整及计生工作转型发展新形势、新任务，大桥镇坚持把服务群众、增强群众家庭发展能力作为工作出发点、落脚点，全力提供计划生育、优生优育、生殖健康优质服务。2017年，全镇人口出生数595人，政策生育率88.57%，出生率为13.43‰，自然增长率为8.7‰。投入120多万元，完成石角塘等5个村级卫生站规划建设。

【文化工作】 完善镇级文化站和村级农家书屋的建设，争取县文化部门投入30多万元，开展文化惠民包裹进村活动，新建设大桥村委村级文化健身广场1个。截至2017年，共申报大桥、石角塘、武丰、大岗、柯树下、深源、新谷、中冲、红星等9个村级综合性文化服务中心建设项目，其中2016年申报大桥村委综合性文化服务中心完成三大功能室配套设施建设和文体广场。8个村级综合性文化服务中心文化活动室、电子阅览室及图书室三大功能室制度上墙，三大功能室建设进入完工阶段。石角塘综合性文化服务中心示范点，属县文广新局挂点支持完成三大功能室建设。

【教育工作】 积极开展校园交通安全整治专项行动。完成镇域原民办教师和代课教师的自查工作，全镇共有345个原民办教师和87个原代课教师符合条件，完成广东省原民办教师和原代课教师情况调查系统信息录入工作。配合做好全国义务教育发展均衡县、教育现代化先进县创建工作。

【河长制专项工作】 全面推进河长制工作实施，成立大桥镇河长制专项工作领导小组、制定方案，做好河长巡查、河长会议、工作督查三项制度。全力开展河段的排污口调查、河道垃圾清理等行动。2017年，建立河长网格化，设置镇级河长7人，村级河长22人，自然村级河长261人。

【村（居）“两委”换届工作】 2017年3月，全镇采取“四个强化”（强化组织领导、宣传引导、依法依规、综合保障），平稳有序完成村（居）“两委”换届选举工作。全镇22个村（居）委会共选出村“两委”干部98名，书记、主任“一肩挑”比例及“两委”交叉任职率均达到100%。村（居）“两委”干部有党员80人，全镇村（居）“两委”干部平均年龄47.6岁，高中以上学历38人，妇女干部23人。村（居）“两委”换届选举工作被县委评为一等奖。

【社会管理工作】 安全生产工作。调整、充实安全生产领导机构和人员，制定专项工作方案，签订安全生产工作责任书25份，修编镇级和村级山洪灾害应急预案、烟花爆竹管制度等。投入100多万元，完成消防站建设，成立大桥镇专职消防队，招录5名专职工作人员和5名兼职消防员，切实提高镇消防安全保障。2017年，全镇未发生1宗安全生产事故。

综治信访维稳工作。创平顺利实施，落实“中心+网格化+信息化”建设，做好命案防范，加强社会治安重点地区排查整治，实施特殊人群服务稳控，开展“平安村居”“平安家庭”活动，做好综治创平宣传工作，结合“一村居一法律顾问”活动，深入群众做好法律知识普及与宣传。2017年，镇综治中心共接待群众来访18批35人次，受理上级转交信访案件26宗，办结26宗，办结率100%。受理矛盾纠纷案件14宗，调解成功率100%，比2016年上升67%。村（居）综治工作站共受理矛盾纠纷48宗，成功调处48宗，调解成功率100%。全镇维稳形势总体平稳，未发生重大信访案件、群体性事件。

【农产品质量安全检查】 2017年，县有关部门与大桥镇畜牧兽医水产站、农技站相关工作人员，在镇域采取多次多级联动集体巡查、检测抽样行动，检测瘦肉精样品2554份，合格率为100%，抽样检测蔬菜农药残留样品2513份，合格率为100%，对镇农产品经营主体开展日常检查活动490次。

【党风廉政建设】 大桥镇着力抓好农村党员违纪违法及腐败问题，党风廉政建设和反腐败工作取得新成效。2017年，共排查出农村基层党员违法违纪线索共20条，办理上级交办和自办案件各1宗，共2人，办结2宗。办理上级转办信访件8宗，办结8宗。给予党纪政纪处分2人，无涉农领域职务犯罪和涉农犯罪。

【基层党建工作】 基层党员队伍建设。2017年，镇各级党组织注重挑选吸收返乡创业年轻人、退伍军人优秀人才，共按期转正党员25名，吸收预备党员25名，建党对象36名。

坚持开展普遍直接联系群众活动。围绕“五定四全联系法”，全镇22个驻点团队，226名成员深入各村（社区），积极为群众解决实际问题，走访4000余户，整理收集急需解决的98个群众反映问题，解决31个，其他问题协调与各部门解决。

贯彻落实十九大精神的学习。全镇32个支部通过开展“学报告、学党章”网络考学、农村党员远程教育网等平台，先后组织学习十九大精神1300余人次。

两学一做”学习教育活动常态化开展。坚持每月安排党员进行自学1次，一个季度集中学习1次，积极开展“党员亮身份解民忧”活动，切实将学习成果转化为推动工作实践的动力，达到学以致用、相互促进的效果。

【农村“三资”管理】 建设完善农村“三资”管理服务平台和集体资产资源交易平台，全镇21个村委262个村小组集体经济组织全部完成集体“三资”清理核实工作，155个有资产收入村小组均完成结算，共清查核实经联社资产总额718.89万元，登记农用地面积3.7公顷，截至2017年7月，通过“三资”平台交易2宗，交易金额137万元。

【武装工作】 开展征兵工作宣传，调查摸底镇域范围内2017年年满18周岁适龄青年的学历、健康状况和参军意向等情况，经体检，有双合格青年共10人，圆满完成上级兵役部门交给的征兵任务。

【农村技能培训】 积极开展技能培训班，举行10期禾花鱼养殖培训班，举行8期“电商”操作培训班，为农村留守妇女举办月嫂培训，组织全镇50多名种养能手赴广州学习种养技能，学习珠三角种养新观念、新技术，切实提高群众就业技能，成功转移富余劳动力2000多人。

【镇第十五届人民代表大会第二次会议】 3月23日，大桥镇召开第十五届人民代表大会第二次会议，参加会议有镇人大代表64人、列席29人。与会人员认真听取和审议大桥镇镇长黄祖胜所作的《镇人民政府工作报告》，听取和审议镇人大专职主席林文辉所作的《镇人大主席团工作报告》。

【镇第十五届人民代表大会第三次会议】 9月28日，大桥镇召开第十五届人民代表大会第三次会议，县人大常委会副主任朱均玉出席会议，参加会议有镇人大代表60名，列席27人。与会人员认真听取和审议《政府上半年工作报告》《人大上半年工作报告》及《上半年财政预算执行情况报告》，与会人员就镇人居环境整治、新农村建设、法治建设、精准扶贫工作、民生改善等方面向镇政府提出宝贵的建议和意见。

【获得荣誉】 2017年，镇团委获得“广东省五四红旗团委”、镇人力资源和社会保障服务所获得“韶关市巾帼文明岗”，石角塘、歧石、和平获得“韶关市卫生村”。大桥镇被评为2017年度全省休闲农业与乡村旅游示范镇。 （张峥　杨洁琼）

2017年大桥镇村（居）委会基本情况表

表4

村（居）委会	书记、主任	村（居）民小组（个）	总户数（户）	总人口（人）	集体经济收入（万元）	农民人均纯收入（元）
大　桥	许天华	7	465	1965	9	8000
红　星	尧火连	14	673	3131	7	7450
石角塘	肖永清	28	908	4400	12	6500
武　丰	邹亚明	21	715	3227	8	6700
塘　华	罗树平	13	499	2281	8	6850
大　岗	陈子涛	17	611	2675	9	7100
均　容	许玉金	24	704	3262	9	6591
岩　口	张荣华	20	547	2459	8	6825
新　谷	许井养	18	334	1459	8	6600
大　坪	林契养	18	398	1889	10	6800
青溪洞	黄阳辉	16	254	1222	7	6581
和　平	王石养	8	507	2366	10	7320
岐　石	余席锦	7	355	1719	8	7413
红　光	江洋汉	8	368	1749	7	6000

续上表

村（居）委会	书记、主任	村（居）民小组（个）	总户数（户）	总人口（人）	集体经济收入（万元）	农民人均纯收入（元）
中　冲	朱志伟	2	130	647	7	6550
核桃山	江明山	3	228	1047	6	6711
塘峰岩	江东华	6	123	551	8	6300
三　元	李国兵	8	364	1746	9	7278
红　云	江永林	11	448	2197	10	8100
柯树下	张新民	6	244	1206	12	8100
深　源	余前发	5	190	927	8	6089
大桥街社区	张坚华	6	563	1037	/	/
合　计	/	266	9628	43162	/	/

大　布　镇

【概况】　大布镇地处乳源南部，镇政府驻地距县城约67千米，属乳源典型石灰岩高寒山区镇、革命老区镇和生态发展镇。区位比较优越，东与武江区江湾镇、曲江区罗坑镇交界，西北与洛阳镇相连，南与英德市波罗镇相邻。交通便利，省道258线贯穿镇境。全镇总面积220平方千米，其中耕地面积1336.8公顷，林地面积1.94万公顷，森林覆盖率为81%。辖7个村民委员会，1个居委员会，85个村民小组。全镇总户籍数2823户，总人口数13639人，其中农业人口数13161人。有中学、小学各1所，镇级卫生院1间，村级卫生站7个。

境内景点有国家AAAA级景区广东乳源大峡谷。历史遗存典型建筑有鸽英村委牛婆洞四角楼。特色农产品有番薯干、腐竹、荷兰豆、竹笋等。

2017年，大布镇国民经济生产总值2.94亿元，比2016年增长7%。财政收入2032万元。农民人均纯收入8255元，比2016年增长8%。

【农业发展】　打造具有大布特色、绿色无公害的精品农业品牌，全镇农民继续发展笋竹、辣椒、荷兰豆、番薯、黄豆等特色农产品种植项目。全镇笋竹、辣椒、黄豆等特色农产品种植面积、产值与2016年持平；番薯种植面积77公顷，番薯干年产值900万元，产值与2016年持平。

【重点项目建设】　风力发电。充分利用大布镇的风力资源，发展风力发电项目和旅游观光项目，加快镇域绿色工业发展。大布镇风力发电二期项目位于大布镇阿婆岐、坟头坳、阎罗头、焦窝一带。该项目安装单机容量2.0兆瓦，风力发电机组60台，总投资10.5亿元。截至12月，完成与所覆盖的村小组签订征、租地意向性协议，二期道路开通10千米。省道258线鸭麻湖至大布段公路改建工程完成征地工作，A、B两个标段路面工程进入施工阶段。乡道909线、910线（省道258线—鸽莲—鸽英—坪山—省道258线环形公路）完成征地工作，启动路面施工。大布生活污水处理厂完成征地工作，土建工程进入施工阶段。

【基础设施建设】 2017年3月，大布镇自来水厂建成并正式移交乳源瑶族自治县银源水电有限责任公司自来水分公司经营管理。大布镇村村通自来水工程白坑、牛婆洞、企石4个点基建基本完成，坪山、狮村2个点进入建设阶段。新建农村公路硬底化道路3千米。修缮、新建农田水圳3.27千米。完成大布河堤慢行绿道铺设1.02千米。安装太阳能路灯66盏。埕头村委办公楼改造、文化中心改造、卫生站建设稳步推进。

【生态资源保护】 加大森林防火巡防巡查工作力度，开展护林防火宣传，提高村民野外用火安全意识。开展专项行动，严厉打击盗砍滥伐等破坏生态环境的行为。做好封育区的管理和巡护工作，杜绝盗采事件发生。2017年未发生重大山林火灾。

【土地、矿产资源保护巡查】 加强对矿山整治区的防范，加大巡查力度，落实土地、矿山每日巡查1次，共查处非法开采矿泥案件4宗，协助县国土执法大队扣押挖机4台，拆除违法建筑2处，治理地质灾害点1处。

【综治信访维稳】 开展全镇大接访、干部下访活动，落实信访工作责任制，加大排查调解力度，重点排查农村山林纠纷和重点监控积案累案和上访“钉子户”，及时化解矛盾纠纷。2017年大布镇共收集群众来信来访130多批次180多人近140条。镇村协调解决138条。一批民生热点和网络问政重访问题得到解决，上访量比2016年下降20%。

【汛期防汛安全工作】 开展汛期安全检查，加大河堤、山塘、水库、电站、地质灾害点的巡查力度，强化“三防”值班制度，严格执行汛期镇、村24小时值班制度。

【安全生产管理】 落实安全生产“一岗双责”责任制，定期和不定期地开展安全生产检查，对工矿、加油站、企业、饭店、商店等进行全面排查，排除安全隐患。

【全国农业普查】 全力做好农业普查工作，完成全镇2454户普通农户，19户规模种养大户、45个涉农单位的农业普查工作。

【农村土地承包经营权确权登记】 全镇计划确权登记的土地总面积986公顷，实测总面积为1336.8公顷，完成率135%。完成外业调查、内页制图、家庭成员信息核对和二轮公示信息工作，其中夹水基本完成发证工作。

【第二届大布腐竹节活动】 2017年11月25日至11月26日，由政府主导、经济搭台、文化唱戏形式打造的“第二届大布腐竹节活动”在广东大峡谷旅游景区举行，活动向外界推介提升大布“三宝”（腐竹、番薯干、笋干）知名度，利用腐竹节活动带动大布镇农特产品销售，组织群众开展电商培训1次，扩宽农户农产品销售渠道，番薯干和腐竹的销售量和销售价格提高，农民增收明显。

【武装与征兵工作】 做好人民武装、民兵整组和兵役登记工作，按时完成兵役系统登记任务。抓好夏秋季征兵政策宣传工作，组织全镇应征青年开展征兵体检初检工作，经过县体检、政审、家访和严格把关，完成2017年征兵任务。

【教育工作】 大布镇中心学校9年级学生共有48人，升中考16名学生考入高中，达33.3%。

【卫生和计生工作】 镇内有卫生院1所，卫生站7所，2017年改造卫生站1所，农村医疗体系建立健全。严格执行人口与计划生育层级动态管理责任制，开展流动人口专项集中服务活动。截至12月，全镇婴儿出生249人，政策生育率为97.2%。

2017年，大布镇顺利通过考核，获得“韶关市卫生镇”称号。大布镇埕头村委获得“韶关市卫生村”称号。

【社会保障服务】 全镇城乡居民医疗保险参保人数10422人，完成率101%。城镇居民养老保险参保人数2694人，完成率达100%。发放低保金88.36万元。落实医疗救助、临时救助、优待抚恤等政策。镇敬老院管理进一步规范。

【镇、村环境整治】 推进镇区综合整治。对镇区主干道“六乱”（乱堆放、乱摆卖、乱张贴、乱挖掘、乱搭建、乱拉挂）集中整治清理，累计悬挂宣传条幅25条，发放倡议书、宣传材料累计600余份。拆除违建违搭100余处，及时转运违建垃圾转运累计70余吨，开展圩日执法行动累计15次。完成新增墙绘总面积约627平方米，新增公益宣传广告总面积约280平方米，新增公益灯箱广告20余台。完成村规民约、社区公约、乳源市民公约上墙工程。

推进农村人居环境综合整治。选取首批7个村民小组作为整洁村、1个村民小组作为示范村，完成“三清三拆”（清理村巷道及生产工具、建筑材料乱堆乱放，清理房前屋后和村巷道杂草杂物、积存垃圾，清理沟渠池塘溪河淤泥、漂浮物和障碍物；拆除危旧房、废弃猪牛栏及露天厕所茅房，拆除乱搭乱建、违章建筑，拆除非法违规商业广告、招牌等）村庄5个，清除建筑垃圾、积存垃圾和淤泥346处100余吨，拆除危、旧、弃房247间7172平方米。

【精准扶贫】 2017年全镇建档立卡的贫困人口268户838人，其中一般贫困户148户538人，低保贫困户92户266人，五保贫困户28户34人。有劳动能力贫困户192户717人，无劳动能力贫困人口76户121人。大布镇脱贫人口101户383人。2017年贫困户危房改造任务93户，动工93户，竣工70户。全镇共有240户801人享受人均1200元的入股电站分红。落实金融扶贫政策，全镇共发放9笔小额贷款，发放贷款24.7万元。多渠道落实就业服务组织2场劳动技能培训和1场“精准扶贫招聘会”，组织劳动力转移就业15人。

【村（居）委换届工作】 4月至6月，完成镇村（居）“两委”换届选举工作。干部交接顺利，新一届村（居）“两委”投入正常工作。

【基层党建】 加强反腐倡廉建设。强党风廉政建设，认真开展纪律教育学习月活动，组织镇政府干部职工观看廉政教育电影、电教片2次，组织开展廉政专题党课1次。加强作风建设，印发督查通报2期，全镇通报批评干部职工2名。推动谈话提醒层层落实，截至12月，谈话提醒87人次。

做好发展党员工作。按照“坚持标准，保证质量，改善结构、慎重发展”的方针，吸收有能力有文化的年轻人到党员队伍。2017年，全镇共吸收新党员9人，新吸收党员平均年龄在37岁以下，其中女党员2人，大专以上学历2人。

开展好直接联系群众工作。全镇严格按照“三个固定”要求，落实镇领导干部驻点联系群众工作，各驻点工作队累计进村入户直接联系群众2400户，收集到群众意见35条，群众反映的问题90条，在党组织、党员、群众之间架起“连心桥”。

（李振华）

2017年大布镇村（居）委会基本情况表

表5

村（居）委会	书记	主任	总户数（户）	总人口（人）	集体经济纯收入（万元）	农民人均纯收入（元）
夹　水	文金福	文金福	675	3442	5.82	8337
英　明	侯国养	侯国养	464	2400	5.70	8321
埕　头	黄新强	黄新强	355	1849	5.80	8650
钨　莲	陈松兴	陈松兴	439	2198	2.60	8170
钨　英	文雄辉	文雄辉	283	1352	4.40	8113
白　坑	禤国和	禤国和	226	1078	15.00	7926
坪　山	侯永潜	李伟红	197	842	6.40	7756

续上表

村（居）委会	书记	主任	总户数（户）	总人口（人）	集体经济纯收入（万元）	农民人均纯收入（元）
大布社区	许亚福	许亚福	184	478	/	/
合　计	/	/	2823	13639	45.72	/

游　溪　镇

【概况】 位于县城东北部，属乳源3个瑶族人口聚居镇之一。镇域总面积133.6平方千米，耕地面积465.9公顷，林地面积8628公顷，森林覆盖率71%。全镇户籍总数3209户，户籍人口12778人，其中瑶族7284人，占总人口的57.0%，农业人口12266人，占总人口的96%。镇域辖11个村委会（汉族3个，瑶族8个），74个村民小组，1个社区居委会。2017年，国民经济生产总值达2.29亿元，比2016年增长9%，人均纯收入8214元，比2016年增长11%。

全镇三分之二属瑶族山区，三分之一属丘陵平原地区，汉族丘陵平原地区盛产水稻、槟榔芋、黑美人西瓜、甘蔗、花生等农经作物，瑶族山区盛产木材、山棕、冬菇、竹笋等。

镇区区位优越，交通便利，西南距县城18千米，南距一六镇7千米，北距桂头镇6千米，广乐高速、省道250线（乳桂线）贯穿而过，距广乐高速公路出口3千米，距京珠高速公路出口18千米。

镇域内有八一瑶族新村、新会村，中心洞政研瑶族新村、冷水岐木笼博爱瑶族新村、营康新村等具有瑶族风情的特色村寨。2017年3月，国家民族事务委员发布《关于命名第二批中国少数民族特色村寨的通知》，游溪镇中心洞村民委员会政研新村被命名为“中国少数民族特色村寨”，是全国第二批717个村寨之一。2017年，营坑村成功创建韶关市卫生村。

【村（社区）“两委”换届工作】 5月至6月，先后完成全镇村（社区）“两委”换届选举工作。镇域村（社区）登记选民9376人，参选率98.9%。依法选举产生村“两委”成员56人，书记、主任“一肩挑”10人，“一肩挑”比例为90.9%。交叉任职数23人，交叉任职率为69.7%。村（社）“两委”女性干部19名，比上届提高11.7%，村委会成员平均年龄41.8岁，比上届降低0.5岁。换届选举后组织对村（居）“两委”干部开展政治纪律、财经纪律、职业道德、业务能力等专项培训。

【区域农业发展】 推动乳桂沿线“一片两带”果树产业发展，新增种植果树33.33公顷。烈村无土栽培大棚蔬菜基地扩大规模至23个蔬菜大棚。新引进冬种“羊肚菌”栽培，基地面积5.67公顷。种植兰花，基地面积13.33公顷。江背村种植香芋23.33公顷。中联引进的广智绿安种植专业合作社，建成无公害蔬菜基地1.67公顷，发展葡萄种植1.53公顷。上营村发展鹰嘴桃及林下经济近3.33公顷，建成香猪养殖基地1个，引进第一批母猪11头。

【人居环境整治工作】 开展农村人居环境综合整治，“三清三拆”工作共拆除危旧房359间，“三拆”面积11396平方米。开展“三清”集中整治13次，清理垃圾120吨，“三清”面积5654平方米。“八一”新村、“政研”新村等村完成人居环境整治提升工程。有40个村1621户村民共缴交卫生保洁费76410元，配备40名村级卫生保洁员。建立健全村规民约，建立村民理事会，村民自主服务村事务意识明显提升。

【整顿软弱涣散基层党组织】 实施农村基层软弱涣散党组织整顿转化工作。被列入基层软弱涣散党组织对象有冷水岐党支部，2017年，投入7万多元修缮村委办公大楼，重新铺设大楼走廊，完成厨房改造，完善村党员活动室建设，对村委宣传栏进行重新规划布置，改善村委办公环境，冷水岐党支部得到有效转化。投入15万元对芹村迁移点灌溉水圳进行修复，解决农田灌溉难问题3.33公顷，惠及村民22户85人。投入5万元对一六镇西岸村迁移点山塘大坝建设，解决农田灌溉难问题4公顷。

【共青团游溪镇委第十五次代表大会】 12月27日，召开共青团游溪镇第十五次代表大会，参加会议团员代表35名。会议采取差额选举方式，通过无记名投票，选出共青团游溪镇第十五届委员会委员9名，出席共青团乳源瑶族自治县第十四次县代表大会代表8名。新一届委员会召开第一次全体会议，选举产生新一届团镇委正、副书记各1名。

【妇女代表第九次代表大会】 11月16日，召开游溪镇第九次妇女代表大会，参加会议妇女代表38名。与会代表依法依规依程选举产生新一届妇联执委委员25名及出席县妇女第十次代表大会代表。

【精准扶贫工作】 严格按照“八个到户”措施的要求，认真抓好各项帮扶政策的落实。先后组织开展对贫困户进行慰问活动，慰问品发放2次总价值10万元。对75户贫困户发产业帮扶补助金15.647万元。发放教育助学金19.46万元，完成建房封顶贫困户83户，下拨县级配套资金80.25万元。出台贫困户种养补助措施，筹集扶贫资金投入近15万元，帮扶79户贫困户购买猪苗共173头、鸡苗2176羽、鸭苗500只。发展上营种植鹰嘴桃、马铃薯产业项目。2017年，完成61户191人（有劳动能力55户181人，无劳动能力6户10人）的脱贫任务。

【“两不具备”搬迁安置与住房改造工程】 2017年4月19日，“塘窝头”二期20户瑶族搬迁安置点完工，分房17套。2017年7月26日，“瑶馨雅居”瑶族搬迁安置点建设进展顺利，分房106套。

【“大瑶山西京古道”项目】 2017年8月18日，“大瑶山西京古道”218国际户外徒步暨汽车旅行露营地工程游溪板块，即建设“游溪隐居乡里慢生活小镇”项目规划完成。

【社会保障工作】 巩固提高农村医疗保险和社会养老保险扩面征缴成果，做好低保、五保和农村医疗救助、优待抚恤等工作。关爱农村留守儿童和妇女、老人、残疾人生活。全力配合广东省推进教育现代化先进县创建工作。加快推进村级卫生站建设。探索公共服务职能和村民自治事务分别下沉到行政村和村民小组，强化“全天候一窗式”公共服务。

【征兵工作】 积极做好征兵宣传工作，确保兵役登记工作有序开展。7月27日，游溪镇召开2017年征兵工作会议，参加会议的人员有该镇各挂点领导、下乡工作组长、村（居）委会书记、主任、民兵营长及相关站所负责人等。8月，全镇完成征兵工作任务。

【党风廉政建设】 以落实党风廉政建设主体责任为抓手，健全“一把手负总责，分管领导各负其责，班子成员齐抓共管、纪委监督”的领导体制和工作机制，扎实开展“两学一做”学习教育和纪检干部能力建设年活动。切实做好农村基层党员、干部违纪违法线索集中排查工作，2017年，共排查农村基层党员、干部违纪违法线索21条，立案4宗，处理党员干部4人，提醒谈话28人次，廉政谈话48人次。

【学习党的十九精神】 10月18日，组织全镇党员干部收看党的十九大开幕会，认真听取习近平总书记所作的十九大报告。会后，游溪镇制定《游溪镇学习宣传贯彻党的十九大精神工作方案》，全镇干部群众按照方案，认真学习十九大报告的精神和学习习近平新时代中国特色社会主义思想。

【三资交易平台建设】 不断完善农村集体“三资”管理平台，积极发挥农村“三资”交易平台作用，2017年全镇开展农村集体资产资源交易16宗，涉及金额384万元。

【公共服务工作】 全力推进公共服务平台提质增效工作。强化窗口工作人员管理和服务水平，大力推行代办制，把便民服务做到每家每户，打通服务群众“最后一千米”。2017年共接待群众5000多人次，为民代办事项、提供政策咨询事项等1200多件。

【信访维稳工作】 持续开展平安镇村建设活动，紧紧围绕“四个不发生”目标，不断完善矛盾纠纷排查调处工作机制，切实抓好社会矛盾排查化解，全力做好重点信访利益群体摸排稳控工作，维护社会和谐稳定。2017年，全镇共受理群众来信、来访18批39人次，比2016年来访总批次减少2批，下降10%，总人数减少8人次，下降20.5%。镇、村两级共调解各类纠纷18宗（涉农问题7宗、涉土问题8宗、其他3宗），共成功调解18宗，纠纷受理率达100%，调解成功率达100%。成功调解县积案2宗。

（黎崇宙）

2017年游溪镇村（居）委会基本情况表

表6

村（居）委会	书记	主任	村（居）民小组（个）	总户数（户）	总人口（人）	集体经济纯收入（万元）	农民人均纯收入（元）
大　村	邓才良	邓才良	6	236	1007	8	8464
冷水歧	邓兴文	邓兴文	13	273	1359	3	6734
中心洞	赵爱春	赵爱春	6	194	739	9	8152
莲塘边	赵志田	赵志田	5	128	560	6	8145
江　背	许明彩	许明彩	8	396	1552	7	11684
烈　村	吴世才	吴世才	7	362	1703	21	6813
中　联	陈健华	陈健华	9	564	2228	1	7712
茨良坑	许小毛	冯良平	7	182	699	4	6855
营　坑	盘敬顺	盘敬顺	4	274	1043	5	6827
上　营	赵许东	赵许东	4	153	724	5	6724
大寮坑	赵天福	赵天福	5	207	790	23	7999
社　区	赵秀花	赵秀花	4	240	374	/	/
合　计	/	/	78	3209	12778	92	/

必　背　镇

【概况】 必背镇地处乳源境北部，距县城54千米，距广乐高速杨溪出口15千米，县道325线贯穿全境，是乳源3个瑶族人口聚居镇之一。东靠桂头镇，西临大桥镇，南邻东坪镇和游溪镇，北邻乐昌市长来镇、河南镇。镇政府驻地必背口。全镇总面积147平方千米。耕地面积250公顷，其中：水（旱）田186公顷，水浇地64公顷。林地面积1.25万公顷，其中生态公益林5020.14公顷，森林覆盖率85.02%。

辖必背、王茶、桂坑、方洞、半坑、公坑、横溪7个村委会和必背口社区1个居委会，自然村49个，村民小组56个。全镇总户数2374户，总人口8101人。其中：农业户口1907户，人口6720人。瑶族1927户，人口6203人。镇内设有小学1间，幼儿园1间。镇级卫生院1间。2017年，全镇国民经济生产总值6020.9万元，农民人均纯收入7623.91元。

镇内景点有镇区瑶寨景区、必背口村特色村寨、大村古瑶寨、桂坑尾村等，瑶族历史文化传承遗产有拜盘王、瑶歌、瑶舞、瑶绣、瑶服、瑶医药等，不可移动文物有盘安山墓、莫氏祠堂，主要特产有瑶家腊肉、瑶爽酒、白毛尖茶叶、公坑辣椒等。

3月，被国务院防范和处理邪教问题办公室授予“创建无邪教示范镇”称号，必背口社区被授予“创建无邪教示范社区”称号。11月，桂坑村委被中央精神文明建设指导委员会授予“全国文明村”。

【农业工作】 落实县扶持农业产业化发展等利农惠农政策，茶叶、果树种植面积增加13公顷。完成2017年全镇水稻玉米保险参保工作。5月，实施县创建国家农产品质量安全县工作，全面完成第三次全国农业普查工作。

【美丽乡村建设】 推进农村人居生态环境综合整治工作，全镇20户以上的村庄有40个。截至12月底，全镇成立村民理事会31个，完成28个村庄的“三清”（清路障、清淤泥、清垃圾）和7个村庄的“三拆”（拆危房和残破建筑、拆违章建筑、拆旱厕）工作。开展横溪水库库区周边环境整治行动。全面实施镇域村庄与镇外迁移点垃圾收运工作，实现全覆盖。开展卫生村创建工作，方洞村委创建为“韶关市卫生村”。

【河长制工作】 按照县全面推行河长制部署工作，必背镇制定印发《必背镇全面实行河长制工作方案》及《必背镇全面推行河长制镇级河长会议制度（试行）》等相关配套制度，成立镇全面推行河长制工作领导小组，设立了河长办公室，配备工作人员3名。建立镇、村二级河长体系，配齐全镇17条河流的河长，第一总河长和总河长，全镇共设立镇级河长3名，村级河长8名。

【精准扶贫工作】 2017年，全镇建档立卡贫困人口128户345人，脱贫户数98户256人，其中：完成脱贫44户158人，精准识别全镇贫困人口减少至54户98人。2017年，全镇累计投入帮扶资金344.754万元，其中，省市财政资金319.754万元，县财政资金10万元，各帮扶单位投入帮扶资金15万元。实施了产业奖补、教育助学、医保兜底、社保兜底、应保尽保、住房改造、入股电站、理顺户籍、疾病筛查、技能培训和劳力转移、贫困户年底慰问等帮扶措施10余项。发放“以奖代补”资金17.74万元。完成贫困户危房改造8户，发放补助资金32万元。举办农业技能培训2场，就业技能培训2场，贫困户实现转移性就业13户，自主创业2户，发展种养业20户。

【基础设施建设】 2月，全面完成横溪至田排、王茶至岭头、王茶至半岗岭、县道325线—长岭头村、横溪至大湖塘及桂头杨溪、一六平山等迁移点多条公路硬底化建设，全长6.55千米，共投入资金260万元。8月，启动村道415线暖水农村公路硬底化工程项目，全长2.6千米。8月，启动县道325线—公坑尾道路（山坪段）硬底化项目，总长1.45千米。完成桂坑村委乡道517线桂坑至桂坑尾段错车道工程，路段全长3.85千米，改造汇车点32个。完成大塘坑一、大塘坑二、溪口、桂坑尾、板泉村和埂子、新乡、高岗、油榨咀、新和、新安、暖水迁移点路灯安装工程。10月，完成必背口社区鳌山挡土墙建设工程。11月，启动乡道931线必背至大村水毁修复工程，总长3.3千米；完成西安塘迁移村防洪堤建设工程。12月，完成西安塘和井塘背饮水、排污工程（一事一议项目）；完成必背口村猪舍建设；完成大村古村落第一期建设项目。

【重点项目协调工作】 截至12月底，环大瑶山旅游公路新建项目共完成征地11.63公顷，开通公路6千米。杨溪水环境保护工程进入收尾阶段。4月，启动镇区污水处理厂建设项目（6月全面施工），占地面积540平方米，截至12月底，完成污水处理厂区主体工程建设，进入厂房装修和设备安装阶段。7月，启动镇热能垃圾处理站建设，建设面积1200平方米，截至12月底，完成垃圾处理站主体工程和附属工程建设，进入内外墙装修和设备安装。12月，完成韶关丹霞机场建设项目涉及必背镇的90宗地块共4.35公顷征地工作。

【搬迁安置工程】 7月14日，完成军安山“两不具备”搬迁安置点二期工程共44套安置房分房工作。12月，完成军安山三期工程60套安置房工程建设。12月，完成“两不具备”搬迁到桂头镇车公岭东源爆竹厂安置项目土方挖掘及清运工程，投入资金93万元。

【计划生育工作】 截至2017年12月31日，确定计划生育家庭奖励对象39人，发放奖励金4680元。确定计划生育节育奖励对象315人，发奖励金15750元。确定计划生育手术并发症对象3人，扶助标准给予每人每月100元，奖扶政策落实及时率为100%。改进生育服务登记工作，依法依规为符合生育条件夫妇办理登记91对。开展免费孕前优生健康检查，全年安排47对夫妇参加免费孕检，全面完成县下达的43对应检任务。

【综治信访维稳工作】 做好十九大防护期维稳工作。全镇2017年受理矛盾纠纷案件9宗，办结9宗，办结率100%；受理信访案件26宗，办结25宗，办结率96%。3月，在2015年“百县千乡万村无邪教创建工程”活动中，镇获评全国“创建无邪教示范镇”，必背口社区荣获“创建无邪教示范社区”称号。12月，成功通过省无邪教镇创建检查验收。

【文化教育事业】 开展创建广东省社区教育实验区工作，桂坑村为试点村。建成启用桂坑村委综合性文化服务中心。2月，成功举办必背镇2017年“迎新春　颂瑶寨”十大歌手比赛。王茶村委举办2017年非物质文化遗产暨春节联欢活动，桂坑、必背等村委举办春节系列活动。11月，启动桂坑村委民俗表演舞台及舞台周边硬底化建设项目。12月，完成改造半岗岭红七军经过遗址广场，面积350平方米。

【文明创建工作】 开展县创建全国文明城市网格化管理工作。全镇文明村镇创建和社会主义核心价值观宣传活动取得实效，镇荣获2017年县文明村镇创建暨核心价值观宣传建设考核第一名，桂坑村委被评为“广东省文明村”和“全国文明村”，山坑村被评为“韶关市文明村”，横溪村委被评为县文明村。

【公共服务】 3月，公坑村委在游溪镇设立办事处。6月，完成镇公共服务中心和村（居）公共服务站牌匾更换。8月，启用桂坑村委公共服务中心和建成方洞村委塘头公共服务站，12月投入使用。

【征兵工作】 7月27日，召开2017年征兵工作动员暨部署会议。9月，全面完成夏秋征兵工作，完成县武装部下达的征兵任务。

【安全生产工作】 落实领导干部“一岗双责”制，强化安全生产目标管理，层层签订安全生产责任书，明确各部门、各单位及各村（居）委会责任人及工作职责。开展镇域各行各业及重点行业领域的大检查大排查，全面消除安全事故隐患，全镇全年无安全生产事故发生。

【社会保障工作】 2017年9月至11月，开展全镇村（居）民参加城乡基本医疗保险，参保总人数6464人，完成县下达任务数的103%。参加新型农村养老保险续保，总人数1689人，完成县下达任务数的103%。抓好低保专项核查工作。

【村级换届工作】 4月18日，启动村级换届工作。截至5月16日，全面完成必背镇村级“两委”换届选举工作。依法选出村（居）“两委”干部31人，连任23人，新上任8人。书记主任“一肩挑”和“交叉任职”比例均达100%。荣获2017年全县村（社区）“两委”换届选举工作考评一等次。

【基层党建】 开展十九大精神学习宣传活动，举办12场专题宣讲会，发放1000多份宣传册，组成

20个宣讲小组入村与群众面对面解读。组织“学习十九大，重走红军路”活动。9月，完成全镇党组织和全部党员的信息采集和统计工作。完成2017年党费收缴工作，共收缴党费27577元。落实党风廉政制度，2017年，处理3宗党员干部违纪案件，1人给予开除党籍处分，2人给予党内严重警告处分。

（杨启园）

2017必背镇镇村（居）委会基本情况表

表7

村（居）委会	书记、主任	总户数（户）	总人口（人）	集体经济收入（万元）	农民人均纯收入（元）
必背村委	邓晓林	303	1096	0.51	7224
桂坑村委	盘明华	310	1131	1.41	7286
公坑村委	盘伟清	262	926	4.60	6991
方洞村委	盘良美	370	1278	4.24	7300
王茶村委	赵天明	304	1001	2.59	7044
半坑村委	赵永保	214	752	6.11	7088
横溪村委	余桥生	447	1632	6.76	9174
必背口社区	盘良发	164	285	/	/
合　　计	/	2374	8101	/	/

东　坪　镇

【概况】　东坪镇地处乳源西北部，距县城14公里。国道323线，省道258线、249线，县道358线分别贯穿全境，京港澳高速公路在境内东田村设有出入口，区位优越，交通便利。是乳源3个瑶族镇之一。全镇总面积359平方千米，有水田面积180公顷、有耕地面积262.6公顷，森林覆盖率为92.9%。镇辖10个村民委员会，1个居民委员会，共80个村民小组。家庭户籍数3678户，人口13534人，其中：常住人口11133人，农业人口10786人，瑶族人口7160人。设小学2间、幼儿园1间，在职教师38人。镇级卫生院1间，村级卫生站7个，在职医师8人。镇级综合文化站1个，村级农家书屋13间。

主要景点。景点有广东第三大人工湖南水湖、龙溪车干水温泉、西京古道梯云岭。

农特产品。主要特产有南水水库鱼三角鲂、方武生姜、金竹峰单丛茶等。

【经济发展】　2017年，全镇实现国民生产总值7201万元，比2016年增长2.7%，其中：第一产业4403万元，比2016年增长4.6%；第二产业产值1761万元，比2016年增长1.1%；第三产业产值1110万元，比2016年增长5.1%；农民人均纯收入8250元，比2016年增长13%。

农作物生产。全镇粮食种植总面积577公顷，总产量3515吨。经济作物种植总面积173公顷，总产量467吨。其他作物总面积178.6公顷，总产量1573吨。全镇落实划拨总面积743.82公顷的种粮直补资金91.49万元。

小水电。全镇有小水电站74个，总装机容量

65040千瓦，年发电总量5045.8万千瓦时。

生态农业发展。持续巩固镇域农村专业合作社优势，持续开发梯下生猪养殖、东田食用菌、下寨养羊、茶坪养牛、汤盆西瓜、龙溪高质水稻、茶坪凤凰单从茶等项目。镇域生态公益林16711.5公顷。

产业示范种植。2017年，引导农民发展水果产业示范种植和林下经济作物，全镇种植水果363.7多公顷，种植茶叶20多公顷。继续做好方武生姜、汤盆葡萄等农产品品牌打造。

【新农村建设】 推进雕子塘、散坑、东山、斜岭等五彩瑶乡示范片建设和瑶俗文化展示窗口品牌。完成雕子塘新村后山挡土墙工程、长乐新村健身广场工程、斜岭民族文化广场和长廊建设及文化楼等工程建设。完成后冲塘、李子山、狮子新村、樟树下新村等迁移点的路灯建设。迁移点村道硬底化和亮化工程建设有雕子塘新村储物房工程、东山村民族文化广场和长廊建设工程、后冲塘等进入验收阶段。

推进镇区及长溪、方武等地的饮水工程建设，解决村民的饮水安全问题。完成下寨村委塘面迁移点水毁农田保护设施修复改造工程建设。

【基础设施建设】 完成坪乳线东田路段两次塌方清除和长溪塘面至牛溜脚村公路、县道258线至富家村公路等乡村公路的标志牌建设。解决敬老院老人出行难问题，镇筹集资金20万元，建成600多米的公路及一座桥梁。

【镇人大会议】 3月24日，东坪镇召开第十三届人民代表大会第二次会议。县人大常委会副主任朱均玉出席会议。参加会议有全体镇人大代表及有关列席人员共70多人。会议期间，全体镇人大代表听取并审议东坪镇人民政府镇长赵春英所作的《政府工作报告》，东坪镇人大主席郑玮如所作的《人大主席团工作报告》，东坪镇人民政府所列的《东坪镇2016年财政决算和2017年财政预算报告》。

7月16日，东坪镇召开第十三届人民代表大会第三次会议。到会镇人大代表47人，列席会议人员有非人大代表的党政班子成员、村（居）委书记、主任、镇直机关负责人及县人大代表等，会议同意赵劲成辞去东坪镇十三届人大代表职务，依法罢免赵劲成东坪镇人民政府副镇长职务。

9月29日，东坪镇召开第十三届人民代表大会第四次会议。县人大常委会副主任朱均玉到会指导，到会镇人大代表44人，列席会议人员有非人大代表的党政班子成员、村（居）委书记、主任、镇直机关负责人及县人大代表等。

会议期间，与会人员听取并审议通过《东坪镇人民政府2017年上半年工作报告》及《人大主席团2017年上半年工作报告》，书面审查2017年上半年财政预算执行情况和下半年预算调整方案报告，通报第十三届人民代表大会第二次会议代表提出的意见建议办理情况。

【镇人大代表考察活动】 组织部分县、镇人大代表考察“三清三拆”工作。11月15日上午东坪镇组织新村、方武、南水、汤盆等村委的县镇人大代表到新村村委洋碰村考察“三清三拆”工作进展情况。

【爱心活动】 2月16日上午，东坪镇组织党员、团员志愿者20多人到东坪敬老院，开展敬老爱老志愿者活动，参加活动人员打扫敬老院内外卫生，完成国道323线到敬老院的公路两侧树枝、杂草的清理。8月28日，由镇人大主席郑玮如率党政办、计生办等镇相关部门负责人，开展走访探望产后职工及新生儿活动。9月6日，东坪镇举行爱心捐款活动，活动主要为患肺癌的陈苑红和患冠心病的张玉凤募捐。

【镇第十次妇女代表大会召开】 11月17日，镇第十次妇女代表大会在镇政府会议室召开，全镇43名妇女代表参加会议，县妇联及东坪镇相关负责人出席会议。会议选举产生东坪镇妇联第十届执委会委员和新一届镇妇联领导班子。

【平安镇建设】 创建平安基本情况。2017年，全镇共创建平安家庭3715户，平安家庭覆盖率99.8%。创建平安村居11个，平安村居覆盖率100%。

开展疑似严重精神障碍患者排查工作。2017年上半年，镇政府组织镇卫生院，镇派出所、镇卫生计生办、镇民政办、镇财政所、镇司法所、镇妇联等部门，对全镇在册和疑似严重精神障碍患者开展排查，共排查严重精神障碍患者 90 人，其中包括原在册患者 73 人，新增 17 人，确诊三级以上患者共 4 人。完成一人一册资料登记为 77 人。

创建平安林区建设。完成县林业局列为社会矛盾化解 6 宗任务。

创建“无邪教”示范村建设。加大无邪教示范镇示范村的工作力度，完成东坪镇方武村委无邪教示范村的创建工作。

开展直接联系群众活动，推进平安东坪建设。全镇党员干部直接联系群众总人数 12923 人，当面接待人数 932 人，分片走访 3106 户共 11784 人，上门慰问 122 人，座谈征询 85 人。

【推行河长制工作】 8 月 31 日，成立东坪镇全面推行河长制工作领导小组，组长由镇党委主要负责担任。制定河长制工作工作方案，设立镇河长制办公室。10 月始，开展镇级河长巡查工作，镇级第一总河长、镇级总河长等镇级河长共 21 人次先后到南水河、长溪河、茶坪坑等河流巡查，对河段存在的问题提出整改意见和建议。

【基层党建活动】 1 月 19 日，东坪镇在镇政府二楼大会议室召开 2016 年度专题民主生活会，镇领导班子成员参加会议，县委常委、政法委书记陈耀宇及县纪委、县委组织部、县委政法委等有关领导出席会议。2 月始，由镇纪委、党政办等部门组成的党建考核组，对全镇 11 个村（居）党支部进行党建工作考核。

9 月 6 日下午，东坪镇召开纪律教育学习月活动动员大会，对全镇纪律教育学习月活动进行动员部署，全体干部职工及各支部书记、各村（居）委主任参加会议。

9 月 13 日，东坪镇组织党政班子成员、全体党员干部、村（居）委主任及三资管理人员等党员干部到县国税局参观县党风廉政教育基地。

【东坪镇十三届纪委第三次全会召开】 2 月 28 日下午，东坪镇第十三届纪律检查委员会委员会第三次会议在新村办事处会议室召开，镇纪委全体委员参加会议，县纪委第六派驻组负责人出席会议。

【学习省第十二次党代会精神活动】 7 月 10 日下午，县委宣讲团走进东坪镇。宣讲团成员、县委党校教研主任李金锡为该镇全体干部职工、各机关企事业单位负责人和各村（居）委书记、主任共 80 多人宣讲省十二次党代会精神。

【村（居）两委换届】 4 月至 6 月，东坪镇全面做好村（社区）“两委”换届选举工作。换届期间，完成前期筹备、宣传教育、培训学习及换届选举、新旧交接工作。5 月 3 日，市政协副主席、县委书记吴春腾就“两委”换届选举工作到东坪镇调研指导。6 月 5 日，县委组织部副部长、县两新党工委书记苏葵率县换届督查组，到东坪镇督查指导村“两委”换届工作。

【学习贯彻党的十九大精神活动】 10 月至 12 月，东坪镇学习十九大精神，先后组织召开会议 6 次。参加学习的人员分别有镇班子成员、镇全体干部职工、村（居）委干部。

期间，12 月 4 日下午，东坪镇开展学习贯彻十九大精神宣讲活动，听取县委党校教师李金锡主讲的“学习贯彻十九大精神”课题，东坪镇班子成员、干部职工、镇直单位负责人、各支部书记及村委主任等 100 多人参加此次宣讲活动。12 月 5 日始，东坪镇开展学习十九大精神系列活动之专题党课进基层活动，镇班子成员到基层党支部组织学习十九大精神。镇党委、镇政府、镇人大主要领导分别到下寨、茶坪、新村等村委和进村入户开展党的十九大精神宣传，送学习材料。12 月 13 日，县委常委、县政法委书记陈耀宇到东坪镇开展学习贯彻党的十九大精神专题党课活动，镇机关支部全体党员参加学习活动。

【精准扶贫工作】 2017 年 1 月，东坪镇贫困户 230 户 614 人。贫困人口动态管理到 12 月，相对贫困户 230 户 601 人，其中残疾户 110 户 127 人。水库移民户 75 户 197 人。按贫困户属性划分：一般贫困户 71 户 251 人，低保贫困户 131 户 321 人，五保贫困户28户29人。按劳动力划分：有劳动能力户（脱贫任务户）141户315人，无劳动能力户（政策兜底户）286人。2017年完成脱贫户90户、脱贫人口286人，其中无劳动能力低保、五保户有151人，完成县下达任务数。一般贫困户通过享受转移就业、产业扶持、教育扶持、医疗保障、资产性收益等扶持政策实现脱贫51人。举办一次中青年电子商务与种养殖技术培训班，一次精准扶贫现场招聘会，协助22多人次贫困劳动力人员进厂务工。

扶持资金。完成95户贫困户种养产业奖励扶持，审核发放扶持资金共32.014万元。建档立卡贫困户子女共111人，核准公示发放教育补助14.64万元。投入10.926万元，完成607人享受居民医保。全镇纳入年度危房改造户数56户，竣工53户，上级到位危房改造资金159.85万元，拨付到位138万元。按人均1200元发放2017年资产性收益分红68.88万元。帮扶3户贫户申请银行贴息贷款5.5万元。

【自然村落历史人文普查工作】 积极开展自然村落历史人文普查工作，截至12月，填报好10个行政村81个自然村落的《普查表》正表、初表，搜集整理家谱族谱等文字资料以及图片、音像资料等，全面摸清自然村落历史人文状况。完成东坪镇自然村资料初稿编辑。

【环境综合整治】 农村“三清三拆”工作。完成方武村委兰厂新村、梯下村委井面村、坪尾村、大屋村以及新村村委洋碰、乌坑坝、单板坑等村小组的测量、拆除工作，拆除危房、草棚共33间1390平方。梯下坪尾村、方武黎屋村等村庄全面完成“三清三拆”整治。

南水湖水面整治。组织对南水水库非法养殖及捕捞的各村（居）委养殖户整治宣传，截至2017年6月，完成签订自行拆除网箱协议养殖户有92户，拆除网箱5万多平方米，发放网箱拆除费用254万多元。县新新农业发展股份公司收购销售养殖户存鱼10多万公斤。强制清拆南水湖水面空箱9032平方米。

开展“创文”卫生大扫除行动。4月，东坪镇采取多项举措，开展第29个爱国卫生月。组织全镇干部职工及辖区内村民对镇主要街道、卫生死角、敬老院以及各村进行大扫除。8月31日，开展“创文”卫生大扫除行动，全镇干部职工及各村（居）委共100多人参与行动，对政府大院、停车草坪、镇区街道及各村（居）委办公区域进行一次彻底的整治。

【省委农办评估组到东坪镇检查工作】 12月20日，省委农办新农村建设指导处调研员杨叶飞率评估组一行到东坪镇检查新农村示范片建设工作。评估组分别到东坪镇东下山新村、散坑新村、雕子塘新村等3个村实地查看新农村示范片建设情况，详细了解该镇推进新农村建设的做法。韶关市委农办主任范国文、副主任骆少明，县委副书记张军、副县长唐保生以及县农业局、东坪镇主要领导陪同检查。

【开展“中国水周”宣传活动】 3月22至28日，第三十届“中国水周”。东坪镇围绕“落实绿色发展理念，全面推行河水制”宣传主题，采取电子显示屏横幅、发放倡议书和宣传资料等形式，开展“世界水日”“中国水周”宣传活动，建立完善相关涉水制度，完善节水管理常态化、保护水资源意识长效化。

【医保与社会保障】 2017年，全镇参加新型城乡居民基本医疗保险10796人，其中特殊人群915人，参保率100%。

新型农村社会养老保险，参保5480人，其中：享受养老待遇（领取基本养老金）1514人，缴费总人数3360人，续保3277人，续保率102.53%。全镇农村最低生活保障户有163户，月发放最低保障金82378元。拥军优属优抚对象17人。完成东坪敬老院修缮和维护工作，完善敬老院工作管理制度，配备专人负责，全镇有五保户31人（其中敬老院6人，分散供养25人），敬老院居住条件得到改善。农村社会保障得到推进。

【武装与征兵工作】 健全民兵组织建设，完成民兵营、基干及应急民兵建制整组登记。组建以镇基干民兵为主的民兵应急分队，制定各类抢险救灾方案。完成2017年夏秋季征兵各项工作。

【卫生计生工作】 创建群众满意医疗环境。深化改革，开展创建群众满意卫生院、安全生产年等活动。2017年，全镇门急诊诊疗人次7606人次，六苗接种率达95%以上，认真做好重大传染病和突发公共卫生疾病防治、报告和宣传工作。梯下、方武、新村等村委顺利通过省检，成为省卫生村。

开展卫生计生健康教育宣传活动。3月27日，东坪镇组织镇村计生干部、仁泽医院医护人员在瑶乐居开展健康教育宣传活动，发放宣传传单、画报200余份，制作横幅3条，展出展板2块，现场接受群众计生政策和健康咨询约100余人，免费为50多人次义诊。

【安全生产】 加强对南水湖周边村民的安全宣传教育，印发《关于加强南水湖水上交通安全管理的通告》《致全镇广大群众的一封公开信》，南水湖周边区域的安全巡查力度和水上交通安全管理，节假日期间，组织党员、团员志愿者到南水湖码头劝说游客不乘坐“三无”船舶及文明旅游宣传活动共10多批次。

2月17日上午，韶关市海事局、乳源瑶族自治县人民政府联合及相关部门组成组成专项复查组，对南水湖游船非法载客重大安全隐患整改工作进行复查。

2017年12月13日，东坪镇开展“冬春火灾防控”安全专项检查工作。

【自行车公开赛、铁人三项赛秩序维护工作】 2017年11月18日，广东省“体彩杯”（韶关·乳源环南水湖）自行车公开赛在南水湖举行。东坪镇制定环南水湖自行车公开赛的安保方案。组织4个小组共100多名志愿者，对环湖自行车公开赛的国道323线、省道258线、249线道路面杂物清理，完成自行车、铁人三项赛等赛事主赛场地东坪段赛道沿线秩序维护工作。 （谢三华）

2017年东坪镇村（居）民委员会基本情况表

表8

村（居）民委员会	主任	总户数（户）	总人口（人）	集体经济收入（万元）	农民人均纯收入（元）
梯　下	林梓书	167	675	19	8270
南　水	许永养	314	1280	8	8300
方　武	谢秋生	242	879	8	8170
汤　盆	杨祥联（任至5月） 杨勇辉（5月任职）	131	496	11	8550
龙　溪	张辉灵	299	1211	10	7850
东　田	赵才福（任至5月） 赵良华（5月任职）	530	1830	6	7650
长　溪	张雪平（任至5月） 朱均海（5月任职）	423	1628	7	7590
下　寨	赵劲成（任至5月） 赵天银（5月任职）	344	1417	8	7650

续上表

村（居）民委员会	主任	总户数（户）	总人口（人）	集体经济收入（万元）	农民人均纯收入（元）
新　　村	赵云华	532	1964	7	8950
茶　　坪	赵志文	470	1579	8	7450
龙湖社区	马汉万	226	437	2. 5	8250
合　　计	/	3678	13396	107. 5	/

洛　阳　镇

【概况】　位于乳源西南部，镇政府驻地洛阳村委，距县城约36千米。东与东坪镇、大布镇和韶关市武江区江湾镇交界，南与英德市波罗镇、清远市阳山县江英镇相邻，西与阳山县秤架瑶族乡接壤，北靠五指山乳阳林业局。国道323线横穿镇境内，省道258线和县道324线经过镇域东、南部，有4条镇村主干道公路。镇域总面积558平方千米（其中耕地面积969. 5公顷，林地面积31259. 2公顷，森林覆盖率为95%）。辖12个村民委员会，1个居民委员会，有121个自然村，91个村小组（其中1个少数民族村小组）。镇有户籍总户数2777户，户籍总人口数10218人，其中农业人口9004人。镇内设有小学2间，分教点2个，镇级卫生院2间，村级卫生站9个。2017年，全镇国民经济生产总值2. 64亿元，城镇居民人均纯收入7623元。

历史文化遗产。镇内历史文化遗产有东平山正觉寺遗址、洛阳桥、蔡襄祠、洛阳古街、陈金城故居。

主要景点。景点有天景山仙人桥、南岭国家森林公园、天井山国家森林公园、天井山生态长廊、高山云锦杜鹃、天瑶茶场。

农特产品。主要特产有洛阳茶、九节茶、蜂蜜、笋干、木耳、黑山羊、中华鲟、三文鱼、古母水鸡等。

【镇域经济发展】　2017年，镇域经济持续发展。全镇有小水电站147座，总装机容量10. 7万千瓦。该镇以升级打造洛阳深洞生态茶园和天瑶观光茶园为重点，持续支持“天瑶”“华瑶”“瑶山王”等农业龙头企业发展，辖区内茶园种植总面积300公顷，2017年新增面积100多公顷。大力发展坪溪村、洛阳村和半星村药用九节茶种植项目。九节茶基地共种植2公顷的苗圃，共600多万株幼苗全部销完，销量比2016年增加400多万株，销量和产值翻一番。据统计，全镇共建立茶叶种植基地1个，占地面积33. 3公顷，完成13. 3公顷，茶叶育苗基地1个，占地1公顷。洛阳镇加快生态旅游开发步伐，推进古母水旅游度假区建设进度，东平山正觉寺保护性重建进入施工阶段。

【党建工作】　扎实推进对农村集体资产、资源、资金进行全面摸底清查工作，实现日常化和网络化管理。建立“三资”交易平台，交易平台办理成功交易3宗项目。开展软弱涣散党组织整顿工作，完成深洞村的软弱涣散整顿工作。强化干部队伍建设，针对村党支部书记年龄结构偏大、文化程度较低、战斗力不强的现状，为13个村（居）配备综合素质高的后备干部。全面加强基层党建工作，深入开展“两学一做”学习教育常态化制度化工作。

【学习贯彻党的十九大精神】　镇党委认真抓贯彻党的十九大精神学习活动。采用组织各村（社区）党员干部进行党员远程教育学习活动、组织微信“两学一做”学习活动、悬挂宣传横幅标语等多样的形式，营造学习氛围。10月18日，镇党委组织全体工作人员收看习近平总书记在十九大会议上的工作报告。制定学习计划，创新学习形式，采取集体学习与党员自学的形式开展学习活动。到12月，全镇组织各党支部开展学习十九大精神活动15次。

开展“不忘党恩，墨香洛阳”书法比赛，以学习贯彻十九大精神的书法展受到全镇党员干部群众的积极参与，共收到书法作品100余幅。

【党员干部考察学习活动】 为加强党员干部的党性教育，激发党员干部为国为民的荣誉感、责任感和使命感，洛阳镇党委于7月23日、26日，先后组织镇机关党员、村（居）党员干部到革命圣地韶山考察学习，感受革命精神，接受党的教育和心灵的洗礼，提高党员干部服务群众、促进发展的作用。

【驻点普遍直接联系群众】 镇村干部职工在村委公共服务站开展驻点直联工作，通过领导干部接待、上门走访、重点约谈、座谈听证等方式了解民情民意，解决群众关心的问题。2017年，洛阳镇共有驻点团队成员51人，辅助团队成员54人，各驻点队员分片走访群众共2900多户，入户率100%。直接接待群众336人次，上门慰问79人，座谈咨询127人。收集群众意见、建议205条。反映问题82件，其中：解决79件，进入处理3件，问题办结率达96.3%。

【村“两委”换届工作】 自2017年4月启动村（居）“两委”换届工作以来，在5月份完成圆满完成村（居）“两委”换届选举工作，全镇13个村（居）共选举产生村支部成员39名，村（居）委成员50名，其中村（居）委会书记主任一肩挑比例85%，村（居）两委干部交叉任职比例为92.3%，达到换届选优配强村委干部的目标。

【基础设施建设】 水利设施建设。经过上级水利部门的扶持与镇村自筹，投入100多万元，完成田螺坑村委、坪溪村委、洛阳村委灌溉水渠三面光建设共3.6千米，直接受益农田灌溉24公顷。有效保障农田生产安全，促进粮食增产、农业增效和农民增收。

道路桥梁建设。投入220余万元，完成月街、富塘、洛阳等村委6.35千米的乡村公路、村道的硬底化建设，解决农民群众的“行路难”的问题。完成国道323线改造工程征地任务。

饮水安全工程建设。依据广东省村村通自来水项目，投入1800多万元，对镇区、古母水板长片区、坪溪村、深洞村和月街村等地区实施饮水工程改造，解决该地区5000多人的饮水安全问题。

【农村人居环境整治】 按照《乳源全域推进农村人居生态环境综合整治工作方案》要求，各村定制洛阳镇卫生整治制度、洛阳镇卫生督察制度、保洁员工作制度、门前三包责任等制度。全面推进镇域范围内“三清三拆”工作。开展“三清理、三拆除”自然村超过50%，累计拆除危、旧弃房情况240间，拆除面积15179平方米。拆除乱搭乱建、违章建筑、非法违规商业广告、违规招牌80多处，拆除面积2000多平方米。清理村巷道的废品、建筑材料、乱堆乱放23处，清运垃圾8.5吨。清理杂草杂物、积存垃圾、漂浮物和障碍物100多处30多吨。全镇投入资金购买清洁保洁设备，配备有村级保洁员20个，投放垃圾桶400多个。村庄设备覆盖率达100%。镇村人居环境得到较大改善。

【生态环境保护工作】 立足洛阳镇生态区定位，坚持生态优先，加强对山林的保护和对水资源环境的安全管理。坚持封山育林与植树造林并举的策略，以保护为重点，禁止砍伐阔叶林，创新森林防火联防机制，保护洛阳的青山绿水。植树造林510公顷，扩大森林覆盖率。组织干部职工青年志愿者开展保护母亲河、珍惜森林资源为主题的植树活动，在镇区街道种植绿化树300余株。加大生态环境保护力度，杜绝破坏耕地行为。认真执行“零报告”制度，对卫星图片出现的斑点进行摸底调查和对非法占用土地及无证采矿卫片巡查，全镇没有出现违法违规用地现象。加强自然保护区建设和地质灾害预防，加大实施水土流失治理力度。全镇生态管护环境。

【国道323线改造项目工程】 完成国道323线改造工程征地任务，该项目在洛阳境内36千米，途经白竹、半星等6个村委会，征地面积100公顷。依照县的有关协调征地安排部署，2017年11月下旬，全部完成征地工作。

【古母水—仙人桥旅游度假区项目】 旅游（景区）度假区重点建设项目，一期于2017年3月工程启动，一期项目建设占地13.33公顷、斥资约1.1亿元，促进全镇旅游产业快速发展。

【大光制药公司中草药种植项目】 该项目征地、租地工作自2016年10月开始，至2017年2月完成项目用地工作。2017年4月，大光制药公司人员进驻洛阳，5月挂牌，并完成“三通一平”工程。该项目现正入耕地平整、灌溉设施建设和试种、育苗等阶段工作，首批成功开展重楼、三七等中草药育苗。

【正觉寺重建项目】 该项目在洛阳白竹村委东坪村小组征用集体耕地、林地和园地共123.6公顷，迁墓12坟，完成征地款及迁坟款发放。应正觉寺重建项目最新规划要求，自2017年1月起，启动对洛阳镇白竹村委东坪村小组所属水库面3.27公顷征收工作。

【精准扶贫工作】 2017年，全镇完成精准扶贫对象识别、贫困户对接、建档立卡和信息录入、产业扶持等一系列工作。建档立卡贫困户199户，494人（其中一般贫困户75户，561人）。低保贫困户79户，185人。五保贫困户45户，48人。残疾户64户，78人。2016年脱贫110户191人（其中政策兜底138人，有劳动能力的贫困人口53）、2017年脱贫62户205人（2017年政策兜底9人，有劳动能力的贫困人口196人），占总贫困人口的38.77%。省、县帮扶挂镇单位8个（其中1个省直单位，7个县直单位）。投入和筹集扶贫资金573.833万元，资产性收益到户帮扶158户455人、产业帮扶103户、住房改造65户、教育资助受益学生96人、城乡居民养老保险受益贫困人口72人、帮扶购买城乡医疗保险及大病补充险共494人。

【党风廉政建设】 推进农村基层党风廉政建设，落实党风廉政建设责任制，落实一岗双责制度。提高政治站位，落实强化镇纪委及纪委委员监督责任。坚持问题导向，紧盯村组账、“三资”交易、土地确权、精准扶贫等重点关键领域，将党员干部涉黑涉恶问题作为监督执纪重点，推进农村基层党风廉政建设。2017年，镇纪委共上报农村基层党员、干部违纪违法线索25条。

【党管武装与征兵工作】 洛阳镇把党管武装工作列入重要议事日程，完成镇民兵整组、兵役登记和武装各项工作。7月，落实征兵工作精神，开展夏季征兵工作，通过宣传、动员，全镇适龄青年响应祖国号召，踊跃报名参军。8月，顺利完成征集新兵工作任务。

【人大工作】 召开人大例会。3月1日，洛阳镇第十三届人民代表大会第二次会议，47名镇人大代表参加会议，12名列席人员参加会议，与会代表听取并审议《政府工作报告》《人大工作报告》和《财政预决算报告》。9月22日，召开第十三届人民代表大会第三次会议。镇人大代表审议《政府上半年工作报告》《人大上半年工作报告》及《上半年财政预算执行情况报告》，就人居环境整治、新农村建设、法治建设、精准扶贫工作、民生改善等方面向镇政府提出建议和意见。

组织人大代表考察学习。9月1日，镇人大结合工作实际，组织该镇部分县、镇人大代表、洛阳村干部、村民代表到乳城镇刘屋村、东坪镇雕子塘瑶族新村开展考察学习。

【文化建设】 加强全国文化信息资源共享工程建设管理，与上级文化部门沟通、交流，做好文化站村级文化室、农家书屋的管理与免费开放服务工作。充分运用文化信息资源共享工程设备，先后举办农业适用技术培训班6期，参加培训482多人次。组织举办送书、送电影、送戏下乡活动，开展篮球赛、拔河比赛活动，活跃山区群众文体生活。

【社会保障服务】 社会保障工作。截至2017年12月，全镇共有五保户48人，低保户95户218人，共发放低保金60万元，五保供养金37.5万多元。洛阳镇12个村采取集体适当补贴方式，全镇共有4331参加新型农村养老保险，其中享受养老待遇（领取基本养老金）1299人，享受待遇的参保率为

100%。共有 7388 人参加城乡医保，参合率达 99%。

【公共服务体系建设】 2017 年，充分发挥镇公共服务中心和 13 个村（居）委公共服务站的功能，配备完善的办公设备，定期对 13 名基层公共服务平台专职人员进行办事业务等技能培训，实现为民办事公开透明和“一站式”服务目标。

慈善事业。大力弘扬慈善文化，以贴近群众，喜闻乐见的形式，宣传慈善理念、慈善意识、慈善价值，在全镇营造了关心慈善，支持慈善、参与慈善的良好氛围。积极带动全镇上下、各行各业投入到慈善事业中来，组织全镇干部职工为患病的困难家属、贫困户、困难党员、困难学生等捐款捐物，推动洛阳慈善事业快速健康发展。

【社会综合管理工作】 开展信访、矛盾纠纷排查调处工作、切实落实社会治安综合治理和平安建设各项措施，推进普法依法治理和人民调解工作为构建和谐社会提供优质法律服务，有效地化解基层矛盾。截至 12 月止，全镇未发生越级上访事件，未发生群体性事件、重大恶性刑事案件和重大生产安全事故，社会稳定得到维护。

【计划生育服务】 落实计生新政策，抓好计生服务工作，加大社会抚养费征收，稳定生育水平，顺利通过省计生“飞行”检查。2017 年，全镇总人口 10218 人，已婚育龄妇女 1931 人，出生人口 180 人，出生率 19.02‰，自然增长率 10.64‰，政策生育率 97.86%。

【自然村落历史人文普查】 开展全力推进自然村落历史人文普查工作。成立以镇长为组长、分管领导为副组长的普查工作领导小组，设立领导小组办公室，抽调业务骨干作为驻村普查工作人员，确保每个村委有分管村干部包干负责，每个挂村村干部具体负责所在村小组自然村普查工作，做到专事有专人，专人有专责，确保将工作任务落实到位。全镇确认自然村数为 121 个。完成自然村普查表的初步填写工作，完成过正表数 121 个。 （许星红）

2017 年洛阳镇村（居）委会基本情况表

表 9

村（居）委会	书记、主任	总户数（户）	总人口（人）	集体经济纯收入（万元）	农民人均纯收入（元）
深　洞	江为通	278	1089	66.27	9364
坪　溪	潘岳平 陈世帆	363	1380	69.35	9391
田螺坑	潘顺祥	155	618	44.99	9750
洛　阳	魏福安	249	896	78.48	9648
半　星	雷观胜	152	551	29.99	9771
白　竹	文清连	278	1045	54.36	9847
双　坪	李国荣	257	1005	21.32	6817
板　长	李观胜 李永祥	227	797	21.77	7027
古母洞	欧坛胜	88	359	17.43	7454

续上表

村（居）委会	书记、主任	总户数（户）	总人口（人）	集体经济纯收入（万元）	农民人均纯收入（元）
富　塘	李东养	164	643	15.11	6972
月　坪	官亚林	156	575	59.02	7359
月　街	冯路金	246	942	21.9	7819
阳升社区	陈伙强	164	318	/	/
合　计	/	2777	10218	/	/

一六镇

【概况】 位于乳源瑶族自治县东北部，北距桂头镇13千米，境地东邻韶关市武江区，南邻乳城镇，西邻东坪镇，北邻游溪镇。镇政府驻地一六村委，距武广高铁韶关站35千米，省道广乐高速1线、省道250线穿镇而过，县道322线、359线交叉口位于镇区中心，距京珠高速公路乳源出入口12千米，距离广乐高速乳源出入口7千米，区位优越，交通便利。是乳源瑶族自治县三个平原乡镇之一，全镇总面积84平方千米（其中总耕地面积10.29平方千米，林地面积63.54平方千米，森林覆盖率76.7%。），辖7个村委会，1个居委会，有94个自然村（其中瑶族迁移自然村30个），95个村民小组。镇有户籍总数5365户，户籍总人口17471人，其中农业人口16923人。镇内设有中学1间，完全小学1间，村级小学3间，幼儿园4间，在职教职工200人。镇级卫生院1间，村级卫生站7个，在职医师10人、护士8人。

*历史文化遗产。*西岸石拱桥和一六招田石拱桥、东粉村平安阁、一六大村围楼、团结莲塘村平安阁、东七下门秦氏祠堂、乐群乐夫村欧氏祠堂、团结上社王氏祠堂、罗屋下南村何氏祠堂、乐群乐夫村农民协会旧址、鲶鱼寨遗址等。

*境内景点。*东粉温泉、乐群乐夫村农民协会旧址、牧草园农场、现代蔬菜生产基地以及东粉湿地公园等。

*特色新村庄。*乌石岭客家新村。

*特色农产品。*槟榔芋、大棚西瓜、蓝莓、葡萄、青枣等。

*特色饮食。*芋头鸭、麻辣花生豆腐煲、辣椒拌凉菜、辣椒花鱼、窄粉以及米酒等。

【农业发展】 *“互联网+”农业发展模式。*依托区位优势，大力推广“互联网+”农业新型网络营销模式，积极加强与农业龙头企业产销合作，利用邮政邮乐网平台、乳源家园网、微信、淘宝电商等网络营销平台，线上线下整合营销特色农产品，青枣、牧草园香猪、蓝莓、百香果等特色农产品销售渠道拓宽。2017年，建成罗屋村级电商服务网点1个，开通邮乐网网店农户3家，发展微信、淘宝等种养大户电商10多家，成功举办“2017年一六镇西瓜·米酒嘉年华”营销活动。

*观光农业提档升级。*立足镇情，继续发展壮大观光休闲农业，促进农业与旅游融合发展。2017年，建成六个水果产业园和两个水果、蔬菜基地。其中百香果园面积2.67公顷、青枣园面积4公顷、葡萄园面积4.67公顷、蓝莓园面积6.67公顷、西瓜面积53.3公顷、柑橘园面积466.67公顷，无公害蔬菜基地面积66.67公顷、番石榴基地面积3.33公顷等。

【宜居环境建设】 *推进五彩瑶乡省级新农村示范片整治。*2017年整治村、示范村、创建点有田心村、赖屋村、庙背村等8个自然村。完成清理村巷道20条，清理村庄杂草杂物、积存垃圾20处6吨，清理沟渠、池塘、溪河27处。全面完成8个村的“三清三拆”工作，拆除危旧房、废旧猪牛栏及露天厕所茅房304间19752.55平方米。12月，在田心村试点示范村召开全县全域推进农村人居环境综合整治建设社会主义新农村示范村现场推进会，启动全镇社会主义新农村示范村建设工程。

改善人居环境。在一六村委田心村、东粉村委石下、张屋村，罗屋村委上南等村安装太阳能路灯110盏。采取薄弱村“一事一议”改造项目方式，完成东七村委道路硬底化0.2千米，罗屋村委大围塘村道路硬底化0.18千米，一六村委大村道路硬底化0.27千米，东粉村委大坪村道路硬底化0.35千米，罗屋村委下南村机耕路0.433千米及太阳能路灯建设，解决群众夜间出行难问题。完成东粉村委高元、合掌夫、楼下等村小组生活污水处理工程建设和团结村委大岭新村环境综合整治工作。

【基层党建工作】 党风廉政建设。全镇认真学习贯彻落实党的十九大精神，推进“两学一做”学习教育常态化制度化。开展学习3次，组织观看教育片3次。开展谈话提醒5次，受理举报29件，发现线索19条，查办案件5宗。

驻点普遍联系群众工作。组织实施做好宣传、运行、监督、考核等各环节工作，与驻点联系群众做到面对面、全覆盖、常态化。2017年全镇入户直接联系群众2924户，入户率100%，收集到群众意见462条，群众反映的问题83条。

软弱涣散党组织工作。镇委建立“示范党支部+软弱涣散党组织”挂钩联系制度，安排团结村党支部（先进支部）挂钩联系东七村党支部，先后于6月、9月，组织东七村干部到团结村参观学习、到游溪镇烈村座谈交流学习。完成修缮办公楼和围墙、制作党建和社会主义核心价值观宣传栏。完成深龙陂、乌丘塘、钟屋村小组陂头和谢屋、冯屋、秦屋等村路段农田水利基础设施建设，解决33.33公顷农田灌溉难问题。安装谢屋、钟屋、乌丘塘、冯屋和秦屋等村道路灯63盏，解决村民出行难问题。

【生态文明建设】 推动乡村绿化美化建设。完成碳汇造林8.89公顷，高速公路景观林带11.11公顷。推进林业工作站标准化建设，建成全国第一批标准化林业工作站，加强对森林资源的管护，全力做好森林防火工作。推行河长制，加快实施河道整治提升工程。

【社会治理工作】 安全生产工作。推进“平安一六”“七五”普法建设和社会网格化管理等工作。全年开展14次安全生产隐患大排查、整治行动，安全生产形势稳定好转。加强食品药品安全管理，整顿规范餐饮业。

综治维稳工作。加强信访接待和维稳工作。2017年，全镇共受理矛盾纠纷调处9宗，成功调处9宗，调处成功率100%。受理信访案件40宗，办结40宗，办结率100%。全年未发生非正常越级上访，未发生群体性事件、重大恶性刑事案件和重大生产安全事故，社会总体和谐稳定。

市场秩序整顿。实行网格化管理，组织巡查队加大对占道经营、乱停乱放的整治力度，加强对市场的日常管理，镇区商贸环境得到改善。

【精准扶贫工作】 做好精准识别、结对帮扶、基础建设等组合拳工作，推进贫困户产业、助学、住房等扶贫工程。2017年，扶持贫困户发展产业肉鸡、果树、蔬菜等产业，落实产业奖补资金32.324万元。建档立卡贫困学生申请教育补助148人，落实补助资金51.33万元。全镇120户贫困户实施危房改造，发放住房改造进度款300万元，有效解决贫困户安全住房问题。全镇83户284人如期完成脱贫任务。

【村（居）“两委”换届选举工作】 完成换届选举各项工作，换届选举产生新一届村（居）“两委”干部39名。新产生的村“两委”班子成员平均年龄为42岁，其中党员有17名，高中（中专）以上文化程度14人。每个村委有妇女干部，妇女干部共有11名。45岁以下村（居）干部有14名。党支部书记与村（居）委会主任“一肩挑”比例达到71.4%，“两委”干部交叉任职15人，交叉率为71.5%，其中有5名村（居）主任实现连任。

【农产品质量安全工作】 重点加强《农产品质量安全法》宣传工作，采取印发宣传资料、开展技术培训、接受咨询、向农产品生产者和村民宣传农产品质量安全法等活动方式，有效提升人民群众的农产品质量安全意识。全年发放《致农民朋友的一封信》3000份，农业法律法规、科技及政策宣传资料1000份，组织农产品质量法律法规知识专题培训3场次，水果无公害生产技术培训5场次，蔬菜无公害生产技术培训5场次。

【河长制工作】 建立镇村级河长制度，确定镇级河长6人，村级河长10人。由镇党委书记担任第一总河长。建立河道管理队伍，设立河道管理员、河道保洁员共8人，通过志愿参与的形式，招募民间河长14人，全方位网络式对一六镇各河段生态环境进行监督和维护。

【武装与征兵工作】 做好民兵整组、民兵预备役和兵役登记，轻舟队员、民兵应急连集训等工作。2017年，通过组织宣传发动和报名，严格体检、政审等程序，圆满完成全镇征兵工作任务。

【新农合和新农保工作】 支持创业就业，扩大社保覆盖率。健全社会保障体系，落实好低保户、五保户及困难群众救助制度。截至12月底，城乡居民社会养老保险新参保196人，续保3794人，续保率100%；城乡居民医疗保险参保12989人，参保率100.50%。截至2017年12月，全镇最低生活保障户206户414人，发放低保户资金1124460元。五保户68人，发放五保户供养资金549984元。办理医疗救助30人次，发放救助资金186590元。

【教育工作】 加大硬件设施的投入力度，完成一六中心幼儿园校舍改造和设施配套建设，改善教育教学条件，提升素质教育。2017年4月，通过省教育强镇复评认定。

【卫生和计生工作】 深化卫生计生改革，实施全面两孩政策，扎实推进公共卫生服务均等化发展，建成东粉、东七、西岸3个村级卫生站。2017年度，全镇育龄妇女3430人，新出生婴儿342人，其中一孩出生102人，二孩出生209人，多孩出生31人，政策生育率为97.66%，性别比为112.42。

【公共文化服务】 解决基层群众对精品图书的需求，更新农家书屋书籍和设施设备12批次。开展送戏、送电影下乡活动102场。加强革命老区文化建设，启动乐夫村革命遗址村落保护和红色文化建设，完成修缮乐夫村农民协会旧址，建成乐群村委文化广场，解决群众文化活动场所问题。

【镇第十三届人民代表大会第二次会议】 3月22日，召开第十三届人民代表大会第二次会议。全体镇人大代表47名和有关列席人员参加会议。大会听取、审议、通过镇长潘鸿所作的《一六镇政府工作报告》、人大主席杨细金所作的《一六镇人大主席团工作报告》，镇长潘鸿所作的《2016年财政决算和2017年财政预算报告》。会议回顾2016年的工作，提出2017年的工作思路和目标任务。

【镇第十三届人民代表大会第三次会议】 9月18日，召开第十三届人民代表大会第三次会议。全体镇人大代表43名和有关列席人员参加会议。大会听取、审议、通过镇长潘鸿所作的《一六镇政府上半年工作报告》、人大主席杨细金所作的《人大主席团上半年工作报告》，镇长潘鸿所作的《2017年上半年财政预算执行情况报告》。会议回顾过去半年的工作，分析当前存在的主要问题，并结合实际，提出下半年的工作思路和目标任务。会议期间，全体与会代表集中培训学习相关法律法规，并实地视察该镇危房改造和农村人居环境整治项目。

【共青团第十三次代表大会】 12月27日，一六镇召开共青团第十三次代表大会，全镇共青团员代表38名参加会议，镇领导班子10人列席大会。大会听取审议邓素萍代表共青团一六镇第十二届委员会所作的《团镇委工作报告》。与会代表通过无记名投票方式，选举产生共青团一六镇第十三届委员会委员9名和出席共青团乳源瑶族自治县第十四次代表大会的代表8名，邓素萍当选为一六镇团委书记。

【中共一六镇第十一届代表大会第二次会】 12月29日，中共一六镇第十一届代表大会第二次会议隆重召开，全镇党代表77名参加会议，不是党代表领导班子成员、村（社区）书记、主任及各站所负责人共14人列席大会。县委常委、县纪委书记刘峰出席会议。会议听取、审议和通过镇委书记丘振强所作的《镇党委工作报告》，审议通过《镇纪委工作报告》。（雷　英　张廷柱）

2017年一六镇村（居）委会基本情况表

表10

村（居）委会	书记	主任	总户数（户）	总人口（人）	集体经济纯收入（万元）
一六村委	邱玉贵（任至6月） 付红飞（6月任职）	付红飞	1146	3660	5.98
东粉村委	黄明瑶（任至6月） 冯必胜（6月任职）	黄明瑶（任至5月） 冯必胜（6月任职）	987	3422	4.37
罗屋村委	何　俊	何　俊	587	1848	8.90
乐群村委	郑达传（6月任职）	欧初基（6月任职）	373	1265	2.19
东七村委	冯日清	冯日清	710	2473	5.99
西岸村委	欧伟彬（任至6月） 黄明强（6月任至10月） 盘天金（10月任职）	欧伟彬（任至5月） 黄星文（5月任职）	281	901	3.88
团结村委	冯玉生	冯玉生	989	3354	9.12
为民社区	陈景华	陈景华	292	548	/
合　计	/	/	5365	17471	/

省驻乳源单位

广东省核工业地质局二九一大队

【概况】 广东省核工业地质局二九一大队是省属正处级事业单位。主要承担国家和省下达的核地质勘察任务，重点负责铀资源勘察工作；承担国内外金属与非金属矿产、能源矿产、新兴矿产、战略性矿产资源勘察开发工作；承担军工核设施（铀矿地质勘探）退役治理工作；承担全省天然放射性生态环境调查、评价、治理、监测工作；承担城市地质、农业地质、灾害地质、环境地质、海洋地质、岩土工程、工程测量、地质实验分析测试、地球物理勘查、地质钻（坑）探、水工环地质调查、地球化学勘查、地质灾害应急抢险工作任务；依法开展多种经营及国际业务经营活动。大队设10个科室，10个下属单位，有职工525人（含离退休人员），其中，专业技术人员260余人。大队机关临时驻地广州花都。

二九一大队2017年设有乳源、三水、惠州、百顺等四大营区。乳源营区位于乳源瑶族自治县，为大队原驻地，占地面积249164.29平方米。大队下设乳源瑶族自治县二九一房地产开发有限公司和乳源离退休第一、第二服务中心，有职工28人，主要负责乳源营区的土地开发、营区管理、对接地方政府、服务离退休老同志及家属。大队根据工作需要，撤销乳源基地管理服务中心和职工医院。

2017年，二九一大队紧紧围绕年初确定的八项重点工作，以“提质增效年”为抓手，以“一个中心、两个保障”为出发点，采取深入调查研究，抓重点、补短板、强弱项、优结构工作措施，顺利完成年初制定的目标任务，转型工作稳步推进，“两学一做”扎实开展，党风廉政建设“两个责任”得到进一步落实，职工收入大幅提升。离退休人员“两个待遇”落实到位，制度建设、风险防控、人才培养、安全生产取得显著成效。

【地质科技】 2017年，项目质量管理再上新台阶，全年完成财政地质项目5个（国家级2个），项目验收10个，其中：国家级综合研究项目野外验收为优秀等级，位列全省第一；完成国家级整装勘察区铀矿技术规范汇编，被国土资源部采纳。市场地质不断扩大，全年完成市场地质项目34个。项目申报成绩喜人，全年组织申报2018年财政地质项目7个，落实或基本落实6个。资质建设稳中有进，13个资质中，成功延续到期资质3个、升级1个。环境保护工作取得新成效，全面完成8个退役整治工程治理点的治理工作，通过华南地质办预验收。社会及地勘行业服务能力大幅提升。

【管理服务】 制度建设，成效显著。大队以制度建设长效机制为着眼点，始终坚持用制度管人，按制度办事，以制度促工作，新制定和修订74项制度（办法）。

安全生产，形势平稳。大队全年安全生产形势总体平稳，实现零事故目标，连续3年荣获局安全生产先进单位。保密工作，不断巩固，全年未发生一起涉密事件；风险防控，落到实处。

人才培养，成效显著。一是规范选人用人，配齐配强基层单位领导班子，派驻扶贫点、挂职等形式培养干部。二是建立健全地质人才培养机制，人才管理实行台账制。三是积极引进人才，通过公开招聘6名事业单位工作人员。四是职称申报，创历史新高，13人取得高、中、初级职称。

关注民生，得到保障。一是做好在职和离退休职工绩效考核奖、慰问金补发工作，职工获得感、幸福感大幅提升。二是开展春节“送温暖”、夏季

“送清凉”等活动，全年共走访慰问163人次。三是做好职工健康体检工作，采用上门服务的方式，获得职工好评。

发展环境，明显改善。一是外部环境朋友圈扩大。大队作为国土资源部委托的全省整装勘查区跟踪评价与专家指导协办单位，得到一致好评；积极与中国地质调查局、中国核工业地质局和科研院校接洽，加强资源共享，建立良好合作关系；积极与佛山、肇庆、南雄等地方政府加强沟通联系，营造宽松良好的改革发展环境。二是内部环境和谐稳定。切实做好信访维稳工作，进一步做好离退休人员“两个待遇”落实工作；顺利解决百顺基地土地权属这一历史遗留问题，成功将百顺基地不动产划拨至大队名下。

文化建设，稳步推进。一是精心做好宣传工作，创新宣传方式。二是进一步拓展渠道，引导青年职工积极与地方政府联谊，其中大队荣获2017年西南街道企事业职工合唱比赛亚军。三是积极参与广东扶贫工作，积极支持地质公益活动，成功协办“第48个地球日”活动；成功指导南雄市地质灾害避险应急演练活动。

档案科研，实现突破。成功申报国家级档案科研项目“广东诸广整装勘查区铀矿地质资料集成与开发研究”（为全局第一个）。

【党建、党廉工作】 党建工作，明显加强。一是着力加强思想政治建设，强化政治理论学习，认真学习宣传贯彻党的十九大精神。二是着力加强基层党组织建设。加强党建工作检查、开展党支部书记述职评议，激活党组织生活。三是着力加强党支部带头人队伍建设。选优配强支委班子、选人用人突出党建导向。四是强化“党建、业务一盘棋”理念。做到党建与业务、安全、党廉工作“同安排、同落实、同检查、同考核”。五是“两学一做”，扎实推进，成效显著。

党风廉政，取得成效。一是明确分工，夯实从严治党“两个责任”。二是标本兼治，全面推进从严管党治党。三是统筹推进，保持正风高压反腐态势。四是领导以身作则，带头严守规矩、廉洁从政，签订六大纪律承诺书。（田　浩）

广东省粤电南水发电有限责任公司

【概况】 2017年，广东粤电南水发电有限责任公司（以下简称：南水发电公司）坚持广东粤电集团公司、南水发电公司党委的正确领导，以习近平新时代中国特色社会主义思想为指导，实行“党政同责、一岗双责、齐抓共管、失职追责”，全面从严治党，加强企业党建。坚持“安全第一、预防为主、综合治理”方针，强化两个责任，夯实安全生产基础，提升企业管理水平。公司持续保持三标认证，AAA级先进发电企业，通过标准化良好行为AAA认证，荣获中国信息协会颁发的中国能源企业信息管理创新奖。全面开展标准化管理体系、风控体系、“三重一大”制度建设和安全性评价等工作，摈弃“靠天吃饭”的单一思维，充分挖掘企业潜力，努力增效能、增电量、节成本，依靠企业自有资源拓宽企业经营渠道，积极适应集团公司发展新形势新要求，圆满完成集团公司下达的发电任务。

截至2017年12月31日，安全生产连续实现3个百日安全记录，创历史最高安全记录6499天，保持公司总体平稳的安全生产局面。公司完成上网电量2.6175亿千瓦时（合并数据），完成上网电量考核基准值的101.45%，与多年平均水平持平，但库区水位接近历史最低水平。

年末南水发电公司在职员工124人，内退人员1人，离休人员2人，退休人员173人。

【企业管理】 2017年10月31日，南水发电公司荣获广东省粤电集团公司2017年度AAA级先进发电企业荣誉称号。南水发电公司的三标一体化管理工作继续有序地进行，4月分别进行内部审核和管理评审，对内审中发现的问题进行有针对性的整改。于5月顺利通过北京中电联认证中心对南水发电公司三标一体化管理体系的再认证审核工作。对监督审核过程中发现的不合格项，积极组织各相关部门和班组进行整改，及时地关闭各不合格项，取得三标管理体系认证证书继续使用资格。以“标准化对标”工作、“优秀班组建设”为契机，开展标准化良好行为的创建工作，制定完善的方案，7月中旬通过标准化良好行为现场审核，取得AAA级认证。开展南水发电公司三大标准的修订工作，2017年对南水发电公司的标准体系文件进行8次修订，其中新增29个标准文件，修改53个标准文件，南水发电公司的标准文件体系进一步完善。及时向员工宣传贯彻，不断加强执行力，员工的标准化意识不断加强。对2017年的工程项目所涉及的标准化文件修改进行检查，发现问题安排整改，全部得到落实。

开展“优秀班组建设”工作，班组成员参与内部检查，协助班组整改存在问题。2017年度优秀班组检查加入班组各成员考核，各班组成员负责相应的条款，营造全员参与的氛围，创建工作良性循环，班组管理水平得以提升。

【安全生产】 南水发电公司安全生产工作状况良好，全年没有发生人身伤亡、人为误操作和特别重大设备事故，未发生垮坝、水淹厂房事故。反事故措施除1项按计划完成外，3项在进行中，完成率12.5%；安全技术劳动保护措施完成率100%，安全生产连续实现3个百日安全记录，创下安全记录6499天。

2017年度南水发电公司生产项目共16项，其中技改项目9项、修理项目5项、科技项目2项。其中发电引水隧洞进水口闸门井加固改造、南水10kVⅠ、Ⅱ段母线改造、南水厂房电缆桥架及防火封堵改造3个技改项目在广州公共资源交易中心公开招标，其他100万元以下生产项目、物资询价、物资招标等，均在粤电商务网上招标。采用粤电商务网招标采购，规范物资、工程、维修等各类服务的招标采购，有效降低成本。严格按照《承包商管理标准》及南水发电公司安全相关规定管理承包商，加强对施工队伍的安全培训、考核，加强施工监督，确保生产项目顺利完成。

根据集团公司关于落实反恐怖防范整改工作的通知要求，对照《电力行业反恐怖防范标准（试行）水电工程部分》以及南水发电公司实际情况，制定反恐怖防范整改工作实施方案，自查自纠发现需整改的问题共计21项，其中属管理类问题6项，人防、物防、技防措施配置类问题15项。措施配置类需立项报集团审批5项，集团公司批复4项，于10月底完成整改工作。

【防汛工作】 贯彻“安全第一、常备不懈、预防为主、全力抢险”的方针，南水发电公司于2017年2月调整2016年防汛指挥部成员和2017年防汛岗位人员及防汛抢险队员。汛前水文班人员组织学习《水情拍报办法》《汛期值班制度》等规范与制度。培训方面主要预案的演练、班组自培的形式来增强相应的知识与技能。

2017年水量利用率为97.9%，来水预测综合准确率77.9%，年度平均发电耗水率3.6立方米/千瓦时，比多年平均值偏高0.11立方米/千瓦时，是因2017年水位较低。

2017年水情遥测系统运行稳定，各遥测站信道畅通，数据传输质量及电磁环境良好，系统畅通率和可靠度均达到设计要求。抓实南水防汛调度决策系统应用，水文班定期对值班人员进行操作应用培训，随时做好水库的洪水预报与洪水整编工作。防汛应急通信系统运行稳定，大坝与厂区间信道畅通，信号传输质量及电磁环境良好，系统畅通率和可靠度均达到设计要求，满足南水发电公司防洪需求。

短期洪水预报采用防汛调度决策系统洪水预报软件进行洪水预报，按原省电力集团公司规定要求对5年一遇的洪水预报场次进行精度评定，选取两场比较大的洪水进行精度评定。预报评定结果：洪峰流量预报精度80.8%，洪水总量预报精度83.2%，峰现时间准确率91.8%，三个指标预报平均合格率为85.2%。中长期洪水预报采用水文气象预报方法及防汛调度决策系统中长期水文预报模型进行预报。年初预报2017年属平水偏枯年份，水库实际来水属枯水年份，预报有偏差。

【科技创新】 积极参加集团的管理创新工作，申报管理创新项目。对标工作方面按集团公司的要求开展对标工作，制定对标工作的标杆值，按计划实施，完成年中的对标工作总结。

【人力资源管理】 南水发电公司不断规范劳动用工，完善员工劳动保护，全年未出现劳动纠纷现象。

为满足粤电韶投水务有限责任公司建设的需要，广东粤电集团公司批准成立粤电韶投水务有限责任公司建设期组织机构，推荐董事会、监事会及经营班子成员，公开竞聘产生中层管理人员5名，通过各部门推荐和公司借调组成第一批技术（管理）人员，从6月始正式投入工作。

按广东粤电集团公司《关于迅速开展省委巡视反馈意见整改工作的通知》文件精神、总经理周喜安离任审计报告要求和广东粤电集团最新发布的制度，组织部门员工开展系列学习、检查和整改工作，对人力资源部管理的11个管理标准、69个工作标准及9个现行制度进行全面梳理和修订，增加1个管理标准，将2个制度转为管理标准。

【党建工作】 2017年，南水发电公司加强党的领导，发挥党委的核心作用。坚持以党的十九大全会精神为指导，贯彻习近平总书记系列重要讲话精神。特别是对广东工作作出的重要批示，落实《中共广东省粤电集团公司委员会关于深入推进全面从严治党的实施意见》，对企业章程进行修订，按"先党内、后提交"的原则，调整经营班子决策程序。修订完善《南水发电公司党委会议事规则》，制定《南水发电公司"三重一大"事项决策管理办法》，明确党委会决策事项和前置研究的范围。

执行巡视整改意见。对照自查，立行立改，组织对相关制度进行梳理完善，建立健全作风建设长效机制。南水发电公司共有标准制度文件305个（管理标准制度209个，技术标准27个，岗位标准69个），所有标准制度均上传标准制度信息系统。对集团新发布标准制度进行跟进，组织3期跟进评估工作。经集团公司派人到南水发电公司现场考核验收，评为先进发电企业党建与精神文明建设AAA良好。

履行"两个责任"，提高拒腐防变能力。落实党风廉政建设党委主体责任和纪委监督责任，明确纪委书记职责和领导班子成员的党风廉政建设主体责任。加强招标监督，严格招投标项目动态跟踪，对大宗物资、重大工程项目进行专项效能监察，查找问题、规范流程、堵塞漏洞。建立健全风险管理与内部控制规范体系和机制，确保监督落实到位。

对水务公司5名新任中层管理人员进行任前谈话，要求其严格遵守廉洁自律规定和相关规章制度。筑牢思想防线和道德防线，自觉接受和正确对待组织和群众的监督，落实廉政建设风险防控责任。

固本强基，夯实基层党支部建设。严肃组织生活，坚持党支部目标考核，扎实开展"三会一课"活动。发挥党建信息系统作用，实现基础工作在线管理。开展党员民主评议和组织生活会活动，认真总结在思想、学习和工作中情况和存在的问题，开展批评和自我批评，认真开展书记项目工作，以党建工作促进安全生产和经营管理工作。

创先争优：评选表彰先进党支部1个、优秀党务工作者5名和优秀共产党员23名。其中3人被集团公司党委评为集团公司优秀党员受到表彰；

推进企业文化建设：发挥企业文化建设对人心的引领作用，开展"创建学习型组织，争做知识型职工"活动。2017年评选表彰先进集体4个、先进生产工作者14名、工会积极分子27名，开展丰富多彩的文体活动和全民健身活动。认真抓好计划生育、内退及离退休人员的管理工作，关心员工，为员工办好事、实事。

发展党员：结合集团公司党委工作实际，坚持成熟1个，发展1个原则，1名预备党员按时转正，1名入党积极分子转为预备党员，1名入党申请人转为入党积极分子。

【厂务公开】 2017年，采取职代会、生产行政办公会议、公司网站、OA办公平台、宣传栏、南水通讯电子杂志、显示屏等形式，对南水发电公司的生产经营管理工作、员工切身利益、岗位竞聘、专业技术评聘考核、先进评选等进行公开，接受广大员工监督，切实做好厂务公开的规范性管理。

【综合管理】 建立健全信访维稳工作长效机制，着力从源头防范下功夫，及时将矛盾问题化解在萌芽状态，巩固南水发电公司和谐稳定的局面。全年未发生影响南水发电公司形象的重大事件、非正常上访和群体性事件。

南水发电公司认真贯彻落实中央、省委省政府和省国资委、集团公司的工作部署，稳妥推进国有企业深化改革工作。南水发电公司“三供一业”分离移交工作于2017年按上级统一部署有计划推进，于6月份分别与县供电局、县银源公司及南水发电公司生活小区业主委员会签订框架协议，12月底签订正式分离移交协议。

根据集团公司《粤电集团关于进一步深化多经企业改革的指导意见》及《粤电集团公司关于涉多经企业上报终止及承接关联交易情况的通知》精神，结合南水发电公司实际，成立多经改革领导小组，制定《南水发电公司进一步深化多经改革实施方案（草案）》，启动终止南水实业公司与南水发电公司之间的关联交易工作，完成南水发电公司职工饭堂、保安、绿化保洁、驾驶及水电维护5个业务承接工作，支撑南水发电公司各项工作健康发展，保证南水发电公司安全稳定运行。按要求完成资产评估、审计、法律意见书等，通过集团一审复审，南水实业公司计划于2018年6月完成注销，上报集团公司备案。

【拓宽经营渠道】 根据集团公司统一部署，南水发电公司抓住机遇，拓展经营渠道。

南水水库供水工程建设：韶关市南水水库供水工程是广东省重点建设项目和韶关市十大民生工程之一，由集团委托南水发电公司作为业主承建。2016年12月27日成立广东粤电韶投水务有限责任公司，于2017年4月25日举行开工仪式；2017年6月水务公司与工程管理局签订《韶关市南水水库供水工程引水管线项目建设和经营权合同》，取得未来30年的建设和经营权；2017年10月，完成主要合同的变更工作。工程管理机构主要有韶关市南水水库供水工程建设指挥部、韶关市发改委南水办、乳源瑶族自治县南水水库供水工程管理局、广东粤电韶投水务有限责任公司。南水水库供水工程各项合同共51项，至2017年12月底完成19项，建设中18项，完成招投标或计划签订14项，以上全部合同共涉及金额约9.4亿元。

风电项目：按照集团风电公司统一部署积极推进，积极做好集团公司在韶关开展风能开发项目工作。

抽水蓄能项目：继续配合集团公司开展韶关市抽水蓄能站址规划。

【综合档案管理】 完成年度档案归档资料共2323件，归档电子文件1057份。提供利用152人次、481卷次、1564件次。

（张　慧）

广东省乳阳林业局

【概况】 广东省乳阳林业局创建于1958年，是广东省林业厅直属生态公益性自收自支正处级事业单位。2017年，林业局实现总收入5691万元，上缴税收479万元，创利润312万元。国有资产总值1.94亿元。活力木蓄积量245.8万立方米，森林覆盖率97.5%。

【林业生产】 完成杉木改培项目66.67公顷、楠木改培项目133.33公顷、森林抚育作业524.6公顷。新建白马坑生态公益林示范区，竖立永久宣传牌1块，大中小宣传牌60多块。结合森林资源二类调查，落实国家级生态林不合理规划小班落界工作。积极督促地方职能部门做好石场生态修复及第一峰、原垃圾填埋场、五里坑旧矿点等重点区域复绿工作，累计运土3万多立方米，撒播马尾松米125公斤，草种300公斤，种植马尾松、荷树、杜英、樟树等4万株。

【资源管护】 结合“利剑”“红线”“森网”等专项行动，加强对辖区内重点区域、重点地段之责任落实，保持与乳源、阳山、乐昌等森林公安警务联防合作常态化，以高压态势，全面整治和清理涉林违法行为和犯罪活动。全年发现并制止非法侵占用林地行为3处。立案8宗。核查可疑图斑、区域、废旧矿点12处。收缴木材10多立方米。驱离各类可疑或违法人员26人次。对各种违法事件送达整改通知19份。竖立宣传牌215块，印刷宣传册3000份。

【安全生产与森林防火】 宣传工作。全面落实安全责任制，与各单位、电站、景区公司、局辖承租单位、周边村委、施工队伍等签订安全生产和森林防火责任书，层层抓落实，抓整改。确保全年安全生产和森林防火工作整体平稳，无重大安全事故发生。

安全生产。召开安全生产会议14次，开展安全生产检查67次，发现安全隐患137处，发出整改建议137份，安全告知30余次，张贴标语挂图36份、悬挂横幅6条、发放宣传资料3000份。

注重森林防火。派发宣传单600多份，邀请县电影公司到局和边界村委播放森林消防电影2场，增强职工群众、周边村民及游客的森林防火意识。组建一支森林防火专业扑火队，着重强化体能训练、业务培训，积极参加省航空站直升机临时起降保障演练、乐昌市梅花镇及韶关市武江区龙归镇森林消防综合演练3次，切实提高森林防火技能水平，确保森林防火安全。

【小水电生产】 全年总发电量5725万千瓦时，完成计划发电任务的81.8%。总产值2898万元，完成计划产值任务的80.5%。

【基础设施建设】 完成鸡冠田、横龙北管护站用房装修。完成龙溪、飞马坪管护站和罗家祠旧房维修。实现最高峰部队营房、飞马坪、龙溪、鸡冠田及横龙北管护站点通电通水。购置森林防火无人机2台，手持巡护终端30台。配套建设移动通信基站4处，安装6个前端监控点，远程视频监控室改造调试完工。建设森林防火直升机停机场1个。

【党风廉政建设】 保持“两学一做”学习教育常态化制度化。组织党支部书记、党员干部参加党务培训班学习，到山东原山林场考察学习，增强党员党性修养。落实问责制度，针对“黄连案件”，对工作管理不到位，制度落实不到位，监管缺失的单位和个人予以处分。强化反腐倡廉教育，结合“黄连案件”，邀请专家举办法制教育专题讲座3次，观看廉政教育宣传片3部。严格落实“三会一课”制度。采取制作专题学习宣传栏、悬挂横幅、参加专题培训学习、邀请专家开展专题讲座、制定学习计划等方式，掀起十九大精神学习热潮。

【国有林场改革】 有序推进改革工作，召开4次专题会议，讨论研究重点难点问题，取得阶段性成果。武装部、邮电所移交地方职能部门管理。撤销加油站并妥善分流安置相关人员。彻底解决745名退休职工将享受终身社会医疗保险服务。林区垃圾承包给地方运营商清理。学校、医院、农村电网移交及农业队理顺工作仍在沟通协调。（张家栋）

广东省天井山林场

【概况】 广东省天井山林场创建于1958年，是广东省林业厅直属的生态型自收自支正处级事业单位。2017年年末，林场实现总收入3858万元，上缴税费394万元，创利润400万元。国有资产总值1.97亿元，活立木蓄积量226万立方米，比2016年增长11.9%；森林覆盖率保持在98.12%。

【森林资源培育】 按计划完成2015年国家特殊及珍稀林木培育项目第二年抚育工程、2016年中央财政森林抚育项目工程、2016年木材战略储备项目建设任务、2016年伐区的更新造林工程、2016年防护林工程中央预算内投资项目建设任务、2016年国家特殊及珍稀林木培育项目的调查设计和政府采购，施工合同签订，苗圃建设和除草、松土、开沟管理以及5万多株新购营养袋苗的假植、2017年森林碳汇重点生态工程项目建设任务等工作；完成两座大棚、仿生态种植基地水肥管理、调查监测、病虫害防治及项目档案管理工作。

【森林防火】 完成由韶关市林业局统一招标的第二期森林防火远程视频监控系统工程，顺利验收。采取群众喜闻乐见的方式，深入林场管辖范围内的林区、工区、电站、农村、学校开展《广东省森林防火条例》宣传活动。共悬挂宣传横幅20条，使用宣传车在林区范围及周边农村巡回宣讲100余车次，放映主题电影1场，派发林业法律法规、森林防火宣传单张5000余份，森林防火法规和制度普及到林场、农村每户家庭和每1个人，形成全社会人人参与、支持森林防火工作的良好氛围。认真做好设备维护工作，对扑火机具、通信工具、交通车辆进行全面检修，确保良好状态。

【生态旅游】 一是认真做好场区杂物房的日常管理工作和户外放养家禽的巡查工作，继续抓好环卫绿化养护对外承包管理，绿化环卫质量达到良好水平。二是完成场区旅游卫生设施建设、科学馆外墙装修、景区旅游广告牌、宣传栏、安全导向指示牌安装等工作，筹建天井山户外拓展基地。三是成功举办第二届云锦杜鹃赏花节和第三届“让爱远行”广东屋脊天井山森林漫步节。赏花节期间，前来赏花的游客首次达到近万人。参与漫步节活动游客人数保持在400人左右。四是为高效便捷受理、处理游客与旅游经营者、服务者发生的旅游纠纷，完善经营管理制度，加强旅游法治建设，乳源瑶族自治县人民法院广东天井山国家级森林公园旅游巡回法庭在林场揭牌成立。据统计，2017年前来景区、科学馆和粤凰生态园游客人数为2.6万人次，住宿收入约30万元，门票收入约7.3万元，餐饮部收入约38万元，实现综合收入75.3万元。

【安全生产】 一是年初制定2017年安全生产工作计划，做到全年安全生产工作有组织、有计划，有步骤开展。二是层层落实安全生产责任制，场领导与各部门负责人分别签订安全生产责任书22份，明确安全生产责任。三是完善安委会组织机构，建立健全安全管理机制和事故紧急预案。四是加大安全生产宣传力度，积极开展平安春运、安全生产月、安全知识咨询日、消防安全月等活动，共派发宣传单张500份，悬挂横额30条，编辑黑板报28版。五是着力提高干部职工应急处置和互救能力，邀请瑶族自治县人民医院医生到林场举办急救知识培训班，场机关人员、基层干部共161人参加。六是组织规划建设科、林政生产科对春节后返回岗位的工程施工人员进行岗前培训，夯实安全施工基础。七是在重大节假日和全国两会、党的十九大召开前，积极开展安全生产大检查，发现问题及时整改，落实整改跟踪，2017年共开展安全生产大检查11次，发出整改通知书12份，整改率达100%。落实节假日领导干部值班值守制度，加强各部门的安全生产和保卫工作，做好各阶段安全预警防护工作，为林场安全生产创造良好的环境。

【小水电站生产】 水电服务部认真落实年度安全生产计划，以“全面落实企业安全生产主体责任”为主题，贯彻落实“安全生产，预防为主、综合治理”方针，扎实开展防洪、防汛、防火、防地质灾害演练以及电气系统反事故演习，强化员工安全生产知识学习，着力提高员工安全生产技能。面对全年降雨量减少、只达到2016年70%的情况，采用量化指标管理，优化经营管理方案等措施，有效调动员工的工作积极性，致力水资源利用最大化。全年系统完成送电量约9800万千瓦时，完成年度计划任务的95.3%。

【公路建设】 按计划完成林区公路八仙桥线4千米、深洞线2千米公路硬底化工程，以及深洞大坝技改、天群、深洞电站水渠维护、天三电站尾水河床清理等工作。完成广东屋脊景区公路路肩回填、游客中心环境改造工程、铜桥景区公路挡土墙抢修工程以及其他基建维修项目等80多宗。

【民生建设】 2017年，场工会看望生病职工37人次，慰问金9700元。春节期间，由工会牵头、场领导参加，对离退休老职工、遗属家属、困难职工进行慰问，发放慰问金34560元，送去组织的关爱。积极寻求上级工会和行政的资金支持，开展帮扶助学，2017年帮扶助学8人次，资金6500元。

【支持贫困村建设】 做好4户精准扶贫户帮扶工作，支持洛阳镇扶贫基础设施及创文工作5万元。

【党风廉政建设】 场党委以加强党委班子和党员队伍建设为重点，充分发挥场党委的领导核心作用。贯彻执行《中国共产党党和国家机关基层组织工作条例》，落实《省直单位抓机关党建工作责任清单》，认真履行抓基层党建主体责任，加强场党委组织、制度建设，提升党建工作标准化、规范化水平。印发《广东省天井山林场党风廉政建设主体责任清单》，明确场党委、党支部、党委（支部）书记、党委（支部）领导班子成员的责任要求、责任清单。深入开展“两学一做”学习教育，采取组织专题知识竞赛、参加网络学习、集体讨论学习等形式，深入学习党章党规和系列讲话精神，把学习教育落到实处，争做“四讲四有”合格党员。定期召开党委会，研究解决党建工作中的重大问题，始终做到党建工作与林场行政工作一起部署，一起落实，一起考核。开展纪律教育学习月活动，对林场岗位廉政风险点再排查、制定防控措施等工作进行部署。组织场领导班子及场属党总支、支部书记等实时收看党的十九大开幕式盛况，完整聆听习总书记所作的十九大报告，召开专题会议深入、系统学习十九大精神和习近平新时代中国特色社会主义思想，抓好贯彻落实。

【国有林场改革】 根据国有林场改革需要，做好各项数据统计、报送等工作，起草林场《岗位设置方案》《机构改革方案》；完成在编人员《林业厅职工档案审核表》《广东省事企业单位选调人员呈报表》填写、审核以及个人相关材料工作；按照林业厅人事处要求，对管理人员（含工人身份）个人档案进行整理、装订。（林景辉、孔国荣）

广东省高速公路有限公司京珠北分公司

【概况】 广东省高速公路有限公司京珠北分公司（以下简称公司）负责管理京珠北高速与乐广高速北段两个路段。营运里程共计229.99千米，隧道单洞50座，长63.452千米，收费匝道站15个，省际主线收费站1个，服务区6对。共有员工968人。

【京珠北高速路现状】 于2003年4月建成通车，全长109.89千米，双向四车道。云岩段海拔最高达800米，长上、下坡路段达57.739千米，常年雾区路段长达25千米，每年冬天还会遭遇冰雪严寒天气。

【乐广高速北路段管理】 马渡立交以北路段是京珠北的复线，于2014年9月27日建成通车，全长120.1千米（含韶关北环连接线），双向六车道。为整合资源管理优势，2017年5月该路段正式委托京珠北管理。具备低海拔、车道多、路面平、坡度小等优势，实现“缓解京珠压力、保障安全畅通”的既定目标。乐广北段梅花北至乐昌段全长23.75千米的大瑶山隧道群是全省最长的隧道群，其中大瑶山1号特长隧道单向长约4.2千米，是公司保安全、保畅通的重点。

【队伍建设】 2017年，队伍素质全面提升，全年共有23人次获得省公司及以上荣誉称号，吴碧琴被广东省交通运输厅授予“十大感动交通人物——最美南粤交通工匠”，收费队伍全年新涌现“千万元无差错收费能手”13名。

【企业文化】 2017年，企业文化建设和精神文明建设再创佳绩，公司先后获得中共中央宣传部授予的“全国学雷锋活动示范点”、省委宣传部授予的“广东省学雷锋活动示范点”、省国资委授予的“省国资委五四红旗团支部”、团市委授予的“韶关市共青团员先锋岗（队）”等多项殊荣。公司共有党员99名，共设置4个基层党支部，公司党建“1313”工作法被评选为省国资系统优秀党建工作法。（粟晶晶）

广东乳源大峡谷省级自然保护区

【概况】 广东乳源大峡谷省级自然保护区地属大布镇行政区域。1998年9月14日乳源瑶族自治县政府建立乳源大峡谷亚热带常绿阔叶林自然保护区，由县林业局管理。1999年韶关市人民政府同意批准建立广东大峡谷市级自然保护区。2001年10月大峡谷自然保护区晋升为省级自然保护区，2002年8月省编委同意，成立广东乳源大峡谷省级自然保护区管理处，核定省级事业编制12人，其中主任1人，副主任1人。由广东省和乳源瑶族自治县共管，以乳源瑶族自治县为主。人员经费由省财政核拨。

【加强队伍建设，提升管护能力】 一是组织干部参加上级主管部门和地方政府举办的财务人员、项目管理等各类培训，增强干部专业素质和业务技能。二是加强管护队伍建设。聘请18名村民充实管护队伍，2017年9月组织管护队员参加韶关市、乳源瑶族自治县林业行政主管部门举办的业务培训，进行林业政策及法律法规、森林火警火灾预警预报、扑火技能、安全避险培训，提高防火指挥员和管护队伍的业务水平。三是抓好目标责任制管理。管护科负责人与管护队长，管护队长与护队员签订《广东乳源大峡谷省级自然保护区管理处管护队工作人员考核目标责任书》，管护队员分片挂点，分片包干，分小班巡查，加强重点地段、重点区域巡查，做到发生事件有人报，发生违法行为有人管，责任落实到个人，完善绩效管理，提高管护队员的工作积极性和工作责任心。四是与大布镇政府、大布林业站及曲江区罗坑国家级自然保护区、英德市石门台国家级自然保护区做好森林防火联防联动工作。发生山火，及时相互通报信息，统一调度，及时扑灭山火。

【宣传绿色发展理念】 利用“世界环境日”“地球日”“爱鸟周”、清明、“五一”、国庆和冬至，招募一批生态宣传志愿者，挂横幅，张贴标语，派发宣传单，开展《中华人民共和国森林法》《自然保护区条例》《森林防火条例》《野生动植物保护条例》等法律、法规的宣传活动，提高保护区周边群众的生态保护、野生动植物保护和禁止野外用火意识。2017年保护区共制作横幅25条，宣传标语200张，宣传公告1500份，新建大型宣传牌10块。实现“三无”目标：没有发生火灾，没有发生乱砍滥伐、乱捕乱猎、乱挖乱采等违法现象，没有出现人员上访。

【开展“绿盾2017”行动】 成立“绿盾2017”自然保护区监督检查专项行动实地核查工作领导小组，组织工作人员根据环保部的《2016年广东省省级自然保护区人类活动遥感监测报告》里的52处疑似违法违规开发建设、修筑设施和改变土地利用现状行为的人类活动分布图，到实地进行严格核实对比。经过核实对比，保护区共有56个监测点，增加4个遥感卫星没监测到的点，其中旅游设施5个，居民点6个，农业用地17个，其他人工设施15个，能源设施6个，工矿用地1个，养殖场4个，非人工设施2个，普通道路33.417千米，省道0.8千米。

对存在问题的人类活动点进行整改处理，一是要求广东大峡谷旅游发展有限公司停止建设污染环境，破坏自然资源或自然景观的设施，向自然保护区行政主管部门办理建设项目行政许可；二是监管保护区内小水电站运营，禁止电站开展新开水渠、新铺管道、改变流向以及其他占用林地破坏森林资源环境的行为；三是拆除保护区实验区林地内建设的3处简易羊棚，进行复绿。

【流转林权主体，实现集约管理】 保护区根据《中华人民共和国合同法》《中华人民共和国森林法》及《中华人民共和国农村土地承包法》等有关法律规定，与保护区内相关自然村和村民以租赁的方式，签订流转合同，将区内集体和个人林地的使用权以及该林地上的林木所有权、使用权流转到保护区进行统一管护。2017年12月，保护区内90%的集体林地和私人自留山的“三权”流转到自然保护区，实现集约化管理。

【科研工作】 保护区投入160万元开展宣教中心、标本馆及自然资源展馆等科研基础设施建设。购置GPS、望远镜、数码相机等科研仪器设备。与中南林业科技大学、韶关学院、华南师范大学等院校建立教学实习基地；与华南濒危动物研究所、中科院华南植物园等科研单位合作成立野外调查研究基地，放置红外线野外监测设备5套，提高对珍稀动物的监测能力。2017年，保护区科研宣教中心、标本馆，接待中、小学生400人次，社会各界人士参观考察2000人次，开展野外动物监测调查15次，开展珍稀植物调查10次。

【内部控制规范管理】 保护区规范内部管理，提高资金的使用效益。一是依法依规，抓好项目的实施，按时按质完成资金支付进度。二是完善单位内控规范，从源头上、制度上保证单位各项经济活动的有效进行和资产的安全完整，保证会计资料的真实、合法、完整，提高会计信息质量。

【访客服务、维稳及林区协调】 抓好生态旅游区的监督和管理。2017年在生态旅游区内，没有发生任何游客违反《自然保护区条例》和破坏自然资源的案件。贯彻“群众利益无小事”的信访工作方针，倾听林农心声，解决林农的合理诉求，2017年，林区居民没有出现投诉和上访现象。

【学习教育实践活动】 成立“两学一做”教育实践活动工作领导小组，2017年，组织党员集中学习6次，党员撰写学习心得体会18份。

【重点工程项目征地】 2017年，配合中共乳源瑶族自治县委、乳源瑶族自治县人民政府协调处理县城北环市政道路改扩建工程、东阳光药厂扩建项目、东阳光化工厂扩建项目、侯公渡至江湾公路改扩建工程、冰片厂建设项目、323线北侧项目、323线南侧项目、南水供水工程等重点工程项目征地工作，完成征地66.67公顷，处理征地信访件20宗，稳控拟越级上访5次。

【精准扶贫】 2017年，在大布镇白坑村委对9户扶贫户开展精准扶贫工作，按上级有关政策及文件精神，帮助扶贫户制定年度发展计划，发放大病医疗保险单9份，帮助4户扶贫户发展各种种养，申请产业帮扶资金1.35万元，帮助6户扶贫户12名子女申请教育帮扶资金，帮助4户扶贫户进行危房改造，申请资金19.4万元。有2户扶贫户提前一年实现脱贫。

（李钰桦）

2017年乳源瑶族自治县国民经济统计资料

乳源瑶族自治县
2017年国民经济和社会发展的统计公报
乳源瑶族自治县发展和改革局

2018年3月

2017年，面对错综复杂的国内外形势，在县委、县政府的正确领导下，全县上下坚持以习近平新时代中国特色社会主义思想为指导，坚持稳中求进，贯彻新发展理念，积极推进供给侧结构性改革，大力实施创新引领开放崛起战略，全县经济运行呈现稳中有进，稳中向好的良好态势。

一、综合

初步核算，全年完成生产总值84.59亿元，比上年增长9.2%，GDP增速在全市排名第一，其中：第一产业增加值8.36亿元，比上年增长4.3%，第二产业增加值40.72亿元，比上年增长8.3%，第三产业增加值35.51亿元，比上年增长11.4%。人均地区生产总值45333元，比上年增长8.2%。三次产业结构比分别是9.9：48.1：42。

二、农业

据统计，全年农林牧渔业总产值13.23亿元，比上年增长4.3%。其中：农业产值8.19亿元，比上年增长3.3%；林业产值2.57亿元，比上年增长8%；畜牧业产值1.93亿元，比上年增长3.9%；渔业产值0.25亿元，比上年增长5.9%。

全年农作物播种面积22766.67公顷。谷物总产量5.25万吨，比上年增长1.3%，其中：稻谷总产量4.82万吨，比上年增长0.7%；蔬菜总产量8.9万吨，比上年增长3.6%；水果总产量1.15万吨，比上年增长5.5%。

畜牧业平稳发展。全年肉猪出栏量7.2万头，比上年增长0.8%；猪、家禽等肉类总产量比上年增长1.2%。

渔业稳步增长。年末水产品产量2870吨，比上年增长5.9%。

三、工业

全年全部工业增加值35.78亿元，比上年增长8.1%，其中规模以上工业增加值30.67亿元，比上年增长9.2%；在水力发电企业不景气的环境下，规模以上工业的稳定增长主要得益于乳源县东阳光集团的支撑；规模以下工业增加值5.11亿元，比上年增长2%。

规模以上工业产值121.33亿元，比上年增长16.7%。在规模以上工业中，制造业产值106.71亿元，比上年增长20.9%；电力生产和供应业产值14.62亿元，比上年下降5.1%。

四、固定资产投资和建筑业

全年社会固定资产投资完成75.41亿元，比上年增长12.6%。其中：固定资产投资项目完成71.13亿元，比上年增长16.7%，房地产开发投资完成4.28亿元，比上年下降28.6%，商品房销售面积17.55万平方米。全年全社会建筑业增加值4.93亿元，比上年增长9.6%。

三次产业投资结构，第一产业投资完成0.5亿元，比上年下降51.5%；第二产业投资完成30.06亿元，比上年增长18.6%；第三产业投资完成44.85亿元，比上年增长10.5%；三次产业投资结构比为0.66∶39.86∶59.48。

五、运输邮电

当年全县货运量84万吨，货物周转量36115万吨公里；旅客客运量54.8万人，客运周转量223万人公里。全年交通运输、仓储和邮政业增加值3.97亿元。年末全县公路通车里程256.23公里，其中高等级公路14.87公里。

2017年邮政业务总量比上年增长23.3%；电信业务总量比上年下降3.8%。

六、贸易、对外经济、旅游

全年批发业销售额229.81亿元，比上年增长47%，零售业销售额16.78亿元，比上年增长4.8%，住宿业营业额8443万元，比上年下降14.7%，餐饮业营业额3.11亿元，比上年增长7%。全年累计社会消费品零售总额24.24亿元，比上年增长7.9%。其中：批发和零售业零售额21.56亿元，比上年增长7.6%，住宿和餐饮业零售额2.69亿元，比上年增长10.32%。按地域分：城镇社会消费品零售总额增长7.85%，乡村社会消费品零售总额增长8%。

全年外贸进出口总值10111万美元，比上年下降21.1%，其中，外贸出口总值7922万美元，比上年下降25.7%，外贸进口总值2189万美元，比上年增长1.7%；全年实际利用外资486万美元，比上年下降39.4%。

据旅游部门统计，2017年，全县共接待游客461.9万人次，比上年增长11.4%；旅游收入39.33亿元，比上年增长13.1%。

七、财政、金融和保险业

据财政部门统计：全年地方财政一般预算收入5.63亿元，比上年增长10.2%；其中，税收收入4.23亿元，增长16.3%，非税收收入1.37亿元，比上年下降5.2%。地方财政一般预算支出26.87亿元，比上年增长20.5%，其中：一般公共服务支出5.24亿元，比上年增长8.61%；教育支出4.75亿元，比上年增长28%；医疗卫生支出2.66亿元，比上年增长0.8%；社会保障和就业支出2.36亿元，比上年增长34.17%；节能环保支出1.21亿元，比上年下降51%；文体与传媒支出0.55亿元，比上年增长53.8%。

据税务部门资料，全年国税、地税税收收入合计14.87亿元，比上年增长34.3%，其中：国税国内税收收入10.27亿元，比上年增长54.5%；地税税收收入4.59亿元，比上年增长3.9%。

年末，金融机构各项贷款余额44.27亿元，比上年增长8.6%，各项存款余额94.6亿元，比上年增长8.5%，其中：城乡住户储蓄存款余额52.87亿元，比上年增长10.9%。

据保险部门统计，全年有69534人参加了人身保险，有3.8万户家庭参加了家庭财产保险，参加财产保险企事业单位415个。全年全县保险保费收入9086万元，比上年增长10.86%，其中财产保险公司保费收入2488万元，人寿保险公司保费收入6598万元。全年支付各类赔款及给付额3946万元，其中：财产保险赔款金额1009万元，各类人身险给付金额2937万元。

八、教育、卫生、文化和体育

教学质量进一步提升，中高考硕果累累。年末全县有普通学校58间（不含教学点、职中），招生人数10833人；毕业生人数8892人；在校学生人数34376人，在校人数中：普通中学在校学生9491人，其中高级中学在校学生2537人，小学在校学生16437人，在幼儿园接受学龄前教育的儿童8448人，特殊教育学校学生63人。2017年高考录取人数为1185人，本科录取436人；初中毕业录取中专人数为978人。

积极改善就医环境，医疗队伍进一步优化。2017年末全县拥有在编卫生人员数1140人，其中卫生技术人员969人，执业医师249人；年末全县拥有病床床位数559张，其中医院病床床位334张。

公共文化供给进一步加强，文化生态保护再上新台阶。2017年全县实有影剧院数1间、文化馆1个、博物馆1个、乡镇文化站9个、公共图书馆1个；全县放映场次1286场，观影人次5.66万人次，电影平均上座率达到30%，比去年增长了10%，公共图书馆图书总藏量22万册，比上年增加了12万册。

全民健身公共服务均衡发展，体育赛事再创佳绩。2017年，新增1个体育场，2个田径场。全县各单位举办各类运动会16次，参加比赛人数达0.8万人，比上年增长33%；参加地级县以上运动会4

次，夺得4金2银2铜的好成绩。

九、人口与人民生活

年末，全县户籍总人口22.66万人（公安局户籍人口），其中男性11.71万人，女性10.95万人。人口变动中迁入人口合计1107人，迁出人口合计1520人。城镇化率44.73%。

据卫计部门统计：全年出生人口4250人，符合政策生育率为97.55%，政策外多孩率3.67%；常住人口自然增长率8.06‰；死亡率7.07‰；出生人口性别比104.31（以女孩为100）。

城乡居民收入增长较快，人民生活水平得到进一步改善。全年城乡居民可支配收入1.88万元，增长10.4%，其中城镇居民人均可支配收入2.39万元，比上年增长11%，农村居民人均可支配收入1.3万元，比上年增长10.8%。

全年安置就业人数4416人，向外输出劳务人数1342人，转移就业人数3021人，城镇登记失业率控制在2.4%以内。

年末，全县拥有敬老院6间，供养人数67人；社会福利收养性单位1个。社会各种捐款113万元。设立城镇社区服务设施13个。

年末，参加基本养老保险职工人数2.85万人，比上年增长4%；全县城乡居民基本养老保险参保人数为13.99万人，比上年增长8.4%；参加医疗保险人数19.36万人，比上年增长5.2%。

年末，最低生活保障总户数1892户，总人数3753人，农村居民低保户数1709户，人数3469人，城镇居民低保户数183户，人数284人。

十、资源、环境和安全生产

全年平均降雨量1732毫米，较上年下降27.4%。全年日照时数1427小时，平均气温20.8℃。

全年规模以上工业综合能源消费量47.22万吨标准煤，比上年增长7.3%。全社会用电量14.91亿千瓦时，增长7.1%。其中，工业用电量13.01亿千瓦时，增长7.5%。

全年发生各类安全生产事故17起，比上年提高54%，安全生产事故直接经济损失8.43万元。

说明： 1. 公报中所列数据均为初步统计数。

2. 生产总值、各产业增加值和工农业总产值指标绝对数按当年价格计算，增长速度按可比价格计算。

3. 2011年国家统计制度改革，规模以上工业统计范围为年主营业务收入2000万元及以上的企业，固定资产投资统计范围为计划总投资500万元及以上项目和房地产开发投资。

先进名录

先　进　单　位

2017 年获韶关市委、市政府以上机构（含省直部门、市厅级机构）表彰先进单位一览表

单　　位	授予时间	荣　誉　称　号	授　予　单　位
韶关市乳源云门山大觉禅寺	2017.01	第三届全国创建和谐寺观教堂先进集体	中共中央统一战线工作部　中华人民共和国国家宗教事务局
中心洞村委会政研新村	2017.03	第二批中国少数民族特色村寨	中华人民共和国国家民族事务委员会
广东省高速公路有限公司京珠北分公司粤北收费站	2017.03	全国学雷锋活动示范点	中共中央宣传部
京珠北分公司粤北收费站	2017.03	全国学雷锋活动示范点	中共中央宣传部
乳城供电所	2017.05	中国金牌最美供电所	中国电力传媒集团
乳源瑶族自治县	2017.06	《乳源年鉴》（2016）获全国地方志优秀成果三等奖	中国地方志指导小组　中国地方志学会
乳源瑶族自治县革命老区促进会	2017.06	中国老促会“老区宣传工作”三等奖	中国老区建设促进会
大布镇	2017.06	中国老促会“老区宣传工作”三等奖	中国老区建设促进会
必背口社区	2017.09	创建无邪教示范村（社区）	国务院防范和处理邪教问题办公室
乳城镇坝厂村	2017.09	创建无邪教示范村（社区）	国务院防范和处理邪教问题办公室
东坪镇方武村	2017.09	创建无邪教示范村（社区）	国务院防范和处理邪教问题办公室

续上表

单　　位	授予时间	荣　誉　称　号	授　予　单　位
必背镇	2017.09	创建无邪教示范镇	国务院防范和处理邪教问题办公室
必背镇桂坑村委	2017.11	全国文明村	中央精神文明建设指导委员会
乳源瑶族自治县鲜明八一希望学校	2017	国防教育特色学校	教育部
乳源瑶族自治县电信分公司工会	2017	模范职工之家	中国电信集团公司工会
游溪镇人民政府	2017.03	第一批广东省民族团结进步创建活动示范单位	广东省民族宗教事务委员会
东阳光实业发展有限公司	2017.03	第一批广东省民族团结进步创建活动示范单位	广东省民族宗教事务委员会
瑶乐居小区	2017.03	第一批广东省民族团结进步创建活动示范单位	广东省民族宗教事务委员会
乳源高级中学	2017.03	第一批广东省民族团结进步创建活动示范单位	广东省民族宗教事务委员会
民族实验学校	2017.03	第一批广东省民族团结进步创建活动示范单位	广东省民族宗教事务委员会
云门山大觉禅寺	2017.03	第一批广东省民族团结进步创建活动示范单位	广东省民族宗教事务委员会
大桥镇	2017.03	2017年度全省休闲农业与乡村旅游示范镇	省农业厅　省旅游局
共青团大桥镇委	2017.05	广东省五四红旗团委	共青团广东省委
金禧小学	2017.05	诗歌教育示范学校	南方报业传媒集团　中共广东省委宣传部　省教育厅　省作家协会
金禧小学	2017.05	优秀组织奖	南方报业传媒集团　中共广东省委宣传部　省教育厅　省作家协会
京珠北分公司粤北收费站	2017.06	广东省学雷锋活动示范点	广东省委宣传部

续上表

单　　位	授予时间	荣誉称号	授予单位
乳源一小	2017.06	广东省校园足球推广学校	广东省教育厅
乳源一小	2017.06	广东省“红旗大队”称号	广东省教育厅
大布镇大布社区	2017.09	全省创建无邪教示范村（社区）	广东省防范和处理邪教问题办公室
洛阳镇洛阳村	2017.09	全省创建无邪教示范村（社区）	广东省防范和处理邪教问题办公室
广东粤电南水发电有限责任公司	2017.10	2017年度AAA级先进发电企业	广东省粤电集团公司
乳源瑶族自治县民政局	2017.11	先进单位	广东省民政厅
必背镇桂坑村	2017.11	广东省文明村镇	广东省精神文明建设委员会办公室
金禧小学	2017.11	广东省中小学特色课程建设方案“评选三等奖”	广东省教育研究院
乳源中学	2017.11	广东省“依法治校示范学校”	广东省教育厅
高级中学	2017.11	《校园瑶族竹竿舞课程方案》获广东省中小学特色课程建设方案评选二等奖	广东省教育研究院
高级中学	2017.11	《舞龙舞狮样本教材》广东省中小学特色教材评选三等奖	广东省教育研究院
县文化馆	2017.11	《铜铃悠歌》荣获广东省第十届精神文明建设“五个一工程”奖	广东省文化厅　珠海市人民政府　广东省文化馆
县文化馆	2017.11	《瑶山飞来一群金鸪鸪》荣获广东省第七届群众音乐舞蹈花会金奖	广东省文化厅　珠海市人民政府　广东省文化馆
县国税局	2017.11	广东省文明单位	广东省精神文明建设委员会
乳源中学	2017.12	广东省“安全文明校园”	广东省教育厅
乳源中学	2017.12	广东省“德育示范学校”	广东省教育厅
乳源中学	2017.12	广东省“中小学校本培训示范学校”	广东省教育厅
乳源瑶族自治县	2017	广东省推进教育现代化先进县（区）	广东省教育厅

续上表

单　　位	授予时间	荣　誉　称　号	授　予　单　位
京珠北分公司粤北收费站团支部	2017	省国资委五四红旗团支部	广东省国资委
乳源好山好水冬虫夏草有限公司	2017	“冬虫夏草繁育有关键技术研究及其产业化应用”项目获得广东省科学技术一等奖	广东省科技局
县旅游局	2017	广东省旅游工作先进集体	省人社厅　省旅游局
乳源瑶族自治县	2017.06	2016年度新一轮农网改造升级优秀单位	韶关市人民政府

先　进　个　人

2017年获韶关市委、政府以上机构（含省直部门、市厅级机构）表彰先进个人一览表

姓　名	授予时间	获奖时工作单位	荣　誉　称　号	授　予　单　位
江仙英	2017.07	县女子龙舟队	荣获全国第十三届运动会“优秀龙舟运动员”称号	国家体育总局
邓新燕	2017.07	县女子龙舟队	荣获全国第十三届运动会“优秀龙舟运动员”称号	国家体育总局
许化鹏	2017.07	乳源瑶族自治县社科联	《以古道为依托，发展全域旅游》论文“2016-2017年度经济建设与发展理论实践成果”特等奖	中国区域经济发展研究院
曹国秀	2017.08	县教育局	全国群众体育先进个人	国家体育总局
谢荣昌	2017.10	乳源瑶族自治县民族实验学校	全国物理竞赛一等奖	中国科协青少年科技中心
邹　蕾	2017.04	县机关幼儿园	“广东省学前教育专业论文征集评选活动”三等奖	广东省教育学会
游殷绮	2017.04	县机关幼儿园	“广东省学前教育专业论文征集评选活动”三等奖	广东省教育学会

续上表

姓　名	授予时间	获奖时工作单位	荣　誉　称　号	授　予　单　位
吴碧琴	2017.05	京珠北分公司粤北收费站	十大感动交通人物－－最美南粤交通工匠	广东省交通运输厅
曹永坚	2017.05	金禧小学	“广东省诗歌节”优秀指导老师	南方报业传媒集团　中共广东省委宣传部　省教育厅　省作家协会
文胡新	2017.05	金禧小学	“广东省诗歌节”优秀指导老师	南方报业传媒集团　中共广东省委宣传部　省教育厅　省作家协会
余华英	2017.05	八一小学	“广东省诗歌节”一等奖	南方报业传媒集团　中共广东省委宣传部　省教育厅　省作家协会
罗　萱	2017.05	八一小学	“广东省诗歌节”三等奖	南方报业传媒集团　中共广东省委宣传部　省教育厅　省作家协会
丘　婧	2017.05	金禧小学	“广东省诗歌节”二等奖	南方报业传媒集团　中共广东省委宣传部　省教育厅　省作家协会
谢幸儿	2017.05	金禧小学	“广东省诗歌节”二等奖	南方报业传媒集团　中共广东省委宣传部　省教育厅　省作家协会
林思羽	2017.05	金禧小学	“广东省诗歌节”二等奖	南方报业传媒集团　中共广东省委宣传部　省教育厅　省作家协会
赵婧珊	2017.05	金禧小学	“广东省诗歌节”二等奖	南方报业传媒集团　中共广东省委宣传部　省教育厅　省作家协会
傅　悦	2017.05	金禧小学	“广东省诗歌节”三等奖	南方报业传媒集团　中共广东省委宣传部　省教育厅　省作家协会

续上表

姓　名	授予时间	获奖时工作单位	荣　誉　称　号	授　予　单　位
胡雨婷	2017.05	金禧小学	“广东省诗歌节”三等奖	南方报业传媒集团　中共广东省委宣传部　省教育厅　省作家协会
李严严	2017.05	金禧小学	“广东省诗歌节”三等奖	南方报业传媒集团　中共广东省委宣传部　省教育厅　省作家协会
官绍锐	2017.05	金禧小学	“广东省诗歌节”三等奖	南方报业传媒集团　中共广东省委宣传部　省教育厅　省作家协会
连　盈	2017.05	金禧小学	“广东省诗歌节”三等奖	南方报业传媒集团　中共广东省委宣传部　省教育厅　省作家协会
黄梓萱	2017.05	金禧小学	“广东省诗歌节”三等奖	南方报业传媒集团　中共广东省委宣传部　省教育厅　省作家协会
潘佳怡	2017.05	金禧小学	“广东省诗歌节”三等奖	南方报业传媒集团　中共广东省委宣传部　省教育厅　省作家协会
张舒惠	2017.05	金禧小学	“广东省诗歌节”三等奖	南方报业传媒集团　中共广东省委宣传部　省教育厅　省作家协会
冯世有	2017.06	民族实验学校	《生物的进化》获“广东省计算机教育软件评审活动基础教育组”一等奖	广东省技术师范学院
徐　哲	2017.06	县国税局	广东省国税系统“五过硬”党务工作者	中共广东省国家税务局党的建设工作领导小组
赖南坡	2017.08	县政府信息中心	2017年《南方日报》优秀通讯员奖	南方日报社
邓书妹	2017.10	县体育局	荣获广东省第四届体育大会“优秀龙舟运动员”称号	广东省体育局
邓冬英	2017.10	县体育局	荣获广东省第四届体育大会“优秀龙舟运动员”称号	广东省体育局

续上表

姓　名	授予时间	获奖时工作单位	荣　誉　称　号	授　予　单　位
邓新花	2017.10	县体育局	荣获广东省第四届体育大会“优秀龙舟运动员”称号	广东省体育局
赵林英	2017.10	县体育局	荣获广东省第四届体育大会“优秀龙舟运动员”称号	广东省体育局
赵珍英	2017.10	县体育局	荣获广东省第四届体育大会“优秀龙舟运动员”称号	广东省体育局
赵西乃	2017.10	县体育局	荣获广东省第四届体育大会“优秀龙舟运动员”称号	广东省体育局
赵春燕	2017.10	县体育局	荣获广东省第四届体育大会“优秀龙舟运动员”称号	广东省体育局
赵妹英	2017.10	县体育局	荣获广东省第四届体育大会“优秀龙舟运动员”称号	广东省体育局
陈香平	2017.11	八一小学	“2017年广东省青少年毒品预防教育课件设计征集活动”二等奖	省禁毒办　省教育厅　省人力资源和社会保障厅
廖文招	2017.11	八一小学	“2017年广东省青少年毒品预防教育课件设计征集活动”二等奖	省禁毒办　省教育厅　省人力资源和社会保障厅
潘光南	2017.12	县国税局	广东省营改增试点工作嘉奖	广东省国税局
许化鹏	2017.09	乳源瑶族自治县社科联	《西京古道行》获“韶关市第三届哲学社会科学优秀成果”三等奖。	韶关市人民政府

文献转载与重要文件

扎实推动省党代会精神落地生效
确保如期全面建成小康社会

——在县委十二届二次全会上的讲话

（2017 年 7 月 3 日）

吴春腾

现在，我代表县委常委会向全会作报告，请予审议。

这次全会的主要任务是，深入学习贯彻习近平总书记对广东工作重要批示精神和省第十二次党代会精神及市委十二届四次全会精神，总结和部署工作，动员全县广大党员干部群众，按照县第十二次党代会确定的“一二三四五”发展思路，坚定信心，把握机遇，真抓实干，扎实推动乳源加快发展，为如期全面建成小康社会而努力奋斗。

今年是本届县委履职的第一个年度。今年以来，我们深入学习贯彻习近平总书记系列重要讲话精神和对广东工作重要批示精神及省第十二次党代会精神，按照“一二三四五”发展思路，适应新常态，融入珠三角，认真研究推动招商引资、园区建设、城市提升、交通设施建设和农村人居环境整治，推动了绿色工业、生态农业、特色旅游、商贸服务业持续发展。预计上半年全县完成生产总值 32 亿元，同比增长 9%；完成固定资产投资 25 亿元，同比增长 12%；完成地方财政一般预算收入 2.5 亿元，同比增长 10%。实行网格化管理推动文明城市创建，扎实推进精准扶贫、教育、卫生、文化、社会保障等民生事业，社会大局持续和谐稳定。顺利完成村（社区）“两委”换届选举，常态化制度化开展“两学一做”学习教育，持续深入推进党风廉政建设和反腐败工作，全面从严治党取得新成效。

今年 4 月，习近平总书记对广东工作作出重要批示，充分肯定党的十八大以来广东各项工作，希望广东坚持党的领导、坚持中国特色社会主义、坚持新发展理念、坚持改革开放，为全国推进供给侧结构性改革、实施创新驱动发展战略、构建开放型经济新体制提供支撑，努力在全面建成小康社会、加快建设社会主义现代化新征程上走在前列。今年 5 月，省召开第十二次党代会，聚焦习近平总书记对广东工作的重要批示精神，深入贯彻习近平总书记系列重要讲话精神和治国理政新理念新思想新战略，谋划我省在重要战略机遇期加快转型发展的重大方略。6 月 28 日，市委召开十二届四次全会，深入贯彻落实省第十二次党代会精神，作出加快韶关发展步伐、全面建成小康社会的具体部署。

县委常委会及时组织传达学习了习近平总书记对广东工作的重要批示、省党代会和市委全会精神。县委常委会认为，习近平总书记的重要批示高屋建瓴、内涵丰富、催人奋进，是习近平总书记系列重要讲话精神和治国理政新理念新思想新战略在广东的具体化，是指导广东未来工作的总纲。省第十二次党代会深入贯彻习近平总书记的重要批示精神，吹响了在全面建成小康社会、加快建设社会主义现代化新征程上走在前列的时代号角，是指导今后五年广东改革发展的纲领性文件。市委十二届四次全会对贯彻落实省党代会精神、加快韶关发展步伐作出的工作部署，是确保韶关如期全面建成小康社会的行动指南。我们一定要以习近平总书记重要批示精神为统领，深入学习贯彻省党代会精神，按照市委全会的部署，认真谋划、真抓实干、奋发作为，推动乳源发展在新的起点上再创新局，以优异成绩迎接党的十九大胜利召开。

一、深入学习贯彻习近平总书记重要批示精神和省党代会精神，凝聚加快发展的思想共识

学习贯彻习近平总书记重要批示精神和省党代会精神是当前和今后一个时期的重要政治任务，我们要深刻领会，把握精神实质，切实做到以批示精神和党代会精神统一思想、指引改革、推动发展。

（一）准确把握习近平总书记重要批示精神，始终坚持正确的发展方向。面对新形势新任务，习近平总书记对广东提出“四个坚持、三个支撑、两个走在前列”的殷切希望。“四个坚持”是旗帜和方向，“三个支撑”是使命担当和发展路径，“两个走在前列”是总的奋斗目标。批示从战略和全局高度为广东改革发展作出了新定位，也为乳源的发展指明了前进方向。我们要把重要批示作为统领各项工作的总纲，贯彻到各个领域、各个环节，切实增强政治意识、大局意识、核心意识、看齐意识，在思想上、政治上、行动上始终同以习近平同志为核心的党中央保持高度一致，确保中央和省委决策部署在乳源落地生根，推动乳源各项事业始终沿着正确方向前进。

（二）准确把握当前发展存在的问题和困难，切实增强工作的针对性实效性。省党代会实事求是指出广东发展中的深层次结构性问题，这些问题在乳源普遍存在，有些问题还非常突出。我们经济规模偏小，产业发展水平较低，结构不够优化，缺乏关联度大、带动性强、附加值高的项目；招商引资项目落地难，投资增长势头减弱，重点项目推进缓慢，经济增长内生动力不足；政务服务水平不高，人才、金融、科技、创新等服务配套不健全，企业经营成本偏高，营商环境优势不明显；农村基础设施薄弱，部分村居环境脏乱差，农业产业规模小，农产品加工不足，农业经济效益不高；城市规划、建设、管理水平低，少数民族特色不明显，乱摆卖、乱停放、乱搭建等问题突出，创建全国文明城市任务艰巨；优质教育和医疗资源不足，文化、体育、养老等公共服务发展滞后，精准扶贫精准脱贫难度大，全面建成小康社会短板突出；基层治理问题较多，涉农涉地、涉环保等领域矛盾多发，部分基层组织软弱涣散，村民自治作用发挥不足，基础工作薄弱；部分领导干部担当意识不强，干事创业能力不足、氛围不浓，为官不为、违纪违规现象时有发生。这些问题如果得不到有效解决，必将严重制约乳源的发展，进一步拉大乳源与发达地区的差距。对此，我们一定要高度重视，采取针对性措施，切实有效加以解决，加快乳源发展步伐。

（三）深刻理解今后五年全省重大决策部署，坚持和完善“一二三四五”发展思路。省党代会作出了一系列关系广东经济社会发展的战略部署和工作要求，为乳源县加快发展提供了重要机遇，也为我们进一步对标调频理清发展思路提供了指引，增强了我们坚持和完善“一二三四五”发展思路的信心。我们要按照省委推进区域协调发展、加快全省一体化发展要求，坚持建设韶关融入珠三角先行区“一个定位”，坚定加快融入发展、建设先行区的信心。要抓住省委推进民族地区加快发展的机遇和粤北生态区在保护中发展的要求，进一步突出民族和生态“两大特色”，坚定打好民族牌、走好生态路的决心。要借助省委深化珠三角与粤东西北产业共建、推进粤东西北城市扩容提质、大力发展县域经济的政策支持，认真落实市委“三大主题工作”部署，加快推进项目攻坚、城市提升、县域发展。要把握省市推动供给侧结构性改革和绿色发展的要求，大力发展绿色工业、生态农业、特色旅游、商贸物流“四大产业”，寻求融入珠三角的突破口和切入点，力争在推动四大产业与珠三角融合发展中率先实现突破。当前特别要主动对接韶关打造珠三角先进装备制造产业共建基地，加快建设现代产业聚集地；对接韶关打造珠三角旅游休闲度假首选地，加快建设休闲度假精品区和健康养生首选地；对接韶关打造珠三角优质农产品生产供应基地和高效联通珠三角地区与内地的物流集散地，加快建设绿色食品集散地；要凸显民族文化优势，加快建设世界过山瑶文化中心区，营造发展新优势，促进乳源融入珠三角加快发展。

（四）准确把握全面建成小康的目标要求，切实增强加快小康建设的责任感紧迫感。省党代会指出，“粤东西北地区正处在全面建成小康社会的关键节点上，必须奋发图强，加快发展步伐，全力补齐短板，确保如期全面建成小康社会”。近年来，虽然乳源县经济社会得到较快发展，但与全面小康的目标还有较大差距。2016年，乳源县全面小康实现程度仅77.3%，比全市、全省、全国分别低2.4、18.7、11.7个百分点。纳入评价的经济发展、民主法治、文化建设、人民生活、资源环境五类指标实现程度分别为61.5%、76.8%、75.1%、86%、82.2%；42项具体指标实现程度在90% -100%的有21项、80% -90%的有3项、低于80%的有18项。人均GDP、城乡居民收入、常住人口城镇化率、人均公共文化财政支出、公共交通服务指数、第三产业增加值占GDP比重、战略性新兴产业增加值占GDP比重等短板指标严重拉低小康实现程度。按现行发展速度和最新标准测算，到2020年乳源县小康实现程度在88%左右，实现全面小康任务十分艰巨。确保如期全面实现小康，既是全县各族群众的热切期盼，也是实现中华民族伟大复兴的需要，是一项具有全局性、历史性的重大政治任务。我们要把全面建成小康社会作为今后几年的主要工作目标和重要政治任务，牢固树立发展意识、忧患意识和责任意识，切实增强加快发展的责任感紧迫感，着力解决发展不快、发展不足、发展不优问题，精准发力补齐短板，确保如期全面建成小康社会。

二、扎实推进供给侧结构性改革，推动产业发展转型升级

供给侧结构性改革倒逼调结构、去杠杆、增效益，倒逼产业转型升级和产业转移。我们要把握好供给侧结构性改革的机遇和挑战，加快产业结构调整和发展动力转换，努力实现更高质量和效益的发展。

（一）拓宽园区发展新空间。当前，资源环境约束趋紧，园区发展空间日益狭窄，迫切需要寻找未来发展新空间。要充分用好民族地区税收优惠政策，加快研究谋划市县合作共建总部经济园区，坚持走园区差异化发展道路，探索实行“生态园林”建设模式和“政府主导、市场主体”运营模式，吸引企业总部、生产流通环节、创新孵化基地等入驻，聚集资金、人才、信息、研发等高端资源，建设总部经济平台。要对接韶关机场和韶关航空产业园建设，积极推进北部工业园区规划建设，谋划发展空港经济、现代物流业，打造产业发展新基地。要加快完善富源、新材料园区基础设施，加大土地收储力度，加强批而未供、供而未用土地消化利用，提高土地利用效率，提升园区承载力。要按照“一园一特色”发展格局，优化园区功能布局，推动特色产业向园区集聚、优质资源配置向园区倾斜，提高园区对县域经济增长的支撑力。

（二）推动与珠三角产业共建。融入珠三角，推进产业共建，是加快发展的动力之源。要抓住产业共建窗口期和对口帮扶契机，对接“广佛肇+清云韶”经济圈，找准产业共建突破口，积极参与珠三角产业分工，促进珠三角产业拓展和先进生产力延伸向乳源布局。发挥自然生态、民族政策、产业基础等优势，积极探索特色旅游互补发展、生态农业错位发展、绿色工业承接发展、商贸物流配套发展的产业共建模式。落实招商引资常态化机制，瞄准知名企业和省属国企，重点引进新型材料、电子信息、装备制造、生物医药、商贸物流、健康生态产业等龙头骨干企业，提高招商引资质量和效益。

（三）加快绿色工业转型升级。工业转型升级是市场倒逼的必然结果。坚决淘汰落后产能，对僵尸企业要通过招商引资引进优质企业，将原有厂房、土地等使用权配置给新引进企业，盘活闲置土地、厂房。引导传统企业采用新技术、新工艺、新装备技改升级，发展市场需求的产业和产品，实现转型发展、二次创业。重点支持新材料、新能源、新药业等战略性新兴产业和先进装备制造、智能制造业发展，形成特色产业集群，加快建设现代产业集聚地。积极服务实体经济发展，内培外引根植性强的龙头企业和行业领军企业，发展一批“专精特新”中小微企业，形成大中小企业竞相发展格局。深化国企改革，鼓励银源和明源公司积极开拓市场、拓展业务，发展壮大自身实力。

（四）推进农业供给侧结构性改革。乳源县发展农业的生态优势明显，但绿色农产品规模不大，生产供给跟不上市场需求，要把增加绿色优质农产品供给作为农业供给侧改革主攻方向。要按照“一片两带”布局，扶持发展“一村一品、一镇一业”，扩大水果、茶叶、中药材等主导产业规模，推广稻田养鱼、大棚果蔬种植。要积极谋划推动农产品集中加工区建设，推动农产品精深加工，建设绿色食品集散地。积极培育新型农业经营主体和职业农民，推进农业产业化、标准化发展，创建国家农产品质量安全县。要深入推进农村综合改革，全面完成农村土地承包经营权确权登记颁证，逐步解决农村土地细碎化问题，引导土地经营权有序流转。要大力发展农村电商、乡村旅游和休闲农业经济，培育农业经济新增长点。

（五）推动全域旅游新发展。推动景点旅游向全域旅游转变，是旅游业转型发展的新方向。乳源县旅游资源丰富、产业基础较好，发展全域旅游潜力巨大。要围绕建设休闲度假精品区和健康养生首选地，充分发挥自然生态、温泉休闲、民族风情、禅宗古道等旅游资源优势，打通全域旅游交通网络，实现景区串点连线，形成全域旅游发展新格局。要加快云门山旅游度假区、银山南岭温泉、大瑶山西京古道、古母水旅游度假区、云门阳光湖建设，支持南岭国家森林公园和云门山旅游度假区创建5A级景区，培优培强旅游龙头企业。要大力发展乡村旅游、文化旅游、户外旅游、养生健康等旅游新业态，打造瑶族“十月朝”文化旅游节、铁人三项挑战赛、环南水湖自行车公开赛等旅游节庆品牌。要创新旅游营销模式，把旅游推介融入招商引资、城市提升、营商环境建设中，积极开展全媒体旅游宣传，提高旅游知名度。

（六）抢抓机遇发展商贸物流业。民族地区税收优惠政策红利，韶关机场建设、空港经济产业园和总部经济园的谋划建设以及韶关打造粤湘赣商贸物流基地，是乳源县发展商贸物流业的重大机遇。要把发展商贸物流业作为破解生态区发展瓶颈的突破口，科学规划物流基础设施，加快城市商贸广场建设，发挥政策优势、区位优势、环境优势，着力引进大型商贸企业和流通环节。大力培育信息服务、科技服务、行业认证、品牌营销等生产性服务业，扩大商贸、饮食、文化、教育等生活性服务业中高端供给，促进电子商务、休闲旅游、健康养生、共享经济、大数据等新兴服务业发展。

三、实施创新驱动发展战略，打造粤东西北最优营商环境

李克强总理在全国深化放管服改革电视电话会议上强调：“营商环境就是生产力。要着力抓环境建设，由过去追求优惠政策洼地，转为打造公平营商环境的高地，真正做到审批更简、监管更强、服务更优。”乳源县是山区贫困县，要赢得发展、赢得未来，就要创新体制机制，加快科技、金融、人才等综合营商平台建设，努力打造粤东西北服务效率最高、管理最规范、综合成本最低的营商环境高地。

（一）建设高效政务平台。政务服务是影响营商环境的首要因素。政务服务水平不优、效率不高仍然是乳源县营商环境的硬伤。要创新政府管理体制，落实行政审批制度改革，精简审批事项，优化审批流程和环节，实行“一审一核制”，进一步提升行政审批效率。要推行投资建设项目并联审批、模拟审批制度，加快建成投资项目联合审批系统，实现从“先批后建”向“先建后验”转变，推动投资项目直接落地。要完善公共服务平台“一门式一网式”服务模式，推广互联网+政务。要探索实行项目审批全程代办服务和集中收费制度，组建项目审批代办处和专职代办员队伍，设立集中收费窗口统一收取企业申办到建成投产的各项规费。要破除行政审批中介服务垄断，完善中介行业监管机制，降低制度性交易成本。要加强营商环境建设的教育引导，大力营造重商亲商安商氛围，以优质服务吸引企业在乳源扎根发展。

（二）建设科技创新平台。科技创新平台具有整合创新资源，培育创新主体、提升服务能力的功能，是营商环境的重要构成要素。要积极研究筹建科技孵化、科技合作、科技服务、创新创业等公共平台和创新载体，重点培育科技企业孵化器，优化科技创新环境，吸引更多科技型企业。发挥企业创新主体作用，研究制定企业创新激励政策，推动企业不断开发新技术、新产品、新工艺，鼓励企业建设研发中心、技术中心、实验室、产业技术创新联盟等研发机构，推动东阳光与韶关医学院联合办学。积极推动科技成果转化，在新材料、新能源、生物医药、特色农业、养生保健等新兴产业上加大新技术应用，培育一批技术创新型企业。

（三）建设金融服务平台。金融是经济发展的血液。乳源县资本市场发育不健全，企业融资难、贷款难、担保难是营商环境的突出问题。要借鉴先进地区经验，研究筹建综合金融服务平台，为企业提供融资对接、融资担保、投融资政策等综合服务，解决企业融资难问题。加强政银企合作，扩大中小微企业贷款风险补偿基金，适当放宽信贷担保抵押条件，鼓励企业引进风投、股权融资、项目融资、上市融资，支持发展小额贷款、融资担保、融资租赁等业务，满足中小微企业融资需求。加强与政策性银行对接，策划包装一批项目争取融资支持，增强长瑶、安瑶、金瑶等政府融资平台融资能力，引导社会资本参与基础设施和公共服务领域建设。

（四）建设品牌培育平台。品牌就是竞争力，就是企业生命力。要大力实施质量强县战略，开展质量品牌提升行动计划，研究制定品牌培育政策，加强对有品牌意识和发展前景的企业品牌产品研发、孵化和成长扶持，引导企业做好商标注册、标准制定、管理与质量认证、知识产权保护。推动乳源特色产品、知名品牌进商场超市、进宾馆酒店、进旅游景区，搭建乳源品牌宣传推介平台。加强品牌保护服务，严厉打击侵权和制假售假行为，依法保护企业商誉。

（五）建设人才服务平台。创新的关键在人，发展的关键也在人。要健全人才引进政策，大力引进企业管理、专业技术、农村实用等紧缺人才，支持在外成功人士回乡投资创业。要不拘一格使用人才，通过改革用人机制、优化政策引导、完善创业载体、加强就业培训等方式，努力为各类人才提供创新创业的机会和平台。要重视企业人才工作，支持帮助企业招纳人才、培育人才，服务好企业高端人才。要千方百计留住人才，建立人才工作驿站，积极为人才提供家属就业、子女教育、医疗保险、住房安居等服务，减轻他们的后顾之忧。要尊重人才的价值，设立人才贡献奖，形成全社会尊才、爱才、用才的氛围，增强人才荣誉感、归属感、认同感。

四、全面提升城乡发展水平，构建粤北最佳人居环境

城市是现代文明的标志，城市竞争不仅是经济实力的竞争，也是文明环境、生态环境、人居环境的竞争。要以创建全国文明城市为抓手，深入推进城乡建设管理提质，全面改善城乡发展环境，努力建设粤北最佳人居环境城市。

（一）全力推动城市提升。城市发展水平决定城市的影响力、辐射力和集聚力。要加强城市规划提升，科学编制城区控制性详细规划，严格按照规划推进城市建设，把乳源建成民族特色鲜明、文明和谐的山水瑶城。优化城市路网规划，推进县城北环路改造和东部交通路网建设，推动城市交通提升。优化城市发展空间，推进城南片、城东片、桂头片等旧城开发改造，逐步扩大新城区建设。优化城市功能布局，科学规划卫生、文化等公共服务项目，加快城市慢行系统、民族风情园、档案馆、工人文化宫、农贸市场、公园广场、排水排污管网建设，有序推进智慧城市建设。强化城市综合管理，严格落实网格化管理责任制，常态化开展环境卫生、道路交通、“两违”建筑整治，提高城市管理科学化精细化水平。积极开展文明志愿服务、公民道德教育活动和未成年人思想道德建设，广泛开展文明创建社会宣传，充分调动市民参与创建的积极性，形成全民参与共建的工作格局，确保今年顺利通过测评获得全国文明城市提名资格，到2020年成功创建为全国文明城市。

（二）规划建设特色小镇。特色小镇是拉动经济发展的新引擎，正在全国各地掀起建设热潮。特色小镇核心是特色产业，特色产业集聚是特色小镇的重要支撑。要立足乳源县实际，聚焦绿色工业、生态农业、特色旅游、商贸物流等特色产业，集聚发展要素，积极争取省市支持，规划一批具有明确产业定位、文化内涵和旅游功能的特色小镇。按照条件成熟、优先推进原则，加紧做好精箔特色小镇规划，培育以金属新材料为核心的特色产业体系，建成国家级新材料技术创新和成果转化平台。加快特色小城镇培育，对资源优势独特、产业相对集中、建筑特色明显的乳城、桂头、大桥、必背等镇，充分挖掘潜力，积极申报特色小城镇，加快新型城镇化建设步伐。

（三）大力建设美丽乡村。充分调动农民参与新农村建设积极性，优化村庄规划布局，用好政策性银行资金，加快推进农村人居环境综合整治，解决“人居泥砖房”问题。加快“五彩瑶乡”省级新农村示范片建设，形成示范带动效应，改善农村生产生活环境。加快县乡公路、村道巷道、污水垃圾处理、光纤网络、自来水村村通等工程建设，不断完善农村基础设施。加强传统村落民居、少数民族特色村寨保护，打造少数民族特色新村和岭南特色美丽乡村。探索建设集农机、农产品购销、金融、电商等服务于一体的生产生活综合服务站，完善村级公共服务站功能。大力推进村民理事会制度，研究制定村级事务推进激励机制，将村民自治事务下沉到村小组。推进基层精神文明建设与农村民俗民风融合发展，树立乡村文明新风尚。

（四）加快完善基础设施。坚持把基础设施建设作为扩投资稳增长的重要抓手，积极争取财政资金投向基础设施领域，用好用活世行、农发行、国债等融资资金，撬动社会资本参与基础设施建设。积极谋划和推进乳源交通大发展，全力配合韶关机场、韶柳铁路、韶贺高速、黄长高速规划建设，加快国道323线、省道258线改建和北环路、朝阳路改造及农村公路硬底化，改善县域交通条件，更好地融入珠三角一体化发展格局。加强信息基础设施建设，提高城乡网络覆盖面和信息应用水平。推进高标农田建设、中小河流治理、五小水利工程、病险山塘除险加固工程，改善县域发展环境。

（五）守护乳源绿水青山。绿水青山就是金山银山。要按照“粤北生态区坚持保护中发展”的定位要求，严守生态控制线、林业生态红线、永久基本农田红线，守护天蓝、地绿、水清的美丽家园。坚持在建设中美化生态，扎实开展森林资源二类调查工作，大力推进森林碳汇、森林进城围城、生态景观林带、乡村绿化美化等生态重点建设工程，加快县城周边绿色景观建设和乳桂线新农村绿化。坚持在治理中修复生态，推进南水湖环境综合整治，加快城乡环保设施建设，全面落实河长制，确保饮用水源安全和河流水质达标；关停和拒绝高污染、高排放企业，加强空气质量监测，确保空气质量持续优良；严控矿山、采石场开采，加大农业面源污染治理，提高土壤环境质量，确保土壤安全。坚持在发展中保护生态，大力发展林下经济、岭南水果、生态旅游等生态产业，努力把生态优势转化为经济优势。加强生态文明宣传教育和生态文化培育，让勤俭节约、绿色低碳、文明健康的生活方式成为公众自觉行为。

五、加快社会民生事业发展，共建共享全面小康社会

民生改善是全面建成小康社会的第一标准。要从人民群众最关心最直接最现实的利益问题入手，加快发展社会民生事业，不断提高人民群众获得感，确保如期全面建成小康社会。

（一）打赢精准脱贫攻坚战。围绕三年精准扶贫完成2853户7237人的脱贫任务，精准运用资产性收益、产业奖补、金融政策、教育助学、就业帮扶、社保兜底等措施，确保所有贫困人口精准脱贫。统筹推进扶贫开发与新农村建设，改善贫困人口生活环境。积极争取少数民族地区、欠发达革命老区政策，切实用好扶贫资金，助推脱贫攻坚。压实挂点领导、帮扶单位、镇村干部责任，强化督查考核，坚决打赢脱贫攻坚战。

（二）提升公共服务水平。大力推进教育现代化，加快完成金禧小学、八一小学改扩建，提高优质教育资源供给，优化师资队伍结构，提高教育教学质量，确保创建省推进教育现代化先进县通过督导验收。大力推进卫生强县建设，抓好县级公立医院改扩建和标准化村卫生站建设，大力发展瑶医瑶药，提高医疗卫生服务水平。贯彻落实《中华人民共和国公共文化服务保障法》，深入推进文化惠民，加快编撰瑶族语言文化典藏，建设省级瑶族文化生态保护实验区和少数民族特色村寨，推动民族文化产业发展，助推世界过山瑶文化中心区建设。

（三）提高社会保障水平。积极搭建就业服务平台，开展就业创业培训，提升劳动者技能。加快实施全民参保计划，推进城乡居民医疗保险和社会养老保险扩面。健全社会救助体系，加强对残疾人、低保户、流浪乞讨人员等特殊困难群体的保障和救助，关心关爱农村留守妇女、儿童和空巢老人。加强和规范敬老院管理，实行养老服务社会化改革试点，引进民间资本参与养老服务业发展。加快推进坝厂、五彩瑶山南侧、建材厂安居工程建设。

（四）补齐全面小康短板。要对照全面建成小康社会指标体系，坚持问题导向抓短板攻坚。要加快经济发展，持续提高人均GDP、第三产业增加值占GDP比重和城乡居民人均收入，破解发展不平衡、不协调短板。大力发展民族文化产业，增加文化产业增加值占GDP比重。积极支持企业创新转型升级，补齐科技进步贡献率、战略性新兴产业增加值占GDP比重短板。推进新型城镇化，提高常住人口城镇化率。加快补齐交通、文化、医疗、养老、环保等短板，提高每万人口拥有律师数、每千人口执业医师数、公共交通服务指数，让群众拥有更多获得感。

（五）营造和谐稳定环境。压实信访维稳工作责任，强化矛盾纠纷分析研判、排查化解，积极化解重点领域矛盾纠纷和信访积案，重点治理涉农、涉地、涉环保等领域不稳定因素，依法依规、合情合理化解各类矛盾纠纷，提高矛盾纠纷化解水平。深入推进平安乳源建设，依法开展严打整治专项行动。牢固树立“防范胜于救灾”的理念，加强自然灾害防范，落实安全生产“一岗双责”，强化交通、消防、食品药品等安全监督管理，切实保障人民群众生命财产安全，维护社会平安和谐，为党的十九大胜利召开营造良好社会环境。

六、坚持不忘初心，推动全面从严治党落到实处

全面建成小康社会，关键在党，关键在党员干部。我们要坚定不移深入推进全面从严治党，把党的各级组织建得更加坚强有力，打造忠诚干净担当的高素质干部队伍，切实担负起决胜全面建成小康社会的历史重任。

（一）强化组织纪律。推进“两学一做”学习教育常态化制度化，加强县委中心组理论学习和务虚研讨，深入学习贯彻习近平总书记系列重要讲话精神和治国理政新理念新思想新战略。严守政治纪律和政治规矩，坚决维护党中央权威，始终同以习近平同志为核心的党中央保持高度一致，切实增强“四个意识”。强化组织纪律是基层党委（党组）强化“四个意识”的具体体现，要维护班子团结，相互补台，相互支持，不画圈分派，不妄议组织、领导和班子成员，坚决执行组织纪律，正确处理好工作与生活、上级与下级、领导与被领导的关系。严格落实“三会一课”、民主生活会和组织生活会、领导干部双重组织生活、民主评议党员、谈心谈话等制度，让党员干部在严格的组织生活中锤炼党性。严格落实意识形态工作责任制，加强意识形态阵地管理，绝不允许出现宣传纪律严重违规案例和意识形态网络大风波事件，营造良好思想舆论氛围。

（二）强化干部管理。认真贯彻“好干部”标准，注重在基层和项目建设一线、急难险重任务中识别干部、选拔干部、锻炼干部。落实干部培训计划，开展精准培训，整体提升全县干部队伍能力素质。加强党员干部常态化监督管理，切实做到真管真严、敢管敢严、长管长严。完善干部正向激励、负向惩戒机制，落实干部政绩档案、考验性交流制度和容错免责机制，为敢于担当的干部担当，对敢于负责的干部负责，营造干事创业良好氛围。

（三）强化基层基础。落实党组织书记抓基层党建工作责任制，切实抓好基层党组织建设。加强对村（社区）“两委”班子培训，开展软弱涣散基层党组织整顿，提高服务群众和带领群众致富能力。深化乡镇领导干部驻点普遍直接联系群众制度，规范村干部值班制度，及时帮助群众解决实际困难，提高服务群众水平。探索在有条件的行政村设立党总支、村小组设立党支部。加强机关、国企、“两新”组织党的建设，采取“镇选村培”方式发展基层党员，加强党员教育管理，提高党员队伍质量。

（四）强化正风肃纪。深入贯彻中央八项规定精神，推进作风建设常态化长效化。严格落实党风廉洁建设“两个责任”，健全完善党风廉洁建设责任清单、述廉评议、谈话约谈、责任追究、督查考核等制度。加强纪律教育和警示教育，筑牢拒腐防变的思想防线。发挥好巡察作用，健全派驻、巡察机制，组建巡察机构队伍，推进巡察工作全覆盖。运用好监督执纪“四种形态”，抓早抓小，治病救人。规范政商交往行为，构建“亲”“清”新型政商关系。压实党风廉洁建设主体责任，强力正风肃纪，重点查处不收敛不收手、问题线索反映集中、群众反映强烈的领导干部，严肃查处群众身边的不正之风和腐败问题，大力营造风清气正政治生态。

（五）强化民主法治。加强县委常委会自身建设，着力打造开拓创新、奋发有为、团结和谐、清正廉洁的坚强领导集体。加强县镇人大建设，支持人大依法履行立法、监督等职责，充分发挥代表反映民意、集中民智的作用，扎实抓好市容和环境卫生管理、非物质文化遗产保护等工作立法。加强协商民主建设，支持政协依法履职，充分发挥协调关系、汇集力量、建言献策、服务大局的作用。完善大统战工作格局，支持各民主党派、工商联和无党派人士参政议政，积极发挥工青妇等群团组织桥梁纽带作用，推进军民融合发展，广泛凝聚民智民力。积极实施“七五”普法，加强公职人员、青少年、执法人员等群体的法治教育，推进司法体制改革，大力建设法治乳源。

发展需要实干，实干成就事业。让我们紧密团结在以习近平同志为核心的党中央周围，团结带领全县广大党员干部群众，不忘初心砥砺行，撸起袖子加油干，凝心聚力开创乳源发展新局面，为如期全面建成小康社会而努力奋斗！

乳源瑶族自治县人民政府办公室关于印发乳源瑶族自治县特困人员救助供养实施细则的通知

各镇人民政府，县府直属及上级直管有关单位：

《乳源瑶族自治县特困人员救助供养实施细则》已经十二届县政府第4次常务会议审议通过，现印发给你们，请遵照执行。执行中如遇问题，请径向县民政局反映，联系电话：5363798。

乳源瑶族自治县人民政府办公室
2017年4月21日

乳源瑶族自治县特困人员救助供养实施细则

第一章　总　则

第一条　根据《特困人员认定办法》（民发〔2016〕178号）规定，结合我县实际，制定本细则。

第二条　特困人员认定工作应当遵循以下原则：

（一）应救尽救，应养尽养；

（二）属地管理，分级负责；

（三）严格规范，高效便民；

（四）公开、公平、公正。

第三条　县级民政部门以及镇人民政府具体负责特困人员认定工作，村（居）民委员会协助做好相关工作。

第二章　认定条件

第四条　城乡老年人、残疾人以及未满16周岁的未成年人，同时具备以下条件的，应当依法纳入特困人员救助供养范围：

（一）无劳动能力；

（二）无生活来源；

（三）无法定赡养、抚养、扶养义务人或者其法定义务人无履行义务能力。

第五条　符合下列情形之一的，应当认定为本细则所称的无劳动能力：

（一）60周岁以上的老年人；

（二）未满16周岁的未成年人；

（三）残疾等级为一、二级的智力、精神残疾人，残疾等级为一级的肢体残疾人；

（四）县人民政府规定的其他情形。

第六条　收入总和低于当地最低生活保障标准，应当认定为本细则所称的无生活来源。

收入包括工资性收入、经营净收入、财产净收入、转移净收入等各类收入，不包括城乡居民基本养老保险中的基础养老金、基本医疗保险等社会保险和高龄津贴等社会福利补贴。

第七条　法定义务人符合下列情形之一的，应当认定为本细则所称的无履行义务能力：

（一）具备特困人员条件的；

（二）60周岁以上或者重度残疾的最低生活保障对象，且财产符合当地特困人员财产状况规定的；

（三）无民事行为能力、被宣告失踪、或者在监狱服刑的人员，且财产符合当地特困人员财产状况规定的；

（四）县人民政府规定的其他情形。

第八条 未满16周岁的未成年人同时符合特困人员救助供养条件和孤儿认定条件的，应当纳入孤儿基本生活保障范围，不再认定为特困人员。

第三章 申请及受理

第九条 申请特困人员救助供养，应当由本人向户籍所在地镇人民政府提出书面申请。本人申请有困难的，可以委托村（居）民委员会或者他人代为提出申请。

申请材料主要包括本人有效身份证明，劳动能力、生活来源、财产状况以及赡养、抚养、扶养情况的书面声明，承诺所提供信息真实、完整的承诺书，残疾人还应当提供第二代《中华人民共和国残疾证》。

申请人应当履行授权核查家庭经济状况的相关手续。

第十条 镇人民政府、村（居）民委员会应当及时了解掌握辖区内居民的生活情况，发现符合特困人员救助供养条件的，应当告知其救助供养政策，对无民事行为能力等无法自主申请的，应当主动帮助其申请。

第十一条 镇人民政府应当对申请人或者其代理人提交的材料进行审查，材料齐备的，予以受理；材料不齐备的，应当一次性告知申请人或者其代理人补齐所有规定材料。

第四章 审 核

第十二条 镇人民政府受理申请后，通过入户调查、邻里访问、信函索证、民主评议、信息核对等方式，对申请人的经济状况、实际生活状况以及赡养、抚养、扶养状况等进行调查核实，并提出审核意见。

申请人以及有关单位、组织或者个人应当配合调查，如实提供有关情况。村（居）民委员会应当协助镇人民政府开展调查核实。

第十三条 调查核实过程中，镇人民政府可视情组织民主评议，在村（居）民委员会协助下，对申请人书面声明内容的真实性、完整性及调查核实结果的客观性进行评议。

第十四条 镇人民政府应当将审核意见及时在申请人所在村（社区）公示。

公示期满无异议的，镇人民政府将审核意见连同申请、调查核实等相关材料报送县民政部门审批。

第五章 审 批

第十五条 县民政部门应当全面审查镇人民政府上报的申请材料、调查材料和审核意见，根据审核意见和公示情况，按照不低于30%的比例随机抽查核实。

第十六条 对符合救助供养条件的申请，县民政部门予以批准，从批准之日下月起给予救助供养待遇，并通过镇人民政府在申请人所在村（社区）公布。对不符合救助供养条件的申请，不予批准，并将理由通过镇人民政府书面告知申请人。

第六章 资金保障

第十七条 特困人员救助供养资金。县级财政要将政府设立的供养服务机构运转费用、特困人员救助供养所需资金列入财政预算；特困人员救助供养资金实行社会化发放，按照国库管理制度将特困人员救助供养资金直接支付到特困人员对象个人账户，确保救助金足额、及时发放到位。

第七章 生活自理能力评估

第十八条 县民政部门应当在镇人民政府、村（居）民委员会协助下，对特困人员生活自理能力进行评估，并根据评估结果，确定特困人员应当享受的照料护理标准档次。

第十九条 特困人员生活自理能力，一般依据以下6项指标综合评估：

（一）自主吃饭；

（二）自主穿衣；

（三）自主上下床；

（四）自主如厕；

（五）室内自主行走；

（六）自主洗澡。

第二十条 特困人员生活自理状况，6项指标全部达到的，可以视为具备生活自理能力；有3项以下（含3项）指标不能达到的，可以视为部分丧失生活自理能力；有4项以上（含4项）指标不能达到的，可以视为完全丧失生活自理能力。

第八章 救助供养内容及形式

第二十一条 特困人员救助供养主要包括以下内容：

（一）提供基本生活条件。包括供给粮油、副食品、生活用燃料、服装、被褥等日常生活用品和零用钱。

（二）提供疾病治疗。全额资助特困人员参加城乡居民基本医疗保险的个人缴费部分。经基本医疗保险、大病保险及各类补充医疗保险、商业保险等报销后个人负担的合规医疗费用，予以全额救助。

（三）提供住房救助。城镇分散供养特困人员家庭住房状况由住房保障部门负责审核并公示，经审核符合规定条件的，通过配租公共租赁住房、发放住房租赁补贴等方式优先给予住房救助。农村分散供养特困人员家庭住房状况由镇人民政府负责调查核实并公示后，报县级人民政府住房城乡建设部门审批，经审批决定纳入住房救助范围的，优先纳入当地农村危房改造计划。

（四）办理丧葬事宜。特困人员死亡后的丧葬事宜，集中供养的由供养服务机构办理，分散供养的由镇人民政府委托村（居）民委员会或者其亲属办理。

（五）教育救助。对在义务教育、高中教育（含中等职业教育）、普通高等教育阶段就学的特困人员，给予教育救助。

第二十二条 特困人员救助供养形式：特困人员救助供养形式分为在家分散供养和在当地的供养服务机构集中供养。具备生活自理能力的，鼓励其在家分散供养；完全或者部分丧失生活自理能力的，安排到供养服务机构，优先为其提供集中供养服务。

第二十三条 供养服务机构管理。经机构编制部门批准设立的供养服务机构，应当根据《事业单位登记管理暂行条例》规定进行事业单位法人登记。其他组织利用国有资产举办的供养服务机构，符合《事业单位登记管理暂行条例》规定条件的，应依法申办事业单位法人登记。建立健全供养服务机构内部管理、安全管理和服务管理等制度，为特困人员提供日常生活照料、送医治疗等基本救助供养服务。有条件的经卫生计生行政部门批准可设立医务室或者护理站。供养服务机构应当根据服务对象人数和照料护理需求，按照一定比例配备工作人员，其中直接服务于特困人员的医护及服务人员总数与生活能自理的入住特困人员数之比应达到1∶10，与生活不能自理的入住特困人员数之比应达到1∶3，有条件的供养服务机构应当设置社会工作专业岗位，配备专业社会工作者。

第九章 终止救助供养

第二十一条 特困人员有下列情形之一的，应当及时终止救助供养：

（一）死亡、被宣告失踪或者死亡；

（二）经过康复治疗恢复劳动能力或者年满16周岁且具有劳动能力；

（三）依法被判处刑罚，且在监狱服刑；

（四）法定义务人具有了履行义务能力或者新增具有履行义务能力的法定义务人。

特困人员中的未成年人，满16周岁后仍在接受义务教育或者在普通高中、中等职业学校就读的，可继续享有救助供养待遇。

第二十二条 特困人员不再符合救助供养条件的，本人、村（居）民委员会或者供养服务机构应当及时告知镇人民政府，由镇人民政府审核并报县民政部门核准。

县民政部门、镇人民政府在工作中发现特困人员不再符合救助供养条件的，应当及时办理终止救助供养手续。

第二十三条 县民政部门至少每年进行一次入户调查核实。

第十章 附 则

第二十四条 本细则公布前已经确定为农村五保对象的，可以直接确定为特困人员。

第二十五条 《特困人员救助供养证》由国家民政部规定式样，由县民政部门制作。

第二十六条 本细则自发布之日起施行。

乳源瑶族自治县人民政府办公室关于印发乳源瑶族自治县城乡困难群众医疗救助实施细则的通知

各镇人民政府，县府直属及上级直管有关单位：

《乳源瑶族自治县城乡困难群众医疗救助实施细则》已经十二届县政府第4次常务会议审议通过，现印发给你们，请遵照执行。执行中如遇问题，请径向县民政局反映，联系电话：5363798。

乳源瑶族自治县人民政府办公室

2017年4月21日

乳源瑶族自治县城乡困难群众医疗救助实施细则

第一章　总　　则

第一条　根据《广东省困难群众医疗救助暂行办法》（粤民发〔2016〕184号）、《韶关市精准扶贫医疗救助工作实施方案》（韶民发〔2016〕87号）精神，为进一步完善我县城乡困难群众医疗救助制度，制定本细则。

第二条　本细则所指医疗救助，是指对救助对象参加基本医疗保险给予资助，保障其获得基本医疗保险服务；对救助对象在扣除各种医疗政策性补偿、补助、减免及社会指定医疗捐赠后，仍难以负担的符合规定的医疗费用，给予适当比例补助，帮助城乡困难群众获得基本医疗服务。

第三条　医疗救助工作遵循以下原则：

（一）托住底线。根据经济社会发展水平、救助对象医疗费用、家庭困难程度和负担能力等因素，确保其获得必需的基本医疗卫生服务。

（二）统筹衔接。推进医疗救助制度城乡统筹发展，加强与基本医疗保险、大病保险、疾病应急救助及各类补充医疗保险、商业保险等制度的有效衔接，形成制度合力。

（三）公开公正。公开救助政策、工作程序、救助对象以及实施情况，主动接受群众和社会监督，确保过程公开透明、结果公平公正。

（四）高效便捷。优化救助流程，简化结算程序，加强信息化建设，增强救助时效性，使困难群众及时得到有效救助。

第四条　医疗救助实行各级政府分级负责制。县民政部门负责实施本区域医疗救助工作。

县财政、人社、卫计等部门按照各自职责主动配合，密切协作，做好相关制度的衔接工作。

镇人民政府、村（居）民委员会要主动发现并及时核实辖区居民罹患重病等特殊情况，帮助有困难的家庭或个人提出救助申请。

第二章　救助对象

第五条　本县辖区内具有本县户籍的城乡特困居民，下列人员可以申请医疗救助：

（一）城乡特困供养人员；

（二）城乡最低生活保障家庭成员；

（三）戈谢病患者；

（四）精准扶贫建档立卡贫困人口中符合大病医疗保险报销条件的大病患者；

（五）县政府规定的其他符合条件的城乡特困家庭成员。

第三章　申请审核审批程序

第六条　申请审核审批程序如下：

（一）申请人应当向户籍所在地镇人民政府提出书面申请，填写《乳源瑶族自治县城乡医疗救助申请表》[申请人有困难的，可以委托村（居）民委员会或个人代为提出申请]，并如实提供如下证明材料：

1. 申请人的身份证或户口簿原件及复印件（委托他人申请的，同时提供受委托人的身份证或户口簿原件及复印件）；

2. 相关医疗机构出具的疾病诊断书、收费明细清单、基本医疗保险审批表或结账单等能够证明合规医疗费用的有效凭证；

3. 其他证明材料。

（二）镇人民政府受理救助申请后，在村（居）委会协助下，对申请人家庭实际情况入户调查核实，核查其真实性和完整性。镇人民政府根据入户调查情况，对其医疗救助申请提出审核意见，并及时在村（居）民委员会设置的村（居）务公开栏公示入户调查和审核结果。公示期满无异议的，镇人民政府将申请相关材料上报县民政部门审批。

（三）县民政部门对申请和相关材料进行审核。符合条件的，核准其享受医疗救助的金额，委托相关镇人民政府进行公示；不符合条件的，应将材料退回，委托镇人民政府书面告知申请人并说明理由。

第四章　救助方式与标准

第七条　资助参保。城乡特困供养人员和城乡最低生活保障家庭成员参加城乡居民基本医疗保险个人缴费部分，由县财政医疗救助金全额资助。

第八条　门诊救助。门诊救助的重点是因患慢性病需要长期服药或者患重特大疾病需要长期门诊治疗，导致自负费用较高的医疗救助对象，在定点医疗机构门诊就医，所发生门诊特定项目范围、门诊特殊病种范围内的医疗费用，经基本医疗保险、大病保险及各类补充医疗保险、商业保险报销后，个人自负门诊合规医疗费用：城乡最低生活保障对象按照不低于80%的比例给予救助；特困供养人员按照100%的比例给予救助；农村戈谢病患者门诊医疗费用和自费购买治疗药物费用，按照不低于80%的比例给予救助。

第九条　住院救助。救助对象在定点医疗机构住院就医，经基本医疗保险、大病保险及各类补充医疗保险、商业保险报销后，个人自负住院合规医疗费用按以下标准救助。

（一）城乡特困供养人员按照100%的比例给予救助；

（二）戈谢病患者按照不低于80%的比例给予救助；

（三）城乡最低生活保障对象按照不低于80%的比例给予救助；

（四）精准扶贫建档立卡贫困人口中，符合大病医疗保险报销条件的大病患者，其住院治疗费用必须达到一次性支付医疗费用3万元以上（含3万元）或全年累计支付医疗费用5万元以上（含5万元），经基本医疗保险、大病保险及各类补充医疗保险、商业保险报销后，个人自负住院合规医疗费用按照不低于80%的比例给予救助；

（五）其他困难居民，其住院治疗费用必须达到一次性支付医疗费用5万元以上（含5万元）或全年累计支付医疗费用10万元以上（含10万元），按照不低于50%的比例给予救助。

第十条　其他困难居民医疗救助家庭财产需同时符合下列所有标准：

（一）共同生活的家庭成员名下产权房屋总计不超过1套；

（二）共同生活的家庭成员名下人均存款（包括定期、活期存款），不超过当地12个月城镇最低生活保障标准；

（三）共同生活的家庭成员名下均无机动车辆、船舶（残疾人代步车、摩托车除外）；

（四）共同生活的家庭成员名下有价证券、基金的人均市值，不超过当地12个月城镇最低生活保障标准；

（五）共同生活的家庭成员名下均无工业、商业、服务业营利性组织的所有权。

第十一条 医疗救助封顶线年度最高限额。救助对象以医疗救助封顶线年度最高限额为限享受医疗救助。

（一）城乡最低生活保障对象年度累计住院以及门诊医疗救助总额原则上不超过5万元；

（二）戈谢病患者年度累计住院医疗救助总额原则上不超过15万元；

（三）精准扶贫建档立卡贫困人口中，符合大病医疗保险报销条件的大病患者，年度累计住院医疗救助总额原则上不超过5万元；

（四）其他困难居民年度累计住院医疗救助总额原则上不超过3万元。

对因各种原因未能参加基本医疗保险的救助对象，合规范围内发生的医疗费用，可参照参加基本医疗保险对象个人负担部分的补助政策，按所属对象类别给予救助。

第十二条 下列产生的医疗费用不予救助：

（一）未按规定办理相关手续，自行到非定点医疗机构就医或自行购买药品的费用；

（二）因自身违法行为导致的医疗费用；

（三）因自残等发生的医疗费用（精神障碍患者除外）；

（四）交通事故、医疗事故等应由他方承担的医疗费用；

（五）超出医疗保险的药品目录、诊疗项目、医疗服务设施标准等规定范围的医疗费用；

（六）不如实提供情况，弄虚作假、对从事调查的人员或其他工作人员态度恶劣、极不配合的患者的医疗费用。

第十三条 发放医疗救助金。医疗救助金实行社会化发放，按照财政国库管理制度将医疗救助金直接支付到救助对象个人账户，确保救助金足额、及时发放到位。

第五章　资金筹集和管理

第十四条 城乡医疗救助基金来源主要包括：

（一）本级财政预算安排，财政统筹安排医疗救助资金并纳入年度公共财政预算；

（二）上级财政补助资金；

（三）社会各界捐赠用于医疗救助的资金；

（四）按规定可用于城乡医疗救助的其他资金。

第十五条 县级设立医疗救助基金专户，县财政局、民政局对医疗救助资金实行专项管理，专款专用。

第六章　组织与实施

第十六条 县民政部门要认真调查研究，掌握情况，建章立制，完善程序，并做好综合协调工作。要按照公开、公平、公正的原则，实行医疗公示制度，接受社会和群众监督。

第十七条 县财政部门应会同县民政部门制定医疗救助服务的医疗救助基金管理办法。财政部门根据审核确定的用款计划及时将医疗救助资金拨付到位。

第十八条 卫生部门应加强对提供医疗救助服务的医疗卫生机构等的监督管理，规范医疗服务行为。

第十九条 财政、审计部门应对医疗救助资金实施财务监督和审计，确保医疗救助资金按时拨付和合理使用，杜绝挤占挪用等现象的发生。

第七章　社会力量参与

第二十条 鼓励单位和个人等社会力量通过捐赠、设立帮扶项目、创办服务机构、提供志愿服务等方式，参与医疗救助。

第八章　责任追究

第二十一条 任何单位和个人不得骗取、挪用、克扣、截留医疗救助资金。

第二十二条 对骗取医疗救助的，一经查实立即取消救助，追回所领救助金，构成犯罪的，依法追究法律责任。

第二十三条 医疗救助经办人员应当依法对救助申请开展调查、审核、审批，不得以权谋私、营私舞弊，不得泄露救助对象公示范围以外的信息，否则依法追究有关人员的责任，构成犯罪的，依法追究法律责任。

第二十四条 医疗机构违反合作协议，对不按规定用药、诊疗以及提供医疗服务所发生的费用，医疗救助基金不予结算；造成医疗救助资金流失或浪费的，终止定点合作协议，取消医疗救助定点医疗机构资格，并依法追究责任。

第九章 附 则

第二十五条 本细则自发布之日起施行，有效期为二年。《乳源瑶族自治县城乡医疗救助实施办法》（乳府办〔2009〕167 号）同时废止。

乳源瑶族自治县人民政府办公室关于印发乳源瑶族自治县城乡村（居）民最低生活保障制度实施细则的通知

各镇人民政府，县府直属及上级直管有关单位：

《乳源瑶族自治县城乡村（居）民最低生活保障制度实施细则》已经十二届县政府第4次常务会议审议通过，现印发给你们，请遵照执行。执行中如遇问题，请径向县民政局反映，联系电话：5363798。

乳源瑶族自治县人民政府办公室

2017年4月21日

乳源瑶族自治县城乡村（居）民最低生活保障制度实施细则

第一章　总　　则

第一条　为切实保障我县城乡贫困村（居）民的基本生活权益，维护社会安定，促进经济和社会各项事业的协调发展，根据《广东省城乡居（村）民最低生活保障制度实施办法》《广东省最低生活保障申请家庭经济状况核对及认定暂行办法》等规定和要求，结合我县实际，制定本实施细则。

第二条　本细则所称的城乡村（居）民最低生活保障制度是指对家庭人均月收入低于我县最低生活保障标准的城乡村（居）民实施差额救助的社会救助制度。

第三条　建立城乡村（居）民最低生活保障制度，应遵循保障城乡村（居）民基本生活与经济、社会发展水平相适应，最低生活与法定赡养、抚养相结合，并实行公平、平等、民主的原则。

第四条　县民政部门负责本行政区域内城乡村（居）民最低生活保障工作的组织和实施；镇人民政府在县民政部门的指导下负责最低生活保障工作的具体实施；村（居）委会协助民政部门做好最低生活保障工作；审计、监察、人社、发改、工商、公安、工会、残联等部门和有关组织应配合、协助民政部门做好最低生活保障工作。

第二章　工作职责

第五条　民政部门职责：

（一）组织调查研究、起草城乡村（居）民最低生活保障制度规范性文件和具体政策，提出城乡村（居）民最低生活保障制度工作计划和具体实施步骤，组织、落实城乡村（居）民最低生活保障工作；

（二）指导、督促、检（抽）查镇人民政府开展城乡村（居）民最低生活保障工作；

（三）负责管理本级城乡村（居）民最低生活保障资金；

（四）负责制定本级年度最低生活保障资金

预算；

（五）负责实施城乡村（居）民最低生活保障制度工作人员的业务培训和计算机网络管理、统计汇总、档案管理；

（六）负责最低生活保障对象的审批和低保金数额的确定；

（七）负责相关部门工作的协调。

第六条 财政部门职责：

（一）负责落实和检查本级最低生活保障资金的预算和筹集，及时向县人民政府报告；

（二）对民政部门提出的下一年度的最低生活保障资金的预算进行审核，按用款计划保证拨付；

（三）审查县民政部门编制的每期报表及年终决算，按规定汇总上报；

（四）检查、监督最低生活保障资金的使用管理，建立和健全最低生活保障资金财务制度，保证会计核算的准确，并定期上报。

第七条 镇人民政府职责：

（一）按照县人民政府颁布的实施细则，组织、落实城乡村（居）民最低生活保障工作；

（二）受理本地户籍村（居）民的申请，组织对申请者的户籍状况、家庭收入和财产状况进行调查、审核；

（三）负责对本地城乡村（居）民最低生活保障对象的全面核查，每年不少于一次；

（四）提供咨询服务；

（五）依法调查、处理骗取、冒领城乡村（居）民最低生活保障资金的违法行为；

（六）负责本地城乡村（居）民最低生活保障工作的报表统计和档案管理；

（七）组织、协调、指导各种社会力量进行社会帮困活动。

第八条 村（居）民委员会职责：

（一）协助民政部门做好城乡村（居）民最低生活保障工作。

（二）协助镇人民政府做好城乡村（居）民最低生活保障对象的核查。

（三）提供咨询服务。

第九条 其他部门和单位职责：

（一）负责对本部门、单位在职人员、离退休人员、下（待）岗人员、失业人员最低生活保障的申请，出具相关证明；

（二）准确提供本部门、单位最低生活保障申请者的工资收入、各种生活补助收入和各种救济收入（含临时援助、资助）的数额和领取的时间，及申请者下（待）岗、失业的日期。

（三）审计、监察、人社、发改、工商、公安、工会、残联等部门应配合、协助、监督民政部门做好最低生活保障工作。

第三章　最低生活保障对象

第十条 最低生活保障对象是指持有本县常住户口的居民，凡共同生活的家庭成员人均月收入低于我县当年最低生活保障标准，且家庭财产状况符合当地人民政府规定条件的，可以申请最低生活保障。

第十一条 共同生活的家庭成员包括：

（一）配偶；

（二）父母与未成年的子女；

（三）已成年但不能独立生活的子女，包括在校接受本科及其以下学历教育的成年子女；

（四）其他具有法定赡养、扶养、抚养义务关系并长期共同居住的人员。

第十二条 下列人员不计入共同生活的家庭成员：

（一）连续三年以上（含三年）脱离家庭独立生活的宗教教职人员；

（二）在监狱、劳动教养场所内服刑、劳动教养的人员。

第四章　最低生活保障对象家庭收入的计算

第十三条 本细则所称家庭收入是指申请人及其家庭成员全部可支配收入的总和。

家庭可支配收入是指扣除缴纳的个人所得税及个人按规定缴纳的社会保障性支出后的收入。包括以下内容：

（一）工资性收入：指因任职或者受雇而取得

的工资、薪金、奖金、劳动分红、津贴、补贴以及与任职或者受雇有关的其他所得等；

（二）家庭经营净（纯）收入：指从事生产、经营及有偿服务活动所得；包括从事种植、养殖、采集及加工等农林牧渔业的生产收入，从事工业、建筑业、手工业、交通运输业、批发和零售贸易业、餐饮业、文教卫生业和社会服务业等经营及有偿服务活动的收入等；

（三）财产性收入：包括动产收入和不动产收入；动产收入是指出让无形资产、特许权等收入，储蓄存款利息、有价证券红利、储蓄性保险投资以及其他股息和红利等收入，集体财产收入分红和其他动产收入等；不动产收入是指转租承包土地经营权、出租或者出让房产以及其他不动产收入等；

（四）转移性收入：指国家、单位、社会团体对居民家庭的各种转移支付和居民家庭间的收入转移；包括赡养费、扶养费、抚养费、离退休金、失业保险金、社会救济金、遗属补助金、赔偿收入、接受遗产收入、接受捐赠（赠送）收入等；

（五）其他应当计入家庭收入的项目。

第十四条 凡年满18周岁至女性满55周岁、男性满60周岁，按月领取工资或劳动报酬的城乡村（居）民按月实际收入计算收入；家庭收入不稳定时，按申请时前6个月收入的平均数计算；家庭收入属一次性收入时，将其分摊到6个月计算。

第十五条 下列收入不计入家庭收入：

（一）根据国家有关规定享受特殊待遇的优抚对象等人员的抚恤金等；

（二）对国家做出突出贡献，县以上人民政府给予的一次性奖励；

（三）独生子女保健费、丧葬费等；

（四）残疾人各类补贴（如残疾人生活津贴、重度残疾人护理补贴等）。

第五章　最低生活保障资金的申请及审批程序

第十六条 最低生活保障对象申请最低生活保障应当以家庭为单位，由申请人向户籍所在地镇人民政府提出书面申请，填报《乳源瑶族自治县城乡村（居）民最低生活保障申请表》《乳源瑶族自治县城乡村（居）民申请最低生活保障家庭收入入户调查表》及《家庭收入财产状况声明书》，各一式二份，并如实提供相关证明材料。

第十七条 申请人有下列情况之一的，可以单独提出书面申请：

（一）困难家庭中丧失劳动能力且单独立户的成年重度残疾人（二级以上含二级）；

（二）脱离家庭、在宗教场所居住三年以上（含三年）的生活困难的宗教教职人员。

第十八条 申请者有下列情形之一的，不予申请最低生活保障：

（一）家庭实际生活水平明显高于一般家庭生活水平的；

（二）家庭有非生活必需的高档消费品、有超出家庭人员居住面积需要，并用于牟利的房产或其他不动产的；

（三）家庭有劳动能力的成员无正当理由拒绝参加劳动或就业的。

第十九条 镇人民政府受理最低生活保障申请后，应对申请人家庭情况进行入户调查核实；将符合条件的申请人在申请人所在村、社区进行公示7天，公示期满无异议后，签署审核意见报送县民政部门审批；不符合条件的退回并书面说明理由。

第二十条 镇人民政府每年第三季度要组织开展一次最低生活保障对象全面核查工作，核查最低生活保障对象的家庭收入、户籍状况和家庭财产等情况；在核查中发现不符合细则要求的最低生活保障对象要及时取消其资格，并由镇人民政府以书面形式告知。

第二十一条 县民政局收到镇人民政府报送的最低生活保障申请资料后，应对申请资料进行审核，并按照不低于30%的比例进行入户抽查。符合最低生活保障条件的，确定发放最低生活保障资金，并在申请人所在村、社区进行公示7天，公示期满无异议后，从下月起发放最低生活保障资金；不符合条件的退回并书面说明理由。

第二十二条 最低生活保障审批，按属地管理原则，每年审批两次，即上半年6月和下半年11

月进行审批。

第六章　最低生活保障资金发放程序

第二十三条　最低生活保障资金实行社会化发放，通过银行、信用社等代理金融机构，直接支付到最低生活保障家庭的账户。

第二十四条　最低生活保障资金按月发放，每月 10 日前发放到户。

第二十五条　最低生活保障资金由县级以上财政部门负担。

第二十六条　经批准领取最低生活保障资金的家庭，其领取日期从县民政部门批准下月起计。

第七章　动态管理

第二十七条　县民政局应当根据最低生活保障对象的年龄、健康状况、劳动能力以及家庭收入来源等对最低生活保障对象家庭实行分类管理。镇人民政府应当根据最低生活保障家庭成员和其家庭经济状况的变化情况进行分类复核，并根据复核情况及时报请县民政局办理最低生活保障资金停发、减发或者增发手续。

第二十八条　最低生活保障家庭应当向镇人民政府定期报告家庭人口、经济收入和财产状况的变化情况。

第二十九条　县民政局和镇人民政府应当健全完善举报核查制度，对接到的举报，应当逐一核查，并及时向举报人反馈核查处理结果。

第八章　法律责任

第三十条　领取最低生活保障资金的家庭，应如实反映其家庭的人口、经济收入和财产状况等变化情况，接受镇人民政府、县以上民政部门的核查和群众的监督。

第三十一条　申请最低生活保障的对象，应如实反映其家庭的户籍状况、家庭收入和家庭财产等情况，不得虚报、冒领、骗取最低生活保障资金，违者予以严肃批评教育，并追回多领、冒领、骗取的最低生活保障资金，并根据情节轻重，予以严肃处理。

第三十二条　从事最低生活保障工作的人员有下列行为之一的，由其所在部门、单位或者上级机关给予行政处分；情节严重构成犯罪的，依法追究其刑事责任：

（一）滥用职权，徇私舞弊，擅自改变保障范围和保障标准的；

（二）贪污、挪用、扣压最低生活保障资金或收取贿赂的；

（三）玩忽职守，影响最低保障工作正常进行的；

（四）出具不实证明的。

第三十三条　对在领取最低生活保障资金期间家庭收入等情况发生变化的不按规定办理变更手续，继续领取或多领最低生活保障资金的，由发放最低生活保障资金的部门对其进行批评教育，并追回其已经领取的最低生活保障资金。

第三十四条　对采用虚报或者隐瞒实情、伪造证明材料等手段骗取、冒领最低生活保障资金的，由发放最低生活保障资金的部门追回其已经领取的最低生活保障资金；构成犯罪的，依法追究刑事责任。

第三十五条　申请最低生活保障资金未得到答复，或申请者认为自己符合条件而未能被批准的，可以依法提起行政复议或行政诉讼。

第九章　附　　则

第三十六条　本细则由县民政部门负责解释。

第三十七条　本细则自发布之日起施行，原《乳源瑶族自治县最低生活保障制度实施细则》（乳府〔2007〕24 号）同时废止。

2017年县委重要文件目（选）

年份	文件名称	文号
2017	中共乳源瑶族自治县委关于召开县十二届人大二次会议有关事项的批复	乳委〔2017〕5号
2017	中共乳源瑶族自治县委关于召开县政协十届二次会议的批复	乳委〔2017〕6号
2017	中共乳源瑶族自治县委关于要求设立乳源瑶族自治县人大常委会民族宗教工作委员会的批复	乳委〔2017〕8号
2017	中共乳源瑶族自治县委关于召开共青团乳源瑶族自治县委第十四次代表大会的批复	乳委〔2017〕24号
2017	中共乳源瑶族自治县委　乳源瑶族自治县人民政府关于转发《政协乳源瑶族自治县委员会关于加强协商民主工作的实施意见》的通知	乳发〔2017〕4号
2017	中共乳源瑶族自治县委　乳源瑶族自治县人民政府转发《县委宣传部、县司法局关于社会在全县公民中开展法治宣传教育的第七个五年规划（2016—2020年）》的通知	乳发〔2017〕5号
2017	中共乳源瑶族自治县委关于印发《中共乳源瑶族自治县委关于全面开展巡察工作的实施方案》的通知	乳发〔2017〕6号
2017	中共乳源瑶族自治县委办公室　乳源瑶族自治县人民政府办公室关于印发乳源县年鉴2017编纂实施方案的通知	乳办发〔2017〕1号
2017	党委（党组）意识形态工作责任制实施方案	乳办发〔2017〕2号
2017	做好村（社区）“两委”换届选举工作	乳办发〔2017〕3号
2017	中共乳源瑶族自治县委办公室关于印发乳源瑶族自治县第六届社区居委会换届选举工作实施方案的通知	乳办发〔2017〕4号
2017	中共乳源瑶族自治县委办公室关于印发乳源瑶族自治县第七届村民委员会换届选举工作实施方案的通知	乳办发〔2017〕5号
2017	中共乳源瑶族自治县委办公室关于印发乳源瑶族自治县推进共青团改革实施方案的通知	乳办发〔2017〕6号
2017	中共乳源瑶族自治县委办公室印发《关于2017年推进“两学一做”学习教育常态化制度的实施方案》的通知	乳办发〔2017〕8号

续上表

年份	文件名称	文号
2017	中共乳源瑶族自治县委办公室　乳源瑶族自治县人民政府办公室关于印发《南水水库非法养殖及捕捞设施拆除行动方案》的通知	乳办发〔2017〕9号
2017	中共乳源瑶族自治县委办公室　乳源瑶族自治县人民政府办公室关于调整乳源瑶族自治县绩效考核工作领导小组及办公室成员的通知	乳委办〔2017〕1号
2017	中共乳源瑶族自治县委办公室　乳源瑶族自治县人民政府办公室关于调整乳源瑶族自治县三防指挥部成员的通知	乳委办〔2017〕2号
2017	中共乳源瑶族自治县委办公室　乳源瑶族自治县人民政府办公室关于成立乳源瑶族自治县全区域推进农村人居生态环境综合整治建设社会主义新农村示范村工作小组的通知	乳委办〔2017〕15号
2017	中共乳源瑶族自治县委办公室　乳源瑶族自治县人民政府办公室关于成立乳源瑶族自治县酒吧专项整治工作领导小组的通知	乳委办〔2017〕34号
2017	中共乳源瑶族自治县委办公室关于调整县委党的建设工作领导小组的通知	乳委办〔2017〕38号
2017	中共乳源瑶族自治县委办公室关于印发《县领导同志围绕党的十九大重大部署专题调研课题安排》的通知	乳委办〔2017〕39号
2017	中共乳源瑶族自治县委办公室关于调整乳源瑶族自治县人才工作领导小组的通知	乳委办〔2017〕40号
2017	中共乳源瑶族自治县委办公室　乳源瑶族自治县人民政府办公室关于调整县机构编制委员会组成人员的通知	乳委办〔2017〕44号

2017 年县人大重要文件目（选）

年 份	文 件 名 称	文 号
2017	乳源瑶族自治县第十二届人民代表大会第二次会议关于政府工作报告的决议	十二届人大二次会议决议
2017	乳源瑶族自治县第十二届人民代表大会第二次会议关于乳源瑶族自治县人大常委会工作报告的决议	十二届人大二次会议决议
2017	乳源瑶族自治县第十二届人民代表大会第二次会议关于乳源瑶族自治县人民法院工作报告的决议	十二届人大二次会议决议
2017	乳源瑶族自治县第十二届人民代表大会第二次会议关于乳源瑶族自治县人民检察院工作报告的决议	十二届人大二次会议决议
2017	乳源瑶族自治县第十二届人民代表大会第二次会议关于乳源瑶族自治县 2016 年国民经济和社会发展计划执行情况及 2017 年国民经济和社会发展计划草案报告的决议	十二届人大二次会议决议
2017	乳源瑶族自治县第十一届人民代表大会第六次会议关于乳源瑶族自治县 2016 年财政预算执行情况和 2017 年预算草案的报告的决议	十二届人大二次会议决议
2017	乳源瑶族自治县人民代表大会常务委员会关于批准采用政府购买服务模式建设相关项目的决定	乳常［2017］8 号
2017	乳源瑶族自治县人民代表大会常务委员会关于批准县 2016 年财政决算和 2017 年财政预算调整方案的决定	乳常［2017］12 号
2017	乳源瑶族自治县人民代表大会常务委员会关于批准《乳源瑶族自治县关于在全县公民中开展法治宣传教育的第七个五年规划（2016—2020 年）》的决定	乳常［2017］13 号
2017	乳源瑶族自治县人民代表大会常务委员会关于批准 2017 年第二次县级财政预算调整方案的决定	乳常［2017］21 号
2017	乳源瑶族自治县人民代表大会常务委员会关于批准县 2017 年国民经济和社会发展部分指标调整方案的决定	乳常［2017］22 号
2017	乳源瑶族自治县人民代表大会常务委员会关于批准县政府办理的《关于加强封山育林优化生态环境议案》结案的决定	乳常［2017］23 号
2017	乳源瑶族自治县人民代表大会常务委员会关于批准县政府追加有关项目资金预算的决定	乳常［2017］24 号

2017 年县人民政府重要文件目（选）

年　份	文　件　名　称	文　号
2017	乳源瑶族自治县人民政府关于同意上报乳源瑶族自治县永久基本农田整备区划定方案的批复	（乳府函〔2017〕31 号）
2017	乳源瑶族自治县人民政府关于第二批清理规范 18 项县政府部门行政审批中介服务事项的决定	（乳府〔2017〕43 号）
2017	乳源瑶族自治县人民政府关于全县 2016 年度人口与计划生育目标管理责任制考评结果的通报	（乳府〔2017〕46 号）
2017	乳源瑶族自治县人民政府办公室关于印发乳源瑶族自治县环境空气质量保证方案的通知	（乳府办发电〔2017〕6 号）
2017	乳源瑶族自治县人民政府办公室印发关于进一步优化营商环境和促进民营经济及旅游大发展的补充措施的通知	（乳府办〔2017〕25 号）
2017	乳源瑶族自治县人民政府办公室关于印发乳源瑶族自治县特困人员救助供养实施细则的通知	（乳府办〔2017〕39 号）
2017	乳源瑶族自治县人民政府办公室关于印发乳源瑶族自治县城乡困难群众医疗救助实施细则的通知	（乳府办〔2017〕42 号）
2017	乳源瑶族自治县人民政府办公室关于印发乳源瑶族自治县城乡村（居）民最低生活保障制度实施细则的通知	（乳府办〔2017〕43 号）
2017	乳源瑶族自治县人民政府办公室关于印发乳源瑶族自治县危险化学品安全综合治理实施方案的通知	（乳府办〔2017〕80 号）
2017	乳源瑶族自治县人民政府办公室关于印发乳源瑶族自治县实施质量强县战略 2016—2017 年行动计划的通知	（乳府办〔2017〕81 号）
2017	乳源瑶族自治县人民政府办公室关于印发乳源瑶族自治县农村人居环境综合整治“三拆”项目实施细则的通知	（乳府办〔2017〕91 号）
2017	乳源瑶族自治县人民政府办公室关于印发乳源瑶族自治县农村人居环境卫生整治奖补办法的通知	（乳府办〔2017〕92 号）
2017	乳源瑶族自治县人民政府办公室关于成立乳源瑶族自治县政府性债务管理工作领导小组的通知	（乳府办〔2017〕93 号）

续上表

年 份	文 件 名 称	文 号
2017	乳源瑶族自治县人民政府办公室关于成立县大中型水库移民安居工程建设领导小组的通知	（乳府办〔2017〕102 号）
2017	乳源瑶族自治县人民政府办公室关于调整乳源瑶族自治县中小河流治理工程领导小组的通知	（乳府办〔2017〕103 号）
2017	乳源瑶族自治县人民政府办公室关于印发乳源瑶族自治县畜禽养殖禁养区 限养区和适养区划定方案的通知	（乳府办〔2017〕104 号）
2017	乳源瑶族自治县人民政府办公室关于印发乳源瑶族自治县商住小区供水 一户一表抄表到户 计量收费 实施意见的通知	（乳府办〔2017〕105 号）
2017	乳源瑶族自治县人民政府办公室关于调整乳源瑶族自治县城乡居民基本医疗保险和城乡居民社会养老保险工作领导小组成员的通知	（乳府办〔2017〕109 号）
2017	乳源瑶族自治县人民政府办公室关于印发乳源瑶族自治县全面推进一门式一网式政府服务改革工作方案的通知	（乳府办〔2017〕115 号）
2017	乳源瑶族自治县人民政府办公室关于同意上报《广东省瑶族文化（乳源）生态保护实验区总体规划》的批复	（乳府办函〔2017〕125 号）
2017	乳源瑶族自治县人民政府办公室关于同意实施乳源瑶族自治县 2017 年度耕地提质改造（旱改水）实施方案的通知	（乳府办函〔2017〕128 号）
2017	乳源瑶族自治县人民政府办公室关于印发乳源瑶族自治县“两不具备”村庄搬迁整改工作方案的通知	（乳府办〔2017〕136 号）
2017	乳源瑶族自治县人民政府办公室关于成立乳源瑶族自治县土壤污染综合防治工作领导小组的通知	（乳府办〔2017〕142 号）
2017	乳源瑶族自治县人民政府办公室关于印发乳源瑶族自治县禁养区畜禽养殖场关停拆迁补偿方案的通知	（乳府办〔2017〕147 号）
2017	乳源瑶族自治县人民政府办公室关于印发乳源瑶族自治县企业发展奖励办法的通知	（乳府办〔2017〕149 号）
2017	乳源瑶族自治县人民政府办公室关于同意报送坚决制止地方以政府购买服务名义违法违规融资情况报告及报表的批复	（乳府办函〔2017〕150 号）
2017	乳源瑶族自治县人民政府办公室关于成立乳源瑶族自治县第二次全国污染源普查工作领导小组的通知	乳府办〔2017〕151 号

续上表

年 份	文 件 名 称	文 号
2017	乳源瑶族自治县人民政府办公室关于印发乳源瑶族自治县促进银行业金融机构发展激励方案的通知	（乳府办〔2017〕156 号）
2017	乳源瑶族自治县人民政府办公室关于印发乳源瑶族自治县环境监管网格化管理责任制乡镇考核方案的通知	（乳府办〔2017〕158 号）
2017	乳源瑶族自治县人民政府办公室关于同意推荐邓敬万等 6 人申报市级非物质文化遗产项目代表性传承人的批复	（乳府办函〔2017〕176 号）
2017	乳源瑶族自治县人民政府办公室关于同意划拨被征地农民养老保障资金的批复	（乳府办函〔2017〕184 号）
2017	乳源瑶族自治县人民政府办公室关于乳源瑶族自治县新时期精准扶贫建档立卡贫困人口资产性收益分配方案的批复	（乳府办函〔2017〕191 号）/（乳府办函〔2017〕200 号）

索　引

主题索引

说　明

一、本索引以主题词首字汉语拼音字母顺序排列，同语拼音字条目首字按笔画排序编排。

二、索引条目后的数字表示本书的页码。

三、本卷年鉴的文献、专载、特载、大事记、人物、附录和统计资料等内容未作索引。

A

B

H

J

K

L

M

N

T

W

X

Y

Z

表格索引